BIN LADEN

EL HOMBRE QUE DECLARÓ LA GUERRA A ESTADOS UNIDOS

YOSSEF BODANSKY

EL HOMBRE QUE DECLARÓ LA GUERRA A ESTADOS UNIDOS

Título original: *Bin Laden: The Man who Declared War on America*
Edición original: Prima, 1999
Traducción: Fernando Álvarez del Castillo, Gerardo Hernández Clark, Enrique Mercado,
Margarita Montes y Catalina Sherwell

Copyright © 1999, 2001 by Yossef Bodansky

De esta edición:
D. R. © Aguilar, Altea, Taurus, Alfaguara, S.A. de C.V., 2001.
Av. Universidad 767, Col. del Valle
México, 03100, D.F. Teléfono 56 88 89 66

· Distribuidora y Editora Aguilar, Altea, Taurus, Alfaguara, S. A.
  Calle 80 Núm. 10-23, Santafé de Bogotá, Colombia.
· Santillana S. A.
  Torrelaguna 60-28043, Madrid, España.
· Santillana S. A.
  Av. San Felipe 731, Lima, Perú.
· Editorial Santillana S. A.
  Av. Rómulo Gallegos, Edif. Zulia 1er. piso.
  Boleita Nte., 1071, Caracas, Venezuela.
· Editorial Santillana Inc.
  P.O. Box 19-5462 Hato Rey, 00919, San Juan, Puerto Rico.
· Santillana Publishing Company Inc.
  2043 N. W. 87 th Avenue, 33172. Miami, Fl., E. U. A.
· Ediciones Santillana S. A. (ROU).
  Cristóbal Echevarriarza 3535, A.P. 1606, Montevideo, Uruguay.
· Aguilar, Altea, Taurus, Alfaguara, S. A.
  Beazley 3860, 1437, Buenos Aires, Argentina.
· Aguilar Chilena de Ediciones Ltda.
  Dr. Aníbal Ariztía 1444, Providencia, Santiago de Chile.
· Santillana de Costa Rica, S. A.
  La Uruca, 100 mts. Este de Migración y Extranjería, San José, Costa Rica.

Primera edición: noviembre de 2001

ISBN: 968-19-0928-3

Fotografía de portada: AP/Wide World Photos
D. R. © Rediseño de cubierta: Raúl González
Diseño de interiores: Times Editores, S.A. de C.V.

Impreso en México

Índice

A la memoria de

Avraham Tchernikhov

(1899-1988).

Mi abuelo, cuyo aliento, ejemplo y amor

modelaron mi caracter.

BOSNIA-
HERZEGOVINA
RUMANIA
FEDERACIÓ
RUSA

SERVIA
BULGARIA

GEORGI

ALBANIA MACEDONIA
TALIA

ARMENIA

★Ankara

GRECIA
TURQUÍA

Atenas

CHIPRE
★Nicosia
SIRIA

LÍBANO
★Damasco

ISRAEL

i

Cairo ★

★Amman

JORDANIA

D

ARAB
SAUD

LIBIA
EGIPTO

★Jartum

ERITREA

Asmara ★
★Sa

CHAD

SUDAN

★Ndajamena

★Addis Abeba

REPÚBLICA
CENTROAFRICANA

ETIOPIA

UGANDA
KENIA

★Nairobi

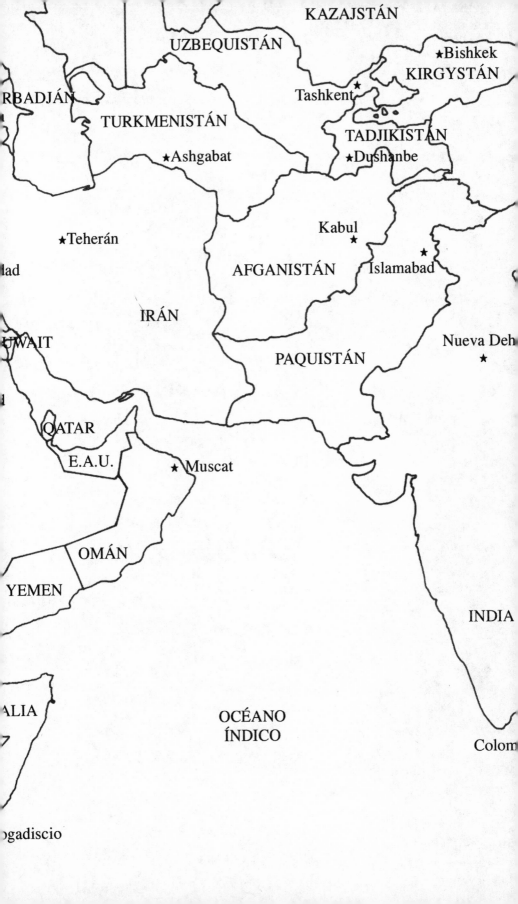

BIN LADEN

EL HOMBRE QUE DECLARÓ LA GUERRA A ESTADOS UNIDOS

Introducción.
La lucha inevitable

20 de agosto de 1998, un sombrío presidente Clinton declaró que Estados Unidos había lanzado un ataque con misiles crucero contra objetivos terroristas, tanto en Afganistán como en Sudán, en represalia por los recientes atentados contra las embajadas estadounidenses en Kenia y Tanzania. "Nuestro blanco eran los terroristas", declaró el presidente. "Nuestra misión era clara: atacar la red de grupos radicales afiliados a y patrocinados por Osama bin Laden, quien es probablemente el más importante organizador y patrocinador del terrorismo internacional en el mundo." Tres días más tarde, el secretario de Defensa, William Cohen, declaró que Estados Unidos no lamentaría el deceso de Osama bin Laden si éste resultara muerto en una futura acción de las fuerzas norteamericanas contra las redes terroristas.

Los atentados contra las embajadas de Kenia y Tanzania, el 7 de agosto de 1998, no fueron los primeros ni los más letales ataques realizados

---

Adviértase que en este libro no utilizo el término "islamita" para referirme a quienes podrían ser catalogados como "musulmanes" en razón de las creencias religiosas y la cultura que han heredado, ni a aspectos del Islam, como las creencias islámicas o los estados islámicos. El término "islamita" denota la preeminencia abrumadora del aspecto político —especialmente radicalismo, extremismo y militancia— tal como es ejercido y perpetrado bajo la bandera del Islam, en la interpretación de quienes lo practican. Aunque se le encuentra comúnmente en la literatura especializada, el término "islamita" no es utilizado con frecuencia por los periodistas y escritores estadounidenses, quienes prefieren términos como "intelectual islámico", "fundamentalista islámico" o "militante islámico". Sin embargo, dicha costumbre empaña la distinción que debe hacerse entre la mayoría de los musulmanes y una minoría conformada por los extremistas dedicados a actividades terroristas.

por los terroristas islámicos contra Estados Unidos. Sin embargo, nunca antes Estados Unidos —la única superpotencia del mundo— había señalado a un líder terrorista como su enemigo declarado. Para ganarse tal distinción, Osama bin Laden hizo mucho más que sólo participar en operaciones terroristas. A la fecha, bin Laden es el único líder terrorista que ha declarado formalmente una jihad contra Estados Unidos. Y lo ha hecho en numerosas ocasiones desde 1996, reforzando su llamado a las armas con decretos adicionales y más específicos, conforme han crecido su autoridad teológica y su carácter de comandante.

Esa declaración de guerra santa no es un gesto simbólico. Bin Laden odia profundamente a Estados Unidos y considera a ese país como su principal enemigo. Lo acusa —aun cuando es la fuente de la occidentalización y la modernidad— de ser el origen de todas las crisis y problemas que afectan al mundo musulmán. Bin Laden está convencido de que la presencia de Estados Unidos en el mundo islámico, especialmente en su natal Arabia Saudita, evita el establecimiento de auténticos gobiernos islámicos y la verificación del renacimiento islámico al que él y otros islamitas aspiran. Dado que un ataque frontal está fuera de toda discusión, debe aterrorizarse a los estadounidenses hasta obligarlos a retirarse del mundo musulmán.

Bin Laden no es un hombre que pueda ser ignorado, porque se encuentra en el núcleo del terrorismo internacional de corte islamita. No se trata de un malvado *llanero solitario*, sino de un actor principal en una intrincada y siniestra red de estados patrocinadores de actividades terroristas, jefes de servicios de inteligencia y terroristas consumados. Juntos ejercen un tremendo poder en todo el mundo islámico, y son capaces de causar estragos y devastación entre sus enemigos. Para comprender a Osama bin Laden es preciso entender el mundo en que vive y opera. Bin Laden ha sido siempre —lo es todavía— parte de un sistema más grande, alguien que sabe trabajar en equipo, y un leal camarada de armas. Las operaciones terroristas que han tenido lugar en muchas partes del mundo y que son atribuidas a este personaje, fueron en realidad operaciones patrocinadas por estados y realizadas por grupos de islamitas dedicados. El propio papel de bin Laden en esa red ha crecido, y su estatura se ha elevado extraordinariamente. Por otra parte, el Osama bin Laden de finales de la década de los noventa, ha evolucionado como resultado de algunos acontecimientos clave y relaciones personales que han moldeado su vida y su perspectiva del mundo. En última instancia, bin Laden, sus colegas y los estados que los patrocinan son componentes clave de una tendencia predominante en el mundo islámico: el ascenso y difusión del islamismo radical militante. Todos ellos se encuentran listos, desde el punto de vista teológico, para asesinar y morir en la búsqueda de una jihad islámica contra el resto del mundo. Para comprender al terrorismo islámico uno debe dirigirse a sus raíces ideológico-teológicas.

El islamismo radical militante, la fuerza motriz que se encuentra detrás del terrorismo internacional que lo justifica ideológicamente, surgió del conflicto entre el Islam y la occidentalización. El antagonismo entre las civilizaciones islámica y occidental ha ido creciendo con el paso de los siglos. El diplomático y académico iraní Fereydoun Hoveyda, señala que el desarrollo de la civilización islámica se ha visto obstaculizado desde el siglo XII, como resultado de las grandes crisis y confrontaciones con la Cristiandad. Durante el siglo XI, el mundo musulmán sufrió una serie de derrotas de importancia: los cruzados ocuparon el Levante y la Tierra Santa, y establecieron estados cristianos en zonas que el Islam consideraba como suyas, mientras que en la Península Ibérica una coalición cristiana comenzó la campaña que expulsó a los musulmanes, en forma gradual pero irreversible, de España y Portugal. Entretanto, un sinnúmero de amargas crisis de sucesión y luchas violentas no sólo impidieron que los musulmanes enfrentaran estos reveses, sino que también quebrantaron y debilitaron a los regímenes islámicos existentes en esa época.

El resultado de esas derrotas fue el retroceso. Algunos comandantes militares despiadados condujeron a sus ejércitos de creyentes a reclamar las tierras del Islam. Los más famosos fueron Saladino, el kurdo que derrotó a los cruzados en 1187 y 1192, y Abdul Mumin, de Marruecos, que derrotó a los ejércitos cristianos en España en 1146 y 1163, y nuevamente en 1195. Pero mientras éstos y otros líderes militares accedían al poder, la cultura y civilización islámicas, otrora gloriosas, se derrumbaban. Una vez consolidado su poder por la fuerza de las armas, los nuevos conquistadores, convertidos en gobernantes, debieron demostrar su apego al Islam. Por esa razón revivieron el extremismo religioso como fuente de su legitimidad, mientras acusaron a sus predecesores, educados y sofisticados, de ser la causa de las derrotas anteriores del mundo musulmán.

De esa manera, el mundo islámico se hundió en lo que Hoveyda llama "una furia antiintelectual", que fue alentada por los líderes que codiciaban el poder absoluto, pero que eran incapaces de igualar los logros de sus predecesores. La nueva élite buscó y encontró los dogmas que requería para legitimar su poder, y nadie se atrevió a desafiarlos.

"El Corán contiene toda la verdad necesaria para guiar al creyente en este mundo y para abrirle las puertas del Paraíso", argumentó la nueva élite religiosa —principio que aún tiene vigencia para los islamitas. Para entonces, el movimiento antiintelectual se había afianzado en el siglo XII, y el mundo musulmán cometió lo que Hoveyda ha llamado "el suicidio de la civilización": movida por el encanto de la fuerza bruta, la comunidad de creyentes decidió abandonar y negar, por voluntad propia, sus anteriores logros científicos y culturales, y se embarcó en un proceso de autodestrucción que aún tiene lugar en nuestros días.

Por esa razón, el mundo musulmán se ha visto paralizado desde que el extremismo religioso se elevó al poder en el siglo XII. Nuevas generaciones de fuerzas extremistas y militantes, que aspiran al poder, han demostrado repetidamente su supremacía al ordenar la destrucción de tesoros culturales heredados de generaciones anteriores. Por ejemplo, en 1192 el *ulema* —líder religioso— de Córdoba, España, ordenó la quema pública de los libros de la biblioteca científica y médica más importante, incluyendo un valioso tratado de astronomía, porque esos libros constituían una "horrible calamidad" para el Islam. Y en 1979, tras el triunfo de la revolución islámica en Irán, el *ayatola* Jomeini emitió una orden para "islamizar" el sistema de educación superior. Los comités de estudiantes, compuestos por activistas de línea dura, cumplieron la orden y expulsaron de las universidades a los activistas de izquierda, tanto estudiantes como profesores, además de supervisar la "pertinencia islámica" del material que se utilizaba en las clases y de la investigación realizada por los profesores que quedaron. Finalmente, el gobierno cerró las universidades entre 1980 y 1983 para llevar a cabo una reorganización islámica, esto es, la eliminación de todos los departamentos y cursos que los *mullahs* consideraban "no islámicos", así como el destierro, y en ocasiones el arresto y ejecución, de los profesores relacionados con dichos departamentos y cursos.

El misticismo, la militancia, y la búsqueda de la jihad perpetua se han convertido en el grito de batalla para la más reciente generación de líderes musulmanes militantes. La jihad, término que literalmente significa "esfuerzo", se refiere a una guerra santa emprendida para expandir el dominio del Islam sobre tierras en disputa, especialmente tierras musulmanas ocupadas por no musulmanes (cualquier tierra alguna vez conquistada por el Islam es considerada suya para siempre), así como tierras con una importante población musulmana controladas por no musulmanes. Estos líderes han decidido demostrar sus "credenciales islámicas" mediante la interpretación extremista de la ley islámica.

Los extremistas han privado a la civilización musulmana de su futuro y la han condenado a un aislamiento eterno.

La crisis en el mundo musulmán se intensificó en el momento que el aislamiento se convirtió en sometimiento, cuando la civilización occidental penetró en el Eje del Islam: el área comprendida entre Marruecos y la India, donde los musulmanes no sólo constituyen la abrumadora mayoría de la población sino que además deciden sobre el modo de vida y las condiciones sociopolíticas. El proceso dio inicio con la llegada de Napoleón a Egipto en 1789. Después tuvieron lugar las guerras entre rusos y turcos y la conquista del Asia Central en el siglo XIX, seguida por el colapso del Imperio Turco y la ocupación británica en la Primera Guerra Mundial, así como el rediseño artificial del mapa del Medio Oriente por los poderes imperialistas. La experiencia ha provocado un trauma del cual el mundo musulmán, especialmente el Eje del Islam, no se ha recuperado aún.

Históricamente, los musulmanes se han identificado a sí mismos con base en dos marcos de referencia; para utilizar la terminología occidental, el marco supranacional y el subnacional. Ambos marcos de autoidentificación son diferentes del marco de referencia fundamental que utilizamos en el mundo moderno: el Estado nacional. La identidad supranacional consiste en la identificación de todos los musulmanes con una sola entidad —la nación islámica— que se expresa en el panislamismo. El crecimiento de la conciencia política en el mundo musulmán condujo al surgimiento de subidentidades, tales como el panturquismo y el panarabismo. La identidad subnacional se refiere a las relaciones de sangre —clanes, tribus, familias, etc.— que han dominado la vida cotidiana de los musulmanes a lo largo de la historia. Tras la Primera Guerra Mundial y la Revolución Rusa, los poderes occidentales no sólo moldearon al mundo musulmán mediante la creación de entidades cuasi-estatales que no tenían relación con el carácter y las aspiraciones de la población nativa, sino que además impusieron a ésta última el dominio de élites nuevas y ajenas, ya mediante la forma de familias reales apoyadas por los poderes coloniales de Occidente o bien mediante élites comunistas respaldadas por los soviéticos.

Tras la Segunda Guerra Mundial, los diversos estados musulmanes experimentaron con diversas ideologías y estrategias de legitimación que copiaron del Este y del Oeste, lo cual condujo al establecimiento de dictaduras militares opresivas que explotaron a sus países y reprimieron a sus pueblos en aras de la gloria, la modernización y el poder militar.

Los líderes islámicos estaban plenamente conscientes de la disparidad de poder entre sus movimientos incipientes y los grupos que se les
oponían, que iban desde las dictaduras militares árabes hasta los
enemigos de los árabes, como Israel y los estados occidentales. Como
resultado, los teóricos islamitas más importantes buscaron métodos
alternativos para emprender la jihad desde una posición de aparente
inferioridad. En octubre de 1968, el sheik Muhammad Abu-Zahra, de la
Universidad al-Azhar del Cairo, definió la esencia de la jihad de acuerdo
con las condiciones contemporáneas: "La jihad no se circunscribe al
reclutamiento de tropas y al establecimiento de grandes fuerzas. Adopta
diversas formas. De todos los territorios del Islam debe surgir un grupo de
personas imbuidas en la fe, bien equipadas con los medios y métodos; y
dejemos que ataquen a los usurpadores, perturbándolos incesantemente
hasta que vivan en el tormento eterno... La jihad no terminará nunca ...
durará hasta el día del Juicio Final". Esta definición de una jihad perpetua en contra de fuerzas superiores constituye un dogma central del
terrorismo islámico contemporáneo; un principio que ha sido adoptado
cada vez más, conforme el mundo musulmán trata de hacer frente a la
creciente influencia occidental.

La crisis a que nos referimos alcanzó por primera vez su punto de
ebullición a mediados de los años setenta, cuando el mundo musulmán,
fortalecido por la riqueza de los dólares que obtenía por la venta del
petróleo, fue expuesto a la civilización occidental como nunca antes, a
través de los estudiantes de posgrado en Occidente, los viajes de placer
y la televisión vía satélite, que se encontraba en su primera etapa. El
impacto fue inmenso. Los más importantes intelectuales islamitas, que
conocieron el estilo de vida estadounidense cuando eran estudiantes,
llegaron a la conclusión de que las libertades individuales y el materialismo que habían experimentado en Occidente constituían una amenaza
mortal para la sociedad tradicional islámica, que se basa en estrictos
códigos de conducta. La doctrina islámica establece que la *Sharia* —la
ley que rige sobre la humanidad— es de origen divino y debe ser interpretada solamente por los sabios y los piadosos, quienes han de gobernar sobre los creyentes en calidad de líderes y guías espirituales. En
contraste, la esencia de la democracia occidental se basa en el concepto
de la existencia de ciudadanos que eligen entre sí a unos pocos representantes para legislar en su nombre y gobernar de acuerdo con leyes de
origen humano. Los islamitas estaban convencidos de que esa diferencia
con la sociedad occidental (especialmente con la sociedad estadounidense, donde la separación entre Iglesia y Estado es más acentuada),

en relación con el orden y la autoridad divina del Islam, es el origen de sus problemas sociales.

La crítica de los islamitas a la forma de vida estadounidense ha sido mordaz. Los seguidores del ayatola Jomeini en Irán consideraban que Estados Unidos era un país dominado por la adulación y la veneración del dinero, y Majid Anaraki, un iraní que vivió durante muchos años en el sur de California, describió a Estados Unidos como "una colección de casinos, supermercados y prostíbulos unidos por interminables autopistas que atraviesan una tierra vacía", un país dominado y motivado por la codicia. "La gente en Occidente pondría a sus propias madres en subasta con tal de obtener una ganancia", explicó Behzad Nabavi, que había sido educado en Estados Unidos, y que entonces ocupaba el Ministerio de Industria Pesada. Jomeini mismo señaló que la obsesión occidental por el dinero hacía que la prostitución fuera "una forma de vida comunitaria".

Los islamitas estaban decididos a evitar que los males sociales que habían "destruido" a la Cristiandad penetraran y corrompieran al mundo islámico. Todos los medios, incluyendo el uso de la violencia y el terrorismo, estaban justificados con tal de evitar dicha corrupción. Sin embargo, los islamitas no podían separar su mundo —el Eje del Islam— de Occidente. El desarrollo y la explotación de sus recursos petroleros requería de la tecnología occidental, al igual que su sistema de atención médica. Los musulmanes manejaban automóviles fabricados en Occidente, utilizaban teléfonos instalados por contratistas occidentales y comían alimentos importados mientras veían televisores de importación. Mientras tanto, sus líderes políticos protegían sus respectivos regímenes dictatoriales con armas compradas en el exterior. Esta contradicción se hizo evidente por primera vez en la revolución islámica de Jomeini, en Irán. En su libro *Among the Believers*, V. S. Naipaul resumió el dilema de Jomeini: "Intérprete de la voluntad divina, líder de los fieles, expresó la confusión de su pueblo y la hizo aparecer como gloria, como la fe que le era familiar: la confusión de un pueblo que vivía en una cultura de la alta Edad Media y que se encontró repentinamente con el dinero y el petróleo, con un sentido del poder y de la profanación, y con el conocimiento de una nueva y gran civilización que le rodeaba. Esa civilización no podía ser dominada. Debía ser rechazada; pero al mismo tiempo había que depender de ella". Otras luminarias islamitas contemporáneas, cuyos textos constituyen la base teológica del terrorismo actual, vieron en la "occidentoxicación" una amenaza mortal a la existencia misma del Islam. "El mundo, tal y como es en la actualidad, ha sido forjado por los otros [esto es, por los no-musulmanes]", dijo el académico chiíta iraquí, ayatola Muhammad Baqir al-Sadr. "Tenemos dos alternativas: o lo aceptamos en forma sumisa, lo cual significa la muerte del Islam, o lo destruimos, de manera que podamos construir el mundo que el Islam necesita."

El mundo musulmán se encontró en una encrucijada histórica. Su encuentro con la civilización occidental parece haberlo conducido al fracaso, a pesar de la riqueza sin precedentes que amasó la élite. Los intentos por consolidar los regímenes modernos condujeron a la represión y empobrecimiento de las masas; crearon focos de tensión popular, para los cuales el sistema estatal no tiene soluciones, y que serán exacerbados por una mayor modernización. Y los intelectuales islamitas —comúnmente llamados "fundamentalistas"— no pueden transformar sus atractivas teorías en soluciones prácticas. "En el Islam, y especialmente en el Islam de los fundamentalistas, los precedentes lo son todo. Los principios del Profeta —tan divinos como el Corán y las tradiciones aprobadas— son eternos. Dichos principios pueden ser aplicados a todas las disciplinas", nos dice Naipaul. "Esta es la opinión de los fundamentalistas educados. Es, por una parte, fe sólida, y por la otra una consecuencia de su furia contra la civilización que los rodea y que ellos, en su carácter de comunidad, desearían dominar." De esa manera, desde finales de los años setenta, los pensadores islamitas llegaron a la conclusión de que no había otra salida para la crisis del Islam, excepto una confrontación general con Occidente, que podía iniciar una vez que obtuvieran una excusa que legitimara la explosión de la violencia. "Estamos en guerra. Y nuestra batalla apenas ha comenzado. Obtendremos nuestra primera victoria cuando alguna parte del mundo se encuentre bajo el completo dominio del Islam", declaró Abdul-Qadir as-Sufi ad-Darqawi, uno de los grandes pensadores y filósofos del islamismo contemporáneo. "El Islam avanza sobre la Tierra", añadió. "Nada puede detener su expansión en Europa y América."

Plenamente conscientes del poder de Occidente y de la rapidez con que se difundía, los islamitas buscaron una forma indirecta de enfrentarlo. Diseñaron una modalidad de guerra total en la que la inferioridad tecnológica y militar del mundo musulmán no afectaría el resultado de la jihad. La estrategia fue formulada por el general brigadier paquistaní S. K. Malik en su libro *The Quranic Concept of War*, publicado en 1979. De acuerdo con Malik, la guerra de corte "coránico" es "infinitamente superior y más efectiva" que cualquier otra, porque "en el Islam, se pelea la guerra por la causa de Alá", y en ese sentido, todos los medios y formas de combatir se encuentran justificados. El terrorismo, según Malik, es la quintaesencia de la estrategia islámica para la guerra: "El terror que golpea los corazones de nuestros enemigos no sólo es un medio, sino un fin en sí mismo. Una vez que se ha logrado infundir terror en el corazón del oponente, es muy difícil lograr algo más. Se ha alcanzado el punto en que el medio y el fin se unen y mezclan. El terror no es un medio para imponer una decisión sobre nuestro enemigo, sino la decisión que deseamos imponer en él".

Por algún tiempo pareció que el triunfo estaba al alcance de la mano. El mundo musulmán celebró la consolidación de regímenes islamitas en Irán y Sudán; o, dicho de otra forma, celebró la capacidad del Irán chiíta para mantener al régimen de Jomeini, a pesar del aislamiento internacional y el debilitamiento que había sufrido tras ocho años de guerra con Irak; así como la transformación del Sudán sunnita, a raíz del golpe militar de 1989, en un dominio islamita mediante el ascenso al poder de Hassan al-Turabi, líder espiritual del país. El mundo musulmán también celebró la victoria de las fuerzas islamitas de Afganistán, de origen predominantemente rural, sobre la Unión Soviética; el colapso de ésta última y el surgimiento de seis nuevos estados musulmanes en Asia Central. Sin embargo, en 1991 tuvo lugar la Guerra del Golfo Pérsico, y Occidente demostró nuevamente su inmensa superioridad tecnológica y militar. Por otra parte, la familia real saudita —encargada de custodiar los lugares santos del Islam, La Meca y Medina— tuvo que invitar a los estadounidenses y a otras fuerzas occidentales a defender Arabia Saudita y derrotar a un Estado hermano árabe-musulmán: Irak. Este hecho constituyó una humillación que aún resiente el mundo musulmán.

Sin embargo, nuevamente los líderes islamitas vieron una alternativa a la decisiva confrontación con Occidente. A finales de 1991 Ahmad Jomeini, hijo del ayatola (quien murió súbitamente justo cuando asumía la investidura de su padre) hizo énfasis en la importancia de la lucha inevitable con Estados Unidos: "Debemos entender que el mundo es hostil a nosotros sólo por [nuestro compromiso con] el Islam. Tras la caída del marxismo, el Islam tomó su lugar; mientras exista el Islam, existirá la hostilidad de Estados Unidos, y mientras ésta perdure, la lucha continuará". Ahmad Jomeini anunció que las campañas del Islam deberían diseminarse más allá de los retos inmediatos en el Medio Oriente, "porque la lucha contra Israel es una guerra contra Estados Unidos y Europa, sin un fin próximo".

Actualmente, esta crisis se ha agudizado debido a la brecha cada vez mayor entre Occidente y el mundo islámico, y por el creciente contacto de éste último con la civilización occidental a través de los medios electrónicos, desde la televisión vía satélite hasta Internet. Los islamitas consideran que dicho contacto es un ataque contra su forma de vida y un recordatorio constante del atraso del Islam en ciencia y tecnología. "El reto que representa el fundamentalismo militante islamita contra Occidente no es solamente 'militar'. Se opone principalmente a la ideología democrática y secular de Occidente. Quiere apoderarse de la tecnología occidental sin adoptar su *ethos*. En pocas palabras, la batalla sostenida contra el Gran Satán posee una dimensión sociocultural importante", explica Hoveyda. "Desde la perspectiva de los fundamentalistas islámicos, el peligro que representa Occidente para el Islam es aún mayor debido a las políticas seguidas por los líderes musulmanes de nuestra época, que se han apartado de los 'verdaderos' principios de su religión y se dedican a despilfarrar los recursos de sus naciones en contubernio con los infieles. Esos líderes y quienes los apoyan han 'confiscado' el poder político. Por lo tanto, el único camino que les queda a los verdaderos sirvientes de Alá es hacerse del poder y reestablecer la vigencia de la Sharia. Esa es la causa de que los fundamentalistas islámicos recurran a la violencia y utilicen cada vez con mayor frecuencia el terrorismo y otros medios en la mayoría de los países musulmanes."

Esta lucha por el poder en el mundo musulmán ocupa el núcleo de la confrontación de los islamitas con sus propios gobiernos y sociedades. El profesor Johannes J. G. Jansen, experto holandés en islamismo, considera que la lucha entre los islamitas y el Estado moderno es la causa principal de la violencia islamita, el terrorismo y la subversión en los territorios del Islam: "Muchos musulmanes han simplificado al Islam hasta el nivel de sólo demandar la aplicación de la ley islámica. Es al mismo tiempo una demanda política y religiosa, y esta doble dimensión le da al fundamentalismo islámico su carácter distintivo. Los musulmanes que se limitan a demandar la implementación de la ley islámica acusan a menudo a otros musulmanes del crimen de apostasía. A sus ojos, cualquiera que deja de aplicar [alguno de] los principios tradicionales del Islam no sólo es un musulmán indisciplinado, sino un apóstata. De acuerdo con la ley islámica, la apostasía es un crimen capital, y por esa razón, la demanda de aplicar el Islam y la ley islámica adopta un carácter político, al igual que religioso, frecuentemente apoyado por el terrorismo y las amenazas de muerte".

Sin embargo, esta lucha, violenta y terrible, no resuelve el conflicto central que enfrentan los islamitas. Están convencidos de que solamente es Occidente, como quedó claramente demostrado durante la Guerra del Golfo Pérsico, quien apoya y sostiene a los regímenes musulmanes serviles, mientras castiga a quienes se le oponen. Los islamitas radicales están convencidos de que mientras Occidente, y específicamente Estados Unidos, tenga acceso a —ya no digamos presencia en— el Eje del Islam, será imposible establecer auténticos gobiernos islámicos y resolver de una vez todos los problemas que afectan al mundo musulmán. Los líderes islamitas pueden disentir en los detalles de lo que constituye un Estado islámico genuino, pero todos están de acuerdo en que primero es necesario expulsar a Estados Unidos y a la civilización occidental de su ámbito.

Para los islamitas de línea dura, la lección que dejó la Guerra del Golfo Pérsico —que Occidente puede obligar y derrotar a los países musulmanes— encuentra su opuesto en el legado de Afganistán, donde la Unión Soviética fue notoriamente derrotada, y el de Somalia, donde los estadounidenses fueron expulsados por las fuerzas islamitas. Dado que el mundo musulmán carece de la capacidad científica y tecnológica para enfrentarse a Occidente, la única manera de hacerle frente es mediante el terrorismo internacional. Estas ideas conducen a lo que el profesor Samuel P. Huntington, de la Universidad de Harvard, y ex director de planeación del *National Security Council* (Consejo Nacional de Seguridad), ha llamado "el choque de las civilizaciones". "Una guerra global que involucre a los estados que se encuentran en el núcleo de las principales civilizaciones del mundo, es altamente improbable pero no imposible. Una guerra de esas características, hemos dicho, podría ser resultado de la intensificación del conflicto entre grupos pertenecientes a distintas civilizaciones, más probablemente con los musulmanes de un lado y los no musulmanes en el otro. Esa intensificación puede ocurrir si los estados musulmanes más importantes compiten por proporcionar ayuda a sus correligionarios en pie de guerra", escribió Huntington. Un escenario más probable es lo que el profesor Mark Jurgensmeyer, decano de la Escuela de Estudios Hawaianos, Asiáticos y del Pacífico de la Universidad de Hawai, ha llamado "una nueva Guerra Fría entre el Tercer Mundo religioso y el Occidente secular". En cualquier caso, si no se le vigila, el terrorismo islamita se convertirá en el catalizador para el estallido de la violencia, tanto en el corazón de Occidente como a lo largo del Eje del Islam. "El fundamentalismo militante islámico es principalmente un movimiento político, no [solamente] religioso, que, no obstante representa una amenaza para Occidente en general y para Estados Unidos en particular, será realmente letal para el mundo musulmán", se lamenta Hoveyda. Entretanto, la creciente hostilidad islamita contra Occidente —alimentada por la aparentemente incontenible disemina-ción de la occidentalización a través de los medios electrónicos— es la causa de que terroristas, como bin Laden, lleven a cabo golpes horren-dos y espectaculares para demostrar la viabilidad y la furia del isla-mismo radical. Esas luchas individuales son la esencia del movimiento islamita contra la occidentalización.

La historia de Osama bin Laden no sólo es la de un líder impresionante y de un enemigo irreconciliable; también es la historia de los aconteci-mientos en que ha tomado parte y de la dinámica y las circunstancias en que ha emprendido su lucha. Es la historia de fanáticos impulsa-dos por un odio inaceptable e incomprensible para un occidental. Están dispuestos a soportar personalmente privaciones y la muerte para obli-gar al mundo islámico a volver al camino correcto, tal y como ellos lo entienden, aun a pesar de que ese camino contradice el curso de la his-toria. En la búsqueda de sus objetivos religiosos, están dispuestos a castigar a Occidente —encabezado por Estados Unidos— por el hecho de constituir un obstáculo insuperable y de oponerse a ellos, por la so-la existencia de sus valores y su poderío económico.

Osama bin Laden continúa encabezando la lista de terroristas y amenazas a su seguridad elaborada por el gobierno estadounidense como lo declaró el director de la CIA, George Tenet, en su comparecencia del 2 de febrero de 1999 ante el Senado: "En primer lugar, no hay la más mínima duda de que Osama bin Laden, sus aliados en todo el mundo y sus simpatizantes, están planeando nuevos ataques en contra nuestra. A pesar de los avances que hemos realizado en el combate a sus redes, la organización de bin Laden tiene contactos en prácticamente todo el mundo, incluyendo Estados Unidos, y ha declarado de manera inequí-voca que todos los estadounidenses son su objetivo". La CIA pronostica que la organización de bin Laden realizará ataques con bombas de explosivos convencionales, y posiblemente secuestros y asesinatos. Recientemente, la CIA ha detectado una actividad similar a la que tuvo lugar poco antes de los atentados contra las embajadas estadounidenses en África, y teme que los ataques puedan ocurrir en cualquier momento, probablemente involucrando el uso de armas químicas y biológicas. De acuerdo con el director Tenet, "la organización de bin Laden es sólo una entre cerca de una docena de grupos terroristas que han manifestado interés en obtener materiales químicos, biológicos, radioactivos o nu-cleares (agentes conocidos como CBRN, por sus siglas en inglés). Por ejemplo, bin Laden ha dicho que la adquisición de esas armas constituye 'una obligación religiosa', y que 'la forma en que las utilicemos es algo que sólo a nosotros incumbe'".

¿Quién es Osama bin Laden, el único terrorista que ha propinado un golpe de importancia a la potencia más poderosa de la Tierra, Estados Unidos? ¿Es solamente un multimillonario saudita que abandonó una vida de lujos para habitar en una cueva remota en Afganistán y planear golpes terroristas contra Estados Unidos, aunque esto implique mantenerse bajo la constante amenaza de la muerte?

Nota sobre la terminología utilizada en este libro

Cualquier texto que se refiera al mundo islámico estará repleto de nombres y palabras extrañas. Este libro no es la excepción. Más aún, existen muchos códigos de transliteración, tanto para el árabe como para el persa, desde el más preciso punto de vista académico hasta el utilizado comúnmente por los medios de comunicación. Para facilitar la lectura de este libro, he optado por utilizar la ortografía más popular, tal y como aparece en la mayoría de los periódicos y revistas. Por ejemplo, a pesar de que la transliteración apropiada del nombre sería Ussamah bin Ladin, he utilizado el más comúnmente conocido de Osama bin Laden. De la misma forma, en vez de Umar Abd-al-Rahman, he recurrido al más familiar Omar Abdul Rahman, y en vez de Tsaddam Hussayn, Saddam Hussein.

En los pasajes en que ha sido posible he traducido los términos, a riesgo de incurrir en una inexactitud, y he dejado en su lenguaje original solamente aquellos términos como *jihad* o nombres de organizaciones, tales como *al-Jamaah al-Islamiyah*. Para aquellos términos no traducidos me he valido también de transliteraciones más comunes; por ejemplo, *jihad* en vez de *gihad*. De esta manera, nuestro lector podrá relacionar la historia que relatamos en estas páginas con los acontecimientos que tienen lugar en el mundo.

Nota sobre las fuentes
y métodos

He estudiado la subversión y el terrorismo, especialmente en el Eje del Islam, por más de un cuarto de siglo. Durante ese periodo, he tenido la oportunidad no sólo de obtener una enorme cantidad de material a través de mis lecturas y conversaciones, sino también de disponer de tiempo para reflexionar.

El nombre de Osama bin Laden llegó a mis oídos por primera vez en 1981. Un *mujaidín* afgano lo mencionó y decidí abrir un expediente. Bin Laden fue descrito como un joven dedicado y muy serio. Debo admitir, en lo que respecta al grupo que después se convertiría en los "afganos" árabes, que en aquella época yo estaba más interesado en los egipcios y palestinos que en los jóvenes adinerados de la Península Árabe. Estos últimos eran los "buenos muchachos", comprometidos con una causa que nosotros también apoyábamos de todo corazón. No eran "terroristas". De cualquier forma, bin Laden me llamó la atención más que sus compatriotas. Me intrigaba su relación con sheik Azzam, el patrocinador de los voluntarios árabes que peleaban en Afganistán. Entre mis interlocutores de aquella época —paquistaníes tanto al servicio del gobierno como sin relación con él, *mujaidines* afganos, y árabes—, todos lo conocían y generalmente tenían algo bueno que decir de él. Su expediente creció y creció.

A mediados de los ochenta me encontraba en Londres, con un amigo islamita árabe. En aquella época él todavía era un "afgano" en activo. Se encontraba en Londres para recibir tratamiento médico por una herida recibida en combate. Hablamos de su Afganistán, y el nombre de Osama bin Laden surgió en nuestra conversación. "Es un hombre único", dijo mi amigo. "Puedes verlo en sus ojos. Está realizando la obra de Alá como nadie más. Un verdadero mujaidín." Tras una breve pausa, agregó: "Ponle mucha atención. Si no lo matan pronto, llegará lejos. Será un gran lider de la jihad porque no teme a nadie, excepto a Alá." Mi amigo era un gran mujaidín, más viejo que muchos de ellos, y poseedor de una sabiduría derivada de su ilustre y muy especial carrera. En 1980, tras la invasión soviética a Afganistán, se vio obligado a unirse a la jihad. Su récord en combate era aún más impresionante que su carrera anterior. De manera que tomé notas de lo que me dijo y desde entonces he prestado especial atención a Osama bin Laden.

Bin Laden: el hombre que declaró la guerra a Estados Unidos es un libro basado en una gran cantidad de material que he obtenido de los islamitas, "afganos" y de organizaciones terroristas. Otro material de primera mano proviene del Medio Oriente árabe, el sudoeste de Asia y otras partes del mundo musulmán. He sostenido largas entrevistas y me he mantenido en comunicación con muchos funcionarios, mujaidines, terroristas, comandantes, emigrantes, desertores y muchos otros individuos involucrados de alguna manera en estos acontecimientos. Mis fuentes complementan la gran cantidad de "fuentes abiertas" —especialmente los medios de comunicación de la región— que en sí mismos proporcionan una gran riqueza de datos y documentos. Ese material de "fuentes abiertas" incluye informes y cables de agencias noticiosas locales e internacionales; artículos publicados en periódicos y diarios locales y boletines de la comunidad de emigrantes árabes de Europa occidental; artículos de periódicos y diarios, boletines y publicaciones académicas de Estados Unidos, Europa, Rusia y otros lugares; transcripciones de emisiones realizadas por los medios electrónicos locales (la mayor parte de ellos traducidos por los agentes del FBI del gobierno de Estados Unidos) y una gran cantidad de material obtenido de Internet. En relación con la información de contexto, he consultado una colección extraordinaria de fuentes primarias —además de publicaciones originales, documentos e informes— que he desarrollado durante un cuarto de siglo de investigación exhaustiva.

Esta simple enumeración de las fuentes no hace justicia a los seres humanos involucrados. Durante cerca de veinticinco años, muchas personas han hecho grandes contribuciones a mi conocimiento y comprensión en dos formas principales.

En primer lugar, muchos cientos, si no miles, de personas de todo el mundo se han puesto en contacto conmigo y han enviado material desde lugares remotos, en ocasiones poniendo en peligro su vida y su libertad. Debo agradecer especialmente a aquellos que pacientemente me comunicaron cuestiones fascinantes y respondieron a lo que debió ser una gran cantidad de preguntas tontas o excesivamente detalladas. Agradezco a quienes buscaron, adquirieron y me entregaron gran cantidad de documentos y otros materiales en lenguas "raras" y manuscritos ilegibles. Muchos de esos individuos viven y operan "del otro lado". Al comunicarse conmigo y proporcionarme ese material se han puesto en riesgo y han puesto en riesgo a sus familias, porque verdaderamente aman a sus países y a sus pueblos. Otros, normalmente los que militan "del otro lado", se han comunicado conmigo porque quieren asegurarse de que entendemos aquello en lo que creen y por lo que luchan. Su tarea tampoco fue sencilla.

En segundo lugar, no basta con tener a la mano una amplia variedad de periódicos, diarios, boletines, informes, comunicados y otros materiales escritos procedentes de la región. La calidad, credibilidad y pertinencia de los mismos va de lo absurdo a lo excelente. Todas esas fuentes son importantes porque, debido a su gran diversidad, constituyen un reflejo preciso de la vibrante y colorida civilización de la que surgió Osama bin Laden. Sin embargo, no es fácil detectar y comprender esos matices. Agradezco a quienes pacientemente tradujeron y explicaron los múltiples niveles de significado y doble sentido que caracterizan a las hermosas, ricas y fascinantes lenguas del Oriente musulmán. Agradezco a los traductores y lectores que trabajaron conmigo a lo largo de los años y que me enseñaron a "leer" el material, aun cuando yo pensara que conocía la lengua.

A pesar de la gran cantidad y diversidad de las fuentes utilizadas y al uso frecuente de material publicado, no es recomendable citar con precisión las fuentes en esta clase de libros, porque la seguridad y supervivencia de los seres humanos es más importante. Como regla general, cuando se publica una obra de importancia, los servicios de contrainteligencia que nos son hostiles y los órganos de seguridad se abocan a la tarea de descubrir y acallar las fuentes humanas que aún se encuentran a su alcance. Cuando uno de esos individuos es descubierto, él y su familia normalmente son castigados, por medio de la tortura y la muerte, para disuadir a otros posibles informantes. Citar a "fuentes anónimas" u "oficiales" en una lista que de otra manera sería elaborada según criterios académicos, no es suficiente para proteger a muchos informantes, especialmente aquellos que tienen acceso a información secreta de gran importancia. La inclusión de notas detalladas que explicaran qué material fue adquirido por medio de qué informantes haría más fácil la tarea de la contrainteligencia y los órganos de seguridad para reducir el ámbito de su búsqueda, identificar mejor aquellas instituciones de donde se ha escapado la información y finalmente dar con los nombres de los informantes. De acuerdo con mi experiencia, como autor y director de la Fuerza de Tarea para el Combate al Terrorismo y otras Estrategias Bélicas No Convencionales, cuando la contrainteligencia y los órganos de seguridad se enfrentan con un texto monolítico en que las fuentes específicas de información han sido disimuladas, encuentran casi imposible la tarea de reducir el ámbito de su búsqueda y acallar a los informantes.

Debemos hacer todo esfuerzo posible para proteger a esos individuos valientes que, a riesgo de sí mismos y de sus seres queridos, nos han proporcionado información crucial. La omisión de las notas que refieren las fuentes precisas es lo menos que por ellos podemos hacer.

Siglas y organizaciones de importancia

MIA: Movimiento Islámico Armado (también conocido como Legión Internacional del Islam; AIM por sus siglas en inglés).

CDDL: Comité para la Defensa de los Derechos Legítimos (una organización de islamitas sauditas con base en Londres; CDLR por sus siglas en inglés).

RDA: República Democrática de Afganistán (DRA por sus siglas en inglés).

EILLS: Ejército Islámico para la Liberación de los Lugares Santos (IALHP por sus siglas en inglés).

CPAI: Conferencia de los Pueblos Árabes Islámicos (IAPC por sus siglas en inglés; más tarde conocida como PAIC).

HMI: Hermandad Musulmana Internacional (IMB por sus siglas en inglés).

GRI: Guardias Revolucionarios Islámicos (algunas veces conocidos con el nombre persa "Pasdaran"; IRGC por sus siglas en inglés).

ISI: Interservicio de Inteligencia (Inteligencia de Paquistán).

CPAI: Conferencia Popular Árabe e Islámica (originalmente llamada Conferencia de los Pueblos Árabes Islámicos; PAIC por sus siglas en inglés).

RDPY: República Democrática Popular de Yemen (Yemen del Sur; PDRY por sus siglas en inglés).

OPI: Organización Popular Internacional (PIO por sus siglas en inglés).

RPC: República Popular de China (PRC por sus siglas en inglés).

ELK: Ejército de Liberación de Kosovo (UCK por sus siglas en inglés; también conocido como KLA).

VEVAK: Acrónimo persa de la Inteligencia iraní.

YAR: República Árabe de Yemen (Yemen del Norte; YAR por sus siglas en inglés).

Hermandad Musulmana de Egipto.

Movimiento para el Cambio Islámico —ala de *Jihad* en la Península Árabe (referido a veces sólamente como Movimiento para el Cambio Islámico).

Frente Islámico Mundial para la Jihad contra los Judíos y los Cruzados.

1

La radicalización de un ingeniero

A sus cuarenta y tantos años, graduado universitario y con habilidades para la computación, Osama bin Laden vive con sus cuatro esposas y sus quince hijos en una pequeña cueva del este de Afganistán. No tiene agua corriente y sólo posee un rudimentario sistema de calefacción para protegerse del frío invernal. Bin Laden está siempre alerta contra los asesinos, las incursiones de los comandos y los ataques aéreos. Si hubiera seguido el camino que su padre había elegido para él, se habría convertido en un respetable contratista de la construcción en Arabia Saudita, y en multimillonario por derecho propio. Sin embargo, escogió abandonar la vida de lujos y comprometerse a pelear la jihad bajo condiciones extremadamente duras.

Osama bin Laden no es el único islamita que ha abandonado una buena carrera y un estilo de vida confortable para pelear la jihad. El doctor Ayman al-Zawahiri —brazo derecho de bin Laden—, también de cuarenta y tantos años, pudo haber sido uno de los pediatras más importantes de Egipto, pero abandonó su fortuna y su promisoria carrera para pelear contra el gobierno egipcio. Rechazó el asilo político en Europa occidental (así como un generoso estipendio) y terminó viviendo en el este de Afganistán, no lejos de donde reside bin Laden.

A pesar de que bin Laden y Zawahiri son los más conocidos terroristas islámicos, no son los únicos; existen cientos como ellos. Estos dedicados comandantes dirigen a miles de terroristas en una guerra santa interminable y sin cuartel contra Estados Unidos y Occidente en su conjunto. Los atentados contra las embajadas estadounidenses en Kenia y Tanzania, en 1998, son los más recientes, pero de ninguna manera los últimos episodios de la creciente guerra del terrorismo. ¿Qué lleva a estos individuos líderes y símbolos del nuevo levantamiento islamita, a comprometerse en este tipo de guerra?

El surgimiento de la nueva élite radical islamita es un fenómeno reciente en el mundo en vías de desarrollo. Estos líderes, procedentes del segmento más rico y privilegiado de la sociedad, están bien educados y relativamente occidentalizados. No son los empobrecidos, amargados y solitarios, que normalmente constituyen el grupo del que surgen los terroristas y los radicales. Los líderes terroristas islámicos son diferentes a los típicos revolucionarios y terroristas, provenientes de la clase media de Europa, desde los anarquistas del siglo xix hasta los revolucionarios comunistas de finales del siglo xx, porque los islamitas se han convertido en líderes de las masas populares, mientras los terroristas europeos permanecieron aislados de una población que generalmente les era hostil. Sólo Ernesto "el Che" Guevara, el médico argentino que se convirtió en luchador revolucionario a principios de los años sesenta, se acerca a la clase de líder populista que los islamitas encarnan.

Para comprender a los líderes islamitas, y particularmente a Osama bin Laden, debemos entender su rompimiento con el pasado, su motivación, el fuego que corre por sus venas, así como la profundidad de su odio contra Estados Unidos y lo que ese país representa.

Osama bin Laden, Ayman al-Zawahiri y sus compatriotas, la mayoría sauditas y egipcios, son producto de los agitados años setenta y ochenta. El curso de su vida, desde sus primeros años hasta la época en que rechazaron una vida llena de lujos para involucrarse en la militancia y el radicalismo, fue influido por los acontecimientos más importantes que tuvieron lugar en Medio Oriente, especialmente la prosperidad árabe y la crisis de identidad que acompañó al *boom* petrolero de los años setenta, el triunfo de la revolución islámica en Irán, y los llamados a la jihad en Afganistán durante los años ochenta.

Osama bin Muhammad bin Laden nació en la ciudad de Riad, Arabia Saudita, probablemente en 1957. En aquella época su padre, Muhammad bin Laden, era un contratista dedicado a la construcción en pequeña escala que había llegado de Yemen en busca de empleo. Osama era uno de sus numerosos descendientes; su padre tuvo más de 50 hijos con varias esposas. Muhammad bin Laden estaba consciente de la importancia de la educación y trató de proporcionar una buena formación a sus hijos. Durante los años sesenta la familia se mudó a Hijaz, al oeste de

Arabia Saudita, y finalmente se estableció en Al-Medina Al-Munawwara. Osama recibió gran parte de su educación formal en las escuelas de Medina y más tarde en Jeddah, el puerto comercial más importante de Arabia Saudita en el Mar Rojo.

El *boom* petrolero de los años setenta cambió la fortuna de Muhammad bin Laden. El desarrollo de Hijaz lo puso en contacto con la élite saudita y pronto estableció relación con los miembros más importantes de la Casa de al-Saud, en su carácter de constructor y proveedor de servicios especiales, como el lavado de dinero para financiar "las causas". Sus influencias permitieron que Muhammad bin Laden hiciera crecer su negocio hasta convertirlo en una de las más grandes compañías constructoras de todo Medio Oriente, la Corporación bin Laden. El estatus especial de la compañía de bin Laden quedó consolidado cuando la Casa de al-Saud lo contrató para remodelar y reconstruir las dos mezquitas santas en La Meca y Medina. Durante la década de los setenta, la compañía de bin Laden construyó caminos, edificios, mezquitas, aeropuertos y otras obras de infraestructura en muchos países árabes del Golfo Pérsico.

Osama estaba destinado a seguir los pasos de su padre. Asistió a la preparatoria en Jeddah y más tarde estudió administración y economía en la Universidad del Rey Abdul Aziz, en esa misma ciudad, una de las mejores instituciones educativas de Arabia Saudita. Su padre le prometió que lo pondría a cargo de su propia compañía y que disfrutaría de privilegios en la corte, que le redituarían contratos muy lucrativos.

A principios de los setenta, Osama bin Laden hizo lo que muchos otros hijos de personajes influyentes; contrariamente a lo dispuesto por el estricto régimen de vida musulmán de Arabia Saudita, viajó constantemente a la cosmopolita ciudad de Beirut. Durante la época en que estudió la preparatoria y la carrera universitaria, Osama visitó Beirut regularmente, frecuentando los clubes nocturnos, los casinos y los bares. Era bebedor y mujeriego, lo que a menudo le condujo a meterse en riñas.

En última instancia, Osama bin Laden no era un joven saudita ordinario que la pasaba bien en Beirut. En 1973, Muhammad bin Laden quedó profundamente afectado, desde el punto de vista espiritual, cuando reconstruyó las dos mezquitas sagradas, y esos cambios afectaron gradualmente a Osama. Aun cuando siguió realizando breves viajes a Beirut, comenzó a interesarse en el Islam. Empezó a leer literatura islámica y pronto entró en contacto con islamitas locales. En 1975, el estallido de la guerra civil libanesa evitó que continuara visitando Beirut. Los islamitas sauditas argumentaban que el dolor de los

libaneses era un castigo divino por sus pecados y por su influencia
perniciosa en los jóvenes musulmanes. Estas ideas influyeron podero-
samente en Osama bin Laden.

El drástico cambio en la vida de Osama bin Laden, a mediados de
los setenta, refleja la agitación que tuvo lugar en Medio Oriente árabe
y, específicamente, en Arabia Saudita, durante esa década.

Lo que comenzó como un periodo de grandes expectativas —deri-
vadas de lo que se percibió como la restauración del "honor árabe" en
la guerra del *Yom Kippur* de 1973 (el ataque sorpresivo, coordinado
por Egipto y Siria, contra Israel, que concluyó con una discutible victoria militar israelí), y de la gran riqueza e influencia resultante del
boom petrolero que siguió al embargo de 1973-74 (decretado por los
países productores de petróleo de la Península Árabe para obligar a
Occidente a adoptar políticas contrarias a los israelíes)—, pronto se
convirtió en una era de crisis aguda debido a la incapacidad del mundo
árabe para enfrentar las consecuencias de sus acciones. El repentino
incremento en la riqueza de la élite gobernante, así como de los estratos
más altos y educados de la sociedad, además de su contacto con Occidente, llevaron a los árabes a la confusión y a una gran crisis de identidad que no ha sido resuelta, cuya consecuencia ha sido el radicalismo
y los estallidos de violencia. Los adelantos en el acceso a los medios
de comunicación en toda la región, les permitieron conocer las crisis
que tenían lugar en otras partes del mundo. Debido a su carácter conservador islámico y a su repentina riqueza e influencia, Arabia Saudita
fue afectada como ningún otro país por estos factores.

En Jeddah, Osama bin Laden tuvo contacto frecuente con las ideas,
a menudo contradictorias, que influían en la sociedad saudita en esa
época. Siendo la ciudad portuaria más importante de Arabia Saudita
en el Mar Rojo, Jeddah resintió más la influencia occidental que muchas
otras ciudades sauditas. Los marineros y técnicos del extranjero viajaron
a Jeddah, mientras que la élite local, incluyendo a la familia bin Laden,
visitó el Occidente. Procedentes de una Arabia Saudita generalmente
conservadora y aislada, estos visitantes quedaron impactados tras su
encuentro con la civilización occidental; especialmente por las libertades individuales y el poder de compra del ciudadano promedio, la pro-
miscuidad, y el consumo de alcohol y drogas de la juventud de los países
occidentales. Muchos jóvenes sauditas no pudieron resistir la tentación
de experimentar con lo prohibido. Cuando regresaron a Arabia Saudita
llevaban consigo ese sentido de individualismo y libertad personal que
encontraron en Occidente.

La riqueza y el carácter cosmopolita de Jeddah, también transformaron al puerto en refugio de los intelectuales islamitas que eran perseguidos a lo largo del mundo musulmán. Muchas universidades, especialmente la Universidad del Rey Abdul Aziz, a la que asistió bin Laden entre 1974 y 1978, se convirtieron en el centro de la intensa actividad intelectual islamita; los mejores expertos y predicadores encontraron refugio en las universidades y mezquitas, por lo que los jóvenes tuvieron oportunidad de estudiar con ellos y compartir sus conocimientos. Estos intelectuales se interesaron en las dudas de la juventud saudita. Su mensaje a aquellos que se encontraban confundidos fue sencillo e inequívoco: sólo un regreso total e incondicional al islamismo conservador podía proteger al mundo musulmán de los pecados y peligros inherentes a Occidente.

En marzo de 1975, en medio del *boom* petrolero y de la reacción intelectual islámica contra el mismo, el rey Faisal de Arabia Saudita fue asesinado. El asesino fue un perturbado sobrino del rey, el príncipe Faisal ibn Musaid. Éste también había sido occidentalizado, y había visitado frecuentemente Estados Unidos y Europa occidental. Tanto los islamitas como los miembros de la corte, consideraron que el contacto con las costumbres occidentales había sido la causa de la locura de Faisal ibn Musaid. A pesar de que el proceso de sucesión al trono se desarrolló sin problemas y de que el reino no sufrió una crisis política, la semilla de la duda y el descontento quedó sembrada. El asesinato del rey fue un parteaguas en la historia de Arabia Saudita. Tanto para el *establishment* como para la élite, el asesinato del amado monarca sirvió como prueba de que las advertencias de los islamitas contra las influencias pecaminosas y corruptoras de Occidente eran acertadas. El impacto que provocó el asesinato trajo a la luz las ramificaciones de la occidentalización entre la juventud educada y pudiente, y creó las condiciones para el retroceso que hizo que gran parte de esa juventud, incluyendo a bin Laden, se plegara hacia el islamismo.

A mediados de los años setenta, los acontecimientos que se desarrollaron en Egipto —país que desempeñaba el papel de líder indiscutible en la política del mundo árabe— también tuvieron efectos importantes en la élite educada de Arabia Saudita. Jeddah era el puerto de entrada para el material impreso que llegaba de Egipto, y muchos de los intelectuales islamitas que trabajaban en las universidades y mezquitas de la ciudad eran egipcios. Estos intelectuales mantenían contacto cercano con sus colegas que aún se encontraban en Egipto y defendían sus posiciones, difundiendo sus obras e ideas entre los estudiantes de las universidades de Jeddah, incluyendo a bin Laden, quien se encontraba ya entregado al islamismo y se vio influido por esos textos egipcios y los acontecimientos que los originaron.

A mediados de los setenta, el presidente egipcio Anwar Sadat cortejó a los estadounidenses para obtener asistencia política y económica mediante el recurso de celebrar una serie de acuerdos preliminares con Israel. En ese proceso, la imagen de Sadat pasó de ser un líder rural de corte tradicional a convertirse en un líder mundial totalmente occidentalizado. El culto a la personalidad que Sadat desarrolló en su país provocó el resentimiento de la élite educada, cuyo conocimiento y experiencia de primera mano sobre Occidente les hacía temer un efecto contrario a los valores tradicionales de la sociedad musulmana.

El movimiento fundamentalista islámico en Egipto fue revitalizado a mediados de los años setenta por jóvenes activistas que habían recibido su educación —principalmente laica y de carácter técnico— en Occidente, y que se habían dado por vencidos en el intento de definir su lugar colectivo en un mundo dominado por Occidente y sus valores. Activos y curiosos desde el punto de vista intelectual, produjeron textos de alta calidad que circularon ampliamente entre la joven élite árabe. En 1975 el escritor e ingeniero egipcio Wail Uthman, uno de los más importantes ideólogos en la etapa temprana de la rama más militante del movimiento islamita, publicó el libro *The Party of God in Struggle with the Party of Satan (El partido de Dios en lucha con el partido de Satanás)*. Uthman dividió al mundo en dos entidades sociales: el partido de Dios y el partido de Satanás, y pidió a los creyentes que lucharan por restaurar el gobierno del primero. En el prefacio a la segunda edición de su libro, Uthman hizo énfasis en que, al referirse a los no creyentes —los miembros del partido de Satanás—, en realidad se refería al régimen de Sadat. "Muchos pensaron que me refería al partido comunista cuando escribí sobre el partido del diablo", admitió. A pesar de que Uthman pensaba que los comunistas constituían un "apoyo esencial" para el partido de Satanás, para él no eran la fuente del mal. "El partido de Satanás es el grupo de personas que simulan vivir en el Islam, pero que en realidad son los primeros enemigos del mismo", escribió Uthman. El autor consideraba que el contacto con la vida cotidiana de Occidente era en realidad la verdadera causa de la crisis del Islam, cada vez más aguda, y no veía solución alguna más allá de la militancia islámica.

El mundo árabe fue sacudido en 1977, cuando Sadat visitó Jerusalén y dio inicio al proceso que conduciría a la firma de un tratado de paz con Israel. El reconocimiento de Sadat al Estado de Israel fue el primer rompimiento con el tabú que constituía el Estado judío, y que, después del Islam, era como un segundo común denominador en el mundo árabe. En su libro *Secret Channels*, publicado en 1996, el periodista y comentarista egipcio Mohamed Heikal señaló que el mundo árabe era impulsado por "una mezcla de furia y repudio" hacia Israel, que el "presente proceso de paz" debía vencer. La combinación del temor a la occidentalización y el rompimiento del tabú llevó a muchos árabes hacia los extremos. El rechazo fundamental al "presidente-convertido-en-faraón" condujo a jóvenes procedentes de todos los sectores de la sociedad egipcia, desde los más ricos y educados hasta los aldeanos pobres y los habitantes de los arrabales, desde los miembros de los servicios de seguridad hasta los desposeídos que vivían en el desierto, a buscar soluciones islamitas a la profunda crisis que afectaba a Egipto.

Muy pronto los jóvenes islamitas en Egipto y otros países tuvieron pruebas contundentes de la validez de su causa. El 1 de febrero de 1979, el ayatola Ruhollah Jomeini regresó a Irán, derrocó al *sha* y estableció la república islámica. A lo largo del mundo musulmán, las masas celebraron el éxito de la revolución islámica de Jomeini como el triunfo del Islam sobre Estados Unidos y Occidente. La revolución islámica se convirtió en una fuente de orgullo y envidia para todos los musulmanes, así como la prueba viviente de que los gobernantes locales podían ser derrocados por las fuerzas islamitas. El impacto que tuvieron estos acontecimientos en Egipto fue muy profundo, debido a que Sadat invitó al destronado monarca a refugiarse en su país, lo cual fue considerado como un insulto que hería los sentimientos de la mayor parte de la población.

El movimiento radical chiíta fue la fuerza que impulsó la revolución iraní, y su desarrollo en Irán, Líbano e Irak fue casi simultáneo y paralelo al renacimiento sunnita en Egipto. Hacia finales de los años setenta, la filosofía de los pensadores revolucionarios chiítas, tal y como se manifestaba en sus escritos, era muy similar a la de los radicales sunnitas. Su aproximación al diagnóstico y solución de los problemas contemporáneos y su énfasis en la importancia de la confrontación y la lucha eran prácticamente idénticos. Arabia Saudita, situada en medio de ambas tendencias, quedó expuesta a la escalada del fervor islamita.

Arabia Saudita fue el primero de los estados tradicionalistas y conservadores donde estalló la violencia islamita. El 20 de noviembre de 1979, la Gran Mezquita de La Meca fue tomada por un grupo bien organizado de entre 1 300 y 1 500 hombres bajo el liderazgo de Juhayman ibn-Muhammad ibn-Sayf al-Utaibi. Antiguo capitán de los Guardias

Blancos (Guardia Nacional), se declaró a sí mismo un *mahdi* o mesías. Además de los sauditas, el grupo principal incluía mujaidines (guerreros santos del Islam) bien entrenados, procedentes de Egipto, Kuwait, Sudán, Irak, Yemen del Norte y Yemen del Sur.

Fuentes egipcias y soviéticas estimaron que el total de los rebeldes ascendía a 3 500. A pesar de que la toma de la mezquita fue realizada bajo la bandera de regresar a la pureza del Islam, más de 500 de los atacantes más importantes habían sido entrenados y equipados en Libia, y especialmente en Yemen del Sur, por instructores procedentes de Alemania Oriental, Cuba y el FPLP (Frente Popular para la Liberación de Palestina). Estos atacantes incluían algunos comunistas situados en posiciones de mando que demostraron excelentes habilidades tácticas y capacidad de organización. Más aún, 59 de los yemenitas participantes habían sido entrenados en Irán y habían recibido armas por conducto de la embajada iraní en Sana.

Durante los preparativos para el asalto, los hombres de Juhayman habían reclutado a numerosos miembros de las fuerzas de élite, los Guardias Blancos, y habían recibido apoyo para el contrabando de las armas y el equipo hacia el interior de Arabia Saudita y de la mezquita misma. Un coronel de los Guardias Blancos se encontraba entre los principales miembros de la conspiración y organizó el contrabando de armas automáticas, provisiones y vituallas al interior de la mezquita. El cargamento de armas que utilizaron había sido llevado desde Yemen del Sur, durante un periodo prolongado. Los rebeldes también habían introducido a la mezquita grandes cantidades de comida y agua con el fin de prepararse para un largo sitio.

El 20 de noviembre, tras un breve combate para asegurar el control de la Kaaba (el centro del complejo de la Gran Mezquita que contiene la capilla sagrada del Islam), Juhayman se dirigió a la multitud de peregrinos atrapados y les pidió su apoyo. Los sermones y discursos sobre la corrupción, el derroche y la inclinación por lo occidental de la familia real saudita, permitieron que los rebeldes obtuvieran rápidamente el apoyo de los fieles. Poco después, más de 6 000 peregrinos que habían sido tomados como rehenes pidieron que les proporcionaran armas para unirse a la revuelta. Las prédicas de Juhayman incluso le reportaron la simpatía de los estudiantes de izquierda y los cuasimarxistas. Las noticias sobre las prédicas de Juhayman provocaron que muchedumbres de militantes, a lo largo y ancho de Arabia Saudita, acudieran a sus mezquitas locales y a las oficinas de gobierno. Los elementos latentes de la subversión despertaron cuando, casi simultáneamente a la toma de la

Kaaba, una serie de bombas explotaron en lugares de importancia para la familia real en La Meca, Medina, Jeddah y Riad. Entre los sitios que sufrieron los ataques se encontraban los palacios, las dependencias oficiales y oficinas personales de la familia real, así como sus negocios.

Inicialmente, los Guardias Blancos reaccionaron en forma errática ante el ataque y sufrieron una humillante derrota. Peor aún, el creciente descontento entre las filas de las unidades de élite del ejército saudita hizo que la familia real temiera que éstas se unieran a la rebelión. Las fuerzas de seguridad de Arabia Saudita establecieron un cerco alrededor de la mezquita que duró dos semanas. Al final, la rebelión sólo pudo ser sofocada por un destacamento especial de fuerzas especiales paramilitares francesas, expertas en terrorismo, que utilizaron granadas especiales para aturdir a los rebeldes, así como armas químicas.

El levantamiento de La Meca infringió las normas aceptadas en Arabia Saudita. Los agravios a que se refirió Juhayman tuvieron eco en todo el país, y provocaron murmuraciones a puerta cerrada. En los círculos intelectuales, sus ideas hicieron que la gente se detuviera a pensar sobre el Islam y la sociedad en que estaban viviendo. Como individuo pensante y bien educado, Osama bin Laden fue influido por los temas sociales a que se refirió Juhayman. A pesar de que la crisis de noviembre de 1979 reforzó la convicción de bin Laden, en el sentido de que sólo un gobierno islámico podía proteger a Arabia Saudita y al resto del mundo musulmán de los males de la occidentalización, éste se mantuvo como súbdito leal al rey Fahd y a la Casa de al-Saud.

El mundo de Osama bin Laden, como el de muchos otros musulmanes, fue sacudido en los últimos días de 1979, cuando la Unión Soviética invadió Afganistán. A finales de los años setenta, Afganistán —país desolado y atrasado, sin salida al mar— era gobernado por un gobierno comunista, apoyado por los soviéticos, que enfrentaba una subversión islamita patrocinada por Paquistán. Cuando el régimen comunista se tornó inestable, las fuerzas armadas soviéticas ingresaron al país, ocuparon su infraestructura estratégica, asesinaron al presidente y lo reemplazaron por un títere dócil a sus intereses. También comenzaron una campaña sistemática encaminada a eliminar la subversión islamita.

La invasión soviética fue la primera ocasión, desde la Segunda Guerra Mundial, en que fuerzas no musulmanas ocuparon un país musulmán —y en esta ocasión se trataba de comunistas antiislámicos que era necesario expulsar. No es de extrañar, pues, que la invasión soviética de Afganistán haya sacudido hasta lo más profundo de todo el mundo musulmán. La ocupación de un Estado musulmán por fuerzas comunistas constituía un insulto a la sensibilidad fundamental del Islam. Sin embargo, a pesar del gran impacto que tuvo la invasión, y de que los estados árabes condenaron el hecho, en realidad poco hicieron al respecto.

Inmediatamente después de la invasión soviética, un sentimiento de inconformidad invadió al mundo musulmán. Una reunión extraordinaria de los ministros de relaciones exteriores de 35 estados islámicos, fue celebrada en Islamabad el 27 de enero de 1980. Los reunidos condenaron enérgicamente "la agresión militar soviética contra el pueblo afgano" y pidieron "la retirada inmediata e incondicional" de todas las tropas soviéticas de Afganistán. También pidieron que ningún país musulmán reconociera a la República Democrática de Afganistán (RDA) —es decir, al gobierno prosoviético instalado en la capital, Kabul— o negociara con Kabul.

La Unión Soviética se apresuró a desautorizar al movimiento militante islámico; señaló la desunión que reinaba en el mundo árabe y negó que la conferencia tuviera derecho a pronunciarse en nombre de toda la población musulmana. Los soviéticos respondieron que apoyaban al Islam. "Con pleno respeto por los sentimientos religiosos de las masas, la URSS tiende la mano en solidaridad y amistad a todos los musulmanes que se encuentran en pie de lucha contra las fuerzas imperialistas y contra la explotación, y apoyan el derecho que les asiste para controlar su propio destino, su libertad, su independencia, y el progreso económico y social", escribió A. Vasiliev, un pseudónimo utilizado por el Kremlin para denotar un mensaje autorizado por un alto funcionario. Los soviéticos advirtieron al mundo musulmán de "la amenaza imperialista" ahora disfrazada como "preocupación por el Islam", y les recordó a los árabes que la URSS los había apoyado durante mucho tiempo en el contexto de sus enfrentamientos militares con Israel y Occidente. Moscú pidió al mundo musulmán que analizara su intervención en Afganistán bajo esa óptica.

Aun cuando los gobiernos árabes no quedaron convencidos por la propaganda soviética, no deseaban confrontar a la Unión Soviética, principalmente debido a consideraciones militares. Las fuerzas soviéticas se encontraban estacionadas en la frontera afgana, muy cerca del Golfo Pérsico y del agitado Irán. El príncipe Turki al-Faisal, jefe de la inteligencia saudita, señaló a principios de 1980 que el verdadero objetivo soviético era "nuestro petróleo... No esperamos que tenga lugar una invasión en este momento, pero sí que los soviéticos utilicen su poder para obtener una posición que les permita celebrar acuerdos para garantizar el suministro de petróleo". A pesar de la retórica, el interés de Riad en Afganistán tenía un carácter estratégico: la seguridad de los campos petroleros de Arabia Saudita. Aunque la preocupación de los sauditas por la solidaridad islámica era genuina, no constituía su primer motivo de preocupación. Esta distinción es importante para entender el papel que bin Laden jugaría pronto en la guerra de Afganistán.

Si el mundo árabe tuvo esperanzas de que, tras la invasión soviética a Afganistán, Estados Unidos acudiría en su apoyo en caso de que tuvieran que hacer frente a una ofensiva soviética, dichas esperanzas se disiparon pronto. Los estadounidenses suspendieron un intento de rescate en Irán, la noche del 24 de abril de 1980, y demostraron su vulnerabilidad frente a los árabes. En noviembre de 1979, después de la invasión iraní, un grupo de agentes del servicio de inteligencia iraní, disfrazados de civiles, y con el apoyo de la élite del país y de la KGB, tomaron la embajada de Estados Unidos y capturaron a 63 rehenes estadounidenses, pidiendo la retirada de los norteamericanos de la región y la devolución de los fondos retenidos en el exterior a cambio de la liberación de los rehenes. Las fuerzas de élite estadounidenses intentaron liberar a los rehenes, en la embajada de Estados Unidos en Teherán, pero la misión falló debido a que no participaron suficientes helicópteros y al choque entre una aeronave de aprovisionamiento de combustible y un helicóptero durante la preparación de la retirada. Las imágenes que transmitió festivamente la televisión iraní —los restos quemados de los helicópteros y aviones norteamericanos, los cuerpos de unos cuantos soldados y los helicópteros abandonados en medio del desierto—, llevaron la humillación hasta los hogares estadounidenses. Para los gobernantes árabes de los países cercanos a Afganistán, esa fue una muestra de la incompetencia militar de Estados Unidos, y la prueba de que no se podía confiar en Washington como respaldo contra la creciente amenaza soviética. Los soviéticos capitalizaron esa fallida demostración de fuerza e hicieron énfasis en que las operaciones de rescate de Estados Unidos en realidad tenían el objetivo de "devolver a Irán a la zona de influencia norteamericana". Esa opinión era compartida por los líderes de los países del Golfo Pérsico.

En la primavera de 1980, el miedo y la prudencia se convirtieron en las principales características de la política árabe hacia la Unión Soviética y la cuestión afgana. Los gobiernos árabes no podían ignorar el hecho de que la presencia militar soviética en Afganistán reducía a la mitad la distancia que dichas fuerzas debían recorrer para alcanzar el Golfo Pérsico. "La sombra soviética sobre esta área ha crecido tanto que muchos regímenes musulmanes no se atreven a retarla; mientras más salvajemente reprimen la resistencia afgana, más miedo infunden en el corazón de los otros países musulmanes", señaló el profesor Richard Pipes, director del Departamento de Asuntos Soviéticos y de Europa del Este, del Consejo Nacional de Seguridad, durante los primeros años de la administración del presidente Reagan. Los cambios en la posición de los países musulmanes se hicieron visibles durante la siguiente conferencia de estados islámicos, celebrada en mayo de 1980. La denuncia de la Unión Soviética fue más tímida que cuatro meses antes. Más importante aún: se eliminó de la resolución final la demanda de no reconocer o negociar con el gobierno de Kabul.

Osama bin Laden fue uno de los primeros árabes que partió a Afganistán tras la invasión soviética. "Estaba furioso y acudí al instante", dijo a un periodista árabe. Visto en retrospectiva, bin Laden considera que la invasión soviética de Afganistán fue un parteaguas en su vida. "La Unión Soviética invadió Afganistán, y los mujaidines acudieron a la comunidad internacional en busca de ayuda", explicó a otro entrevistador. Bin Laden fue movido por esa petición de ayuda de los musulmanes "que vivían en una sociedad medieval, sitiada por una superpotencia del siglo xx ... En nuestra religión, existe un sitio especial en el más allá para aquellos que participan en la jihad", agregó. "Un día en Afganistán equivalía a mil días de oración en una mezquita ordinaria."

Pocos días después de la invasión soviética, bin Laden, comprometido desinteresadamente con la causa de la solidaridad entre todos los musulmanes, marchó a Paquistán para ayudar a los mujaidines afganos. Tras su llegada, bin Laden quedó horrorizado por el caos que reinaba en Paquistán y por la falta de unidad árabe, y se entregó al trabajo de organización política; estableció un centro de reclutamiento que, a lo largo de los siguientes años, conduciría a miles de combatientes árabes de los estados del Golfo a unirse a la resistencia afgana. Al principio, bin Laden sufragó personalmente los gastos de viaje de esos voluntarios de Paquistán a Afganistán; pero más importante aún, estableció campos de entrenamiento para ellos. A principios de 1980, bin Laden fundó Masadat Al-Ansar, la principal base de los mujaidines árabes en Afganistán.

Los primeros años de bin Laden en Afganistán lo pusieron en contacto con el sheik AbdAllah Yussuf Azzam, quien desempeñó un papel clave en la fundación de lo que hoy se conoce como la Legión Internacional del Islam, el núcleo altamente efectivo del terrorismo islamita internacional. Azzam nació en una pequeña aldea cercana a Jenin, en Samaria, en 1941. Su piadosa familia lo envió a escuelas religiosas desde una edad muy temprana. Tras recibir la mayor parte de su educación en Jordania, ingresó a la Universidad de Damasco, donde obtuvo la licenciatura en Sharia (derecho islámico) en 1966. Después de la Guerra de los Seis Días de 1967, durante la cual Israel ocupó su pueblo natal, Azzam escapó a Jordania y se unió a la jihad contra Israel. Pronto descubrió que su vocación no estaba en el campo de batalla, sino en la educación. Con ese objetivo, fue enviado a Egipto, donde cursó la maestría en Sharia en la prestigiada Universidad al-Azhar. En 1970 comenzó a impartir clases en la Universidad de Amman, pero en 1971 regresó becado a al-Azhar, donde en 1973 obtuvo el doctorado en Principios de Jurisprudencia Islámica. Durante su estancia en el Cairo, Azzam ingresó a las filas de los islamitas militantes egipcios. Allí obtuvo muchos contactos personales que le serían de importancia durante su trabajo en Afganistán, una década después.

A mediados de los setenta, Azzam se distanció de la lucha armada palestina contra Israel, porque era impulsada por una ideología nacionalista y revolucionaria, en vez de ser una jihad islámica. Azzam se transladó a Arabia Saudita, donde impartió clases en la Universidad del Rey Abdul Aziz, en Jeddah, reducto de la enseñanza islamita que tuvo gran influencia en la juventud saudita. Osama bin Laden cursaba sus estudios universitarios en aquella época y existe evidencia de que asistió a una de las conferencias de Azzam. En Jeddah, Azzam formuló su doctrina basada en la importancia de la jihad para liberar al mundo musulmán del sofocante proceso de occidentalización. "Sólo la jihad y el rifle: ninguna negociación, ninguna conferencia, ningún diálogo", les dijo a sus alumnos.

En 1979, con la declaración de la jihad afgana, Azzam abandonó la universidad y se marchó a practicar sus enseñanzas; se convirtió en uno de los primeros árabes en unirse a la jihad afgana. Sin embargo, los líderes afganos y paquistaníes de la jihad le pidieron que continuara enseñando, en vez de tomar parte en los combates. Azzam fue designado profesor de la Universidad Internacional Islámica en Islamabad, capital de Paquistán, pero decidió trasladarse a Peshawar, más cerca de la frontera afgana, y dedicó todo su tiempo y energía a la jihad en Afganistán.

En Peshawar, el sheik Azzam fundó el Bait-ul-Ansar, que recibió y entrenó a los primeros voluntarios islamitas que llegaron a Paquistán para participar en la jihad afgana. Bait-ul-Ansar también proporcionó servicios especializados a los mujaidines y a la jihad afgana. En ese contexto, bin Laden fue integrado en el sistema internacional islamita y se convirtió en uno de los más cercanos discípulos de Azzam.

Bin Laden tenía el dinero, el conocimiento y el entusiasmo para llevar a la realidad las ideas de Azzam. Ambos establecieron el Maktab al-Khidamat, la Oficina de Servicios de los mujaidines, que bin Laden convirtió pronto en una red internacional dedicada a la búsqueda de islamitas con conocimientos especiales, desde médicos e ingenieros hasta terroristas y narcotraficantes, y a su reclutamiento para la lucha en Afganistán. Hacia finales de los ochenta, bin Laden tenía oficinas y centros de reclutamiento en 50 países, incluyendo Estados Unidos, Egipto, Arabia Saudita y algunos más de Europa occidental. Al dirigir la llegada y despliegue de un gran número de combatientes árabes, bin Laden se dio cuenta que requerían entrenamiento antes de enfrentar las duras condiciones de Afganistán. Por esa razón, Azzam y bin Laden establecieron a continuación el Masadat Al-Ansar, base central y "hogar-lejos-del-hogar" para los mujaidines árabes tanto de Afganistán como de Paquistán. Durante el desarrollo de esas actividades, bin Laden estableció contacto con muchos líderes islamitas y mujaidines en cada rincón del mundo, relaciones que ahora han demostrado ser invaluables en su jihad contra Estados Unidos.

Horrorizado por la vulnerabilidad de los mujaidines ante la artillería de los soviéticos y de la República Democrática de Afganistán, bin Laden llevó equipo pesado de construcción desde Arabia Saudita. Al principio trasladó algunas de las excavadoras de su familia, para acelerar la construcción de caminos e instalaciones para los mujaidines en el este de Afganistán. Poco después organizó la entrega de equipo pesado procedente de muchas compañías sauditas y del Golfo Pérsico, y utilizó esos equipos para cavar trincheras y refugios para los mujaidines. Los soviéticos, plenamente conscientes de la importancia de esas fortificaciones, lanzaron numerosos ataques con helicópteros contra las excavadoras de bin Laden. En muchas ocasiones continuó trabajando bajo el fuego enemigo, despreciando el peligro. Con la ayuda militar a su alcance, bin Laden entrenó afganos, paquistaníes y árabes en el uso del equipo pesado de construcción. Después se embarcó en un ambicioso programa para construir la infraestructura de fortificaciones que requerían los mujaidines en el este de Afganistán, y con ayuda de sus hombres construyó caminos, túneles, hospitales y depósitos de almacenamiento.

En 1980, Estados Unidos presionaba a los gobiernos árabes para que adoptaran un papel más activo en la crisis de Afganistán. El presidente Sadat accedió a ayudar a la incipiente resistencia afgana mediante el envío de armas. Sadat declaró públicamente que proporcionaba asistencia militar egipcia "porque se trata de nuestros hermanos musulmanes y están en peligro". Esto permitió que los islamitas agitaran a la población en nombre de Afganistán, y también les permitió sacar a algunos de sus miembros de Egipto, especialmente a los involucrados en el asesinato del mismo Sadat, ocurrido en octubre de 1981. El periodista y comentador egipcio Mohamed Heikal señaló que "dado que Afganistán debía ser apoyado en nombre de la solidaridad islámica, el apoyo cayó en manos de los grupos musulmanes no oficiales, que se encontraban en mejor posición para explotarlo". En efecto, a principios de 1980 un grupo de islamitas egipcios, algunos de los cuales eran ex oficiales del ejército egipcio, comenzaron a viajar a Afganistán para compartir sus conocimientos militares con los mujaidines. Gran parte de los primeros egipcios que llegaron estaban encabezados por Ahmad Shawqi al-Islambuli, que hoy en día es uno de los principales comandantes terroristas de bin Laden, y hermano de Khalid al-Islambuli, el asesino de Sadat. Se trataba de fugitivos que habían escapado a las purgas en Egipto y pronto establecieron un movimiento árabe, terrorista y revolucionario, que todavía constituye el núcleo del grupo de comandantes de la organización de bin Laden, así como sus tropas más confiables. Mientras tanto, en 1983 Islambuli organizó una red en Karachi para introducir personas y armas desde y hacia Egipto, misma que aún funciona. Sin embargo, entre 1980 y 1982 el mundo árabe guardó silencio sobre el tema de Afganistán.

A principios de los ochenta, Osama bin Laden regresó a casa para organizar el apoyo económico para los mujaidines y el reclutamiento y transporte de los voluntarios. Con ese fin utilizó los contactos que su familia tenía en los más altos niveles en Riad. Pronto estableció relaciones con el príncipe Salman, hermano del rey; el príncipe Turki, el jefe de los servicios de inteligencia y otros importantes funcionarios.

Aunque bin Laden estaba dedicado a reunir toda clase de apoyo para la jihad afgana, Riad tenía otras prioridades y planes para el joven militante. En aquella época, los sauditas temían una estrategia consistente en un reacomodo de las fuerzas prosoviéticas en la Península Árabe. Les alarmaba la creciente presencia militar de la Unión Soviética, Cuba y Alemania Oriental en Yemen del Sur —que entonces era oficialmente un Estado comunista— y en el Cuerno de África, al otro lado del Mar Rojo. Mientras Arabia Saudita conducía oficialmente una política de conciliación y cooperación económica con Yemen del Sur, Riad tenía otras ideas en mente.

La inteligencia saudita patrocinó la insurgencia clandestina islamita en Yemen del Sur, ostensiblemente bajo el mando de Tariq al-Fadli, el último sultán de Aden, y militante islamita. Se le pidió a Osama bin Laden que integrara unidades de "voluntarios" mujaidines para reforzar a la insurgencia anticomunista. La empresa fue financiada por Riad y contó con la bendición de las más altas autoridades de la corte saudita. Bin Laden creó fuerzas de choque, mezclando a los voluntarios islamitas que planeaban ir a pelear a Afganistán con fuerzas especiales de los Guardias Blancos con licencia. Bin Laden se involucró tanto en la lucha en Yemen del Sur, que incluso participó en algunos ataques y choques contra las fuerzas de seguridad de esa nación. Sin embargo, a pesar de su entusiasmo, la jihad anticomunista de los yemenitas no tuvo éxito. Al no percibir posibilidades de triunfo, Riad suspendió la operación. Para entonces, bin Laden había establecido una relación personal muy cercana con Tariq al-Fadli, quien más tarde fue deportado a Sana; él y otros comandantes islamitas de Yemen a quienes bin Laden ayudó a principios de los años ochenta le servirían de apoyo en los noventa.

El entusiasmo, el compromiso y la eficiencia que Osama bin Laden demostró al organizar la expedición en Yemen no pasaron inadvertidos para la corte saudita. Una vez concluidas las operaciones contra Yemen del Sur, Riad trató de consolidar la relación especial con el joven bin Laden mediante un acuerdo financiero muy lucrativo. A principios de los ochenta la corte saudita decidió ampliar las dos mezquitas sagradas. El proyecto iba a ser asignado a una de las compañías de Muhammad bin Laden, pero para agradar a Osama, el rey Fahd le ofreció personalmente el contrato para ampliar la Mezquita del Profeta en Medina. Se le dijo que ese contrato le dejaría una ganancia de 90 millones de dólares. Durante una audiencia con el rey Fahd, Osama rechazó la oferta y en cambio le pidió vehementemente que se comprometiera en mayor medida y apoyara la jihad en Afganistán. El rey Fahd, el príncipe heredero Abdallah y el príncipe Turki, convencidos de antemano de la importancia estratégica que tenía Afganistán para Arabia Saudita, quedaron profundamente impresionados por las convicciones de bin Laden y prometieron ayudar a "la causa" afgana. En última instancia, Osama no resintió mucho la pérdida financiera, dado que el contrato fue asignado a su padre. Más tarde, Osama habría de confesar a sus amigos en Afganistán que su riqueza se incrementó y sus negocios prosperaron debido a la cantidad de dinero que gastó en la jihad.

A pesar de los esfuerzos de los mujaidines, el impacto de la situación en Afganistán sobre el mundo musulmán comenzó a crecer sólo hasta mediados de los años ochenta, cuando los medios de comunicación le prestaron más atención, y el transporte organizado por Osama bin Laden quedó institucionalizado. Hasta entonces incluso los islamitas árabes, ocupados en la lucha contra sus propios gobiernos, habían sido indiferentes. Sin embargo, en 1985 cientos de árabes, predominantemente islamitas, comenzaron a unirse a las filas de los mujaidines afganos. A principios de los ochenta, entre 3 000 y 3 500 árabes se encontraban en Afganistán; a mediados de la década, tan sólo el número de los asociados con Hizb-i Islami (el Partido del Islam) había crecido hasta entre 16 000 y 20 000. Las organizaciones islamitas árabes también enviaron a algunos de sus comandantes a Afganistán para estudiar la jihad. En los campos de los mujaidines, estos comandantes recibieron la clase de educación islámica avanzada que se encontraba prohibida en muchos estados árabes, porque era considerada subversiva o sediciosa.

Estos voluntarios extranjeros fueron fácilmente asimilados en el ambiente musulmán de Paquistán, debido al carácter ideológico panislámico de la resistencia afgana. A mediados de los años ochenta, el analista iraní Amir Taheri definió la naturaleza de la resistencia: "El movimiento de resistencia afgano no se ha limitado a un programa mínimo encaminado a asegurar la independencia e integridad territorial de la nación, sino que impulsa abiertamente la creación de una sociedad islámica. Es en el nombre de Alá, y no del nacionalismo en el sentido occidental del término, que se combate a las tropas soviéticas en las montañas de Afganistán. En algunas de las zonas liberadas, el movimiento de resistencia ha hecho realidad su sociedad islámica ideal. En esos lugares las mujeres han sido obligadas a portar el velo, la poligamia ha sido legalizada, las niñas han sido sacadas de las escuelas y los mullahs y *mawlavis* líderes religiosos ejercen su poder tiránico sobre todos los aspectos de la vida diaria". Estos valores y objetivos sociales eran idénticos a las aspiraciones de los árabes que llegaban al país, especialmente a los de la Hermandad Musulmana, la organización islámica sunnita original y más autorizada desde el punto de vista religioso, y a diversas organizaciones de la jihad.

Hacia mediados de los años ochenta, Afganistán se había convertido en un imán para los militantes islamitas de todo el mundo. A principios de esa década, los grupos islamitas árabes y egipcios comenzaron a utilizar Peshawar como su cuartel general en el exilio. Como resultado de su creciente cooperación, establecieron una "organización internacional de la jihad", que utilizaba a Paquistán y Afganistán como trampolín para sus operaciones en sus países de origen. Por ejemplo, una de las primeras oficinas del movimiento de la jihad, fue abierta en 1984 por el doctor Ayman al-Zawahiri para el movimiento islámico de jihad de Abbud al-Zumur, un coronel de los servicios de inteligencia del ejército egipcio y comandante militar clandestino de la jihad islámica que fue arrestado poco después del asesinato de Sadat. Zawahiri escapó de Egipto a mediados de los años ochenta, durante las purgas contra los islamitas realizadas por el presidente Mubarak, quien asumió el poder tras la muerte de Sadat. Zawahiri es hoy en día el más cercano colaborador de bin Laden y un comandante militar de alto rango en su "movimiento". Los miembros de esa primera generación de voluntarios extranjeros en Afganistán, todos los cuales son incondicionalmente leales a bin Laden, constituyen el grupo que encabeza y comanda el movimiento terrorista islamita. El contingente egipcio de los mujaidines internacionales alcanzaría especial importancia a principios de los años noventa, como punta de lanza de los ataques terroristas contra Occidente.

A principios de los años ochenta, la situación había cambiado tanto en Paquistán como en Afganistán. Poco después de la invasión, los soviéticos se hicieron de la iniciativa militar y no la perdieron hasta su retirada en 1989. La resistencia no pudo evitar que las fuerzas soviéticas hicieran lo que quisieran en Afganistán. El profesor Burhanuddin Rabbani, entonces líder de Jamiat-i-Islami en Afganistán, una de las principales organizaciones de la resistencia, admitió en 1982 que "los soviéticos se sintieron cómodos en Afganistán". El gobierno de Zia-ul-Haq había decidido que la situación en Afganistán constituía una amenaza para los intereses vitales de Paquistán, y se comprometió a apoyar la jihad afgana activamente. Como resultado, la compleja y bien aceitada maquinaria del ISI (servicios de inteligencia paquistaníes), que había patrocinado el terrorismo desde los años setenta —principal-mente contra India—, sería utilizada ahora para apoyar a los mujaidines afganos.

A mediados de los ochenta, Islamabad ya contaba con pruebas del valor estratégico de la subversión, como resultado de su larga experiencia como patrocinador del terrorismo y la subversión de los *sijs* contra

India. En 1985 y 1986, en la medida en que mejoraron tanto la calidad como la cantidad de las armas proporcionadas por el ISI, la subversión de los sijs en el Punjab y en muchas otras partes de India se radicalizó y militarizó. Entre las novedades de la revitalizada campaña terrorista se encontraban las técnicas más sofisticadas para la elaboración de bombas, idénticas a las utilizadas por los mujaidines afganos. El incremento de las actividades terroristas de los sijs, fue atribuido al hecho de que los terroristas sijs del movimiento separatista Dal Khals estaban recibiendo mejor entrenamiento en los campos de los mujaidines afganos. En la primavera de 1985, algunos sijs que recibían entrenamiento en el campamento de la resistencia afgana en Paktia, murieron durante una incursión soviética y se encontraron en ese lugar documentos del Dal Khals.

Los campos de entrenamiento no pertenecían a los mujaidines afganos, sino que eran propiedad del ISI. Desde principios de la década de los ochenta, Islamabad decidió capitalizar el creciente apoyo —político, militar y económico— que Paquistán recibía de Occidente para promover la jihad afgana, y dedicar parte de esos recursos a sus propias necesidades estratégicas. El ISI sacó provecho del sistema de apoyo financiero y el entrenamiento de los mujaidines afganos, para encubrir su patrocinio de otros grupos insurgentes dedicados a actividades subversivas en India.

Se hizo indispensable para Islamabad establecer un control muy rígido sobre las diversas entidades subversivas y terroristas que el ISI iba a manejar en todo el sur de Asia, desde Afganistán hasta India, como fuerzas mujaidines locales. El ISI designó a comandantes y líderes que podía controlar y los puso a la cabeza de sus respectivos movimientos. Los servicios de inteligencia de Paquistán habían perfeccionado su habilidad para llevar a cabo ese proceso de manipulación y creación de organizaciones nacionales de mujaidines, a principios de los setenta, con el Hizb-i Islami de Gulbaddin Hekmatiyar, un criminal afgano que tenía contactos tanto con el ISI como con la inteligencia soviética. En los ochenta, Islamabad presentaba a Hizb-i Islami como la punta de lanza de la jihad afgana, con el fin de asegurarse de que recibiría la mayor cantidad de ayuda extranjera posible, tanto en armas como en recursos financieros. Islamabad no se engañaba con ese juego cínico y convenenciero que estaba llevando a la práctica; el mismo presidente Zia-ul-Haq reconoció que "fue Paquistán quien hizo de él [refiriéndose a Gulbaddin Hekmatiyar] un líder afgano". La misma estrategia fue utilizada para convertir al movimiento de insurgencia nacionalista en

Cachemira, India, en una fuerza islamita controlada por el ISI. Hashim Qureshi, fundador del Frente Jammu para la Liberación de Cachemira (FJCL), recordó recientemente la manera en que "en 1984 los generales del ISI se acercaron a mí con una oferta: 'Proporciónanos jóvenes del valle para que los entrenemos y puedan luchar contra India'". Como Qureshi se rehusó, según él mismo, el ISI se apoderó de su movimiento y designó a Amanullah Khan para que lo encabezara. "Es trágico que el sedicente nacionalista Amanullah Khan y algunos de sus seguidores hayan comenzado la lucha en Cachemira, aliados al ISI. Un hombre de inteligencia promedio puede comprender que cualquier movimiento iniciado en una zona predominantemente musulmana con la ayuda de la inteligencia militar paquistaní se convertirá eventualmente en una lucha religiosa." Qureshi señaló que para 1993 "Amanullah demostró que era un agente del ISI", al sacrificar la lucha de liberación nacionalista en Cachemira, en el altar de la política islámica. Qureshi mismo tuvo que huir de Paquistán y pedir asilo político en Europa occidental.

Durante todo ese periodo, la jihad afgana estaba obteniendo el apoyo de Washington y se destinaron más recursos para financiar también el apoyo encubierto —y "no tan encubierto"— a los mujaidines afganos. Estados Unidos creía que apoyaba una auténtica lucha de liberación nacional, aunque caracterizada por sus fuertes bases islámicas, e Islamabad hizo todo lo posible para asegurarse de que Estados Unidos no descubriera la clase de mujaidines que los contribuyentes estadounidenses estaban financiando. Con ese fin, el ISI logró mantener a la CIA alejada de la infraestructura de entrenamiento. El general Mohammad Yousaf, que encabezaba la oficina afgana del ISI, declaró que el general Akhtar Abdul Rahman Khan, jefe del ISI entre 1980 y 1987, "enfrentó muchos problemas con los estadounidenses y la CIA". Akhtar rechazó terminantemente las peticiones estadounidenses de entrenar directamente a los mujaidines o incluso de tener acceso a ellos. "Akhtar nunca permitió que los norteamericanos se involucraran directamente en la jihad", dijo Yousaf. Akhtar y el alto mando del ISI insistieron en "mantener a los estadounidenses fuera" de todo el sistema de entrenamiento y aprovisionamiento que estaban patrocinando.

El general Yousaf hizo énfasis en que el ISI fue el único organismo que proporcionó entrenamiento en Paquistán y Afganistán, y que "ningún instructor norteamericano o chino estuvo involucrado en el entrenamiento relacionado con cualquier tipo de equipo o armamento de los mujaidines... Esta fue una política deliberada, cuidadosamente calculada, que nos negamos terminantemente a cambiar, a pesar de la creciente presión que ejerció la CIA, y más tarde el Departamento de Defensa de Estados Unidos, para permitirles hacerse cargo". El general Yousaf señaló que "desde el principio" el alto mando del ISI "resistió exitosamente" todos los intentos estadounidenses de involucrarse en el apoyo de los mujaidines afganos. Contando con el más amplio apoyo desde los niveles superiores del gobierno de Islamabad, el ISI pudo incluso imponer limitaciones unilaterales y restricciones a las visitas que los funcionarios de la CIA y de otras dependencias de Estados Unidos hicieron a los campos de entrenamiento, a pesar de que dicho gobierno estaba financiándolos por conducto de la CIA. "El general Akhtar adoptó inicialmente la posición de que no debía permitirse ningún visitante en los campos de entrenamiento; sin embargo, el clamor de la CIA y del gobierno estadounidense fue a tal punto persistente que eventualmente cedió a que los funcionarios de la CIA fueran admitidos", recuerda el general Yousaf. Sin embargo, se trató de visitas bien orquestadas, en las que el ISI pudo ocultar muchos aspectos a sus aliados y benefactores norteamericanos.

La acuciante necesidad de Islamabad por ocultar la infraestructura de entrenamiento a los ojos del mismo gobierno estadounidense, se basaba en muchos otros factores, además del desacuerdo entre el ISI y Washington, de que los principales receptores de la asistencia militar fueran grupos militantes islamitas. El ISI se opuso vehementemente a proporcionar apoyo a organizaciones de resistencia afganas asociadas con la población, que pertenecía predominantemente a la tribu tradicional Pushtun, que en su mayoría eran favorables a Occidente. En vez de ello, el ISI insistió en asignar 70 por ciento de la ayuda extranjera a los partidos islamitas, especialmente a Hizb-i Islami, que eran virulentamente antiestadounidenses. Desde la perspectiva de Washington, el apoyo a la jihad afgana era tan importante, que valía la pena "ignorar" el uso —o abuso— que el ISI daba a la infraestructura de entrenamiento financiada por Estados Unidos, en apoyo a otras "causas" —desde los islamitas árabes hasta los grupos regionales al servicio de Paquistán.

La razón principal por la que el ISI decidió mantener a la CIA fuera de los campos de entrenamiento, era que se entrenaba a "voluntarios" no-afganos en esos campos. Más numerosos eran los miles de reclutas islamitas procedentes de Cachemira, y en menor medida los sijs que venían del Punjab. Adicionalmente, miles de islamitas de todo el mundo musulmán y árabe eran entrenados rutinariamente en esos campos, originalmente destinados al adiestramiento de los mujaidines afganos. A mediados de los años ochenta, tan sólo entre 16 000 y 20 000 mujaidines árabes habían sido entrenados con el Hizb-i Islami. A partir de entonces, el isi había entrenado a un promedio mensual de cien mujaidines árabes. Éstos recibieron entrenamiento militar en Peshawar, y tras su regreso de Afganistán asistían al entrenamiento avanzado en campos especiales ubicados en Yemen y Sudán.

La razón por la que Paquistán y el isi comenzaron a entrenar a terroristas islamitas árabes, se relaciona con la dinámica de los acontecimientos que tenían lugar en la región. El presidente Zia-ul-Haq estaba preocupado por la posición regional de Paquistán, un país pequeño y sobrepoblado, localizado entre el Afganistán ocupado por los soviéticos e India. Islamabad trató de obtener, tanto como le fue posible, el apoyo económico y militar, así como la protección estratégica, de Estados Unidos y de los países árabes conservadores. Paquistán consideró, no sin razón, que los sauditas constituirían su mejor apoyo para conseguir la asistencia militar estadounidense por parte del secretario de la Defensa, Casper Weinberger, y de la administración del presidente Reagan en su conjunto. El isi también necesitaba a sus contrapartes sauditas para respaldar a Gulbaddin Hekmatiyar como el auténtico y más exitoso líder de los mujaidines, de manera que la mayor parte del apoyo económico estadounidense fuera dirigido a su Hizb-i Islami, a pesar de sus posturas virulentamente antinorteamericanas. A cambio de sus gestiones ante Washington, los sauditas estaban interesados en apoyar la jihad islámica en Afganistán. A Riad también le interesaba enviar a los islamitas sauditas a Afganistán y Paquistán, de manera que fuera posible mantenerlos lejos de Arabia Saudita, y estaba dispuesta a pagar generosamente los servicios prestados por el isi.

Hacia mediados de los ochenta, bin Laden consideró que su verdadero lugar se encontraba en el campo de batalla de la jihad, donde se ganó la reputación de ser un comandante valiente y habilidoso.

En 1986 participó en la batalla de Jalalabad, en las filas de la unidad de mujaidines árabes. Ese mismo año formó parte de una pequeña fuerza árabe que defendió Jaji contra muchos ataques lanzados por las fuerzas de la República Democrática de Afganistán, que contaba con apoyo de los soviéticos. En 1987 bin Laden combatió en el ataque contra las posiciones soviéticas y afganas en Shaban, en la provincia de Paktia. Una fuerza mixta de árabes y afganos comandados por bin Laden penetró en las posiciones enemigas. Tuvo lugar un violento enfrentamiento cuerpo a cuerpo, y los mujaidines soportaron grandes bajas antes de retirarse. Bin Laden todavía lleva consigo un rifle de asalto Kalashnikov, de fabricación soviética, que según él obtuvo de un general ruso muerto en Shaban. "Después de Paktia, se volvió aún más temerario", declaró un antiguo amigo suyo a la agencia de noticias Associated Press; deseaba pelear hasta el final "y morir con gloria".

Los mujaidines que combatieron bajo el mando de bin Laden lo describen como temerario e indiferente al peligro. "Era un héroe para nosotros porque siempre se encontraba en el frente y avanzaba antes que cualquier otro", recordó Hamza Muhammad, un voluntario palestino que luchó en Afganistán y que actualmente administra uno de los proyectos de construcción de bin Laden en Sudán. "No sólo dio su dinero, sino que se dio a sí mismo. Descendió de su palacio para vivir con los cámpesinos afganos y los combatientes árabes. Cocinó con ellos, comió con ellos, cavó trincheras con ellos. Ése era el estilo de bin Laden".

De 1984 a 1988, bin Laden acompañó frecuentemente a Azzam durante sus viajes por Afganistán, en el curso de los cuales Azzam predicaba apasionadamente ante los mujaidines. El mensaje era claro, y bien puede resumirse en el actual llamado de bin Laden para emprender una jihad global. Azzam dijo que la jihad en Afganistán era una causa islámica que concernía a todos los musulmanes del mundo. Todos debían cumplir con su obligación de pelear la jihad en causas globales, como la de Afganistán, y en la defensa de los hermanos y hermanas musulmanes oprimidos, mediante el combate a los regímenes contrarios al Islam (entendiendo por éstos a los líderes musulmanes que gobernaban estados seculares) en sus patrias. Ambos tipos de jihad conformaban un movimiento más grande, encaminado a establecer el reino de Alá sobre la Tierra. Los islamitas denominan como el Khilafah (el califato) al Estado panislámico unificado que gobernaría todo el Eje del Islam, y en última instancia todo el mundo musulmán. Para lograr la noble misión de restaurar el Khilafah, el mundo musulmán debe abocarse a la jihad, la lucha armada encaminada a establecer el reino de Alá. Azzam manifestó que la jihad debe continuar hasta que el Khilafah haya sido establecido dondequiera que vivan los musulmanes, de manera que "la luz del Islam ilumine al mundo entero". El sheik Azzam reiteró frecuentemente su convicción fundamental: "La jihad no debe ser abandonada hasta que sólo Alá sea venerado. La jihad debe continuar hasta que la palabra de Alá se eleve a las alturas. La jihad debe seguir hasta que todos los pueblos oprimidos sean liberados. La jihad debe encaminarse a proteger nuestra dignidad y restaurar nuestros territorios ocupados. La jihad es el camino hacia la gloria eterna".

A lo largo de los años ochenta Osama bin Laden mantuvo relaciones estrechas con la élite gobernante de Arabia Saudita y especialmente con los servicios de inteligencia sauditas. Fortaleció su amistad con el príncipe Turki. Al igual que su padre, Osama se convirtió en el conducto por el que transitaban discretamente los recursos sauditas encaminados a causas que convenía negar; en esta ocasión, para los mujaidines de Afganistán. Bin Laden manejó personalmente el asunto, delicado desde el punto de vista político, de financiar a los grupos islamitas considerados hostiles a la Casa de al-Saud y a otros regímenes conservadores en el mundo árabe. El gobierno de Riad, pragmático hasta el cinismo, quedó complacido al ver que esos islamitas operaban en el distante Afganistán, y por lo tanto lejos de su patria. El pago por mantenerlos en el lejano Afganistán era un precio razonable a cambio de la estabilidad.

También durante los ochenta continuó operando el centro que Azzam y bin Laden establecieron en Peshawar para canalizar y dirigir a los voluntarios árabes hacia las organizaciones de la resistencia islamita. En el curso de unos pocos años el centro comenzó a organizar grupos de voluntarios que serían de utilidad en sus países de origen. Por ejemplo, algunos de los 3 000 argelinos que pelearon en Afganistán fundaron su propia "Legión Argelina", que peleó bajo el mando de Ahmad Shah Massud. La intervención de Azzam fue fundamental para consolidar las relaciones entre los mujaidines argelinos y Massud, y para lograr que éste último controlara al comandante argelino conocido como Hajj Bunua. Tras el asesinato de Azzam, sus hijos fueron enviados a vivir bajo la protección de Massud. A principios de los noventa, estos "afganos" argelinos constituyeron la punta de lanza de la subversión islamita, excepcionalmente violenta, que azotó Argelia.

Azzam dedicó gran parte de su tiempo y atención a la causa de los islamitas en Estados Unidos, porque se dio cuenta de que constituían un núcleo potencial de creyentes educados, capaces de proporcionar a la jihad recursos humanos de alta calidad. Más importante aún, en este sentido, fue la influencia de Azzam sobre los voluntarios norteamericanos en Peshawar. Pasó gran parte de su tiempo con ellos para inculcarles el espíritu de la jihad. Muchos de esos voluntarios quedaron convencidos de la importancia de esa "oportunidad" para cumplir con el sagrado deber de la jihad. Por ejemplo, Abu Mahmud Hammoody, que actualmente reside en Chicago, fue a tal punto influido por Azzam que pasó los siguientes ocho años de su vida combatiendo en diversas causas de la jihad, de Afganistán a Bosnia. "El sheik AbdAllah sabía cuándo y dónde era necesario aplicar sus creencias políticas y religiosas", explicó Hammoody. Tras su regreso a Estados Unidos, muchos de los devotos seguidores de Azzam continuaron creando células de "afganos".

A mediados de los años ochenta la presencia de los árabes en Afganistán, especialmente de argelinos, libios, sirios y palestinos, se incrementó a tal grado que la influencia de los islamitas árabes se hizo evidente incluso en los más altos niveles del liderazgo de los mujaidines. Debido a que todos los líderes de la Organización para la Liberación de Palestina (OLP) se habían afiliado a la Hermandad Musulmana durante su juventud, la OLP fue una de las primeras organizaciones palestinas que reconoció el creciente poder y significado del terrorismo radical islamita. Yasser Arafat comenzó a utilizar terminología islamita en sus discursos. En el que pronunció el 15 de octubre de 1985 en Jartum, Arafat dijo: "La revolución árabe está viva en la conciencia de los árabes, a pesar de las conspiraciones imperialista y sionista... la guerra santa y la lucha armada se incrementarán... les digo a Reagan y a sus agentes en el mundo árabe que la voluntad de la nación árabe tiene su origen en la voluntad de Alá. Por lo tanto, las naciones árabes obtendrán la victoria".

Khalil al-Wazir, que entonces era el comandante militar de Arafat, y quien es mejor conocido bajo el nombre de Abu-Jihad, fue uno de los primeros en reconocer al terrorismo islamita como el movimiento del futuro. Ordenó que al-Fatah (la rama de la OLP a la que pertenece Arafat) "adoptara" a las organizaciones de la jihad islámica en Israel, Jordania y Líbano. Por ejemplo, la investigación de los disturbios ocurridos en mayo de 1986 en la Universidad al-Yarmuq, en Irbid, Jordania, determinó que Khalil al-Wazir jugó un papel importante en la organización de una alianza entre la rama jordana de la Hermandad Musulmana y el partido comunista local, clandestino, conocido como las "células marxistas". También proporcionó recursos a los islamitas jordanos y organizó el entrenamiento conjunto en terrorismo, en campos de la OLP fuera de Jordania.

En 1986 la OLP comenzó a enviar a los jóvenes radicales más promisorios para que fueran entrenados en los campos de mujaidines de Paquistán, donde todos los partidos islamitas mantenían instalaciones especiales de entrenamiento. Los palestinos se unieron a miembros de organizaciones como la Takfir wa-al-Hijra de Egipto —los asesinos de Sadat— y los "Hermanos Musulmanes" de Siria y Líbano. Por sugerencia de Abu-Jihad, la Hermandad Musulmana de Jordania también alentó a sus miembros a que marcharan a combatir a Afganistán.

Aunque los mujaidines árabes —especialmente egipcios, palestinos y jordanos— recibieron un entrenamiento intensivo en los campos financiados por el ISI, no todos fueron enviados a pelear a Afganistán. Muchos de ellos desaparecieron poco después de concluir su entrenamiento y el subsecuente periodo de práctica, y se agruparon para convertirse en los cuadros de élite del terrorismo islámico internacional. Estos voluntarios extranjeros recibieron entrenamiento especializado en áreas como el uso de misiles tierra-aire (SAM) portátiles —disparados desde un arma que se coloca en el hombro del combatiente— y sabotaje, especialmente el uso de sofisticados detonadores a control remoto y explosivos plásticos avanzados. También se les adoctrinó ampliamente para convertirlos en islamitas devotos y entregados. El papel de estos voluntarios palestinos en el sistema de la OLP-Jihad Islámica quedó en evidencia poco después del arresto de un miembro de la Jihad Islámica en Israel, a principios de agosto de 1987. El terrorista intentaba colocar un coche-bomba en el centro de Jerusalén o de Tel Aviv.

Los iraníes reaccionaron rápidamente al crecimiento de los sentimientos panislámicos en Paquistán. A principios de diciembre de 1985 el ayatola Ibrahim Amini, vicepresidente del Consejo de Expertos de Irán, declaró que su país "estaba contento con los esfuerzos realizados en Paquistán para establecer un sistema islámico". Amini hizo énfasis en la importancia de la experiencia iraní, especialmente en su carácter panislámico, y alentó a los paquistaníes a seguir el mismo camino. Declaró que "es fundamental, durante el proceso de creación de un sistema islámico, evitar las diferencias menores. Uno debe actuar de acuerdo con los principios del Islam y con las oraciones y los ayunos, en vez de discutir sobre diferencias sin importancia... Si quedamos entrampados en el tema de las diferencias entre sunnitas y chiítas, no será posible lograr la unidad entre los musulmanes". Las palabras de Amini implicaban que Irán apoyaba el propósito de Jamaat-i-Islami (el principal partido político islamita de Paquistán, con el que se identificaba ideológicamente el presidente Zia-ul-Haq) de verificar la islamización de Paquistán, y agregó que, toda vez que "era una obligación constitucional y religiosa" de Irán "acudir en ayuda de todos los países musulmanes", Teherán apoyaría a los elementos indicados para lograr la islamización de Paquistán. A la luz de lo anterior, se abrió el camino para la ayuda en gran escala de Irán, inicialmente a través de la Jundullah, organización terrorista de Gulbaddin Hekmatiyar. La

Jundullah fue creada como una rama de la Hizb-i Islami, financiada por el ISI, que podía interactuar con los iraníes sin implicar a Islamabad.

En Afganistán y Paquistán, las organizaciones de resistencia islamita habían adoptado el mensaje global de sus "voluntarios" extranjeros. Por su compromiso de lograr un Estado musulmán utópico, Gulbaddin Hekmatiyar era una figura atractiva para el mundo conservador árabe, e incluso declaró que el Hizb-i Islami "no habrá logrado su meta con la caída del régimen de Kabul. Incluso si ocurriera una retirada soviética total, Hizb-i Islami continuaría la jihad hasta lograr la creación de un Estado islámico". Gulbaddin Hekmatiyar condujo a Hizb-i Islami de acuerdo con los principios de la Hermandad Musulmana, que creía que en una lucha como ésa el combate contra los apóstatas domésticos tiene más importancia que la pelea contra el enemigo extranjero. Para que la jihad tenga éxito y la revolución islámica pueda volverse realidad, las filas de los mujaidines debían ser primero purificadas de los apóstatas y los lacayos del imperialismo. Su apego a esta idea utópica hizo que la Hizb-i Islami de Gulbaddin Hekmatiyar comenzara a combatir contra otros grupos de la resistencia, delatara a sus líderes ante los soviéticos, y celebrara acuerdos de cese al fuego con las autoridades de la República Democrática de Afganistán. En su empeño por lograr una solución ideal, extremista, de largo plazo, Gulbaddin Hekmatiyar prefirió contraer compromisos "temporales" con los infieles, por lo que contribuyó a la contención y eventual supresión de la auténtica resistencia afgana. Los soviéticos manipularon a la Hizb-i Islami de Gulbaddin Hekmatiyar por conducto de numerosos agentes de su propio consejo militar, que incluía representantes no sólo de la Hermandad Musulmana sino también de Libia, Irán y la OLP. Se sabe que a mediados de los ochenta Gulbaddin Hekmatiyar visitó Libia e Irán, y corre el rumor de que también estuvo en Yemen del Sur. Mientras Hizb-i Islami continuó eliminando a las organizaciones nacionalistas mujaidines en Afganistán e integradas de acuerdo con criterios étnicos, Gulbaddin Hekmatiyar siguió recibiendo el apoyo de Paquistán, Arabia Saudita y Estados Unidos, a pesar de estar involucrado en una guerra fraticida.

Un entorno ideológico similar se desarrolló en la zona india de Cachemira alrededor de 1984. El sentimiento popular generalizado en Cachemira podría resumirse en la frase: "El Islam está en peligro", y fue ese sentimiento, más que el nacionalismo, lo que comenzó a inquietar a la juventud de Cachemira. Para entonces la gran infraestructura de entrenamiento del ISI, supuestamente establecida para la resistencia afgana, atraía a muchos grupos regionales mientras fomentaba un sentimiento de camaradería y solidaridad mutua, así como de lealtad a Paquistán. No pasó mucho tiempo antes de que terroristas afganos fueran enviados a India, con el propósito de organizar fuerzas terroristas locales. Los primeros afganos fueron capturados en Cachemira a principios de 1984.

Hacia finales de los ochenta, el programa del ISI había provocado una subversión totalmente desarrollada en el valle de Cachemira. Conforme la guerra en Afganistán llegaba a su final, la amplia red de campos de entrenamiento de los mujaidines afganos, que había sido construida en todo Paquistán, fue convertida por el ISI en centros para los terroristas islamitas destinados al sur de Asia, así como el sitio de preparación de la jihad sunnita. Originalmente se utilizó la infraestructura de apoyo a los afganos en Paquistán para apoyar a los militantes de Cachemira. Durante la escalada de violencia islamita en la Cachemira india, a mediados de 1988, Paquistán proporcionó asistencia al entrenar y armar a los terroristas además de ofrecer refugio a los insurgentes que cruzaban la frontera. En ocasiones, la asistencia del ISI a los islamitas cachemiros fue canalizada a través del Hizb-i Islami de Gulbaddin Hekmatiyar, de manera que Islamabad estuviera en condiciones de negar su responsabilidad. Diez años más tarde, a finales de los años noventa, los afganos y paquistaníes constituían la mayor parte de los militantes altamente entrenados que fueron muertos o capturados por las fuerzas de seguridad de India en Cachemira.

A lo largo de la década de los ochenta, el acceso a las armas, originalmente suministradas a la resistencia afgana, convirtió a Karachi en una sede del terrorismo internacional islamita, involucrando a los palestinos y a "un gran número de personas procedentes de Bangladesh, India, Nepal, Afganistán, Burma, Tailandia, Sri Lanka, Filipinas, y África, que vivían en Karachi como 'musulmanes'", se lamentó el doctor Yasin Rizvi, importante periodista de Paquistán. Todos ellos constituían un excelente recurso humano para llevar a cabo audaces operaciones de sabotaje y terrorismo.

Dado que la infraestructura de entrenamiento del ISI también había servido para adiestrar a otros terroristas islamitas, principalmente árabes, el entrenamiento conjunto y, en muchos casos, la lucha en Afganistán, crearon vínculos entre los diversos islamitas, que fortalecieron la estrecha cooperación entre sus organizaciones. Las organizaciones militantes de Medio Oriente han apoyado activamente a los islamitas de Cachemira desde finales de los años ochenta. Por ejemplo, dos organizaciones de Cachemira financiadas por Paquistán —el Hizb-ul Mujaidín y el brazo armado del Ikhwan al-Muslimin— recibieron apoyo de sus "hermanos de Palestina" en su lucha contra India. Estos esquemas de cooperación y asistencia mutua en la campaña de insurgencia y terrorismo islamita en Cachemira son importantes a la luz de la continua evolución e internacionalización de la infraestructura de entrenamiento de terroristas en Paquistán.

El 17 de agosto de 1988, el presidente Zia-ul-Haq, junto con el embajador de Estados Unidos, Arnold Raphel, el agregado militar estadounidense, el jefe de los servicios de inteligencia de Paquistán, general Akhtar Abdul Rahman, y 28 personas más, murieron cuando el avión Hércules C-130B en que acababan de despegar se vino a tierra. Considerada comúnmente como una de las operaciones estratégicas encubiertas más efectivas que llevó a cabo la Unión Soviética, este "accidente" tuvo una repercusión profunda en el ámbito del terrorismo islamita internacional.

Benazir Bhutto, quien se convirtió en la primer ministro de Paquistán en 1989, tenía una percepción totalmente diferente del papel y la utilidad del terrorismo islamita. Convencida de que el destino de Paquistán residía en establecer alianzas estratégicas con países como Siria, Irán, la República Popular China y Corea del Norte, Bhutto sometió a revisión todos los aspectos la vinculación de Paquistán en la guerra de Afganistán, y el terrorismo patrocinado por el Estado se convirtió en un instrumento de importancia crucial para la política exterior de Paquistán. Islamabad se comprometió entonces a impulsar el avance del islamismo en el corazón de Asia, porque lo consideró como la única ideología capaz de contener y revertir la desintegración de Paquistán de acuerdo con criterios étnicos. En consecuencia, el apoyo y financiamiento del ISI a otros movimientos terroristas islamitas en el seno del mundo árabe se convirtió en una de las premisas de la doctrina de la seguridad nacional de Paquistán. Dado que los regímenes conservadores árabes a los que se oponía, como el régimen de Arabia Saudita, disfrutaban de privilegios especiales en sus relaciones con Estados Unidos, Islamabad advirtió la importancia de confrontar a los estadounidenses cada vez más con el fin de lograr una mejor posición estratégica en la región. Por esa razón, el gobierno de Paquistán comenzó a apoyar activamente al islamismo militante.

Este cambio se reflejó inmediatamente en la relación entre el ISI y las organizaciones terroristas islamitas árabes. El general Hamid Gul, nuevo jefe del ISI, estableció nuevas políticas. En el otoño de 1988 el

ISI giró instrucciones a todas las embajadas de Paquistán, ordenando que se otorgara una visa de "turista especial" a todo aquel islamita que quisiera pelear en la jihad afgana. Esas "visas" fueron otorgadas frecuentemente con boletos de avión pagados a voluntarios que carecían de documentos apropiados, así como a aquellos que proporcionaron nombres falsos y que eran buscados por sus gobiernos bajo los cargos de terrorismo y subversión. En aquella época la Unión Soviética estaba gestionando un acuerdo internacional que permitiera la retirada de las fuerzas soviéticas de Afganistán bajo la condición de un cese al fuego. La retirada total de los soviéticos concluyó el 15 de febrero de 1989. Mientras el ISI reclutaba activamente islamitas extranjeros, la jihad afgana estaba llegando a su final.

Entre 16 000 y 20 000 militantes islamitas procedentes de veinte países llegaron a Paquistán al final de la década de los ochenta. La mayor parte de ellos eran islamitas árabes, pero muchos otros provenían de lugares tan diversos como Filipinas y Malasia, y también había un contingente de musulmanes de Bosnia y de albano-kosovares procedentes de lo que entonces era Yugoslavia. Prácticamente todos ellos eran islamitas comprometidos con la idea de liberar a sus países de origen y establecer regímenes islamitas. A diferencia de los voluntarios de principios y mediados de los años ochenta, estos recién llegados no tenían un verdadero interés en colaborar en la liberación de Afganistán. Llegaron a Paquistán para ser entrenados, y el ISI estaba feliz de cumplir lo prometido.

Este nuevo enfoque se sumó al profundo cambio en la política de Paquistán hacia Afganistán. El parteaguas fue la gran ofensiva de Jalalabad, en marzo de 1989, apenas un mes después de la retirada soviética. Convencidos por Paquistán de que una ofensiva militar de gran envergadura por parte de los mujaidines conduciría a la caída del gobierno de la República Democrática de Afganistán en Kabul, Estados Unidos y Arabia Saudita proporcionaron una gran asistencia para esa ofensiva final. En vez de emprender una campaña coordinada que hubiera convenido a las fuerzas irregulares de los mujaidines afganos, dotadas con armamento ligero, el ISI presionó a la resistencia afgana para que emprendiera un ataque de grandes proporciones contra las defensas fortificadas del gobierno de Kabul y contra las posiciones de artillería en Jalalabad. Islamabad sabía que un ataque frontal como ese sólo podía terminar en una derrota abrumadora de los atacantes, que no se encontraban bajo el control de Paquistán. Como resultado, la resistencia afgana que había tenido que soportar una década de lucha contra las fuerzas soviéticas quedó tan diezmada, que a partir de entonces no constituyó una fuerza combatiente de importancia. El camino quedó abierto para que Islamabad organizara su propia "fuerza de mujaidines", conocida actualmente como el Talibán.

Osama bin Laden y muchos de sus amigos mujaidines árabes participaron en la batalla de Jalalabad; él fue testigo de la carnicería innecesaria de muchos mujaidines dedicados. A su regreso a Peshawar, los mujaidines árabes compartieron con el sheik Azzam su rabia y la sospecha de que habían sido traicionados.

Entonces un Azzam enfurecido se dirigió a ellos. Su mensaje más importante hizo énfasis en la necesidad de rejuvenecer el espíritu de la jihad. Les recordó el compromiso que tenían con todas las causas musulmanas, y que comenzaba por la liberación de Afganistán. Conforme analizaban las razones por las que la marcha de los mujaidines sobre Kabul había fracasado, a pesar de la retirada soviética, Azzam, bin Laden y otros líderes islamitas llegaron a la conclusión de que habían sido víctimas de una conspiración estadounidense llevada a cabo por conducto de Paquistán. Estados Unidos, razonaron, trataba de derrotar la jihad islamita en Afganistán y en otras partes, porque el ascenso del Islam ponía en peligro su poderío y riqueza.

El mensaje más importante de Azzam constituyó su llamado a renovar el viejo espíritu de la jihad afgana, que se basaba en una lucha sin cuartel sustentada en principios teológicos utópicos. Ahora, ese mensaje era contrario a las prioridades del ISI, que consistían en mantener el control de los afganos, los cachemiros y otros terroristas mujaidines. La influencia de Azzam en Peshawar lo convirtió en una amenaza.

El 24 de noviembre de 1989, una poderosa bomba activada a control remoto hizo explosión bajo el automóvil de Azzam en una angosta calle de Peshawar. Azzam, dos de sus hijos y un acompañante resultaron muertos instantáneamente. Hasta la fecha, nadie se ha atribuido la responsabilidad de su asesinato. En aquellos días hubo informes constantes y circularon rumores en Peshawar de que el asesinato había sido realizado por un destacamento especial de Hizb-i Islami, normalmente controlado por el ISI, pero no se encontró prueba alguna.

El sheik Azzam había sido acallado, pero su mensaje sobreviviría a través de sus leales discípulos. Uno de los más cercanos era Osama bin Laden.

A finales de la década de los ochenta el mundo del terrorismo internacional estaba cambiando. Los campos de la resistencia afgana en Paquistán se convirtieron en centros de terroristas islamitas radicales, en donde los sunnitas constituían la mayoría de los combatientes. El Islam tradicionalista y radical estaba desarrollándose a lo largo del mundo musulmán, como una reacción popular de los creyentes ante las presiones del mundo moderno, y especialmente ante las relaciones con Occidente. La creciente frustración de las masas musulmanas condujo al surgimiento de una vanguardia militante que poseía un compromiso sin precedente con la causa de revitalizar el Islam tradicionalista. Debido a sus convicciones religiosas, estos creyentes llegaron a ser tan devotos de su causa que dejaron de apreciar sus propias vidas, las proporciones de la carnicería que infligían en sus víctimas, y las consecuencias de sus actos.

El surgimiento de una nueva generación de terroristas islamitas a partir de los campos de mujaidines en Afganistán y Paquistán coincidió con la decadencia de otros movimientos terroristas de importancia en el mundo islámico. A pesar de que los campos de refugiados y los arrabales de Medio Oriente eran aún el hervidero de una juventud radicalizada, el movimiento revolucionario progresista palestino —sus organizaciones terroristas— había fracasado en el intento de forjar una nueva generación de comandantes y líderes que pudieran reemplazar a sus viejos maestros. Estos últimos se estaban haciendo viejos, y los líderes eran asesinados tanto por sus amigos como por sus enemigos. El fracaso de la revolución palestina y la ausencia de una nueva generación de líderes carismáticos, apartó a la juventud radicalizada y frustrada de los movimientos socialistas y nacionalistas, y los empujó hacia el Islam tradicionalista y radical. En las filas del islamismo tradicionalista, los creyentes encontraban líderes jóvenes y carismáticos, guía espiritual, y la certeza de que tendrían una recompensa después de la muerte. El sufrimiento y la frustración que experimentaban en este mundo eran pruebas que debían superar en su camino hacia el martirio y el paraíso, de manera que entre más sufriera y se sacrificara el creyente mejor sería su recompensa eterna. La juventud radicalizada se agrupaba bajo la bandera del islamismo en números sin precedente, y el terrorismo radical islamita se convirtió en el movimiento del futuro.

En la búsqueda de la violencia islámica, los campos de los islamitas afganos en Paquistán se convirtieron para el terrorismo sunnita en lo que Líbano había sido para el terrorismo radical de izquierda. Paquistán se convirtió en sitio de peregrinación para los aspirantes a convertirse en islamitas radicales. Los terroristas islamitas siempre han considerado a la autonomía —una especie de Estado dentro del Estado— como el escenario ideal para establecer su centro de operaciones y entrenamiento. Los más devotos y radicalizados cuestionaron el concepto de un Estado islámico en términos contemporáneos; durante los años ochenta los estados sunnitas fueron considerados como entidades de apóstatas, y por lo tanto enemigos. La comunidad afgana estaba llevando a cabo una jihad para hacer realidad una entidad islámica utópica, y por lo tanto se acercaba más a una auténtica comunidad islámica que pudiera apoyar y otorgar su protección al Islam militante radical. Esta autonomía también ofrecía algunos beneficios prácticos, como una menor dependencia de los gobiernos y los servicios de inteligencia, y un sentimiento de independencia y realización. Hacia finales de los años ochenta, los campos afganos en Paquistán se habían convertido en la sede del terrorismo islamita, el germen de la jihad sunnita. Dado que el centro de gravedad del terrorismo islamita cambió hacia el "terror santo", creció la importancia de la infraestructura afgano-paquistaní.

Para Osama bin Laden la carnicería que tuvo lugar en Jalalabad y el asesinato de Azzam fueron un amargo final de una década excitante. Tras haber contribuido al surgimiento de una jihad islamita auténtica, ahora era testigo de su decadencia en manos de políticos cínicos. Sin embargo, los acontecimientos de 1989 no pudieron despojarlo de su convicción, reforzada por las enseñanzas de Azzam, de la importancia de las causas islámicas y de emprender la jihad tanto contra los enemigos del Islam como para la liberación de los musulmanes. De cualquier manera, tras la retirada de las fuerzas soviéticas, su misión en Afganistán parecía haber llegado a su fin, y bin Laden decidió regresar a Arabia Saudita.

2
Crisis y renacimiento

En 1989 Osama bin Laden regresó a Arabia Saudita convertido en un héroe. Se había hecho un hombre más sabio, endurecido por la experiencia. Sus puntos de vista políticos y sociales se habían vuelto más radicales. Muchos de los "afganos" árabes y de los auténticos afganos a quienes había ayudado en Afganistán lo veían como líder. El gobierno saudita lo consideraba como un ejemplo positivo y como la prueba de su contribución a la jihad afgana, que gozaba de gran popularidad entre la población.

El halago y la atención de los medios de comunicación convirtieron a bin Laden en una celebridad. Hizo uso de la palabra en incontables mezquitas y reuniones privadas. Algunos de sus incendiarios discursos fueron grabados; cerca de un cuarto de millón de cintas oficiales fueron vendidas y un inmenso número de copias ilegales —y más tarde clandestinas— fueron elaboradas y distribuidas.

Bin Laden describió los grandes triunfos del Islam contra una superpotencia de infieles y declaró que la jihad afgana demostraba que nada ni nadie podía detener a la nación musulmana, una vez que ésta se comprometiera a la práctica ortodoxa del Islam. La Casa de al-Saud, que fundamenta su derecho a ejercer el poder y la legitimidad de dicho poder en función de su papel como custodio de las dos mezquitas sagradas del Islam, estaba complacida con ese mensaje. Bajo el argumento de que intentaba establecer una forma de vida apegada al islamismo, Riad aprovechó el mensaje islamita para fortalecer su posición. La satisfacción de Riad con Osama se manifestó en el ámbito financiero, mediante el otorgamiento de un gran número de contratos gubernamentales y privados a las compañías de bin Laden.

Entretanto, Osama bin Laden trató de readaptarse después de una década de jihad. Volvió a trabajar en la oficina de la compañía constructora de su familia en Jeddah, mudó a su familia a un apartamento modesto, y en el fuero personal intentó llevar a la práctica la forma de vida islámica que había pregonado. Por algún tiempo pareció apaciguarse.

El 2 de agosto de 1990 Irak invadió Kuwait. Aunque Saddam Hussein prometió, en una serie de mensajes enviados al rey Fahd y otros príncipes, que no tenía intenciones de invadir Arabia Saudita, el pánico cundió en Riad. El reino se encontraba indefenso y expuesto a una ofensiva iraquí. El ingreso de los refugiados kuwaitíes a Arabia Saudita, encabezados por el emir y su familia, sólo hizo crecer la histeria en Riad.

Osama bin Laden se trasladó inmediatamente a Riad y ofreció su ayuda al gobierno. Se entrevistó con el príncipe Sultan, ministro saudita de la Defensa, y le expuso un detallado plan de diez páginas para defender al reino. Bin Laden expresó que el equipo pesado de las grandes compañías constructoras de su familia podía ser movilizado rápidamente para construir fortificaciones defensivas. También propuso reforzar las unidades sauditas con grupos de veteranos "afganos" a quienes él estaba dispuesto a reclutar. Repitió la oferta al príncipe Turki, jefe de los servicios de inteligencia, y agregó que los "afganos" sauditas también podían ser utilizados como núcleo para una jihad popular en Kuwait.

Bin Laden manifestó apasionadamente en Riad que si la nación musulmana había sido capaz de expulsar a la Unión Soviética de Afganistán, podía también derrotar a Saddam Hussein; y que en su calidad de musulmanes, los soldados iraquíes no podían oponer resistencia a una fuerza que emprendiera la jihad. También advirtió a Riad de los peligros de permitir que fuerzas "de infieles" ingresaran a la tierra sagrada de Arabia Saudita, porque esa invitación sería contraria a las enseñanzas del Islam y tendría un impacto muy profundo en los sentimientos de los sauditas, así como de los musulmanes en general. En este punto de la crisis, Osama bin Laden intervino como un ciudadano preocupado e incondicionalmente leal a su país.

Mientras que para los estadounidenses y sus aliados occidentales la Guerra del Golfo Pérsico tuvo lugar para asegurar el control de las reservas petroleras de la región y la libertad de Kuwait, para el mundo musulmán la guerra se libró para decidir el futuro político del islamismo. Mediante la ocupación de Kuwait y el derrocamiento de su familia real, Saddam Hussein intentaba asegurar el predominio de su versión de nacionalismo árabe sobre los regímenes conservadores como el de Arabia Saudita. Para la Casa de al-Saud, la clave para una victoria de largo plazo residía no sólo en la derrota de Irak, sino en consolidar su legitimidad islámica. Sin embargo, bin Laden señaló que al aceptar la presencia de fuerzas extranjeras (no musulmanas), Arabia Saudita provocaría un daño a su legitimidad islámica. Plenamente consciente del celo y compromiso que había visto en Afganistán, bin Laden sabía, y le hizo saber a Riad, que los militantes islamitas no pasarían por alto lo que considerarían la violación a los sagrados principios del Islam. Señaló que la Casa de al-Saud debía dar prioridad y concentrarse en fortalecer su legitimidad islámica en el largo plazo, aun cuando ello representara tener que enfrentar una amenaza inmediata por parte de Irak.

Sin embargo, Osama bin Laden fue ignorado. El rey Fahd y su círculo más cercano fueron presas del pánico cuando vieron a las fuerzas iraquíes invadiendo Kuwait. Riad abrió las puertas para la llegada de fuerzas de una coalición encabezada por Estados Unidos, que a principios de 1991 derrotó a Irak en la Guerra del Golfo Pérsico. Las fuerzas estadounidenses han permanecido en Arabia Saudita desde entonces.

Osama bin Laden no fue el único miembro de la élite saudita que se opuso enfáticamente a invitar a las fuerzas estadounidenses. A principios de agosto de 1990, el rey Fahd le pidió al ulema —grupo de líderes religiosos más importantes del país— que apoyaran el despliegue de las fuerzas norteamericanas. "Todos los miembros del ulema se oponían categóricamente a esa idea", dijo un funcionario saudita en el curso de una investigación realizada por el académico saudita en el exilio, Nawaf Obaid. "Sólo después de largas discusiones con el rey, el gran mufti sheikh Abdul-Aziz Bin Baz aceptó a regañadientes apoyar la idea, bajo la condición de que se le presentara evidencia sólida de que existía una amenaza [iraquí]." Entretanto, el alto mando saudita insistió en que sería incapaz de proteger al reino contra una ofensiva iraquí. Después de que el secretario de la Defensa, Dick Cheney, prometiera que las tropas estadounidenses no permanecerían en Arabia Saudita "un minuto más de lo necesario", el rey convenció al ulema de 350 miembros, en La Meca, de que aceptaran reticentes la presencia temporal de las fuerzas estadounidenses —solamente hasta el final de la crisis. La noticia de este conflicto entre la corte saudita y el ulema se diseminó velozmente por todos los círculos islamitas de Arabia Saudita.

Rechazado por Riad, pero cobijado por un creciente apoyo popular, Osama bin Laden encontró un lugar en la corriente de antinorteamericanismo que recorrió las comunidades islamitas de todo el mundo musulmán. Aún en Arabia Saudita, bin Laden optó por una posición intermedia. Por una parte, condenaba la invasión de Irak a Kuwait y pedía su expulsión por la fuerza. Al mismo tiempo criticaba duramente la presencia de las fuerzas de Estados Unidos y otros países en Arabia Saudita, que consideraba un sacrilegio. Su llamado a la acción se concentró en actos cívicos, como el boicot a productos norteamericanos. "Cuando compramos artículos estadounidenses, nos convertimos en cómplices del asesinato de los palestinos", dijo en un discurso que fue grabado. "Las compañías estadounidenses ganan millones de dólares en el mundo árabe, y de esas ganancias pagan impuestos a su gobierno. Estados Unidos utiliza ese dinero para enviar tres mil millones de dólares anuales a Israel, que los destina a matar palestinos". Sin embargo, bin Laden no criticó a la Casa de al-Saud en esos discursos.

Al no oponerse a la Casa de al-Saud, bin Laden se apartó de la gran mayoría de los islamitas de la época. Muchos líderes islamitas, incluyendo a veteranos de Afganistán como el sheik Tamimi, se aprestaron a apoyar a Saddam Hussein. Manifestaron que la confrontación con Estados Unidos, el archienemigo del Islám, constituía una prioridad más alta que la defensa de Kuwait. Al tomar partido por Estados Unidos e invitar a ejércitos extranjeros en las sagradas tierras de Arabia, decían los islamitas, la Casa de al-Saud abdicó efectivamente de sus derechos legítimos como custodio de los lugares sagrados. Entre los defensores más elocuentes de esta postura se encontraban muchos colegas y aliados de bin Laden, a quienes conoció en Afganistán. Sin embargo, Osama bin Laden permaneció fiel a la corona saudita. Estaba convencido de que la Casa de al-Saud, a cuyos miembros más importantes conocía personalmente, podía aún restaurar su legitimidad islámica expulsando a las fuerzas estadounidenses y extranjeras. Bin Laden consideraba todavía la posibilidad de que Riad hubiera cedido ante la enorme presión de Estados Unidos como resultado del pánico, y que una vez que el gobierno de Riad estuviera convencido de su seguridad, volvería al camino ortodoxo del Islam. Como esta opción era viable, y dado que el rey era custodio de los lugares santos, Osama bin Laden se comportó como un leal súbdito de su monarca.

Incapaz de enfrentar la crítica, el gobierno no se tomó la molestia de distinguir entre la posición de bin Laden y la de otros islamitas. Todo lo que le importaba a la Casa de al-Saud era que bin Laden disfrutaba de una inmensa popularidad, lo que lo convertía en una amenaza, de manera que Riad sometió a Osama bin Laden a una tremenda presión para acallar su crítica. Los funcionarios del gobierno saudita le advirtieron que podía perder sus lucrativos contratos, y cuando esa amenaza no pareció funcionar, le dijeron que Riad expropiaría todos sus bienes. Amenazaron al resto de su familia —a su padre, hermanos, cuñados y otros parientes— para acallarlo. Los funcionarios sauditas volvieron a amenazar con cortar los lazos de la familia con la corte y conducir todos sus negocios a la bancarrota. Al mismo tiempo, los servicios de inteligencia sauditas mantuvieron contacto con Osama bin Laden para asegurarse de que éste no se pasara al movimiento subversivo antisaudita y le pidieron favores, principalmente para poner a su servicio la gran red de "afganos" e islamitas en todo el mundo. Riad sabía que si bin Laden se unía al movimiento islamita, éste ganaría un tremendo impulso en los niveles populares debido a su gran popularidad; suposición correcta, como eventualmente quedó demostrado.

Una vez que la Guerra del Golfo Pérsico terminó, y que Arabia Saudita decidió permitir que las fuerzas extranjeras quedaran estacionadas de manera permanente en su territorio, Riad dejó de considerar útil a Osama bin Laden. Comprometido en permitir la presencia de las tropas estadounidenses y europeas en su territorio, el gobierno de Riad sabía que no había manera de tratar con él. Desde el principio de la crisis, bin Laden había advertido a Riad que tendría que escoger entre la "seguridad" a corto plazo y la legitimidad islámica, en el largo. La Casa de al-Saud había optado por la primera, a sabiendas de que esto marginaría a los islamitas, incluyendo a Osama bin Laden. La presión que habían ejercido sobre él se convirtió pronto en hostilidad abierta. Ante la creciente beligerancia de Riad, y temiendo por el bienestar de sus parientes, Osama bin Laden y su familia marcharon al exilio en el nuevo refugio del islamismo: el Sudán de Hassan al-Turabi.

Cuando Osama bin Laden llegó a Sudán, Hassan Abdallah al-Turabi ya era el líder espiritual del país. Se había elevado a esa posición poco después del golpe militar del 30 de junio de 1989, que llevó al poder al general Omar al-Bashir. Musulmán devoto, Bashir había intentado imponer un régimen islamita en Sudán, pero sus esfuerzos fueron infructuosos debido a una amarga guerra civil en el sur, una economía en crisis y el descontento público. Con el apoyo de Bashir, Turabi —una de las más grandes luminarias del pensamiento islámico— surgió como ideólogo y guía del régimen de Sudán.

Hassan Abdallah al-Turabi nació en febrero de 1932, en Kassala, al este de Sudán, en el seno de una familia piadosa y activa. A pesar de ser comerciante, su padre era un estudioso del Islam. También era moderno, y la familia tenía un historial de activismo antiimperialista que databa de la época en que el país se encontraba bajo la égida británica. El dualismo de su padre, que oscilaba entre el islamismo y la modernidad occidental, influyó en la educación y el destino de Hassan al-Turabi. Éste recibió una educación formal secular en una serie de escuelas anglófonas del centro de Sudán, y fue educado por su padre en el Corán, de acuerdo con las enseñanzas de la Universidad al-Azhar del Cairo. Su padre también le enseñó a conocer y amar la cultura clásica y la poesía tradicional árabes. Turabi asistió en Jartum al Gordon College, administrado por los británicos, y se graduó como abogado en 1955. A partir de 1951 fue miembro de la rama clandestina de Jartum de la Hermandad Musulmana de Egipto. Siendo un líder nato, pronto encabezó el Movimiento para la Liberación Islámica de su universidad, una rama activista de la Hermandad Musulmana.

La religiosidad de Turabi no lo cegó frente a la cultura occidental. A diferencia de muchos de sus colegas en Medio Oriente, no temía al contacto y la interacción con Occidente. Tras ganar una beca para estudiar en la Universidad de Londres en 1955, viajó a Inglaterra y, en 1957, obtuvo la maestría en Derecho. Más tarde, en 1959, obtuvo una beca para estudiar en la Sorbona, donde concluyó su doctorado en 1964. Turabi habla bien inglés y francés y conoce la cultura occidental. Durante su estancia en Europa viajó por el continente y también a Estados Unidos. Aún hoy realiza largos viajes.

De regreso a Sudán, a mediados de los sesenta, Turabi se reincorporó a la política islamita. Fundó el Frente Oficial Islámico (FOI, o ICF, por sus siglas en inglés), coalición de individuos y grupos islamitas que utilizaría junto con la Hermandad Musulmana para hacer progresar sus ideas políticas y sus campañas públicas. El FOI fue el primer ejemplo de su propensión a impulsar su agenda mediante la construcción de coaliciones amplias, cimentadas en objetivos básicos y comunes denominadores. En las décadas siguientes, Turabi se movió una y otra vez entre dos polos: en ocasiones sería una figura de poder en el gobierno, y en otras asumiría el papel de una figura de oposición inmaculada por no haberse aliado a las dictaduras militares. Durante ese periodo escribió y publicó muchas obras de carácter político y religioso. Se mantuvo bajo los reflectores y obtuvo el reconocimiento en los círculos intelectuales islamitas como una autoridad en el tema del aspecto político del Islam, y las relaciones entre el islamismo y el Estado moderno. En los años ochenta estaba interesado en lograr la reconciliación entre la Sharia —ley tradicional islámica— y las necesidades legales y legislativas del Estado moderno.

Era natural que el general Bashir invitara a Turabi para que le ayudara a fundamentar la dictadura militar islamita. Turabi se creció ante el reto y convirtió a Sudán en el centro mundial del renacimiento sunnita. Cualquier duda que Turabi haya podido albergar sobre la adopción de una actitud de confrontación con Occidente quedó despejada tras la Guerra del Golfo Pérsico.

El periodo comprendido entre 1991 y 1993 —los primeros años de Osama bin Laden en Sudán— fueron cruciales para el movimiento sunnita. El mundo musulmán se recuperaba lentamente del impacto provocado por lo que ahora conocemos en Occidente como "la Guerra del Golfo Pérsico". Para el mundo musulmán, constituyó una experiencia traumática en que la unidad sagrada de los musulmanes quedó tan afectada, que algunos estados árabes musulmanes se unieron al odiado Occidente para combatir y derrotar a otro Estado árabe musulmán. No es de extrañar, pues, que los islamitas llamen a ese periodo *al-Azma* —"la crisis"—, una calamidad para el Islam y sus creyentes que sólo es superada por *al-Naqba* —"el holocausto"—, el establecimiento del Estado de Israel. Los islamitas manifestaban que durante "la crisis" quedó plenamente demostrado que los regímenes odiados y corruptos, como los de Arabia Saudita y Kuwait, sólo podían sobrevivir gracias al compromiso de Occidente de mantener a sus títeres a toda costa, incluyendo el uso de la fuerza. La única estrategia viable para la vanguardia de los creyentes era la de encarar a Occidente, y especialmente a Estados Unidos, para imponer su derecho divino a establecer sociedades y gobiernos islamitas a lo largo del Eje del Islam.

La intervención de Turabi resultó esencial para llevar la doctrina a la práctica. A partir del otoño de 1991, y más aún desde la primavera de 1992, ha tenido lugar una evolución fundamental, si no es que histórica, en el terrorismo, la subversión y la violencia islamita. Esta evolución ha conducido a una escalada sin precedentes de la jihad islamita contra el orden mundial judeo-cristiano. Los islamitas esperan que el clímax de esta lucha tome la forma de un torrente de violencia apocalíptica que sacuda a Occidente. En el centro de este nuevo fenómeno, está la integración de las redes terroristas sunnitas a la Internacional

Islámica, organización que abarca diversos organismos jihadistas que operan en el marco teológico de la Hermandad Musulmana Internacional (HMI, o IMB por sus siglas en inglés). La Internacional Islamita es controlada y patrocinada por Irán, y manejada por conducto de Sudán bajo el liderazgo del sheik Turabi. Constituye la realización del sueño original del ayatola Jomeini: una revolución ecuménica islámica que no establezca distinción entre sunnitas y chiítas.

Los chiítas, que constituyen alrededor de quince por ciento de los musulmanes del mundo, se separaron de la mayoría sunnita a finales del siglo VII, tras una amarga lucha por la sucesión del Profeta Mahoma. Existen profundas diferencias entre chiítas y sunnitas en lo que respecta a la propagación del Islam revolucionario, para el establecimiento del califato en la era moderna. La doctrina sunnita, originalmente definida por el egipcio Sayyid Muhammad Qutb en los años cincuenta, estipula que, dado que el Estado-nación es una realidad de la que no es posible sustraerse, los movimientos islamitas deben primero establecer gobiernos islamitas en cada país y después integrar a los países en un solo califato. La doctrina chiíta, que evolucionó a mediados de los años cuarenta, estipula que, puesto que el Estado-nación es una entidad ajena al Islam, no es válido considerarla en términos de la propagación del Islam. Los líderes islamitas legítimos, como Jomeini, tienen el derecho y la obligación de apoyar activamente todas las revoluciones islámicas y atacar a sus enemigos —principalmente a Estados Unidos— en nombre de la solidaridad islámica. Esta idea respalda el patrocinio y apoyo iraní a muchas organizaciones terroristas y subversivas islamitas.

Al referirse a la cuestión de la revolución islamita en la era moderna, Turabi señaló que diversos movimientos subversivos en Medio Oriente no se enfrentaban ya a gobiernos locales, sino a regímenes que eran títeres apuntalados por Estados Unidos. En su intento por derrocar a dichos regímenes y fundar estados islámicos que los sustituyeran, los islamitas en realidad estaban enfrentando a Estados Unidos. Por esa razón era legítimo atacar los intereses de este país en todo el mundo por medio del terrorismo internacional, para obligar a Estados Unidos, y a Occidente en general, a abandonar a sus títeres en Medio Oriente. Dada la naturaleza dual de la amenaza —la influencia y la presencia estadounidense— los diversos movimientos nacionales islamitas debían combinar sus esfuerzos contra el enemigo común. Este principio despejó la vía para el surgimiento de alianzas de grupos terroristas sunnitas y organizaciones que operan en todo el mundo en pos de las causas islamitas.

A principios de los años noventa, esta evolución doctrinal era más que una simple formulación teórica; estaba siendo llevada a la práctica a través de la Internacional Islámica. El brazo terrorista y militante de la nueva Internacional Islámica es el Movimiento Islámico Armado (MIA, o AIM por sus siglas en inglés). Conocido popularmente como "La Legión Internacional del Islam", el MIA es la punta de lanza de la nueva ola del terrorismo internacional. Los principales terroristas son conocidos como "los afganos". La mayor parte de ellos fueron entrenados con los mujaidines en Paquistán, y algunos también combatieron en Afganistán. Desde principios de los años noventa, la Legión Islámica ha enviado a sus mujaidines a Asia, África, Europa y Estados Unidos para apoyar, incitar y facilitar lo que sus líderes consideran como luchas de liberación islámicas. Diversos grupos y organizaciones afiliadas a la Legión tienen presencia en todo el mundo, principalmente donde viven los musulmanes. Los islamitas tienen bases e instalaciones de apoyo en Sudán, Irán, Afganistán y Paquistán, donde reciben adiestramiento militar avanzado en terrorismo y subversión, por parte de un grupo de entrenadores expertos. Los terroristas islamitas se desplazan vía Teherán, Jartum e Islamabad.

Durante sus primeros años en Sudán, Osama bin Laden realizó contribuciones importantes para el desarrollo de esta nueva Internacional Islámica, y particularmente del MIA. En esta etapa, bin Laden era uno de los encargados de facilitar que las acciones del MIA se llevaran a cabo; no era todavía la autoridad teológica e ideológica en que se ha convertido actualmente.

El ascenso del general Bashir al poder, por medio del golpe militar de junio de 1989, no fue únicamente "otro golpe militar" en Medio Oriente, sino un acontecimiento de importancia estratégica. La decisión de Bashir de imponer un régimen islamita en Sudán —país empobrecido y subdesarrollado, envuelto en una guerra civil fraticida— tuvo como consecuencia un cambio drástico en la posición estratégica del África oriental.

Poco después de obtener el poder, Bashir consultó a Turabi sobre el papel de Sudán en la difusión de la revolución islamita. Luego de esas entrevistas, Turabi notificó al liderazgo de la Hermandad Musulmana Internacional que tenían un lugar en Sudán. Los líderes de la HMI se reunieron en Londres, a principios de agosto de 1989, y decidieron transformar a Sudán en una base y refugio seguro para los movimientos islamitas del mundo árabe, África y Asia. Bashir y la HMI llegaron a un acuerdo, por el cual Sudán se convertiría en un "trampolín para los países árabes y africanos", a cambio de asistencia financiera. Con ese fin, en la reunión de Londres se decidió crear una junta que incluía a diecinueve miembros líderes de la HMI bajo la dirección de Turabi, con sede en Jartum.

En un intento por adquirir un carácter islamita, Sudán cambió de aliados y benefactores. Sin embargo, la transformación de Sudán, de ser un aliado libio-iraquí hasta convertirse en un feudo iraní, no fue simplemente un cambio de hegemonías. Debido a las características, tanto del régimen militar de Jartum como del movimiento islamita de Sudán, se trató en realidad de un proceso que tuvo ramificaciones ideológicas muy profundas en todo el mundo musulmán. A principios de los noventa, Sudán estaba preparado para convertirse en un foco de diseminación de la revolución islamita al estilo de Jomeini.

El viraje de Sudán hacia Irán tuvo lugar a principios de la primavera de 1991, tras la crisis del Golfo Pérsico, y especialmente por el fracaso de Saddam Hussein por encabezar la auténtica jihad que prometió librar. Turabi llenó el vacío en la cúspide del movimiento militante islamita, anunciando la creación de "un marco universal para el movimiento islamita". La Conferencia Popular Árabe e Islámica (CPAI, o IAPC por sus siglas en inglés), una de las ambiciosas pero efectivas coaliciones de Turabi, se celebró del 25 al 28 de abril de 1991 en Jartum, con Turabi como líder permanente. Como ocurre a veces con los acontecimientos verdaderamente importantes, las decisiones clave fueron tomadas en reuniones a puerta cerrada, en la casa de Turabi, en Manshiyah, Jartum, poco antes de la conferencia. Ésta fue un congreso de organizaciones terroristas y movimientos populares islamitas de 55 países. Se trató del primer intento serio de coordinar un ataque sunnita, tanto contra los conservadores del mundo musulmán como contra Occidente, en venganza por la guerra contra Irak.

La conferencia de Jartum también creó la primera organización revolucionaria sunnita verdaderamente internacional, con el nombre de Organización Popular Internacional (OPI, o PIO por sus siglas en inglés). Turabi señaló en su discurso que el objetivo de la OPI "es elaborar un plan de acción global para desafiar al Occidente tiránico, porque Alá no puede permanecer en nuestro mundo por más tiempo, a la luz del poder materialista absoluto". La OPI estableció en Jartum un consejo permanente de 50 miembros, cada uno de los cuales representaba a uno de los 50 países donde las luchas de liberación islámica tenían lugar.

Teherán quedó impresionado con el resultado de la CPAI, y ofreció a Turabi asistencia profesional para acelerar la diseminación de la revolución islámica. Más importante aún fue la asistencia iraní en la creación del cuartel general de la OPI. Con ese fin, el coronel al-Fatih Urwah, de los servicios de inteligencia de Sudán, viajó a Teherán pocos días después de la conferencia. Al regresar a Jartum llevó consigo un avanzado sistema de comunicación, que incluía equipo de interferencia electrónica, donado por Teherán, de manera que la OPI pudiera coordinar en forma segura la comunicación entre los numerosos movimientos islamitas. Las técnicas de comunicación clandestina y la codificación fueron aplicados en Jartum por un equipo de expertos recién llegados de Irán y del Hezbolá, así como por egipcios que habían desertado del Mukhabarat (servicio de inteligencia de Egipto).

Con ayuda de los expertos iraníes y de los veteranos terroristas árabes, incluyendo a los "afganos", Sudán comenzó a mejorar el entrenamiento que se impartía en los campos locales, e incluyó los preparativos para operaciones espectaculares. De mayor importancia eran los preparativos realizados para operaciones terroristas a largo plazo en Europa occidental, que comenzaron en el verano de 1991. Los dos sitios de entrenamiento más importantes eran los de al-Shambat y al-Mazraah, donde terroristas procedentes de Túnez, Argelia, Francia y Bélgica recibieron adiestramiento avanzado. Las materias impartidas en esos campos incluían el manejo de armas pequeñas, defensa personal, manejo de explosivos, emboscadas, fabricación de explosivos a partir de materiales locales, topografía y uso de equipos de visión nocturna. El entrenamiento especializado para los egipcios y otros terroristas islamitas fue desarrollado por Abbud al-Zumur, ex funcionario de inteligencia militar de Egipto, que a pesar de encontrarse en prisión en su país por su participación en el asesinato de Sadat, continuaba encabezando una rama de la jihad islámica y enviaba sus instrucciones por conducto de Paquistán. En un conjunto de instrucciones enviadas en forma clandestina desde la cárcel egipcia y distribuidas a través de Paquistán, Zumur estableció los criterios profesionales para llevar a cabo operaciones de terrorismo internacional. Para facilitar la tarea de los terroristas en una sociedad occidental, las instrucciones de Zumur hacían hincapié en la importancia de operar en la clandestinidad, y de que sus miembros "portaran ropas ordinarias, como jeans, se afeitaran la barba y pasaran el tiempo en los cafés". El entrenamiento incluía instrucciones para efectuar tareas de contrainteligencia y técnicas para operar en la clandestinidad.

Teherán también fue generoso al hacer un reconocimiento público a Turabi y a las nuevas organizaciones que éste había creado. El 18 de octubre de 1991, Irán fue la sede de la Conferencia Internacional de Apoyo a la Revolución Islámica del Pueblo de Palestina, a la que asistieron cerca de 400 delegados de entre 55 y 60 países. La opi asistió a la conferencia como un miembro importante del movimiento revolucionario islamita, y a muchos líderes afiliados a la opi, incluido Turabi, se les asignaron lugares prominentes durante las sesiones. Los grupos terroristas y subversivos de la opi fueron admitidos en el sistema de terrorismo internacional, encabezado y financiado por Teherán, sin desafiar el liderazgo de Turabi desde el punto de vista religioso. Esto significa que el Irán chiíta respaldaba el carácter sunnita de la opi, lo cual impresionó a Turabi y demás asistentes. Se le prometió que contaría con mayor cooperación y coordinación con Irán. Inmediatamente después de la conferencia, los servicios de inteligencia iraníes enviaron tres delegaciones de expertos a muchos países asiáticos, árabes y africanos para dar seguimiento a las decisiones políticas, económicas y financieras adoptadas durante la conferencia, y para acelerar la escalada de la lucha islamita.

A pesar de la hospitalidad iraní, Turabi y sus asistentes quedaron impresionados por la enorme brecha profesional que existía entre las organizaciones controladas por Irán y Siria, y las de la propia opi. Sin importar cuán comprometidos estuvieran, los sunnitas de la opi no tenían conocimiento de algunos aspectos fundamentales del terrorismo internacional, como el trabajo en la clandestinidad, la creación de células seguras, el combate a las fuerzas de seguridad del Estado, la organización de operaciones, la construcción de bombas sofisticadas y la planeación de asesinatos. También carecían de los conocimientos necesarios para operar fuera de sus países, especialmente en Occidente. Inmediatamente después de regresar de Teherán, el 23 de octubre, Turabi convocó un consejo *ad hoc* de 40 miembros para una importante reunión encaminada a la formulación de estrategias. Reconoció que el impulso de los islamitas había fracasado en cuanto al logro de los resultados esperados. Al mismo tiempo, antes de que amainara la agitación en Medio Oriente, la necesidad de intensificar las luchas islamitas sería aún más urgente, sobre todo en países como Egipto. Turabi afirmó ante el consejo que "no hay marcha atrás en la política de proporcionar asistencia a los soldados de Mahoma en Egipto, y que el Islam triunfará, sin importar lo que ocurra". El apoyo otorgado de antemano a los mujaidines en Egipto, uno de los proyectos más importantes de Turabi desde 1990, se incrementaría. Los comentarios finales de Turabi hicieron énfasis en la importancia que tenían las relaciones con Irán para la seguridad de Sudán y para el movimiento revolucionario islamita mundial.

Turabi comenzó a trabajar a fin de mejorar el liderazgo, mando y control del movimiento islamita. A finales de 1991 estableció un consejo supremo de la OPI y la HMI en Jartum. Cerca de 350 funcionarios islamitas, profesionistas y líderes procedentes de muchos países que residían en Jartum, fueron identificados e invitados a tomar un adiestramiento especializado, de manera que pudieran contribuir mundialmente con la lucha islamita. Osama bin Laden fue uno de los invitados a aportar sus habilidades y experiencia a la OPI de Turabi y, durante los años que siguieron, hizo contribuciones de importancia para el crecimiento del movimiento terrorista islamita. Turabi advirtió las cualidades de bin Laden y lo mantuvo cerca de él, compartiendo con él sus ideas sobre el papel del movimiento islamita y su futuro, contribuyendo con ello al desarrollo intelectual de bin Laden.

A finales de 1991, Irán había hecho un movimiento atrevido y consolidado una alianza estratégica con Sudán. Ambos países ya disfrutaban de muy buenas relaciones y esquemas de cooperación en temas como la defensa y el apoyo al terrorismo islamita. Una vez que Turabi definió el compromiso teológico entre el qutubismo (las doctrinas del sunnita egipcio Sayyid Muhammad Qutb, 1906-66) y el jomeinismo (las enseñanzas del chiíta iraní ayatola Jomeini, 1902-89) sobre el papel del Islam como fuerza suprema en el mundo moderno, y que aplicó ese compromiso al proceso revolucionario islamita, el camino estaba despejado para una auténtica alianza. La consolidación final de esa alianza estratégica, que convirtió a Sudán en un feudo iraní, quedó completada a mediados de diciembre, durante la visita que realizó a Jartum una delegación de 157 miembros del gobierno iraní, encabezada por el presidente Ali Akbar Hashemi-Rafsanjani, y que incluía al ministro de relaciones exteriores, al ministro de la Defensa, al jefe de los servicios de inteligencia, al jefe del Cuerpo de Guardias de la Revolución Islámica (CGRI, o IRGC por sus siglas en inglés), y a los ministros de Obras, Comercio y Finanzas. Estos funcionarios firmaron numerosos acuerdos de cooperación en áreas relacionadas con la defensa y el terrorismo, y un acuerdo económico que estipulaba que Irán proporcionaría petróleo, alimentos y otros tipos de asistencia económica. Considerados en su conjunto, estos acuerdos aceleraron la transformación de Sudán en un títere iraní. A principios de 1992, Sudán se convirtió en un punto estratégico y una pieza clave de la infraestructura que Irán requería para exportar la revolución islámica al Medio Oriente y a África. Jartum estaba comprometido a asumir el papel que Teherán le había asignado.

Dada la enorme diferencia cualitativa entre el movimiento terrorista impulsado por Irán y el de Sudán, Teherán decidió analizar qué tan bien se habían ejecutado las resoluciones tomadas en la conferencia de octubre, y revisar los preparativos para la jihad islámica. A principios de febrero de 1992, Teherán convocó a una conferencia internacional a la que asistieron 80 delegados de veinte organizaciones terroristas. La conferencia terrorista fue realizada con el pretexto de celebrar los Diez Días del Despertar, como se conoce al triunfo de la revolución iraní. Los líderes terroristas se reunieron con importantes funcionarios del servicio de inteligencia de Irán, de los servicios de seguridad, el CGRI, las organizaciones de propaganda islamita, la fundación Shahid (un organismo controlado por el gobierno que financia actividades islamitas cuasi legales, como la ayuda humanitaria y social a las organizaciones militantes) y la fundación del Imán (que entonces era la fuente que el propio Jomeini utilizaba para financiar proyectos especiales e importantes, tales como actividades terroristas y subversivas realizadas en Occidente). Juntos formularon una doctrina conjunta que regiría el futuro de la jihad, y decidieron los medios para ponerla en práctica. Los líderes terroristas acordaron la reestructuración y el mejoramiento de sus organizaciones y métodos para potenciar sus capacidades, pasos que serían dados inmediatamente gracias al generoso financiamiento iraní.

Entretanto, el flujo de armas y asistencia iraníes a Sudán continuó creciendo. Para la primavera de 1992, las habilidades y conocimientos de los iraníes se dejaban sentir. Turabi y su asistente, Ali Uthman Taha, hicieron visitas secretas a Teherán, la última de ellas a principios de febrero, y pidieron más apoyo. Teherán aceptó proporcionar adiestramiento a la inteligencia de Sudán en técnicas militares y de interrogatorios. Irán también aceptó brindar a Sudán una mayor asistencia militar, desde el envío de asesores hasta cargamentos de armas, que le serían de utilidad en la guerra que libraba contra los rebeldes en el sur del país. A finales de febrero, el CGRI tomó posesión de la cárcel de Kabar, en Jartum, y la convirtió en su cuartel general en Sudán, un claro indicio de las intenciones a largo plazo de Teherán. A mediados de marzo, el general Muhsin Rezai, comandante en jefe del CGRI, encabezó una delegación militar de alto nivel en una visita secreta a Sudán.

Inspeccionó y aprobó los preparativos militares iraníes y sudaneses para la ofensiva en el sur de Sudán, y analizó las necesidades de Sudán en lo que hace a armamento, adiestramiento y apoyo logístico para las operaciones mencionadas. También visitó los campos de entrenamiento de terroristas, donde los islamitas estaban recibiendo adiestramiento de alto nivel por parte de los asesores del CGRI. A su regreso a Teherán, Rezai presentó un informe positivo, y Teherán decidió aumentar su participación y su apoyo masivo tanto para Jartum como para el movimiento terrorista islamita.

Una nueva Internacional Islámica surgió en 1992, que vino a unificar y coordinar de mejor manera, en comparación con su antecesora, los diversos movimientos militantes sunnitas desde África occidental hasta el Lejano Oriente. Dichos movimientos militantes se difundían ahora más rápidamente a través del mundo musulmán y fuera de él. La Internacional Islámica fue la fuerza dominante y la punta de lanza del movimiento proselitista islamita que tomó parte en gran número de choques armados y actividades subversivas en todo el mundo. La nueva organización era un retoño y una ampliación de las vastas redes político-militares existentes en el seno de la Hermandad Musulmana. La OPI actuó como cuerpo de coordinación supremo de muchas organizaciones de militantes islamitas, apoyadas por Teherán y Jartum. Turabi también mantuvo a sus asistentes confiables en posiciones de importancia en el extranjero, para garantizar el carácter global del movimiento islamita. Hacia mediados de 1992, Osama bin Laden era ya un miembro prominente del círculo más cercano a Turabi.

Osama bin Laden llegó a Jartum en 1991, decidido a llevar una discreta vida de estilo musulmán y comenzar una nueva carrera en los negocios. Analizó tanto el escenario económico local como las oportunidades en el extranjero, especialmente en Paquistán, Afganistán y África oriental, y consideró ingresar en el lucrativo negocio de las importaciones y exportaciones. Durante esa época estableció relaciones de trabajo con muchos bancos e instituciones financieras internacionales. Sin embargo, su búsqueda de una vida tranquila no duró mucho.

El mundo musulmán fue sacudido el 5 de julio de 1991, cuando los funcionarios del Banco de Inglaterra cerraron el Banco de Crédito y Comercio Internacional (BCCI), destapando un escándalo financiero de dimensión mundial. Dirigido por paquistaníes y financiado en gran medida por árabes adinerados, el BCCI se hizo famoso por proporcionar "servicios especiales" en apoyo a diversas causas: el lavado de dinero de los terroristas, la prestación de servicios de inteligencia para los musulmanes y los mujaidines; el financiamiento de acuerdos clandestinos sobre armas convencionales, armas de destrucción masiva y otros tipos de tecnologías de carácter estratégico; el envío y lavado de grandes sumas de dinero originadas por el desfalco realizado por líderes corruptos de todo el mundo en desarrollo. Durante los años ochenta, se convirtió en el principal medio para la transferencia y lavado de la ayuda encubierta de la CIA a los mujaidines afganos. Riad, Islamabad y otras capitales también se valían de la singular manera de hacer negocios del BCCI para realizar sus propias operaciones encubiertas. No es de sorprender que la resistencia afgana y otras organizaciones islamitas también utilizaran los servicios del BCCI. En el curso de las operaciones de financiamiento de esas "causas" islamitas, los administradores del BCCI no sólo dejaron de llevar sus libros de registro, sino que se llenaron los bolsillos de dinero. El banco se había convertido en una entidad vacía que manejaba una enorme cantidad de dinero sucio alrededor del mundo, pero que carecía de solvencia fiscal. Cuando se realizó una auditoría seria, quedó claro que debería ser cerrado antes de que colapsara y arrastrara a otros bancos consigo. En julio de 1991 los terroristas no sólo habían perdido su dinero, sino que además era muy probable que los ejércitos de contadores, abogados, y seguramente agentes de inteligencia de Occidente que se habían reunido para investigar al BCCI, revelarían los secretos financieros de los islamitas al conocer los registros de operaciones secretas del BCCI.

De esa manera, en medio de los preparativos para un nuevo alzamiento islamita de proporción mundial, el principal instrumento utilizado para financiar esas actividades dejó de existir. Jartum necesitaba urgentemente de un experto que salvara lo que fuera posible y reconstruyera un sistema de financiamiento global, tanto para el MIA como para la OPI. En aquel entonces Osama bin Laden era el individuo más capaz en Jartum para desenmarañar ese desastre financiero. A finales del verano de 1991 Turabi le pidió ayuda a bin Laden.

El colapso del BCCI y las ondas de choque que aún reverberaban a lo largo del mundo musulmán no pudieron haberse presentado en un peor momento. Turabi siempre había sabido de la importancia de contar con un sistema financiero confiable para apoyar y mantener las actividades islamitas. Para la época en que Bashir asumió el poder, Sudán se había convertido en un sitio de importancia fundamental para el financiamiento de los movimientos islamitas en la región, especialmente en el norte de África. Hacia finales de los años ochenta, bajo la supervisión de Turabi, la HMI había obtenido el control y ejercía su influencia sobre muchas de las más importantes instituciones financieras del mundo islámico que operaban en Occidente, como la Islamic Holding Company, el Banco Islámico Jordano, el Banco Islámico de Dubai, y el Banco Islámico Faysal. A principios de 1991, la HMI fundó el Banco Taqwa, en Argelia, que un funcionario egipcio describió como "el establecimiento de un banco mundial para fundamentalistas", encaminado a competir con las instituciones financieras occidentales. Mientras estas actividades tenían lugar y esos bancos eran obligados a apoyar actividades clandestinas, Jartum dependía en gran medida del BCCI para realizar sus actividades financieras.

Sin embargo, en el verano de 1991 el BCCI colapsó cuando la HMI se esforzaba por completar esos programas. Adicionalmente, se habían negociado acuerdos entre Sudán e Irán que incluían temas financieros, como el subsidio a diversos movimientos islamitas. Debían encontrarse nuevos canales para el depósito y la transferencia de los fondos antes de que Irán comenzara a enviar el dinero. Osama bin Laden se ofreció como voluntario para utilizar sus propias cuentas internacionales y sus compañías como conductos que permitieran encubrir los fondos islamitas.

De esa manera, a finales de 1991, cuando Teherán transfirió 30 millones de dólares a Turabi para apoyar el sistema bancario controlado por la HMI, el esquema inicial perfeccionado por bin Laden estaba listo. Dado que los servicios de seguridad de todo el mundo prestaban atención a los bancos iraníes y regulaban sus actividades, dichos bancos no podían ser utilizados para llevar a cabo actividades clandestinas. En vez de ello, se echó mano de una red de cuentas que bin Laden estableció en bancos de Sudán, controladas por la HMI, con el fin de realizar la transferencia de fondos. Esas redes bancarias fueron utilizadas para apoyar otras transferencias de dinero clandestinas. Por ejemplo, poco antes de las elecciones en Argelia, algunos iraníes e islamitas de los emiratos del Golfo depositaron doce millones de dólares en la sucursal que el Banco Islámico Faysal tenía en Jartum. Desde allí, el dinero fue enviado a Argelia para apoyar al Frente de Salvación Islámica (FSI, o FIS por sus siglas en inglés). Otros veinte millones de dólares fueron transferidos a Sudán a principios de 1992, y más tarde fueron enviados de Jartum para apoyar al movimiento islamita, principalmente al FSI, en Argelia. A mediados de 1992 Irán envió otros treinta millones de dólares a Sudán para acelerar el entrenamiento de los terroristas. De cualquier manera, gran parte de esos recursos —proporcionados en moneda fuerte— fueron transferidos a las cuentas bancarias de Londres, controladas por Turabi, para financiar operaciones terroristas internacionales. Jartum cubrió todos los gastos de los terroristas que recibían adiestramiento en Sudán con fondos del presupuesto nacional.

Sin embargo, esas eran soluciones al problema inmediato. Bin Laden y Turabi sabían que necesitaban contar con un sistema más complejo. Por su parte, Gulbaddin Hekmatiyar se preparaba para enviar drogas de Afganistán hacia Occidente y para desviar las utilidades del narcotráfico hacia el financiamiento de las redes de terroristas. Se requería otra forma de lavar dinero para estos propósitos.

Bin Laden adoptó una solución de doble vía. Originalmente estableció una serie de cuentas y depósitos en diversos bancos de Medio Oriente, África y Europa, utilizando su propio dinero y el de los ricos seguidores de Turabi. Ese dinero fue utilizado como garantía para realizar otras transacciones, aunque algunos gastos relativamente legítimos fueron cubiertos desde esas cuentas. Por ejemplo, una adquisición de alimentos y medicinas para los veteranos "afganos" que se encontraban en Sudán y otros sitios, realizada en 1993, fue pagada mediante un cheque de dos millones de dólares correspondiente a una cuenta personal de bin Laden en el Banco Islámico Faysal. Bin Laden afirma que entregó personalmente ese cheque a Turabi.

Sin embargo, las transferencias de grandes cantidades de recursos y el lavado de dinero requerían de una solución diferente. Con ese fin, bin Laden y un pequeño grupo de comerciantes adinerados de Sudán, leales a Turabi, inyectaron capital en el Banco Islámico de Shamal (del norte), en Jartum. Bin Laden afirma que aportó alrededor de 50 millones de dólares al capital de ese banco, aunque no se sabe de quién era ese dinero. Este negocio es representativo de las características de las actividades financieras de bin Laden en Sudán. Como recompensa por haber cerrado el trato con el banco, el gobierno otorgó a bin Laden la propiedad de un millón de acres de tierra en Kordofan, al oeste de Sudán, que bin Laden destinó a la agricultura y la crianza de ganado. Sin embargo, el dinero no cambió de manos, y ninguna operación quedó registrada en los libros. El material recuperado por las autoridades egipcias en 1995 proporciona un ejemplo de la magnitud de las sumas de dinero que se manejaban. A principios de los noventa —más probablemente en 1993 o 1994— Turabi decidió "establecer un fondo especial para financiar la jihad islámica en países africanos y musulmanes que forman parte de la Conferencia de Pueblos Árabes Islámicos", fondo que sería utilizado por los "afganos" egipcios. "Cerca de cien millones de dólares fueron depositados en ese fondo", dijo un líder islamita a sus interrogadores egipcios. Un comité especial encabezado por Ibrahim al-Sanusi, asistente de Turabi, fue integrado para vigilar ese fondo, aparentemente uno de tantos fondos, y dirigir una oficina creada específicamente para ayudar a los "afganos" egipcios.

Ese fue sólo el principio. Hacia mediados de la década de los noventa, con ayuda de los contactos de su familia y de benefactores que conoció cuando peleó en Afganistán, Osama bin Laden terminó de organizar un sistema financiero fácil de comprender pero imposible de detectar, que apoyaría a las redes terroristas de élite que su amigo Ayman al-Zawahiri estaba organizando en Europa. El financiamiento del sistema terrorista de Zawahiri está organizado a través de una entidad totalmente independiente conocida como "el Grupo de la Hermandad". Su núcleo central es un grupo de 134 árabes extraordinariamente ricos de los estados del Golfo Pérsico. El objetivo de ese sistema financiero es esconder "la charola del dinero", de manera que resulte imposible a las autoridades occidentales relacionar a los terroristas con los estados que los patrocinan.

Los miembros más importantes del Grupo de la Hermandad tienen presencia financiera bien establecida en Occidente; 65 de ellos poseen grandes compañías y negocios en Estados Unidos. Todas estas entidades e instituciones financieras son utilizadas por un nuevo sistema de terroristas como cubierta, medios de apoyo financiero y de comunicación interna. La red también hace más fácil la permanencia legal de los terroristas y el personal que los supervisa en Estados Unidos, al proporcionarles empleos permanentes y obtener para ellos visas de negocios. Cerca de 80 miembros del grupo proporcionan servicios semejantes en Europa occidental.

El sistema financiero organizado por bin Laden parece funcionar en forma efectiva y eficiente. La mejor prueba de lo anterior estriba en el hecho de que prácticamente no se ha confiscado dinero de los terroristas en Occidente. Muchas redes islamitas se mantienen a sí mismas en el corazón de Occidente —en ciudades tan caras como Ginebra, Chicago y Londres— sin tener medios visibles para obtener ingresos. Una red tras otra entra en acción, utilizando grandes cantidades de dinero sin origen rastreable. Y dado que dichos fondos llegan a sus destinatarios sin dejar rastro, es posible suponer que el sistema financiero de bin Laden debe estar funcionando correctamente.

Con base en el material confiscado a un comandante terrorista de primera línea, en mayo de 1993, las autoridades egipcias descubrieron pruebas de que "intereses de negocios" relacionados con bin Laden ayudaron a enviar dinero a los islamitas egipcios, de manera que éstos pudieran adquirir equipos no especificados, instrumentos de impresión y armas. Los egipcios sólo pudieron detectar una gran transacción, y no fueron capaces de controlar el flujo de efectivo. En 1994, los servicios de seguridad egipcios calcularon que "el monto anual de recursos podría ascender a 500 millones de libras egipcias. El dinero está destinado a la compra de armas y explosivos, a pagar salarios de quienes ejecutan operaciones terroristas y asistir a las familias de quienes están en prisión. El continuo flujo de dinero se encuentra detrás de las operaciones terroristas en un periodo reciente". A pesar de la captura de unos pocos cheques de origen extranjero, las autoridades egipcias no pudieron rastrear el origen de los fondos ni detener el flujo. Egipto no es el único país incapaz de resolver el problema. El repetido fracaso de las autoridades de muchos países para rastrear el origen de los cheques y el dinero encontrado en posesión de los terroristas, constituye una prueba de la complejidad del problema.

Entretanto, Osama bin Laden organizaba otro sistema financiero, completamente independiente, para hacer llegar fondos a los terroristas islamitas, particularmente a aquellos que operan en Occidente bajo un estatus aparentemente legal. El sistema fue desarrollado con base en la Fundación al-Qaida (Salvación Islámica), una organización caritativa que bin Laden creó para Azzam a mediados de los ochenta. Mientras que la fundación fue creada originalmente para enviar fondos para apoyar la jihad en Afganistán y Paquistán, en su segunda etapa hizo llegar recursos para ayudar a centros y sociedades caritativas islámicas en todo el mundo, particularmente en Bosnia y Albania-Kosovo, donde operan los mujaidines. Como en el caso del sistema de financiamiento clandestino, este otro sistema cuasi legal rápidamente evolucionó hasta convertirse en una multitud de organizaciones caritativas, aparentemente sin relación entre sí, que interactuaban y movían gente y dinero de un lugar a otro, mientras las autoridades de Occidente trataban de desenmarañar la madeja.

Una de las investigaciones más completas sobre las organizaciones caritativas islámicas fue llevada a cabo en Croacia durante el otoño de 1993. El estudio llegó a la conclusión de que en la antigua Yugoslavia, y especialmente en Bosnia-Herzegovina, un elemento importante de la infraestructura terrorista islamita patrocinada por Irán estaba disimulado entre las filas de diversas organizaciones caritativas islámicas. Estas organizaciones operaban desde Zagreb, Croacia, en cooperación y coordinación con los representantes locales de la inteligencia iraní y el Hezbolá. Mohammad Javad Asayesh, en aquel entonces diplomático iraní asignado a la embajada en Zagreb, era responsable de supervisar las operaciones de inteligencia y terrorismo en los Balcanes y Europa bajo la cubierta de "actividades humanitarias". La gran mayoría de los fondos destinados a esas organizaciones "caritativas" era manejado ya fuera por la Fundación Mostazafin, una "careta" de la inteligencia iraní, o por un grupo de fundaciones de los emiratos del Golfo que reportaban a Hassan al-Turabi a través de Osama bin Laden. En total, entre 4 000 y 6 000 terroristas islamitas se encontraban operando en Bosnia-Herzegovina en aquella época, bajo la cubierta que les proporcionaban cerca de dos docenas de organizaciones "caritativas" y "proyectos humanitarios". La situación no ha cambiado mucho desde entonces.

Estas organizaciones "caritativas" y "proyectos humanitarios" son mucho más que un disfraz y un refugio para los terroristas islamitas. Estas instituciones proporcionan servicios sociales y humanitarios, dirigen escuelas, guarderías, hospitales y clínicas, granjas y talleres mecánicos; distribuyen ropa y contribuyen a manejar una gran variedad de proyectos comunitarios. Todas esas actividades eran conducidas en el contexto del fervor islamita y con la meta de educar a aquellos que recibían la ayuda. Consideradas en su conjunto, esas instituciones islamitas proporcionan apoyo tanto espiritual como socioeconómico a comunidades en conflicto. En muchos casos, son las únicas que realizan esa tarea y operan en sitios fuera del alcance tanto de las autoridades locales como de las organizaciones humanitarias de Occidente. Estos organismos se ganan el apoyo auténtico y amplio de las comunidades, que a su vez se unen a la jihad islamita, ya sea proporcionando refugio y apoyo a las redes terroristas o bien alentando a los jóvenes de las localidades a unirse a las fuerzas de la jihad. Con el aumento de la pobreza en el mundo en vías de desarrollo, las campañas islamitas de "corazones y mentes" han demostrado ser extraordinariamente exitosas en la tarea de construir bases populares sólidas.

En una entrevista realizada en 1996, bin Laden se refirió al alcance de sus actividades financieras humanitarias. "Para decirlo de manera sencilla, los establecimientos de ayuda de bin Laden cubren trece países, incluyendo Albania, Malasia, Paquistán, Holanda, Gran Bretaña, Rumania, Rusia, Turquía, Líbano, Irak y algunos países del Golfo, que no es necesario mencionar", explicó. "Con una sonrisa malintencionada en sus labios", según palabras del entrevistador egipcio, bin Laden añadió que "esta ayuda proviene en particular de la Sociedad Internacional de Cuidados Humanitarios, que fue fundada en Afganistán en 1982". La sonrisa se debía sin lugar a dudas al audaz argumento de que el empobrecido y marginado Afganistán era la fuente de esa ayuda, cuando en realidad el dinero era lavado clandestinamente y provenía de sus seguidores en Arabia Saudita y los emiratos del Golfo. Los organismos que se han derivado de esas organizaciones humanitarias son actualmente patrocinados por muchos hombres de negocios de los estados del Golfo, y no deben ser considerados como "entidades de bin Laden".

De cualquier manera, según el mismo bin Laden, le interesaba el trabajo de las fundaciones caritativas. Reveló que "la oficina principal de la sociedad se encuentra en Estocolmo y tiene sucursales en todo el mundo, incluyendo la Sociedad al-Musa'adah (ayuda) en la Gran Bretaña, la Sociedad al-Najdah (rescate) en Berlín, la Sociedad de Apoyo Islámico en Italia, la Sociedad Muwaffaq en Zagreb y Bayt al-Ansar en Peshawar". Todas estas instituciones estaban "limpias".

Bin Laden demostró ser invaluable para Turabi, más allá de la ayuda que le proporcionó para encontrar la manera de financiar la causa islamita. En el otoño de 1991, Jartum le pidió asistencia a bin Laden en relación con otro asunto de importancia. Uno de los temas que habían salido a la luz durante las primeras negociaciones estratégicas con los iraníes, era el hecho de que la infraestructura estratégica de Sudán se encontraba en mal estado, si no es que era totalmente inexistente: caminos, puentes, aeropuertos, instalaciones militares, etc.

Teherán manifestó su interés en operar una infraestructura militar viable en Sudán y Jartum prometió hacer mejoras. Sin embargo, el gobierno de Sudán no tenía idea de cómo emprender un proyecto de esa magnitud. Nuevamente se acercaron a bin Laden, que tenía experiencia como contratista y constructor, y le pidieron ayuda.

Bin Laden estableció la empresa Al-Hijah, especialmente para construir el Tahaddi (desafío), camino de importancia estratégica que une Jartum con Puerto Sudán, en la costa del Mar Rojo, así como un moderno aeropuerto internacional cerca de Puerto Sudán, capaz de recibir aviones de combate y reconocimiento. Utilizó a Al-Hijah para importar camiones y tractores de Alemania, con un valor cercano a los 15 millones de dólares. Turabi se aseguró de que el gobierno de Sudán exentara a bin Laden del pago de impuestos por esas importaciones.

Para la primavera de 1993, la infraestructura había crecido a tal punto que bin Laden estableció un sistema de control bajo el mando de Abu-al-Hasan, su amigo sudanés más cercano durante casi una década. Cerca de diecisiete hombres trabajan en Jartum en el departamento de contabilidad y finanzas que se encarga de manejar los proyectos de bin Laden. Para llevar a cabo las operaciones de campo, bin Laden reclutó a muchos de los afganos y los árabes "afganos" a quienes entrenó y con los que trabajó en Afganistán. En mayo de 1993 trasladó entre 300 y 400 de ellos de Paquistán a Sudán, para que se hicieran cargo de las posiciones de administración y supervisión.

Este flujo de hombres preparados aumentó la capacidad de bin Laden para llevar a cabo el programa de desarrollo estratégico de Sudán. A principios de 1994, ya era el responsable de la construcción y administración de por lo menos tres grandes campos de entrenamiento de terroristas en el norte de Sudán, en los que los servicios de inteligencia de Irán y Sudán proporcionaban el adiestramiento. Para 1996, todavía en Sudán, había construido y equipado 23 campos de entrenamiento de mujaidines. Bin Laden también llevó a cabo cierto número de proyectos de construcción de importancia, el mayor de los cuales fue la presa al-Rusayris, la más grande de Sudán. También trabajó en la ampliación de la recién terminada autopista, de 310 millas de recorrido, llamada al-Tahaddi (desafío) que unía Jartum con Shendi y Atbarah en el norte, hasta Malakal en el sur, con extensiones hacia Waw, en el suroeste de Sudán, y Juba, más al sur. Esta carretera es el único eje de transporte de refuerzos y armas desde el centro de Sudán, y el único instrumento con que cuenta Jartum para mantener bajo su control la región meridional del país ante la rebelión creciente. Bin Laden también administró la construcción de los canales de al-Rahad y Kiananah, y muchos aeropuertos e instalaciones militares.

Considerados en su conjunto, estos proyectos de construcción revolucionaron la posición estratégica de Sudán. Si hubieran sido administrados en la forma acostumbrada, hubieran representado un costo de miles de millones de dólares que Sudán no tenía y que no hubiera podido pagar a bin Laden ni a nadie más. No existen pruebas de que Irán haya financiado estas obras, a pesar de que Teherán sería el principal beneficiado por la infraestructura. Aun si bin Laden hubiera tenido acceso al dinero que, según rumores, heredó, no hubiera podido financiar estos proyectos. Sin embargo, lo más probable es que no lo haya hecho, dado que todos estos proyectos de construcción eran necesarios para la seguridad nacional de Sudán, y fueron realizados como si se tratara de operaciones militares en lo concerniente al pago de los trabajadores. Bin Laden administró dichos proyectos en calidad de experto. Las compañías que "fundó", como Al-Hijah, en realidad eran "fantasmas" diseñados para importar el equipo pesado y otros bienes que el ejército de Sudán no hubiera podido adquirir en Occidente. Los informes que han circulado ampliamente, en el sentido de que se pagaron enormes sumas de dinero a bin Laden, o de que se le adeudan, son en realidad una combinación de rumores y desinformación.

Las contribuciones que hizo Osama bin Laden desde principios de los noventa —organizar el sistema financiero internacional de los islamitas y construir el sistema estratégico militar de Sudán para beneficio de Irán—, le ganaron la confianza total de Turabi y de la élite islamita. Además, durante ese periodo bin Laden insistió en realizar su trabajo sin posar bajo los reflectores ni recibir reconocimiento alguno. Fue invitado en repetidas ocasiones pero no asistió a las reuniones de la Conferencia de los Pueblos Árabes Islámicos, a pesar de que la asistencia a dichas reuniones constituye un símbolo de estatus en el mundo islamita, y se dice que bin Laden hizo muchas contribuciones millonarias para la celebración de las mismas. Para 1993, Osama bin Laden formaba parte del círculo más alto de liderazgo del movimiento islamita internacional. Esto sólo era el principio.

A principios de los años noventa, el sistema de entrenamiento de terroristas islamitas en Paquistán, Afganistán, Sudán e Irán continuaba creciendo y mejorando. La infraestructura de terroristas afgana-paquistaní adquirió mayor importancia para el movimiento islamita internacional poco después de la presión internacional y de las correspondientes sanciones en contra de Libia, debido al apoyo que Muammar al-Kaddafi prestaba al terrorismo internacional. En aquella época, dos elementos de los servicios de inteligencia de Libia estaban acusados por Estados Unidos, debido a su participación en la explosión en el vuelo 103 de PanAm, ocurrida en diciembre de 1989. Estrictas sanciones internacionales habían sido impuestas a Libia, hasta que ambos fueran extraditados para enfrentar juicio. Trípoli, por su parte, comprometida con la lucha terrorista, deci-dió tomar sus precauciones más allá de la anunciada expulsión de los terroristas. La inteligencia libia comenzó a transferir algunas de sus instalaciones de entrenamiento a otros países, incluyendo Sudán, Paquistán y Afganistán, donde ya se llevaba a cabo el adiestramiento de terroristas islamitas.

Aún más importante fue la aportación de Libia para ampliar y mejorar la infraestructura terrorista en los campos de la resistencia afgana, tanto en Paquistán como del otro lado de la frontera, en el interior de Afganistán, porque como dijo Kaddafi en diciembre de 1991: "Afganistán está abierto para cualquiera que desee entrenarse".

Hacia 1991, conforme los combates en Afganistán estaban a punto de cesar, los mujaidines islamitas dedicaban más atención al entrenamiento de miles de sus hermanos procedentes de todas partes del mundo musulmán. A principios de 1991, entre 2 000 y 3 000 voluntarios se encontraban en el área de Khowst. En aquella época el área de Khowst, en el oriente de Afganistán, cerca de la frontera con Paquistán, se estaba convirtiendo rápidamente en el centro de adiestramiento de mujaidines de todo el mundo musulmán. (Estados Unidos lanzaría un ataque de misiles crucero contra algunos de esos campos en agosto de 1998, en respuesta a los atentados contra las embajadas en Nairobi y Dar-es-Salaam.) La transferencia de instalaciones de adiestramiento a los campos en Paquistán y Afganistán comenzó ese verano, conforme equipos de terroristas comenzaron a llegar desde Libia o de otros países. Por ejemplo, entre 30 y 35 entrenadores libios expertos en terrorismo llegaron a Peshawar en noviembre de 1991 con el objetivo declarado de "adiestrar a las fuerzas de liberación nacional" en los campos de mujaidines, principalmente los de Gulbaddin Hekmatiyar y Abdul-Rassul Sayyaf, otro líder mujaidín islamita. Para marzo de 1992, en un campo de Sayyaf en el área de Kana, en la provincia de Nangarhar, esos libios se habían convertido en islamitas devotos y se habían unido a la Hermandad Musulmana. Algunos de ellos jugarían pronto un papel importante en una operación dirigida por Osama bin Laden en Yemen, poco antes del despliegue militar norteamericano en Somalia.

Bajo el mando de Turabi, el Movimiento Islámico Armado (MIA) desempeñó un importante papel en el surgimiento de un auténtico sistema internacional de entrenamiento de terroristas. Por ejemplo, en la primavera de 1991, dieciocho islamitas de Cachemira fueron admitidos durante seis meses para recibir entrenamiento altamente especializado en Sudán. Su instrucción fue supervisada personalmente por Turabi y Mustafa Uthman. A la luz del éxito de este programa, Turabi visitó Afganistán y Paquistán en septiembre de 1991 para coordinar nuevas actividades de intercambio y apoyo de terroristas. Las organizaciones Jamaat-i-Islami (de Paquistán), Hizb-i-Islami y Jamiat-i-Islami (de Afganistán) y Hizb-ul Mujaidín (de Cachemira) se convirtieron en miembros de la Organización Popular Internacional (OPI) que dirigía

Turabi. En esas circunstancias, dichas organizaciones proporcionaron asistencia y colaboraron estrechamente con islamitas de Egipto, el Hezbolá de Líbano, el Frente de Salvación Islámica (FSI) de Argelia y el Frente Nacional Islámico (FNI) de Sudán. No pasó mucho tiempo antes que los miembros de la OPI comenzaran a intercambiar expertos y a colaborar en tareas de apoyo y entrenamiento. Turabi también se dedicó a incrementar las relaciones internacionales y la cooperación mutua con la infraestructura de terroristas en Sudán. A finales de noviembre de 1991 había concluido los preparativos para el intercambio y envío de entrenadores a sitios islamitas (principalmente de la Hermandad Musulmana) en Peshawar.

Entre tanto, la gran infraestructura de apoyo a terroristas del ISI, consolidada por años al proporcionar asistencia a luchas armadas regionales como las de los afganos, cachemires y sijs, expandía sus operaciones para incluir apoyo y patrocinio al terrorismo islamita global. Hacia 1992, bajo el patrocinio del ISI, el MIA estaba entrenando terroristas islamitas y combatientes de jihads en diversas partes del mundo, desde centros localizados en Afganistán y Paquistán. Estos terroristas — popularmente conocidos como "los afganos"— se habían convertido en el grupo principal de combate en luchas que tenían lugar en todo el mundo. En Argelia, por ejemplo, los más importantes comandantes de los grupos irregulares de combate, subversivos y terroristas, habían participado en la guerra de Afganistán. Los egipcios "afganos" también estaban activos e impulsaban el levantamiento islamita en Egipto; fueron responsables de asesinatos de importancia y otras operaciones especiales. Los "afganos" eran la punta de lanza de la nueva Legión Islamita Internacional, que ahora enviaba a veteranos "afganos" —todos ellos comandantes y expertos— a diversas partes del mundo musulmán para apoyar, facilitar, incitar y acelerar lo que consideraban luchas de liberación islamita.

Durante los años ochenta, todos estos "afganos" recibieron los servicios de instituciones fundadas y manejadas por Azzam y bin Laden. A principios de los años noventa, conforme la guerra de Afganistán se acercaba a su fin, muchos de esos "afganos" continuaron recibiendo apoyo de "organizaciones humanitarias" que fueron creadas, manejadas y financiadas por bin Laden y sus aliados. Sin embargo, su relación fue más allá de sólo proporcionar y recibir ayuda. Tras el asesinato de Azzam, los veteranos "afganos" comenzaron a ver en bin Laden una especie de árbitro entre sus organizaciones y movimientos, que a menudo competían. Se le consideraba como una persona totalmente comprometida con las causas islamitas, y despojado de toda aspiración personal, poco inclinado a tomar partido en una disputa o malentendido. Con el tiempo, bin Laden fue reconocido como guía y líder de esos "afganos". Sin embargo, entre 1991 y 1992 bin Laden no tuvo mando ni autoridad en cuestiones operacionales.

El avanzado entrenamiento y adoctrinamiento recibido por los egipcios "afganos" en Paquistán, en 1992, y las habilidades que adquirieron, son prueba de la calidad del adiestramiento y preparación que recibieron de otros islamitas "afganos". Dicho entrenamiento y adoctrinamiento incluían el desarrollo de una cultura del combate, centrada en el compromiso incondicional con la jihad islámica y con el martirio al servicio de Dios y del Islam, que se han convertido tanto en un principio de su lucha como en un postulado ideológico; el uso de armas automáticas, incluyendo armas fáciles de portar, disimular y esconder; la construcción y uso de bombas sofisticadas, ofensivas y defensivas, capaces de causar la mayor cantidad de bajas en el enemigo, y el desarrollo de habilidades entre los "afganos" para aprender a construir y armar dichas bombas; avanzadas técnicas y tácticas de guerrilla urbana, incluyendo preparativos psicológicos para enfrentar esas formas de combate; y la convicción de los combatientes de que su meta es destruir un régimen e instaurar otro basado en los principios del Islam, así como la convicción de que los únicos medios disponibles para lograr ese fin son el combate, la guerrilla y el uso de armas.

Los "afganos" fueron el principal resultado del sistema de entrenamiento del ISI y de los campos de batalla de Afganistán. A principios de los años noventa estos "afganos" se habían convertido en el núcleo de la oposición militante islamita en muchos países árabes, especialmente en Argelia, Egipto, Túnez y Jordania. Estos "afganos" eran, en palabras de un observador árabe, "el brazo armado de cierto número de movimientos y operaciones islamitas en algunos países árabes y musulmanes". Se convirtieron en parte integral de "un movimiento revolucionario extremista islamita" apoyado y financiado por los servicios de inteligencia de Irán y por las instituciones creadas por Turabi. Mediante la utilización de sus conocimientos y experiencia militar, los "afganos" colaboraron en el incremento de la violencia islamita y del terrorismo en todo Medio Oriente. "Los ataques de los 'afganos' sembraban violencia y asesinaban a muchos 'símbolos del Estado', como funcionarios gubernamentales, policías, agentes de seguridad y militares en Argelia y Egipto. Detonaron bombas y atacaron edificios e instituciones del Estado", señaló un funcionario árabe. Los "afganos" también eran utilizados como unidades de comando en torno a las cuales se conformaban las organizaciones terroristas islamitas.

Los "afganos" del MIA eran coordinados y financiados a través de un centro internacional en Peshawar, que en el verano de 1992 incluía egipcios, afganos, paquistaníes, sudaneses, argelinos y sauditas. Como resultado de la creciente cooperación entre diversos movimientos islamitas, establecieron una "Organización Internacional de la Jihad", que utilizaba a Paquistán y Afganistán como trampolines hacia el resto del mundo. "Todo es planeado en las oficinas de Peshawar: las operaciones militares en Egipto, los preparativos para crear una organización internacional de al-Jihad, y la elaboración de documentos secretos que eran enviados a Egipto", señaló un experto egipcio. "Los intentos para establecer una organización internacional de al-Jihad no han cesado. Ayman al-Zawahiri realizó muchos esfuerzos en esa dirección. El año pasado [1991] él y su [entonces] asistente, Fuad Talar Qassim, llevaron a cabo muchas negociaciones con organizaciones de al-Jihad en Siria, Palestina, Argelia, Libia y Túnez. Los representantes del Hizb-i Islami de Gulbaddin Hekmatiyar también asistieron a esas reuniones en Peshawar". La Oficina del Movimiento Jihad, creada por Zawahiri a mediados de los ochenta para el Movimiento Islámico Jihad de Abbud al-Zumur, de Egipto, se encontraba a cargo de manejar los vínculos extranjeros, los suministros de armas y la asistencia financiera para muchas organizaciones de la jihad que operaban en todo el mundo.

Mientras la red de terroristas "afganos" era creada, Teherán realizaba esfuerzos especiales para incorporar a las organizaciones sunnitas más importantes a la red de terroristas dirigida por Teherán. Un gran avance tuvo lugar en julio de 1992, cuando Zawahiri llegó a Teherán después de la intermediación de Turabi. Teherán aceptó proporcionar adiestramiento avanzado en Irán, principalmente en Mashhad (al este de Irán, cerca de la frontera afgana) para cerca de 800 egipcios "afganos" que se encontraban en Paquistán y Afganistán. Irán también ofreció transporte a Sudán y entrenamiento a cargo de expertos de Hezbolá y Pasdaran (CGRI), así como financiamiento y suministro de armas para llevar a cabo los planes islamitas de intensificar la jihad en Egipto. La única condición que impuso Teherán fue que la Jihad Islámica Egipcia se uniera a los Batallones de Liberación Árabe, bajo el mando de la inteligencia del CGRI. A finales del verano de 1992, por invitación de Teherán, Ahmad Shawqi al-Islambuli viajó al valle de Bekáa, en Líbano, para inspeccionar las instalaciones locales de Hezbolá y analizar la manera en que podían ayudar a entrenar a los mujaidines egipcios que se encontraban en Sudán. Estos islamitas egipcios constituirían el primer Batallón Egipcio de Liberación. Además de los egipcios enviados a Irán, cerca de 500 terroristas fueron enviados a Sudán, donde se unieron al programa de entrenamiento manejado por Hezbolá. Para el otoño de 1992, los principales grupos islamitas de Egipto fueron integrados al sistema terrorista de Irán y Hezbolá. No fue una coincidencia que la Jihad Islámica Egipcia comenzara a emitir sus comunicados desde Teherán en diciembre de 1992. Poco después, esos vínculos demostraron su importancia en los combates efectuados en las calles de Mogadiscio, en Somalia.

En 1992 el MIA y su Brigada Internacional del Islam estaban financiando, entrenando y aprovisionando a los terroristas islamitas y mujaidines de diversas partes del mundo directamente desde sus centros en Afganistán y Paquistán. Los muchos miles de árabes que pelearon en Afganistán, originalmente en las filas del Hizb-i Islami, de Gulbaddin Hekmatiyar, constituyeron el núcleo de esas fuerzas "afganas". A principios de los años noventa se les unieron terroristas reclutados y entrenados en la localidad. Los "afganos" incluían ciudadanos de Argelia, Egipto, Sudán, Yemen, Túnez, Jordania, Marruecos, Líbano y Arabia Saudita, así como de otros estados árabes, al igual que muchos palestinos. En el verano de 1992, cerca de 12 000 árabes "afganos" fueron organizados en grupos militantes islamitas. Muchos llevaron sus armas personales y otras contribuciones de sus hermanos afganos a sus países de origen. Estos "afganos" —no únicamente árabes, dado que incluían grandes cantidades de iraníes, indonesios, malayos, indios y paquistaníes— estaban consolidando una red de "graduados", preparada para transmitir sus conocimientos.

A pesar de que estos "afganos" fueron organizados a través del MIA y supervisados y asistidos desde el centro establecido en Peshawar, constituían un fenómeno único en el escenario del terrorismo y la subversión islamita. Los "afganos" no formaban una organización unificada o formal. "Sean argelinos, egipcios o tunecinos, o de alguna otra nacionalidad, lo que tienen en común es el uso de la violencia, las armas y los explosivos en su intento por conseguir sus objetivos. Forman organizaciones clandestinas, peones manipulados quizá, en su búsqueda por socavar la estabilidad de ciertos países árabes", manifestó un experto árabe. Los "afganos" se veían a sí mismos, como individuos, como integrantes de la nueva Brigada Internacional del Islam, como punta de lanza de la revolución islamita. A mediados de 1993, el núcleo de la nueva fuerza islamita —"mujaidines árabes afganos"—

incluía a 800 egipcios, 700 argelinos, 400 tunecinos, 370 iraquíes, 300 yemenitas, 200 libios, 150 sudaneses, cien hombres procedentes de los estados árabes del Golfo Pérsico y 70 europeos. Muchos de ellos fueron distribuidos en Irán, Sudán y Yemen, países que constituían sus bases más importantes. El papel del MIA era enviar a los veteranos comandantes "afganos" y expertos clave a cualquier lugar de Asia, África y Europa para participar en luchas de liberación islamita. Los "afganos", muestra del verdadero liderazgo del MIA, se desplegaron hacia sus objetivos por la vía de Teherán, Jartum y Karachi.

La aparente falta de afiliación a una organización de los "afganos" era engañosa. A pesar de que operaban individualmente en grupos muy pequeños, en realidad constituían un factor de unificación global porque conducían al seno del movimiento islamita a las organizaciones y movimientos a los que se incorporaban. En 1992, la Organización Popular Internacional, con base en Jartum, ya ejercía un rígido control sobre una gran cantidad de grupos y movimientos. El control de la OPI se manifestó en la unificación de los criterios de propaganda, motivación y "llamado" —los temas más importantes de educación y propaganda usados en las prédicas de los viernes y otros materiales educativo-religiosos islamitas— utilizados por todos los miembros alrededor del mundo. Todas las organizaciones tenían el compromiso de ser solidarias con las demás causas islamitas. El creciente movimiento de "profesionistas religiosos", organizadores clandestinos y expertos terroristas "afganos" en los países que formaban parte de la alianza, aseguraron que mantenían el contacto y los compromisos mutuos. Estos "afganos" ejercieron su influencia de manera importante para inculcar el espíritu del martirio, la voluntad de morir por la revolución islamita o la causa, lo que incrementó tremendamente la temeridad y audacia de los "afganos" y las organizaciones terroristas locales de las que formaban parte. Otra manifestación del control centralizado fue el surgimiento de servicios y fundaciones caritativas idénticas, dedicadas a prestar servicios sociales, médicos y educativos, organizadas en torno a la mezquita, con el fin de ganar popularidad y control de la población musulmana local. Esta doble aproximación —lucha armada y servicios sociales— era uno de los principios enunciados por Jomeini en los años cincuenta, y es actualmente utilizado por Hezbolá en Líbano.

A mediados de 1992, la Brigada Internacional del Islam del MIA —su cuadro de "afganos" de alto nivel— se preparaba para hacer realidad los planes de Turabi de difundir la revolución islamita por todo el mundo, así como llevar la jihad hasta la tierra de sus enemigos: Estados

Unidos, Europa occidental e Israel. Aunque la estructura de mando de los "afganos" del MIA era aún débil, y en ocasiones frágil, el sistema logístico y financiero era muy sólido. La eficiencia del sistema de apoyo, organizado y dirigido por Osama bin Laden, le ganó el reconocimiento de los comandantes "afganos". La combinación del carácter de su relación con los "afganos" y su sólida posición entre ellos, hizo que el liderazgo de bin Laden en el movimiento terrorista internacional se hiciera más evidente. Siendo un hombre que sabía trabajar en equipo, bin Laden evitó asumir una posición abierta o adoptar un título. En vez de ello se concentró en la lucha de Turabi por difundir el movimiento islamita, al crear los mecanismos de apoyo y financiamiento. Como resultado, bin Laden se ganó el respeto de Turabi y otras importantes personalidades del movimiento islamita internacional.

El desarrollo y crecimiento de la revolución islámica hacia la región subsahariana de África, había sido una prioridad para Teherán y Jartum desde hacía tiempo. Cuando Turabi se involucró personalmente en la difusión del Islam en África, la operación africana se convirtió en una prioridad para el Sudán islamita, especialmente a partir de principios de 1992. El doctor Mustafa Uthman Ismail, secretario general del Consejo Internacional para la Amistad de los Pueblos, con base en Jartum, declaró que "Sudán se ha convertido en la potencia de África, y está ayudando a sus vecinos y amigos". En esencia, Jartum adoptó los programas estratégicos de Irán y se comprometió a su realización. "Turabi se ha convertido en el supervisor de la política de exportar la revolución iraní, proponiendo convertirse en el 'gran ayatola', y presumiendo la lealtad del Estado de Sudán a la corriente fundamentalista con sus propias bases, campos, recursos y financiamiento", advirtió un experto árabe conservador. En el otoño de 1992, Turabi ordenó intensificar la campaña para desestabilizar a los países de África oriental como parte de su deseo de "hacer realidad su sueño de convertirse en el supremo imán de un imperio fundamentalista islamita". Poco después sus cuadros y terroristas expertos fueron enviados desde Sudán a muchos países de esa región de África, y aumentó el adiestramiento de los terroristas de esos países en Sudán.

Al principio, Turabi intentó sacar provecho de las relaciones con Irán. Desde finales de 1991, Teherán y Jartum habían cooperado para proporcionar apoyo a los elementos chiítas que ganaban fuerza en Tanzania, Kenia, Uganda, Burundi y Zaire. También habían coordinado el envío de armas y otros tipos de comercio internacional en África, como una forma de transferir asistencia financiera y envío de personal, y con el fin de almacenar armas y explosivos. Osama bin Laden supervisó la parte de Sudán en esa operación africana, creando entidades de negocios y estableciendo su presencia financiera en muchos países del África oriental. El Frente de Llamado Islámico, de Muhammad al-Sharief, con base en Trípoli, también jugó un papel importante en esas operaciones, y mantuvo un representante de primer nivel en Jartum. Mientras Teherán permitía a Turabi el acceso e incluso el control de algunas de las comunidades sunnitas, mantuvo el control de las redes chiítas bajo el control directo de Irán. Por ejemplo, el Partido Islámico de Kenia, apoyado por Sudán e Irán, se convirtió en una organización poderosa en Mombasa, el principal puerto de Kenia. Por vía independiente, Teherán penetraba en la élite económica, constituida por miembros de la tribu Oromo, quienes proporcionaron apoyo a las fuerzas subversivas islamitas en todo el país.

El incremento de la injerencia de Irán y Sudán en África se dejó sentir inmediatamente. Hacia febrero y marzo de 1992 se produjeron motines en Kenia y Uganda, donde organizaciones musulmanas sacaron provecho de la terrible situación socioeconómica para desestabilizar a los gobiernos locales. Estos disturbios tuvieron un impacto en la estabilidad nacional y en los procesos políticos de ambos países. Entre tanto, Turabi prometió ampliar las actividades de la Hermandad Musulmana Internacional y las organizaciones de la jihad en el África subsahariana, para difundir el islamismo militante y establecer gobiernos leales.

En el verano de 1992, la incursión islamita en África se convirtió en uno de los pilares de la posición estratégica de Sudán. Las actividades de Turabi eran parte de un plan coordinado con Teherán para exportar la revolución islámica. Somalia, Uganda, Tanzania, Chad y Kenia fueron escenario de esa escalada. Los islamitas estaban librando una guerra de baja intensidad contra los gobiernos locales, utilizando medios clandestinos y aparentemente inofensivos, como instituciones educativas y humanitarias. Para mantener su infiltración en África, Sudán también creó una red de campos bajo el rígido control de un pequeño grupo de sudaneses leales a Turabi. El círculo más cercano a Turabi, en lo que hace a las operaciones africanas, incluía a nueve hombres, cada uno de los cuales se encargaba de una serie de prioridades y misiones específicas en los países de la franja islámica. Dirigían las redes islamitas y creaban empresas comerciales que les servían de disfraz, además de las instituciones humanitarias, caritativas y de relaciones públicas establecidas por bin Laden. Los países más importantes en que operaban eran Uganda, Kenia, Tanzania y Chad.

Para entonces, los planes de Irán y Teherán se concentraron en Tanzania, como el sitio para lanzar la segunda etapa de la infiltración islamita en África, y prestaron especial atención al movimiento separatista de Zanzíbar. Dicho movimiento fue financiado a través de empresas fantasma iraníes e islamitas, ocultas bajo la fachada de un negocio internacional con base en Alemania. Zanzíbar, uno de los puertos más importantes de África oriental, era considerado ideal para el envío de personas, bienes y armas a toda África y al tercer mundo.

Al mismo tiempo, la previsión de Sudán de una escalada en la lucha en el Cuerno de África y el África oriental llevó a Jartum a organizar y a entrenar "fuerzas armadas" locales, capaces de entrar en combate con fuerzas militares. Las principales instalaciones de estas fuerzas paramilitares estaban en un campo en la provincia central de Sudán, bajo el mando del coronel Suleiman Muhammad Suleiman, miembro del Consejo de Gobierno de Sudán. A principios de los años noventa, la fuerza de milicia destinada para el África oriental incluía seis compañías y tres batallones, integrados por 3 000 hombres procedentes de Yemen, Egipto, Argelia, Somalia y Kenia. Fueron entrenados por expertos del CGRI de Irán y oficiales militares de Paquistán. En el otoño de 1992, una compañía de ese campamento participó en un combate en Somalia, al lado de las fuerzas del general Muhammad Farrah Aidid, contra las de Ali Mahdi Muhammad. Uno de los principales proyectos de Ibrahim Ahmad Omar consistía en el apoyo de Sudán a la milicia de 800 hombres de Uganda, principalmente de la tribu Aringa, bajo el mando de Jumah Aris, que estaba siendo entrenada y tenía su base en Juba, desde la cual lanzaba ataques a través de la frontera hacia el norte de Uganda.

Poco tiempo después, estas fuerzas y toda la estructura de mando, adiestramiento y apoyo con base en Sudán, tomarían parte en la campaña islamita más importante emprendida hasta la fecha: el desafío a la presencia estadounidense en el Cuerno de África y su expulsión de esa zona estratégica. En la lucha por el Cuerno de África, el sistema islamita internacional fue puesto a prueba por primera ocasión y salió victorioso. Los islamitas demostraron que podían llevar a cabo operaciones de importancia estratégica.

Aunque bin Laden desempeñó un papel de apoyo, e incluso vital, en la lucha contra las fuerzas de Estados Unidos en Somalia, dicha experiencia le sería crucial para su desarrollo futuro y el de sus colegas y amigos. Porque en Mogadiscio, una ciudad desolada de un país en ruinas, los islamitas sentaron un precedente: Estados Unidos podía ser conducido al terror, hasta obligarlo a abandonar la tierra de los musulmanes.

3
El triunfo sobre el tigre de papel

A finales de 1992, la cobertura televisiva de la hambruna en Somalia transmitió a los hogares de estadounidenses, y de todo Occidente, las imágenes de niños que se morían de hambre. Teniendo como fondo las escenas de miseria y devastación, los trabajadores sociales de Occidente pidieron a los televidentes que proporcionaran ayuda a los necesitados. De hecho, la hambruna era más el resultado de una crisis de origen humano, que de la sequía, un desastre natural. La hambruna no sólo había provocado un gran número de muertes entre la población civil, sino que además había llevado al orden social de Somalia a una situación de colapso.

La catástrofe fue ocasionada por las guerras tribales iniciadas en pos de la independencia y la autodeterminación, y agudizada por la lucha por el poder entre grupos en conflicto. En esa lucha por el poder entre los líderes de las principales facciones somalíes, la hambruna fue utilizada como un arma para definir el carácter de la población civil de sus feudos. Los líderes negaron intencionalmente la comida a diversos sectores de la población que querían destruir, y alimentaron únicamente a aquellos grupos cuya lealtad deseaban conseguir. Esta guerra intestina y fratricida tuvo lugar en el contexto del surgimiento del islamismo radical en toda la región.

Los acontecimientos que se desarrollaban en el Cuerno de África a principios de la década de los noventa, a saber, la confrontación y finalmente la expulsión de Somalia de las fuerzas militares de las Naciones Unidas, encabezadas por Estados Unidos, pudieron haber presagiado el poderío potencial de la subversión y el terrorismo islamita patrocinado por Irán y Sudán. Estos hechos mostraron un campo islamita que superaba conflictos muy profundos, como los existentes entre sunnitas y chiítas, o entre Irán e Irak, para movilizar sus recursos en contra de Estados Unidos en un área de enorme importancia geopolítica: el Cuerno de África y el acceso meridional al Mar Rojo. Con ese fin, los islamitas, los estados que los financiaban y sus subordinados establecieron un sistema de control y mando estratégico; adiestraron y transportaron a miles de combatientes entre el sur de Asia y África; transfirieron grandes sumas de dinero para financiar operaciones encubiertas y finalmente se enfrentaron con éxito al poderío de Estados Unidos. Los islamitas consideran que Somalia fue un parteaguas, pero para Occidente se trata de un precedente que no debe ser pasado por alto.

Osama bin Laden considera que la confrontación entre los islamitas y las fuerzas de las Naciones Unidas y Estados Unidos, fue no sólo un parteaguas para el surgimiento de un sistema militante islamita, sino también para su camino personal hacia la cumbre. Fue durante los preparativos para la lucha islamita en Somalia que bin Laden participó en actividades de liderazgo de alto nivel. Su propia contribución a la causa islamita, aunque realizada desde una posición de apoyo, fue muy importante.

El área del Cuerno de África —que incluye a Etiopía, la ahora independiente Eritrea, Somalia y Jibuti— ha sido el "patio de juego" de las superpotencias y los poderes regionales durante varios siglos. Localizado en la punta oriental de África, al suroeste de la Península Árabe, el Cuerno de África tiene una importancia geopolítica única. Su larga línea costera incluye el estrecho meridional del Mar Rojo en Eritrea, que comunica al Mar Rojo con el Océano Índico frente al litoral de Somalia. Desde éste último es posible detener el tráfico marino entre Europa y Asia oriental (y Estados Unidos), al bloquear el Mar Rojo, que conduce al Canal de Suez en el norte. Las fuentes del río Nilo Azul, de importancia vital para Egipto, se encuentran en las montañas de Etiopía. El dominio del Cuerno de África implica una gran influencia no sólo sobre el comercio mundial y el transporte marítimo, sino sobre la estabilidad de Egipto y Medio Oriente. Como regla general, las luchas estratégicas por el poder en el área, ya sea las libradas en nombre de las aspiraciones coloniales o de las ideologías de la Guerra Fría, terminaron por explotar la gran división existente entre los cristianos que habitan el interior de Etiopía, cuya iglesia es una de las más antiguas, y los musulmanes en las regiones costeras. Las rivalidades y enemistades tradicionales, de carácter étnico y religioso, que han perdurado por siglos, cobraron nueva intensidad a principios de los años noventa. Bajo el mando de Hassan al-Turabi, el liderazgo islamita capitalizó ese levantamiento de grupos autóctonos para beneficiar los intereses estratégicos islamitas, y para humillar y expulsar a Estados Unidos de la región.

El derrocamiento del régimen Dergue del presidente Mengistu Haile Mariam, en Addis-Abeba, Etiopía, a finales de mayo de 1991, fue el resultado del avance de los rebeldes y la mediación de Estados Unidos, pero también fue una manifestación de la dinámica que rige el Cuerno de África, y que es la causa primordial para la inestabilidad y el caos en la región. El análisis de los hechos que tuvieron lugar en la región a principios de la década de los noventa, revela que dichos acontecimientos anticiparon un proceso de importancia que se desarrolló velozmente en toda el África subsahariana: el colapso del sistema de estados y la redefinición de fronteras con base en las luchas étnicas y tribales en pos de su propia identidad. Ésta es la aspiración de las poblaciones locales de la mayor parte del África subsahariana.

A pesar de que las largas luchas revolucionarias en el Cuerno de África, a partir de los años setenta, habían tenido como objetivo derrotar a los regímenes dictatoriales tanto en Addis-Abeba como en Mogadiscio, capital de Somalia, las motivaciones ideológicas de los grupos que se oponían a dichos regímenes eran especialmente etnocéntricas. El grupo de combatientes de cualquiera de esas organizaciones o frentes estaba dominado por una nacionalidad específica, y las metas individuales de cada nacionalidad determinaban sus prioridades. Las metas nacionales y étnicas eran la verdadera fuerza detrás de esos movimientos. Todas esas fuerzas revolucionarias habían soportado y sobrevivido décadas de lucha armada, y conservado la confianza y el apoyo de la población en el transcurso de tiempos especialmente duros, incluyendo varios ciclos de hambruna. Tal capacidad de supervivencia revela la auténtica devoción popular por el liderazgo de esos movimientos revolucionarios y las ideologías que representaban a principios de los años noventa. El arraigo de las lealtades de la gente en toda la región, incluyendo Somalia, sería un factor fundamental en la agudización de la crisis y la subsecuente consolidación de una coalición antiestadounidense.

La situación en el Cuerno de África era mucho más complicada porque, a pesar de que prácticamente todos esos movimientos de liberación eran movimientos separatistas étnicos, también sustentaban, hasta cierto punto, ideologías revolucionarias marxistas. Esa ideología, que más que la expresión del sentimiento popular era el legado de los intelectuales bienintencionados de Europa occidental, fue el resultado del deseo pragmático de aplacar a Cuba, país que inicialmente apoyó dichos movimientos, y más tarde a los regímenes prosoviéticos radicales de países árabes, como Libia y Argelia, que también proveyeron de armas, adiestramiento y recursos económicos. Sin embargo, los líderes políticos de esos movimientos, especialmente aquellos que desarrollaron campañas de información en Europa occidental durante más de una década, quedaron prisioneros de sus propias ideas, y sostuvieron sus ideologías progresistas "occidentalizadas", a pesar de que sus seguidores eran tradicionalistas y etnocéntricos. Esta contradicción entre el auténtico sentimiento popular y las ideologías revolucionarias de los líderes políticos comenzó a revelarse como un factor de contención, justo cuando los rebeldes victoriosos intentaban establecer sus gobiernos. En tiempos de crisis, cuando era crucial contar con el apoyo popular, los líderes tuvieron que considerar la importancia de los sentimientos etnocéntricos al formar alianzas y tomar partido.

Otro factor externo que se convertiría en catalizador para la crisis, fue el objetivo declarado de los árabes de hacer del Mar Rojo un "lago árabe". Con ese fin, Somalia fue reconocida como parte de la Liga Árabe y recibió subsidio de Arabia Saudita. De la misma forma, los árabes alentaron la separación de los musulmanes de Eritrea, que formaba parte de la Etiopía cristiana. Mientras el sentimiento militante panárabe se incrementaba en todo Medio Oriente, el colapso del régimen de Mengistu, en Etiopía, significó que la idea del "lago árabe" podía volverse una realidad política. La brecha insuperable entre el Islam y la Cristiandad sirvió como acicate para la lucha de la Eritrea islámica en pos de su autodeterminación e independencia de Addis-Abeba. En Somalia, el bien financiado Partido de la Unidad Islámica Somalí había comenzado una campaña de propaganda para unificar a todos los pueblos musulmanes del litoral del Cuerno de África: Somalia, Jibuti y Eritrea. Muchos regímenes conservadores árabes, encabezados por Arabia Saudita, aportaban recursos a éste y otros programas similares encaminados a lograr la unidad musulmana.

Entretanto, debido a la posición que adoptó al mediar en la crisis de Etiopía, Estados Unidos se erigió como guardián del orden establecido tras la Guerra Fría, y como garante de las fronteras existentes. Estados Unidos había impulsado la Conferencia de Londres, a principios de 1991, que reunió a Mengistu y a varias organizaciones de Eritrea y Etiopía. Los acuerdos permitieron la renuncia y el exilio del presidente Mengistu, en mayo de 1991, y la entrada relativamente ordenada en Addis-Abeba de la coalición de organizaciones rebeldes de Etiopía, encabezada por Meles Zenawi. Este acuerdo también confirmó la unidad e integridad territorial de Etiopía, a pesar de las aspiraciones de muchos movimientos separatistas, la mayor parte de los cuales eran dominados por los musulmanes. En última instancia, Estados Unidos se hizo a un lado cuando Eritrea declaró unilateralmente su independencia en mayo de 1993. Como resultado, los líderes revolucionarios y separatistas islamitas quedaron convencidos de que África se encontraba en curso de colisión con Estados Unidos, especialmente después de la crisis del Golfo Pérsico. Muy pronto, los estadounidenses se encontraron combatiendo al Islam radical en el Cuerno de África.

Desde 1990, las principales fuerzas revolucionarias de Somalia, como todas las fuerzas regionales, se basaban en criterios étnicos. De mayor importancia era el Congreso Unido de Somalia (CUS, o USC por sus siglas en inglés), que se derivó del clan Hawiye, en la región central del país, y el Movimiento Nacional Somalí (MNS, o SNM por sus siglas en inglés), originado por el clan Isaaq, en Somalilandia, antigua colonia británica que constituye el brazo del norte de Somalia a lo largo del Golfo de Aden. (Somalia tiene la forma de una L invertida, en la que un brazo está constituido por la antigua colonia británica y el otro, a lo largo de la costa del Océano Índico, fue colonia italiana.) Otros grupos más pequeños incluían al Movimiento Patriótico Somalí (MPS, o SPM por sus siglas en inglés), que se originó a partir del clan Ogadeni y en menor medida del clan Kismayu (de Kenia); el Frente de Liberación y Salvación Somalí (FLSS, o SSLF por sus siglas en inglés), que fue iniciado por el clan Majerteen, tradicionalmente oprimido por el clan Hawiye, y que evolucionó hasta convertirse en un movimiento que incluía a todos los miniclanes oprimidos de la región central de Somalia; la Alianza Democrática Somalí (ADS, o SDA por sus siglas en inglés) creada por el clan Gedabursi; y el Movimiento Democrático Somalí (MDS, o SDM por sus siglas en inglés), que fue iniciado por el clan Rahanwein. Los clanes Gedabursi y Rahanwein se encuentran localizados en el norte.

Estos movimientos se dividieron en dos grupos diferentes: los movimientos del norte, o de Somalilandia —el MNS y sus opositores— y los del centro, o de Somalia —el CUS y sus opositores. El hábitat natural de ambos grupos estaba yuxtapuesto a las antiguas colonias británica e italiana, que habían sido unidas por los británicos en 1960 para conformar a Somalia. En lo fundamental, la guerra siempre ha sido una rebelión contra una identidad somalí centralizada y una lucha por la autodeterminación de los clanes más importantes.

A finales de 1992, el conflicto principal en el área de Mogadiscio y la zona costera central se desarrollaba entre las familias y subclanes, reunidos en torno a líderes con base en lealtades personales. Los principales protagonistas eran el general Muhammad Farrah Aidid, presidente del CUS, quien era apoyado por su propio subclán Habar Gidir, y una frágil alianza de pequeñas familias (conocidas como la Alianza Nacional Somalí, ANS, o SNA por sus siglas en inglés); y Ali Mahdi Muhammad, llamado "presidente interino de Somalia", y su subclán Abgal, además de una alianza de familias y subclanes. Muhammad ascendió al poder en diciembre de 1990, siendo uno de los líderes del CUS, pero a principios de 1991 tuvo lugar un conflicto entre las facciones del CUS encabezadas por Muhammad y por Aidid. Formalmente, la crisis surgió por el esfuerzo de Aidid para incrementar la colaboración con el MNS, manteniendo la unidad de Somalia a costa del monopolio del poder que el CUS ejercía en Mogadiscio. Para septiembre de 1991, la crisis se había convertido en una amarga lucha por el poder entre los clanes dirigidos por Muhammad y Aidid, de la que resultó la disolución del CUS. Los contactos de Aidid con el MNS demostraron ser muy importantes en la lucha de 1993, cuando bin Laden se dedicó a organizar parte del sistema de apoyo para las fuerzas antiestadounidenses en Somalilandia.

Hacia 1992, los más famosos y crueles seguidores de Aidid eran miembros del subclán Habar Gidir, parte del clan Hawiye, de Galcaio, localidad ubicada a 370 millas al norte de Mogadiscio. Miembros de ese clan, conocido históricamente por su bandolerismo, marcharon sobre Mogadiscio con la promesa del pillaje y la violación. Entretanto, debido al carácter "de clan" que tenía la revuelta en contra del general Muhammad Siyad Barre (que había gobernado al país durante 21 años), en el verano y el otoño de 1991, los clanes y subclanes que aportaban la mayor parte de los servicios de la ciudad, incluyendo la policía, escaparon, temiendo el avance de los Hawiye. El movimiento poblacional dejó el área de Mogadiscio sin autoridad alguna.

Aidid culpó a las Naciones Unidas y a Occidente de apoyar a Muhammad; insistió en que toda la ayuda humanitaria a Somalia tenía el objetivo de consolidar el poder de éste y que la lucha por la comida era una lucha de liberación. Muhammad manifestó que sólo él tenía derecho a distribuir la comida y la ayuda humanitaria, y para determinar quién requería verdaderamente de dicha ayuda, así como a dónde debía destinarse primero. Cuando las Naciones Unidas se negaron a la exigencia de Muhammad de controlar la distribución de la ayuda humanitaria, sus fuerzas cerraron la bahía de Mogadiscio y atacaron las instalaciones destinadas a la distribución. Muhammad atribuyó los ataques a elementos "frustrados y fuera de control" de sus fuerzas, pero en principio estaba decidido a evitar que otros comieran si no era él quien controlaba la comida.

Alarmado por las imágenes de niños que morían de hambre y acicateado por los medios de comunicación, Washington decidió, en noviembre de 1992, desplegar una gran fuerza militar en Somalia en misión humanitaria para garantizar, por la fuerza si era necesario, la distribución de comida a las inocentes víctimas de la hambruna. Sin embargo, dicho despliegue, al margen de sus nobles intenciones, agudizó las intrincadas luchas por el poder y la riqueza en Somalia. Los guerreros no aceptarían este estado de cosas por mucho tiempo.

Muhammad declaró que el despliegue de las fuerzas estadounidenses era un reconocimiento a su derecho al poder. En respuesta, el 2 de noviembre de 1992, Aidid amenazó con responder cualquier despliegue extranjero "con un derramamiento de sangre sin precedentes", amenaza que haría realidad en el otoño de 1993, cuando brindó cobertura y tropas para los enfrentamientos entre islamitas y las fuerzas de las Naciones Unidas y Estados Unidos.

El CUS emitió un comunicado más moderado el 27 de noviembre de 1992, anunciando que Aidid "considera el despliegue de tropas armadas en Somalia como un atentado contra nuestra soberanía y nuestra integridad territorial". Sin embargo, el 1 de diciembre de ese mismo año, encarando lo inevitable, ambos líderes dieron la bienvenida al despliegue de las tropas norteamericanas, a condición de que las Naciones Unidas y Estados Unidos los reconocieran como el poder político legítimo del país. Aidid y Muhammad consideraban que el papel de las fuerzas estadounidenses sería "ayudar al gobierno de transición [al de cada uno, desde luego] a distribuir los alimentos". Ambos líderes insistieron en que las fuerzas estadounidenses debían combatir "contra los hombres armados que evitan que la comida llegue a los hambrientos", es decir, esperaban que dichas fuerzas pelearan contra su respectivo rival.

Muhammad Farrah Aidid tomó las medidas para sacar provecho de la distribución de la ayuda. A principios de noviembre, organizó y dirigió una reunión de los "hombres más viejos y sabios" y otros pilares de la sociedad tradicional para obtener su respaldo en la ANS, que le reportó la lealtad de varias fuerzas menores. Una vez logrado lo anterior, las fuerzas de Aidid atacaron inmediatamente y, para el 10 de noviembre, asumieron el control de cerca de quince intersecciones de caminos principales y retenes, que permanecían bajo control de bandas de mercenarios.

Entre el 30 de noviembre y el 1 de diciembre Aidid visitó Kismayu, donde se localiza un puerto, un aeropuerto y una intersección de caminos importantes en el sur, y estableció una alianza con el Ejército de Liberación Somalí, que tenía bases en Kenia, También designó a Ahmed Omar Jays, líder del MPS (cuyas fuerzas ocupaban el aeropuerto de Kismayu y los alrededores) como vicepresidente de la ANS, con lo que cubría los flancos del CUS en el desierto de Ogadén. Aidid celebró un acuerdo con Muhammad Nur Aliow, líder del MDS en el norte, cuyas fuerzas podían detener cualquier ofensiva desde Somalilandia. En esa cumbre Aidid explicó a los comandantes "sus obligaciones en las áreas que se encuentran bajo su control, y les dijo que debían mantenerse alertas para impedir que algunos elementos dañaran la unidad del pueblo de Somalia". Por su parte, Ali Mahdi Muhammad se reunió con representantes de Etiopía y Eritrea para concertar su cooperación contra las fuerzas de Aidid.

Mientras la guerra civil se agudizaba, los islamitas incrementaron su presencia en Somalia a través de muchas organizaciones caritativas, formalmente integradas en Arabia Saudita y los estados del Golfo Pérsico. Cuando la intervención extranjera se hizo inminente, los islamitas comenzaron una campaña contra la asistencia extranjera. Por ejemplo, la Asociación del Mundo Islámico y la Organización de Apoyo al Mundo Musulmán declararon que "sólo las organizaciones musulmanas han realizado [verdaderos] trabajos humanitarios en Somalia". Uno de los líderes de una organización caritativa islámica acusó a Occidente de explotar la ayuda humanitaria para instrumentar "un plan sospechoso, destinado a dividir a Somalia entre los países europeos, y de poner en práctica un plan de partición mediante el recurso de avivar las llamas de la disensión entre las facciones somalíes que luchan por el control del gobierno". La posición de estas organizaciones islámicas era importante a la luz del poder económico y financiero que las respaldaba. La Asociación del Mundo Islámico y la Organización de

Apoyo al Mundo Musulmán, eran parte de una amplia red de organizaciones que respondían al movimiento de proselitismo fundamentalista islámico saudita, y que reunía elementos apoyados tanto por Riad como por la clandestinidad islamita. Esta red de organizaciones incluía muchas entidades "fantasma" creadas por Osama bin Laden, que estaban bajo el mando de Turabi y trataban de beneficiar los intereses del islamismo militante.

Hacia principios de los años noventa existía una red financiera bien establecida en Somalia. El gobierno saudita y algunos seguidores ricos del movimiento de proselitismo fundamentalista islámico saudita, habían otorgado financiamiento a Siyad Barre y su régimen luego de que éste rompió relaciones con la Unión Soviética, en 1978, y hasta su caída a mediados de 1991. El dinero era transferido y manejado por un somalí llamado Mohammad Sheik Osman. En el verano de 1991, Osman cambió de bando y se convirtió en miembro del comité central del CUS de Aidid. Llevó consigo el apoyo financiero y político de los islamitas. Esa deserción facilitó la manipulación de bin Laden, y finalmente su control, del sistema financiero islamita en Somalia. Bin Laden pronto sacaría provecho de la red de Osman como el extremo somalí de su propia red financiera, destinada a financiar y mantener las operaciones antiestadounidenses en Somalia.

El deterioro de la situación en Somalia no fue un accidente, sino un elemento esencial de la lucha de Irán y Sudán por consolidar y expandir su fortaleza islamita en el este de África.

Mientras los somalíes se morían de hambre, se crearon en Sudán nuevos campos de entrenamiento del Frente Nacional Islámico, para combatientes de Etiopía, Somalia, Eritrea, Kenia y Uganda, bajo la dirección del doctor Ali al-Haj, uno de los amigos y confidentes más cercanos de Turabi. Nuevamente las cualidades de administración, construcción y logística de Osama bin Laden convirtieron los deseos de Turabi en campos de adiestramiento. En el otoño de 1992, Turabi ordenó la intensificación de la campaña para desestabilizar a toda África oriental. Poco después, más cuadros terroristas fueron enviados desde Sudán a sus países de origen en la región. El ritmo al que se desplegaron estos terroristas se aceleró después de noviembre de 1992, una vez que fue anunciada la intervención de Estados Unidos.

Los terroristas somalíes fueron aprovisionados con equipo y armamento para las milicias que entrenarían y dirigirían. Algunas de esas milicias operaban en las filas de los principales partidos somalíes, mientras otras eran completamente independientes, y respondían solamente a Jartum. Muchos terroristas viajaron vía Eritrea, pero algunos de los elementos más importantes fueron desembarcados clandestinamente en el sur de Somalia y Kenia. Teherán, que controlaba y patrocinaba a esos terroristas somalíes por conducto de Sudán, planeó utilizarlos contra las fuerzas norteamericanas de la misma forma que Hezbolá había sido usada por Siria e Irán contra las fuerzas de paz de Estados Unidos en Beirut, a principios de la década de los ochenta.

El crecimiento de las actividades terroristas al este de África coincidió con el incremento de la violencia y el terrorismo islamita en Egipto. A finales de noviembre, el Cairo culpó a Irán de financiar el surgimiento de la violencia islamita que ponía en peligro la estabilidad del país. La mayor parte de los terroristas llegaron de campos ubica-dos en Sudán. El Cairo hizo énfasis en que el incremento de la subversión en Egipto era parte del intento de Teherán por convertirse en una superpotencia regional, y advirtió sobre la "habilidad de Irán para romper las filas árabes e islámicas", así como "sobre los peligros que Irán representa para la seguridad panárabe y para los intereses vitales de la nación árabe". Estos ataques contra Egipto eran sólo una parte de las acciones de Teherán para lograr la hegemonía regional, que era posible por su creciente control de Sudán.

A mediados de noviembre de 1992, Irán aceleró la construcción de instalaciones en Puerto Sudán, incluyendo estaciones de radio y puestos de mando, así como instalaciones destinadas a las comunicaciones, lo que era indicio de que tenía planes a largo plazo. La velocidad y eficiencia con que fueron terminadas estas obras fueron el resultado de que bin Laden se hizo cargo de los proyectos de construcción. Para entonces, Teherán y Jartum habían firmado un arrendamiento por 25 años sobre Puerto Sudán. Irán también construyó instalaciones militares en Suakin, al este de Sudán. Estas bases constituían la avanzada iraní para operaciones regionales, y las fuerzas iraníes también disponían de acceso irrestricto a todos los puertos y aeropuertos de Sudán, especialmente los de Jubayat y Trinkitat. Estos puertos se convirtieron en la base naval iraní en el Mar Rojo, a partir de diciembre de 1991.

A finales de 1992, Estados Unidos estaba enviando fuerzas militares a un área que se encontraba en el centro de una lucha religiosa y tribal cada vez más intensa. Los protagonistas de esa lucha consolidaron su poder sobre los cadáveres de sus pueblos. La hambruna era el instrumento más eficiente para influir en el carácter tribal y étnico de la población que controlaban, un arma que les permitía eliminar físicamente a las tribus, clanes y subclanes que se les oponían.

El caos de Somalia se desarrolló, y aún se desarrolla, en el contexto de la búsqueda del islamismo militante de la hegemonía en áreas de importancia estratégica, como las del Mar Rojo y el Cuerno de África. Las fuerzas más poderosas de la región —Irán y Sudán— han sido enemigas irreconciliables de Estados Unidos desde hace tiempo, y consideran la sola presencia de este país como una grave amenaza para sus aspiraciones estratégicas. Por otra parte, todos los partidos locales hicieron lo que estuvo a su alcance para manipular a las fuerzas estadounidenses, de manera que éstas entraran en combate con sus enemigos mientras legitimaban el poder de aquéllas. Dejando al margen las buenas intenciones, Estados Unidos se encontró atrapado en un atolladero en el Cuerno de África.

Los *marines* de Estados Unidos desembarcaron en las playas de Somalia a principios de diciembre de 1992, ante la presencia de las cámaras; un ejército de representantes de los medios electrónicos estadounidenses estaban esperándolos. Durante los primeros días la misión de los *marines* se desarrolló pacíficamente y sin un enfrentamiento importante con las fuerzas locales. Sin embargo, los soldados estadounidenses no habían hecho contacto aún con las fuerzas islamitas del país.

La impresión inicial de relativa tranquilidad era engañosa. Durante más de un año, Irán y Sudán se habían empeñado en consolidar su control sobre el Mar Rojo y el Cuerno de África. Somalia, un país musulmán que se extiende a lo largo del importante litoral del Cuerno de África, llamó la atención de Jartum y Teherán. El caos en Somalia, ocasionado por la división de las tribus que estaban inmersas en una lucha sin cuartel por el poder y la autodeterminación, provocó que algunos sectores de la población y sus líderes hambrientos de poder fueran sensibles a establecer una cooperación estrecha, y susceptibles de ser manipulados y explotados por la gente de Turabi en Jartum. El islamismo se difundió por las filas de varias milicias tribales en Somalia, y para el otoño de 1992 los movimientos armados islamitas progresaban velozmente en Somalia.

Para entonces Jartum y Teherán habían creado un sistema de mando y liderazgo bien organizado y listo para entrar en acción. En lo personal, Turabi era un hombre cercano a algunos de los líderes islamitas locales, y supervisó muchas actividades regionales. El subcomandante del CGRI, general Rahim Safavi, y el asistente de Turabi, Ali Uthman Taha, se encontraban a cargo de las operaciones en Somalia.

Tras el verano de 1992, muchos terroristas experimentados fueron enviados a los campos que Irán controlaba en Sudán. George Logokwa, el ministro del Trabajo de Sudán que desertó a Egipto en agosto de 1992, describió la situación que reinaba en esos campos al momento de su deserción: "Los terroristas reciben un duro entrenamiento en todo tipo de combate, violencia y asesinato, con el fin de ser enviados, de tiempo en tiempo, a alguno de los países vecinos para explorar la situación, llevar a cabo operaciones limitadas, y esperar la instrumentación de un plan más importante diseñado por el Frente [Nacional Islámico], que envía a sus miembros a los países escogidos como blanco para realizar actividades más amplias". En los campos de Jartum se intensificó el adiestramiento de unidades armadas, cada una de las cuales estaba integrada por combatientes de un Estado específico de África oriental, y preparadas para entrar en combate con fuerzas militares convencionales.

Al igual que con las fuerzas subversivas y terroristas islamitas, para hacer realidad los propósitos del centro —Jartum o Teherán—, se requería de ejercer influencia sobre los hombres fuertes del lugar. Los aliados regionales más importantes que Jartum y Teherán fueron capaces de agenciarse demostraron la dimensión de la influencia de Turabi.

Turabi era muy cercano a Abdul-Rahman Ahmad Ahmad Ali Tour, líder de Somalilandia, quien proclamó a la Sharia como la ley vigente, y en consecuencia disfrutó de asistencia de Irán y Sudán. En el centro de Somalia, el seguidor más activo y leal de Turabi era el general Muhammad Abshir, ex jefe de la policía de Mogadiscio, quien fijó la posición prosudanesa del Frente Democrático de Salvación Somalí (FDSS, o SSDF por sus siglas en inglés), ahora dirigido por Abdullahhi Yussuf. "Voluntarios" procedentes de Sudán, Egipto, Paquistán y Afganistán se unieron a las fuerzas del FDSS en 1992. Además, el general Aidid recibía material y apoyo logístico del Sudán de Turabi, como parte de una estrecha cooperación militar entre Sudán y Aidid. A mediados de 1992, una compañía procedente de las instalaciones de entrenamiento del coronel Suleiman Muhammad Suleiman, en el centro de Sudán, fue desplegada en Mogadiscio, y participó en el combate contra las fuerzas de Ali Mahdi Muhammad. El principal propósito de ese acto era poner a prueba la capacidad de Sudán para desplegar, mantener y controlar a sus fuerzas en Somalia.

En Etiopía, la combinación de dinero iraní y la presión y subversión de Sudán transformaron el Frente de Liberación de Oromo, un frente nacionalista de liberación correspondiente al grupo nacional más grande del sur de Etiopía y el norte de Kenia, en el Frente Islámico para la Liberación de Oromo. Esta transformación tuvo un impacto directo en la situación de Somalia. En 1993, algunas de las líneas de aprovisionamiento organizadas por bin Laden correrían a través de las áreas controladas por Oromo. En Jibuti, el seguidor más importante de Turabi era el tío de Ismail Omar Guelle, quien se desempeñaba como jefe de los servicios de seguridad de la nación. Se canalizaron armas y recursos por conducto de Jibuti.

El reclutamiento y la dirección de estas redes de influencia implicaban que una gran cantidad de dinero cambiara de manos. Aunque Turabi y unos cuantos de sus asistentes de Sudán habían creado esos contactos y establecido sus lealtades, fue Osama bin Laden quien consiguió hacer llegar el dinero a su destino en forma segura. A mediados de 1992, cuando Jartum y Teherán comenzaron a acelerar y expandir sus operaciones en África oriental, las redes de apoyo de que disponían no fueron capaces de manejar el volumen de sus actividades. Sin embargo, bin Laden y su equipo pudieron establecer rápidamente las redes financieras necesarias, utilizando compañías existentes y cuentas de bancos en Europa y África oriental. Inicialmente utilizó su propio grupo de intereses financieros en la región. Cuando éstos no fueron suficientes para dar cauce al volumen y diversidad del flujo de fondos clandestinos, recurrió a los servicios de hombres de negocios sauditas y de los estados árabes del Golfo Pérsico, a quienes conocía desde hacía mucho tiempo, y en quienes confiaba. En algunos casos, bin Laden y sus amigos crearon compañías "fantasma" y abrieron cuentas bancarias en África oriental, para acelerar el flujo de fondos clandestinos.

Entretanto, algunos de los terroristas locales y las fuerzas irregulares estaban cayendo en la órbita de influencia de Sudán e Irán. A partir de principios de 1992, Turabi había planeado el establecimiento de numerosas organizaciones de jihad mediante islamitas altamente confiables de Eritrea y Somalia. Turabi creó el Partido de la Unión Islámica Somalí (PUIS, o SIUP por sus siglas en inglés), que agrupaba a unas cuantas organizaciones islamitas con lealtades tribales o de clan, como el conducto para llevar a cabo operaciones iraní-sudanesas, incluyendo la incorporación de terroristas expertos. En Somalia, el PUIS continuó bajo la influencia y la guía de Turabi. Muhammad Uthman, el líder nominal del PUIS, emitió comunicados políticos en Londres, pero no estaba involucrado en las actividades que se llevaban a cabo en Somalia. El PUIS dirigió las operaciones militares iniciales en junio de 1992, y lanzó un ataque en el área septentrional de Bosaso que no fue decisivo. Las actividades *in situ* fueron consolidadas el 15 de agosto de 1992 con la llegada de una importante delegación iraní-sudanesa a Marka, para asistir a una importante conferencia con los comandantes locales del PUIS sobre sus planes operativos. Los dos principales funcionarios a cargo de las operaciones en Somalia, Rahim Safavi y Ali Uthman Taha, encabezaron personalmente la delegación, con lo que indicaron su importancia tanto para Teherán como para Jartum. Los visitantes decidieron qué clase de asistencia requería el PUIS en cuanto a equipamiento y adiestramiento, con el fin de convertirlo en una poderosa fuerza militar, y de regreso en Jartum ordenaron el inmediato cumplimiento de sus recomendaciones.

Hacia el otoño de 1992, las fuerzas armadas islamitas en Somalia estaban creciendo y mejorando, y tenían centros de operaciones en Mogadiscio, Marka y Bosaso. Irán era la principal fuente de armas y recursos para estos movimientos, por conducto de Sudán. El PUIS tenía una sólida presencia en Bosaso, al norte, y en Marka y Jamaame, al sur. Además, fuerzas leales a Sudán mantenían el control sobre Laas Qoray, en las costas del Golfo de Aden, que constituye un sitio ideal para establecer una base encaminada a cortar los suministros. Otros campos de adiestramiento para islamitas fueron establecidos en Somalilandia y Ogadén, más allá de la frontera con Etiopía. Nuevamente, bin Laden jugó un papel crucial para llevar a cabo esta empresa. Una vez que Jartum decidió, por razones operativas, establecer campos y sitios de almacenamiento en Ogadén, en territorio etiope, bin Laden hizo los preparativos para el establecimiento de "legítimas" compañías internacionales. Dichas compañías diseñaron proyectos de desarrollo agrícola en la región, los cuales sirvieron para proporcionar una vía encubierta para la transferencia de fondos al interior de Etiopía. Bin Laden ordenó entonces la transferencia de esos fondos "limpios" procedentes de los proyectos mencionados, para la compra de muchas granjas, la construcción de las instalaciones necesarias y el pago de los gastos corrientes. Esta infraestructura resultó de especial importancia para el alzamiento islamita en Somalia.

En el otoño de 1992, una vez que la campaña de los medios de comunicación occidentales que pedían la intervención militar y humanitaria en Somalia comenzó a tener impacto en los círculos políticos, las actividades de Irán y Sudán se aceleraron notoriamente. Los protegidos de Turabi y de Teherán se vieron inmersos en la febril tarea de alistar a las bases, discípulos y seguidores, en el contexto de la hambruna. Los preparativos más importantes estaban prácticamente concluidos en la víspera de la llegada de los primeros *marines* de Estados Unidos. En Mogadiscio, por ejemplo, "surgió" una nueva organización islamita, que se unió a los disturbios callejeros de parte de las fuerzas del general Aidid. La cooperación de éste último quedó asegurada mediante el envío de material y ayuda logística de Turabi. Las fuerzas islamitas "desaparecieron", justo a tiempo, días y horas antes de que los soldados estadounidenses llegaran a las playas.

La decisión de los islamitas de combatir a las fuerzas estadounidenses fue tomada en función de la estrategia de Irán y Sudán. Los principios de dicha estrategia estaban señalados claramente en el análisis islamita de la intervención de Estados Unidos. Los islamitas de todo Medio Oriente tenían clara la percepción de la amenaza y la urgencia de la acción, en los mismos términos que Jartum y Teherán.

El análisis egipcio, más tarde enfatizado por la Hermandad Musulmana, marcó la pauta. Establecía que el envío de fuerzas de Estados Unidos a Somalia era parte de una conspiración judío-estadounidense para impedir el control árabe y/o musulmán del Mar Rojo y el Cuerno de África. Los islamitas palestinos temían que las fuerzas concentradas por Estados Unidos bajo el pretexto de apoyar a Somalia constituyeran el "preludio de un golpe militar estadounidense" contra Sudán. Estados Unidos "estaba irritado por el éxito de Sudán en el Cuerno de África, y por su influencia en Etiopía, Eritrea y la oposición keniana, que previsiblemente ganará las elecciones". Aun el Cairo aceptó de manera extraoficial que "el turno de Sudán [podía] venir después del de Somalia".

En una colaboración para el prestigiado periódico islamita *al-Quds al-Arabi*, el doctor Hatim al-Husseini, comentarista y analista islamita, resumió de manera coherente el análisis islamita de la situación. Llegó a la conclusión de que sólo una acción drástica islamita dirigida contra los regímenes prooccidentales árabes y/o musulmanes y contra las fuerzas extranjeras podía evitar otra catástrofe: "Esta intervención militar de Estados Unidos, bajo el pretexto de la ayuda humanitaria contra la hambruna, consolidará la presencia militar estadounidense en el marco de una nueva estrategia para la región, y fortalecerá la presencia militar en la Península Árabe y el Golfo. La causa directa de esta intervención militar estadounidense estriba en el fracaso árabe e islámico para resolver los problemas de las naciones árabe e islámica.

"Se trata del retorno del imperialismo occidental, en que las diferencias y el atraso árabes e islámicos sirven como telón de fondo. Se trata de un nuevo control militar directo de Occidente sobre áreas importantes y sensibles en el corazón de la nación islámica. Se trata de una nueva prueba del fracaso de los gobiernos árabes e islámicos para resolver los problemas de la nación islámica por medio de acciones conjuntas."

Al expresar el punto de vista de Teherán sobre la situación, Hezbolá advirtió que el verdadero objetivo de la intervención de Estados Unidos en Somalia era Sudán. Estados Unidos no podía tolerar la existencia de una política exterior sudanesa basada en la Sharia, que desafiaba y enfrentaba los intereses estadounidenses. "El retorno [de Estados Unidos] al Cuerno de África tiene como objetivo hacer frente al renacimiento islámico que brilla desde la región. No se trata de la primera intervención y no será la última. Washington debe lanzar el peso de su fuerza militar contra cada despertar nacional o islámico en cualquier área que intenta conseguir su independencia y poner fin a las políticas serviles. Éste será un fenómeno común del final de este siglo y del principio del siguiente". Hezbolá agregaba que solamente una acción resuelta podía revertir esa tendencia y asegurar el progreso de la revolución islámica en toda la región.

En los primeros días de la intervención estadounidense la capacidad militar y organizacional de los islamitas, especialmente del PUIS, no fue puesta a prueba debido a que sus líderes evitaron el enfrentamiento. Esta falta de actividad, comentó en privado un funcionario árabe, "debe ser vista como parte de la estrategia de Turabi, encaminada a construir un cinturón musulmán alrededor de Sudán. Al-Turabi cree que dicha franja protegería el experimento de crear un país islámico y convertirlo en la base del movimiento islámico en las regiones árabe y africana. El PUIS tiene contrapartes en Kenia, Jibuti y otros países africanos. El común denominador es que son casi totalmente dirigidos por al-Turabi". El movimiento islamita se fortalecía en Somalia, Uganda, Tanzania, Chad y Kenia.

Al mismo tiempo, tanto Sudán como Irán no sólo "se opusieron explícitamente a la intervención de Estados Unidos en Somalia", sino que mostraron preocupación sobre las derivaciones estratégicas de la presencia de las fuerzas estadounidenses en el Cuerno de África. El 28 de noviembre de 1992, cuando Estados Unidos declaró su intención de desplegar tropas en Somalia, una gran delegación iraní encabezada por el ayatola Mohammad Yazdi, que incluía cerca de 30 miembros de la inteligencia, los servicios de seguridad y el ejército, expertos económicos y diplomáticos, viajó velozmente a Jartum para realizar consultas sobre la reacción conjunta. Como resultado de la visita de Yazdi, se firmó en Teherán un nuevo "protocolo para la cooperación en materia de seguridad" entre los servicios de inteligencia de Irán y Sudán. El objetivo principal de dicho acuerdo era facilitar el apoyo de Teherán a las agencias de seguridad de Sudán en el patrocinio del terrorismo y la subversión contra la oposición local y "otros regímenes árabes" de la región. Equipos de agentes de Sudán ya eran entrenados por la inteligencia del CGRI en Mashhad y Qom.

Teherán y Jartum decidieron activar una combinación de planes de contingencia y adoptar nuevas medidas drásticas. Un comité especial, encabezado por Ali Uthman Taha, que incluía a funcionarios de alto nivel de Irán y Sudán, se ocupó de planear las operaciones en Somalia. La misión encomendada al comité de Taha era "convertir a Somalia en una trampa y un atolladero para las fuerzas estadounidenses, por medio de una guerra de guerrillas librada en su contra". El comité decidió no hacer nada hasta haber estudiado cuidadosamente la situación en Somalia. "El comité seguirá los acontecimientos de la intervención militar norteamericana en Somalia y diseñará planes para resistirse a ella" a través de organizaciones locales, como el PUIS.

Las decisiones del comité de Taha se vieron reflejadas inmediatamente en la reticencia del PUIS y otras fuerzas islamitas a confrontar o resistirse a los soldados estadounidenses. "No es un secreto que, al monitorear las acciones norteamericanas en Somalia, el PUIS no defenderá solamente los intereses somalíes, sino también aquello que el partido considere en beneficio de los intereses del internacionalismo islámico, que al-Turabi intenta establecer por medio de la atracción de las tendencias islámicas a nivel mundial. La acción militar del PUIS contra la presencia estadounidense en Somalia estará relacionada con los acontecimientos en cada región, y en conexión con el plan de acción de las fuerzas internacionales", explicó un analista libanés.

Teherán y Jartum planearon una escalada contra las fuerzas estadounidense y occidentales. Con el fin de llevar a cabo estas operaciones altamente especializadas y riesgosas, Teherán autorizó, por conducto de Yazdi, el establecimiento de la Guardia Revolucionaria Somalí (GRS, o SRG por sus siglas en inglés), integrada por expertos del Pasdaran iraní y el Hezbolá libanés que se encontraban en Sudán. La GRS fue puesta bajo el mando de Ali Manshawi, un funcionario de inteligencia iraní.

Las fuerzas islamitas también intensificaron sus preparativos en Somalia para la lucha armada contra las fuerzas occidentales. Estos preparativos abarcaban desde agitar a la población hasta atacar objetivos militares específicos. "La hostilidad hacia la presencia de las Naciones Unidas fue manifestada en los sermones del viernes en las mezquitas de Somalia", advirtió un observador *in situ*. Militantes y combatientes entrenados se reunieron en los campos del PUIS, en el norte de Somalia y en Ogadén. El flujo de armas desde Paquistán, Irán y Sudán —canalizado vía Sudán— a dichas fuerzas se intensificó notoriamente a finales de noviembre de 1992.

Una estrategia coherente para la lucha islamita en Somalia fue surgiendo. Los estados que simpatizaban con los islamitas decidieron que los islamitas somalíes (principalmente el PUIS, con apoyo activo de la GRS y otros terroristas) sacarían provecho de la politización creciente ocasionada por la presencia estadounidense —mediante el recurso de "hacer tratos" con líderes tribales y/o de clanes— "para promover el combate contra la presencia norteamericana y expulsar a las fuerzas estadounidenses antes de que logren sus [verdaderos] objetivos". El PUIS consideraba que los verdaderos objetivos de Estados Unidos eran: 1) el control de la nueva red petrolera de Sudán, Somalia, Eritrea y Yemen, que era la verdadera razón y la agenda oculta detrás de la llegada "humanitaria" de los *marines*; 2) el establecimiento de un gobierno proestadounidense en Mogadiscio; y 3) el avance desde Somalia hacia el sur de Sudán, que entonces se convertiría en "una región para desgastar la cuestión islámica", de la misma forma que el Kurdistán iraquí estaba siendo utilizado para "desgastar" a Saddam Hussein. El comité de Taha ordenaría la intensificación de los combates en Somalia y especialmente la activación de las fuerzas de élite terroristas, sólo cuando percibiera que las acciones estadounidenses constituyeran una amenaza a los intereses estratégicos de Teherán y Jartum.

A pesar de la decisión de no entrar en combate con las fuerzas de Estados Unidos en Somalia, el liderazgo islamita no podía darse el lujo de permitir que el inicio de la presencia estadounidense en el Cuerno de África pasara inadvertido. Era indispensable atacar, así fuera simbólicamente, un aspecto indirecto de la concentración de fuerzas, tan sólo para llamar la atención. Se decidió atacar las recién establecidas instalaciones de apoyo de Estados Unidos en Aden, Yemen del Sur, tanto porque servían para preparar la intervención somalí, como porque se encontraban en Asia, del otro lado del Mar Rojo. Con las redes iraníes y sudanesas ocupadas en los preparativos para una confrontación de mayores proporciones en Mogadiscio, alguien más podía encargarse de esa operación. Osama bin Laden (y sus contactos tanto en Yemen como en Afganistán y Paquistán) era ideal para esa tarea.

Operando bajo una tremenda presión de tiempo, bin Laden decidió sacar provecho de sus antiguos y confiables contactos y acelerar el ataque. La principal fuerza de combate sería integrada de entre las filas de los yemenitas "afganos". El plan original consistía en poner bombas en dos hoteles de Aden utilizados por personal militar estadounidense y las instalaciones en el mar, así como en aeropuertos. Para asegurarse de que el plan sería llevado a cabo a pesar de las dificultades y los retos, bin Laden convenció al sheik Tariq al-Fadli para que abandonara su exilio londinense y se encargara personalmente de la operación. Fadli fue llevado secretamente a Yemen a mediados de noviembre. Para ahorrarse tiempo, las grandes cantidades de dinero necesarias para el cumplimiento del plan fueron transferidas por conducto de cuentas relacionadas con los negocios de bin Laden en Yemen.

A principios de diciembre la fuerza de ataque estaba conformándose bajo la fachada de la organización Jihad Islámica Yemenita. Los principales terroristas fueron seleccionados de entre las filas, cerca de 500 yemenitas "afganos" altamente entrenados, bajo el mando directo del sheik Tariq al-Fadli. Su base principal se encontraba en el área de Saadah. Debido a las limitaciones de tiempo, bin Laden y Fadli decidieron utilizar escuadrones de ataque de la Jihad Islámica que se encontraban en Aden para asesinar políticos locales. En vista de la operación planeada contra los estadounidenses, expertos en la fabricación de bombas y equipos adicionales se integraron a estos escuadrones.

Con ese fin, una instalación especial de adiestramiento fue rápidamente organizada en el área de Saadah, al norte de Yemen, apenas a 50 millas al sur de la frontera con Arabia Saudita. Por lo menos un experto en fabricación de bombas libio fue llevado desde Afganistán o Paquistán.

Otros expertos terroristas, así como el equipo y las armas necesarias para la operación, fueron llevados de contrabando desde Sudán a través del Mar Rojo, hasta una playa desierta cercana a al-Khawkhah, en la costa norte de Yemen. Uno de los libios "afganos" estableció su "escuela" en una casa de seguridad cerca de Saadah. Su papel era entrenar a muchos yemenitas "afganos" como fabricantes de bombas y supervisar la elaboración de las mismas. El libio abandonó Yemen y desapareció el día anterior al ataque de Aden.

El 29 de diciembre los terroristas islamitas detonaron las bombas en el Hotel Aden y el Hotel Golden Moor, matando a tres personas e hiriendo a otras cinco. Además, un equipo de ataque que portaba lanzacohetes RPG-7 fue detenido cerca del aeropuerto de Aden mientras se preparaba a atacar aviones de transporte de la Fuerza Aérea de Estados Unidos, incluido un automóvil Galaxy C-5 estacionado en las cercanías.

La prisa por llevar a cabo estas operaciones provocó muchos errores de seguridad. El 31 de diciembre la inteligencia egipcia, que fue llamada por el gobierno de Yemen para colaborar en la investigación, contaba con pruebas de que "el líder de los grupos terroristas que intentaron atentar contra la seguridad y estabilidad de Yemen es una persona llamada Osama bin Laden". El 8 de enero de 1993, el sheik Tariq al-Fadli y sus seguidores se rindieron a las autoridades de Yemen, una vez cumplida su misión.

El sheik Abdul Majid Zandani, otro amigo de bin Laden y seguidor de Turabi, fue el encargado de hacer público el mensaje político. Al permitir la presencia de tropas estadounidenses, el gobierno de Yemen estaba llevando a cabo "prácticas e iniciativas que socavan el Islam". No es de extrañar que exista un caldo de cultivo para el terrorismo. Al señalar que la sola presencia de las fuerzas de Estados Unidos en Aden era causa del terrorismo y ponía en riesgo la seguridad, Zandani preguntó: "¿Por qué no pueden los estadounidenses ir directamente a Mogadiscio?" Esta declaración dejó ver, aunque indirectamente, el verdadero mensaje de la operación terrorista.

En Jartum, a pesar del fracaso en el ataque contra el aeropuerto de Aden, Turabi y la élite islamita estaban satisfechos, porque la ira islamita ocasionada por las actividades de Estados Unidos en el Cuerno de África había sido expresada con claridad. Osama bin Laden fue elogiado por haber llevado a cabo una operación tan complicada en tan corto tiempo. Su disposición para utilizar y poner en riesgo sus propiedades fue señalada debidamente. Volvería a jugar un papel aún más importante en la confrontación que tendría lugar en Somalia.

La intensificación de los combates en Mogadiscio, que tuvo lugar en el otoño de 1993, fue resultado de la puesta en práctica del plan de largo plazo diseñado por Teherán y Jartum. La intensificación era sólo la primera manifestación de una alianza estratégica entre Irán, Irak y Sudán. A principios de 1993, Irak se embarcó en la tarea de revitalizar su campaña terrorista bajo la bandera islamita, con el apoyo activo de Turabi y de Sudán. Bagdad utilizó "afganos" que habían sido adiestrados en campos manejados por la inteligencia iraquí y por fuerzas especiales cerca de la capital. Estos terroristas islamitas controlados por Irak estaban operando en colaboración estrecha con el sistema internacional de terroristas islamitas controlado por Irán.

A principios de diciembre de 1992, Yazdi, Turabi y Bashir decidieron que en febrero de 1993 volverían a analizar detenidamente la situación de toda la región, si ninguna crisis de importancia estallaba. Las consultas tendrían lugar durante la conferencia de diecinueve movimientos islamitas "vinculados con la revolución islámica en Irán", que sería convocada en Jartum por Turabi. La conferencia de Jartum examinaría la pertinencia de iniciar una mayor escalada de violencia en el Cuerno de África, y su impacto en temas relacionados como la subversión islamita en Egipto, la estabilidad en el Golfo Pérsico, y el largamente planeado renacimiento del terrorismo islamita internacional en Europa occidental y Estados Unidos. La conferencia también analizaría la influencia que los acontecimientos que se desarrollaban en el Cuerno de África tendrían sobre la postura del bloque islamita encabezado por Teherán, y los diversos planes de contingencia que eran estudiados en dicha ciudad, desde el terrorismo contra Israel hasta la posibilidad de iniciar una guerra en Medio Oriente. Sin embargo, por instrucciones de los líderes de Teherán y Jartum, la aplicación de la primera fase del plan comenzaría en el acto, antes de esa conferencia, de manera que las fuerzas islamitas pudieran hacer frente inmediatamente a cualquier reto.

Para las operaciones en Somalia, Teherán comenzó a recurrir a grupos de terroristas estratégicos nunca antes utilizados, las "Fuerzas al-Quds". A mediados de los años ochenta, Irán había reclutado y entrenado a un gran número de refugiados afganos como terroristas y saboteadores bajo la supervisión del CGRI. En Paquistán, cerca de 1 200 "afganos" más estaban involucrados en tráfico de drogas a Europa y Estados Unidos, utilizando redes afiliadas a la inteligencia iraní. Estos "afganos" constituyeron el núcleo de las Fuerzas al-Quds, cuadros controlados por Teherán, e integrados al sistema de terrorismo sunnita. Muchos de esos "afganos" habían sido enviados a Sudán en previsión de que podrían ser utilizados en la lucha islamita a desarrollarse en el Cuerno de África. Simultáneamente, a finales del otoño de 1992, funcionarios de los servicios de inteligencia de Paquistán e Irán hicieron el intento de adquirir misiles Stinger, remanentes de los que poseían los mujaidines.

Estas armas fueron embarcadas hacia Sudán para su posible uso en Somalia.

El CGRI continuó ampliando el adiestramiento de los terroristas sunnitas en Irán. A finales de 1992, cerca de 9 000 árabes "afganos", principalmente de Egipto, Jordania, Argelia y Túnez, se encontraban en los campos del CGRI en Mashhad y Qom. También creció el número de terroristas de élite entrenados, procedentes de Irán, Egipto, Argelia, Túnez, Jordania, Israel, Arabia Saudita y los estados árabes del Golfo Pérsico. El principal centro de adiestramiento era el de Imam Ali, en Saadabad, un antiguo palacio del sha en el norte de Teherán, donde las Fuerzas al-Quds estaban siendo entrenadas. El comandante directo de las Fuerzas al-Quds era el general Ahmad Vahidi, ex jefe del Departamento de Información del Comando General del CGRI, y responsable de "exportar la revolución", es decir, de patrocinar el terrorismo. En Imam Ali los terroristas fueron adiestrados principalmente como instructores y comandantes que dirigirían y expandirían las redes en sus países de origen. También recibieron capacitación en tareas de sabotaje. Los saudis y los árabes del Golfo Pérsico viajaron a Imam Ali, en Irán, con pasaportes sirios especialmente otorgados al efecto. Otros terroristas sunnitas procedentes de Egipto, Jordania y los países del Golfo fueron adiestrados en Qom, Tabriz y Mashhad. Los candidatos de los estados "seculares" recibían primero instrucción teológica e ideológica en Qom, y sólo después eran enviados a recibir entrenamiento militar en el campo de Saadabad, cerca de Teherán. Se organizaron cursos de actualización y seguimiento en Líbano y Sudán. Los instructores eran oficiales del CGRI y de las Fuerzas al-Quds.

Entre finales de 1992 y principios de 1993, grupos de "afganos" asociados a esas Fuerzas al-Quds fueron desplegados en muchos sitios del Cuerno de África —de Sudán a Yemen, incluyendo Somalia y Ogadén— en espera de órdenes. Entre ellos se encontraba una unidad de élite compuesta por cerca de 500 miembros de la Jihad Islámica de Yemen, todos ellos "afganos" y leales al sheik Tariq al-Fadli. El fracaso de los ataques terroristas en Aden no disminuyó el compromiso de la mayor parte de esa fuerza. Dado que los iraníes y sudaneses habían planeado la creación de fuerzas más grandes y de mejor calidad en 1992, Osama bin Laden organizó el envío desde Paquistán a Yemen de otra fuerza, compuesta por un total de 3 000 yemenitas "afganos". Estos "afganos" llevaron consigo armas pesadas y equipos terroristas, incluyendo explosivos de alto poder, bombas operadas a control remoto, trampas explosivas y unos cuantos Stingers. La fuerza de élite de "afganos" estableció bases en el área de Saadah y en las montañas de al-Maraqishah, en Yemen. A mediados de 1993, con el incremento de la tensión en Mogadiscio, bin Laden envió a estos "afganos", sus armas y equipos, de Yemen a Somalia por vía aérea. Más tarde le confesaría a un entrevistador egipcio que la operación tuvo un costo de tres millones de dólares, que pagó de su bolsillo.

Al mismo tiempo, el Pasdaran iraní y los terroristas somalíes, directamente controlados y financiados por Irán, estaban siendo organizados en Sudán para proveer de apoyo y vituallas a las unidades de la Unión Islámica de Sudán (UIS, o SIUP por sus siglas en inglés), entrenadas en operaciones sorpresivas y suicidas. Adicionalmente, muchos cientos de árabes "afganos" asignados para intervenir en Somalia fueron despachados a los campos al oeste de Sudán, cerca de la frontera con Libia, para recibir entrenamiento avanzado que les sería útil en Somalia.

Estos preparativos iniciales fueron concluidos a tiempo a mediados de febrero de 1993, a la luz de la reunión de análisis programada para ese mes por Yazdi, Turabi y Bashir. El 19 de febrero, los expertos terroristas iraníes, que recién habían llegado de Teherán, y los miembros del Comité de Relaciones del MIA, se reunieron en Jartum para estudiar exhaustivamente la situación en el Cuerno de África y Egipto, así como los últimos acontecimientos sobre la red de terroristas que operaba en Nueva York bajo la guía espiritual del sheik Omar Abdul Rahman. Los expertos quedaron satisfechos con los preparativos y ordenaron que se siguiera con los planes de contingencia, incluyendo una escalada terrorista en Somalia y el atentado al World Trade Center (Centro Mundial de Comercio), en Estados Unidos. Comandantes de primera línea del PUIS tomaron parte en las reuniones de Jartum y se involucraron en la decisión de intensificar la lucha armada contra Estados Unidos.

Los comandantes que operaban bajo el mando de Muhammad Farrah Aidid también tomaron parte en algunas de las sesiones de Jartum, y estuvieron de acuerdo con aplicar el plan operativo iraní-sudanés. Tras la conferencia de Jartum, durante un periodo de seis a ocho semanas, Aidid y sus asistentes militares y de inteligencia, viajaron repetidamente a Irán, Yemen, Sudán, Etiopía y Uganda para conocer por sí mismos los componentes del plan maestro. Aidid mismo viajó clandestinamente, en por lo menos dos ocasiones, a Sudán e Irán para discutir la estrategia y los métodos a seguir "en relación con las fuerzas internacionales" en Somalia, así como para coordinar la llegada de "asistencia, para el caso de que la situación desemboque en confrontaciones militares".

Mientras estaba en Jartum, en la primavera de 1993, Aidid también sostuvo reuniones importantes con funcionarios de la inteligencia iraquí, en la embajada de ese país. Estas reuniones y los subsecuentes acuerdos con Bagdad fueron organizados por Hassan al-Turabi como un elemento clave de su plan de consolidar la alianza estratégica entre Irán, Sudán e Irak, con especial énfasis en salvar a Sudán de una intervención estadounidense. Bagdad prometió enviar ayuda a Aidid, en lo que un oficial iraquí definió como "el marco de trabajo para la elaboración de un plan de confrontación, creado para resistir a las fuerzas estadounidenses e internacionales en Somalia, y convertir el país en un nuevo Vietnam". Bagdad también accedió a apoyar a Turabi para fortalecer a otros grupos militantes islamitas en todo el Cuerno de África.

En la primavera, la operación de Mogadiscio se volvió tan importante para Bagdad que Saddam Hussein designó a su hijo Qusay para que supervisara personalmente las operaciones contra Estados Unidos en Somalia y el Cuerno de África. Funcionarios de inteligencia de Irak, destacados en Jartum, dijeron que Saddam Hussein estaba decidido a "lograr la victoria de la Madre de todas las batallas en Somalia". Poco después, la embajada iraquí en Jartum fue ampliada por la llegada de muchos expertos en inteligencia y fuerzas especiales, incluyendo algunos miembros de la Agencia de Seguridad Especial de Saddam Hussein. Quedaron a cargo de apoyar "el escenario de guerra contra Estados Unidos y las fuerzas internacionales en Somalia". Turabi fue reconocido como autoridad suprema en ese esfuerzo conjunto.

Muchos destacamentos de terroristas islamitas expertos —incluyendo al Pasdaran de Irán, el Hezbolá de Líbano, árabes "afganos" y principalmente egipcios, y elementos islamitas locales, como los miembros del Frente Islámico Nacional de Sudán, el PUIS de Somalia, la Organización de la República Islámica de Kenia, el Frente Islámico para la Liberación de Etiopía, y la Jihad Islámica de Eritrea— fueron desplegados secretamente en junio de 1993. La infiltración de Somalia con otra fuerza de cerca de 3 000 terroristas islamitas y grandes cantidades de armas y equipos fue también una operación de bin Laden. Las redes islamitas en Mombasa, Kenia, recibieron un pequeño número de esos terroristas y los introdujeron furtivamente en Somalia.

La mayor parte de esa fuerza islamita se concentró en las "granjas" que bin Laden había adquirido, y allí establecieron su retaguardia y sus instalaciones de apoyo. Desde ese refugio seguro enviaron elementos de avanzada para establecer campos de entrenamiento y sitios de almacenamiento en el área de Mogadiscio. Los primeros "afganos" que llegaron a Somalia eran terroristas expertos, quienes "se especializaban en guerra de bandas, violencia callejera, trampas explosivas en los automóviles, operaciones de comando y operaciones de emboscada", con la tarea asignada de desestabilizar a Mogadiscio. Durante todo ese tiempo, el PUIS estuvo recibiendo refuerzos y provisiones en Bosaso y Laas Qoray, en previsión del ataque. Los comandantes más altos del PUIS llegaron a Marka y Mogadiscio en mayo para preparar el ataque, estudiar las condiciones del sitio, y regresar a Jartum para realizar más reuniones de consulta.

A principios del verano, una vez que los preparativos iniciales estuvieron concluidos, incluyendo el despliegue de terroristas expertos, los destacamentos islamitas, operando tanto en las áreas de Mogadiscio bajo el control de Aidid como fuera de ellas, comenzaron a realizar una serie de emboscadas, incluyendo atentados con bombas, contra las fuerzas estadounidenses y de las Naciones Unidas, para probar la validez de la opinión de los funcionarios más importantes sobre la reacción de esas fuerzas. Esta serie de "pruebas" culminaron con la emboscada letal del 5 de junio de 1993. La versión occidental (de Estados Unidos y la ONU) consiste en afirmar que milicianos del general Aidid mataron a entre 23 y 26 soldados paquistaníes de las Naciones Unidas, fuerzas con las que Islamabad contribuyó para congraciarse con la administración del presidente Clinton y para "equilibrar" el impacto de su creciente participación en las actividades terroristas. En realidad fue el bautizo de fuego para las fuerzas "afganas".

En Somalia, el enfrentamiento tuvo un impacto inmediato e importantísimo en la fortaleza y cohesión de la alianza islamita agrupada bajo la bandera de Aidid. Surgió un alto mando unificado. Incluso aliados-convertidos-en-enemigos de Aidid reconocieron que tras su enfrentamiento con las "opresivas" tropas de Estados Unidos y la ONU, Aidid había consolidado una alianza amplia que contaba con apoyo popular. El ex presidente de Somalilandia, Abdirahman Tur, llamó "héroe" a Aidid por resistirse y enfrentar a Occidente, especialmente a los estadounidenses. Mohammad Hassan Awali, consejero de relaciones exteriores de Aidid, señaló que como resultado de las operaciones contra las fuerzas extranjeras, muchas tribus y fuerzas político-militares se habían unido a la coalición encabezada por la ANS y reconocido a Aidid como su líder supremo.

Más importantes aún fueron los acontecimientos que tenían lugar en otras partes. Las patrullas de las Naciones Unidas respondieron con artillería pesada a las continuas emboscadas y ataques con bombas. Tras esa reacción de las fuerzas estadounidenses y de la ONU a la intensificación de los combates en Mogadiscio, Aidid advirtió que habría una escalada general. "Si ellos [las fuerzas extranjeras] atacan a alguien, será al público en general a quien estarán atacando", señaló. El 11 de junio, poco después de otros choques con fuerzas estadounidense y paquistaníes, Aidid y muchos de sus asistentes militares abandonaron Mogadiscio.

Aidid y sus asistentes marcharon a Jartum para tomar parte en consultas especiales conducidas bajo la fachada de una sesión especial del Congreso de los Pueblos Árabes Islámicos, dirigida por Turabi. La sesión pública fue dedicada a condenar el "genocidio estadounidense" contra los musulmanes, que tenía lugar en Somalia y Palestina. En sesiones a puerta cerrada, el congreso decidió intensificar la lucha y aumentar la ayuda islamita para los somalíes, incluyendo la activación de fuerzas en el país. Aunque fue invitado a participar en esa conferencia, bin Laden decidió actuar como uno de los miembros del círculo de asesores de Turabi. Ayman al-Zawahiri, un líder de la Jihad Islámica Egipcia basada en Paquistán y Afganistán, y ahora aliado cercano tanto de bin Laden como de Teherán, tomó parte en la conferencia de Jartum. La importancia de dicha conferencia se pone en evidencia si se considera la asistencia de funcionarios de inteligencia iraní de alto nivel y otros expertos terroristas islamitas, quienes discutieron y aprobaron en reuniones clandestinas los planes para los atentados espectaculares del 4 de julio en Nueva York (plan que fue descubierto por el FBI).

La conferencia de junio en Jartum constituyó un hito en la estrategia seguida por Irán hacia la región. Como Teherán se concentraba en intensificar sus actividades terroristas en Europa —en conexión con la situación de Bosnia-Herzegovina— y especialmente en Estados Unidos, los altos funcionarios iraníes dieron luz verde para que Bagdad asumiera un papel más importante en el manejo de las operaciones en Somalia. Dichas operaciones permanecieron bajo el estrecho control de un alto mando conjunto controlado por Teherán y Jartum.

La conferencia de Jartum también formuló planes de contingencia de Irán, Sudán e Irak, "para enfrentar a los estadounidenses en Somalia", con el objetivo de "obligarlos a combatir una guerra en tierra, batallas callejeras, ataques y retiradas y emboscadas, a la manera en que se hizo en Vietnam". Una vez que las fuerzas estadounidenses se retiraran de Mogadiscio hacia zonas más seguras en el campo, entrarían en acción nuevas fuerzas islamitas, que los atacarían doquiera se encontraran. Todas esas operaciones en Somalia eran parte de "un plan para extender la batalla a otras áreas del Cuerno de África, y hacia una más amplia movilización armada de las masas contra Estados Unidos y Occidente en toda la región, en un conflicto que asuma las dimensiones de una gran guerra de venganza entre los islamitas y Estados Unidos, cuyo resultado será aún peor que la Guerra de Vietnam".

La maquinaria de propaganda de Sudán comenzó a difundir la idea de que se aproximaba un enfrentamiento en Somalia. El ministro de Estado para Asuntos Presidenciales de Sudán explicó la lógica de la intervención de Sudán en Somalia. Si Estados Unidos tiene éxito en Somalia, se volverá contra el Sudán islamita. Pero debido a la intervención islamita en Somalia, los estadounidenses "no han logrado éxito alguno que pueda alentarlos a realizar una operación similar en Sudán". En Jartum, los periódicos y otros medios de comunicación criticaron las operaciones de las Naciones Unidas, e insistieron en que Estados Unidos había enviado a los paquistaníes a la muerte intencionalmente, de manera que Washington tuviera un pretexto para intervenir con todas sus fuerzas. Jartum también afirmó que las acusaciones contra Aidid por parte de las Naciones Unidas —los paquistaníes operaban cerca de la estación de radio de Aidid cuando fueron emboscados— constituían, la prueba de que las Naciones Unidas estaban participando en la política contraria a los islamitas. El ministro de Relaciones Exteriores de Sudán advirtió a Estados Unidos que "si deciden interferir en Sudán, encontrarán resistencia y una declaración de Jihad".

Entre el 13 y el 15 de junio, Estados Unidos llevó a cabo varios ataques aéreos. A pesar de causar daño a las instalaciones, la milicia somalí ofreció una resistencia fiera. Los milicianos combatieron con las tropas estadounidenses en tierra y con los helicópteros artillados Cobra que intentaron capturar la casa de Aidid.

Entretanto, inmediatamente después de concluida la conferencia de Jartum, muchos expertos terroristas viajaron clandestinamente a Somalia, incluso hasta Mogadiscio, para inspeccionar personalmente la situación y evaluar si debían hacerse cambios debido a la intensificación de los combates. Los altos comandantes islamitas que se harían cargo del ataque proyectado participaron en esos viajes. Por ejemplo, Zawahiri visitó Somalilandia, como parte de una delegación clandestina de expertos islamitas, enviados para crear un nuevo sistema logístico que pudiera mantener el proyectado flujo de "afganos" y grandes cantidades de armas y municiones en apoyo a Aidid. La fuerza "afgana" predominantemente egipcia —también incluía sauditas, afganos y argelinos— operaría bajo la bandera de la Vanguardia de Conquista Islámica, con Zawahiri como alto comandante *in situ*. En Jartum, Osama bin Laden estaba organizando otros sistemas de comunicación y de apoyo logístico. De hecho conducía un esfuerzo inmenso para movilizar a miles de personas clandestinamente de Sudán a Somalia a través de terceros países, como Etiopía y Eritrea. Muchos de esos movimientos tendrían lugar bajo condiciones extremadamente difíciles: en el desierto. Con ese fin, bin Laden consiguió camiones y combustible, alimentos, agua, armas, municiones y explosivos, así como botiquines de auxilios médicos. Las fuerzas en movimiento debían recibir hospedaje, puntos de reaprovisionamiento, medios de comunicación, y sitios de recepción. Bin Laden también transfirió gran cantidad de dinero tanto de Etiopía como de Eritrea, de manera que pudieran adquirirse artículos y servicios disponibles en las localidades.

Para entonces, la infraestructura islamita comenzaba a consolidarse. Las principales bases terroristas islamitas se encontraban al sur de Mogadiscio y en Kismayu, Bardheere, Marka (donde tenía su sede el PUIS) y Galcaio (donde Aidid tenía otro cuartel y sitio de almacenamiento de armas pesadas, tanques, artillería, etc.). La inteligencia iraní del CGRI estableció otro centro logístico en Bosaso, para introducir clandestinamente armas antitanque y misiles antiaéreos, incluyendo los SA-7. Cerca de 900 combatientes de Pasdaran y Hezbolá, organizados como Guardia Revolucionaria Somalí (GRS), fueron desplegados en Somalia para realizar operaciones espectaculares. Adicionalmente, 1 200 miembros de las fuerzas élite de ataque de Irak —el comando al-Saiqah— se introdujeron en Somalia. Ambas fuerzas estaban preparadas para participar en un ataque general contra las fuerzas estadounidenses. Los expertos islamitas habían entrenado, organizado y equipado a cerca de 15 000 somalíes en esos campos, y estaban listos para conducirlos al combate contra los estadounidenses.

El ataque estadounidense contra Mogadiscio, el 12 de julio de 1993, fue interpretado por los comandantes en Jartum como el principio de la esperada escalada de las hostilidades. Aidid convocó inmediatamente a una reunión de 30 comandantes, incluyendo extranjeros y miembros de la tribu Habar Gidir, con el fin de decidir la puesta en práctica del plan de ataque formulado en Jartum. Se ordenó la activación del contingente en Bosaso, integrado por combatientes de Sudán, Irak, Irán, Líbano y el Cuerno de África. También se celebraron consultas de alto nivel entre Sudán e Irán sobre la situación en Somalia y sobre cuál era el paso a seguir.

Los combates, incluyendo ataques contra trabajadores civiles encargados de la ayuda humanitaria, tuvieron lugar a principios de julio, no sólo en Mogadiscio sino en toda la región central de Somalia. La escalada de violencia reflejó la ampliación de las alianzas de Aidid. El 12 de junio la ANS emitió un comunicado en el que afirmó que "continuará luchando hasta que se marche el último soldado de las Naciones Unidas". Se tomarían represalias especiales contra los soldados estadounidenses porque continuaban "llevando a cabo su propio genocidio y masacre del pueblo de Somalia". Volantes en inglés y somalí fueron repartidos en todo Mogadiscio, alertando a los ciudadanos para que estuvieran atentos al inminente ataque contra las fuerzas norteamericanas. Se pidió a los seguidores de Aidid que atacaran a los estadounidenses para "vengar sus muertes". En otro manifiesto, Aidid pidió a los somalíes que enfrentaran a las fuerzas superiores de la ONU y Estados Unidos a pesar de la desproporción, y que "se sacrificaran en aras de la libertad" mientras combatían "aquello que iba en contra de su dignidad". Las fuerzas de Aidid dispararon contra la embajada de Estados Unidos y atacaron otras posiciones de las Naciones Unidas en Mogadiscio, mientras sus seguidores continuaron realizando mítines y manifestaciones. Ataques esporádicos tuvieron lugar hasta el final de julio de 1993.

La nueva confianza de los islamitas en sí mismos quedó claramente expresada en la propaganda de Aidid durante la segunda mitad de julio. Un asistente de Aidid, Mohamad Salad Mahmud Habib, señaló que las Naciones Unidas practicaban "una política de neocolonialismo, bajo el disfraz de la asistencia humanitaria y la búsqueda de la paz. Éstas últimas eventualmente conducen a la injerencia directa en los asuntos internos del país, mientras ejercitan la política de dividir y conquistar, creando confrontaciones, incitando a la gente contra sí misma, y vendiendo y dividiéndola en tribus, clanes, subclanes, hasta el nivel de las familias". La radio de Aidid reportó de manera constante que las fuerzas de Estados Unidos y la ONU estaban destruyendo intencionalmente las mezquitas y otros sitios históricos del Islam. Farah Ali Mohammad Duurgube, un escritor famoso, declaró que "los combatientes somalíes han aceptado defender a su país, la dignidad de su pueblo y su religión, y hacer que los neocolonialistas conozcan el infierno en la Tierra. Si Dios quiere, en el más allá también serán enviados a un infierno peor que ése [Mogadiscio]. Matémoslos a todos, hasta al último de los colonialistas sin moral".

La propaganda de alto perfil de Aidid, que llamó la atención de Estados Unidos y la ONU, era en realidad una distracción respecto de la llegada de nuevos participantes en la guerra urbana de Mogadiscio. La nueva fuerza islamita, llamada Vanguardia de Salvación Islámica Somalí, era una "somalización" de los egipcios "afganos" procedentes de Irán. El 3 de agosto de 1993, en un primer comunicado transmitido desde su propia estación de radio y en volantes, la Vanguardia pidió a los somalíes que intensificaran su jihad contra las "satánicas" fuerzas estadounidenses. Los somalíes deben "iniciar una Guerra Santa contra las satánicas tropas de Estados Unidos... Cada musulmán está obligado a participar en esta guerra". Ese mismo día, la estación de radio de Aidid siguió la pauta de la propaganda iraní, en el sentido de que Estados Unidos era el principal organizador del terrorismo mundial, dirigido principalmente hacia los países musulmanes y del tercer mundo. Un asistente de Aidid explicó que una parte importante de la estrategia colonial estadounidense consistía en la difusión de la educación universitaria entre los letrados, una manera de lavarles el cerebro para que asumieran posiciones a favor de Estados Unidos y contrarias al Islam.

A principios de agosto de 1993, las fuerzas de Aidid y sus aliados hacían preparativos de último minuto para intensificar los combates en el sur de Mogadiscio. Los islamitas previeron que "una batalla decisiva tendrá lugar entre el general Aidid y las fuerzas internacionales, especialmente las estadounidenses". Unidades islamitas altamente entrenadas de la tribu Habar Gidir, fueron las primeras en entrar en combate con los estadounidenses. Bajo el nombre de Movimiento de Salvación Islámica Somalí (MSIS, o SISM por sus siglas en inglés), se adjudicaron la responsabilidad por el ataque del 11 de agosto, logrado mediante la explosión de una bomba accionada a control remoto del tipo utilizado por Hezbolá, que mató a cuatro soldados estadounidenses. "El MSIS ha llevado a cabo muchas operaciones encaminadas a eliminar a los yanquis y a sus títeres, y se las arregló para matar a cuatro demonios de los yanquis estadounidenses", decía su comunicado. El MSIS detalló que también libraba una "lucha islámica contra los infieles y paganos", para "reestablecer la ley islámica" en Somalia. Los observadores árabes advirtieron que "los llamados del general Aidid para pelear la jihad han sido transmitidos por los medios de comunicación de este grupo islámico relativamente organizado, que se cree que cuenta con recursos financieros obtenidos más allá de las fronteras". Ese flujo de fondos, cuya importancia fue enfatizada por los observadores árabes, fue organizado y dirigido por Osama bin Laden. Operando en las sombras, continuó apoyando las actividades islamitas con un sistema de asistencia eficiente, que constituyó una contribución fundamental para el bando islamita. También a principios de agosto, uno de los enviados de Aidid visitó Libia para gestionar asistencia financiera y militar adicional, con el fin de intensificar los combates contra las fuerzas estadounidenses y de la ONU.

La importancia que tuvo la escalada de violencia a mediados de agosto tuvo repercusión en Jartum. Tras consultar con Teherán, el general Bashir llegó a la errónea conclusión de que cabía esperar una intervención militar estadounidense en Sudán para finales de diciembre o principios de enero. Turabi y Ali Uthman discutieron la manera de prepararse para tal eventualidad, con énfasis en la prevención de esa intervención militar de Estados Unidos. Como reflejo de ese estado de ánimo que privaba en Jartum, el general brigadier Abdul-Rahim Muhammad Hussein aseguró que Sudán estaba "en el camino de la jihad, y de empuñar las armas para defender su fe y su territorio". Teherán tenía confianza en que, a pesar de las amenazas, Jartum se mantendría firme en continuar su "lucha" contra Estados Unidos. Mustafa Uthman, uno de los asistentes de Turabi, pidió la creación de una estrategia común entre Irán y Sudán contra Estados Unidos, con el fin de prevenir el colapso del islamismo en la región. ✗

En Mogadiscio, la radio de Aidid afirmaba que la crisis "se agudiza día tras día", y preveía una inevitable explosión. Aidid también declaró que todas las fuerzas de la ONU eran blancos legítimos en la lucha contra Estados Unidos, porque las Naciones Unidas estaban al servicio de sus intereses, y sus tropas estaban participando en "el genocidio y la destrucción [emprendida] por los Estados Unidos de América". El tema de propaganda que se repetía en todo Mogadiscio era que Estados Unidos planeaba "masacrar a inocentes somalíes... para lograr sus objetivos colonialistas". Los combates en Mogadiscio sólo eran una parte de la ofensiva general dirigida a provocar el levantamiento de los somalíes y la guerra civil. Aidid acusó a Estados Unidos de planear una campaña de masacres y terrorismo, y pidió la solidaridad islámica con la desgracia de los somalíes. La radio de Aidid pronosticó un inminente incremento en los ataques contra los barrios civiles de Mogadiscio.

Como antes, dicho pronóstico no carecía de fundamento. A principios de septiembre de 1993, por órdenes de Jartum, las fuerzas de élite islamitas, bajo la bandera del Partido de la Unión Islámica Somalí (PUIS), entraron en combate con las fuerzas estadounidenses. A pesar de que se habían preparado para el combate antes de la llegada de los soldados estadounidenses, en diciembre de 1992, las fuerzas del PUIS no habían intervenido en los combates hasta este punto, y habían dejado que Aidid dirigiera la mayoría de las operaciones. El 3 de septiembre, la Unión Islámica Somalí anunció en Teherán que había lanzado una serie de ataques contra las posiciones de la ONU en el área de Mogadiscio. El 5 de septiembre las fuerzas de Aidid se unieron al combate y emboscaron al contingente nigeriano, que era parte de las fuerzas de la ONU, matando a siete soldados. Fue necesaria una intervención general de las tropas estadounidenses con apoyo de la artillería pesada para rescatar al resto de los nigerianos.

Jartum tenía confianza en que el tiempo era propicio para entrar a la siguiente fase de su plan. El 10 de septiembre comenzó el verdadero ataque de los islamitas a las fuerzas de Estados Unidos. El asalto comenzó con una serie de ataques de distracción realizados por las fuerzas islamitas de la tribu de Habar Gidir contra somalíes considerados como aliados por las Naciones Unidas. Las fuerzas de Estados Unidos y la ONU intervinieron, como se esperaba, y cayeron en la trampa islamita. Lo que parecía ser un enfrentamiento entre somalíes pronto se tornó en una emboscada organizada y un ataque contra las fuerzas estadounidenses y de las Naciones Unidas. Los soldados estadounidenses contraatacaron y la violencia se desató. Durante el día siguiente, las fuerzas de Estados Unidos atacaron posiciones de la ANS de Aidid, a pesar de que ésta última había desempeñado un papel menor en los enfrentamientos anteriores. Aidid consideró el ataque, y no sin razón, como un esfuerzo intencional de Estados Unidos de afectar el equilibrio de poder en Mogadiscio. Ordenó a sus seguidores que participaran en grandes manifestaciones callejeras y que lanzaran morteros contra las instalaciones de la ONU y de Estados Unidos.

El resultado inevitable fue el estallido del 13 de septiembre de 1993, en que se produjeron feroces combates entre las fuerzas estadounidenses y las de Aidid, cuando helicópteros Cobra atacaron posiciones clave de Aidid, incluyendo un hospital que era también utilizado como cuartel general e instalación de almacenamiento. La gente de Aidid declaró que los estadounidenses habían matado a muchos civiles durante los ataques y juraron vengarse. Dio comienzo un ciclo de violencia. El 15 de septiembre, Aidid y los islamitas lanzaron un ataque con morteros a plena luz del día contra los cuarteles de la ONU, y como respuesta los estadounidenses lanzaron morteros contra los cuarteles de Aidid. Los seguidores de éste último, principalmente mujeres y niños, apedrearon a las patrullas de la ONU en las calles de Mogadiscio. Para escapar, los soldados de las Naciones Unidas abrieron fuego contra la multitud por lo que la crisis se agudizó. Las declaraciones de los funcionarios somalíes, todos ellos seguidores de Ali Mahdi Muhammad, y de algunos árabes en el sentido que "el general Aidid es el responsable de este enfrentamiento", hizo crecer la confusión.

Estados Unidos se involucró en una confrontación intencional con Aidid. Después de que los *rangers* capturaron a Osman Hassan Ali "Ato", el amigo más cercano de Aidid y su mano derecha, éste último ordenó un ataque para disuadir a sus enemigos de emprender nuevos ataques contra su gente. Los expertos terroristas islamitas y las fuerzas de la ANS comenzaron a emboscar a los helicópteros estadounidenses. El 26 de septiembre, una emboscada somalí logró derribar un UH-60 Blackhawk sobre Mogadiscio. En Estados Unidos, la televisión transmitió imágenes de una multitud de somalíes jubilosos que arrastraban los cadáveres de los soldados estadounidenses por las calles de Mogadiscio —y los fierros retorcidos de los helicópteros—, por lo que llevaron al ámbito doméstico la dimensión de la debacle. Según los islamitas, el enfrentamiento sirvió para lograr la intensificación del enfrentamiento con Estados Unidos.

A finales de septiembre, Jartum consideró que el incremento de los combates en Mogadiscio era el parteaguas de la lucha islamita somalí y que, de perseverar por ese camino, conduciría en última instancia a que los estadounidenses tuvieran pérdidas y se retiraran de Somalia. Teherán ridiculizó las acusaciones de Estados Unidos, en el sentido de que Irán tenía relaciones ("una alianza táctica") con Aidid, y se refirió a ellas como una simple excusa para esconder la incapacidad de Estados Unidos de enfrentar, ya no digamos derrotar, a la corriente islamita en Somalia. Isse Mohamed Siad, asesor de relaciones exteriores de Aidid, lamentó el cambio que tuvo el carácter de la participación de las Naciones Unidas en Mogadiscio. "Ellos [la ONU y Estados Unidos] vinieron a ayudar al pueblo de Somalia, pero su método operativo se tornó en destrucción, bombardeos y arrestos sin fundamento legal, como no sea el uso de la fuerza y de las armas."

En el otoño de 1993, no quedaba duda alguna de que la intensificación de los combates en Somalia era el resultado de un plan a largo plazo diseñado por Teherán y Jartum para utilizar la "Internacional Islámica", todas las fuerzas islamitas, en una operación de grandes proporciones destinada a convertir a Mogadiscio en "un segundo Kabul" o "un segundo Beirut" para los estadounidenses. Hacia finales de septiembre, los islamitas consideraron que Estados Unidos estaba atrapado en el atolladero de Mogadiscio, y listo para recibir una dolorosa humillación. Manifestando la estrategia de los islamitas, Aidid instruyó a sus tropas para "estar preparados, en coordinación con nuestros amigos y aliados, para deshacernos de los ocupantes occidentales de nuestro país" y para "mandar a los soldados paquistaníes y estadounidenses de regreso a sus casas en ataúdes".

Al margen de la retórica somalí y la propaganda occidental, los combates en Mogadiscio fueron la primera operación de importancia llevada a cabo bajo el mando general establecido el verano anterior en Jartum por la Internacional Islámica. Hassan al-Turabi desempeñó el papel de líder, con Ayman al-Zawahiri, Abdallah Jaweed (un islamita afgano) y Qamar al-Din Dharban (un argelino) bajo su mando, como responsables directos de las actividades militares. Osama bin Laden fue el responsable del apoyo logístico. En el otoño de 1993, Zawahiri ya se encontraba en Somalia, operando como un comandante en el frente y coordinador de campo. Trabajaba junto con sus comandantes "afganos" y los asistentes militares de Aidid.

Todo el plan operativo islamita se basó en mantener la disponibilidad de grandes cantidades de provisiones y municiones, de lo que fue responsable bin Laden. Para asegurar la sorpresa y evitar ataques preventivos de las fuerzas de la ONU, dichos suministros tuvieron que ser enviados de último momento desde sitios ubicados en Somalilandia hasta Mogadiscio. Bin Laden superó el reto, presagiando futuros éxitos en las operaciones islamitas.

El más importante comandante de campo que Zawahiri llevó consigo a Somalia fue Ali al-Rashidi, también conocido como Abu-Ubaydah al-Banshiri, o Abu-Ubaydah al-Banjashiri. Se trataba de un egipcio que había sido amigo cercano de Zawahiri durante muchos años. En los años setenta, al-Rashidi fue miembro clandestino de la Jihad Islámica en las filas de la policía egipcia. Fue arrestado en 1981 durante las pesquisas que siguieron al asesinato de Sadat, y para 1986 había pasado un total de tres años en prisión, mediante el sistema de detención periódica. En 1986 escapó a Afganistán, donde combatió primero con las fuerzas de Ahmad Shah Massud en el valle de Panjshir, y más tarde se unió a las fuerzas de bin Laden. Al-Rashidi y bin Laden se hicieron amigos muy cercanos. De acuerdo con fuentes egipcias, "al-Rashidi era el brazo derecho de Osama bin Laden" y supervisaba los campos establecidos por bin Laden en Afganistán para entrenar a los mujaidines árabes. La participación de al-Rashidi también fue importante para consolidar los lazos entre bin Laden y los líderes islamitas egipcios, incluyendo a Zawahiri. Cuando la lucha en Afganistán se acercaba a su fin, al-Rashidi comenzó a viajar a otros frentes de la jihad como organizador de fuerzas de élite basadas en los "afganos". En ese carácter participó en operaciones islamitas de jihad en Eritrea, Ogadén, Burma, Cachemira, Tadjikistán, Chechenia, Bosnia y Libia. En el otoño de 1993, Zawahiri lo puso al mando de una de las unidades de élite en Mogadiscio.

Mientras las fuerzas de Aidid tuvieron un papel cada vez más importante en los combates de Mogadiscio, la asistencia militar de alto nivel fue proporcionada por las fuerzas de élite islamitas del PUIS, encargadas de llevar a cabo los espectaculares ataques guerrilleros contra las fuerzas estadounidenses y de la ONU. Además de las fuerzas islamitas en Somalia, tanto árabes "afganos" como islamitas somalíes recibieron una gran cantidad de refuerzos de último minuto y provisiones de armas de alta calidad. Para lograr la introducción de expertos y equipo sofisticado, Abdallah Jaweed y Osama bin Laden reclutaron a muchos pilotos militares afganos que pelearon para la República Democrática de Afganistán, todos ellos veteranos de las grandes misiones realizadas para reabastecer a guarniciones de la RDA sometidas a sitio, y que volaron de noche pequeños aviones de transporte hasta campos aéreos aislados en Somalia. El equipo más pesado fue transportado de noche hasta Somalilandia por una flotilla de pequeños botes propiedad de bin Laden, que operaba desde los países vecinos, principalmente Yemen y Kenia. Desde esos puntos de entrada, la gente y las armas eran enviadas en pequeñas caravanas hasta casas de seguridad en el área de Mogadiscio. El resultado de este sistema de reabastecimiento fue la creación de cuarteles clandestinos bien organizados en Mogadiscio, donde unos cuantos somalíes, afganos y argelinos expertos en guerrilla urbana pudieron preparar el ataque inminente.

La capacidad de los somalíes apoyados por los islamitas quedó de manifiesto la tarde del 3 de octubre de 1993. Las fuerzas de Estados Unidos y las Naciones Unidas tuvieron conocimiento de la presencia de dos de los principales asesores en política exterior de Aidid, Osman Salah y Muhammad Hassan Awali, en el Hotel Olympic. Se organizó de inmediato un pequeño grupo de asalto de menos de cien soldados estadounidenses transportados por helicópteros para capturarlos, así como a otros 22 seguidores de Aidid. Lo que parecía ser un ataque muy exitoso se convirtió de repente en un enfrentamiento de grandes proporciones. Mientras las tropas estadounidenses se preparaban para abandonar el lugar por helicóptero, cayeron en una emboscada bien organizada en que participaron más de mil somalíes. Dos de los UH-60 fueron derribados, y un tercero tuvo que aterrizar de emergencia en el aeropuerto de Mogadiscio. Las tropas estadounidenses establecieron un perímetro de seguridad alrededor del sitio del accidente, pero fueron rodeadas y sometidas a un feroz ataque durante once horas, hasta que acudió en su auxilio una fuerza de rescate. En el combate murieron 18 soldados estadounidenses, 78 resultaron heridos, y un piloto de helicóptero cayó prisionero. Sería liberado diez días más tarde. Al menos 700 somalíes, tanto combatientes como civiles, resultaron heridos en la lucha, y cerca de 300 murieron. Al día siguiente Mogadiscio celebró los hechos como una gran victoria, arrastrando los cuerpos de los soldados estadounidenses por las calles.

Numerosas fuentes de Medio Oriente insisten en que los combates efectuados en Mogadiscio a finales de septiembre y, especialmente, a principios de octubre de 1993, constituyen una fase clave en la intensificación de la lucha dominada por los islamitas. Atribuyen la repentina mejoría en el desempeño de las fuerzas somalíes al hecho de que somalíes y árabes "afganos" entrenados por Irán, así como tropas del comando Saiqah de Irak, tomaron parte en los enfrentamientos de Mogadiscio, especialmente en el del 3 de octubre de 1993. Muchos otros informes confirman el análisis islamita.

Todas las fuentes coinciden en que la operación del 3 de octubre fue la primera empresa de gran envergadura de Zawahiri y su equipo de expertos en el área de Mogadiscio. Otros asesores iraníes se encontraban en el lugar, operando bajo el disfraz de periodistas, con Aidid y sus comandantes militares. La presencia iraní también se reflejó claramente en las repetidas entrevistas con Aidid para Radio Teherán y las revistas iraníes.

El dato de inteligencia que recibieron las fuerzas estadounidenses en Mogadiscio sobre la presencia de la gente de Aidid en el Hotel Olympic, fue sólo una trampa. Los dos funcionarios de la ANS, aunque cercanos en lo personal a Aidid, eran responsables de los contactos y las negociaciones con Estados Unidos y la ONU que estaban interrumpidas en ese momento, de manera que era posible "gastarlos". Por otra parte, se confiaba en que los estadounidenses no matarían a sus prisioneros y que los liberarían más adelante.

La emboscada fue dirigida por una fuerza islamita de línea dura, bajo el mando general de al-Rashidi y encabezada por los árabes "afganos" y los iraquíes. La principal fuerza de ataque estaba formada por tropas del PUIS entrenadas por Irán e Irak. Bajo el mando de al-Rashidi, los árabes "afganos" —incluían combatientes egipcios y argelinos— desempeñaron un papel importante en la organización y realización de la emboscada y el sitio de las fuerzas terrestres estadounidenses. Los mujaidines árabes pelearon en el frente. Los iraquíes organizaron el ataque con armamento pesado, principalmente con armas de doble uso de 23 mm y RPG-7, que se utilizaron especialmente contra los helicópteros estadounidenses. Los iraquíes también desempeñaron un papel importante al manejar el perímetro externo y bloquear repetidos intentos de las fuerzas de Estados Unidos y la ONU para liberar la fuerza sitiada en el perímetro defensivo. Los árabes "afganos" se encontraban al mando de algunas de las fuerzas somalíes de bloqueo. Diversos informes se contradicen sobre la participación iraquí en el combate. Está fuera de duda que algunas tropas del comando Saiqah estuvieron presentes, dando instrucciones a los combatientes del PUIS. No está claro si los iraquíes realmente jalaron del gatillo. Los árabes "afganos" participaron activamente en el combate, dirigiendo el frente mientras demostraban su inmensa valentía personal. La gente de Aidid, tanto milicianos como civiles, fue llevada al sitio en grandes números, para crear una multitud enardecida y unirse a la matanza, además de asumir su parte de bajas y de culpa.

Existían fuertes indicios de la creciente influencia iraní e islamita sobre Aidid y la ANS. En la víspera del enfrentamiento, Teherán respaldó el argumento de Aidid, formulado durante una larga entrevista con el periódico iraní *Resalat*, de que los enfrentamientos con las fuerzas estadounidenses fueron una reacción popular espontánea ante los ataques de éstas contra los civiles. Aidid señaló que la ANS no estuvo involucrada en esos enfrentamientos porque había sido desarmada por las fuerzas estadounidenses y de las Naciones Unidas.

La manifestación popular más importante, que tuvo lugar en Mogadiscio después del enfrentamiento del 3 de octubre, fue islamita. El sheik Abdul-Razzaq Yussuf Adan encabezó a la multitud y recitó versos del Corán. El orador principal fue el sheik Hassan Mahmud Salad, quien habló de la influencia nefasta de "Estados Unidos y sus subordinados infieles, [quienes] intentan cambiar la cultura del pueblo de Somalia y la sagrada religión que Dios les dio". Tanto Adan como Salad expresaron que "el pueblo somalí es musulmán, y por lo tanto desea la introducción de la Sharia en el país". Toda la sesión fue transmitida por la radio de Aidid.

Una vez que se aclaró el impacto de los combates del 3 de octubre, los islamitas asumieron una posición coherente. Abdi Haji Gobdon, vocero de la ANS, declaró que la paz y la estabilidad podían retornar a Mogadiscio y a Somalia sólo después de que las fuerzas extranjeras hubieran abandonado el país. Pidió a los contingentes de Estados Unidos y las Naciones Unidas que no abusaran de la buena voluntad de los somalíes —quienes reconocían la ayuda humanitaria que habían recibido—, al interferir en los asuntos internos de Somalia. Advirtió a dichos contingentes que no debían participar en una guerra popular que no podían ganar aun si trataran de ocupar todo el territorio de Somalia. "Lo honorable es que se marchen", declaró Gobdon. "No ganarán la guerra. Vinieron a ayudarnos. Que se marchen y permitan que los somalíes arreglen sus diferencias políticas. Entonces habrá paz."

Teherán respaldó esa posición porque para ese momento, en que se enviaban más fuerzas estadounidenses para reforzar las instalaciones sitiadas, los objetivos iniciales de los islamitas habían sido alcanzados: "Después de once meses de presencia militar y de haberse enfrentado a fuerzas independentistas, la superpotencia mundial había sufrido graves bajas y daños". De acuerdo con Teherán, Washington debería darse cuenta de que "la desesperanzadora situación" en Mogadiscio sólo podía agravarse debido a la decisión "de las fuerzas guerrilleras y las masas musulmanas". Teherán afirmó que "la búsqueda de soluciones políticas luego de once meses de presencia militar sólo podía significar una retirada. Como resultado, Estados Unidos estaba atrapado en el desierto, donde no podía continuar sus acciones ni revisar sus decisiones anteriores". Tal y como planearon Teherán y Jartum, los estadounidenses estaban atrapados en un nuevo atolladero del tipo de Vietnam.

Hacia el 10 de octubre, Aidid y los islamitas habían asumido una nueva posición respecto de la crisis de Somalia. Reiteraron su deseo de mantener el cese al fuego y participar en el proceso político, pero insistieron en que sus demandas básicas, de que Estados Unidos y la ONU se retiraran y se preservara el carácter islámico de Somalia, debían ser cumplidas para evitar la reanudación de las hostilidades. Simultáneamente, continuaba el flujo de refuerzos y provisiones islamitas a Somalia y el área de Mogadiscio que había sido organizado por bin Laden. Los islamitas dejaron en claro que el cese al fuego de Mogadiscio y el combate eran solamente instrumentos destinados a asegurar que los intereses islamitas fueran beneficiados.

El 17 de octubre hubo indicios claros de que en Mogadiscio se gestaba una crisis que podía derivar en la reanudación de los combates.

Los islamitas reaccionaron airados ante la noticia de la inminente visita a la ciudad del secretario general de la ONU, Boutros Boutros-Ghali. Los islamitas consideraban a Boutros-Ghali, un copto egipcio, como su enemigo implacable, y veían su participación en el proceso diplomático de Somalia como una prueba del compromiso de las Naciones Unidas de imponer una solución favorable a Estados Unidos. (Los coptos son la población cristiana original de Egipto, cuya iglesia data de siglos antes de la invasión árabe musulmana al país. Debido a su negativa a aceptar el Islam, los coptos son odiados y despreciados por los islamitas.) Para reforzar su posición, Aidid envió a sus seguidores a realizar una demostración masiva en Mogadiscio, donde más de mil de sus hombres gritaron: "¡Abajo Boutros-Ghali! ¡Abajo la UNOSOM!" (acrónimo de las fuerzas de las Naciones Unidas en Somalia.) "¡Boutros-Ghali nos ha bombardeado y asesinado; no lo queremos aquí!", gritó en repetidas ocasiones un asistente de Aidid a través de un altavoz a la multitud reunida en las calles.

A finales de octubre de 1993, quedó claro que Teherán y sus aliados, envalentonados por el gran éxito de sus enfrentamientos anteriores con las fuerzas estadounidenses, estaban listos para intensificar nuevamente los combates en Mogadiscio. Teherán y Jartum esperaban que la escalada, de llevarse a cabo, concluyera con una rápida y vergonzante retirada de las fuerzas estadounidenses y de la ONU, similar a la que tuvo lugar en Beirut una década antes. La comparación con Beirut no era sólo simbólica. Teherán desplegó en Mogadiscio destacamentos altamente especializados de Hezbolá.

El plan para el nuevo ataque fue preparado en Teherán con ayuda de comandantes de muchos movimientos terroristas islamitas, especialmente de la organización libanesa Hezbolá y algunos árabes "afganos" seleccionados. El nuevo plan operacional preveía un marcado incremento en los combates librados por fuerzas irregulares en Mogadiscio como cubierta para los ataques terroristas de alto nivel de los escuadrones de Hezbolá. Los combatientes somalíes habían sido preparados para su misión en campos de adiestramiento en el centro y norte de Somalia. Habían sido organizados en unidades mixtas establecidas recientemente, formadas por somalíes pero encabezadas por terroristas profesionales del Pasdaran iraní, el Hezbolá libanés y los árabes "afganos". Estos nuevos comandantes fueron llevados al país en pequeños destacamentos desde Kenia, Etiopía, Eritrea y Jibuti, con asistencia de la Organización de Repúblicas Islámicas de Kenia, el Frente Islámico de Etiopía, y la Jihad Islámica Eritrea. Esta delicada transferencia de terroristas clave fue manejada también por bin Laden.

Una vez que el caos y los combates callejeros volvieron a aparecer en Mogadiscio, el plan de contingencia islamita estipulaba que entrarían en acción los terroristas de élite, capturando estadounidenses (civiles y soldados) y realizando ataques suicidas con bombas en muchas instalaciones de las fuerzas de ocupación. Los escuadrones suicidas de Hezbolá, que ya se encontraban en la ciudad, conducirían los letales ataques contra objetivos norteamericanos. El alto comandante de Hezbolá en el sitio era Hajj Riyadh Asakir, de Beirut. Se trataba de un veterano de los ataques suicidas que tuvieron lugar en Beirut a principios de los ochenta, incluyendo del ataque contra los cuarteles de los *marines*. En Mogadiscio, Asakir respondía directamente a Muhsin Rezai, el comandante del Cuerpo de Guardias de la Revolución Islámica en Teherán. Para incrementar las probabilidades de éxito, Hezbolá también tenía en Mogadiscio dos agrupaciones principales, independientes una de la otra. Una de ellas llegó a Somalia desde Etiopía, y la otra desde Kenia. Cada una tenía su propio sistema de aprovisionamiento independiente, conformado por somalíes, iraníes, árabes "afganos" y líneas de suministro que se extendían a Etiopía y Kenia, respectivamente. Teherán estaba convencido de que esos ataques suicida de Hezbolá, de llevarse a cabo, tendrían el mismo impacto en Washington que habían tenido los ataques de Beirut a principios de los ochenta.

Como quedó claro después, no hubo necesidad de activar las células de Hezbolá en Mogadiscio. Impactado por las bajas sufridas a principios de octubre, Washington decidió retirarse de Somalia y reducir drásticamente las actividades de sus fuerzas en Mogadiscio. Al primero de marzo de 1994, la mayor parte de las fuerzas estadounidenses había abandonado el país. Los islamitas, incluyendo a Aidid, se encontraban en control de la situación. Teherán y Jartum habían demostrado su habilidad para conducir operaciones estratégicas.

En el otoño de 1994, la dinámica de los acontecimientos en el Cuerno de África abría el camino para algo parecido a un "caos regulado". De las cenizas del Cuerno de África surgieron varios precedentes peligrosos. Estaba claro que incluso cuando un grupo nacional distintivo en África había decidido pelear por su autodeterminación por medio de la secesión, aún quedaba predeterminado por las fronteras de la época colonial. El ejemplo más evidente de lo anterior era Eritrea, que se había separado de Etiopía después de una guerra de guerrillas de 30 años y de un referéndum que le otorgó un abrumador apoyo popular. La existencia de Eritrea quedó legitimada, no por el rediseño de las fronteras coloniales, sino por el regreso a ellas. Otro grupo que aspira a seguir el ejemplo de Eritrea es Somalilandia, que se declaró independiente en 1991.

Mientras la Somalia central y meridional se habían hundido en una violencia generalizada y una anarquía incluso peores que antes de la llegada de las fuerzas de Estados Unidos y de la ONU, en Somalilandia el gobierno había establecido una administración en funcionamiento y una frágil paz. Como Eritrea, Somalilandia tenía una historia colonial diferente, y se había unido a Somalia hasta 1960. Sin embargo, Occidente se negó categóricamente a reconocer la independencia de Somalilandia.

En muchas entrevistas y declaraciones, Osama bin Laden ha dicho que considera su experiencia en Somalia como un hito en su desarrollo. Aquella fue la primera ocasión en que se vio involucrado en una tarea de importancia como líder, enfrentando la complejidad del proceso de toma de decisiones y de la formulación de políticas. Estableció relaciones de trabajo con los servicios de inteligencia de Irán e Irak que le serían útiles en su camino a la cima. Aunque no tomó parte personalmente en los combates de Mogadiscio, su contribución a la causa y posterior victoria islamita fue decisiva. Bin Laden aún se refiere a los combates de Mogadiscio como uno de sus triunfos más grandes contra Estados Unidos.

La victoria sobre los estadounidense en Somalia convenció a bin Laden de que era posible expulsarlos de Arabia Saudita y los estados del Golfo Pérsico. En marzo de 1997, declaró lo anterior a Robert Fisk, del *Independent*: "Creemos que Dios utilizó nuestra guerra santa en Afganistán para destruir al ejército ruso y a la Unión Soviética... y ahora le pedimos a Dios que nos use una vez más para hacer lo mismo con Estados Unidos, y lograr que ese país se convierta en una sombra de lo que fue". Bin Laden estaba convencido de que lo ocurrido en Somalia no sólo era la respuesta a las plegarias de los islamitas, sino también de que el legado de los combates en Mogadiscio indicaba la naturaleza de las futuras confrontaciones con Estados Unidos. "También creemos que nuestra batalla contra Estados Unidos es mucho más sencilla que la guerra contra la Unión Soviética, porque algunos de nuestros mujaidines que pelearon aquí, en Afganistán, también participaron en operaciones contra los norteamericanos en Somalia —y quedaron sorprendidos por la facilidad con la que se derrumbó la moral de los estadounidenses. Eso nos convenció de que Estados Unidos era un tigre de papel", concluyó bin Laden.

Las lecciones que dejó el conflicto tuvieron consecuencias más inmediatas. Jartum y Teherán estaban convencidos de la efectividad de sus grandes redes en el este de África. También estaban conscientes de su habilidad para provocar golpes dolorosos desde el punto de vista político y estratégico contra Estados Unidos, aun en sitios remotos del mundo, como el Cuerno de África. Turabi y los funcionarios de alto nivel de Irán y Sudán quedaron impresionados por el desempeño de los comandantes árabes "afganos", particularmente por Zawahiri y bin Laden. Las relaciones personales que surgieron durante la crisis perdurarían, y serían útiles en futuras confrontaciones con Estados Unidos. En lo que hace a los tres "afganos" más importantes —al-Zawahiri, bin Laden y al-Rashidi—, forjaron una amistad y crearon un equipo que había trabajado bien y que pronto volvería a hacerlo.

4

El emir bin Laden

En 1994, bin Laden surgió de entre las sombras cuando asumió la responsabilidad de dirigir varios programas que se desarrollaban en el extranjero y que requerían de su participación. En dichos viajes se mostró como un administrador capaz de organizar programas complejos, muchos de los cuales aún funcionan. Utilizando los aviones privados de sus aliados en los estados del Golfo y/o de compañías registradas en Europa, bin Laden podía viajar sin previo aviso. Después de que se canceló su pasaporte saudita en abril de 1994, comenzó a viajar con un pasaporte diplomático expedido por Sudán con un nombre falso. Bin Laden nunca trató de esconder su verdadera identidad cuando visitaba a islamitas en el extranjero, a pesar de las amenazas crecientes de los servicios de seguridad locales y occidentales. La verdadera importancia de las actividades de bin Laden en 1994, reside en su relación con el surgimiento del movimiento terrorista islamita internacional tras el triunfo en Somalia.

Al finalizar 1993, los islamitas celebraban una gran victoria. Habían expulsado al Gran Satán —Estados Unidos— del Cuerno de África y ahora enarbolaban el estandarte de la lucha del mundo en desarrollo contra el imperialismo. Para Osama bin Laden y sus compañeros de armas, el año siguiente sería crucial para reorganizar e incrementar sus fuerzas. Los islamitas, que se habían erigido en la escena mundial como una gran fuerza antiestadounidense y antioccidental, debían ahora reagruparse y prepararse para el siguiente enfrentamiento. Antes que

nada, debían sentar las bases de una infraestructura mundial. Trabajando la mayor parte del tiempo desde Sudán, la participación de bin
Laden fue fundamental para adaptar la organización del movimiento
islamita de manera que pudiera ser utilizada por los estados que la
patrocinaban, incluyendo el financiamiento, la logística y el adiestramiento, en la medida en que dichos estados se involucraban más directamente con los actores principales de este drama.

Tras el triunfo islamita en Somalia, muchos estados y organizaciones que habían estado parcialmente activos, al margen o totalmente
inactivos en lo que respecta a los movimientos islamitas, manifestaron su deseo de convertirse en participantes del mismo. La influencia
de Paquistán en el sistema terrorista islamita es particularmente importante en el contexto estratégico. La creciente intervención de
Paquistán fue el resultado tanto de la agudización del conflicto en
Cachemira como del surgimiento del Talibán en Afganistán, dos movimientos que aún proporcionan refugio y estrecha cooperación con
bin Laden.

El surgimiento islamita coincidió con el retorno al poder de Benazir
Bhutto, en Islamabad. Tras una fachada retórica a favor del Occidente
y de la democracia, Bhutto inició un programa destinado a convertir a
Paquistán en miembro fundamental tanto del bloque islámico encabezado por Irán como del eje transasiático, una alianza radical
antiestadounidense dominada por la República Popular China y que
se extendía desde el Mediterráneo hasta el noroeste de Asia. Con ese
fin, Paquistán intensificó su cooperación estratégica con países como
Irán y Corea del Norte. Islamabad concertó dichas alianzas en función
de roles diferentes. Paquistán serviría como centro de desarrollo y producción militar para el bloque islámico, incluyendo tecnologías para la
producción de armas nucleares, así como un centro financiero para
moneda fuerte obtenida del tráfico de drogas. Paquistán también adquiriría, legal e ilegalmente, tecnologías y sistemas industriales de Occidente, incluyendo piezas sueltas de armas fabricadas en Estados
Unidos. Islamabad y sus aliados estaban convencidos de que la llegada de Bhutto al poder, y especialmente a la luz de su retórica prodemo-
crática, relajaría las defensas de Occidente de manera que, al menos
por un tiempo, Paquistán podría adquirir los elementos necesarios antes de que se le volviera a imponer un embargo.

Fortalecer el papel de Paquistán en esta alianza antiestadounidense
fue una de las prioridades personales de Bhutto. Inmediatamente después de su regreso al poder, en el otoño de 1993, se embarcó en una

serie de maniobras políticas que le permitirían formular la nueva estrategia que requería Paquistán en la era posterior a la Guerra Fría y a la Guerra del Golfo Pérsico. Los elementos más importantes de la misma consistían en acuerdos estratégicos con Irán y Corea del Norte, que fueron celebrados durante las visitas de Bhutto a Teherán y Pyongyang. Dichos viajes, así como su visita a Beijing, el más cercano aliado de Islamabad, sirvieron para reforzar la nueva estrategia de Paquistán: una integración activa en el bloque islámico y el eje transasiático. Al margen de su retórica, Bhutto parecía verdaderamente convencida de que el futuro de Paquistán residía en el bloque islámico encabezado por Irán y su postura activa contra Estados Unidos. Hacia el final de 1993, tras su ronda de visitas a Beijing, Pyongyang y Teherán, Bhutto demostró claramente su decisión de implementar esa política y alcanzar esa posición estratégica tan pronto como fuera posible. La creciente participación de Paquistán en el sistema terrorista islamita internacional era parte integrante de la nueva estrategia de Bhutto.

A mediados de diciembre de 1993, Turabi organizó otra Conferencia de los Pueblos Árabes Islámicos (CPAI, o PAIC por sus siglas en inglés) en Jartum para analizar la siguiente fase de la lucha islamita contra Occidente. (Turabi rebautizó a la conferencia para incluir a todos los musulmanes, y no sólo a los árabes). La participación de Paquistán fue el aspecto más importante de esa conferencia. Islamabad no dejó dudas de que Paquistán se veía a sí mismo como un miembro activo y leal del bloque islámico encabezado por Irán. Los funcionarios paquistaníes que asistieron a Jartum señalaron la convicción de Islamabad de que la política islamita era el camino a seguir, y que estaba determinado a ser un participante activo. Islamabad se comprometió a integrarse a las estrategias islamitas, no debido a las convicciones ideológicas de Bhutto —una populista de izquierda— sino a las consideraciones pragmáticas sobre los intereses de Paquistán a la luz de las tendencias imperantes en el Eje del Islam, al cambio en la posición estratégica de China, y a los problemas domésticos de Paquistán.

El nuevo gobierno en Islamabad quería asegurarse de que sus políticas fueran comprendidas por los islamitas. Para lograrlo, Bhutto envió un asesor a la conferencia que sostuvo entrevistas privadas con Turabi y otros líderes islamitas. Les aseguró que el Partido Popular Paquistaní (PPP) —al que pertenecía Bhutto— no atacaría el islamismo ni aboliría la ley islámica, y que Islamabad estaba comprometido con su causa común, incluyendo la jihad antiindia en Cachemira como principio inalienable de la política de Paquistán. También declaró que

Paquistán deseaba encontrar "soluciones islámicas" para Afganistán y los diversos conflictos de Asia Central, y que Bhutto apoyaría cualquier solución propuesta por Turabi, a quien ahora se refería mediante el título honorífico de sheik.

La conferencia discurrió sobre el papel de Paquistán en el marco del MIA (Movimiento Islámico Armado), y en particular sobre el futuro apoyo paquistaní a las luchas armadas y la liberación nacional, es decir, el terrorismo internacional. La delegación oficial de Paquistán estaba encabezada por otros dos allegados de Bhutto, el general Mirza Aslam Beg, ex jefe del Alto Mando de las fuerzas armadas de Paquistán, y el general Hamid Gul, ex jefe del ISI (servicios de inteligencia de Paquistán), que había alentado el flujo de mujaidines extranjeros hacia Paquistán y Afganistán a finales de los años ochenta. Ambos eran islamitas comprometidos, que en repetidas ocasiones habían declarado su convicción de que el futuro de Paquistán residía en la alianza con Irán y el bloque islámico. Su participación en la conferencia de Jartum y el papel que jugaron en la formulación de las relaciones entre Paquistán y el mundo islámico, constituían la prueba de que el régimen de Bhutto continuaría apegándose a las políticas islamitas.

Turabi saludó el compromiso de Paquistán de "salvaguardar los derechos del pueblo musulmán" en Cachemira, y el apoyo de Paquistán a su lucha por la liberación nacional. Aplaudió la decisión de Paquistán de mantener su arsenal nuclear a pesar de la presión internacional, especialmente por parte de Estados Unidos, y prometió el apoyo de todo el mundo musulmán a la intención de Paquistán de mantener y ampliar su programa nuclear.

La delegación de Paquistán hizo saber al liderazgo de la conferencia que Islamabad no se rendiría ante la presión occidental para reducir su apoyo a los árabes "afganos" y a las actividades terroristas internacionales. Los delegados paquistaníes manifestaron que era posible que Paquistán tuviera que fingir que reprimía a los islamitas árabes o que combatía la infraestructura del terrorismo internacional, con el fin de tener acceso a las sofisticadas tecnologías, a pesar de la creciente presión de Occidente. Sin embargo, tales acciones serían sólo una farsa, y en realidad se incrementaría el apoyo a las causas de los islamitas militantes.

A finales de 1993, el ISI comenzó a realizar exhaustivos esfuerzos para cumplir las promesas formuladas en Jartum. Durante 1994 el ISI, junto con el VEVAK (servicio de inteligencia de Irán), completó la ampliación de la infraestructura terrorista en Afganistán, particularmente las instalaciones para el entrenamiento de árabes y otros extranjeros que se convertirían en una nueva generación de "afganos". Los instructores del ISI realizaban su trabajo en cuatro campos donde "afganos" extranjeros recibían adiestramiento en el manejo de armas y tácticas, la elaboración de trampas explosivas y bombas, y medios para llevar a cabo operaciones de martirio (suicidas).

Uno de los aspectos del programa incluía la transformación de la infraestructura de adiestramiento de mujaidines en el área comprendida entre Zhawar y Khowst, en el este de Afganistán. Durante los años ochenta ese complejo de adiestramiento fue manejado para el ISI por Jalaludin Hakkani, un veterano comandante mujaidín afgano. Sin embargo, para 1994 Hakkani sólo mantenía una fuerza de guardia de alrededor de 200 combatientes que resguardaban los depósitos locales de municiones de los mujaidines afganos, mientras que cerca de cien paquistaníes y más de 30 instructores árabes adiestraban a entre 400 y 500 mujaidines en otras partes del mundo musulmán. La proporción entre el número de instructores y de estudiantes aseguraba la calidad del adiestramiento. El complejo era manejado de manera profesional, y los candidatos eran sometidos a exhaustivos estudios médicos, psicológicos y de habilidades militares, así como a una revisión de seguridad conducida por los expertos del ISI, antes de ser aceptados. Los cursos duraban entre cuatro meses y dos años, dependiendo de la materia.

La composición del grupo de estudiantes reflejaba las prioridades de los líderes islamitas. Los adiestrados entre 1994 y 1995 fueron 350 tadjicos (cien de ellos procedentes de Tadjikistán y el resto del noreste de Afganistán), cerca de cien chechenos, tres grupos de Bosnia-Herzegovina, dos grupos de palestinos, un grupo de Filipinas, otro de Moldavia y dos más de Ucrania (principalmente tártaros de Crimea). Los estudiantes eran divididos en equipos de trabajo de entre doce y catorce integrantes, dependiendo de su capacidad y país de origen. Por razones de seguridad estaba prohibida la comunicación entre miembros de diferentes grupos o equipos. También se impartían cursos "nocturnos", en los que la identidad y las actividades de los estudiantes debía permanecer en secreto. Este sistema de adiestramiento sería mantenido y ampliado. En agosto de 1998, algunas de esas instalaciones fueron blanco de los ataques con misiles crucero que Estados Unidos lanzó contra bin Laden.

Otros importantes centros de entrenamiento de "afganos" fueron ampliados durante 1994. En Chahar-Siyab, un punto fuerte del Hizb-i Islami dirigido por Gulbaddin Hekmatiyar, el ISI también manejaba un gran centro de adiestramiento para más de 200 árabes "afganos", destinados a operaciones espectaculares en Occidente y en los estados prooccidentales de Medio Oriente. Otros campos dirigidos por el ISI se encontraban en distintos lugares de Afganistán.

Durante 1994 y 1995 la mayor parte de la asistencia logística, de inteligencia y financiera, encaminada a las organizaciones islamitas fue canalizada a través de organizaciones tuteladas por el ISI de Paquistán, como la Harakat ul-Ansar y la Markaz-al-Dawat al-Arshad. A principios de 1995, los funcionarios del Harakat ul-Ansar, en Paquistán, se jactaron de que sus mujaidines combatían en Cachemira, Filipinas, Bosnia-Herzegovina y Tadjikistán, así como en diversas partes de Medio Oriente. Un documento de reclutamiento, de 1995, del Markaz al-Dawat al-Arshad indicaba que "los mujaidines de los desiertos de los [países] árabes han llegado a Bosnia por medio de los corredores [de la jihad] en Afganistán. [El] mundo occidental fue sacudido". Las principales fuerzas de Markaz al-Dawat al-Arshad en Paquistán se encontraban combatiendo en Cachemira, así como organizando el adiestramiento y apoyo a los mujaidines del "mundo árabe, Cachemira, Bosnia, Filipinas, Eritrea, Somalia, África [*sic*], América [Estados Unidos] y Europa" en bases de Paquistán y Afganistán. Los comandantes de Markaz al-Dawat al-Arshad declararon que algunos de esos mujaidines ya se encontraban operando en Estados Unidos, Europa occidental, Bosnia-Herzegovina y Chechenia.

Entre tanto, Paquistán comenzó a llevar a la práctica sus audaces planes estratégicos. Desde principios de la década de los noventa, tras el colapso de la Unión Soviética y la Guerra del Golfo Pérsico, la República Popular China había estado organizando y dirigiendo el eje transasiático —un bloque antiestadounidense que se extendía desde las costas orientales del Mediterráneo, a través del Asia central y del sur, hasta las playas del Océano Pacífico. En dicho bloque, debido a su carácter islámico y a sus relaciones estratégicas con China, Islamabad surgió como el puente natural entre Beijing y el bloque musulmán encabezado por Teherán. Para consolidar la posición regional de Islamabad, el ISI inició una serie de audaces operaciones encaminadas a asegurar el acceso de Paquistán a puntos vitales para el transporte en la región. El drástico cambio en la actitud de Paquistán hacia Afganistán, y en consecuencia, con el gran sistema terrorista islamita de ese país, fue el resultado de la reevaluación de los objetivos estratégicos más importantes de Paquistán.

Hacia principios de los años noventa, el intento de Islamabad de controlar el sistema de caminos de Afganistán se convirtió en una de las más grandes operaciones encubiertas del ISI, quizá sólo después de su patrocinio a la subversión y el terrorismo en Cachemira. El ISI inició un ambicioso programa para controlar la autopista Kushka-Herat-Qandahar-Quetta. Dicho camino se extiende desde el Asia central ex soviética hacia el oeste y el sur de Afganistán, y desemboca en el sistema de carreteras del sur de Paquistán, hasta llegar al importante puerto de Karachi. Se trata de la única arteria estratégica en relativamente buen estado que puede ser reconstruida para permitir el paso de grandes convoyes. La construcción de un sistema de tuberías a lo largo del camino para enviar petróleo y gas desde Asia central y el norte de Afganistán sería la clave para el futuro desarrollo económico de Paquistán.

Islamabad estaba decidido a controlar esa arteria de importancia estratégica a cualquier costo. Paquistán comenzó a reparar los segmentos más dañados del camino en el interior de Afganistán, trabajando con contratistas tribales que tenían contactos establecidos con el ISI.

Para asegurar el verdadero control de Paquistán sobre ese camino vital, el ISI comenzó a proporcionar dinero y armas a los líderes y caciques locales, y salida a las drogas que cultivaban en el valle de Helmand, en el suroeste de Afganistán. El resultado fue el estallido de los enfrentamientos por el dinero, las armas y la influencia en toda la región, y para 1994 el ISI encontró que la mayor parte de los buenos comandantes habían muerto y sólo quedaban los más despreciables, con los que había que negociar. Se celebraron acuerdos con narcotraficantes y guerrilleros que pretendían pasar por comandantes mujaidines. Estos nuevos líderes oprimieron a la población y abusaron de sus relaciones especiales con Paquistán, que seguía siendo la única vía de entrada de los productos occidentales hacia Afganistán. A mediados de 1994, el programa comenzó a fracasar cuando los codiciosos guerrilleros del sur de Afganistán atacaron los mismos convoyes que supuestamente debían proteger.

En el curso de unos pocos meses la situación se complicó, y una nueva fuerza saltó a la escena: el Talibán, compuesto por fanáticos islamitas que aún controlan la mayor parte de Afganistán y proporcionan refugio a bin Laden a pesar de la intensa presión estadounidense.

Mulawi Mohammed Omar, de Qandahar, líder del Talibán, es un veterano comandante mujaidín de origen pushtun, que se convirtió en estudioso de la religión. La historia de su ascenso a la posición de liderazgo es un ejemplo de la motivación sociopolítica del movimiento Talibán en su conjunto.

De acuerdo con la leyenda, en el otoño de 1994 el Profeta Mahoma se apareció a Mulawi Mohammed Omar en un sueño y le dijo que debía liberar a su tribu del "comandante local" impuesto por el ISI, pecador y represivo, famoso por su pillaje y sus violaciones. Tras recibir el permiso de su mullah, Mulawi Mohammed Omar organizó una fuerza de quince camaradas, todos ellos antiguos mujaidines que pelearon bajo su mando en los años ochenta, y asesinó al guerrillero en un acto de "justicia popular".

Mulawi Mohammed Omar estableció un liderazgo religioso local para administrar y distribuir las propiedades confiscadas al guerrillero entre los pobres y necesitados del área de Qandahar. Se apoderó de las armas del comandante asesinado y aceptó a combatientes arrepentidos en el seno del movimiento religioso bajo su mando. El nuevo grupo fue conocido como el Talibán, que significa "estudiantes de escuelas religiosas", en honor al origen de sus líderes.

De hecho, el Talibán fue el resultado de la organización calculada de las fuerzas islamitas pushtunes, patrocinadas conjuntamente por Teherán e Islamabad. El mito populista es cierto en la versión de que el Talibán estaba compuesto por estudiantes religiosos pushtunes y jóvenes clérigos islamitas. Muchos de ellos eran veteranos de la guerra de Afganistán, y todos eran graduados de los campos de adiestramiento y escuelas preparatorias de Irán y Paquistán. Nacionalistas e islamitas, estaban ansiosos de rebelarse contra los guerrilleros corruptos y mafiosos impuestos por el ISI. Sin embargo, hasta que recibieron apoyo del mismo ISI fueron incapaces de hacer nada. El ex ministro del Interior de Paquistán, Nasirullah Babar, reconoció en el otoño de 1998 que el Talibán fue organizado bajo su dirección en 1994. "El Talibán también recibió adiestramiento militar cuando fui ministro del Interior en 1994", declaró. Una vez fortalecidos, se establecieron inicialmente en el área de Qandahar, donde la destrucción del ancestral liderazgo tribal dejó un vacío que debía ser llenado. El primer éxito del Talibán —la toma de Qandahar, en noviembre de 1994— fue considerado como el principio de su campaña.

Tanto Teherán como Islamabad aceptaban el hecho de que el Estado afgano se había colapsado. A finales del otoño de 1994, ambos gobiernos llegaron a la conclusión de que era indispensable que sus respectivos servicios de inteligencia consolidaran un cierto grado de control sobre los acontecimientos etno-políticos de la región, con el fin de mantener la posición de poder de sus gobiernos. El sur de Afganistán sería el primer escenario. Tras el éxito inicial del Talibán en la tarea de estabilizar Qandahar, a mediados de noviembre y basado en el incuestionable apoyo popular de que gozaban, Islamabad estaba preparado para sacar provecho del Talibán y para expandir el control de Paquistán sobre las áreas de Afganistán habitadas por la tribu pushtun. El levantamiento en Afganistán, incluyendo la creación y fortalecimiento del Talibán, ha sido una misión sagrada que han emprendido todos los gobiernos en Islamabad, incluyendo el de Bhutto, y llevada a cabo por el ISI.

A mediados de diciembre de 1994, el Talibán le demostró al ISI que estaban al corriente de los intereses estratégicos y prioridades regionales de Islamabad. Para entonces, el Talibán se desplazaba hacia el oeste, al valle de Helmand, matando a los narcotraficantes asociados tanto con el ISI como con Hekmatiyar. La "chispa" se encendió cuando, para obligar al ISI a hacer algo respecto al Talibán, un comandante local subordinado a Hekmatiyar interceptó y secuestró un convoy de 33 camiones paquistaníes que se dirigían a Asia central. El ISI dejó ver a los viejos de Qandahar que el guerrillero era una "presa legítima", e inmediatamente una fuerza de 2 500 miembros del Talibán aparecieron en Qandahar. De hecho se trataba de fuerzas afganas mantenidas por el ISI en Paquistán y al este de Afganistán para llevar a cabo operaciones subrepticias tanto en Afganistán como en Cachemira. Bien equipados y dirigidos, los miembros de esa fuerza del Talibán se enfrentaron al comandante de Hekmatiyar y liberaron el convoy. El Talibán no sólo no tomó botín del convoy, sino que reincorporó a él aquello que los aldeanos habían saqueado.

A finales de 1994 y principios de 1995, el ISI comenzó a proporcionar asistencia al Talibán, incluyendo nuevos rifles de asalto Kalashnikov, grandes cantidades de municiones, entrenamiento, logística, y otras formas de apoyo al combate. En una reunión sostenida en Islamabad en diciembre de 1994, Hekmatiyar se quejó con el jefe del ISI de la creciente asistencia que dicho organismo prestaba al Talibán. Al mismo tiempo el ISI monitoreaba de cerca el creciente flujo de voluntarios paquistaníes pushtunes que se unían al Talibán. El liderazgo político religioso del Talibán fue construido por protegidos de una organización política islamita con presencia en Paquistán y que se extendía por la región, la Jamiat-i-Ulema-Islam, bajo el mando de Maulana Fazlur Rahman. Hacia mediados de 1995, la Jamiat-i-Ulema-Islam agrupaba a una docena de organizaciones islamitas más pequeñas, incluyendo algunas de las más violentas de Paquistán.

Para mediados de diciembre, entre 3 000 y 4 000 estudiantes religiosos habían abandonado sus *madrassas* (escuelas religiosas) en el oeste de Paquistán y habían cruzado la frontera para unirse al Talibán. En enero de 1995 el movimiento se convirtió en un torrente. La mayor parte de los miembros del Talibán venían de las madrassas sunnitas en Baluchistán, Paquistán, especialmente de los campos de refugiados afganos establecidos allí a mediados de los ochenta por el ISI para modificar el carácter demográfico de Baluchistán. Se trata de una provincia rabiosamente independiente de Paquistán cuya distintiva población, las tribus baluchis, se han rebelado en repetidas ocasiones contra el gobierno central. En febrero de 1995, las fuerzas del Talibán sumaban 25 000 elementos, predominantemente pushtunes, pero incluían cerca de mil tadjicos y uzbecos. Estos combatientes fueron reclutados por Paquistán para agregar elementos con habilidades militares al "ejército" del Talibán.

A principios de 1995, las fuerzas del Talibán fueron desplegadas a las puertas de Kabul. A finales de febrero obligaron a Hekmatiyar a abandonar su fortaleza en Maidan Shahr, diecinueve millas al sur de la capital, y cercaron Chahar-Siyab, el punto neurálgico del Hizb-i-Islami, para mantener el control sobre Kabul. Gulbaddin Hekmatiyar y unos pocos asistentes cercanos tuvieron que huir de Chahar-Siyab, dejando tras de sí su arsenal completo.

Una serie de enfrentamientos subsecuentes en el área de Kabul con las fuerzas del gobierno afgano, y el comienzo de la ruptura con Teherán, que incluyó el asesinato del comandante mujaidín afgano chiíta favorecido por Irán, no cambió la posición estratégica del Talibán. A mediados de ese año, el Talibán había asegurado para Paquistán el control de la única ruta no iraní entre el Océano Índico y el centro de Asia.

Afganistán estaba preparado para apoyar la expansión y mejoramiento del sistema de asistencia para terroristas: el establecimiento del Imarat, dirigido por Osama bin Laden. Este papel le ganó a bin Laden un lugar como líder prominente en el mundo del Islam conservador y tradicionalista.

Inmerso como estaba en el apoyo a las operaciones islamitas en el Cuerno de África, Afganistán, Paquistán y otras partes, bin Laden no pudo deslindarse del descontento creciente en Arabia Saudita.

La salud del rey Fahd se deterioraba rápidamente, pero no existía un plan concreto para la sucesión, por lo que Arabia Saudita estaba sumida en una amarga crisis política entre las facciones más importantes de la Casa de al-Saud. La corrupción y avaricia insaciable de los príncipes ocasionó el surgimiento de una oposición dirigida por los jóvenes activistas islamitas, que pedían que Arabia Saudita retornara a lo que ellos consideraban "el auténtico camino islámico". Riad reaccionó duramente contra ese movimiento de oposición islamita mediante arrestos masivos sin juicios, represalias económicas y represión, aunque el movimiento no representaba una verdadera amenaza para el régimen.

Esta situación en Arabia Saudita sería un parteaguas para Osama bin Laden. En 1993 y 1994 comenzó a dudar de la legitimidad de la Casa de al-Saud. Una vez convencido de que no debía lealtad a la corona, bin Laden, el islamita que proporcionó valiosos servicios a la inteligencia saudita y que se mantuvo al lado de la corte saudita durante la crisis del Golfo, se convirtió en su enemigo irreconciliable. La evolución del pensamiento político de bin Laden hacia Riad tuvo implicaciones prácticas. Comenzó a analizar la manera de impulsar los movimientos islamitas en su país, y a adiestrar y preparar fuerzas militantes —terroristas islamitas— que serían la vanguardia de un levantamiento islamita en Arabia Saudita. Esta tarea requeriría de mucho tiempo y esfuerzo.

En 1994 se sentaron las bases para llevar a cabo la campaña de terror islamita que aún tiene lugar en contra de Estados Unidos y sus aliados. Hassan al-Turabi y el movimiento islamita internacional reconocieron la valía y efectividad de los "afganos" más importantes, especialmente Zawahiri y bin Laden, y los invistieron de autoridad y responsabilidades. Una nueva estructura de mando fue diseñada, con bin Laden y Zawahiri en las posiciones más altas. El terrorismo islamita internacional —distinto a las revueltas populares, como las ocurridas en Egipto y Argelia, y a las guerras por el territorio, como las de Cachemira e Israel— se concentró en Europa. Allí, la nueva generación de comandantes "afganos" demostró su vitalidad.

Tanto bin Laden como Zawahiri tuvieron papeles relevantes en la guerra islamita en los Balcanes, en Bosnia-Herzegovina y Kosovo, basados en su experiencia y habilidades. Desde Jartum y Londres, Osama bin Laden hizo crecer su red de "entidades humanitarias" que operaban en los Balcanes y que tenían bases de apoyo en Europa occidental y Medio Oriente, hasta convertirla en una intrincada red que incluía muchas organizaciones independientes. En su conjunto, esas organizaciones constituían una infraestructura redundante que mantenía a miles de terroristas islamitas en toda la región balcánica. La clausura de cualquiera de ellas, y el arresto y/o deportación de cualquier islamita, no tenía impacto perceptible en la viabilidad del sistema de apoyo terrorista en su conjunto. El sistema establecido y dirigido por bin Laden también era flexible, con organizaciones que desaparecían y otras que surgían frecuentemente, y con un gran número de terroristas islamitas que cambiaban su afiliación de una entidad a otra, de manera que complicaban los esfuerzos de las autoridades de seguridad de Occidente para seguirles la pista. Bin Laden también organizó un sistema financiero clandestino que apoyaba el esfuerzo de guerra y las operaciones de los islamitas en los Balcanes. Durante ese periodo inicial, y a pesar de los riesgos personales que corría, bin Laden hizo al menos un viaje clandestino a los Balcanes, que incluyó Bosnia y Albania, para supervisar personalmente la consolidación del sistema de apoyo islamita.

Ayman al-Zawahiri organizó un sistema de control y mando de muchos niveles, para dirigir la contribución de los mujaidines a la guerra que libraban los musulmanes de Bosnia, y para llevar a cabo operaciones terroristas espectaculares contra las fuerzas de las Naciones Unidas, y más tarde las de la OTAN, encabezadas por Estados Unidos, cuando se oponían al impulso de los musulmanes bosnios por alcanzar la victoria. En última instancia, la participación de los islamitas en los conflictos de Bosnia y Kosovo ha sido resultado de un esfuerzo conjunto de varios estados y organizaciones. Ningún individuo puede adjudicarse la responsabilidad de haber consolidado el Islam militante en los Balcanes, pero la participación de Zawahiri fue particularmente importante en la organización de muchos puestos de mando, tanto en el teatro de operaciones (Croacia, Bosnia-Herzegovina y Albania) como en lugares cercanos (Italia, Bulgaria). Zawahiri también organizó muchas células de terroristas de élite en los Balcanes, mientras bin Laden se encargaba de mantenerlas.

Bin Laden y Zawahiri se involucraron en otros proyectos de importancia en Europa occidental. En noviembre de 1993, Zawahiri comenzó a trabajar en la creación del cuartel desde el que se lanzarían los espectaculares ataques terroristas contra Estados Unidos. En el centro de dicha ofensiva está el principal cuartel terrorista en Ginebra,

Suiza, establecido en 1993 y que entró en operación a principios de 1994. Su único propósito es supervisar las espectaculares operaciones terroristas en Estados Unidos. Los líderes islamitas decidieron que era necesario contar con un nuevo cuartel cuando el FBI investigó las redes de Omar Abdul Rahman en Nueva York; los islamitas temían que la investigación conduciría al descubrimiento de otras redes de terroristas islamitas que permanecían inactivas en Estados Unidos. Teherán decidió establecer un cuartel de respaldo adicional, fuera de Estados Unidos, que pudiera encargarse de las operaciones si los terroristas eran aprehendidos o si debían abandonar el país.

Para poder operar en Europa occidental, Zawahiri cambió radicalmente su aspecto: se rasuró la barba y comenzó a portar atuendos occidentales. El primer objetivo de las redes europeas de Zawahiri era introducir expertos de alto nivel en Estados Unidos para supervisar y conducir letales operaciones terroristas bajo situaciones de emergencia. A finales de los años noventa, tras la muerte del asistente de Zawahiri y de su líder espiritual, el cuartel de Ginebra fue reorganizado, pero aún funciona.

Osama bin Laden se dedicó a crear una red encargada de difundir propaganda y material educativo en Occidente, particularmente para las diversas comunidades musulmanas a las que los islamitas querían influir. Trabajó en la adquisición de materiales y el desarrollo de procedimientos de traducción, así como en la creación de un sistema de distribución global, tanto electrónico como de material impreso. En 1994, bin Laden comenzó a utilizar el fax, la computadora, Internet y el correo electrónico al servicio del renacimiento islamita.

Bin Laden logró lo anterior afrontando un riesgo personal. Aunque era buscado por el gobierno de su país, viajó al Reino Unido utilizando su propio pasaporte saudita. Debido a las excelentes relaciones entre Londres y Riad, bin Laden se arriesgó a ser arrestado y extraditado a Arabia Saudita, donde hubiera sido torturado y muy probablemente decapitado. En Inglaterra, bin Laden se estableció en el suburbio de Wembley. En ese lugar adquirió una propiedad y creó un grupo llamado "El Comité de Asesoría y Reforma", que se encargó de administrar y apoyar a varias personalidades islamitas exiliadas en toda Europa, y de financiar sus minúsculas organizaciones y frentes. En un principio, el beneficiario más importante de bin Laden fue el Partido de la Liberación, dirigido por el sheik Omar Bakri. Durante los años siguientes, más militantes islamitas exiliados gravitarían en torno a Londres y establecerían sus propias pequeñas organizaciones; en su conjunto constituirían una fuente confiable de información sobre las actividades islamitas y aportarían "explicaciones" a la élite intelectual de todo el mundo musulmán. Las entidades terroristas establecidas podían negar cualquier conexión con los actos de violencia, mientras los individuos con base en Londres, quienes obviamente no habían hecho nada, podían aportar "explicaciones". Muchos de los comunicados y decretos más importantes emitidos entre 1996 y 1998 sobre los ataques terroristas en Arabia Saudita y África oriental, fueron difundidos a través de ese sistema localizado en Londres, y el sheik Bakri surgiría como una de las voces más autorizadas para aclarar las actividades de bin Laden.

El 7 de abril de 1994, el gobierno saudita despojó a Osama bin Laden de su ciudadanía porque "ha realizado actos que afectan adversamente las buenas relaciones entre el reino de Arabia Saudita y otros países". Unos meses después, bin Laden tuvo que regresar a su refugio en Jartum porque los sauditas pidieron su expulsión y extradición de Inglaterra. Para la época en que bin Laden abandonó Londres, había logrado consolidar un sistema de entidades provistas de una fuente de financiamiento sólida —aunque clandestina. Esta red de difusión londinense aún funciona eficientemente.

Cuando los preparativos para la siguiente etapa terrorista estaban avanzados, el liderazgo islamita de Irán y Sudán decidió estudiar cuidadosamente su posición y reexaminar sus planes futuros. Se trataba de un proceso largo para precisar la magnitud y complejidad de los retos que enfrentaba el Islam radical. Entre octubre de 1994 y abril de 1995, los altos funcionarios de Irán, Sudán y las organizaciones terroristas islamitas más importantes, llevaron a cabo un gran número de conferencias y reuniones, la mayor parte en Medio Oriente. En dichas conferencias y reuniones se toman las decisiones más importantes sobre futuras y específicas actividades y operaciones terroristas; por otra parte, son el principal vehículo para transmitir instrucciones y obtener la autorización para dichas operaciones. La enorme cantidad y diversidad de reuniones de esta naturaleza refleja la intensidad de los preparativos que tenían lugar en el sistema terrorista islamita internacional.

La primera reunión de importancia fue celebrada en octubre de 1994 en el palacio Firozi, en Teherán. Los participantes clave eran el representante del ayatola Ali Khamenei (líder espiritual de Irán y sucesor de Jomeini), Ali Fallahian (que entonces era ministro de Inteligencia de Irán), Muhsin Rezai (jefe del CGRI), Muhsin Rafiq-Dust (jefe de la Fundación para los Oprimidos, principal instrumento de Irán para el financiamiento clandestino), Imad Mughaniyah (jefe de las Fuerzas de Operaciones Especiales del Hezbolá, controladas por Irán), sheik Bikahi (a cargo de las operaciones del Hezbolá en el extranjero) y representantes de primera línea de la Jihad Islámica palestina y de al-Jamaah al-Islamiyah, de Egipto. El delegado egipcio llegó desde Estados Unidos.

El representante de Khamenei analizó la situación en el mundo y señaló el incremento de las actividades antiterrorismo de Estados Unidos en todo el mundo. Informó a la conferencia que Teherán había resuelto "responder directamente en forma similar a la operación del World Trade Center". Ésta no era una balandronada. Se estudiaron operaciones terroristas que podían realizarse en el futuro en Estados Unidos, y se discutieron en detalle algunas operaciones específicas.

Poco después, ese mismo mes, la inteligencia iraní organizó una reunión cumbre en el barrio de Imarat, en Jartum, de todos los líderes involucrados en la subversión islamita en Arabia Saudita y los estados del Golfo. La cumbre fue copresidida por el sheik Hassan al-Turabi y el ayatola Ahmad Jannati. Entre los participantes estaban altos funcionarios de la inteligencia iraní, un representante de Ali Akbar Mohtashemi, el Hezbolá, islamitas sauditas —incluyendo a bin Laden— y líderes de la Hermandad Musulmana en los estados del Golfo Pérsico.

Los participantes revisaron cuidadosamente la situación en la Península Árabe y el estado de sus fuerzas, principalmente de aquellas patrocinadas por Irán: "afganos", tanto chiítas como sunnitas. Llegaron a la conclusión de que pronto estarían listos para enfrentarse a los regímenes del Golfo, especialmente a la Casa de al-Saud. Los participantes de la cumbre decidieron comenzar a activar sus redes clandestinas en toda la península e iniciar los preparativos para una ola de terrorismo y subversión que debía ser lanzada en la primavera o el verano de 1995. Se pondría especial énfasis en sacar provecho de los factores sociales y las tensiones para justificar las actividades extremistas e islamitas. Se atacaría intencionalmente a extranjeros para perturbar las relaciones entre los estados del Golfo y Occidente, especialmente Estados Unidos.

La cumbre decidió que se daría luz verde a esta campaña sólo después de que se considerara que los preparativos habían sido exitosos; el examen de los mismos fue programado para la primavera de 1995. La cumbre decidió efectuar dos sesiones de evaluación, una en Jartum bajo la dirección de Turabi para estudiar los preparativos de la campaña, y otra en La Meca, bajo la batuta de Jannati, para estudiar la situación interna de Arabia Saudita.

Después de las conferencias del otoño de 1994, Sudán envió emisarios de alto nivel al Reino Unido y Estados Unidos para notificar a los líderes islamitas locales de las resoluciones, e instruirlos sobre futuros planes y sus respectivos papeles en ellos.

La élite terrorista volvió a reunirse en noviembre de 1994, esta vez en una remota aldea de Larnaca, Chipre. Discutieron la siguiente fase de operaciones en Estados Unidos, con base en el material llevado por los emisarios. Entre los participantes se encontraban funcionarios de inteligencia de Irán, Sudán y Siria, así como altos comandantes de diversas organizaciones islamitas —el Frente de Acción Islámica (Jordania), el Comando General del Frente Popular para la Liberación de Palestina, Hamas (organización islamita palestina que opera en Israel y en los territorios ocupados), Hezbolá, jordanos "afganos" de Paquistán, y el Partido de Liberación Islámica (Jordania). Los líderes terroristas examinaron las operaciones potenciales y autorizaron el inicio de la fase final de la campaña.

La conferencia de Larnaca tomó dos decisiones para la futura ofensiva terrorista en Estados Unidos: la creación de un "ambiente de terror" y llevar a cabo una serie de "operaciones espectaculares". Las fuentes iraníes también diseñaron una estrategia coherente que combinaba las operaciones espectaculares contra objetivos relacionados con el gobierno en Estados Unidos, y una gran cantidad de operaciones de provocación a pequeña escala tanto en Estados Unidos como contra ciudadanos de ese país en todo el mundo. Éstas serían parte de un plan para aterrorizar a la población estadounidense a través de una campaña sostenida de "pequeñas" operaciones, esencialmente una violenta forma de guerra psicológica. La clave para el éxito de esa campaña estribaría en el impacto que tuviera sobre dicho pueblo, que por su parte ejercería presión sobre el gobierno de Estados Unidos para cambiar sus políticas o para detenerlas. La conferencia de Larnaca también consideró una amplia gama de opciones terroristas contra Israel, Jordania y otros estados árabes involucrados en el proceso de paz del Medio Oriente.

Muchas reuniones de trabajo profesionales tuvieron lugar posteriormente en todo el mundo; durante éstas, altos funcionarios de inteligencia de los estados que apoyaban al terrorismo sostuvieron consultas con los comandantes de avanzada y los guías espirituales. Estudiaron personalmente y a detalle la situación de redes específicas, y la capacidad de las comunidades musulmanas locales para resistir las consecuencias de los ataques más importantes. Estos funcionarios examinaron también las posibles consecuencias políticas y económicas que tendrían los golpes más espectaculares en sus países de origen.

A principios de enero de 1995, tuvieron lugar consultas internas de alto nivel en Teherán para discutir los resultados de todas esas conferencias y reuniones sostenidas desde el otoño de 1994, que servirían como base para una reevaluación integral de la estrategia del terrorismo internacional formulada en Irán. Estas consultas se centraron específicamente en las operaciones en Estados Unidos, Latinoamérica y Asia. También se decidió lanzar una serie de operaciones suicidas regulares contra blancos estadounidenses en Medio Oriente, desde atentados con coches-bomba contra embajadas estadounidenses y otros edificios comerciales, hasta el asesinato de diplomáticos de Estados Unidos. Teherán remitió entonces instrucciones específicas para las operaciones futuras, que servirían como guía para las actividades terroristas islamitas que comenzarían a más tardar en la primavera de 1995. Debido a su gran importancia, dichas instrucciones y directrices fueron enviadas a las diversas células y redes en todo el mundo por conducto de mensajeros de confianza.

Dichas resoluciones fueron cruciales para la formulación de una estrategia terrorista de largo plazo. Como regla general, lleva más de un año convertir las decisiones doctrinales, como las tomadas en esa reunión de 1995, en operaciones iniciales; esto es, elaborar operaciones específicas que cumplan con esas guías y directrices. Toma cerca de un año planear y preparar operaciones especiales, adiestrar y preparar a los terroristas, construir el sistema de apoyo para ellos, etcétera. Las decisiones de enero de 1995 tomadas en Teherán llevaron a estudiar y planear ataques contra diversos blancos estadounidenses, incluyendo embajadas, que apenas ahora comienzan a ser llevados a la práctica.

A principios de 1995, Ayman al-Zawahiri realizó una audaz visita clandestina, extremadamente importante, a Estados Unidos, para revisar personalmente la fortaleza y confiabilidad de las redes locales y las comunidades islamitas, y confirmar la pertinencia de los diversos objetivos de los ataques espectaculares que habían sido identificados y recomendados por las redes localizadas en ese país. Utilizando uno de sus pasaportes europeos falsos, Zawahiri estableció una base de operaciones de avanzada en Santa Clara, cerca de San Francisco, California. Ali A. Mohamed, cuyo verdadero nombre es Ali Abu-al-Saud

Mustafa, y Khalid al-Sayyid Ali Abu al-Dahab, dos egipcio-estadounidenses devotos de bin Laden, que eran los más altos combatientes de la jihad en Estados Unidos, ayudaron a Zawahiri durante su viaje. Mohamed Mustafa supervisó el viaje secreto de Zawahiri, le proporcionó una coartada para el mismo, un pasaporte falso y documentos relacionados con el viaje, que este personaje utilizó para obtener una visa de entrada a Estados Unidos. Dahab incluso organizó la residencia de Zawahiri en California. Mohamed/Mustafa y Dahab se turnaron para viajar con Zawahiri por todo el territorio estadounidense e inspeccionar los posibles blancos, así como para reunirse con islamitas locales que apoyaban las redes terroristas y que recababan y lavaban fondos para uso operativo en Estados Unidos. Zawahiri regresó a Europa convencido de que Estados Unidos podía convertirse en tierra fértil para una serie de operaciones terroristas espectaculares —ataques cuya responsabilidad era susceptible de ser negada como de ser adjudicada—, siempre y cuando fueran planeados adecuadamente y ejecutados de manera profesional.

Los dos egipcio-estadounidenses que ayudaron a Zawahiri eran ejemplos típicos de los recursos con los que podían contar los islamitas en Estados Unidos. Ali A. Mohamed, nacido en 1952, se graduó de la academia militar del Cairo, pero en 1984 fue dado de baja del ejército egipcio, con rango de mayor, debido a sus tendencias islamitas. Entonces ofreció sus servicios a la CIA, pero luego de una breve misión en Alemania Occidental fue identificado como un posible doble agente cuya verdadera lealtad estaba con los islamitas. Sin embargo, Mohamed/Mustafa ingresó a Estados Unidos en 1985, se casó con una mujer nativa y se unió al ejército de ese país, en calidad de sargento de suministros de las Fuerzas Especiales de los Boinas Verdes. Más tarde se involucró en tareas de conscientización de las Fuerzas Especiales sobre temas islamitas. En 1988 se tomó un largo periodo de licencia y marchó a combatir en Afganistán, donde conoció a Zawahiri y a los líderes árabes "afganos".

Mohamed/Mustafa dejó el ejército en noviembre de 1989 para dedicar todo su tiempo a la causa islamita. Brindó adiestramiento militar a jóvenes islamitas tanto en California como en Nueva York y Nueva Jersey, con el fin de prepararlos para la jihad en Afganistán, y algunos de esos jóvenes se convirtieron en miembros de la red terrorista de Omar Abdul Rahman en Nueva York. En 1990, Mohamed/Mustafa realizó una serie de viajes a Medio Oriente. En Afganistán aplicó la experiencia obtenida en el ejército estadounidense e instruyó a los aspirantes a terrorista en el uso de armas y explosivos, tácticas de guerra de guerrillas, así como de bombas accionadas a control remoto y de trampas explosivas. Mohamed/Mustafa ayudó a seleccionar a los graduados mejor capacitados para enviarlos a Egipto y Estados Unidos. En 1991, se fue a Sudán para trabajar bajo las órdenes de bin Laden, desarrollando un sistema de protección contra las operaciones especiales y encubiertas de Estados Unidos, que iban desde la protección electrónica de las instalaciones utilizadas por bin Laden hasta el entrenamiento y organización de sus guardaespaldas. En 1993 fue parte del equipo de al-Rashidi, y aportó su experiencia para combatir a las fuerzas estadounidenses. Por instrucciones de bin Laden, viajó exhaustivamente por África, entre Kenia, Tanzania, Nigeria, Uganda y Guinea, para monitorear blancos e instalaciones estadounidenses. A finales de 1993 o principios de 1994 ingresó a la embajada de Estados Unidos en Nairobi para obtener información sobre su estructura y defensas. En esa época también trabajaba en la consolidación de la base islamita en el norte de California. En el otoño de 1998, Mohamed/Mustafa fue arrestado y juzgado por sus conexiones con los atentados contra las embajadas en el África oriental.

Khalid al-Sayyid Ali Abu-al-Dahab llegó a Estados Unidos en 1986 con instrucciones de establecerse allí. Con ese fin se mudó a Santa Clara, se casó con una estadounidense y obtuvo la ciudadanía. Fue "activado" por Mohamed/Mustafa a finales de los años ochenta y enviado a pasar dos meses de entrenamiento en Afganistán, donde los líderes islamitas le hicieron ver la importancia de las operaciones de apoyo en Estados Unidos. Durante los años que siguieron, Dahab mantuvo un sistema de comunicación que conectaba a los comandantes islamitas que operaban clandestinamente en el mundo árabe y el alto mando de los terroristas y elementos operativos en Paquistán, Yemen, Sudán, Austria, Gran Bretaña, Qatar, Emiratos Árabes Unidos, Bahrein, Albania y Canadá. También supervisó la transferencia clandestina de fondos e información desde California, así como la adquisición y entrega clandestina, en diversos lugares, de los teléfonos satelitales que ahora utilizan bin Laden, Zawahiri y otros líderes terroristas. Dahab recibió pasaportes reales y falsos de diversas nacionalidades por parte de Mohamed/Mustafa y los envió a Zawahiri, para que sus comandantes pudieran viajar con seguridad por Occidente.

A finales de la década de los ochenta, Dahab comenzó a viajar a Egipto con instrucciones y fondos para los líderes terroristas establecidos allí. Fue arrestado el 29 de octubre de 1998, mientras intentaba escapar de Egipto hacia Estados Unidos.

A principios de 1995 era imposible para el resto del mundo ignorar estas actividades, y los gobiernos que serían amenazados comenzaron a actuar. Los gobiernos árabes se mostraron cada vez más preocupados por la creciente amenaza islamita en Paquistán y Afganistán. En febrero, el príncipe Turki bin Faisal, jefe de los servicios de inteligencia secretos de Arabia Saudita, tomó una serie de medidas drásticas y desesperadas, encaminadas a reducir la amenaza "afgana".

Por instrucciones del rey Fahd, el príncipe Turki viajó a Islamabad a principios de marzo para sostener consultas de alto nivel con Bhutto. El tema principal era la naturaleza de la cooperación en las áreas de inteligencia y terrorismo entre Paquistán e Irán. El príncipe Turki le dijo a Bhutto que Riad estaba muy preocupado por los sauditas "afganos" que operaban en Paquistán, Afganistán y otros países. Turki declaró que Islamabad era la clave para toda la infraestructura islamita porque los campos de "afganos" en Afganistán estaban todavía bajo control del ISI. Otro motivo de preocupación lo constituía la organización de unidades operativas para el renacimiento de la jihad en el extranjero, bajo el mando del Harakat ul-Ansar, que tenía —y todavía tiene— cuarteles y escuelas en todo Paquistán y campos militares en Afganistán. Harakat ul-Ansar disfrutaba, y aún disfruta, de la colaboración estrecha del ISI, por lo menos en relación con sus operaciones en la Cachemira india y con el gobierno afgano.

El príncipe Turki le ofreció un trato a Bhutto. Además de un generoso paquete de asistencia financiera, Riad propuso mover su poder e influencia en Washington en favor de los intereses de Paquistán si el ISI contenía a los sauditas "afganos"; el gobierno de Arabia Saudita buscaría la revocación de la Enmienda Pressler (que imponía duras sanciones contra Paquistán, incluyendo el cese de toda asistencia militar, debido a su programa nuclear), trataría de obtener asistencia técnica y económica para Paquistán, y lanzaría una campaña de relaciones públicas acerca de la ofensiva de Islamabad contra los militantes islamitas. Consciente de la importancia del movimiento "afgano", tanto para Islamabad como para Teherán, el príncipe Turki sólo pidió a Bhutto garantías de que el ISI limitaría la capacidad de los sauditas "afganos" para viajar a Medio Oriente. Bhutto prometió colaborar con Riad, y el gobierno saudita le ofreció a cambio su enorme apoyo durante la visita que Bhutto realizó a Washington, a principios de abril de 1995, así como durante las negociaciones que siguieron en el Capitolio. Un emisario personal del príncipe Turki viajó a Islamabad en repetidas ocasiones con el fin de sostener consultas con altos funcionarios del ISI para la promoción de la imagen de Paquistán en Estados Unidos, haciendo público, entre otras cosas, su compromiso de combatir el terrorismo islamita y el tráfico de drogas.

Desde un principio, Islamabad no tenía la intención de satisfacer las peticiones sauditas. En lo que concernía al ISI, todo su esfuerzo estaba dirigido a cambiar la imagen pública de Paquistán, pero no a contener el crecimiento del terrorismo islamita patrocinado por ese país. La muestra de que esos acuerdos fueron una farsa quedó de manifiesto a principios de abril de 1995, en la víspera del viaje de Bhutto a Estados Unidos. Bajo la cubierta de otra conferencia en Jartum, se realizaron consultas secretas entre altos funcionarios de inteligencia y líderes terroristas para coordinar las actividades de éstos últimos.

A finales de marzo o principios de abril de 1995, Osama bin Laden asistió a esas reuniones en Jartum. La más importante, sostenida en el cuartel de Turabi, fue organizada por Mustafa Ismail Uthman, que dirige los campos de entrenamiento de terroristas en Sudán. Los participantes más importantes fueron Osama bin Laden, Imad Mughaniyah, Fathi Shkaki (jefe de la Jihad Islámica Palestina), Mussa Abu Marzuk y Muhammad Nizzal (ambos comandantes de Hamas), Adrian Saadedine (de la Hermandad Musulmana Internacional), Sheikh Abdul-Majid al-Zandani (el líder islamita de Yemen), Mustafa Hamza (un comandante "afgano" egipcio de primer nivel), y otros dos representantes de la Jihad Islámica Egipcia, dos representantes del consejo consultivo Ennadha (de Túnez), representantes de la Jihad Islámica de Qazi Hussein Ahmad de Paquistán, y representantes militares de las principales organizaciones terroristas de Argelia, la AIS y la GIA.

El principal tema de discusión fue el establecimiento de una nueva serie de oficinas y cuarteles en todo el mundo, de manera que el movimiento internacional islamita pudiera enfrentar de mejor manera los retos que se acercaban. Zawahiri había demostrado la necesidad de establecer y ampliar esas oficinas de avanzada durante las operaciones en los Balcanes. Los participantes de la reunión decidieron sobre las siguientes oficinas principales y áreas de responsabilidad: Sanaa, para apoyar las operaciones en la Península Árabe; Jartum, para respaldar las operaciones en Egipto, Libia, Chad, Uganda, Kenia y Camerún; Mogadiscio, para brindar apoyo a las fuerzas islamitas en Somalia, Etiopía, Jibuti y Eritrea; Roma, para la coordinación y apoyo de las operaciones islamitas en el norte de África; Karachi, para apoyar las operaciones en Paquistán, Cachemira, Afganistán y Albania-Kosovo; y Teherán, para dirigir las operaciones en Asia central, India y Bosnia.

Además, dos centros serían ampliados en Occidente, cuya existencia había sido posible gracias al trabajo de bin Laden. La oficina de Londres sería responsable de la propaganda y el trabajo de investigación, incluyendo la promoción de la investigación académica y estratégica. La oficina de Nueva York, en Brooklyn, sería responsable de las actividades financieras disfrazadas bajo la cubierta de obras de caridad y recolección de fondos para causas humanitarias. Las redes con base en Estados Unidos alcanzaron tal magnitud que el Congreso aprobó una ley antiterrorismo en 1996, otorgando facultades más amplias a las agencias de persecución de delitos para encarar esa amenaza. Bin Laden había creado una red de entidades financieras internacionales y una gran cantidad de cuentas bancarias a través de las cuales el dinero podía ser recolectado —ya fuera como aportaciones de caridad o bien proporcionándolo clandestinamente mediante los estados que apoyaban el terrorismo—, transferido, mezclado y lavado. Bin Laden, con su profundo conocimiento de los negocios internacionales en la era de la computación, resolvió los problemas de los islamitas del movimiento clandestino y el lavado de grandes sumas de dinero necesarias para apoyar el terrorismo y la subversión a nivel mundial. Se le encargó supervisar y administrar esos centros desde sus oficinas en Jartum. El delegado iraní, Muhammad Said Naamani, prometió la cantidad de 120 millones de dólares para cubrir los gastos de esos nuevos centros.

La situación en Paquistán requería la especial atención de los islamitas. El representante del isi explicó las dificultades políticas que tenía Islamabad con Estados Unidos, y la lucrativa oferta saudita, y añadió que era necesario para Islamabad crear una opción para que el gobierno de Bhutto pudiera negar su involucramiento en el apoyo al terrorismo. El representante del isi pidió que se hicieran modificaciones al sistema de patrocinio del terrorismo para ayudar a Islamabad.

A cambio de la cooperación de los islamitas con las políticas de Bhutto, Islamabad aceptó extender el uso de Karachi como un centro para el financiamiento clandestino del movimiento islamita. El nuevo sistema financiero sería administrado por Osama bin Laden y estaría basado en una amplia red de negocios y compañías no árabes, con el fin de disimular el flujo de efectivo hacia las diversas redes terroristas en Occidente. Con ese fin, y con el apoyo oficial de Islamabad, el centro de Karachi se vinculó con numerosas compañías financieras, hombres de negocios y propietarios de inmuebles de Paquistán, cercanos a los círculos del tráfico de drogas, para utilizarlos como relaciones financieras internacionales y como contactos. El centro financiero de Karachi también extendería sus actividades, inicialmente al Reino Unido, Sudáfrica y Mauricio, con ayuda de los expatriados paquistaníes. Sin conocer el prominente papel de bin Laden en el centro de Karachi, el príncipe Turki ignoró la información y continuó permitiendo el uso de las instituciones financieras sauditas. Para entonces, Riad estaba tan alarmada por el resurgimiento del terrorismo islamita y la subversión en Arabia Saudita, que estaba dispuesta a hacer cualquier cosa para asegurarse de que los islamitas operaran fuera de Arabia Saudita. Para Riad, apoyar tácitamente al terrorismo islamita en terceros países, mediante la transferencia y el lavado de dinero, era un precio bajo por pagar a cambio de garantizar la paz en el interior.

A principios de mayo de 1995, en el punto crítico de el Hajj, el peregrinaje anual a La Meca, el funcionario más alto de el Hajj iraní, Mohammad Mohammadi Reyshahri, ex ministro de Inteligencia, y el ayatola Ahmad Jannati, prominente funcionario de la red de apoyo al terrorismo, sostuvieron una serie de reuniones en La Meca con altos funcionarios de Hezbolá, Jihad Islámica y movimientos militantes islamitas de todo el mundo, para discutir los métodos para "enfrentar las conspiraciones estadounidenses contra el Islam".

En el largo plazo y a nivel estratégico, los decretos teológicos —fatwas— emitidos por los líderes más importantes de Jartum tras la conferencia de la CPAI, tenían gran importancia. Emitidos por Turabi y las más altas autoridades del MIA en el verano de 1995, estos textos debían ser utilizados como precedentes legales y religiosos para legislar sobre las relaciones entre musulmanes y no musulmanes en áreas donde los infieles no estuvieran dispuestos a someterse simplemente a las fuerzas musulmanas, y en aquellas otras a las que se oponían las fuerzas mujaidines. Palestina, Bosnia y Cachemira fueron señaladas explícitamente como áreas donde los principios contenidos en esas fatwas y decretos debían ser aplicados.

Uno de los textos legislativos más importantes distribuidos por Jartum, fue una fatwa originalmente emitida por la Conferencia Religiosa Islámica sostenida en Al-Obaeid, Sudán, el 27 de abril de 1993. Esta fatwa regulaba las relaciones entre musulmanes y no musulmanes en áreas consideradas como territorios de las fuerzas musulmanas.

La fatwa de abril de 1993 no distinguía claramente entre, por una parte, los musulmanes que buscaban la coexistencia con no musulmanes y las autoridades de los estados seculares y, por la otra, con no musulmanes que oponían resistencia a la imposición del Estado musulmán. Sin embargo, el primer párrafo decretaba cuál sería su destino: "Por lo tanto, los rebeldes que son musulmanes y están combatiendo contra el Estado [musulmán] son en este acto declarados apóstatas del Islam, y los no musulmanes son en este acto declarados *kaffirs* [infieles] que se han opuesto a los intentos de proselitismo y difusión el Islam en África. De cualquier forma, el Islam ha justificado el combate y muerte de ambas categorías sin dudar, de acuerdo con la siguiente evidencia coránica", la cual es expuesta en el texto de la fatwa con gran detalle.

En lo que hace a los musulmanes que no desearan matar en el nombre de la jihad, dicha fatwa estipulaba en el párrafo seis que "aquellos musulmanes que... intenten cuestionar o duden de la justificación islámica de la jihad, son en este acto clasificados como 'hipócritas' que dejan de ser musulmanes, y también 'apóstatas' de la religión del Islam que serán condenados permanentemente al fuego del infierno".

La fatwa de abril de 1993 era un largo documento legal que estipulaba con gran detalle, mientras citaba los fundamentos coránicos, que no había alternativa viable y legal a la jihad sangrienta. Esa fatwa fue claramente redactada como un documento legal islamita de vigencia universal, que determina la esencia de las relaciones entre los musulmanes y sus vecinos en sociedades mixtas y en estados que no poseen gobiernos musulmanes. Los autores de esa fatwa señalaron el sur de Sudán como un caso peculiar que les permitía formular un juicio aplicable a todos los casos similares. En aquella época, la rebelión de la población negra, cristiana y animista, contra la opresiva campaña de islamización llevada a cabo por el gobierno árabe-musulmán, se intensificaba, y los rebeldes habían obtenido el control de un área en el sur de Sudán. Jartum consideraba esa región como parte de Sudán, y por lo tanto como territorio musulmán ocupado por no-musulmanes. Las autoridades en Jartum no estaban equivocadas, desde el punto de vista legal, al seleccionar esa fatwa como guía de la estrategia de la jihad islamita en lugares como Cachemira, Palestina y Bosnia.

Otro documento de importancia emitido por las más altas autoridades legales e ideológicas islamitas, trataba de clarificar la posición de Jartum sobre la escalada de la lucha armada en áreas reclamadas por los islamitas, desde el Asia no árabe dominada por los musulmanes hasta el Medio Oriente e incluso Europa. El texto destacaba la importancia crucial de la lucha armada en el contexto de las relaciones entre los musulmanes y el moderno Estado de corte occidental.

El documento más importante emitido a finales de agosto de 1995 por las autoridades islamitas fue un decreto de juicio, originalmente emitido por Sayyid Muhammad Qutb, uno de los más importantes pensadores islamitas egipcios, ejecutado en 1965. Qutb ganó prestigio por sus decretos de juicio sobre la relación entre el creyente y el moderno Estado secular, tanto en el mundo musulmán como en Occidente. De especial importancia fue la identificación que Qutb hizo del Estado moderno como "*Jahiliyyah*" (barbaridad) contra la cual los musulmanes están obligados a combatir. La utilización del término Jahiliyyah en su decreto se puede aplicar a todos los sitios donde los islamitas estaban apoyando el terrorismo y la subversión.

A finales de agosto de 1995, los líderes islamitas de Jartum renovaron el llamado a las armas de Qutb contra la Jahiliyyah, especialmente en los estados modernos donde vivían grandes comunidades de musulmanes bajo regímenes no musulmanes. El decreto de Qutb, que los líderes del MIA declararon válido y vigente, dejaba poca duda sobre lo que debía hacerse: "No es función del Islam comprometerse con los conceptos de Jahiliyyah que son comunes en el mundo, o coexistir en la misma tierra con un sistema jahili. Éste no era el caso cuando apareció por primera vez en el mundo, ni lo será ahora ni en el futuro. Jahiliyyah, sin importar a qué periodo pertenezca, es Jahiliyyah; esto es, desviación de la adoración de Alá y de la forma de vida prescrita por Alá". Qutb decretó y el MIA confirmó que no puede haber coexistencia entre los musulmanes y las autoridades jahili o el sistema jahili: "El Islam no puede aceptar mezclarse con la Jahiliyyah. O prevalecerá el Islam, o la Jahiliyyah; ninguna situación intermedia es posible". Qutb no vio alternativa a una lucha armada, o jihad, para liberar a los creyentes de la Jahiliyyah. Como organización de orientación teológica, el MIA tenía el derecho y la obligación de participar en una lucha mundial contra la Jahiliyyah. "El primer deber del Islam es derrocar la Jahiliyyah del liderazgo de los hombres", decretó Qutb, y sancionó Turabi.

Un escenario donde los islamitas alentaron a la minoría musulmana local a desafiar al gobierno de la mayoría cristiana y al gobierno electo, fue Filipinas. Desde principios de los años noventa, los islamitas han intentado transformar la revuelta esencialmente socioeconómica, de las islas del sur, habitadas por musulmanes, contra las islas del norte, predominantemente cristianas, en una revuelta de los musulmanes contra el gobierno cristiano. Bin Laden se involucró en la escalada del terrorismo islamita en Filipinas como parte de esa lucha. Durante 1994, bin Laden comenzó a acumular conocimientos sobre la supervisión de operaciones terroristas, y la primera red de importancia en que participó desde su posición de apoyo produjo una serie de golpes espectaculares en Filipinas y, en última instancia, en Estados Unidos.

Para crear el sistema de apoyo necesario, bin Laden viajó a Filipinas en el invierno de 1993. Se presentó como un rico inversionista saudita deseoso de ayudar a sus compañeros musulmanes en las islas del sur del país. Muchos funcionarios del gobierno se reunieron con él para facilitar la compra de propiedades y abrir las cuentas bancarias pertinentes. Más tarde, cuando bin Laden se vio imposibilitado para viajar libremente, el apoyo a la red fue encomendado a su cuñado, Mohammed J. A. Khalifah. Los fondos eran transferidos por medio de un correo. En diciembre de 1994, Khalifah fue detenido en San Francisco por cargos de inmigración y fue deportado. Su presencia en Estados Unidos es significativa, debido a los verdaderos planes de la red. En el verano de 1998, Khalifah negó vehementemente haber estado financiando al grupo de Abu Sayyaf, la organización terrorista islamita más militante de Filipinas.

Desde principios de 1994, muchas células de terroristas expertos, principalmente árabes "afganos", llegaron a Filipinas para establecer células operativas en todo el país, principalmente en las grandes ciudades. Entre los comandantes de primer nivel de esta misión se encontraba Ramzi Ahdam Youssuf, quien a principios de 1993 supervisó el atentado contra el World Trade Center en Nueva York. Su objetivo era hacer los preparativos para las operaciones espectaculares en el este de Asia y servir como base para lanzar operaciones contra Estados Unidos.

En un principio, la red intentó realizar una operación precipitada: el asesinato del presidente Clinton durante su visita a Manila, en 1994. Sin embargo, la red no pudo reunir la suficiente información para romper el cordón de seguridad del presidente, y la operación fue suspendida.

Las operaciones más importantes planeadas para el Asia oriental eran el asesinato del Papa durante su visita al área, y la destrucción simultánea de dos aviones estadounidenses de pasajeros. La red también planeó apoyar al líder terrorista islamita local, Abu Sayyaf, para realizar operaciones encaminadas a intensificar su lucha contra el gobierno de Manila, así como aumentar su poder respecto de otras organizaciones islamitas de las islas del sur.

El 11 de diciembre de 1994, la red hizo explotar una bomba en el vuelo del Boeing 747 de Philippine Airlines (PAL), entre Cebu y Narita,

Tokio. Viajando con documentos italianos falsos, Youssuf personalmente colocó la bomba a bordo antes de bajar del avión en la escala realizada en Manila. La bomba explotó sobre Okinawa, pero el aparato no fue destruido porque volaba a baja altura y la bomba era muy pequeña. Este atentado fue una prueba para una operación de mayores proporciones preparada por el socio de Youssuf, Said Akhman, quien intentó hacer explotar simultáneamente en vuelo dos aviones Boeing 747 de la United Airlines mientras volaban hacia Hong Kong desde diferentes puntos de partida. El plan no fue llevado a cabo porque la red fue destruida.

La organización de Abu Sayyaf en Manila se adjudicó la responsabilidad por la bomba de diciembre de 1994. La organización insistió en que era responsable, a pesar de las dudas iniciales, porque se pensó que carecía de las habilidades para llevar a cabo dicho atentado, y porque hacia 1994 no había registro de actividades terroristas en Manila. Cuando la conspiración para asesinar al Papa fue descubierta a principios de enero de 1995, la organización de Abu Sayyaf nuevamente se adjudicó la responsabilidad por la amenaza, y declaró que la operación había sido planeada por su "fuerza de Manila" en el nombre de "la lucha de liberación islámica contra el gobierno de Manila y la Iglesia Católica".

El atentado contra la vida del Papa fue advertido a principios de enero de1995, cuando una célula de expertos terroristas con base en Manila, que incluía a Youssuf, tuvo un accidente operativo. El intento de mezclar explosivos falló; la mezcla comenzó a emitir gases tóxicos, y los terroristas escaparon del apartamento. La policía encontró evidencia de una conspiración más amplia para realizar operaciones en Filipinas y Estados Unidos. Algunos terroristas fueron arrestados en Manila, incluyendo a Said Akhman, quien más tarde fue extraditado a Estados Unidos, mientras los demás, entre ellos Youssuf, huyeron a Tailandia. Youssuf se trasladó después a Paquistán. El gobierno de Estados Unidos proporcionó a Islamabad información sobre el escondite de Youssuf —un complejo de apartamentos patrocinado por una compañía vinculada a bin Laden—, obtenida gracias a la pista proporcionada por un vecino. Islamabad no tuvo otra alternativa que cooperar o ser incluido en las listas de terrorismo de Estados Unidos y enfrentar duras sanciones, como estipula la ley. Todos los camaradas de Youssuf y otros terroristas islamitas que vivían en el complejo, fueron evacuados por el ISI antes de que el destacamento de policías paquistaníes y estadounidenses se presentaran en el lugar y capturaran a Youssuf, quien

fue extraditado a Estados Unidos. A finales de marzo de 1995, la policía filipina destruyó otra célula terrorista, integrada principalmente por
árabes "afganos", en esta ocasión en el suburbio de Caloocan, en Manila. Entre los "afganos" se encontraban seguidores del sheik Omar Abdul
Rahman, que conspiraban para vengar su arresto y humillación en el
caso del atentado contra el World Trade Center.

Cuando fue destruida, la célula de Ramzi Youssuf estaba en las
etapas avanzadas de planeación y preparación de una serie de espectaculares operaciones terroristas contra blancos estadounidenses. El más
ambicioso consistía en atacar los cuarteles de la CIA en Langley, Virginia,
con un aeroplano ligero cargado de poderosos explosivos. Said Akhman
era uno de los candidatos a servir como piloto suicida en esa operación.
Otro plan en que trabajaba la red consistía en hacer explotar once aviones norteamericanos de manera simultánea, mientras se aproximaban
a aeropuertos en Estados Unidos.

A pesar de que las redes en Filipinas se colapsaron antes de que pudieran llevar a cabo alguna operación de importancia, su caída fue accidental y no causada por un error de seguridad, una infiltración exitosa, o su
descubrimiento por agencias de inteligencia hostiles. Por su parte, Osama
bin Laden demostró su capacidad para establecer un sistema de apoyo
y financiamiento confiable, que ha sobrevivido a las subsecuentes investigaciones filipinas y estadounidenses. Las autoridades de Estados
Unidos no pudieron siquiera presentar cargos contra Khalifah cuando
lo detuvieron.

A principios de 1995, bin Laden dejó atrás las operaciones en Filipinas y comenzó a preparar la escalada de la confrontación directa con
los archienemigos de los islamitas de Medio Oriente: Arabia Saudita y
Egipto. En esas operaciones, bin Laden jugaría un papel aún más importante, porque en 1995 inició una jihad contra la presencia de Estados
Unidos en el Eje del Islam. Envalentonados y mejor organizados, los islamitas encararían a los aliados y protegidos de Estados Unidos en el
mundo musulmán. A partir de esta serie de audaces operaciones terroristas surgió una doctrina coherente para fundamentar la lucha islamita
contra Estados Unidos. Bin Laden, un dedicado y leal participante del
equipo, continuó escalando niveles en la Internacional Islamita, y demostró nuevamente que era un resuelto mujaidín.

5

Incitando a la revolución

En 1995 los islamitas se hicieron notar, tanto ante sus aliados como ante sus enemigos, realizando una serie de audaces operaciones que constituyeron el inicio de una continua e inexorable campaña contra los gobiernos de Egipto y Arabia Saudita. Los islamitas también le advirtieron a Paquistán de la conveniencia de que este país apoyara incesante e incondicionalmente al terrorismo islamita. Las espectaculares operaciones llevadas a cabo en 1995, tuvieron un impacto directo en las políticas de tres gobiernos clave para el Eje del Islam: el Cairo, Riad e Islamabad. El terrorismo *par excellence* —actos de corta duración y sumamente violentos, con capacidad de causar un daño extremo en las políticas gubernamentales— fue la estrategia más socorrida de los islamitas. Con las operaciones efectuadas en 1995, Osama bin Laden se consolidó como prominente líder islamita.

A principios de 1995, Osama bin Laden estuvo operando en Jartum como miembro del alto comando de Turabi, encargado de controlar el Movimiento Islámico Armado (MIA, o AIM por sus siglas en inglés). Para entonces, se había convertido en confidente de la camarilla de Turabi, que le pedía sus opiniones y consejos para tomar decisiones. Como miembro del círculo íntimo de Turabi, Osama bin Laden participó en la elaboración de la campaña estratégica contra los principales aliados de Estados Unidos en el mundo árabe: Egipto y Arabia Saudita. Fue durante ese tiempo, bajo el cobijo de Turabi, cuando bin Laden se consolidó como parte central del movimiento terrorista islamita internacional.

Dentro del terrorismo islamita también comenzaban a despuntar otras figuras clave. Las más importantes eran Ayman al-Zawahiri y los comandantes terroristas de alto rango que se hallaban bajo sus órdenes. Las contundentes operaciones terroristas que estos dirigieron, consolidaron a este grupo egipcio como la célula terrorista más efectiva del movimiento islamita. Zawahiri trabajó estrechamente con el sistema de apoyo dirigido por bin Laden, que abarcaba desde los campos de entrenamiento en Sudán hasta el apoyo logístico y financiero en ultramar. En el proceso los dos personajes se volvieron aun más cercanos. A finales de 1998, Zawahiri y la célula de comando egipcia operaban bajo las órdenes de bin Laden; eran sus principales comandantes terroristas.

La decisión islamita de lanzar una campaña estratégica contra Egipto y Arabia Saudita —en esto bin Laden fue un factor determinante— se llevó a cabo porque los acontecimientos que tuvieron lugar en Arabia Saudita, en 1994, convencieron a los líderes islamitas de que ese país sería vulnerable a una oleada terrorista. Los islamitas también sabían que Egipto, a menos que tuviera otros intereses, intervendría para asegurar la estabilidad de Arabia Saudita o de cualquier otro régimen árabe conservador amenazado por la subversión y el terrorismo islamita.

El ascenso del terrorismo en Arabia Saudita fue el resultado directo de una crisis relativamente pacífica que se venía desarrollando en ese país. La crisis interna respecto de la sucesión y la legitimidad, dio un giro cuando los islamitas declararon el inicio de una lucha armada. Como parte de un movimiento fundamentado en la ideología y la teología, los islamitas se vieron obligados a elucidar las razones que tenían para emprender los actos extremos que planeaban, incluso antes de actuar. La crisis comenzó cuando, a mediados de septiembre de 1994, el sheik Salman bin Fahd al-Udah, un carismático predicador islamita, fue arrestado. El sheik Udah era uno de los jóvenes líderes populistas que, desde sus orígenes rurales en la sociedad beduina, había adquirido prominencia y había sobresalido entre los sauditas, ganándose su confianza y apoyo.

Esta joven generación de islamitas populistas creció con el legado de la generación de bin Laden, es decir, los heroicos jóvenes islamitas que habían participado en la jihad afgana. Su movimiento carece de estructura pero es sólido y unido. En un nivel rural, sus líderes son predicadores carismáticos y elocuentes que se procuran seguidores en las mezquitas locales. Estos jóvenes predicadores se basan en la aprobación y el apoyo que reciben por parte de los "afganos" locales o de otros islamitas veteranos. Las células locales islamitas se inspiran en textos islamitas clandestinos, transcritos y audiograbados, que les entregan las redes regionales y nacionales; cuando es necesario, estas redes también proporcionan recursos económicos clandestinos. Las redes son dirigidas por "afganos" veteranos y militantes islamitas en el ámbito organizacional, mientras que los líderes de más edad, cuya popularidad generalmente ha rebasado los confines de su primera mezquita, fungen como guías islamitas. Para 1994, estos "afganos" sauditas y los militantes islamitas de ideas similares —incluyendo a los veteranos de otras organizaciones terroristas árabes-palestinas— habían establecido una amplia red de terrorismo y células militantes que buscaban proteger su propia seguridad contra la amenaza constante de la policía secreta saudita y, como preparativo para la jihad, esperaban acometer algún día contra la Casa de al-Saud y las fuerzas estadounidenses que la apoyaban. Para esta gran estructura amorfa, los líderes de alto rango eran fuente de inspiración y apoyo.

Osama bin Laden era el tipo ideal de líder para el movimiento popular islamita en Arabia Saudita; era un líder mujaidín sin paralelo en Afganistán, cuyas hazañas eran por todos conocidas. Era un orador carismático y elocuente cuyos discursos, tanto escritos como grabados, circulaban ampliamente por toda Arabia Saudita gracias a la labor clandestina de los islamitas. Además, su autoridad aumentaba por el alto precio que había pagado —pérdida de riquezas personales y finalmente el exilio— para conseguir lo que él consideraba una política islamita justa. Desde su exilio en Sudán, bin Laden se aseguró de no abandonar a los islamitas sauditas. Dispuso y mantuvo gran parte del sistema de apoyo para el movimiento islamita desde Sudán, los estados del Golfo y, más recientemente, desde Londres. Aunque actuó movido por una benevolencia genuina, sus esfuerzos elevaron su nombre a la categoría de líder y fuente de inspiración para las filas de los islamitas sauditas. La admiración hacia bin Laden crecía; en la misma proporción crecía el compromiso de bin Laden con sus filas.

El arresto del sheik Udah, quien era un líder popular, condujo a la primera iniciativa promovida por el sistema islamita saudita. Pocos días después de dicho arresto apareció la primera amenaza de violencia contra la Casa de al-Saud —fue la primera vez que las organizaciones terroristas islamitas publicaron un comunicado abierto dentro de Arabia Saudita. Una organización que se hacía llamar Brigadas/Batallones de la Fe emitió un ultimátum a las autoridades sauditas, advirtiendo que si en cinco días no liberaban al sheik Udah, su organización comenzaría una campaña terrorista contra sauditas y estadounidenses. El comunicado concluía diciendo que "toda la Península Árabe es un teatro abierto para nuestras operaciones en pos de la jihad". Las Briga-das/Batallones de la Fe nunca cumplieron sus amenazas. Su ultimátum estaba redactado con extremo cuidado, de manera que no se interpretara que el sheik Udah o los líderes islamitas estaban implicados o patrocinaban el llamado a las armas. Esto abrió una brecha conveniente para que los líderes islamitas y los mujaidines sauditas pudieran desmentirse mutuamente.

Pero el sheik Udah sí autorizó y legitimó la jihad armada. A principios de 1995, a pesar de que continuaba en prisión, hizo salir clandestinamente audiocintas que contenían prédicas que llamaban a intensificar las protestas islamitas contra la Casa de al-Saud. Entre el 9 y el 10 de abril de 1995, los seguidores del sheik Udah publicaron la transcripción de una prédica recientemente contrabandeada desde la cárcel. El discurso, titulado "Death Workmanship" ("El arte de la muerte"), abundaba en la lógica de las relaciones entre los islamitas y la civilización occidental, y en la importancia de declarar una jihad armada contra la Casa de al-Saud. También justificaba la confrontación perpetua.

El sheik Udah argumentaba que las condiciones prevalecientes en todo el mundo musulmán, principalmente en Arabia Saudita, hacían necesario reanudar una lucha armada frontal: "El mundo actual orilla y compele a los musulmanes... al Arte de la Muerte, a la profesión de la muerte y los convierte en incansables luchadores". El sheik Udah advirtió que la nación musulmana estaba sufriendo "subdesarrollo político, dependencia económica y debilitamiento militar", de tal manera que no podía "avanzar ni competir en el gran escenario de la vida". A pesar de que actualmente la difícil situación de la nación musulmana parece irreversible, "esta religión ha probado su eterna e histórica expansión y supervivencia. Muchas naciones la han atacado pero éstas desaparecieron y el Islam permaneció". Sin embargo, era imperativo para los creyentes esforzarse para revertir esta tendencia y salvar a la nación musulmana. Udah enfatizó que los métodos espirituales convencionales, como difundir las enseñanzas del Islam y el conocimiento de sus leyes "no serán suficientes" para resolver la crisis actual. El adoptar la forma de vida occidental —"importando tecnología, expertos graduados y especialistas en manufactura"— tampoco será suficiente para revertir la tendencia.

El sheik Udah reconoció que el trabajo de los predicadores y maestros como él, "podría contribuir, pero no hará todo lo que se requiere; incluso los esfuerzos, sin importar qué tan grandes sean, de los guías y predicadores sólo pueden influir en una pequeña parte de la nación [musulmana]".

El sheik Udah recalcó que sólo una inmensa jihad podría limpiar y rejuvenecer a la nación musulmana, de tal manera que pudiera prevalecer en el mundo moderno: "Es la muerte la que da vida, sí, es la jihad en el nombre de Alá el destino obligado [de] esta nación. Lo contrario es la extinción. Si la nación musulmana abandona la jihad y la ignora, entonces Alá la golpea[rá] y castiga[rá] disminuyéndola entre las naciones; [como] el Profeta, que la paz y las bendiciones le acompañen, dijo: 'Si abandonas la jihad y encuentras satisfacción en las plantas que crecen, entonces Alá se dirigirá a ti como la más pequeña de las naciones y no podrás salir de allí hasta que regreses a tu religión y declares la jihad en el nombre de Alá.'"

El sheik Udah advirtió que el rechazo de la jihad en su significación original —una inexorable lucha armada— a favor de las interpretaciones de la modernidad, es decir, otro tipo de actividades no violentas, también sería peligroso para la supervivencia del Islam: "La abolición de la jihad en el nombre de Alá y su rechazo y la negación a creer en ella como parte de nuestro credo islámico, es una apostasía del Islam, y coloca a la persona fuera de la gente del Islam. [Esto es] porque Alá, el Todopoderoso, nos ha ordenado hacer la jihad claramente en el Corán, sin ninguna ambigüedad, y esto fue mencionado en el noble y auténtico Hadith, y el Islam nunca puede ser establecido ni sostenido sin la jihad.

"El arte de la muerte" viene a ser una fatwa, es decir, un decreto religioso que ordena el lanzamiento de la jihad contra la familia real saudita. El sheik Udah decretó que cualquier rechazo a la jihad en favor de cualquier otro tipo de resistencia era apostasía, una ofensa capital según la ley musulmana; esto dejaba al creyente sin otra alternativa que la lucha —cualquiera que se considerase musulmán tenía que comprometerse con la justa causa de la jihad. Miles de audiocintas y textos ilegales de la prédica del sheik Udah se distribuyeron clandestinamente en toda Arabia Saudita, y las organizaciones de oposición saudita en Occidente fueron inundadas con solicitudes de individuos de Arabia Saudita que querían copias de la prédica.

A pesar de que el sheik Udah no había mencionado específicamente a la Casa de al-Saud o a Estados Unidos como objetivos principales de la jihad, sus seguidores lo dedujeron. "El arte de la muerte" fue distribuido en Estados Unidos con un comentario: "El sheik Salman al-Udah todavía está en prisión con otros cientos de eruditos de la Península

Árabe. Fue encarcelado por el cobarde y opresivo régimen de la familia al-Saud, algunos creen [que fueron] incitados por el gobierno de Estados Unidos".

Poco después de la publicación de la fatwa del sheik Udah, otros círculos islamitas comenzaron a actuar de acuerdo con ésta, principalmente preparando a sus seguidores para trasformar la resistencia islamita en Arabia Saudita. En el Comité para la Defensa de los Derechos Legítimos (CDDL; o CDLR, por sus siglas en inglés), con sede en Londres, tuvo efecto un cambio clave. A principios de la década de los noventa, el CDDL había sido un movimiento islamita "moderno" que realizaba un esfuerzo concentrado en crear la imagen de un moderado movimiento islamita en Occidente. El CDDL enfatizaba su compromiso con la oposición populista no violenta hacia el gobierno saudita. Los activistas de este comité organizaron múltiples manifestaciones y otro tipo de demostraciones públicas en Arabia Saudita, y en otras capitales occidentales, para llamar la atención de los medios de comunicación de esos países y avergonzar al gobierno saudita, demostrando la incapacidad de Riad para lidiar con, e incluso encubrir, la extendida oposición que su régimen tenía. Durante ese tiempo, el CDDL fue el principal portavoz de los islamitas sauditas en Occidente.

Inmediatamente después de la publicación de la prédica del sheik Udah, el CDDL cambió su línea política y dejó en claro que las protestas populares ya no eran suficientes para derrocar al gobierno de Riad. Estas actividades populares debían ser dirigidas de tal manera que apoyaran las luchas que estaba llevando a cabo un pequeño núcleo de activistas, dispuestos a sacrificar todo, incluso sus propias vidas, por la causa islamita. En un comunicado emitido a mediados de abril de 1995, el CDDL recalcó la necesidad de una élite capaz de sacrificarlo todo —mujaidín— al frente de la lucha contra el régimen saudita: "Nadie puede dudar de la unidad y del consenso que la nación muestra en apoyo a los líderes legítimos, ni que el proceso de reforma cuenta con simpatizantes en todos niveles de la sociedad. Esto, sin embargo, no ha sido la prueba definitiva. La prueba en cuestión tiene que ver con 'quién está listo para sacrificarse'. Esos cientos de miles, o quizá millones, de defensores y simpatizantes son incapaces de presentar cualquier tipo de oposición real, a menos que sean dirigidos en primera instancia por un grupo de personas comprometidas, que estén preparadas y no duden en sacrificarse totalmente por la causa. Deben aceptar y estar preparadas para sacrificios como la detención, la tortura e incluso la muerte. Si el grupo dirigente no es estable y consistente, el resto del apoyo se colapsará. El grupo dirigente no necesariamente requiere ser vasto, pues en la historia de David y Goliat Alá le dio la victoria a un pequeño grupo".

Para asegurar que su audiencia comprendiera que esta declaración constituía un apoyo público al llamado a la jihad que el sheik Udah había hecho, el CDDL utilizó las protestas en la fortaleza del sheik Udah, en Buraydah, Arabia Saudita, como un ejemplo de liderazgo y sacrificio tras su arresto, en septiembre de 1994. El CDDL explicó que los leales y devotos seguidores del sheik Udah, quienes muy probablemente escucharían su llamada a la jihad, ya constituían parte del grupo de personas comprometidas que se requerían para tener éxito: "El método que el gobierno adopte ahora no será significativo pues el principal obstáculo ha sido franqueado y el grupo dirigente ha sido conformado. Si la tiranía y la opresión tuvieran algún efecto, o sirvieran a algún propósito, esto hubiera sido evidente después del primer levantamiento de Buraydah".

El 10 de abril de 1995, una organización islamita que se hacía llamar Movimiento Islámico del Cambio (o MIC; ICM, por sus siglas en inglés), el ala de la jihad en la Península Árabe, advirtió de inminentes ataques armados contra las fuerzas estadounidenses y británicas en toda la Península Árabe y contra la Casa de al-Saud. El comunicado daba a las fuerzas occidentales hasta el 28 de junio de 1995 como plazo para evacuar dicha península; de no hacerlo, a partir de esa fecha, las fuerzas estadounidenses y británicas se convertirían en blancos para la jihad. El comunicado acusaba a la familia real saudita de haberle vuelto la espalda al Islam, poniéndose al servicio de las fuerzas cruzadas, como lo demostraban las purgas y persecuciones que habían emprendido contra notables predicadores y maestros islamitas. El comunicado del MIC fue emitido como apoyo a los líderes islamitas encarcelados.

"El arte de la muerte", del sheik Udah, la aprobación del CDDL, y el comunicado del MIC reflejaban la decisión de los líderes islamitas sauditas de que iniciar la jihad constituía la única opción viable para derrocar al régimen saudita. No se trataba de una vaga amenaza. Durante años, el grupo directivo de los islamitas sauditas —entre 15 000 y 25 000 luchadores firmemente apoyados por más de 5 000 sauditas "afganos"— había sido entrenado, preparado y equipado en campamentos en Irán, Sudán, Yemen y Paquistán-Afganistán. Una vasta red clandestina dentro de Arabia Saudita decía estar preparada para dar su apoyo a estos mujaidines sauditas.

Pero los islamitas sauditas tuvieron que posponer sus planes. A finales de junio de 1995, toda la élite islamita estaba preocupada por una operación mucho más importante, cuyo blanco era el otro archienemigo de Turabi: Egipto; pero por razones de seguridad, los islamitas sauditas no conocían esta operación. Un movimiento clandestino bajo la constante amenaza de exposición, arresto, tortura y traición, no tenía por qué ser informado de una operación clave planeada por otro grupo terrorista. Los sauditas sólo fueron notificados, a través de Jartum y Teherán, de que esperaran luz verde y, debido a la rígida disciplina de este sistema terrorista de patrocinio estatal, los islamitas sauditas obedecieron la orden.

El atentado contra el presidente Hosni Mubarak en Addis-Abeba, Etiopía, llevado a cabo el 26 de junio de 1995, fue la piedra angular en la evolución de la lucha islamita para tomar el control del mundo árabe y del Eje del Islam. Operaciones de esa magnitud, aunque se atribuyan o les sean atribuidas a oscuras organizaciones terroristas, constituyen, a fin de cuentas, instrumentos de política de Estado y son realizadas en beneficio de los altos rangos terroristas auspiciados por éste. El intento de asesinato, una estratagema auspiciada por Sudán e Irán, tuvo efectos regionales a largo plazo. A pesar de que el presidente Mubarak sobrevivió y de que el levantamiento islamita popular concebido por los conspiradores no llegó a materializarse en Egipto, el atentado dio un gran empuje a la oleada islamita en la región.

La audaz operación fue llevada a cabo por dos razones: 1) para rejuvenecer las luchas armadas islamitas en Medio Oriente, particularmente en la Península Árabe, pues el colapso o la neutralización de Egipto era vista como un prerrequisito para cualquier éxito tangible; y 2) para terminar con el cisma emergente en el liderazgo islamita egipcio —guerras de honor y territoriales entre los líderes exiliados— antes de que éste se difundiera en el interior de Egipto.

Tanto los islamitas egipcios como los estados que los asistían, estaban determinados a matar a Mubarak, cuyo régimen era un constante recordatorio del fracaso islamita por derrocar a un gobierno auspiciado por Estados Unidos. Tras el asesinato, en 1981, de su predecesor Anwar Sadat, llevado a cabo por terroristas islamitas, Mubarak no sólo había conseguido estabilizar su gobierno, sino incluso lanzar medidas enérgicas y violentas contra los islamitas egipcios. Bajo su dirigencia, Egipto conservó el tratado de paz hecho con Israel y, durante la Guerra del Golfo Pérsico, fue el principal agente para consolidar el apoyo de las comunidades árabes a la coalición, encabezada por Estados Unidos, contra Irak. Mubarak había reiterado su determinación de apoyar a cualquier gobierno árabe conservador contra los desafíos islamitas, incluso si ello implicaba el uso de las fuerzas egipcias expedicionarias. Mubarak era la encarnación de un líder árabe auspiciado por Occidente y los islamitas creían que su asesinato desvirtuaría por completo esa tendencia. Dadas las dinámicas prevalecientes en el Medio Oriente islamita, una enérgica reacción por parte del Cairo, incluso tras la fracasada operación, serviría a los propósitos de los islamitas. Cualquier muestra de venganza o castigo de los órganos de seguridad estatales constituiría un éxito para los islamitas egipcios, pues o los uniría o crearía entre ellos un sentido de martirio. Mientras tanto, los líderes islamitas pensaban que el Cairo estaría sumamente preocupado con las ramificaciones de las operaciones terroristas, sin importar si éstas eran exitosas o no, como para proteger a los regímenes de la Península Árabe.

La operación de Addis-Abeba fue el resultado de largas deliberaciones realizadas en los más altos niveles de los estados patrocinadores y del movimiento terrorista islamita. Osama bin Laden tomó parte en dichas deliberaciones. A pesar de que la operación se le adjudicó a al-Jamaah al-Islamiyah —la organización del sheik Oman Abdul Rahman— por razones de política interna del gobierno egipcio, en realidad dicha operación fue un proyecto internacional.

Esta vez fue el Sudán de Turabi, en vez de Irán, quien quedó al frente del asalto contra los regímenes favorables a Occidente, especialmente el de Egipto. Sudán había estado directamente involucrado en la expansión global de la lucha armada islamita a lo largo de Egipto. Los oficiales sudaneses, incluyendo a Hassan al-Turabi, habían mantenido un firme control, tanto en el ámbito estratégico como en el operativo, sobre las operaciones islamitas encubiertas.

A principios del otoño de 1994, Teherán, Jartum y los líderes del Movimiento Islámico Armado (MIA), habían autorizado en repetidas ocasiones planes para asesinar a Mubarak. Por ejemplo, las redes islamitas en Italia y en Bosnia-Herzegovina entraron en acción para intentar asesinar a Mubarak, durante una visita a Italia que éste tenía planeada para noviembre de 1994; pero como las redes islamitas en Italia ya estaban bajo la vigilancia estrecha de las fuerzas de seguridad occidentales, el complot salió a la luz y fue neutralizado. Después, una de las mejores redes islamitas de Egipto entró en acción y, de hecho, se sacrificó bajo las órdenes de Jartum para matar a Mubarak e incitar bajo un levantamiento popular. Esta red cumplió con las expectativas pues, durante las primeras tres semanas de enero de 1995, sus miembros emprendieron tres intentos de asesinato contra Mubarak. Pero para entonces el núcleo de la red estaba exhausto y sus miembros clave en fuga. Temiendo que la revelación de esos intentos de asesinato pudieran dañar la estabilidad del régimen, el Cairo decidió encubrirlos. Mientras tanto, los principales líderes del grupo terrorista viajaron por otros países árabes y huyeron sin percances hacia Sudán. Otras redes islamitas en Egipto, que no habían tenido nada que ver con los intentos de asesinato, se vieron perjudicadas por las pesquizas de las fuerzas de seguridad egipcias.

Con la llegada de estos terroristas egipcios a Jartum, los altos oficiales de inteligencia que trabajaban con el MIA, particularmente los expertos iraníes en contrainteligencia, exigieron un meticuloso análisis de los hechos para determinar, tanto la conveniencia de realizar nuevos intentos de asesinato, como las peculiaridades de las operaciones de enero. Tras tomar en cuenta las dinámicas globales de Medio Oriente, en especial el curso de la lucha islamita a inicios de 1995, este minucioso estudio de inteligencia concluyó que, en principio, la muerte del presidente Mubarak era imperativa.

Sin embargo, el análisis dejaba dos asuntos importantes sin resolver, mismos que debían ser abordados por estudios subsecuentes. El primer asunto era la capacidad de las redes islamitas para soportar el escarmiento que, forzosamente, provocaría un atentado futuro —exitoso o fallido— contra la vida de Mubarak. El segundo asunto se refería a la sospecha de los expertos iraníes en inteligencia de que algunas redes islamitas egipcias habían sido penetradas por los servicios de seguridad, de tal manera que sus planes futuros corrían el riesgo de ser descubiertos. Los expertos iraníes recomendaron usar sólo las redes de más alta calidad para llevar a cabo cualquier operación de importancia estratégica. Esto excluía operaciones dentro de Egipto, puesto que ya no podían confiar en las redes locales de apoyo.

Tras evaluar estas conclusiones, y antes de formular cualquier estrategia, Turabi decidió llevar estos asuntos ante los líderes prominentes de las fuerzas egipcias de la jihad. En marzo de 1995, Turabi convoco una conferencia de emergencia, en Jartum, con los tres principales comandantes egipcios: el doctor Ayman al-Zawahiri, líder de la organización al-Jihad, con sede en Ginebra, que entonces tenía a su cargo un centro especial para las operaciones clave de Estados Unidos y de todo el continente americano; Mustafa Hamzah, un alto comandante de al-Jamaah al-Islamiyah, radicado en Jartum, quien era responsable del entrenamiento y preparación del grupo directivo de islamitas para las operaciones dentro de Egipto; y Rifai Ahmad Taha, un alto comandante de al-Jamaah al-Islamiyah, radicado en Peshawar, quien era responsable del entrenamiento y preparación del grupo directivo de islamitas en campamentos, tanto en Paquistán como en Afganistán.

A pesar de la tensión entre estos tres comandantes, todos se presentaron a la reunión de emergencia convocada por Turabi. Al iniciar la junta, Turabi declaró que el único asunto que estaba a discusión era la revolución islamita en Egipto. El criterio para examinar todas las operaciones futuras, como la subversión de Arabia Saudita, sería el impacto que éstas podrían tener en la revolución en Egipto. Asimismo, todas las disputas existentes entre los comandantes egipcios, debían quedar eliminadas antes de que el cisma afectara a las redes egipcias. Turabi consideraba que el *modus operandi* de la redes islamitas tenía que cambiar drásticamente, para revertir el efecto que habían tenido los recientes enfrentamientos con los servicios de seguridad, mismos que habían paralizado al movimiento en algunas partes de Egipto.

Turabi y los tres comandantes egipcios concluyeron que la estrategia revolucionaria a largo plazo, sería determinada con la presencia de los tres comandantes. También se les pidió a los egipcios que prepararan una amplia propuesta en la que especificaran sus necesidades en términos de armamento y dinero para la siguiente etapa de la lucha armada islamita, y que la tuvieran lista antes de la próxima asamblea de Conferencia Popular Árabe-Islámica (CPAI) programada para iniciar en Jartum a finales de marzo de 1995.

En la asamblea de Turabi con los tres comandantes, se abordó por primera vez la cuestión de realizar una importante operación utilizando activos de alta calidad provenientes de todo el mundo. Los comandantes egipcios, acordaron que si el asesinato derivaba en un levantamiento popular islamita a gran escala, y que si la operación alentaba otras operaciones islamitas en Medio Oriente, entonces valía la pena el extraordinario esfuerzo y el riesgo que implicaba. A pesar de que Turabi apoyaba estas conclusiones, los comandantes egipcios no podían decidir la operación por sí mismos, pues la última decisión dependía de los estados patrocinadores.

Considerando la magnitud de la inversión que se requería en operativos y fondos, Turabi decidió presentar el asunto ante la CPAI, en Jartum, a finales de marzo de 1995. Las sesiones de la Sala de la Amistad dieron como resultado la formulación de una estrategia para el surgimiento islamita revolucionario y terrorista alrededor de mundo.

Turabi llevó consigo a Osama bin Laden y a Mustafa Ismail Uthman, de la inteligencia sudanesa; a Mohammad Said Naamani, de la inteligencia iraní, un experto en Argelia y África del Norte que representó a Teherán. Los otros líderes y comandantes consultados fueron Imad Mughniyah y Naim Qassim, de Hezbolá; Fathi Shkaki, de la Jihad Islámica Palestina; Mussa Abu Marzuk y Muhammad Nezzal, de Hamas; Adrian Saad-ad-Din, de la Hermandad Musulmana Internacional; Abdul-Majid al-Zandani, de Yemen; y algunos otros islamitas norafricanos.

Los participantes en las sesiones de la Sala de la Amistad discutieron todos los aspectos de un posible asesinato de Mubarak fuera de Egipto. Tras largas deliberaciones, dieron sus bendiciones a un esfuerzo general por matar a Mubarak e incitar a un extendido levantamiento popular islamita en Egipto, en el que participaría todo el movimiento internacional islamita. Remarcaron que el régimen del Cairo caería como consecuencia de una larga lucha dirigida por mujaidines altamente entrenados y no por la violencia popular. Una vez que el Cairo comenzara a luchar por su propia vida, sería incapaz de actuar ante la subversión en Arabia Saudita y en los otros estados del Golfo Pérsico. Por lo tanto, para derrocar el régimen saudita, se necesitaba que Egipto se colapsara o que cuando menos quedara neutralizado.

Los planes iniciales para la operación se llevaron a cabo en abril, mediante consultas entre los comandantes egipcios y otro buen número de expertos. Mustafa Hamzah fue nombrado supremo comandante a cargo del levantamiento egipcio; personalmente supervisaría la preparación del cuadro de dirigentes y el apoyo logístico en Sudán; también conseguiría hacerlos entrar clandestinamente a Egipto. Pero no se tomó decisión alguna respecto de quién sería el comandante supremo para la operación del asesinato.

Desde el principio, Turabi había preferido a Zawahiri como el supremo comandante, a pesar de que el doctor egipcio estaba ocupado en la preparación de una nueva ola de operaciones terroristas en Estados Unidos. Turabi y Zawahiri se tenían una enorme confianza que había surgido en Somalia, en 1993, a partir de que Zawahiri, entonces alto comandante, había previsto los letales enfrentamientos con las fuerzas armadas estadounidenses. Los islamitas no tenían muchos líderes con capacidad comparable a la de Zawahiri. Además, su excelente centro de operaciones en Ginebra, con instalaciones auxiliares en Europa occidental y Bosnia-Herzegovina, era considerado seguro a la penetración hostil. Zawahiri tenía buenos contactos con otras redes islamitas, particularmente con numerosos árabes "afganos". Sin embargo, distraer la atención de Zawahiri en el asesinato de Mubarak podía afectar adversamente operaciones muy importantes en Estados Unidos; por eso Turabi decidió analizar el asunto consultando personalmente a los egipcios.

En la última semana de mayo, Turabi viajó a París, supuestamente para hacerse un tratamiento médico; desde ahí hizo una breve y secreta visita a Zawahiri. Tras una larga discusión, ambos acordaron que Zawahiri tenía que comandar la operación para asesinar a Mubarak. También acordaron que el atentado se llevaría a cabo en Addis-Abeba, a finales de junio, durante la cumbre africana. Para dejar en claro la importancia de la operación, Turabi se reunió con los colaboradores más cercanos de Zawahiri y prometió proporcionarles toda la asistencia que requirieran para su misión. Zawahiri comenzó los preparativos rápidamente: llevaría a cabo la operación bajo la bandera de la organización Vanguardia de la Conquista, un nombre que encubría a la organización que él usó en Somalia y que permitiría su identificación al gobierno egipcio.

En los últimos días de mayo, Zawahiri convocó a una reunión con expertos en terrorismo en Ferney-Voltaire, un pequeño poblado suizo cerca de la frontera con Francia. El lugar fue seleccionado para que, si algo salía mal, los conspiradores pudieran huir a Francia sin problemas. La lista de participantes reflejaba la importancia y la magnitud de la empresa. La reunión fue dirigida por Zawahiri y Mustafa Hamzah, quien, para asistir a la cumbre llegó a Ginebra usando un pasaporte sudanés con nombre falso. El comisionado de Zawahiri —Fuad Talat Qassim, establecido en Copenhague— mandó a su comandante operativo. Ahmad Shawqi al-Islambuli, establecido en Peshawar, mandó a un representante de categoría. También asistió el hijo de Said Ramadan, líder espiritual de la campaña terrorista de Zawahiri, que entonces vivía en Alemania pero que actuaba como el imán de una pequeña mezquita en Suiza. La mezquita de Ramadan estaba siendo utilizada como centro de comunicaciones clandestinas para los grupos islamitas egipcios y norafricanos. Las siguientes sesiones incluyeron representantes de categoría de las redes "afganas" y comandantes en Europa occidental, en su mayoría argelinos, y otros altos comandantes de Afganistán, Paquistán y Europa.

En su primera reunión, los comandantes terroristas egipcios decidieron las tácticas básicas que se emplearían en Addis-Abeba y los elementos que se usarían en esta trascendente operación. Decidieron que un equipo de "afganos" altamente profesionales, que incluía a oficiales superiores, en activo o en retiro de múltiples países, formaría

una célula de planeación especial a cargo de Islambuli y su representante, que entonces estaba en Suiza.

En la segunda serie de reuniones, que incluía a otros grupos, los
participantes determinaron el papel y las contribuciones de las demás
redes y de sus elementos regionales. Zawahiri expresó inquietud ante
el hecho de que la campaña terrorista contra Occidente, en especial
contra Estados Unidos, se retrasara como consecuencia de los preparativos para el atentado. Pidió a los comandantes argelinos "afganos"
que consideraran agilizar sus planes de operaciones en Europa para
asegurar una continuidad de los atentados terroristas islamitas. Seguramente, los argelinos estuvieron de acuerdo, como se demostró en
los bombardeos del metro de París el 26 de julio de 1995. Hamzah
regresó inmediatamente a Sudán para seleccionar los elementos y re-
finar el programa de entrenamiento para el ataque egipcio. Dos semanas más tarde, informó que el sistema estaba básicamente listo. Mientras
tanto, los equipos de planeación de Islambuli, en Peshawar y Jartum,
trabajaron en un detallado y sofisticado plan de operaciones.

Cuando los preparativos iniciales concluyeron, Zawahiri hizo una
visita de inspección a Sudán y a Etiopía para revisar todo aquello que
fuera importante; ésta tuvo efecto entre el 12 y el 19 de junio de 1995.
Zawahiri y Hamzah estudiaron con gran detalle los preparativos, tanto
para Addis-Abeba como para el levantamiento islamita en Egipto. Muy
pronto se haría evidente el sentido de unidad que el atentado contra la
vida de Mubarak les traería a los islamitas: el coronel Muhammad
Makkawi, que se había separado de la Vanguardia de la Conquista en
agosto de 1993, tras un desacuerdo que había tenido con Zawahiri respecto a la estrategia de la revolución islamita en Egipto, en ese momento se reunió con Zawahiri y con Hamzah, juró lealtad, y puso bajo
las órdenes de Hamzah sus redes del Movimiento de al-Jihad.

Utilizando documentos falsos y con la ayuda de personas leales a
Turabi en los diversos rangos de la Jihad Islámica Etiope, Zawahiri
realizó una visita breve y clandestina a Addis-Abeba para verificar los
sitios en que se planeaban los ataques. Después regresó a Jartum para
repasar los detalles mínimos de la operación. Satisfecho, Zawahiri se
reunió con los terroristas que se estaban preparando para la operación
y les dirigió un apasionado discurso, que subrayaba la importancia de
la operación y del martirio, y terminaba haciendo hincapié en la necesidad del profesionalismo para que la operación tuviera éxito.

Zawahiri regresó a Suiza convencido de que la operación tendría
éxito. Para obtener la aprobación final, pidió a sus amigos más cerca-

nos, Hamzah y Fuad Talat Qassim, que se reunieran en Ginebra el 23 de junio. Los tres repasaron los detalles de la operación muchas veces, estudiaron con cuidado sus posibles ramificaciones, tanto las positivas como las negativas, y después dieron luz verde a sus redes de Addis-Abeba y del sur de Egipto. A partir de ese momento no había vuelta atrás. El éxito de la operación dependía enormemente de la calidad de los comandos seleccionados.

Para aumentar las posibilidades de éxito, Hamzah y los otros organizadores de los equipos que llevarían a cabo el golpe, habían seleccionado a sus perpetradores entre los altos rangos de combatientes entrenados, previamente examinados por los servicios de inteligencia iraní. En el verano de 1995, todos los candidatos estaban siendo entrenados por expertos de la Guardia Revolucionaria Iraní en campos de las Fuerzas al-Quds, al norte de Jartum. Los organizadores decidieron utilizar a los elementos del batallón internacionalista islámico del Cuerpo de Guardias de la Revolución Islámica (CGRI), porque la inteligencia iraní había ratificado su confiabilidad en varias ocasiones. Para incrementar aún más las posibilidades de éxito de la operación, los equipos fueron seleccionados y organizados a partir de tropas de las unidades de fuerzas especiales "afganas": egipcias, sudanesas, argelinas y etíopes. De esta manera, sería más difícil que, al desplegar las tropas en el extranjero, los servicios de inteligencia occidentales consiguieran infiltrarse en las diversas jerarquías o adivinar cuál era el objetivo de la operación.

El plan incluía la posibilidad de utilizar un hombre-bomba. El candidato seleccionado era un árabe recientemente graduado de una escuela de suicidas en Afganistán, dirigida por la Vanguardia de la Conquista. Este individuo se había ofrecido originalmente como voluntario para una operación relacionada con la causa palestina y, mientras aguardaba en Sudán, estaba siendo entrenado por especialistas de la Jihad Islámica Palestina bajo supervisión de expertos iraníes. Sólo una semana antes de que la operación se llevara a cabo, el candidato fue aleccionado para participar en el atentado contra Mubarak.

Mientras tanto, a mediados de junio, Hamzah inspeccionó la selección de participantes para conformar el equipo que estaría encargado del golpe. Para entonces, el plan de operaciones de Islambuli había sido adoptado como principio, y la selección de operativos, así como el tipo de entrenamiento que habían recibido, se habían organizado de acuerdo con él. Una vez seleccionados para la operación, los terroristas fueron reubicados en otro campamento cerca de la aldea de Kango, localizada a unos 65 kilómetros al sur de Jartum. Ahí se llevó a cabo el entrenamiento final y específico de los escuadrones que participarían en el asesinato, y se aleccionó a los participantes con los detalles de sus encomiendas.

El plan estaba basado en el trabajo coordinado de tres equipos diferentes. El primero de ellos sería una fuerza de distracción que, usando armas pequeñas, atacaría el convoy de Mubarak desde lo alto de edificios aledaños al camino que conduce desde el aeropuerto hasta el centro de convenciones. Se había asumido que, una vez bajo fuego, todo el convoy disminuiría su marcha o incluso haría alto total. Aprovechando la ventaja que les daría esa confusión, el segundo grupo se aproximaría al centro del convoy y dispararía al auto del presidente con proyectiles RPG, destruyéndolo completamente. Si por alguna razón no podían hacer fuego contra el auto del presidente, el segundo equipo tenía órdenes de detonar sus armas contra cualquier otro vehículo oficial egipcio. Excelentes fuentes de las fuerzas de seguridad egipcia, incluyendo a los guardaespaldas de Mubarak, habían proporcionado el material para que el tercer equipo pudiera realizar su misión. Los planificadores habían sido informados de que, en caso de emergencia, el chofer de Mubarak tenía órdenes de "arrasar los obstáculos que encontrara en el camino y continuar el trayecto a máxima velocidad, sin importar el costo". El tercer equipo estaría listo para intervenir en caso de que los dos primeros hubieran fracasado y de que el chofer de Mubarak pudiera conducir el auto. Los planificadores de Islambuli asumieron que, una vez que el chofer de Mubarak hubiera salido ileso de la línea de fuego, se relajaría un poco y quizá disminuiría la velocidad. En ese momento entraría en operación un potente coche-bomba conducido por el futuro mártir, que se estrellaría contra el auto del presidente o detonaría automáticamente cerca de éste. Los expertos en bombas que trabajaban para Islambuli le habían asegurado que, pasara lo que pasara, ningún auto, sin importar que, tan blindado estuviera, podría soportar una detonación tan cercana.

El grado de compromiso que Turabi y los líderes islamitas egipcios tenían para asesinar a Mubarak, puede advertirse a partir de las acciones preliminares que llevaron a cabo. Para fines de abril, la planeación inicial en Sudán, pero antes del compromiso alcanzado en Ginebra a finales de mayo, los islamitas ya habían comenzado a preparar un sistema de apoyo e inteligencia en Addis-Abeba.

Primero, un pequeño equipo conformado por oficiales de la inteligencia sudanesa y miembros de la Jihad Islámica Etiope, incluyendo "afganos" altamente experimentados, consideraron las posibilidades que ofrecía una base central en la locación. A finales de abril rentaron una villa que en adelante se convertiría en las oficinas de operación y el depósito de armas para el atentado.

En mayo, una vez que el entrenamiento y la planeación estaban siendo más específicos, los preparativos en Addis-Abeba se aceleraron. Un equipo de diez efectivos salió de Jartum con rumbo a Addis-Abeba. Su primera tarea, cumplida en la segunda mitad de mayo, consistía en investigar cuál sería el posible sitio del atentado e identificar posibles posiciones para destacar a sus hombres. Además, elaboraron mapas detallados de toda el área. Con la cooperación de los islamitas etiopes, los sudaneses pudieron conseguir informantes en el interior del comando de seguridad etiope; estos oficiales proporcionaron al equipo información detallada sobre la agenda de la cumbre, así como los movimientos y los procesos de seguridad de todos los líderes que asistirían.

A principios de junio, cuando la ejecución de la operación acababa de ser aprobada, la red de operaciones, constituida por diez miembros en Addis-Abeba, cambió sus prioridades y comenzó a contrabandear armas y explosivos hacia su villa. Los efectivos sudaneses también trabajaron con los oficiales de seguridad etiopes para facilitar el destacamento de los tres grupos armados a sus posiciones de asalto, y para asegurar su huida una vez que la operación hubiese terminado. Los contactos establecidos con los oficiales de seguridad etiopes probaron ser altamente ventajosos, pues proporcionaron a los conspiradores una información exacta y precisa sobre la hora de llegada de Mubarak, así como su ruta.

A mediados de junio, durante la visita de Zawahiri a Sudán y a Etiopía, se inició la fase final de la preparación. Los sudaneses pusieron en acción una vasta red de islamitas etiopes encargados de hacer los trabajos de tierra: contrabandear armas y explosivos hacia Etiopía; arrendar los vehículos que se usarían en la operación, incluyendo el coche-bomba; alquilar numerosos apartamentos y casas que serían utilizadas como cuarteles y viviendas de los participantes, y abastecer alimentos y otros suministros. Después de la visita de Zawahiri, cuando todos estos preparativos habían sido completados, la inteligencia sudanesa evacuó alrededor de treinta islamitas etiopes de Addis-Abeba. Estos individuos sabían demasiado sobre la inminente operación y los sudaneses no quisieron arriesgarse a que capturaran o interrogaran a cualquiera de ellos.

Las armas que fueron entregadas en ese tiempo no dejan lugar a dudas de que el gobierno sudanés estaba directamente involucrado en la operación. Virtualmente todas las armas que fueron incautadas a los terroristas en Addis-Abeba pertenecían al ejército sudanés. Los números de serie de las RGP-7 confirmaron que éstas eran parte de un negocio de armas que Sudán había hecho con China. Las pequeñas armas de manufactura rusa confiscadas en Addis-Abeba eran idénticas y de la misma serie de producción que las armas que el ejército egipcio encontró en la frontera con Sudán —eran armas que habían sido proporcionadas a los islamitas egipcios en los campamentos en Sudán.

A mediados de junio, Turabi se encargó personalmente de supervisar la operación en Addis-Abeba. Un oficial superior de la inteligencia sudanesa, identificado como Siraj Muhammad Hussein, también conocido como Muhammad Siraj, llegó a Addis-Abeba y asumió el comando sobre la actual ejecución de la operación. El coronel Abdul-Aziz Jafar, un oficial de la inteligencia sudanesa que había desertado hacia Egipto, identificó a Siraj como el mayor Muhammad Siraj-al-Din, de la inteligencia sudanesa. Según una fuente de seguridad egipcia, Mu-hammad Siraj es el mismo oficial de inteligencia que en 1993 trabajaba como cónsul sudanés en Nueva York y, usando un pseudónimo, había participado activamente en los atentados contra el World Trade Center y en la conspiración del 4 de julio para hacer estallar el edificio de las Naciones Unidas.

A Siraj no le tomó mucho tiempo establecerse como el coordinador general de la operación islamita en Addis-Abeba. Personalmente se hizo cargo de adquirir y difundir la información de inteligencia para asegurar el máximo encubrimiento. Supervisó los arreglos para la renta de la villa que sería utilizada como escondite y depósito, y se aseguró de encontrar una residencia alternativa que les diera albergue a los perpetradores cuando lograran escapar clandestinamente con destino a Jartum. Fue sólo hasta alrededor del 20 de junio, una vez que Siraj quedó satisfecho respecto a la seguridad de los preparativos, cuando comenzó la entrada clandestina de los perpetradores.

Para reducir los riesgos en caso de ser descubiertos antes de tiempo, los operadores recibieron sus armas, incluyendo el coche-bomba y una camioneta que sería utilizada para bloquear el camino, la víspera del golpe por parte de otra red de la inteligencia sudanesa. Esta red estaba dirigida por el sheik Darwish, un nativo sudanés que era personalmente leal a Turabi y que había cumplido para él numerosas misiones entre Jartum y Addis-Abeba. El hecho de que el sheik Darwish estuviera personalmente involucrado en el manejo de armas de la operación, demostraba qué tan importante era ésta para Turabi. A finales de junio, Darwish entregó dos grandes maletas repletas de armas pequeñas, lanzaproyectiles RPG-7, morteros, municiones y explosivos. El primer equipo llevaría las armas en el cuerpo, mientras que el segundo las llevaría en bolsas de viaje para que los RPG no fueran expuestos hasta el último minuto. Esta decisión pronto probaría ser un error fatal.

El día del ataque, el 26 de junio de 1995, comenzó perfectamente; Siraj, quien constantemente era informado por oficiales de seguridad etiopes sobre los datos de último minuto concernientes a la agenda de Mubarak, comenzó a destacar a su gente. Durante todo el atentado los servicios de inteligencia fueron exactos y puntuales en cuanto a la llegada y la ruta de Mubarak; Siraj debe haber tenido comunicaciones seguras y eficientes tanto con sus fuentes etiopes como con sus equipos de asalto.

Lo que finalmente echó a perder la operación fueron los retrasos y la confusión entre las filas del séquito de Mubarak. Se suponía que el presidente Mubarak llegaría al aeropuerto justo antes de las 8:30 a.m. e inmediatamente partiría hacia el centro de la cumbre, ubicado a poco más de 800 metros. Como habían planeado, las fuerzas de seguridad etiopes y egipcias fueron desplegadas a lo largo de la ruta poco después de las 8:15 a.m. El avión en el que viajaba Mubarak llegó a tiempo, pero su séquito fue incapaz de organizar el convoy de manera puntual. Aburridos por el retraso del convoy de Mubarak, los policías etiopes comenzaron a merodear. Para evitar cualquier sospecha, los participantes del segundo equipo de ataque tuvieron que volver a meter sus RPG en sus bolsas de viaje y alejarse un poco de sus posiciones de tiro.

Mientras tanto, Mubarak se estaba impacientando. Alrededor de las 8:55 a.m. ordenó que los elementos del convoy que estuvieran listos, fueran los que fueran, y que comenzaran a encaminarse hacia el centro de la cumbre. A pesar de que los oficiales de seguridad etiopes consiguieron alertar a Siraj y a su gente a tiempo, parte del equipo de asalto no se encontraba en sus posiciones.

Tan pronto como el convoy de Mubarak comenzó a acelerar, el primer equipo abrió fuego con armas pequeñas conforme a lo planeado, pero la camioneta azul marca Toyota que debía bloquear el camino frente al convoy, no se movió suficientemente rápido. El bloqueo con la camioneta había sido añadido en último momento al plan inicial que los terroristas tenían para hacer que el convoy de Mubarak bajara su velocidad en ese punto del camino. Puesto que los miembros del segundo equipo habían sido instruidos para mantener sus armas en las bolsas de viaje por razones de seguridad, no pudieron entonces desempacar, sacar y disparar sus armas en tan poco tiempo.

El tercer equipo con el coche-bomba y el conductor-mártir estaban en su sitio. Pero ahí el pequeño retraso de la Toyota azul fue decisivo. El primer equipo había concentrado su fuego en la primera limusina —un automóvil oficial etiope— donde se suponía que iba Mubarak. Pero en realidad Mubarak estaba viajando en un Mercedes-Benz especial, supuestamente blindado no sólo contra balas, sino también contra proyectiles RPG, que había traído consigo desde el Cairo.

En toda esta confusión entró el Toyota azul. Tras el pequeño retraso, su conductor no había podido colocarse enfrente del convoy; en vez de ello, con todos los automóviles del convoy acelerando delante de él, casi se estrella contra la limusina.

Con los automóviles frenando para evitar un choque, y todavía siendo blanco del fuego de las armas pequeñas, el chofer de Mubarak decidió que no podía abrirse paso a través de tal desorden, y drásticamente se desvió de los planes de seguridad: hizo girar el Mercedes 180° y regresó al aeropuerto. Esta decisión de segundos salvó la vida de Mubarak, pues a escasos noventa metros del lugar de la emboscada lo esperaba el coche-bomba.

Decepcionados como estaban, los agentes principales de la operación comenzaron inmediatamente con su plan de evasión. Siraj y los operadores que conocían los aspectos organizacionales y de inteligencia de la operación desaparecieron en horas, y llegaron con bien a Jartum. Los perpetradores que sobrevivieron fueron dejados atrás como cebo para las fuerzas de seguridad y para que no congestionaran el sistema de evasión. Muchos de ellos murieron en el fuego cruzado que se estableció entre la policía etiope y los comandos egipcios que operaban clandestinamente en Addis-Abeba.

Pero la excelente planeación y preparación con que había contado la operación fue ostensible para todos. Como parte del plan, Mustafa Hamzah había organizado una serie de explosiones y diversos tipos de operaciones armadas a lo largo de Egipto; había planeado esto para crear la impresión de un extenso levantamiento popular e inducir un estado general de pánico en todo Egipto cuando se enteraran de la impactante noticia del asesinato de Mubarak. Anteriormente, y con este fin, Turabi había proporcionado a Hamzah bases en Sudán con campos de entrenamiento e instructores militares, así como el armamento y los explosivos que requería para sus operaciones. Una vez dada la luz verde, en las horas previas a la madrugada del 26 de junio, se infiltrarían en Egipto avanzando por rutas específicas y se vincularían con redes de seguidores recién activadas, que se encontraban virtualmente en todas las ciudades y pueblos de Egipto. Juntos llevarían a cabo una ola de terrorismo y violencia sin precedentes.

Antes del mediodía del 26 de junio, cuando las noticias del fallido atentado de asesinato contra Mubarak llegaron a Jartum, Turabi y Hamzah decidieron cancelar la operación. A pesar de la gran alarma que había dentro de Egipto, el centro de comando islamita en Jartum pudo hacer retroceder la gran mayoría de los equipos que habían comenzado a infiltrarse en Egipto; lograron hacer esto incluso antes de que las autoridades de seguridad egipcia se dieran cuenta y mucho antes de que iniciaran los conflictos con ellos. El centro de comando islamita también pudo alertar a las vastas redes de apoyo en todo Egipto para que regresaran, clandestinamente, antes de que los egipcios iniciaran una redada de personas sospechosas. Como resultado de lo anterior, la mayoría de las fuerzas islamitas egipcias sobrevivieron tanto en Sudán como en Egipto, para poder atacar otro día.

El liderazgo islamita egipcio se tomó algunos días para evaluar qué hacer próximamente. Finalmente, el 4 de julio, al-Jamaah al-Islamiyah —la organización del sheik Omar Abdul Rahman— se responsabilizó del atentado contra Mubarak. El comunicado aseveraba que la operación había sido llevada a cabo por el comando Talat Yassin en honor de un comandante islamita que había sido asesinado en 1994 por la policía egipcia.

En este comunicado, al-Jamaah al-Islamiyah explicaba que el atentado era parte de una implacable y creciente lucha por destruir el régimen secular y establecer un gobierno islámico en Egipto. El asesinato había sido ordenado para "salvar a la gente de Egipto, [quienes] actualmente [viven] en condiciones difíciles y de pobreza... Nuestra Jihad no cesará hasta que la Sharia de Alá sea implantada en Egipto". Al-Jamaah al-Islamiyah le recordó al mundo que había estado involucrado en el asesinato de Anwar Sadat, en 1981, y dejó en claro que asesinaría a cualquier líder egipcio que se alejara del camino correcto, particularmente a Mubarak. "Al-Jamaah, quien ha sido honrado al ejecutar la promesa de Dios contra Sadat por su herejía y traición contra el Islam, tuvo que ejecutar el castigo de Dios contra el No-Mubarak por haber tomado el mismo camino." (No-Mubarak es un juego de palabras con el nombre del presidente y significa "no bendito".) Al-Jamaah al-Isalmiyah también urgió a los miembros del ejército, a las fuerzas de seguridad y a todo aquel que estuviera cooperando con "el dictador y sus métodos agresivos contra el Islam, y contra los musulmanes en su totalidad, a que se arrepintieran de sus pecados frente a Alá, y rechazaran todas las malditas acciones del dictador". La única manera para conseguir el arrepentimiento era unirse al levantamiento islamita, mismo que continuaría, advertía el comunicado. La operación "probó que al-Jamaah puede atestar duros golpes contra los enemigos de Alá sin importar cuánto tiempo tome".

Las principales operaciones terroristas, como el atentado contra la vida de Mubarak, son conducidas por agencias de estados para conseguir, a largo plazo, intereses estratégicos de los estados que las patrocinan y controlan. Los nombres y perfiles de las organizaciones que emiten los comunicados y las reclamaciones son un componente integral del mecanismo patrocinado por los estados. Estas entidades con nombre tienen una función específica: declaran la identidad y la esencia de los intereses involucrados en la operación y subrayan la lógica y los objetivos detrás de la operación, sin que los estados patrocinadores asuman una responsabilidad formal.

Dado el marcado incremento del terrorismo internacional y los altos intereses en juego, la importancia de los grupos que están al frente y que son portavoces de los estados patrocinadores —particularmente Irán y la revolución islámica global que éste lleva a cabo—, resulta cada vez más esencial para el terrorismo internacional. Pero a pesar de la evolución del papel que desempeñan las organizaciones terroristas, el control real de las operaciones continúa bajo el auspicio de los estados patrocinadores.

A simple vista, el atentado contra el presidente Mubarak fue claramente un fracaso, pues él sobrevivió y las evidencias que se obtuvieron fueron suficientes para implicar a los estados patrocinadores. Pero visto con mayor atención, la operación y sus consecuencias sugieren que tanto los estados patrocinadores como los movimientos islamitas obtuvieron ganancias a partir del atentado.

El gran designio de Teherán y Jartum revela mucho sobre las ramificaciones de esta operación. El liderazgo islamita estaba convencido de que Medio Oriente era cada vez más vulnerable a la subversión islamita. Sentían que el incremento del proceso político de islamización —que iba desde la subversión violenta de la población hasta un reto político y militar contra los regímenes— era ahora posible en muchos países.

Los islamitas habían leído correctamente las tendencias regionales en tres vertientes importantes: 1) El islamismo, que cada vez crece y se desarrolla más, es la única ideología verdaderamente popular y populista en Medio Oriente; ha reemplazado al nacionalismo y a otras ideologías occidentalizadas. La mayoría de la gente cree genuinamente que el Islam es la solución, a pesar de que existan diversas ideas respecto de lo que es el Islam. 2) Los regímenes conservadores favorables de Occidente están cerca del colapso, más por autodestrucción que por cualquier otra cosa, especialmente Arabia Saudita. 3) La occidentalización de Medio Oriente —consolidada a partir del tan famoso proceso de paz árabe-israelí— sucede en un momento histórico crucial. Es evidente que el proceso de paz en sí mismo ha probado ser un fracaso, puesto que las diferencias entre Israel y los árabes son irreconciliables; la tendencia histórica dominante en la región es una inquebrantable oposición a la mera existencia de Israel; ya no hablemos de paz.

Tanto Teherán como Jartum estaban convencidos de que podían producir el colapso de los regímenes conservadores en la Península Árabe y controlar los santuarios lo más rápidamente posible. El único impedimento era el Egipto de Mubarak, un país favorable a Occidente que parecía proteger al régimen saudita. Los islamitas sólo podrían controlar la Península Árabe si el Cairo, demasiado preocupado por su crisis interna, se veía imposibilitado para brindar asistencia a los regímenes conservadores de dicha península.

Pero el propio Egipto estaba al borde de un levantamiento popular islamita. La población demostraba cada vez más su deseo genuino de tener un régimen islámico de algún tipo. Los islamitas intensificaron su penetración y se hicieron cargo de la población mediante lo que Adel Darwish, periodista británico nacido en Egipto y experto en Medio Oriente, llamó la "islamización encubierta": una gradual dominación de la sociedad mientras se condiciona a la población a un régimen islámico. La población egipcia, que había perdido su fe en la habilidad de Mubarak para resolver la difícil situación económica y revertir el deterioro global de la situación sociopolítica en la nación, estaba lista para la imposición de la Sharia como una panacea.

Esto no sólo era un desarrollo teórico. Las instituciones estatales egipcias, en especial el sistema de justicia, aplicaban cada vez con más frecuencia y más rígidamente la Sharia en lugar de la ley civil, incluso en casos en los que sólo estaban implicados asuntos occidentales y seculares. Por ejemplo, a mediados de julio de 1995, una corte del Cairo determinó que una pareja de egipcios debía divorciarse contra su voluntad porque el trabajo que desempeñaba el marido —Nasr Abu Zeid, profesor de literatura árabe— era considerado apostasía y por ello no podía continuar casado con una mujer musulmana. Las cortes supremas y otras autoridades estatales se negaron firmemente a recusar la decisión de la corte basada en la Sharia.

Al mismo tiempo, el liderazgo islamita, tanto de los líderes islamitas egipcios como de sus patrocinadores, estaba completamente consciente de que el régimen de Mubarak lucharía por sobrevivir. Conseguir la islamización del público en general, distaba mucho de la adquisición de las capacidades militares y subversivas que se requerían para responsabilizarse exitosamente de un régimen dispuesto a defenderse mediante el uso masivo de fuerza. Los líderes islamitas necesitaban instigar un enorme enfrentamiento para paralizar, si no es que neutralizar, al Cairo en la víspera de cualquier ataque islamita en la Península Árabe. El atentado contra el presidente Mubarak había servido a ese propósito.

Bin Laden, como parte del círculo íntimo de Turabi y como alguien dedicado a conseguir un Estado islamita en Arabia Saudita, desempeñó un papel esencial en la formulación del complot contra Mubarak. Bin Laden sigue comprometido en extender la revolución islamita a todas partes del Eje del Islam, incluyendo Egipto, y sabe que paralizar el Cairo agilizará el plan de imponer un gobierno islamita en Riad.

Desde la perspectiva islamita, habría sido preferible que Mubarak fuese asesinado, pues esto habría acelerado el levantamiento popular islamita a lo largo de Egipto y en toda la región. Pero su supervivencia y las subsecuentes implicaciones de Sudán en el complot de asesinato sirvieron de cualquier modo a un propósito estratégico en Medio Oriente. Para la primavera de 1995, el presidente Mubarak había llevado a Egipto hacia una confrontación contra Sudán y, al mismo tiempo, estaba preocupado por realizar una limpia en el interior de su país. Como resultado, Egipto tenía cada vez menos posibilidades de comprometer importantes fuerzas militares para salvar a Riad, donde el *status quo* se deterioraba rápidamente. A los islamitas sauditas no les tomó demasiado tiempo capitalizar el caos creado por la operación de Addis-Abeba. Mientras el liderazgo islamita estaba enfocado en la operación de Addis-Abeba, Osama bin Laden orquestaba recientemente su primera, aunque atrasada, confrontación con la Casa de al-Saud.

El 13 de noviembre de 1995, docenas de estadounidenses estaban almorzando en la cafetería del edificio del Programa de Cooperación Militar, en Riad, un centro de entrenamiento militar dirigido por Estados Unidos para la Guardia Nacional Saudita. A las 11:40 a.m. un coche bomba explotó en el estacionamiento que estaba frente al edificio de tres niveles. El estallido hizo volar un costado del edificio, destruyó más de 45 automóviles, y proyectó los restos de las ventanas a más de ocho kilómetros. A los pocos minutos, una segunda bomba estalló en el estacionamiento inflingiendo daños adicionales a las personas que estaban socorriendo a las víctimas de la primera explosión.

La detonación de este coche-bomba en el centro de Riad fue mucho más que un espectacular atentado terrorista. Esta operación demostró la actividad de una integral y enérgica infraestructura islamita subversiva dentro de Arabia Saudita. El núcleo del movimiento armado islamita saudita, consistía en un cuadro de dirigentes meticulosamente organizados y, en ese entonces, rigurosamente controlados por Teherán y Jartum. La red que había atentado contra Riad encarnaba al movimiento clandestino de resistencia islamita de los sunnitas saudís —una combinación de los sauditas provenientes del cuadro dirigente de los movimientos rurales, conformados principalmente por sauditas "afganos" y seguidores islamitas, en el corazón de las instituciones sauditas. El movimiento clandestino de resistencia islamita saudita había evolucionado cuando el ulema más joven renunció a la corrupción, colapsando la Casa de al-Saud. La explosión de Riad demostró que el liderazgo saudita islamita, así como los líderes islamitas excelentemente informados en Teherán y Jartum, ya habían concluido que la jihad islamita podía apresurar la ruina definitiva de la Casa de al-Saud.

El anticipado incremento de violencia islamita a nivel regional dio inicio en el otoño de 1995. Antes de finales de octubre, la violencia islamita había aumentado en Egipto, particularmente con renovados ataques contra las estaciones de policía, los trenes y los autobuses turísticos. Como se había anticipado, el Cairo estaba preocupado por ese nuevo ciclo de medidas enérgicas ejercidas por las fuerzas islamitas, que probaban ser cada vez más efectivas. Para principios de noviembre, Egipto estaba nuevamente al borde de un levantamiento popular islamita.

Tanto Teherán como Jartum seguían convencidos de que podían provocar el colapso de los regímenes conservadores en la Península Árabe, y tomar bajo su cargo los lugares sagrados con bastante rapidez. Asumían que la única manera en que los islamitas podían tomar el control de la Península Árabe era si el Cairo se veía en la necesidad de atender su crisis interna y, por ende, incapacitado para asistir a los regímenes conservadores que continuaban siendo válidos. A principios de noviembre, los expertos y los líderes en Teherán y Jartum concluyeron que el camino estaba libre para continuar realizando la parte que les correspondía a los sauditas dentro del gran designio.

Las fuerzas islamitas en Arabia Saudita habían sido activadas y habían recibido luz verde a principios de noviembre. La red islamita que operaba en Riad consistía en una infraestructura de apoyo local y en un pequeño grupo de terroristas expertos, la mayoría de los cuales eran sauditas "afganos". La red local fue reforzada la víspera de la operación por algunos terroristas expertos que llegaron por separado desde Europa y Asia. Las fuentes islamitas árabes hicieron hincapié en que el núcleo, tanto de la red de apoyo como de los perpetradores, estaba conformado por "nacionales sauditas".

Las fuentes islamitas, así como las sauditas y las fuentes de oposición, coinciden unánimemente en que los terroristas expertos en comando, en el centro de la operación de Riad, eran "jóvenes sauditas descontentos que habían sido entrenados en Afganistán". Las fuentes islamitas sauditas de oposición especificaron que los expertos fabricantes de bombas "entrenados por la CIA y la inteligencia militar de Paquistán", estaban en ese entonces proporcionando su experiencia a las redes "afganas" en Medio Oriente y Bosnia. En Afganistán, Paquistán y Sudán estaban las principales concentraciones de sauditas "afganos" en activo del terrorismo islamita internacional.

Fuentes paquistaníes y afganas en Peshawar también dividieron la red en una infraestructura con bases sauditas y un núcleo de calidad conformado por "afganos". Los cuadros dirigentes con bases sauditas estaban motivados por consideraciones regionales. No obstante, estas fuentes paquistaníes y afganas enfatizaron que la política extranjera saudita, más que la opresión de la Casa de al-Saud, constituía la principal razón para la confrontación. "La monarquía saudita continúa jugando el oscuro juego de las políticas interárabes, bajo la tácita y efectiva protección del apoyo militar estadounidense. En casa, las críticas de la monarquía han mostrado cierta flexibilidad a pesar de las despiadadas medidas represivas", explicó un conocedor paquistaní. El carácter islamita internacional, que definía al centro de la operación de Riad, era secundado por todas las fuentes paquistaníes y afganas. "Existen razones para creer que esas críticas, principalmente vinculadas con la renovación islámica, tienen contactos con movimientos similares del mundo islámico", explicó el paquistaní. Él identificó a los perpetradores clave como "islámicos radicales" sauditas, frustrados por el hecho de que el rey Fahd "había buscado, una y otra vez, darle lustre islámico al carácter poco representativo de su reinado".

Las dos bombas que estallaron el 13 de noviembre causaron la muerte de seis individuos, cinco de ellos estadounidenses, e hirieron a cerca de 60 personas (más de la mitad estadounidenses), algunas de ellas de gravedad. La bomba principal, que había sido instalada en una furgoneta blanca, fue construida con entre 90 y cien kilogramos de explosivos muy potentes, lo más probable es que fueran Semtex, un plástico altamente explosivo y muy efectivo, de manufactura checa. La Mitsubishi 8I fue "limpiada" profesionalmente y los números de serie e identificación fueron borrados a conciencia, incluso del chasis. La bomba fue activada por un sofisticado dispositivo de tiempo que posiblemente contaba con un sistema de control remoto de apoyo. La segunda bomba antipersonal fue también construida, colocada y detonada con precisión para poder causar el máximo de bajas a pesar de su pequeño tamaño. La combinación de la bomba era bastante sofisticada y requería de profesionalismo para ser construida e instalada.

La precisión y la oportunidad de la explosión demuestran que la operación era específicamente antiestadounidense. A esa hora, los estadounidenses generalmente iban a almorzar a la cafetería que estaba en la parte del frente del edificio, mientras que los sauditas y los otros musulmanes estaban en una mezquita cercana cumpliendo con sus oraciones del mediodía. La sincronía mostró la existencia de conocimiento interno y de un prolongado monitoreo del sitio. El hecho de que la operación hubiese concebido la detonación de dos bombas también reflejaba que había sido preparada por expertos.

Las fuentes sauditas reconocieron en privado que "cualquiera que hubiera sido el cuartel que tramó y planeó la explosión, eligió su blanco muy cuidadosamente y ostentó un extraordinario profesionalismo en su aplicación. El peligro radica no sólo en la explosión y sus víctimas —todos eran militares estadounidenses expertos— sino también en la adquisición de avanzadas tecnologías de detonación y el uso de todo tipo de modernos métodos de camuflaje y violación de la seguridad para alcanzar sus objetivos".

En Londres, otra fuente saudita bien informada explicó que "aquellos que llevaron a cabo la explosión tienen un sentido político y de seguridad muy avanzado. Eligieron un blanco estadounidense en el corazón de la ciudad de Riad, para así poder atraer al mayor número posible de medios de comunicación y causar un enorme furor político". Señaló asimismo que el golpe sirvió como "un claro mensaje a los estadounidenses sobre el hecho de que el régimen no está bajo control y [es] inestable".

Ni siquiera la Casa de al-Saud pudo ignorar o encubrir una explosión de tal magnitud en el corazón de Riad. Era imposible negar el aspecto terrorista de la explosión y sus implicaciones en cuanto a seguridad. El periódico *al-Yawm*, propiedad del gobierno, reconoció que el bombardeo era "un intento desesperado por desestabilizar la seguridad de este país". En Emiratos Árabes Unidos, el periódico *al-Fajr* afirmó que la explosión en Riad era una expresión de "malas intenciones que están siendo tramadas contra la región".

A pesar de todo, Riad insistió en que el acto terrorista tenía como objetivo a terceros y no al régimen saudita. El diario *al-Riyadh* enfatizó al respecto: "El terrorismo tiene lugar en los sitios más inesperados" porque "el terrorismo a veces sucede en un territorio como un tipo de vejación o de ajuste de cuentas con otros territorios". Pero el príncipe Nayif bin Abdul-Aziz, ministro del Interior, reconoció ante el periódico *al-Jazirah* que las explosiones formaban parte de "esta peligrosa epidemia".

Riad se negó a confrontar las causas originarias del surgimiento del terrorismo islamita en su territorio. El autoritario *al-Hayah*, portavoz del príncipe Sultan y del sistema de defensa saudita, aseveró que: "Nadie cree que la explosión tenga connotaciones internas, pero es cierto que sus perpetradores se han aprovechado de la atmósfera de inseguridad para llevarla a cabo... Es un acto 'ajeno', lo que sencillamente significa que es de manufactura extranjera y que sirve a propósitos extranjeros, regionales para ser preciso". Tras examinar los posibles motivos de Irak, Irán e Israel para dar un golpe en Riad, *al-Hayah* concluía diciendo que el gobierno saudita no pudo haber hecho nada para prevenir un acto de terrorismo tal. "Por esto resulta difícil detectar cualquier propósito genuino tras la explosión de Riad, excepto a aquellos hostiles y resentidos elementos cuyos intereses residen en el sabotaje por el sabotaje mismo".

No obstante, un examen más cercano de la operación de Riad, deja pocas dudas de que éste constituyó el principio de una larga jihad islamita contra la Casa de al-Saud. El blanco seleccionado —una instalación militar estadounidense utilizada para apoyar a la odiada Guardia Real, conocida en Occidente como Guardia Nacional— encajaba a la perfección con la reciente y creciente campaña de ultimátum. El objetivo concordaba con las declaraciones de los ultimátum tan perfectamente que, incluso sin un comunicado de por medio, el público sin duda hubiera asociado el bombardeo con la oposición islamita. El comunicado emitido por el Movimiento Islámico para el Cambio el 10 de abril, había declarado que la Guardia Real [Nacional] y las fuerzas policiacas militares, así como otras fuerzas que protegieran al régimen, serían el objetivo de sus operaciones. En julio, otro comunicado dejó en claro que, desde abril, se estaban llevando a cabo preparativos, sin que esto quisiera decir que una vez llegada la fecha límite del 28 de julio las operaciones fueran a efectuarse inmediatamente. El momento del inicio de las operaciones dependería del juicio del Movimiento Islámico para el Cambio y de la fecha límite que se les había impuesto a las fuerzas extranjeras como ultimátum; después de esa fecha, dichas fuerzas se convertirían en blanco legítimo. Parte de la lógica de este comunicado, particularmente al referirse a las fuerzas estadounidenses/occidentales como "fuerzas cruzadas" —esto es, ocupantes cristianos dentro de estados musulmanes que, a fin de cuentas, debían ser defendidos—, sería repetida en varios decretos y fatwas que bin Laden emitió en años siguientes.

Además, el estilo de las detonaciones —un coche-bomba principal en combinación con una bomba antipersonal más pequeña, así como el tipo de explosivos y fusibles que se habían utilizado— era idéntico al que se enseña en los campamentos de entrenamiento para la élite terrorista islamita, ubicados en Paquistán y Sudán. En estos campamentos, el pequeño cuadro de dirigentes de bin Laden había aprendido el arte de crear sofisticadas bombas, así como técnicas para usarlas de tal manera que pudieran lanzar una oleada espectacular de operaciones terroristas, comenzando en el verano de 1995.

Estos preparativos, que llegaron al clímax a principios de la primavera de 1995, coincidían claramente con las actividades estratégicas y políticas de los niveles más altos del movimiento islamita internacional, actividades en las que bin Laden había desempeñado un papel fundamental. Como miembro del círculo íntimo de Turabi, bin Laden participó en las principales decisiones, en el plan de acción y en la formulación del proceso. También fue responsable de los aspectos de "política pública", ayudando a definir los principales mensajes de las operaciones y formulando los comunicados que se emitieron. Algunas de las frases clave que caracterizaron las "declaraciones de guerra" de bin Laden, entre 1996 y 1998, habían aparecido anteriormente en los comunicados de 1995.

En verano de 1995, bin Laden y los líderes islamitas sauditas concordaron con las recomendaciones de Turabi —basadas en una amplia investigación realizada por la inteligencia iraní y los expertos árabes que operaban en Jartum— respecto a incrementar la lucha contra la

Casa de al-Saud y convertirla en una jihad armada. Para este fin, la inteligencia iraní inició un audaz programa de vigilancia de un sinnúmero de blancos potenciales relacionados con Estados Unidos, a lo largo de toda Arabia Saudita; este esfuerzo continuó cuando menos por dieciocho a 24 meses, y también incluyó el edificio de Riad y las Torres Khobar, que fueron atacadas en el verano de 1996. Poco después, el sheik Udah hizo salir clandestinamente de la cárcel su prédica de "El arte de la muerte", en la que santificaba el llamado a una jihad armada contra la Casa de al-Saud, y que fue avalada por el Comité para la Defensa de los Derechos Legítimos (CDDL, o CDLR por sus siglas en inglés). La aparición del comunicado del Movimiento Islámico para el Cambio, reflejaba la decisión del liderazgo islamita saudita de que el comienzo de una jihad armada era el único instrumento viable para derrocar al régimen saudita. No era una amenaza vaga.

Los preparativos finales para la operación del 13 de noviembre habían sido tan intensos que habían registrado fugas de información. Oficiales sauditas de alta jerarquía reconocieron después que las autoridades en Riad habían sido advertidas sobre una inminente acción terrorista, aproximadamente una semana antes de la explosión. Una semana antes del estallido, el MIC mandó faxes previniendo a las embajadas estadounidense y británica en Riad, y a otras instituciones. No obstante, las autoridades de seguridad sauditas y occidentales no tomaron dichas advertencias en serio. Riad colocó a las fuerzas de seguridad en un nivel de alerta mínima, básicamente como una respuesta de mera formalidad.

En Medio Oriente y en Europa oriental, sauditas expertos en la materia especularon que el príncipe Salman bin Abdul-Aziz permitió que la operación terrorista se efectuara para que pudiera capitalizarla en su propio beneficio. El príncipe Salman, gobernador de Riad y aspirante a sucesor del rey Fahd, planeaba utilizar la creciente amenaza islamita, el temor que tenía toda la Casa de al-Saud, y su reputada habilidad para suprimir el islamismo, como un boleto al poder, a la aceptación y finalmente al trono. De acuerdo con los líderes islamitas sauditas y los árabes enterados de lo que sucedía internamente, para el otoño de 1994 el príncipe Salman ya había obtenido un "mandato personal" por parte del rey Fahd "para administrar los asuntos del país", es decir, la estabilidad y seguridad internas.

Se sabía que el príncipe Salman había mantenido contacto con los islamitas por lo menos hasta el otoño de 1995. Muhammad al-Massari, del CDDL, insistió en que el príncipe Salman "es más inteligente y más abierto que los demás [en la Casa de al-Saud]. Pero también es el más hipócrita: sus propuestas [a los islamitas] son sólo aparentes y en realidad su objetivo es obtener el poder". Muchos sauditas esparcieron el rumor de que el príncipe Salman había permitido que la explosión ocurriera para incrementar el miedo a la violencia islamita entre los rangos más altos de la Casa de al-Saud, y así asegurar su lugar en el poder como la clave para suprimirlo.

Los niveles más altos de la Casa de al-Saud estaban trabajando febrilmente para suprimir cualquier investigación real respecto al bombardeo, puesto que esto exhibía una falla colosal en los servicios de inteligencia saudita. El asunto principal era el acuerdo secreto saudita-paquistaní que el príncipe Turki había realizado en marzo de 1995. Para el otoño de 1995, Riad había comenzado a darse cuenta de que el ISI había estado recibiendo dinero saudita, y que Islamabad había incrementado la influencia saudita en Washington, mientras los sauditas "afganos" estaban siendo entrenados y apoyados en Paquistán, Afganistán, Sudán e Irán para operaciones en Arabia Saudita. El coche-bomba que explotó el 13 de noviembre de 1995, conmocionó a todo el sistema saudita, causando más daño al interior del poder gubernamental saudita que a los edificios de Riad.

Las atribuciones del atentado que hicieron varias organizaciones tras las explosiones del 13 de noviembre, sirvieron principalmente para aclarar y consolidar su posición respecto del inicio de una jihad islamita en Arabia Saudita.

La primera atribución fue emitida por una organización desconocida que se hacía llamar los Tigres del Golfo. Éste era el nombre falso de una organización inexistente cuyo fin era deslindar del bombardeo a cualquier organización islamita legítima. La atribución fue importante sólo porque fue hecha desde un teléfono dentro de Arabia Saudita, lo que probaba la existencia y actividad de células islamitas locales. "Los ataques continuarán hasta que el último soldado estadounidense haya partido" de Arabia Saudita, dijo la persona que llamó en dos ocasiones consecutivas desde el interior de Arabia Saudita. Los Tigres usaban el fraseo estándar de los islamitas, lo que los identificó como componentes de un espectro islamita más amplio.

Sólo tras haber establecido la viabilidad de una red de comunicación dentro de Arabia Saudita, la principal organización responsable de la operación, el Movimiento Islámico para el Cambio (MIC), salió a la luz con un comunicado a través de sus canales islamitas ordinarios. El principal objetivo de este comunicado era legitimar al MIC como un componente del MIA, a la vez que confirmaba su habilidad para llevar a cabo las advertencias y los ultimátum.

En este comunicado, el MIC repetía la posición de los Tigres: se oponían al "total sometimiento" de Arabia Saudita "a los Estados Unidos y sus aliados occidentales" y su compromiso era "utilizar todos los medios disponibles para expulsar a esas fuerzas". El comunicado repetía todos los objetivos que el movimiento islamita tenía bien establecidos: su intención de destronar a la Casa de al-Saud, hacer que los "invasores" abandonaran el país, y que la nación volviera a obtener su orgullo y dignidad. Para asegurar que el objetivo del bombardeo no se había perdido, el comunicado también descargaba su ira contra los líderes sauditas pues, decía, ellos se han vuelto "agentes infieles" que han "abierto la tierra de las dos mezquitas sagradas y la península de los árabes a los colonialistas invasores de las fuerzas cruzadas". El comunicado enfatizaba que el MIC continuaría teniendo en su mira a las tropas extranjeras, a la familia real saudita y a las fuerzas de seguridad sauditas.

El apoyo que el CDDL dio, tanto al MIC como a los bombardeos de Riad, fue crítico. El CDDL, con sede en Londres, es el grupo de oposición saudita islámico más grande y mejor organizado; además cuenta con acceso a las élites sauditas locales y de Occidente. "Hemos descubierto que el MIC es un grupo legítimo y puede estar detrás del estallido", declaró Said al-Faqih, director en Londres del CDDL.

El aspecto del patrocinio —internacional y estatal— de la operación de Riad, tampoco fue dejado de lado. El MIA, especialmente sus fuerzas islamitas "afganas" con sede en Paquistán, se movilizaron para obtener el crédito de la operación en Riad, sólo después de que las entidades sauditas habían tenido tiempo suficiente para abogar dicha justificación.

El MIA se adjudicó el crédito al día siguiente diseminando un comunicado en nombre de un grupo previamente desconocido que se hacía llamar Organización de los Partisanos Militantes de Dios. El comunicado del MIA también señalaba que la operación de Riad era "la primera de nuestras operaciones jihad". No obstante, dicha organización remarcaba el carácter universal y antiestadounidense de su jihad. El comunicado demandaba principalmente que "las fuerzas de ocupación estadounidenses dejen el territorio de la Península Árabe y de los estados del Golfo Pérsico, y que su eminencia, el doctor Omar Abdul Rahman, el doctor Musa Abu-Marzuq, Ramzi Youssuf y sus camaradas sean liberados de las cárceles estadounidenses inmediatamente". (Abdul Rahman y Ramzi Youssuf estaban encarcelados por el papel que desempeñaron en el atentado del World Trade Center —Centro Mundial de Comercio— y Marzuk, que estaba detenido como comandante del Hamas, esperaba una orden de extradición por parte de Israel. La petición fue más tarde negada por el "proceso de paz".) El comunicado del MIA estaba de acuerdo con las demandas de los grupos anteriores, y urgía a que las "autoridades sauditas levanten todas las restricciones impuestas al ulema musulmán y a sus predicadores, liberación inmediata de todos los detenidos de las cárceles sauditas y aplicación de todas las leyes de la Sharia islámica".

El comunicado del MIA incluía un ultimátum: "si estas justas demandas no se cumplen, la Organización de los Partisanos Militantes de Dios declarará su compromiso de morir por la causa de Alá, teniendo como objetivo los intereses estadounidenses en el territorio de la Península Árabe y en los estados del Golfo". Una advertencia que se cumpliría en 1996, con el bombardeo de las Torres Khobar. El comunicado fue más lejos que los anteriores y advirtió de un avance en su guerra antiestadounidense más allá de la región. La Organización de los Partisanos Militantes de Dios concluía con esta advertencia: "Oh, estadounidenses, nuestras benditas operaciones no cesarán hasta que nuestras demandas se cumplan; de no hacerlo ustedes están imponiéndose a sí mismos una inexorable guerra... una guerra real que les hará saber su valor real... una guerra que quebrantará su falsa arrogancia".

El CDDL apuntó que la explosión de Riad era el comienzo de una lucha armada concebida para derrocar al régimen. Muhammad al-Massari, del CDDL, predijo que "habrá más actos similares a este incidente porque el régimen [de al-Saud] es conocido por su enemistad hacia sus ciudadanos". Señaló que el bombardeo había sido realizado por "gente joven descontenta que se opone al liderazgo saudita", incluyendo algunas personas "entrenadas en tácticas militares en Afganistán o en cualquier otra parte". Al-Massari sugirió que los islamitas habían decidido actuar "porque todos los reformadores, activistas y predicadores que eran importantes portavoces de su movimiento, habían comenzado a ser detenidos a partir de septiembre de1994 y no se veía para cuándo terminaría eso". Al mismo tiempo, declaró que, a pesar de que los estadounidenses eran las víctimas que el ataque había tenido por objetivo, el blanco final era la Casa de al-Saud. Al-Massari recalcó que "la cuestión es [saber] a quién está dirigida esta declaración de guerra, y es al régimen saudita".

Una fuente bien informada en Londres, explicó que la operación de Riad también fue "diseñada para atraer la atención hacia el hecho de que el arribo a Arabia Saudita de tecnología automovilística con trampas explosivas marca un cambio drástico que tendrá repercusiones".

Recalcó que esto no significaba que las futuras operaciones fueran a ser efectuadas con coches-bomba: "en el futuro las instalaciones petroleras pueden convertirse en blancos potenciales para asegurar la mayor publicidad mundial posible".

El legado más importante de las explosiones de noviembre 13 en Riad, fue que Osama bin Laden y los islamitas sauditas, conjuntamente con Irán, Sudán y los demás estados que los patrocinaban, finalmente habían cruzado la línea para lanzar una jihad armada dentro de Arabia Saudita. Ya no había vuelta atrás. La creciente popularidad de los islamitas en virtualmente todos los segmentos de la sociedad, que iba desde el extendido seguimiento popular con el que contó el sheik Udah, hasta la retribución que tuvo el CDDL en los estratos más altos de la sociedad, agregaría presión entre los islamitas militantes para que continuaran su lucha armada y sus actos terroristas hasta destronar a la Casa de al-Saud.

Poco después de la explosión hubo reportes del aumento de una campaña terrorista dentro de Arabia Saudita. De acuerdo con fuentes egipcias altamente confiables, más o menos entre el 20 y el 25 de noviembre pudieron prevenirse, con escaso margen, cuando menos dos operaciones de sabotaje. Un coche-bomba fue desactivado cerca del edificio del Ministerio de Defensa, y otro automóvil explosivo fue desactivado en el estacionamiento de la Petromin Oil Company. Estas bombas eran similares pero no idénticas a la bomba del 13 de noviembre, lo que sugería la existencia de más de un fabricante de bombas en Riad, y que dichos fabricantes se habían graduado del mismo programa de entrenamiento. En la primera semana de diciembre, entidades diplomáticas y comerciales occidentales fueron alertadas otra vez acerca de inminentes ataques. Esta vez la embajada de Estados Unidos y otras emitieron advertencias formales. Con la investigación saudita del bombardeo de noviembre 13 en punto muerto, se podían esperar más golpes terroristas.

Las fuerzas islamitas, de impresionante tamaño y capacidad, estaban listas para iniciar la escalada con apoyo activo y patrocinio de Teherán y Jartum. La principal amenaza de dichas fuerzas islamitas era suministrar el golpe de gracia para terminar con la acelerada autodestrucción de la Casa de al-Saud.

Con la crisis de sucesión de Riad en plena ebullición, y la conmoción inicial del bombardeo del 13 de noviembre aún presente, los egipcios "afganos" arreglaron cuentas y entregaron una advertencia. A las 9:50

de la mañana del 19 de noviembre de 1995, un pequeño automóvil, aparentemente un taxi, chocó contra las puertas de la embajada de Egipto en Islamabad, Paquistán. Poco después hubo una pequeña explosión en el área de recepción que se encontraba al frente de la sede diplomática; en ella había un conglomerado de personas que iban a tramitar sus visas o que tenían algún asunto pendiente. De acuerdo con algunos reportes, esta explosión fue causada por una granada de mano que fue arrojada desde el pequeño automóvil. Según la Jihad Islámica, un operativo mártir salió del automóvil llevando consigo un portafolios lleno de explosivos, traspasó las puertas de la embajada egipcia, se dirigió a la sección de visas y ahí se hizo explotar. Nasirullah Babar, ministro del Interior de Paquistán, agregó que la bomba fue llevada al interior de la embajada "por individuos que eran conocidos en la embajada y a quienes dejaron entrar al establecimiento, pues la bomba estalló dentro del complejo". El objetivo de la explosión más pequeña era distraer la atención y hacer que la gente se dirigiera hacia la entrada principal de la embajada donde serían víctimas de otra explosión mayor.

Aprovechando la conmoción y la confusión causada por la explosión más pequeña, una camioneta *pick-up* de doble cabina —una Mazda azul— se abrió paso entre las rejas rotas. Estaba cargada con potentes explosivos: cerca de 400 kilogramos. La furgoneta aceleró, entró al patio, se estrelló contra la fachada del edificio principal, y explotó. La explosión hizo un cráter de seis metros de ancho y tres metros de profundidad; mató a diecinueve personas, incluyendo al chofer de la furgoneta, e hirió a más de 60.

Poco después, las principales organizaciones islamitas egipcias —al-Jamaah al-Islamiyah, al-Jihad al-Islami y el Grupo de Justicia Internacional— se atribuyeron la responsabilidad del ataque. El primer comunicado emitido por al-Jamaah al-Islamiyah era una declaración general de oposición al gobierno de Mubarak, diseñada para enfatizar la responsabilidad global de las organizaciones islamitas afiliadas al MIA. Unos días más tarde, cuando la razón principal de la operación fue aclarada, al-Jamaah al-Islamiyah retiró la adjudicación que había hecho de la explosión. Oficialmente, la retractación se emitió porque la organización "no cree en las operaciones suicidas".

El segundo comunicado, emitido por la Jihad Islámica, subrayaba la responsabilidad operativa. "El grupo de la Jihad se atribuye la responsabilidad del hecho. El escuadrón del mártir Issam al-Qamari y el mártir Ibrahim Salamah son responsables." La Jihad Islámica más adelante aclaró que los dos nombres se referían a los bombarderos suicidas que habían perpetrado las explosiones en Islamabad. Este breve anuncio inicial emitido por la Jihad Islámica, estaba diseñado esencialmente para establecer a la organización como el principal transmisor de aclaraciones autorizadas respecto a los motivos tras el golpe terrorista.

Otro comunicado, emitido por el Grupo de Justicia Internacional, apuntaba una continuidad con el asesinato del presidente Sadat. "El escuadrón del mártir Khalid Isambouli llevó a cabo la operación del día de hoy", decía. El Grupo de Justicia Internacional era un nombre falso utilizado por los operativos de seguridad e inteligencia, entrenados por iraníes, de Ayman al-Zawahiri. El 15 de noviembre habían asesinado en Ginebra a Alaa al-Din Nazmi, el segundo diplomático egipcio más importante en Suiza —de hecho, un oficial de los servicios de inteligencia que realizaba sus investigaciones en las inmediaciones de la guarida de Zawahiri. El comunicado de bomba reiteraba que el Grupo de Justicia continuaría persiguiendo a "todos aquellos involucrados en acciones contra los hijos del Movimiento Islamita".

Al igual que el atentado contra el presidente Mubarak, la operación del bombardeo acaecido en Islamabad había sido financiada y conducida bajo el estricto control del más importante centro de operaciones islamitas en Europa oriental: Ayman al-Zawahiri, en Ginebra, y su segundo de a bordo, Yassir Tawfiq Sirri, en Londres. No existe duda alguna de que las explosiones en la embajada egipcia fueron llevadas a cabo por islamitas egipcios, y formaron parte de lucha escalada contra el gobierno de Mubarak. Pero la elección de Islamabad tuvo varios beneficios evidentes. Los islamitas egipcios habían tenido más de un sólido centro de operaciones y bases de entrenamiento en Paquistán, particularmente en el área de Peshawar y el territorio colindante con la frontera de Afganistán. Adicionalmente, muchos importantes terroristas egipcios estaban en los campamentos de los mujaidines cachemiros, así como en las instalaciones de las organizaciones islamitas internacionales, como Harakar ul-Ansar y su principal centro de operaciones, especialmente en el área de Karachi. En principio, no habría sido difícil para los egipcios llevar a cabo la operación de Islamabad a partir de cualquiera de dichas instalaciones.

Pero los islamitas eran invitados en Paquistán; habían sido recibidos y patrocinados por el servicio de inteligencia local. En primer lugar no tenía sentido que hubieran ejecutado un golpe contra la capital de un Estado que había sido tan hospitalario con ellos y que había apoyado su causa. Las instalaciones y los campamentos de los egipcios, así

como las de otros grupos internacionales islamitas, estaban estrictamente controladas y supervisadas por la inteligencia paquistaní: el ISI.
Muy poco podía escapar a los ojos del ISI. Los supremos comandantes
egipcios, muchos de ellos en Peshawar, Islamabad y Karachi desde
hacía décadas, siempre habían tenido una relación muy cercana con
los altos mandos del ISI. Resultaba entonces ilógico para los egipcios
arriesgar esta relación por una sola bomba. Y, en efecto, no la arries-
garon. La relación de los egipcios con el ISI fue precisamente lo que
dictó la elección de Islamabad como el sitio para ejecutar un espectacular acto de terrorismo.

Debido a las relaciones cercanas del ISI con los islamitas, y al estricto
control que ejercía este servicio de inteligencia sobre ellos, resultaba
virtualmente imposible que los islamitas planearan, y mucho menos
llevaran a cabo, una operación de ese tipo sin que el ISI estuviese
enterado. Con Paquistán presionado internacionalmente para dar fin a
la infraestructura terrorista, los islamitas egipcios no hubieran aver-
gonzado ni dificultado las vidas de sus amigos y benefactores en el ISI
—quienes habían peleado por su supervivencia y habían conseguido
permiso para su permanencia en Paquistán. La explosión en Islamabad
sirvió para confirmar cuando menos un apoyo tácito de parte del ISI.
Así que, a pesar de que los islamitas egipcios tenían muchas buenas
razones para ejecutar un golpe en Egipto, era del interés del ISI —basado en las luchas de poder internas en Paquistán— que fuera Paquistán,
y no otro sitio, el lugar donde se efectuaran los bombardeos.

Los orígenes de la explosión en Islamabad pueden encontrarse en
la "leyenda del golpe" contra Benazir Bhutto. Según la versión oficial,
un golpe de estado militar islamita alcanzó a ser revertido a finales de
septiembre de 1995. El 26 de septiembre, una revisión aduanera de ru-
tina de un automóvil oficial en Kohat, en la frontera afgana, provocó
la captura del brigadier Mustansir Billah y de un coronel, vestidos de
civiles, y tratando de llevar ese auto repleto de rifles de asalto tipo AK
y RPG hacia el interior de Paquistán. Cuando fueron detenidos, Billah
trató de llamar a otro coronel en Lahore para confirmar que el transporte
de armas era un asunto oficial autorizado. De cualquier modo, los oficiales fueron arrestados. La investigación condujo al supremo general
Zaheer ul-Islam Abbasi, un antiguo oficial mayor del ISI recientemente
nombrado comandante del Centro de Entrenamiento para la Infantería
en Rawalpindi. Según la versión oficial, estos dos gene-rales, junto
con los coroneles Kiyalu, Zahid y Amjad, estaban planeando un golpe
de estado para el 30 de septiembre. Usando las armas que Billah trataba

de contrabandear, estos altos oficiales habrían tratado de eliminar al alto comando y declarar un estado islamita. Más de 30 oficiales fueron arrestados a partir del supuesto intento de golpe.

En realidad, el "golpe" era una trampa, una purga de elementos actuales o anteriores del ISI que habían patrocinado activamente al terrorismo contra Estados Unidos. Tanto Billah como Abbasi habían cooperado con y supervisado la Harakat ul-Ansar, Hizb-ul-Mujaidín y otras organizaciones terroristas islamitas. Ellos estaban profunda y directamente involucrados con las operaciones cachemiras. De haber querido, hubieran podido comprar las armas a los terroristas cachemiros en suelo paquistaní, en vez de tratar de introducirlas clandestinamente desde Afganistán. Billah fue arrestado entregando armas de los Talibán que serían utilizadas en operaciones internacionales que podían ser negadas. Todas las armas y explosivos que estaban en posesión de Billah podían ser rastreados como suministros financiados por Estados Unidos para la guerra en Afganistán, o como aprovisionamientos soviéticos para la RDA, y no podían ser identificados como armas compradas por el gobierno paquistaní. Si cualquiera de estos artículos hubiera sido confiscado en el curso de una operación terrorista, la culpa habría recaído sobre los afganos y no sobre Paquistán.

A principios de septiembre, Islamabad había concluido, como resultado de la investigación de Ramzi Ahmad Youssuf en Estados Unidos y de Fuad Talat Qassim en el Cairo, que Washington tenía posibilidades de saber qué tan involucrados estaban estos individuos, particularmente los altos oficiales del ISI en el terrorismo islamita. En otoño de 1995, Estados Unidos estaba conduciendo investigaciones en Paquistán sobre las actividades subversivas islamitas. A finales de septiembre y principios de octubre, los políticos paquistaníes hicieron repetidas indagaciones ante el gobierno sobre lo que ellos llamaban la "presencia intrusa" de los agentes del FBI en Paquistán, y especialmente respecto a su "interferencia en los asuntos locales" de Islamabad.

Para que Bhutto pudiera continuar negando su participación, los oficiales del ISI presumiblemente implicados tuvieron que ser sacrificados. Puesto que Bhutto había insistido en repetidas ocasiones, incluso cuando estuvo en la Casa Blanca en abril de 1995, que Paquistán no estaba involucrado en el patrocinio del terrorismo, la purga no debía ni podía ser relacionada con el "descubrimiento" de, digamos, "elementos indeseables" en el ISI involucrados en el terrorismo internacional. De ahí que el arresto de los oficiales se hubiese hecho acusándolos de tramar un golpe de estado.

Pronto, los verdaderos motivos de la purga salieron a la luz. Ya para principios de noviembre, fuentes autorizadas en Paquistán habían reportado que el complot había sido minuciosamente analizado por el Buró de Inteligencia (bi, o ib por sus siglas en inglés) bajo las órdenes de Bhutto "con el fin de usar esta farsa para crear una atmósfera 'afable' en Estados Unidos, antes de que la primer ministro Benazir Bhutto visite [por segunda vez] dicho país". Se reportó que el "bi consiguió escenificar exitosamente ese drama" a expensas del ejército y del isi, dos instituciones que Bhutto odiaba y de las cuales desconfiaba. Se presentaron evidencias que apoyaban este argumento. Por ejemplo, un conductor pushtun fue descubierto y castigado por una *Jirgah* tribal (un consejo que actúa como corte) después de que admitió que a principios de septiembre había estado involucrado en el trasporte de armas de y para los Talibán, en representación de Billah y del isi. Reconoció asimismo que había coordinado los envíos, incluyendo el que fue interceptado el 26 de septiembre, con las autoridades locales y como asuntos oficiales.

Se reportó que los niveles más altos del isi estaban "furiosos". Ellos señalaron como precedente la anterior purga llevada a cabo por Bhutto en mayo de 1993. En aquel entonces, se había suscitado el "retiro" sin ceremonias del general Javed Nassir, supremo teniente del isi, y la transferencia o retiro de varios altos oficiales debido a la presión de Estados Unidos. En ese tiempo, Washington había demandado su destitución por la participación activa de Nassir en el patrocinio del terrorismo islamita internacional, dentro y fuera de Paquistán, incluyendo los preparativos que habían sido conducidos en Peshawar para el bombardeo del World Trade Center de Nueva York, en febrero de 1993. Fuentes paquistaníes relacionadas con el isi señalaron que la purga llevada a cabo en septiembre de 1995 no era más que una continuación de la purga que inició en mayo de 1993. Las fuentes afiliadas al isi también insistieron en que la purga actual, como la de 1993, estaba siendo efectuada por parte de Washington.

Otra razón para la creciente agitación y furia que existía en los rangos del isi y en los altos comandos militares, era que había quedado completamente evidenciada la hipocresía de la purga efectuada por Bhutto. El continuo compromiso de Paquistán en cuanto al patrocinio del terrorismo islamita había sido formalmente reafirmado en el acuerdo con Irán, que se había realizado el 8 de noviembre, durante una visita de Bhutto a Teherán. En dicha visita, Islamabad enfatizó la importancia de "las cercanas relaciones fraternas entre dos países hermanos". El acuerdo

incluía dos elementos de importancia clave para el ISI. Primero, aseguraba que los iraníes no intervendrían en las operaciones Talibán del ISI
en Afganistán occidental; este se manifestó inmediatamente con el lanzamiento de una ofensiva Talibán global en Kabul, que requería la
transferencia de fuerzas de Afganistán occidental, donde habían sido
utilizadas para impedir que las fuerzas afganas cruzaran a territorio
iraní. Segundo, el acuerdo estipulaba un incremento en la participación
y el apoyo de la Inteligencia Iraní (VEVAK) en la jihad en Cachemira, en
gran medida apoyando al ISI. El flujo de la asistencia global y diversa
por parte de Irán, que quedaría de manifiesto en la primavera de 1996,
estaba a punto de comenzar. El acuerdo también proporcionaba un alto
nivel de reafirmación, apoyo y cooperación cercana entre el ISI y la VEVAK
en Asia central, el Cáucaso, Medio Oriente y Bosnia-Herzegovina.

Apoyándose en el reciente acuerdo con Teherán, el Islamabad de
Bhutto reasumió una línea antiestadounidense mucho más desafiante. Por ejemplo, por instrucciones de Bhutto, el ministerio paquistaní de
Asuntos Exteriores anunció que en su visita a Teherán no conversaría
con la embajada de Estados Unidos. La declaración enfatizaba que
Paquistán "no les proporcionará [a los estadounidenses] ningún tipo
de información".

Conforme la tensión se fue incrementando en Estados Unidos, el ISI
y el alto comando militar sintieron que ya no existían razones para aplacar
a Washington. Renovaron su demanda de que el "golpe" fuera dejado
de lado y que los oficiales expurgados fueran liberados. Algunos de
los oficiales arrestados originalmente por haber estado involucrados
en las operaciones cachemiras, fueron puestos en libertad y restitui-
dos en sus cargos. Por instrucciones de los niveles más altos de Islamabad,
el ISI comenzó a hacer preparaciones activas para escalar la jihad
cachemira con la anticipada asistencia iraní, así como para expandir
su patrocinio y apoyo a diversas operaciones terroristas a escala mundial.

Este compromiso con la jihad islamita no resolvió el asunto del
"golpe". Bhutto no sólo se negó a comentar el asunto del "golpe" con
el alto comando, sino que las personas fieles a Bhutto, particularmente el ministro de la Defensa Aftab Shab Mirani, comenzó una segunda
oleada de "revelaciones respecto al golpe" a mediados de noviembre.
En esa ocasión, se reportó que los conspiradores —para entonces trece
oficiales— de hecho estaban planeando asesinar a Bhutto, al presidente
Leghari, a otras personas notables y a todo el alto comando. Las personas leales a Bhutto comenzaron a hablar en Islamabad de cortes
civiles y de pena capital para los "conspiradores".

Al mismo tiempo, el islamita de más alta categoría en el ISI y los oficiales militares proporcionaron a los líderes islamitas de alto rango en Paquistán "evidencias concluyentes" de que los arrestos eran el resultado de un complot instigado por Estados Unidos. "La CIA estadounidense proporcionó al gobierno de Benazir una lista de los oficiales islamitas en el ejército paquistaní desde hace cuatro meses. Los arrestos contra los oficiales del ejército paquistaní [forman] parte de una conspiración estadounidense", explicó un oficial islamita de jerarquía. De acuerdo con varias fuentes paquistaníes conectadas con el ISI y con el ejército, numerosos altos oficiales de tendencia islamita estaban genuinamente convencidos de que la CIA había proporcionado la evidencia "incriminatoria" contra sus colegas arrestados, y de que Bhutto había ordenado su arresto para complacer a Washington. Para finales de noviembre, políticos de alto nivel repetirían abiertamente estos alegatos. Por ejemplo, Sahibzada Fazal Karim del Jamiat-ul-Ulema-e-Paquistán (Grupo Niazi) declaró: "Puedo decir con plena confianza que los arrestos de los oficiales [forman] parte de la misma conspiración estadounidense, por medio de la cual la CIA ha proporcionado una lista de oficiales islamitas en el ejército paquistaní".

Según fuentes paquistaníes conectadas con el ISI, fue durante esta etapa, a mediados de noviembre de 1995, cuando los elementos importantes del ISI decidieron que era imperante demostrar a Benazir Bhutto quién era el jefe. Ellos resolvieron conmocionarla y darle indicios de las "posibilidades" del golpe, sin ser implicados en el complot ni en la conspiración, y sin poder ser acusados de un desafío político. La mejor solución era hacer que los amistosos árabes fueran tras un blanco que a ellos les interesara y que ellos elegirían, pero en el corazón de Islamabad. Consideraban que su señal sería comprendida.

Una evidencia circunstancial apoya la complicidad del ISI. La víspera del ataque muchos árabes "afganos" habían sido alertados, removidos del área de Peshawar —donde vivían en complejos apoyados por el ISI— y llevados hacia Afganistán a través de la frontera. Ellos ahora estaban fuera del alcance de una posible pesquisa paquistaní, a pesar de que tras el resultado del bombardeo las autoridades paquistaníes sólo hicieron el arresto simbólico de tres eruditos egipcios que salían de Paquistán tras unas convenciones religiosas. Babar, el ministro del Interior, reconoció que estos egipcios estaban "siendo interrogados en los aeropuertos y que se les permitiría partir tras 'revisarlos'". El único que quedó detenido fue un individuo sospechoso de ayudar a los terroristas mediante transferencias de fondos. Para fines de noviembre, la inteligencia egipcia confirmó que los terroristas principales involucrados en el bombardeo de la embajada de Egipto, habían logrado escapar hacia Afganistán, donde estaban bajo la protección de Hizb-i Islami de Gulbaddin Hekmatiyar, en el área de Samar Kheyl, cerca de Jalalabad. ✗

Mientras tanto, el ISI utilizó a sus aliados árabes para asegurarse de que las quejas de los islamitas contra las políticas globales de Bhutto pudieran airarse. El 21 de noviembre, la Jihad Islámica emitió un comunicado importante vía el Cairo en el que clarificaba que el Islamabad de Bhutto constituía para ellos un blanco semejante a el Cairo de Mubarak. El comunicado señalaba que la operación era "un claro mensaje al gobierno paquistaní secular de que su acuerdo con el gobierno egipcio, que está luchando contra el Islam en Egipto... y el apoyo que le está dando a India sobre Cachemira, sólo les traerá fracaso. El gobierno paquistaní no debe creer que está pasando sobre individuos débiles e impotentes. Esta gente inocente, a pesar de su debilidad, posee algo que Norteamérica y todos los gobiernos serviles a ella no poseen: fe en Alá, el Todopoderoso, y amor a la muerte en Su nombre". El comunicado criticaba amargamente la traición que los islamitas —árabes, afganos y paquistaníes— habían sufrido por parte de Islamabad después de que habían salvado a Paquistán de la invasión soviética y habían asegurado su carácter islámico: "La recompensa que recibieron por parte del gobierno secular paquistaní fue la ingratitud y la extradición hacia sus países, de tal manera que ahora languidecen bajo el yugo de la tortura, la opresión y el maltrato". La Jihad Islámica concluía con un voto para continuar incrementando la lucha armada contra todos los enemigos del movimiento islamita en todo el mundo.

Para finales de noviembre de 1995, los islamitas paquistaníes percibieron una creciente vulnerabilidad en el gobierno de Bhutto y comenzaron a aumentar el nivel de los ataques. Nawaz Sharif alegó que Benazir Bhutto estaba "tratando de convertir a Paquistán en un estado socialista", advirtiendo que "las personas amantes del Islam en el país no permitirán que ella cumpla sus funestos designios". Estas amenazas eran mucho más que simples ataques verbales. Los oficiales de la seguridad paquistaní reportaron a Bhutto que "entre el público en general está muy difundida la impresión de que su país está siendo convertido en una colonia estadounidense". También le advirtieron a Bhutto que entre múltiples oficiales, de niveles medios y altos, y funcionarios, había una creciente sospecha de que "nuestra seguridad y nuestros intereses comerciales estén siendo vendidos" a Estados Unidos. Estos sentimientos estaban ya demasiado difundidos y pasaron a convertirse en un asunto que le incumbía a la seguridad nacional. Había crecientes indicios de una colaboración cercana entre los islamitas paquistaníes y sus colegas árabes "afganos" en los preparativos para derrocar el gobierno de Bhuto con una "revolución islámica". Algunos de estos preparativos estaban protegidos y apoyados por oficiales y funcionarios de niveles altos y medios, particularmente en los sistemas de seguridad y de defensa, quienes estaban convencidos de que la oleada islamita estaba "en camino hacia Paquistán".

La explosión de la embajada de Egipto fue mucho más que otra etapa en la escalada de la inexorable jihad islámica contra el gobierno de Mubarak; era una campaña integral patrocinada y guiada por Teherán y Jartum. Las reverberaciones de la explosión quedaron impregnadas en los corredores del poder del Islamabad de Bhutto, y llevaban consigo un delicado "mensaje" de parte del ISI y del alto comando militar. El impacto agregado de la continuación del surgimiento terrorista islamita y las medidas enérgicas de los islamitas al interior del sistema paquistaní y a lo largo de ese país, tendrían como consecuencia una erosión aún mayor del ya tenue asidero al poder de Bhutto, y de los esfuerzos que Islamabad hacía para evitar hundirse en un radicalismo islamita. Y en lo que refiere al ISI, éste no había olvidado a sus aliados egipcios "afganos" y los esenciales servicios que éstos le habían proporcionado. Para principios de 1996, el apoyo integral del ISI al terrorismo islamita remontaría nuevas alturas.

El atentado contra la vida del presidente Mubarak en Addis-Abeba, durante el verano de 1995, fue la primera operación importante conducida por cuenta de los terroristas islamitas sunnitas. A través de este empeño, seguido por los atentados en Riad e Islamabad, los "afganos" y sus líderes se consolidaron como una fuerza estratégica. Tanto bin Laden como Zawahiri jugaban ya un papel central como comandantes superiores en una serie de operaciones estratégicas de inmensa significación para Turabi y todo el movimiento islamita. Como pronto demostrarían los eventos de 1996, los atentados de noviembre de 1995, tanto en Riad como en Islamabad, habían sido sólo el comienzo de una escalada de la jihad islamita. El desempeño de bin Laden y su dedicación fueron debidamente valoradas por Teherán, y a principios de 1996 Teherán reconocería la importancia de bin Laden como líder, clave y guía teológica para los "afganos" y otros radicales islamitas sunnitas. Este reconocimiento abriría el camino para una nueva serie de operaciones terroristas efectivas, espectaculares y devastadoras que se llevarían a cabo más adelante, ese mismo año.

6
El comité tripartita

En la noche del 25 de junio de 1996, dos hombres condujeron un camión hacia el interior del complejo saudita que rodeaba el sector estadounidense de las instalaciones militares en al-Khobar, cerca de Dhahran. Anteriormente, el camión había intentado ingresar en el complejo extranjero, donde vivían los soldados estadounidenses, pero era muy tarde y no se lo permitieron. Los hombres estacionaron el camión contra la barrera externa, a una distancia aproximada de entre 25 y 30 metros del edificio 31. Bajaron de la cabina del camión y se fueron en un Chevrolet Caprice blanco que los esperaba (este tipo de automóvil es muy común en Arabia Saudita). Tres o cuatro minutos más tarde el camión explotó.

La enorme explosión mató a docenas de personas, incluyendo a diecinueve estadounidenses en servicio, e hirió a cientos, muchos de los cuales quedaron ciegos. Toda la fachada del alto edificio se colapsó y las edificaciones ubicadas a casi 400 metros a la redonda sufrieron daños estructurales menores, así como roturas de ventanas.

La bomba de Dhahran contaba con una sofisticada carga direccional construida con 2.286 toneladas de potentes explosivos de tipo militar, reforzada por tanques de material inflamable que crearon una segunda explosión, así como un impacto y oleadas de calor. La bomba fue construida por expertos en bombardería que no sólo conocían cómo moldear los explosivos y los materiales inflamables para conseguir el máximo efecto, sino que también fueron capaces de colocar e instalar perfectamente un sistema electrónico de fusibles muy sofisticado. La bomba fue instalada en un ordinario camión-cisterna Mercedes-Benz robado unos días antes.

Durante los primeros meses de 1996, Osama bin Laden y Ayman al-Zawahiri estuvieron involucrados en muchas actividades logísticas y de organización que más tarde probarían su inmensa importancia estratégica y política. En Irán, los prudentes y sofisticados líderes islamitas estaban absorbiendo las lecciones de las operaciones de 1995. En los primeros meses de 1996, Teherán comenzó a poner los cimientos de la siguiente fase de la jihad terrorista, el establecimiento del Hezbolá Internacional, con bin Laden ocupando una posición importante. La importancia de esta organización para hacer prevalecer la amenaza terrorista fue demostrada en sus primeros golpes: el bombardeo de los cuarteles estadounidenses en Khobar, Arabia Saudita; el derribo del vuelo 800 de TWA; y el asesinato de una oficial de la inteligencia estadounidense en el Cairo. Los iraníes ahora habían reconocido claramente no sólo la importancia de los "afganos" y de los otros radicales islamitas sunnitas, sino también la distinción de sus líderes elegidos, específicamente bin Laden y Zawahiri.

El terrorismo internacional, como cualquier otro empeño humano que requiera sacrificio personal, está dirigido por un afán teológico y/o un fervor nacionalista. Los líderes deciden bombardear cierto lugar, los peritos en logística ponen los explosivos en el lugar y los expertos en bombardería diseñan y construyen la bomba. Pero al final, en términos humanos, los pocos individuos que están en el sitio son los que enfrentan el mayor reto. Ellos arriesgan su vida y su integridad corporal, se arriesgan a ser capturados, con altas probabilidades de ser torturados y ejecutados y, en el caso de las operaciones suicidas, enfrentan la muerte sin acobardarse. El individuo terrorista perpetrador sólo puede sobrepasar estos retos mediante un temple psicológico y una inmensa convicción en la probidad de los actos a efectuar. Que los demás consideren al acto terrorista como maligno es irrelevante, pues el futuro mártir que conduce el automóvil cargado de explosivos está convencido de que hace el trabajo de Dios.

Al principio de la década de los noventa, conforme la campaña terrorista iba acelerándose, sus líderes pusieron poca atención a este elemento humano. La raíz del problema radicaba en la simple realidad de que Irán era chiíta, mientras que el grueso de los terroristas islamitas eran sunnitas; en otras palabras, la incitación de Jomeini no era suficiente para inspirar y animar a estos terroristas sunnitas. Ellos buscaban inspiración a partir de su propio mundo de creencias islamitas sunnitas. Y a pesar de que, para principios de la década de los noventa, los asuntos abstractos e intelectuales relacionados con el uso de la fuerza habían sido resueltos por Turabi y los intelectuales sunnitas contemporáneos, acercando el radicalismo sunnita y la militancia hacia la doctrina jomeinista chiíta, la comunicación de estos importantes desarrollos teórico-teológicos a los terroristas comumes y corrientes era lenta e incompleta. Conforme la campaña del terrorismo islamita adquirió ímpetu y un creciente número de terroristas se comprometieron activamente, el asunto de cómo un alto comando dominado por los iraníes chiítas podía inspirar y vitalizar a los expertos terroristas sunnitas ya no pudo ser ignorado por el alto comando ni por los ideólogos principales.

La cuestión de la inspiración y cooperación chiíta-sunnita surgió justo cuando la comunidad internacional estaba poniendo mucha atención en Irán como un destacado Estado terrorista. Los eventos de la década de los noventa condujeron a un "redescubrimiento" de Irán por Occidente: primero vino el difundido miedo al terrorismo patrocinado por los iraquíes durante la Guerra del Golfo Pérsico, seguido por espectaculares atentados terroristas, como el bombardeo al World Trade Center y el asesinato en Europa occidental de los "enemigos de la revolución", rastreado hasta Teherán. El impacto agregado de estos eventos fue un incremento en la conciencia occidental del terrorismo —ya fuera patrocinado por Irán, Irak o cualquier otra nación o grupo— y un deseo de luchar contra éste. A pesar de que Teherán pudo llevar a cabo algunas operaciones espectaculares durante este periodo, especialmente las dos bombas en Buenos Aires en 1992 y 1994 y el atentado en el World Trade Center en 1993, Teherán estaba consciente de la urgente necesidad de reexaminar minuciosamente las modalidades de su patrocinio al terrorismo. Después de que Irán trató esos dos asuntos —la creciente preeminencia e importancia de los islamitas sunnitas, principalmente los "afganos", y la necesidad de reducir su perfil en sus operaciones directas— el terrorismo islamita internacional tuvo un salto de calidad que Occidente apenas está comenzando a enfrentar.

Durante 1995, mientras Irán y otras naciones patrocinaban una serie de espectaculares atentados terroristas a lo largo de Medio Oriente, los iraníes estudiaban detenidamente el rol y la organización de los servicios de inteligencia para las operaciones contemporáneas. También investigaron completamente la cuestión del elemento humano, particularmente la motivación teológica, pues esto concernía a la nueva generación de terroristas. Importantes oficiales y funcionarios iraníes sostuvieron extensas discusiones, que en ocasiones duraban varios días, con los líderes de las tendencias islamitas jihadistas para comprender mejor sus creencias, motivaciones, emociones y temores. Los resultados fueron instrumentados en la primera mitad de 1996 y dieron lugar al cambio más profundo que la inteligencia iraní había tenido desde la revolución islámica de Jomeini. El establecimiento del Hezbolá Internacional reflejó esta nueva dirección en el terrorismo internacional de patrocinio estatal.

El establecimiento de un Consejo Supremo para Asuntos de Inteligencia, bajo las órdenes del presidente Ali Akbar Hashemi-Rafsanjani, jugó un papel central en la reorganización del sistema de inteligencia iraní en abril de 1996. Las dos áreas principales a las que se destinaron fondos y activos fueron la seguridad interna y la exportación de la revolución islámica —es decir, inteligencia extranjera y patrocinio terrorista. La mejor expansión del sistema de exportación de la revolución islámica, tenía como reto principal la desestabilización de Occidente.

Un aspecto crítico de esta reforma fue que el doctor Mahdi Chamran Savehi, quien fue nombrado jefe de la organización Inteligencia Externa, se hizo cargo de todo el sistema de terrorismo internacional, incluyendo las fuerzas al-Quds. Durante la última década, Chamran ha estado a cargo de la principal línea de confrontación de Teherán contra el Gran Satán: Estados Unidos. Su elección como jefe demuestra qué tan crucial era todo el asunto del terrorismo internacional para Teherán.

El doctor Mahdi Chamran Savehi, quien nació alrededor de 1940, es uno de los intelectuales clave al servicio de la revolución islámica. Mahdi Chamran —hermano de Mostafa Chamran Savehi, fundador de los Guardias Islámicos Revolucionarios y asesinado en 1982— tiene impecables credenciales revolucionarias. Él era un estudiante de física en California a finales de los cincuenta. En 1965, todavía en California, los hermanos Chamran establecieron una organización de guerrilla, llamada Chiísmo Rojo, con el fin de preparar a los luchadores iraníes para una revolución armada. En 1968, los hermanos Chamran establecieron la Asociación Americana de Estudiantes Musulmanes, que atrajo a un gran número de miembros, incluyendo a futuros líderes de la revolución de Jomeini.

Cuando Mostafa se fue a Líbano, en 1971, para unirse a una organización terrorista palestina, Mahdi se quedó en Estados Unidos y asumió el comando de la organización. Desde 1968, él había servido a los radicales palestinos y a sus patrocinadores soviéticos como un terrorista islamita activo y como operador de los servicios de inteligencia. Mientras lo hacía, recibió un doctorado en física nuclear.

Mahdi Chamran regresó a Irán poco después de la revolución y se unió al alto comando de la Policía para la Protección de la Revolución

Islámica (PPRI). A finales de los años ochenta, le asignaron como responsabilidad principal la formulación de planes de contingencia para la Península Árabe y el Golfo Pérsico; incluyendo la confrontación con Estados Unidos en 1986-88, cuando la marina estadounidense destruyó las instalaciones petroleras iraníes en el Golfo Pérsico, con la excusa de que Estados Unidos proporcionaba una enorme asistencia —militar, moral y financiera— al esfuerzo de guerra iraquí, una situación que no estaba perdida en Teherán. Mahdi fue instituido oficial mayor a cargo de la planeación en el Centro de Operaciones del Comando General Iraní. También estuvo involucrado en varios programas de inteligencia electrónica y de producción militar avanzada, esto lo puso en contacto con lo soviéticos y le permitió conocer su tecnología militar. Hasta 1996, Mahdi Chamran continuó siendo un oficial mayor del Centro de Operaciones del Comando General Iraní en el área de planeación, diseñando planes de guerra y concentrado en la integración de armas nucleares en los planes de contingencia iraníes, especialmente los que tenían que ver con la lucha contra Estados Unidos por la dominación del Golfo Pérsico y de la Península Árabe. En verano de 1993, obtuvo una alta posición en la inteligencia iraní y tuvo bajo su responsabilidad la adquisición de tecnología ilegal para programas estratégicos como prospectos militares nucleares; también tuvo la responsabilidad del desarrollo y producción de armas.

Para mediados de 1995, Chamran estaba muy involucrado con las operaciones subversivas y terroristas de Irán. Importantes líderes libaneses de Hezbolá se reunieron con él durante las visitas de trabajo de éstos últimos a Irán, particularmente para coordinar los preparativos de entrenamiento y operativos. En retrospectiva, estas reuniones se llevaban a cabo para ayudar a Chamran a prepararse para su próxima tarea importante: su nombramiento en abril de 1996 como jefe de la Inteligencia Externa. Desde mediados de 1996, Chamran ha mantenido su perfil público. Su título oficial es jefe del personal general de la Oficina de las Fuerzas Armadas para Asuntos Culturales. Tiene un perfil político y mediático más alto, lo que puede indicar un creciente interés en una oficina de política pública.

Si a finales de 1995 Teherán necesitaba cualquier recordatorio de la importancia de los islamitas sunnitas, y especialmente de los prometedores líderes "afganos", la crisis en Bosnia-Herzegovina sobre la implementación de los Acuerdos de Dayton, de patrocinio estadounidense, o la memoria del carácter musulmán del gobierno de Bosnia se lo proporcionaron. Los Acuerdos de Dayton eran inspirados e impuestos por Estados Unidos y buscaban terminar con las luchas en Bosnia-Herzegovina y establecer un Estado unificado y ostensiblemente multinacional, cobijado en la presencia de unidades de la Organización del Tratado del Atlántico Norte (OTAN), dirigidas por Estados Unidos, para reforzar la paz. La tímida reacción de la administración de Clinton ante la erupción, a principios de abril, del "Escándalo Irán-Bosnia" —cuando la Casa Blanca de Clinton miró hacia otro lado mientras Irán transportaba armamento y combatientes a las fuerzas musulmanas, violando las sanciones de la ONU— envalentonó a Teherán. La renuencia de Washington a confrontar tanto a Teherán como a Sarajevo sobre la inteligencia iraní y el personal militar que permanecía en Bosnia-Herzegovina, convenció a Teherán de que la administración de Clinton no arremetería con firmeza ante un golpe terrorista. Esta valoración iraní fue confirmada a principios de junio cuando Washington usó numerosos escenarios internacionales para tentar a Teherán a establecer un "profundo y franco diálogo" con la administración Clinton. Teherán interpretó esta iniciativa como un signo de la flaqueza estadounidense y como una falta de decisión.

Para entonces, las fuerzas islamitas de élite, establecidas por bin Laden y Zawahiri en Bosnia-Herzegovina en 1994, estaban completamente organizadas y bien destacadas. Las fuerzas terroristas estaban encubiertas como unidades elitistas del ejército bosnio o como miembros de "trabajo humanitario" islamita o de otras organizaciones de "caridad". Una de las principales fuerzas terroristas estaba lista para acometer contra las fuerzas estadounidenses en Bosnia-Herzegovina, y estaba conformada por los sauditas "afganos" de bin Laden. Puesto que estos "afganos" veteranos habían servido a Osama bin Laden en Afganistán, él se sentía particularmente responsable de su bienestar. Bin Laden les otorgó recursos y les aseguró que les había sido asignada una de las misiones más difíciles y letales en la jihad bosnia, para que pudieran tener la máxima oportunidad de heroísmo y martirio.

Anteriormente, hacia finales de 1995, cuando quedó claro que fuerzas internacionales debían reforzar la aplicación de los Acuerdos de Dayton, y debían ser destacadas en Bosnia-Herzegovina, Ayman al-Zawahiri movió su centro de operaciones a un suburbio de Sofía y comenzó a utilizar el nombre de Muhammad Hassan Ali. Poco después activó otro importante centro de operaciones de respaldo en los Balcanes, cuyo fin eran las operaciones antioccidentales y/o antiestadounidenses. Bulgaria se convirtió en el principal centro de mando para realizar operaciones que podían ser negadas, con la finalidad de no avergonzar a Sarajevo. A mediados de noviembre de 1995, entre veinte y veinticinco comandantes en jefe islamitas se reunieron en Sofía para discutir la nueva ola de operaciones como consecuencia del arresto de Fuad Talat Qassim, que había tenido lugar durante agosto, en Sarajevo, y su extradición al Cairo, donde fue torturado y posiblemente ejecutado. También discutieron el inevitable destacamento de fuerzas internacionales hacia Bosnia-Herzegovina. El 20 de noviembre de 1995, estos islamitas "anunciaron" el surgimiento de su centro en Bulgaria, enviando a un francotirador a que abriera fuego contra la embajada de Egipto —un recordatorio al gobierno egipcio de no acercarse demasiado a las actividades islamitas en Sofía.

A principios de 1996, confiado en su habilidad de mantener líneas de comunicación sólidas y seguras con las fuerzas terroristas de Bosnia-Herzegovina, Zawahiri ordenó el destacamento de expertos clave, capaces de planear, supervisar, y conducir importantes golpes terroristas contra objetivos como las instalaciones estadounidenses y las de las fuerzas internacionales. El arribo de 40 terroristas egipcios fue la primera acción importante para conseguir su propósito. En abril de 1996, cuando los musulmanes bosnios amenazaron con reclamar las tierras que mantenían los servios, continuaron llegando a Bosnia-Herzegovina más iraníes y otros terroristas islamitas expertos, anticipándose a una posible continuación de la guerra.

Teherán no podía ignorar el hecho de que los elementos terroristas que combatían de su lado y estaban preparados para golpear y disuadir a Estados Unidos, eran sunnitas"afganos". Estos terroristas, comprometidos y dedicados, también eran entrañablemente leales a sus propios comandantes y líderes espirituales. Mediante esta devoción habían sido integrados al movimiento terrorista islamita internacional. Por el papel tan importante que desempeñaban los islamitas sunnitas, se volvió imperativo para Teherán demostrar a los devotos y más que comprometidos sunnitas, que sus autoridades espirituales y líderes directos, la gente que los había instruido para matar y morir, eran en efecto respetados. Teherán resolvió promocionar a los alumnos brillantes del terrorismo islamita sunnita —los carismáticos comandantes, especialmente a aquellos con una extensa experiencia en Afganistán, Cachemira, Bosnia y Medio Oriente, como Zawahiri y bin Laden— para remarcar y distinguir sus posiciones de liderazgo en el movimiento islamita internacional que Teherán patrocinaba. Teherán era inflexible cuando se trataba de evitar cualquier tipo de cisma o desconfianza, especialmente ahora que la nueva estrategia de terrorismo espectacular estaba siendo formulada.

A los iraníes les tomó algunos meses completar las modificaciones de su sistema de inteligencia y llevarlo a un estatus operativo. A principios de junio, las más altas autoridades en Teherán confiaban en sus capacidades. Teherán tomó la importante decisión de incrementar la lucha armada islamita —el terrorismo espectacular— alrededor de todo el mundo, bajo la bandera de un rejuvenecido Hezbolá. En su prédica del viernes, 7 de junio de 1996, el líder espiritual de Irán, ayatola Ali Khamenei, declaró que el Hezbolá debía llegar a "todos los continentes y todos los países".

A principios de junio, Teherán decidió transformar el Hezbolá en "la vanguardia de la revolución" del mundo musulmán. Para tal fin, Teherán organizó una importante cumbre terrorista, cuyo objetivo principal sería establecer un comité internacional de coordinación que supervisara la anticipada escalada. El ayatola Ahmad Jannati, conocido por su cercanía con el ayatola Khamenei y su experiencia en lo relacionado con asuntos terroristas, surgió como el portavoz oficial del nuevo Hezbolá Internacional. El Hezbolá Internacional fue establecido durante la cumbre terrorista efectuada en Teherán del 21 al 23 de junio de 1996, organizada conjuntamente por el Consejo Supremo para Asuntos de Inteligencia y el alto comando de la Policía para la Protección de la Revolución Islámica (PPRI). Teherán invitó a un importante número de los principales líderes de las organizaciones terroristas patrocinadas por Irán a discutir el establecimiento de un comité de trabajo conjunto —el Hezbolá Internacional—, que estaría bajo la jurisdicción de la PPRI y de la inteligencia externa a cargo de Chamran. Teherán estaba determinado a asegurar la cooperación global, y a la conferencia asistieron delegados de organizaciones terroristas de Medio Oriente, África, Europa y América del Norte. Después de largas discusiones y deliberaciones, los participantes de la cumbre emitieron un comunicado conjunto en el que acordaban establecer un comité coordinador que unificara mejor sus acciones y ataques.

Lo más importante fue que los altos comandantes acordaron integrar sus fuerzas dentro del marco de trabajo del Hezbolá Internacional. Éstos incluían a Ramadan Shallah (cabeza de la Jihad Islámica Egipcia), Imad Mughaniyah (del Comando de Operaciones Especiales del Hezbolá Libanés), Muhamad Ali Ahmad (un representante de Osama bin Laden), Ahmad Jibril (cabeza del Frente Popular para la Liberación de Palestina), Imad al-Alami y Mustafa al-Liddawi (de Hamas), Abdallah Ocalan (cabeza del Parido Popular Kurdo, la organización terrorista en lucha contra Turquía), Refah (un enviado del

Partido Islámico de Turquía), y un representante de George Habbash (del Frente Popular para la Liberación de Palestina). En las conferencias también participaron líderes del Movimiento para el Cambio Islámico y lo hicieron como parte de un pequeño grupo de organizaciones clave, incluyendo la Jihad Islámica palestina y Hamas, que fueron identificadas como elementos operativos bajo la "inspiración" de Teherán. En otras palabras, Irán les dio a estas organizaciones el más alto nivel de confianza a pesar de que sus grupos fueran, y sean, sunnitas. Líderes de otras organizaciones árabes islamitas con vínculos cercanos a Teherán, también asistieron a la cumbre.

Los participantes de la cumbre acordaron la unificación de su sistema financiero y la unificación y estandarización para el entrenamiento de las personas que apoyarían al Hezbolá en más de 30 países, esto para establecer una operación interdependiente entre los terroristas individuales y las fuerzas de ataque. Así, cualquier tipo de fuerza de cualquier país podría destacar a sus elementos en el último momento, en cualquier parte del mundo, y estaría operando e interactuando de manera efectiva con las fuerzas islamitas locales. Esta flexibilidad aumentaría el factor sorpresa. La supervisión del nuevo sistema de entrenamiento sería conducida mediante las fuerzas al-Quds y la inteligencia iraní, y habría una marcada expansión del entrenamiento experto y de alta calidad, que sería proporcionado por las fuerzas al-Quds a los operativos y terroristas extranjeros en todo el mundo.

Un paso esencial fue el establecimiento del Comité Tripartita, que estaría a cargo de Mahdi Chamran en lo relacionado a la "coordinación, planeación y ataques" del nuevo Hezbolá Internacional. Los miembros del comité eran Imad Mughaniyah, Ahmad Salah (Salim) y Osama bin Laden. Dos de los tres —bin Laden y Salah— eran sunnitas. Su nombramiento en posiciones tan altas sirvió claramente como prueba de que Teherán reconocía el papel central y la importancia de los islamitas sunnitas. Pero Teherán no renunciaba al control. La cumbre resolvió que el Comité Tripartita se reuniría cada mes para revaluar las propuestas operativas de varias organizaciones terroristas islamitas, decidir cuáles eran las más apropiadas y someterlas a Chamran para que buscara la aprobación de Irán. Se haría un énfasis especial en las "operaciones designadas para desestabilizar el área del Golfo [Pérsico] y para debilitar a los países de la región".

La primera decisión operativa del nuevo Comité Tripartita fue recomendar la ejecución de tres operaciones terroristas; todas ellas ya estaban en fase de preparación. Estas operaciones representaban las prioridades personales de los tres principales del comité: primero, el atentado con bombas contra los cuarteles estadounidenses en al-Khobar, Dhahran, para Osama bin Laden; segundo, el fatídico apuñalamiento de una diplomática norteamericana para Ahmad Salah (Salim); y tercero, el derribo del vuelo 800 de TWA, para Imad Mughaniyah. La justificación ideológica de estas operaciones revela la lógica global de los perpetradores. Todos los comunicados emitidos esgrimían justificaciones regionales para las operaciones, en el contexto de una continua y dinámica escalada de la jihad global contra Estados Unidos.

La importancia del surgimiento de Hezbolá Internacional eran sus roles doctrinales y de mando. Virtualmente todos los principales y espectaculares golpes terroristas son de patrocino estatal, y no son empresas apresuradas. Los perpetradores clave de estos atentados terroristas son elementos disciplinados y dedicados, bajo el completo control de los servicios de inteligencia de los estados que patrocinan el terrorismo.

A pesar de que estas tres operaciones estuvieron formalmente bajo el liderazgo de la Hezbolá Internacional, habían estado en preparación desde, al menos, 1995. Sin embargo, su instrumentación y ejecución fueron conducidas bajo la responsabilidad del liderazgo del Hezbolá Internacional, específicamente del Comité Tripartita. El nuevo mecanismo de toma de decisiones en todo lo relacionado con los espectaculares atentados terroristas alrededor del mundo, introducidos bajo la bandera del Hezbolá, ya había dado luz verde para la ejecución de estos atentados. Al permitir al Comité Tripartita autorizar formalmente la ejecución de las principales operaciones, aunque los aspectos técnicos y operativos de las mismas habían sido preparados con mucha anterioridad, se probó el compromiso de Teherán con la nueva era de cooperación con la élite terrorista sunnita.

El bombazo en las Torres Khobar, cerca de Dhahran, fue una operación altamente profesional que reflejaba una meticulosa preparación. Un vasto compendio de los servicios de inteligencia y de observaciones en el sitio de los hechos, llevó a la selección de sitios primarios (internos) y de soporte (perimetrales) para la colocación del camión-bomba. La disponibilidad de un auto para huir y que el encubrimiento de los perpetradores estuviera listo, también demostraba el profesionalismo de la red. La mera acumulación de tal cantidad de potentes explosivos de uso militar y de materiales inflamables, la disponibilidad de fusibles y el diseño y la construcción de la bomba en sí misma, eran

todos factores que apuntaban a una red altamente experta y sofisticada. Todos los preparativos fueron completados secretamente por una
red de seguridad. Ni siquiera se dio una alerta general respecto a la
operación, a pesar de los extendidos tentáculos del Estado policial
saudita, con sus numerosos, imbricados y competentes órganos de seguridad, y las cruentas pesquisas contra los islamitas, reales y sospechosos, que se habían llevado a cabo desde el otoño de 1995.

Así como es cierto que en Arabia Saudita existían planes de acción
y desarrollo político tortuoso, las circunstancias que condujeron al bombardeo en Dhahran estaban dominadas por el impulso de consolidar
un poder tangible en la era post Fahd. Las dramáticas y convulsas eru-
pciones en este complicado proceso, así como los espectaculares atentados terroristas, fueron el resultado de una relación simbiótica entre
dos principales corrientes en la estructura del poder saudita: 1) la lucha por el poder y por la sucesión al interior de la Casa de al-Saud, y
2) la creciente búsqueda autóctona y extendidamente popular de una
revolución islámica en Arabia Saudita, y el establecimiento de un gobierno islamita. Aunque en esencia eran autóctonos, todos los participantes clave buscaban y se beneficiaban de una red de patrocinio y
apoyo extranjero. Por los altos riesgos estratégicos que estaban involucrados, los principales patrocinadores extranjeros, particularmente
Irán y sus aliados, asumieron roles dominantes para manipular las tendencias internas de Arabia Saudita.

La serie de sucesos que condujeron a la explosión del 25 de junio
en Dhahran, eran fases de la intensificada lucha por moldear una Arabia
Saudita posterior a la del rey Fahd. Los dos participantes que actuaron como catalizadores de primer orden en este proceso creciente, fueron
Osama bin Laden y el ayatola Khamenei de Irán. La lucha de poder y
las maquinaciones en el interior de la Casa de al-Saud habían creado las
condiciones conducentes para un atentado terrorista espectacular, pero
a pesar de ello, los perpetradores que de hecho lo llevaron a cabo, pro-
vinieron de los islamitas sauditas "afganos" y de las redes "balcanas",
patrocinadas y sostenidas por Osama bin Laden, pero rigurosamente
controladas por Teherán a través de sus servicios de inteligencia propios y extranjeros. Los islamitas sauditas, sus patrocinadores y aliados, no podían llevar a cabo y no efectuarían la operación sin órdenes
explícitas y específicas por parte de Teherán, órdenes que finalmente
determinarían las bases de los intereses estratégicos del propio Irán.

La crisis inmediata comenzó con el debilitamiento del rey Fahd, a
finales de 1995. El nombramiento del príncipe Abdallah, el príncipe

aspirante a la corona, como mandatario activo de Arabia Saudita, expuso una profunda desconfianza en su liderazgo en vastos segmentos de la Casa de al-Saud. A finales de febrero de 1996, el rey Fahd reasumió formalmente el poder: no sólo se negó a abdicar y a exiliarse, sino que insistió en seguir ostentando el poder a pesar de que su lucidez estaba, en el mejor de los casos, limitada. La ya incierta posición del príncipe Abdallah como heredero aparente se deterioró aún más, y la lucha por la sucesión se intensificó mucho antes de la muerte del rey Fahd.

Tres fracciones estaban peleando dentro de la Casa de al-Saud por el trono saudita entre 1995 y 1996: 1) El cada vez más aislado príncipe Abdallah; 2) la generación más joven de Sudairis, dirigida por el príncipe Bandar, que contaba con el apoyo de su padre, el príncipe Sultan, hermano por ambas líneas del rey Fahd; y 3) el grupo Salman-Nayif, encabezado por dos hermanos por ambas líneas del rey Fahd, quien ofreció al príncipe Salman un reinado de compromiso en vez de ofrecerlo a los otros dos candidatos. Los Sudairis son los siete hijos que el rey Ibn Saud tuvo con su amada esposa Hassa al-Sudairi. Los hijos, el rey Fahd y sus seis hermanos, tienen una relación muy cercana entre ellos.

En diciembre de 1995, una vez que se había determinado la gravedad del debilitamiento del rey Fahd, los hermanos Sudairi —Sultan, Salman y Nayif— trataron de unir fuerzas en una conspiración para socavar los prospectos a la corona de la fracción del príncipe Abdallah. A principios de 1996, los esfuerzos para hacer fracasar a la fracción de Abdallah se habían intensificado, pero la brecha entre las dos fracciones Sudairi había seguido creciendo.

El primer tiro de esta campaña había sido disparado cuando, aprovechando una visita del príncipe Abdallah a la cumbre del Golfo, celebrada en Máscate en diciembre de 1995, el ministro de Defensa convocó a los miembros del Supremo Consejo del ulema y demandó su apoyo para lo que fuentes islamitas llamaron "un pacífico golpe de Estado que conduzca a su proclamación [de Sultan], heredero aparente". El asunto del terrorismo islamita como factor en la lucha por la sucesión fue llevado por primera vez a ese contexto. El príncipe Sultan también pidió al ulema que apoyara su esfuerzo de destituir al príncipe Abdallah de la posición de jefe de la Guardia Nacional, porque el atentado de noviembre de 1995 en Riad, un trabajo interno, había probado la incapacidad del príncipe Abdallah para asegurar la lealtad de los guardias.

Este fue un movimiento audaz, si no es que desesperado, del príncipe Sultan. El príncipe Abdallah es un devoto islamita y apoya incondicionalmente el poder político del ulema. También apoya incondicionalmente las causas panárabes y panislámicas, incluyendo las jihad en todo el mundo; además de eso, es antioccidental y desconfía de Estados Unidos. La fracción Abdallah está convencida de que Estados Unidos está conspirando para darle el poder a príncipe Bandar bin Sultan, el embajador saudita en Washington, por sus estrechas relaciones con el Washington oficial. El ulema oficial es, por lo tanto, un aliado natural del príncipe Abdallah. Los miembros del ulema no sólo se negaron a apoyar al príncipe Sultan, citando sus estrechos nexos con Estados Unidos como la razón de su inadecuación al trono, sino que incluso reportaron la conspiración contra el príncipe Abdallah.

De hecho, la fracción de Abdallah se sintió avergonzada por el ataque terrorista islamita de noviembre de 1995 contra la Guardia Nacional, en Riad, y estaba muy preocupada por la extensamente publicitada lucha de Salman-Nayif contra el terrorismo islamita y las ganancias políticas resultantes. En febrero de 1996, con el rey Fahd negándose a abdicar y dejar el país, el príncipe Abdallah necesitaba encontrar una solución drástica a la creciente amenaza que se cernía sobre su poder y a la postura de los hermanos Sudairi.

La salvación llegó de Damasco. El príncipe Abdallah tenía inigualables y estrechas relaciones con Damasco, en particular con el clan Assad, la familia del presidente de Siria, Hafiz al-Assad. A principios de la primavera de 1996, algunos miembros del círculo íntimo del príncipe Abdallah hicieron un plan para propiciar la caída de los Sudairis. La inteligencia siria llevaría a cabo una serie de "operaciones terroristas" antiestadounidenses de bajo alcance, que serían atribuidas a diversas organizaciones terroristas. Los conspiradores concluyeron que dicha ola de terrorismo culparía a los Sudairis porque eran los responsables de la seguridad interna (Nayif), y de las relaciones de defensa con Estados Unidos (Sultan), y reduciría el apoyo norteamericano hasta el punto que ya no podrían ser elegibles al trono saudita. Mientras tanto, la Guardia Real del príncipe Abdallah "resolvería" los "crímenes terroristas" y destruiría las redes islamitas —todas proporcionadas por los sirios— enalteciendo aún más la popularidad y la postura de Abdallah. Tras consultar con sus asistentes militares y de inteligencia más cercanos, el presidente Hafiz al-Assad autorizó iniciar estas operaciones en febrero de 1996.

Había poca benevolencia en el apoyo del presidente Assad al terrorismo contra Riad. Más allá de los conflictos profundos y repetidos que había tenido con el Riad del rey Fahd (sobre las relaciones con

Teherán y Bagdad, así como la amplitud de la influencia iraní en el Golfo Pérsico), Damasco estaba recibiendo ayuda especial por parte del príncipe Abdallah. Al principio de la década de los noventa, Abdallah había arreglado una transferencia tácita de algunos millones de dólares estadounidenses, provenientes del tesoro saudita, para la construcción de una gigantesca planta de armamento químico en Aleppo, al norte de Siria; la adquisición de misiles tipo proyectil de Corea del Norte y de la Republica Popular China; y la construcción de un vasto sistema de túneles subterráneos donde se asegurarían esos misiles y sus cabezas explosivas. A principios de 1996, el todavía rey en funciones, Abdallah, le prometió al presidente Assad incrementar el apoyo saudita para el esfuerzo estratégico sirio; esto lo haría orquestando una formal presión saudita contra la administración de Clinton, para evitar que Israel bombardeara las instalaciones de Aleppo y las bases sirias de misiles, e incrementar la asistencia financiera saudita para el desarrollo estratégico sirio.

Los preparativos para las operaciones especiales sirias comenzaron de inmediato. Los expertos sirios recomendaron y enfatizaron que los atentados contra las instalaciones estadounidenses debían hacerse bajo una bandera islamita, pues así matarían dos pájaros de un tiro. La fracción Salman-Nayif, cuyos líderes eran responsables de la seguridad interna y que aseguraban haber suprimida la militancia islamita tras el bombazo de 1995 en Riad, quedaría en vergüenza ante el hecho de que existiera terrorismo islamita en Arabia Saudita, y la posición de la fracción Sultan, tanto en Riad como en Washington, se vería gravemente afectada. Los preparativos iniciales habían comenzado a principios de la primavera de 1996, en un esfuerzo conjunto de los servicios de inteligencia iraníes y sirios. Los sirios tenían que confiar en los excelentes activos terroristas iraníes en el valle de Bekáa, en Líbano, así como en sus soberbias redes en Arabia Saudita. No queda claro si Damasco se tomó la molestia de informar al príncipe Abdallah respecto de la cercana colaboración que tenía con los iraníes, a quienes él (el príncipe) odiaba y temía de igual manera. Los sirios y los iraníes comenzaron a llevar cabo las operaciones iniciales dentro de Arabia Saudita; no obstante, hacía falta la investigación y la selección de sitios potenciales a dónde pudieran llevar a los terroristas y los explosivos.

Mientras tanto, a principios de 1996, la violencia en Karachi, Paquistán, había alcanzado niveles de rebelión e Islamabad estaba preocupada de que pudiera expandirse e incrementarse hasta el punto de destronar la administración de Bhutto. Durante varios años, Islamabad había culpado al Movimiento de Muhajir Qaumi, (MMQ) la organización de los emigrantes musulmanes indios que había llegado a Paquistán entre 1947 y 1950, de la violencia. En enero de 1996, el ISI se enteró de que los líderes del MMQ habían llegado a La Meca para realizar la *Umra*, un peregrinaje menor a La Meca que no se lleva a cabo durante la época de la Hajj, y habían pedido asilo basándose en el código sagrado beduino de hospitalidad. El ministro del Interior de Paquistán, Nasirullah Babar, inmediatamente viajó a Riad para reunirse con su contraparte, el príncipe Nayif. Islamabad ofreció cambiar a los líderes del MMQ por el líder islamita saudita, Hassan al-Saray, quien había estado involucrado en el bombardeo de Riad en noviembre de 1995 y había buscado refugio en Paquistán. El acuerdo se completó en los primeros días de febrero. Tras ser torturado tanto por el ISI como por la inteligencia saudita, Hassan al-Saray traicionó a algunas de las personas que lo apoyaban en el área de Riad, incluyendo los cuatro sauditas posteriormente arrestados y decapitados por el bombazo de Riad. Las investigaciones revelaron la ruta por la que los islamitas introducirían clandestinamente los explosivos y a los terroristas de Siria vía Jordania.

En su intento por acelerar el flujo de terroristas y explosivos para los islamitas sauditas, la inteligencia siria encontró dificultades en confiar solamente en los activos y operativos de Arabia Saudita y de los otros estados del Golfo. Para entonces, no obstante, los servicios de inteligencia sirios e iraníes estaban intensificando mucho sus operaciones "palestinas", en y a través de Jordania, tanto contra el rey Hussein como contra Israel. Anteriormente, en la primavera de 1995, las inteligencias siria e iraní habían establecido conjuntamente un Consejo Consultivo Jihadista para todo el movimiento terrorista islamita palestino, así como para otras organizaciones palestinas patrocinadas por Teherán y Damasco, para asegurar operaciones sofisticadas y el uso efectivo de los elementos existentes. Para finales de 1995, estas redes "palestinas" estaban efectuando operaciones a gran escala tan eficientemente que, a principios de 1996, Damasco y Teherán decidieron confiar en ellas para apuntalar el apoyo logístico de las crecientes operaciones en Arabia Saudita.

Pero en marzo de 1996, las fuerzas de seguridad jordanas comenzaron a ejercer medidas enérgicas contra estas operaciones sirias. En poco tiempo, los jordanos habían aprendido a utilizar su territorio para pasar explosivos y terroristas a Arabia Saudita. A partir de información extraída a al-Saray y a otros islamitas, y con datos proporcionados por Jordania, las fuerzas de seguridad sauditas consiguieron interceptar un automóvil saudita con más de 38 kilogramos de potentes explosivos de diversos tipos, en un punto de cruce en la frontera saudita-jordana. El auto provenía de Bekáa, Líbano, vía Siria y Jordania.

A finales de abril de 1996, los príncipes Sultan, Salman y Nayif decidieron utilizar estos incidentes para apuntalar su postura en el poder, impulsando el miedo al terrorismo y la subversión islamita. El 20 de abril, el príncipe Nayif convocó a una conferencia de prensa sin precedentes y advirtió que no se podían descartar nuevos actos de sabotaje. "Estamos dentro del círculo del terrorismo. Somos parte de este mundo y estamos siendo blanco [del terrorismo]. No podemos descartar la posibilidad de otros ataques", dijo. "Pero estamos alerta y nuestros ojos están abiertos para confrontar cualquier atentado." También señaló que todos los sospechosos del bombazo de Riad, en noviembre de 1995, y las personas a las que les habían incautado explosivos en la frontera jordana, eran sauditas, excluyendo así la posibilidad de implicaciones externas en el terrorismo en Arabia Saudita.

Unos días más tarde, el príncipe Nayif anunció el arresto de cuatro jóvenes conspiradores sauditas ostensiblemente responsables del bombazo de Riad. Esa tarde, la televisión saudita transmitió sus confesiones. (Dijeron que Yemen había proporcionado los explosivos a pesar de que había evidencias contrarias por parte de Hassan al-Saray.) Uno de ellos confesó haber conocido a Osama bin Laden y ser uno de "sus hombres". Esta mención, ya fuera incorrecta o no, sirvió para avivar el poder de la fracción Salman-Nayif. El príncipe Salman había mantenido contactos clandestinos con bin Laden por parte de Riad, para canalizar apoyo saudita a la jihad de todo el mundo. La aproximación de Riad fue cínica y pragmática —era mejor mantener a los islamitas sauditas militantes y a los"afganos" comprometidos en una jihad lejana, incluso a expensas de Riad, que tenerlos de regreso en casa y, por consiguiente, agitando a la población saudita. En Riad, el príncipe Salman usó estos contactos como prueba de su habilidad de negociar el cese de la subversión islamita con bin Laden.

A finales de abril de 1996, la fracción de Sultan estaba alarmada por el surgimiento de popularidad y la poderosa postura de la fracción Salman-Nayif de la Casa de al-Saud. Usando el nombre del rey Fahd, el príncipe Sultan se acercó al presidente sudanés, al general Bashir, que entonces se encontraba en La Meca debido a la Hajj, y ofreció a Sudán venderle petróleo a bajo precio, una vasta cantidad de dinero en efectivo, y apoyo en Washington para luchar contra las acusaciones de patrocino terrorista a cambio de la expulsión de bin Laden. El trato parecía haberse cerrado a principios de mayo, pero Jartum y bin Laden engañaron a los sauditas. Mientras, los medios de comunicación afiliados a la fracción de Sultan, incluyendo los principales periódicos árabes en Londres, aclamaron la "expulsión" de bin Laden de Sudán como el mayor logro de la diplomacia saudita y como una contribución esencial a la seguridad interna saudita.

Para abril de 1996, la fracción de Sultan se había embarcado en una atrevida iniciativa para asegurar su estadía en el poder. Tras los resultados de su confrontación con el ulema, y de la extendida hostilidad popular contra la generación más vieja de la Casa de al-Saud, el príncipe Sultan virtualmente renunció a reclamar el trono y comenzó a concentrarse en asegurar que su hijo, el príncipe Bandar bin Sultan, se convirtiera en el siguiente rey saudita. El príncipe Sultan llamó a todos los miembros mayores y menores de la fracción Sudairi a una urgente sesión en Riad para discutir la trasferencia del poder a la generación más joven. Sultan advirtió a los príncipes jóvenes que, a menos que formaran un sólido frente unitario que lo apoyara, todos perderían su poder y sus privilegios. En la reunión, el príncipe Sultan informó que el príncipe Abdallah pronto ocuparía el poder y que eso significaría seguramente una reducción del poder de los Sudairis. Dada su edad avanzada, el reinado de Abdallah sería transitorio, y el reto que enfrentaba el clan Sudairi era asegurar y mantener el poder para la joven generación de príncipes. El príncipe Sultan virtualmente demandó que el apoyo de la próxima generación de líderes se conformara alrededor del príncipe Bandar.

El príncipe Sultan tuvo éxito al conseguir el apoyo del rey Fahd para su maniobra. Poco después, el príncipe Bandar bin Sultan y el príncipe Muhammad bin Fahd, el hijo del rey, acordaron controlar conjuntamente a la segunda generación de príncipes. El acuerdo secreto fue bendecido por ambos padres, el rey Fahd y el príncipe Sultan. El príncipe Bandar comenzó a hacerse querer por el cada vez más incapacitado rey Fahd, para obtener concesiones en la amarga lucha por el poder y una garantía real de alcanzar una posición de alto rango en la eminente corte de Abdallah, desde la cual el príncipe Bandar sería capaz a la postre de apoderarse del trono. Con el príncipe Sultan, padre de Bandar, muy seguro de ser el nuevo príncipe a la corona del trono de Abdallah, la posición del príncipe Bandar quedaba básicamente asegurada. En mayo, la fracción Sultan estaba virtualmente capacitada para garantizar la posición de Bandar como el máximo príncipe de la segunda generación de Sudairis, a expensas del príncipe Saud al-Faisal, el ministro exterior saudita, y de Turki bin Faisal, el director de inteligencia saudita, ambos hijos del príncipe Faisal bin Abdul-Aziz, el anterior rey. Pero más adelante, en ese mes, el príncipe Bandar y Muhammad se vieron obligados a acelerar sus planes ante el incremento de poder de la fracción Salman-Nayif.

Las elecciones de Israel se llevaron a cabo a finales de mayo de 1996, y el fortalecimiento del poder del bloque dirigido por Likud, muy consciente de la seguridad, conmocionó al mundo árabe. En representación del rey Fahd, el príncipe Abdallah convocó inmediatamente a una minicumbre con el presidente Mubarak de Egipto y el presidente Assad de Siria. Durante esta cumbre en Damasco, el príncipe Abdallah sostuvo varias reuniones secretas con el presidente Assad para discutir la situación en Arabia Saudita. Ellos decidieron que se necesitaba urgentemente reasumir su esfuerzo, recientemente frenado, de lanzar una oleada de terrorismo ostensiblemente islamita. Dadas las tensiones internas en Arabia Saudita, incluso los atentados simbólicos terroristas podrían causar desorden en el país. Abdallah y Assad querían asegurarse de que la ira difundida sería dirigida a los estadounidenses y sus "lacayos", la fracción Sultan. Con la fracción Salman-Nayif igualmente desacreditada por la mera amenaza de terrorismo, la Guardia Nacional del príncipe Abdallah "salvaría" a Arabia Saudita y el lugar de dicho príncipe en el poder no podría ser disputado.

En Damasco, el príncipe Abdallah expresó un genuino sentido de urgencia. Para mediados de junio las desavenencias al interior de la Casa de al-Saud habían alcanzado lo que la oposición saudita llamó "el punto de ebullición". En un principio, en Riad, las unidades militares fueron puestas en alerta. La crisis fue instigada porque un nuevo naipe apareció en el juego: los príncipes Mishaal bin Abdul-Azis y Talal bin Abdul-Azis, ambos septuagenarios, que reclamaban superioridad sobre los Sudairis por ser hijos del rey Abdul-Azis y demandaban el título de príncipes de la corona. El príncipe Sultan, confiado de que ya había asegurado el trono para él o para su hijo, ordenó a las unidades militares tanto en Riad como en Jeddah que se pusieran en alerta para ahuyentar a la recién establecida fracción Abdul-Aziz.

A pesar de que esta crisis súbita sólo consiguió fracturar aún más a las fuerzas contrarias a Abdallah, alarmó a éste y a sus aliados sirios. Al ordenar la alerta militar, Sultan demostró una nueva resolución para luchar por el poder de su fracción. Se volvió imperativo atentar a toda prisa para demoler definitivamente la impresión de poder y autoridad que la fracción de Sultan acababa de establecer. A principios de junio, el príncipe Abdallah urgió a Assad a que apurara la ejecución de la ola terrorista de bajo nivel y con objetivos antiestadounidenses en Arabia Saudita, que habían diseñado conjuntamente.

El 25 de junio de 1996, como si fuera un indicio, el camión-cisterna explotó en Dhahran, matando a diecinueve estadounidenses. No hay evidencias que permitan deducir que el príncipe Abdallah o cualquier otro miembro de su fracción esperaran un atentado tan espectacular y tan letal. La fracción Abdallah buscaba un hostigamiento de bajo nivel, no un golpe terrorista mayor que sólo envalentonara a la oposición islamita. Aparentemente, Teherán, que había sido contactado por Damasco para obtener su asistencia en este empeño, había decidido capitalizar esas circunstancias únicas y atestar un golpe de su propia elección. Al hacer esto, Teherán enviaba una señal nada ambigua a todos en Riad: Irán es una fuerza mayor en la región por su propio derecho y puede causar tremendos problemas si sus intereses no son tomados en cuenta.

A pesar de ello, el lanzamiento de una campaña real de terrorismo no fue una empresa apresurada. Había estado en camino desde principios de la década de los noventa, mucho antes de que Abdallah y Siria pidieran ayuda. El centro principal de entrenamiento para la élite terrorista que operaba en Arabia, continuaba en el departamento del imán Ali en Saadabad, Irán, y en un campamento clandestino del PPRI y de la VEVAK (Inteligencia Iraní) a aproximadamente 97 kilómetros al sur de Teherán. Se había puesto especial énfasis en la preparación de los cuadros de dirigentes clandestinos que operarían en la Península Árabe para desestabilizar a los gobiernos y conducir a las revoluciones islámicas. Para asegurar su cobertura, los sauditas y otros árabes del Golfo Pérsico que fueron al departamento del imán Ali, viajaron hacia y desde Irán a través de terceros países y después hacia Siria. En estos viajes usaron pasaportes sirios que les fueron proporcionados por la inteligencia iraní y siria durante su primera parada, generalmente en Europa oriental, pero también en el Lejano Oriente. Desde 1994, esta élite de dirigentes terroristas había organizado lo que Teherán llamó "El Batallón del Golfo" de las fuerzas al-Quds, las fuerzas internacionales iraníes para expandir la revolución islámica.

Al mismo tiempo, la infraestructura islamita y las redes dentro de Arabia Saudita estaban expandiéndose y consolidándose. Un indicador de la fuerza que tenía la infraestructura islamita local era el uso de Arabia Saudita, en 1995, por los cuadros de dirigentes de las fuerzas al-Quds y de la Hezbolá de Bahrein, como un sitio para llevar a cabo reuniones seguras entre sus operativos, es decir, los comandantes mayores de Bahrein (entonces radicados en Irán y Siria) y los oficiales de la inteligencia iraní, quienes supervisaban y guiaban los preparativos y conducían la subversión chiíta. A finales de junio de 1996, después de las medidas de fuerza impuestas sobre la principal red del Hezbolá de Bahrein, Teherán decidió demostrar que las redes terroristas islamitas todavía estaban operando en ese país. La VEVAK y el Hezbolá de Bahrein dispusieron que un pequeño coche-bomba fuese detonado junto al hotel Le Vendome, en el distrito al-Qudaybiyah de Manama. Esta operación fue organizada por una red chiíta en Arabia Saudita que había construido la bomba en Arabia Saudita oriental y la condujo, en un automóvil que tenía placas legítimas de Arabia Saudita, a través de la frontera hacia Manama.

Esta fue una operación muy importante, no por la potencia de la bomba, que era tan pequeña como para que la operación fuera simbólica, sino porque fue perpetrada exactamente al mismo tiempo que se estaban efectuando los últimos preparativos para la bomba de Dhahran, en Arabia Saudita oriental. La concurrencia de estas dos operaciones refleja lo redundante y flexible que era la infraestructura terrorista controlada por iraníes en Arabia Saudita, y la confianza de Teherán en su habilidad de llevar a cabo varias operaciones simultáneamente sin miedo a que menguara la seguridad. No es de sorprender que, para principios de 1996, la infraestructura terrorista patrocinada por Teherán y establecida en Arabia Saudita estuviera ansiosa y lista para entrar en acción.

A fin de cuentas, la bomba de Dhahran fue el primer movimiento de una campaña sostenida y creciente cuyo objetivo era destronar, o cuando menos desestabilizar a fondo a la Casa de al-Saud. A pesar de que era controlada y dirigida por el Irán chiíta, esta campaña estaba organizada alrededor de los cuadros directivos sunnitas sauditas para dar "legitimidad" al llamado a un levantamiento popular.

La operación de Dhahran estaba constituida por tres elementos principales. Primero, la operación demandaba amplio rastreo, planeación y organización de la infraestructura de apoyo en el área de Dhahran. Este elemento fue proporcionado principalmente por las redes locales, que fueron aumentadas provisionalmente por expertos. Estos expertos también eran responsables de la seguridad operativa. La mayoría de los expertos llegaron de Bekáa, vía Siria y Jordania, o de Paquistán, directamente o vía terceros países. En esta etapa, muchos objetivos fueron examinados. Un blanco fue inicialmente seleccionado, pero lo más probable es que también otras operaciones se estuvieran orquestando al mismo tiempo y probablemente estuvieran listas para ser implementadas en cualquier momento. Segundo, la operación requería que los suministros —especialmente los explosivos— fueran llevados desde los arsenales de la inteligencia siria e iraní en Bekáa y cerca de Damasco. Este esfuerzo logístico era parte de la estructura del sistema que ya estaba al servicio de los terroristas islamitas en Jordania e Israel. A pesar de los contratiempos, en marzo de 1996 esos sitios eran todavía utilizados para el contrabando de bienes y de terroristas de bajo nivel que habían completado el entrenamiento básico en los campamentos de la Hezbolá en Bekáa. Tercero, los principales terroristas expertos, en su mayoría chiítas sauditas e iraníes, arribaron a Dhahran casi al final de los preparativos desde bases en Irán, Afganistán, Paquistán y Bosnia-Herzegovina, habiendo viajado a través de terceros países hacia Arabia Saudita o los estados del Golfo, desde donde fueron introducidos clandestinamente por la frontera. Estos grandes expertos asumieron el control de las preparaciones vigentes para el bombardeo, incluyendo la construcción del camión-cisterna explosivo.

Osama bin Laden participó en aspectos importantes de la operación de Dhahran debido a su alta categoría, conocimiento y pericia. Gracias a su ya antigua intervención en la dinámica de la oposición islamita saudita, conocía a fondo las virtudes y defectos de ésta, así como la dinámica interna de las luchas de poder en Riad, en la que los islamitas deseaban influir. Contaba asimismo con numerosos seguidores en las filas de los sauditas "afganos" y otros terroristas con operaciones en el mundo entero, entre los que serían reclutados los participantes en la operación. Así pues, dio nuevas muestras de lealtad en esta fase, en la que hizo valiosas contribuciones a una operación de patrocinio estatal.

Por motivos de seguridad, la organización inicial del sistema de apoyo en el noreste de Arabia Saudita, incluida el área de Dhahran, se basó en efectivos sunnitas locales, aunque la mayoría de la población de la zona es chiíta y simpatiza con Irán. El sistema de apoyo comenzó a operar a fines del verano de 1995, después de que importantes islamitas sauditas, entre ellos partidarios de bin Laden, se reunieron en Beirut con islamitas de Bahrein y Kuwait, comandantes de Hezbolá y funcionarios de inteligencia de Irán y Siria. Entre los temas tratados estuvieron las modalidades para la próxima expansión de las redes terroristas islamitas en el noreste de Arabia Saudita.

Abdul Wahab Khairi, islamita saudita originario del área de Dhahran presente en la reunión de Beirut, fue elegido para iniciar el establecimiento de redes entre sus familiares y amigos. Conocedor de los métodos iraníes de organización de células terroristas y con la posibilidad de capitalizar la difundida hostilidad contra la Casa de al-Saud, Khairi no tuvo problemas para sentar las bases de un firme y nutrido sistema de apoyo. El núcleo militante de estas redes se formó con "afganos" y "balcánicos" sauditas, principalmente aquellos que habían colaborado con bin Laden y le eran leales. Sin embargo, estos veteranos de la jihad internacional no eran aptos para posiciones de mando o liderazgo en redes clandestinas, las que en consecuencia resintieron cierto grado de amateurismo y vulnerabilidad frente a la despiadada cacería emprendida por la seguridad saudita. Para que los preparativos clandestinos tuvieran éxito, era imperativo profesionalizarlos.

El temor de Khairi por la seguridad y eficiencia de las redes locales, agravado por la preocupación de la dirigencia ante las implicaciones de la información que la seguridad saudita pudiera extraer de Hassan al-Saray, forzó la decisión de que los más altos comandantes inspeccionaran personalmente la situación en el noreste de Arabia Saudita y los estados del Golfo. Bin Laden (pese al riesgo que implicaba viajar, puesto que los sauditas lo perseguían) y otros altos comandantes llegaron a Qatar a mediados de enero de 1996, para realizar breves consultas con los comandantes locales. Investigaron el estado de los preparativos en marcha y discutieron varias posibilidades y planes de contingencia. Decidieron que, aunque las condiciones imperantes se prestaban para una operación espectacular, era aún más urgente desarrollar las habilidades profesionales de las redes locales.

En consecuencia, docenas de jóvenes islamitas sunnitas sauditas fueron reclutados a principios de 1996, en el noreste de Arabia Saudita, y enviados a Bekáa por un periodo de cuatro a seis semanas para estudiar terrorismo y actividades clandestinas en campos de entrenamiento del Hezbolá, principalmente en Janta, Anjar y Baalbek. Algunos reclutas sauditas asistieron a cursos intensivos de inteligencia de campo y seguridad operativa en casas de seguridad de la inteligencia siria en Damasco. Todos los graduados volvieron clandestinamente a Arabia Saudita, en la mayoría de los casos vía Siria y Jordania, con el cometido de ofrecer orientación profesional a las redes en expansión.

A principios de 1996, el arribo de los primeros graduados de Siria tuvo notorios efectos positivos en los preparativos del ataque. Guardias del complejo de al-Khobar registraron varios incidentes en los meses anteriores a la detonación: la presencia de un automóvil que marchaba en las inmediaciones a muy baja velocidad y de individuos que realizaban prolongadas observaciones con binoculares. Al menos un camión puso a prueba la resistencia de la cerca al estamparse contra ella, y dos semanas antes del atentado un camión cisterna similar al que portaría la bomba fue sorprendido en el momento en que intentaba introducirse en el complejo. Estos incidentes fueron sólo unas cuantas entre las innumerables actividades de observación y reconocimiento efectuadas en los meses previos a la explosión. Incidentes similares sucedieron en otras partes de Arabia Saudita, lo que indica que los preparativos de esta acción fueron comparables con los de otros. Convencido de que en Arabia Saudita no había terrorismo, Estados Unidos no mostró la menor reacción.

La fase final de los preparativos del bombazo en Dhahran, comenzó a fines de abril de 1996. Oficiales de la inteligencia iraní enviados a Arabia Saudita durante la temporada de la Hajj, volvieron para entonces a Teherán, seguros de la fragilidad del régimen y alentados por el compromiso, la resolución y habilidad de los islamitas sauditas. El caos y las multitudes de La Meca permitieron a los agentes de la VEVAK encontrarse con islamitas sauditas y obtener una impresión de primera mano de sus capacidades. En Teherán, el ayatola Ahmad Jannati recomendó encarecidamente una profunda intensificación del combate islamita contra la Casa de al-Saud. El ayatola Khamenei y el presidente Hashemi-Rafsanjani estuvieron de acuerdo con ello.

Dos tipos de terroristas expertos arribaron a Arabia Saudita en la primavera de 1996, con breves estancias en esa nación. La primera ronda, integrada principalmente por agentes sauditas de Hezbolá (chiítas), sunnitas "afganos", "balcánicos" e iraníes —algunos de este último sector entraron clandestinamente al país—, llegó a Dhahran desde principios de mayo, procedente de bases en Irán, Afganistán-Paquistán y Bosnia-Herzegovina, en pequeños grupos de dos o tres. Los miembros de esta ronda inspeccionaron el sitio de la operación prevista y objetivos opcionales para confirmar el exacto cumplimiento de los planes de contingencia convenidos en Teherán. Algunos de ellos se cercioraron del funcionamiento de los explosivos y otros materiales. Otros, primordialmente sauditas, comprobaron la confiabilidad y compromiso de las redes islamitas locales.

La segunda ronda arribó a Dhahran desde principios de junio. Estos terroristas eran predominantemente chiítas; los demás, sauditas y árabes del Golfo, habían sido reclutados años antes mientras estudiaban en Irán, y entrenados bajo la supervisión del brigadier Ahmad Sherifi, de la inteligencia CGRI. Por obvias razones de seguridad, los integrantes de estos equipos no establecieron contacto con las redes locales, salvo en el caso de unos cuantos agentes iraníes. Los expertos se encargaron de los preparativos del atentado, incluida la adecuación del camión-bomba.

La amplia experiencia de uno de estos terroristas, el cual fue capturado por la seguridad saudita y aún se halla tras las rejas, confirma la importancia de estas visitas iniciales de inspección. Mahmud Abdul Aziz, también conocido como Abu Abdul Aziz, organizó y dirigió a las fuerzas mujaidines en Bosnia-Herzegovina en 1992, fecha para la cual ya contaba con seis años de lucha en Afganistán bajo las órdenes de Ahmad Shah Massud, el legendario comandante mujaidín originario del valle de Panjshir, en el noreste de Afganistán, y había luchado por la "causa sagrada" en Filipinas y Cachemira, y realizado operaciones clandestinas en África para Hassan al-Turabi, de Sudán. A mediados de la década de los noventa, Abdul Aziz estaba dedicado a la jihad Cachemira y a la organización de redes clandestinas islamitas en Estados Unidos. Aunque su presencia en Arabia en 1996 se debía supuestamente al cumplimiento de la *Umra*, los sauditas ya sabían, por Hassan al-Saray, de su papel en la organización de redes de combatientes islamitas y lo arrestaron pronto, pese al carácter sacro de la *Umra* y La Meca; en la actualidad sigue recluido en una prisión de ese país. El hecho de que un dirigente de su estatura se haya arriesgado a viajar entonces a Arabia Saudita da testimonio de la importancia concedida a la lucha islamita contra Riad.

En la primavera de 1996, se incrementó la embestida logística a través de Jordania. Dada la magnitud de ese proyecto y la intensidad del apoyo simultáneo a los islamitas palestinos, era inevitable que ambas operaciones se mezclaran y compartieran recursos, como explosivos instantáneos de los mismos arsenales básicos. A pesar de la eficacia de los servicios de inteligencia jordano e israelí, el aprovisionamiento de las redes islamitas sauditas demostró ser sumamente flexible. No obstante, en ese periodo surgieron evidencias adicionales del flujo de explosivos y sistemas terroristas entre los campos de Hezbolá en Bekáa y Arabia Saudita, pues las autoridades jordanas capturaron equipo para la fabricación de bombas suicidas —idéntico al que se utilizó para armar la bomba suicida detonada en el Centro Dizengoff de Tel Aviv el 4 de marzo de 1996— con destino a ese último país. Con todo, la pérdida periódica de embarques de armas o explosivos era de escasa importancia estratégica; sirios e iraníes disponían de grandes arsenales y, puesto que habían iniciado el envío de provisiones con toda anticipación, podían reemplazar fácilmente embarques capturados sin alterar los programas operativos generales.

No puede decirse lo mismo, sin embargo, de la captura de efectivos en tránsito en Jordania. Por regla general, los sauditas de vuelta de los campos de entrenamiento de Bekáa viajaban con equipaje ligero y los documentos estrictamente necesarios, sin materiales impresos, armas o explosivos delatores. Sus conocimientos de inteligencia se reducían a la identidad de algunos de sus camaradas de célula. No obstante, algunos de ellos fueron capturados en poder de publicaciones islamitas, mientras que otros no pudieron resistir la tentación de detenerse para consultar a guías sauditas o "ayudar" a sus hermanos palestinos. En una reunión de este tipo, los jordanos arrestaron al sheik Abu Muhammad Isam al-Maqdisi, importante guía espiritual islamita palestino, autor de encendidos libros y folletos en los que había llamado "infieles" a los líderes de los estados árabes, en particular al gobierno y a los principales ulemas sauditas, y en los que prácticamente se incitaba a la violencia. Su arresto brindó el primer atisbo firme de la motivación ideológica de la campaña terrorista del movimiento islamita saudita.

En junio, el grueso de los componentes de la bomba —explosivos instantáneos, materiales incendiarios y elaboradas mechas— ya se hallaban en Arabia Saudita. Los explosivos y materiales incendiarios, así como instrumental para la fabricación de bombas similar al utilizado en el entrenamiento en Bekáa, fueron introducidos de contrabando desde Siria vía Jordania. El equipo electrónico avanzado y las mechas también se introdujeron de contrabando, esta vez desde Europa occidental y disimulados como partes de computadoras. Algunos de los embarques más importantes, las mechas entre ellos, fueron recibidos por simpatizantes islamitas miembros de la Guardia Nacional Saudita, quienes los ocultaron.

A mediados de junio llegó a su término la profesional y exhaustiva observación y reconocimiento del área de al-Khobar. Semanas antes, la red de apoyo local había robado un automóvil modelo Caprice, el cual sería empleado en la huida y abandonado en Dammam, a 10 kilómetros de Dhahran. El camión-cisterna Mercedes-Benz en el que se alojó la bomba fue robado de una compañía constructora apenas días antes del estallido, lo que significa que la compleja bomba fue fabricada en el lugar de los hechos justo antes de la operación; en otras palabras, que en la víspera del atentado se dispuso de expertos fabricantes de bombas. Esta bomba fue compuesta con una refinada carga direccional reforzada con tanques de petróleo combustible mezclado con materiales incendiarios para provocar el estallido, y ondas de choque y calor secundarios. El petróleo y los materiales incendiarios fueron instalados de tal forma que se evaporaran y explotaran sólo fracciones de segundo después de los explosivos instantáneos. Así, la duración de la onda de presión aumentaría al punto de que órganos humanos no pudieran resistirla. Esta mezcla específica tuvo como propósito matar a personas y no sólo destruir grandes edificios. Bombas de este tipo son propias de los iraníes y sus protegidos.

Las mechas y detonadores fueron idénticos a los utilizados en operaciones de alto nivel de Hezbolá en Líbano, y a los empleados en los campos de entrenamiento de Bekáa. Es de suponer que la bomba fue fabricada y las mechas colocadas a través del pequeño orificio en lo alto del camión. En un caso como éste sería imposible retirar, por ejemplo, uno de los costados de la cisterna montada en el camión, armar la bomba y soldar de nuevo aquel costado, procedimiento usual entre los contrabandistas para el transporte de bienes, pues el calor generado por la soldadura habría hecho explotar la bomba.

Los terroristas expertos se marcharon de Dhahran una vez concluidos los preparativos, muy probablemente poco antes de la operación, la cual dejaron en manos de los agentes sauditas, una reducida célula de miembros de Hezbolá perfectamente entrenados en numerosos campos en Irán y Bekáa. Aquellos expertos eran tan importantes para Teherán, que su viaje y presencia en Arabia Saudita ocurrieron en forma totalmente clandestina, al grado de que ni siquiera se informó a los sirios de ello.

Dos importantes adjudicaciones de responsabilidad fueron realizadas, poco después de la explosión, por organizaciones hasta entonces desconocidas, y en esencia artificiales, aunque su nombre era representativo de las dos principales instituciones participantes en la espectacular operación.

El primer reclamo fue recibido vía telefónica en las oficinas del diario árabe *al-Arab*, el cual se publica en Londres. En él se atribuyó el ataque al grupo saudita Las Legiones del Mártir Abdallah al-Huzayfi, el que "amenazó con realizar nuevas acciones contra unidades militares extranjeras, sin excepción, a menos que el gobierno saudita cumpliera sus demandas", informó *al-Arab*. Éstas se reducían a la expulsión por parte de Riad de todas las tropas estadounidenses y demás ejércitos extranjeros "que ocupan el territorio sagrado de Arabia Saudita", exigencia netamente islamita.

Abdallah al-Huzayfi había sido ejecutado por los sauditas el año anterior pese a haber sido antes sentenciado a 20 años de prisión por el asesinato de un policía, al que lanzó ácido en el rostro. Huzayfi alegó en su defensa que aquél lo había torturado, lo mismo que a miembros de su familia. Riad argumentó haberlo arrestado, así como a varios de sus seguidores, por conspirar contra el régimen, y que en sus viviendas habían sido encontradas provisiones de armas. Sentenciados todos ellos a prisión, Huzayfi fue sin embargo decapitado sin previo aviso, y convertido en mártir y héroe por partidarios del sheik Udah como símbolo del sacrificio de vida y libertad por la lucha contra la opresión saudita. La aparición de su nombre en el de la organización perpetradora del atentado indicaba que ésta era seguidora de la línea islamita y del sheik Udah, los comunicados de los partidarios del cual solían formularse en términos idénticos a los utilizados en el de esta organización, en cuya raíz popular se insistía en el documento. Al remitir a Huzayfi, los perpetradores exhibieron el carácter permanente de su lucha, en oposición a la simple venganza por la decapitación de los cuatro islamitas, la cual fue vinculada con el bombazo en Riad.

La segunda adjudicación fue efectuada en Dubai por la agrupación Hezbolá al-Khalij, esto es Hezbolá-El Golfo. "En nombre de Alá el misericordioso... Hezbolá-El Golfo declara su total responsabilidad en la explosión saudita... Realizaremos más ataques", dijo el individuo en el teléfono. En este caso destaca la aparición del término Hezbolá. Ya previamente asociado con grupos respaldados por Irán, desde principios de junio este país había insistido en la creciente importancia del Hezbolá como portaestandarte de la revolución islámica en el mundo, especialmente a medida que la lucha se extendía e intensificaba. A fines de ese mes, Teherán emprendió la reorganización del Hezbolá International con bin Laden como miembro del Comité Tripartita, responsable del contacto con fuerzas terroristas islamitas del mundo entero para la canalización del apoyo y aprobación, previa consulta a Teherán, de importantes operaciones espectaculares. El uso del nombre Hezbolá en la reivindicación del bombazo de Dhahran, confirmó no sólo la intervención de Irán en él, sino también que se trataba de la primera operación de la nueva jihad, decidida en la cumbre terrorista celebrada en Teherán del 21 al 23 de junio de 1996.

Pocos días después del atentado, cartas de amenaza fueron enviadas a números de fax privados de varios altos funcionarios sauditas.

Entre los destinatarios estuvieron el secretario privado del rey Fahd, el príncipe Turki; el jefe de la inteligencia saudita, y el ministro del Interior, el príncipe Nayif. En esos faxes se anunciaban ataques explosivos a nuevos blancos civiles de no ser inmediatamente puestos en libertad varios dirigentes islamitas y unos 200 de sus discípulos. La importancia de estas cartas no estribó en su contenido, sino en el mero hecho de su existencia. Los números de fax privados a los que fueron remitidas eran de uso exclusivo de los más altos miembros de la Casa de al-Saud, e ignorados incluso, en consecuencia, por altos oficiales y otros funcionarios. Al obtener acceso a ellos, los perpetradores mostraron su profundo grado de infiltración en el núcleo mismo de la Casa de al-Saud, lo que delataba a su vez la presencia de complicidades en el gobierno.

Las repercusiones de largo plazo del ataque salieron a la luz mientras Dhahran volvía a la normalidad. "El más reciente incidente terrorista marca el reinicio de la agitación y un incierto futuro para Arabia Saudita", señaló un grupo de oposición occidentalizado. "Esta nueva época de terrorismo fundamentalista en el corazón del Islam se deriva en parte de... la decadencia y corrupción de la familia al-Saud." En última instancia, el ascenso de la violencia islamita como expresión de la desesperación que privaba en el reino, era una gran amenaza no sólo para Arabia Saudita, sino también para todo Medio Oriente: "El fundamentalismo es el peligro más importante que Medio Oriente enfrentará en los próximos años. La permanencia de un régimen despótico como el urdido por los Siete Sudairi no hará sino perpetuar los problemas de la región".

El común denominador expresado por los diversos analistas islamitas fue su expectativa de una notoria intensificación y expansión del terrorismo islamita, tanto contra Estados Unidos como contra la Casa de al-Saud. Consideraron que la bomba de Dhahran era la primera erupción, largamente esperada, de la radicalización de una importante tendencia sociopolítica en Arabia Saudita.

Más allá de las previsibles y justas condenas al terrorismo y de la rotunda negativa de su intervención, la reacción de Teherán al bombazo en Dhahran fue especialmente sofisticada. Aseguró que ese atentado constituía el primer disparo de una revolución islámica en la Península Árabe, cuya importancia sería inferior únicamente a la de Jomeini. Así pues, preveía que "en los próximos años tendrá lugar en Arabia Saudita una segunda explosión en Medio Oriente [habiendo sido la primera su propia revolución islámica]".

Aunque juzgó inevitable el definitivo establecimiento de una república islámica en Arabia, Teherán prevenía contra las terribles repercusiones de la inminente erupción en pos de la expulsión de las tropas estadounidenses de la Península Árabe. Esa violenta rebelión podía extenderse a toda la región, la cual se sumiría irremediablemente en una profunda crisis aun si las fuerzas estadounidenses se retiraban. De cualquier forma, presumía la persistencia de "tales actos [de terrorismo] en tanto las fuerzas estadounidenses sigan presentes en la zona, particularmente en Arabia Saudita". La crisis ya había alcanzado tales proporciones que cualquier medida parcial sería insuficiente para aliviarla: "La única solución al problema es… el retiro incondicional de las fuerzas estadounidenses de Arabia Saudita".

Recalcó, sin embargo, que la causa de fondo eran las corruptas políticas de la Casa de al-Saud, ajenas a la usanza islámica. "Una vez más el estallido de una bomba en Arabia Saudita atrae la atención del mundo entero y, según los expertos, será imposible atajar actos como ése si el reino de Riad no cambia radicalmente de actitud." Así, el bombazo en Dhahran anunciaba el inicio de una prolongada ola terrorista con objeto de librar a Arabia de la Casa de al-Saud.

La oposición a la presencia de las fuerzas estadounidenses, añadió Teherán, se debía a que ésta representaba un retroceso para la sociedades anfitrionas: "El destacamento de fuerzas estadounidenses en países con firmes estructuras sociales tradicionales y religiosas ha despertado ya el malestar del… pueblo, para el cual dicha presencia es un obstáculo a su identidad cultural e independencia nacional". No obstante, la situación era mucho más compleja en el caso de Arabia Saudita, donde la presencia estadounidense garantizaba la sobrevivencia de la Casa de al-Saud. Así, Estados Unidos era el mayor impedimento para la genuina aspiración a un Estado islámico, lo que explicaba la creciente hostilidad en su contra. Según Teherán, "la recia y cabal oposición a la presencia extranjera en el desierto árabe sigue siendo la principal fuerza que anima a grupos religiosos y políticos que operan dentro y fuera del país".

El apoyo popular a la explosión en Dhahran y a otras actividades terroristas antiestadounidenses, revelaba la posibilidad de complicidades al interior del gobierno. Teherán deducía que "la potente detonación en bases estadounidenses en Arabia Saudita habría sido imposible sin la cooperación de grupos militares y de seguridad sauditas". No descartaba "la posibilidad de que en ésta y en anteriores operaciones se haya contado con la cooperación, bajo la forma de transmisión de información, de servidores públicos del régimen". Esta conjetura indicaba cuán amplio era el apoyo al movimiento islamita y cuán profundos los sentimientos contra Estados Unidos y la Casa de al-Saud.

Pero si bien era posible que esos sentimientos se hubieran mantenido en estado latente desde mucho tiempo atrás, el factor mujaidín había servido como catalizador de la sociedad saudita: "El retorno, tras la toma de Kabul por los mujaidines en 1992, de cientos de jóvenes sauditas que participaron en la jihad en Afganistán, es muy significativo a este respecto. Entregados a la causa de la islamización del mundo musulmán, esos jóvenes se negaron a aceptar la orientación occidental de las relaciones extranjeras del régimen. La sensación de fracaso y frustración de la juventud, asociada con la ya tensa situación entre círculos religiosos y académicos, planteó un formidable y serio desafío a la dirigencia política". Aunque no los mencionó por su nombre, Teherán no habría podido brindar más cálido respaldo a Osama bin Laden y sus "afganos".

La renuencia de Riad a satisfacer las justas demandas de los jóvenes islamitas, añadió Teherán, era el motivo de la crisis imperante: "La incapacidad del régimen para dar respuesta a las principales demandas de la oposición, y en particular para ofrecerle más amplios cauces de participación política y atenuar las relaciones con capitales occidentales, instó a aquélla a adoptar una postura tajante y combativa contra la presencia de tropas extranjeras en su país". Esta última acción era imperativa, porque las fuerzas estadounidenses y otros apoyos foráneos eran lo que mantenía en el poder a la Casa de al-Saud. Dada la confianza de Teherán en el auge y brillante futuro de la revolución islámica en Arabia Saudita, era de esperar una marcada intensificación de la jihad islamita contra la dinastía al-Saud y sus protectores occidentales.

Alentados por sus primeros éxitos y por la perspectiva de próximos golpes espectaculares, Teherán y sus aliados estaban determinados a agudizar su campaña de terrorismo internacional bajo la bandera del Hezbolá International. El principal objetivo era hacer un mejor uso de los efectivos existentes y adquirir y desarrollar nuevas capacidades. Poco después de la conclusión de la reunión de junio en Teherán, en Paquistán se realizó otra cumbre clandestina de terroristas.

Esta cumbre operativa tuvo lugar del 10 al 15 de julio, en la zona fronteriza noroeste entre Paquistán y Afganistán. Los participantes —los principales líderes del Islam militante, entre ellos Osama bin

Laden— se congregaron en una enorme tienda a orillas del mayor campo de entrenamiento de árabes "afganos", cerca de la ciudad paquistaní de Konli, bajo estricta vigilancia tanto de árabes "afganos" como de la inteligencia paquistaní. El objetivo primordial de esta cumbre fue mejorar la coordinación entre los diversos grupos "afganos" y "balcánicos" y sus benefactores iraníes y paquistaníes. En ella quedó claramente demostrado el prominente papel de bin Laden y sus más cercanos lugartenientes militares como entidad específica de la alta jerarquía del movimiento terrorista islamita internacional.

Las deliberaciones formales se efectuaron durante al menos un par de sesiones nocturnas, mientras que en los días intermedios ocurrieron abundantes discusiones y consultas informales entre grupos e individuos. Los participantes más destacados fueron Osama bin Laden; Ayman al-Zawahiri; Abdul Rasul Sayyaf, alto funcionario de la inteligencia iraní responsable del apoyo de inteligencia a las Fuerzas al-Quds, y Ahman Vahidi, comandante de éstas últimas. Asistieron asimismo altos funcionarios de la inteligencia iraní y paquistaní; representantes de islamitas egipcios y del Golfo Pérsico, entre ellos altos comandantes en el exilio o en entrenamiento en Londres, Teherán o Beirut; altos comandantes de Hizb-i Islami (el grupo de Gulbaddin Hekmatiyar); Hamas; Hezbolá; grupos argelinos, y numerosos delegados de Teherán y Jartum.

En opinión de los dirigentes y comandantes reunidos, la corriente islamita se hallaba bajo el feroz ataque de Occidente, con Estados Unidos a la cabeza. Era de suponer, además, que tal embestida arreciaría en represalia por la ofensiva islamita en curso. Un dirigente islamita procedente de Europa occidental anunció que "ya se prepara una brutal arremetida contra el Islam bajo el lema de una guerra internacional contra el terrorismo". Subrayó la "necesidad de un gran esfuerzo islámico para responder a la feroz agresión contra el Islam tras la cortina de humo del combate al terrorismo. Esto implica la unidad de todos los musulmanes, doquiera se encuentren, para que, dejando de lado sus diferencias interpretativas menores, defiendan la gran causa de enfrentar la guerra con la guerra y la fuerza con la fuerza, y demuestren al soberbio [Estados Unidos] que el Islam tiene dientes y músculos y que innumerables musulmanes están dispuestos a sacrificar su vida por su fe".

Otro comandante añadió que "es imperativo diseñar un plan integrado para propinar un descalabro fatal a las fuerzas internacionales de la arrogancia". Un comandante apostado en el Reino Unido y originario de un Estado del Golfo Pérsico insistió en que, dada la importancia estratégica del Golfo Pérsico para Estados Unidos y sus aliados, la única manera de obligar a Occidente a retirarse de la zona era asestándole un duro golpe que lo forzara a marcharse para detener el terrorismo islamita en su interior, a causa de la imposibilidad de contener la protesta pública.

Rasul Sayyaf aseveró que "ha llegado el momento de ajustar cuentas". El alto representante de la inteligencia iraní declaró que "el ataque es el mejor medio de defensa". Urgió a una ofensiva combinada en el mundo musulmán —el Golfo Pérsico y la Península Árabe en particular— y Occidente. Reiteró el compromiso de Irán con la causa y su disposición a proporcionar a los islamitas toda la ayuda posible.

La conferencia resolvió "usar la fuerza para enfrentar a todos los efectivos extranjeros estacionados en territorio islámico". Un observador árabe con conocimiento directo de esta reunión, consideró que tal resolución era "prácticamente una declaración de guerra" contra Occidente, con Estados Unidos a la cabeza. Los dirigentes islamitas acordaron crear un comité de planeación; un comité de financiamiento, aprovisionamiento y movilización, y un alto comité militar para supervisar la ejecución de su plan operativo conjunto. El grupo militar operaría bajo el Comité Tripartita establecido en Teherán y estaría compuesto por veteranos clave de la jihad afgana —árabes "afganos"— así como por un iraní y un paquistaní. Todos resolvieron embarcarse en "el camino hacia la confrontación de la arrogante ofensiva internacional contra el Islam". Aunque no hubo resultados específicos, Zawahiri y Vahidi acordaron la pronta realización de nuevas sesiones en Teherán sobre el lanzamiento de operaciones y golpes espectaculares conjuntos.

Aunque la investigación oficial de la explosión en el aire del vuelo 800 de TWA, en la noche del 17 de julio de 1996, no ha podido determinar hasta ahora la verdadera causa de ese lamentable incidente, amplias evidencias apuntan a un acto terrorista. A causa de que el avión explotó y se incendió en el Océano Atlántico, frente a las costas de Long Island, es prácticamente imposible recuperar evidencias forenses concluyentes. La investigación oficial sólo dedujo que la explosión de vapores inflamables en el tanque central de combustible fue la causa directa de la caída del jumbo jet. Sin embargo, todavía está por resolverse la pregunta esencial: ¿cuál fue la causa de la explosión del tanque de combustible?

La secuencia de los últimos minutos del vuelo 800 de TWA aporta la clave. Dicha secuencia puede establecerse con base en tres componentes: 1) la caja negra del avión, en la cual se registró toda la actividad de voz y electrónica de la cabina; 2) *transponder* de la nave, que transmitió la identificación de ésta cuando fue detectada por el radar de tierra, y 3) la detección por el radar terrestre de ecos, las réplicas de cualquier objeto de gran tamaño. Por regla general existe una absoluta correlación entre el momento de ocurrencia de estos tres componentes. Cualquier discrepancia entre ellos es señal importante de que algo marchó mal.

En el caso del vuelo 800 de TWA, todos los indicadores de la caja negra "murieron" súbitamente con un breve sonido prácticamente idéntico al escuchado durante la última fracción de segundo del vuelo 103, de Pan American. Esta nave, también un boeing 747, explotó en pleno vuelo el 21 de diciembre de 1988, sobre Lockerbie, Escocia, lo cual costó la vida a 259 personas a bordo y once en tierra. A causa de que este último avión explotó en tierra, la amplia búsqueda de las fuerzas de seguridad británicas rindió piezas microscópicas de evidencias, las cuales establecieron sin sombra de duda que una bomba había sido el motivo del desastre. Casualmente, el vuelo 103 de PanAm debió estallar sobre el agua, pero su salida de Londres se retrasó una hora, de modo que se hallaba sobre tierra cuando el cronómetro activó la bomba. El *transponder* del vuelo 800 de TWA también "murió" en el mismo segundo. Esto indica una pérdida instantánea de energía eléctrica en todo el avión, suceso catastrófico usualmente atribuido al estallido de una bomba. Los ecos del radar, sin embargo, cuentan una historia distinta. El radar siguió detectando un gran objeto —todo el avión o la mayor parte de él— durante medio minuto; el eco se desvaneció en la pantalla segundos antes de que testigos oculares en tierra reportaran la presencia de bolas de fuego. Esto significa que el grueso del avión permaneció intacto durante medio minuto después de la falla catastrófica de sus sistemas eléctricos. La explicación más lógica de esta aparente discrepancia es que primero explotó una bomba pequeña, la cual interrumpió el suministro eléctrico y afectó el tanque central de combustible, y luego, medio minuto después, éste también explotó.

Esta cronología se confirma con la dispersión de los restos en el fondo del océano. Los restos de la cabina se concentraron en un "campo" distinto, más cercano a la playa que los "campos" gemelos donde se localizó la mayor parte de los escombros restantes. Esta dispersión significa que la cabina y área delantera del avión se separaron de la nave segundos antes de la fatal explosión del tanque de combustible. El momento de esta separación inicial corresponde a la "muerte" de los sistemas eléctricos de la nave. Esta secuencia es prácticamente idéntica a la del vuelo 103 de PanAm. En el caso del de TWA, la explosión del tanque central de combustible siguió a la explosión inicial que silenció el eco.

Al comparar esta dinámica con conocidas técnicas de bombardería de los terroristas y las aplicadas en escuelas y campos de entrenamiento, surge una explicación aún más coherente del derribamiento del vuelo de TWA. Una pequeña bomba de doble carga fue colocada en medio de la pared delantera del tanque central de combustible. Se le insertó y fijó en su sitio, ya sea en el área seca de almacenamiento o en la cavidad de los engranajes. La carga explosiva doble estaba integrada por poderosos explosivos plásticos (clase Semtex-H) y un dispositivo incendiario. La explosión fue dirigida hacia la cola de la nave.

Una vez activada, la primera carga produjo un amplio orificio en el tanque y después una onda de choque hacia la cola del avión. Como en el caso de la bomba del vuelo de PanAm, el efecto de inflamación y presión en la estructura trasera de la nave magnificó la intensidad de la onda de contrachoque, lo que desató un conjunto más fuerte de ondas de choque, reforzado por la persistente reacción del fuselaje del avión. Esta onda de choque era tan potente cuando alcanzó la punta delantera de la nave que provocó el desprendimiento de la cabina, lo que explica que esta sección haya caído primero.

Dos cosas ocurrían mientras tanto en el interior del tanque central de combustible: 1) a causa del movimiento oscilatorio de la ondas de choque en el avión, el combustible del tanque generó una congestión de doble foco; 2) la segunda carga, la incendiaria, estalló en el tanque y lo hizo explotar. Dada la distribución de las gotas de combustible, esta detonación instigó dos explosiones de aire combustible, cada una de ellas en dirección de la base del ala más cercana. Estas explosiones, que destruyeron el avión, fueron vistas por testigos en tierra.

Las circunstancias del derribamiento del vuelo 800 de TWA hacen prácticamente imposible adquirir datos forenses concluyentes o cualquier otra prueba absoluta de las razones de la explosión. La principal área en torno al estallido, las secciones delanteras del tanque de combustible, se evaporaron. La mayoría de las partes faltantes y todos los cadáveres desaparecidos corresponden al área cubierta por las filas 17 a 28 —justo arriba del tanque de combustible—, en particular las filas derechas 24 y 25. No ha sido posible explicar aún los orificios en forma de puño en la parte trasera de los asientos de la fila 23. Estos orificios podrían apuntar al núcleo de la explosión secundaria —la incendiaria—, la cual lanzó hacia arriba diminutas piezas de metralla. Los nitratos, importantes componentes de las bombas, sufren daños por efecto del fuego y el agua salada, presentes ambos en este caso. De ahí que la probabilidad de hallar residuos microscópicos sea prácticamente nula.

Los islamitas radicales, algunos de ellos con trayectoria establecida, se atribuyeron rápidamente la responsabilidad del derribamiento del vuelo 800 de TWA. En el contexto de la dinámica islamita general en el mundo árabe, la secuencia de advertencias y comunicados reivindicatorios es decisiva para la comprensión de las razones del derribamiento de la nave, pues a través de ellos los perpetradores y sus estados patrocinadores explican la lógica y el contexto de los ataques terroristas.

Varias adjudicaciones, entre ellas una advertencia ambigua, se hicieron en torno al vuelo 800 de TWA. Todas ellas se realizaron en nombre de organizaciones y grupos terroristas islamitas. Hasta entonces, sin embargo, la sofisticada tecnología de la bomba de diminuto tamaño había sido exclusiva de terroristas de patrocinio estatal, de manera que la validez de estas reivindicaciones debe examinarse en el marco de relaciones fehacientes con estados patrocinadores del terrorismo. Los golpes terroristas espectaculares siempre responden a estrategias e intereses nacionales de largo plazo.

Dos sucesos ocurridos en la víspera del derribamiento del vuelo de TWA, el 17 de julio de 1996, merecen especial atención. El primero fue un editorial del diario islamita *al-Quds al-Arabi*, publicado en Londres, en el que se describió la lógica de la escalada de la lucha armada terrorista contra Estados Unidos. En dicho texto, el reciente apuñalamiento fatal de una diplomática estadounidense en el Cairo y el bombazo en Dhahran fueron identificados como el inicio de una gran campaña islamita contra Estados Unidos. Los autores explicaron que "en la escena árabe priva una ola de odio contra los estadounidenses" y que los recientes atentados terroristas eran resultado de ella: "Algunas personas han optado por expresar su odio de esa sangrienta manera". Dadas las políticas estadounidenses, esos ataques debían considerarse como el punto de partida de una campaña terrorista aún más intensa: "No debería sorprender la futura persistencia, en mayor escala, de ataques antiestadounidenses".

El editorial de *al-Quds al-Arabi* culpaba a Estados Unidos de la violenta erupción islamita: "Si quienes mataron a estadounidenses en

Arabia Saudita y el Cairo pertenecen efectivamente al bando extremista islámico, entonces fueron Washington, sus políticas y sus aliados en la región los que crearon ese fenómeno y le proporcionaron el combustible necesario para su expansión en la región". El editorial concluía con una advertencia específica de que "lo ocurrido en el Cairo, Riad y Khobar es sólo el comienzo". Además de ser un reconocido diario islamita, al director de al-Quds al-Arabi, Abdul-Bari Atwan, se le vincula personalmente con bin Laden.

El segundo suceso fue el envío de un fax a al-Hayah, en Londres, el cual también se hizo llegar a al-Safiren, de Beirut. Al-Hayah, el diario más importante en lengua árabe, es propiedad del príncipe Khalid bin Sultan de Arabia Saudita. Enviar un fax a ese diario significó emitir un desafío directo a las más altas jerarquías de la Casa de al-Saud, en particular a la facción de Sultan, considerado el favorito de Washington.

La advertencia fue firmada por el MIC (ala de la Jihad en la Península Árabe). Esta advertencia ocurrió apenas un día después de que ese movimiento se atribuyera súbitamente el bombazo en Dhahran, además del de Riad, de noviembre de1995. Fechado el 16 de julio, este comunicado del MIC se publicó primero taimadamente en Beirut, sin ninguna explicación, pero no atrajo la atención de Occidente hasta su publicación en al-Hayah. Este documento sentó las bases para el derribamiento del vuelo 800 de TWA, pues expuso la lógica de la aguda escalada y expansión de los golpes terroristas.

El comunicado del 16 de julio comenzaba con una reafirmación de las razones del MIC para realizar actos terroristas en Arabia Saudita. Éste declaraba abiertamente su apoyo al sheik Udah: "El régimen blasfemo de al-Saud persiste en la injusticia de detener a predicadores y reformadores, combatir al Islam y a los musulmanes y permitir a cruzados invasores controlar el territorio de las dos mezquitas sagradas y la Península Árabe". La detonación de la bomba en Riad debía haber mostrado a Estados Unidos el alcance de la hostilidad islamita y provocado su salida de la región: "En cambio, el secretario de Defensa de ese país ha venido a amenazar a los mujaidines con combatirlos de ser necesario". El MIC insistía en que en lugar de extraer las conclusiones correctas y retirarse de la Península Árabe, Washington sólo agravaba la situación al emitir amenazas que no podría cumplir. Así, era imperativo que los islamitas se radicalizaran: "La áspera respuesta [de los mujaidines] fue acorde con el reto del secretario de los invasores, el insolente William Perry. Al atacar el complejo de pilotos en Khobar, el MIC demostró una vez más la capacidad de sus armas".

Este movimiento declaró el 16 de julio que se enfrentaba al presidente de Estados Unidos más que al secretario de Defensa Perry. A la luz de la "lógica" ideológica elucidada ese día, su advertencia, publicada el 17 de julio, era verosímil. En ella decía que, dada la renuencia de Estados Unidos a retirar sus fuerzas y, en vista de sus crecientes amenazas, era necesaria una drástica intensificación de la lucha antiestadounidense: "Los mujaidines darán la más enérgica respuesta a los amagos del insensato presidente de Estados Unidos. A todos sorprenderá la magnitud de la respuesta, la fecha y hora de la cual serán determinadas por los mujaidines. Los invasores deben disponerse a marcharse, vivos o muertos. Se acerca ya el amanecer. ¿O no es así?" El vuelo 800 de TWA explotó, efectivamente, cuando amanecía en el Reino Unido.

Al día siguiente, 18 de julio, el MIC emitió un comunicado complementario, esta vez en Beirut vía canales terroristas islamitas establecidos. En él se repetían las diatribas contra la obstinada presencia de Estados Unidos en Arabia Saudita y la protección de la Casa de al-Saud por este país. Se decía específicamente que, aunque el objetivo de los islamitas era echar a Estados Unidos de la Península Árabe, su jihad crecería para "destruir intereses estadounidenses en cualquier parte del mundo". El comunicado concluía con una confesión de responsabilidad del derribamiento del vuelo 800 de TWA y la advertencia de una escalada mayor: "Cumplimos nuestra promesa con el ataque al avión de ayer. Muy pronto sabrán del cuarto acontecimiento". Se planeaba en efecto un cuarto suceso, el cual fue finalmente cancelado.

El uso del MIC como vehículo para la advertencia fue significativo. Desde principios de abril de 1995, ese movimiento había demostrado ser un órgano sumamente confiable para la emisión de mensajes conjuntos de las organizaciones islamitas patrocinadas por Teherán y el movimiento islamita militante saudita, asociado tanto con el sheik Udah como con Osama bin Laden. Dada la reciente activación del Hezbolá International en Teherán y el ascenso de bin Laden, el uso de un órgano de autoridad y asociaciones probadas sirvió para garantizar que la importancia y legitimidad de la advertencia y el comunicado no se desvanecieran en el mundo árabe. Dirigentes del MIC habían participado en las conferencias terroristas de junio en Teherán. Nuevos acontecimientos en esta ciudad acrecentaron la preocupación iraní por la Península Árabe y el Golfo Pérsico como principal objetivo de su ímpetu terrorista.

El 19 de julio, la prédica pronunciada durante las oraciones del viernes fue dicha por el ayatola Mohammad Emami-Kashani, vocero del Consejo de Guardianes. Subordinado únicamente al líder espiritual de Irán, el Consejo de Guardianes se compone de los seis teólogos y los seis juristas más destacados de Irán, cuya tarea es revisar y confirmar el apego al precepto islámico de toda ley y política de la República Islámica de Irán. La prédica trató de asuntos de seguridad y en ella se filtró una velada amenaza a los estados del Golfo en el sentido de que, de no ser "amigos de Irán" para disfrutar de seguridad y estabilidad regionales, enfrentarían los riesgos inherentes a la paz con Israel y la dependencia de Estados Unidos. El ayatola Emami-Kashani advirtió que "el mundo del Islam, los países y gobiernos islámicos, deben prestar atención al clamor de Irán, de la República Islámica, que les dice: somos sus amigos. Protejamos juntos la región; hagamos de ella un lugar seguro y protegido; hagamos del mundo islámico un sitio seguro".

El 20 de julio se inició en Teherán una nueva conferencia del Hezbolá International, cuyo principal objetivo fue planear una nueva oleada de ataques contra blancos estadounidenses en el mundo entero. También esta vez, junto con un reducido grupo de las organizaciones más confiables, estuvieron presentes los líderes del MIC, cuyos recientes "logros" fueron reconocidos.

En Teherán, los iraníes y el Comité Tripartita celebraron las recientes actividades con que habían demostrado la intensidad de su lucha contra Estados Unidos. Sin embargo, esos mensajes autocongratulatorios fueron muy vagos. De igual forma, ningún participante se atribuyó ninguna operación específica. Tal vaguedad había imbuido también todas las previas formulaciones iraníes y de influencia iraní sobre la responsabilidad de actos específicos de terrorismo islamita. Los participantes juraron agudizar aún más su lucha, en particular para expulsar a Estados Unidos de la Península Árabe y del Golfo Pérsico, en el mismo tono de la advertencia y comunicado emitidos por el MIC.

La dirigencia islamita no dejó duda de la estrategia que había adoptado. De nueva cuenta, un editorial del diario *al-Quds al-Arabi*, con sede en Londres, sirvió para esbozar la lógica e intensificación en curso del terrorismo islamita, específicamente en y contra Estados Unidos. Sin hacer referencia explícita al vuelo 800 de TWA, el editorial recalcaba que "el terrorismo… ya ha alcanzado a Estados Unidos, país que siempre había sido inmune a operaciones terroristas" a causa de su distancia de Medio Oriente y su carencia de legado colonial. Esta situación había cambiado drásticamente. *Al-Quds al-Arabi* explicaba que "las políticas internas y externas de Estados Unidos han perdido esa inmunidad, por efecto de las bombas en el World Trade Center de Nueva York, Oklahoma y, recientemente, de las Olimpiadas de Atlanta". Además, Washington debía esperar atentados islamitas contra objetivos suyos en todo el mundo, ya que "su política exterior... da sólido sustento a los grupos que hicieron uso de la violencia en el ataque a bases estadounidense en Riad, Dhahran y, antes, Beirut".

En ese mismo artículo se consideraba que las nuevas medidas antiterroristas anunciadas por Estados Unidos y sus aliados serían incapaces de revertir el ascenso del terrorismo islamita. "La conferencia de París tomará decisiones de seguridad para resolver problemas políticos, pero no podrá poner fin al terrorismo", concluía. El tema de qué medidas antiterroristas occidentales darían motivo a adicionales oleadas de terrorismo preventivo y vengador islamita, también había sido señalado por los participantes en la cumbre de Konli como justificación de la nueva escalada.

La inclinación islamita por explicar decisiones estratégicas y emitir advertencias y comunicados reivindicatorios de actos terroristas, obligaba a tomar en serio la emergente corriente terrorista de patrocinio estatal. Bin Laden consolidaba mientras tanto una nueva infraestructura de apoyo para espectaculares acciones terroristas islamitas: los emiratos en Afganistán. Por lo pronto, su alta categoría ya saltaba a la vista en la dinámica general islamita: era miembro del Comité Tripartita; había desempeñado un distinguido papel en la cumbre de Konli, en la que se decidieron importantes asuntos doctrinales, y *al-Quds al-Arabi*, dirigido por un confidente suyo, emergía como cauce para la difusión de información islamita.

De nueva cuenta, la convergencia de sucesos aparentemente inconexos marcó otro hito en el ascenso del terrorismo islamita internacional. Esta vez se trató del traslado a Afganistán, desde Sudán, de la principal base de bin Laden y del establecimiento por Paquistán del gobierno Talibán en Afganistán. Estas condiciones facilitaron el surgimiento de los emiratos de bin Laden y, en consecuencia, de una nueva época en la jihad islamita antiestadounidense.

7

Declaración de guerra

Mientras el mundo concentraba su atención en la serie de espectaculares operaciones terroristas, el acontecimiento terrorista más significativo de 1996, la consolidación de los emiratos de Osama bin Laden en Afganistán, ocurría sigilosamente en las sombras. Bin Laden se estableció en la región de Afganistán bajo control del Talibán en el verano de 1996, para erigir un sistema de campos de entrenamiento. Por efecto del régimen territorial del sistema de los emiratos, adquirió la categoría de líder —emir—, pese a carecer de educación religiosa formal. De tendencias extremistas de raigambre religiosa, los islamitas suelen congregarse en torno a carismáticos líderes religiosos en busca de orientación y motivación. Entre ellos puede citarse al sheik Omar Abdul Rahman, famoso por el World Trade Center; el sheik AbdAllah Yussuf Azzam, mentor de bin Laden en Afganistán, y el ayatola Ruhollah Jomeini, quien inspiró a Irán y puso en marcha un movimiento islamita mundial. Históricamente, sólo unos cuantos hombres carentes de educación islámica formal han sido reconocidos como líderes, con base sobre todo en su fervor, conocimiento e inigualada contribución al progreso de las causas islámicas e islamitas por medios militares: la jihad. Uno de ellos fue Saladino, quien derrotó a los cruzados y liberó Jerusalén. El ascenso de bin Laden a la condición de emir implicó su reconocimiento por la dirigencia islamita como líder único e importante mujaidín. En adelante se le llamaría sheik bin Laden, título de honor entre los musulmanes. En el curso de ese año, luego de su reconocimiento como gran líder en las conferencias de Teherán, bin Laden comenzó a expresar sus posiciones y opiniones. Su ideología se centra en la declaración de una implacable e inexorable guerra contra Estados Unidos, hasta que abandone primero la Península Árabe y después todo el mundo musulmán.

En agosto de 1996, bin Laden emitió su primer extenso y detallado *bayan* (manifiesto doctrinal o declaración política), el cual constituyó su inicial "declaración de guerra" formal. A causa de su excepcional posición —se había convertido en emir gracias a sus cualidades como mujaidín y comandante—, la importancia de ese edicto no debe subestimarse. En esencia, ese bayan justifica y explica el nuevo papel de bin Laden en la jerarquía islamita. El hecho de que ningún líder terrorista anterior, de ninguna ideología, se haya atrevido a enfrentar tan directamente a Estados Unidos, confirma la resolución y determinación de bin Laden.

El surgimiento del imperio terrorista de bin Laden en Afganistán fue posible gracias a dos acontecimientos clave: su reubicación en Afganistán y el establecimiento del régimen Talibán en ese país.

A mediados de mayo de 1996, el general Bashir, de Sudán, sucumbió a las presiones e incentivos financieros de Arabia Saudita y ordenó la expulsión del país de Osama bin Laden y sus numerosos seguidores. Bin Laden había sido una de las fuerzas impulsoras e inspiradoras del movimiento islamita que pugnaba por derrocar, en Arabia Saudita, a la Casa de al-Saud para establecer en su lugar un Estado islamita. Dado el agravamiento de la crisis de sucesión en Riad, aquella dinastía intentó reducir la presión silenciando a su principal y más elocuente enemigo: Osama bin Laden. Riad se valió para ello del aprieto económico de Sudán y le ofreció generoso apoyo, incluido petróleo casi gratuito, a cambio de la expulsión de bin Laden. Ésta se esperaba en realidad desde hacía tiempo, puesto que desde el otoño de 1995 había surgido una disputa entre bin Laden y el gobierno sudanés, especialmente con Bashir y Turabi. Bin Laden había objetado el uso de recursos islamitas, en especial de árabes "afganos", en la guerra civil sudanesa, cuando habrían podido ser utilizados en atentados contra Occidente. A principios de 1996, amenazó con retirar sus activos financieros de Sudán, a sabiendas de que ello significaría la ruina de la economía sudanesa. Así, las presiones y ofertas sauditas para salvar la economía de Sudán obligaron a bin Laden a llegar a un acuerdo con Turabi y Bashir para su salida concertada del país.

Por ello, la partida de bin Laden no fue la inmediata expulsión que Bashir y Turabi habrían deseado exhibir ante el mundo. Tras despegar del aeropuerto de Jartum, su avión aterrizó en el de Wadi Saydna, a apenas unos cuantos kilómetros de distancia, de donde fue trasladado por la inteligencia sudanesa a un lugar secreto en la provincia de Darfur, al oeste de Sudán, dotada de una vasta infraestructura de entrenamiento de terroristas. Con la colaboración de sus ayudantes, bin Laden organizó ahí el traslado de sus fuerzas y bienes a Paquistán y Afganistán a fin de consumarlo en el lapso de unas cuantas semanas. Su arribo a Afganistán, en mayo de 1996, representó el incremento de la capacidad del ya impresionante sistema terrorista de ese país.

Gracias a la asistencia de la inteligencia paquistaní, el ISI, en 1996 ya se había consolidado la infraestructura terrorista islamita de Afganistán. En la primavera de 1995, el MIC había comenzado a transferir a Afganistán algunos de sus principales campos de entrenamiento de sunnitas. Los más importantes eran los campos para operaciones de alto riesgo destinados, a reclutas de numerosos países árabes, islámicos e incluso europeos. Los campos clave para actividades terroristas sofisticadas y espectaculares —incluidas las operaciones de alto riesgo— con el uso de explosivos avanzados como C-4 y Semtex estaban en Paktia y Chahar-Asiab, al este de Afganistán, y se hallaban bajo el mando del Hizb-i Islami de Gulbaddin Hekmatiyar.

La importancia de estos sitios se puso de manifiesto cuando Paquistán intentó recuperarlos en ocasión del estallido en Afganistán de una despiadada y fratricida guerra civil. En el otoño de 1995, ya le era muy difícil a Islamabad ocultar y negar que el ISI patrocinaba el terrorismo internacional y regional. Un alto oficial árabe partidario de Benazir Bhutto, pretendió conciliar la declarada inclinación prooccidental de ésta con el creciente apoyo prestado por el ISI a los "afganos" y otros terroristas islamitas. Pese a su deseo de "complacer a los estadounidenses" y sumarse a la lucha contra el terrorismo islamita, explicó ese oficial, Bhutto "enfrentaba dificultades internas y una corriente política, militar y económica contra la entrega de los árabes "afganos". Tal corriente comprendía a la inteligencia militar, partidos políticos civiles y a la camarilla que representaba los intereses de los narcotraficantes. Todos esos grupos estaban —y aún lo están— decididos a proteger a aquellos fundamentalistas árabes, inclusive a los reclamados por haber cometido crímenes en sus respectivos países".

La más enérgica partidaria de los árabes "afganos" y de la preservación del patrocinio de sus operaciones por Islamabad era la casta militar paquistaní. Islamabad, explicó el alto oficial árabe, "se sirve de grupos de 'afganos' en la guerra que libra con la India en Cachemira, así como en la guerra de facciones en Afganistán. A eso se debe que las campañas oficiales paquistaníes para expulsar a los árabes "afganos" hayan sido ineficaces". De este modo, la permanencia de los árabes "afganos" en Paquistán, si bien lejos de Islamabad, estaba asegurada.

En principio, los militantes islamitas, entre ellos reconocidos terroristas, no tenían mucho de qué preocuparse en Paquistán y Afganistán: "Pese a que Benazir Bhutto cumplió las exigencias estadounidenses de depurar los órganos de seguridad, le fue imposible lanzar una profunda campaña antiterrorista para librarse al menos de los 'afganos' de conocido extremismo y quienes eran buscados por delitos cometidos en su país de origen", declaró el oficial árabe, quien, por lo demás, no preveía ningún futuro avance significativo en ese sentido: "Paquistán sigue siendo, junto con Afganistán, la mayor fortaleza de… terroristas árabes", los cuales continuaban operando bajo "la protección de los órganos de seguridad paquistaníes".

Como era de esperarse, el ISI paquistaní se apoderó de los campos especializados de entrenamiento durante la ofensiva Talibán contra Kabul. Movilizó a muchos árabes "afganos" —procedentes de Egipto, Argelia y Sudán— a centros bajo su control en Lahore, Paquistán, donde durante un par de meses les impartió entrenamiento intensivo para desarrollar aún más sus habilidades y pericia terroristas. Reagrupados más tarde, los árabes "afganos" fueron devueltos a Afganistán con la ayuda de Qazi Hussein Ahmad, líder del Grupo Islámico Paquistaní. Así, en la primavera de 1996, ya existía en Afganistán una sólida y bien organizada base de "afganos" y "balcánicos", lista para el arribo de Osama bin Laden y su patrimonio.

A su llegada a Afganistán, bin Laden estableció su cuartel general en un campamento en la provincia de Nangarhar, con el sheik Younis Khalis, veterano líder de Hizb-i Islami (aunque de una facción diferente a la de Hekmatiyar) durante la guerra en Afganistán y a cuyos mujaidines bin Laden había ayudado en la década de los ochenta. Los árabes ya habían instalado tres emiratos semiautónomos en las provincias de Kunar, Wakhan y Paktia. Los árabes "afganos" y "balcánicos" disponían ahí de centros de entrenamiento, guaridas, unidades de coordinación logística y centros de mando y comunicación con sus combatientes en Egipto, Arabia Saudita, Argelia, India, Tadjikistán, Azerbaidján y otros Estados árabes. Las ciudades fortificadas en su poder eran de la mayor importancia para su empresa terrorista, pues alojaban plantas generadoras de energía, equipo telefónico y de televisión vía satélite, talleres para la impresión de boletines clandestinos y gran cantidad de armas modernas, desde las provistas a los mujaidines afganos durante la década de los ochenta hasta sistemas aún más modernos recientemente adquiridos y recibidos vía Paquistán. Además, los emiratos de Afganistán servían como bases de apoyo a largo plazo para terroristas islamitas, quienes se desplazaban desde ahí para complementar y dirigir operaciones especiales en Medio Oriente, India (no sólo Cachemira) y, crecientemente, Europa occidental.

El sostenimiento de esta vasta y completa infraestructura terrorista no habría sido posible sin el amplio apoyo del ISI. La influencia de Qazi Hussein Ahmad garantizaba el activo apoyo de sus seguidores a los terroristas islamitas en la casta militar paquistaní. Ahmad Wali Massud, vocero del gobierno afgano pre Talibán en Kabul, se quejó de que los árabes "afganos" se ocultan en ciudades fortificadas anteriormente leales al Hizb-i Islami, con la aprobación y el apoyo de Paquistán. "Afganos" y"balcánicos" gozan de plena libertad de tránsito en este país, a través del cual ocurren tanto la totalidad de sus desplazamientos internacionales como el flujo de bienes, servicios y comunicaciones internacionales dirigidos a ellos.

En la primavera de 1996, varios experimentados terroristas árabes se servían de los emiratos de Afganistán como base de apoyo a las diversas jihad en curso en el mundo árabe, incluidos sus países de origen. Mustafa Hamzah, alias Abu-Hazim, por ejemplo, operaba sin riesgos desde una base en el emirato de Kunar, Afganistán. En el verano de 1995, Hamzah desempeñó un importante papel en la organización de un levantamiento popular islamita en Egipto para explotar el impacto del previsto asesinato del presidente Mubarak en Addis-Abeba, operación totalmente planeada y organizada en Jartum. Tras el fracaso de ésta, Turabi pidió a Hamzah mudar su cuartel general a Paquistán y Afganistán.

La victoria de los Talibán en Afganistán elevó aún más el prestigio y posición de los "afganos" extranjeros, no sólo árabes, con quienes aquéllos mantienen un profundo compromiso teológico e histórico a causa de su contribución a la jihad antisoviética. Asimismo, la idea de los Talibán acerca de un Islam global, sin fronteras, es prácticamente idéntica a la de los islamitas. La intensidad del compromiso con los "afganos" quedó demostrada en uno de los primeros encuentros de los Talibán con bin Laden, en Jalalabad. De acuerdo con un informe del escritor islamita Abu Abdul Aziz al-Afghani, el acto de salutación que los delegados Talibán rindieron a bin Laden prodigó en honores y muestras de reconocimiento a su dignidad. Uno de los principales comandantes Talibán le dijo: "¡Oh, sheik! Nuestros dominios no son de los afganos, sino de Alá; y nuestra jihad no fue la de los afganos, sino que es la de [todos] los musulmanes. Los sepulcros de tus mártires en todas las regiones de Afganistán dan testimonio de ello. Estás en familia y entre los tuyos, y bendecimos el suelo que pisas". Este profundo compromiso islámico es lo que asegura el refugio de bin Laden en Afganistán, a pesar de los incentivos y amenazas de Estados Unidos y otras naciones.

Pero si bien los Talibán acogieron gustosamente a bin Laden, sus señores, los audaces pero prudentes comandantes del ISI, prefirieron cerciorarse de que ello no daría motivo a un conflicto mayor con la dirigencia saudita. Así, en abril de 1997, el ISI consultó al príncipe Turki bin-Faisal, jefe de la inteligencia saudita, acerca de bin Laden. A causa de reiteradas acusaciones de que éste había intervenido en atentados ocurridos en Arabia Saudita, el ISI consiguió incluso que una fuerza Talibán leal sometiera a bin Laden a un discreto arresto domiciliario en Qandahar, en previsión de su posible extradición a aquel país. Días después, sin embargo, el embajador saudita en Islamabad emitió una respuesta formal en la que se leía: "El señor bin Laden no ha cometido ningún delito en Arabia Saudita. El reino jamás ha solicitado su arresto". Hasta la fecha, Riad no se ha retractado de este mensaje ni expedido ningún otro, ni siquiera en las docenas de reuniones que el príncipe Turki ha sostenido con la dirigencia Talibán y el alto mando del ISI.

Una vez seguro en Afganistán y habiendo obtenido el reconocimiento a su alta investidura, lo mismo en el ámbito local, a través de los emiratos, que en el internacional, como quedó demostrado en el nuevo Hezbolá Internacional, bin Laden procedió a hacer públicos sus pronunciamientos sobre el futuro de la lucha islamita en Arabia Saudita. A principios de julio de 1996, Robert Fisk, del diario inglés *Independent*, fue uno de los primeros en entrevistarlo en la provincia de Nangarhar, Afganistán.

Bin Laden afirmó en esa entrevista que los entonces recientes estallidos de bombas en Arabia Saudita representaban "el inicio de la guerra de los musulmanes contra Estados Unidos", y que su objetivo particular era el establecimiento de un "auténtico" Estado islámico adepto a la Sharia. El cumplimiento de ese objetivo implicaba necesariamente la confrontación con Estados Unidos, porque Arabia Saudita se había convertido en "una colonia estadounidense". Interrogado acerca de si todo ello significaba que había declarado la guerra a Occidente, bin Laden contestó: "No es una declaración de guerra, sino una descripción real de la situación. En todo caso, no hemos declarado la guerra a Occidente y su pueblo, sino al gobierno de Estados Unidos, contrario a todos los musulmanes".

Agregó que los estallidos de bombas en Dhahran eran sencillamente una demostración del profundo odio por Estados Unidos. "Hace no mucho tiempo insté a los estadounidenses a retirar sus tropas de Arabia Saudita", señaló. "Hoy aconsejamos lo mismo a los gobiernos de Inglaterra y Francia, porque lo ocurrido en Riad y Khobar revela que las personas que perpetraron esos hechos saben elegir su blanco. Hirieron a su principal enemigo, Estados Unidos. No mataron a enemigos secundarios, ni a sus hermanos del ejército y la policía de Arabia Saudita… Doy este consejo al gobierno de Inglaterra."

Explicó además que Estados Unidos no habría podido acumular tanto poder en Arabia Saudita sin la complicidad de la Casa de al-Saud, lo que le permitió "occidentalizar a Arabia Saudita y drenar la economía". Pero, insistió, el odio hacia Estados Unidos no era producto únicamente de su apoyo a la Casa de al-Saud, sino también del rechazo de los musulmanes a las políticas estadounidenses. "La explosión de Khobar", dijo, "no fue en reacción directa a la ocupación estadounidense, sino resultado de la conducta de Estados Unidos contra los musulmanes, de su apoyo a los judíos en Palestina, de las masacres de musulmanes en Palestina y Líbano —en Sabra, Chatila y Qana— y de la conferencia Sharm el-Sheik [antiterrorista]."

Bin Laden consideró que el arresto del sheik Udah y sus seguidores había sido un punto de inflexión en las relaciones islamitas con la Casa de al-Saud. "El régimen saudita perdió toda legitimidad al ofender y encarcelar a los ulemas hace 18 meses", declaró, tropiezo al que desde entonces se habían sumado muchos otros "errores": "El pueblo paga hoy la crisis financiera del reino. Los contratos con comerciantes sauditas fueron rescindidos. El gobierno les debe 340 000 millones de riales saudíes, monto equivalente al 90 por ciento del ingreso nacional. Los precios se han elevado y la gente tiene que pagar más por energía eléctrica, agua y combustible. Los agricultores no han recibido dinero; las subvenciones gubernamentales aún vigentes se otorgan ahora bajo la forma de prestamos bancarios. La educación se ha deteriorado tanto que las familias se han visto obligadas a retirar a sus hijos de las escuelas del gobierno para inscribirlos en costosas instituciones privadas".

Según bin Laden, el saudita promedio culpaba de esa crisis a Estados Unidos. "El pueblo saudita recuerda ahora las palabras de los ulemas y se ha dado cuenta de que Estados Unidos es la principal razón de sus problemas." Añadió que "el hombre ordinario sabe que su país es el mayor productor de petróleo del mundo, pero al mismo tiempo padece impuestos y malos servicios. Ahora la gente comprende los discursos de los ulemas en las mezquitas: que nuestro país se ha convertido en una colonia estadounidense, y por eso actúa decididamente para echar a los estadounidenses de Arabia Saudita. Lo sucedido en Riad y Khobar... es clara evidencia de la inmensa ira del pueblo saudita contra Estados Unidos. Hoy los sauditas saben que su verdadero enemigo es Estados Unidos".

Fisk observó que "había algo ominoso en los cálculos de bin Laden", quien compendió en una breve afirmación la lógica del terrorismo espectacular: "Para un pueblo que no ha escuchado en cien años ni siquiera la explosión de un kilogramo de dinamita, la explosión en Khobar de 2 500 kilos de dinamita, resulta una clara evidencia de la resistencia de este pueblo contra la ocupación estadounidense".

Aun así, bin Laden reiteró que la confrontación con Estados Unidos trascendía la resistencia contra la presencia de tropas estadounidenses en Arabia Saudita. "A los musulmanes nos une un profundo sentimiento común", explicó. "Sentimos lo que sufren nuestros hermanos en Palestina y Líbano. La explosión de Khobar no fue resultado directo de la ocupación estadounidense, sino de la conducta de Estados Unidos contra los musulmanes... Cuando 60 judíos mueren en Palestina (como ocurrió en estallidos suicidas hace unos meses), el mundo entero expresa su repudio en menos de siete días, mientras que la muerte de 600 000 niños iraquíes (tras las sanciones de las Naciones Unidas impuestas a Irak) no merece igual reacción. La muerte de los niños iraquíes es una cruzada contra el Islam. A los musulmanes no nos simpatiza el actual régimen iraquí, pero el pueblo de Irak y sus hijos son nuestros hermanos y su futuro nos preocupa".

Bin Laden no creía que hubiese ninguna posibilidad de evitar la confrontación entre los islamitas sauditas y Estados Unidos. "Nuestros líderes, los ulemas, en quienes tenemos absoluta confianza, nos han dado la fatwa de expulsar a los estadounidenses. La solución a esta crisis es el retiro de las tropas de Estados Unidos... Su presencia militar es un insulto para el pueblo saudita." Agregó que esa lucha sería el inicio de un enfrentamiento mayor, el cual se extendería a todo el mundo musulmán. "Tarde o temprano, los estadounidenses saldrán de Arabia Saudita. La guerra que Estados Unidos ha declarado al pueblo saudita es una guerra contra todos los musulmanes. La resistencia en su contra se propagará a muchos, muchos sitios en todos los países musulmanes."

El bayan de bin Laden, un documento de doce páginas titulado "Declaración de guerra", contiene lúcidos y coherentes argumentos de su posición contra Estados Unidos. Como todo documento islamita importante, citas del Corán fundamentan puntos y conclusiones clave; es obra sin duda de un erudito. Tras presentarse en el sustantivo argumento de que la presencia de fuerzas estadounidenses en la Península Árabe es nociva para el crecimiento del Islam, se emite un ultimátum para el retiro de la totalidad de las tropas estadounidenses de Arabia Saudita antes de que los islamitas locales las obliguen a salir por la fuerza. Finalmente, se recuerda a los estadounidenses que la juventud islamita derrotó a la Unión Soviética en Afganistán.

En un detallado análisis del bayan de bin Laden, académicos islamitas destacaron su significación en el contexto de la experiencia personal de aquél, en particular su ruptura con Riad pese a sus esfuerzos por ser un súbdito leal. "El sheik Osama ha sido un símbolo de generosidad, tanto en lo que se refiere a sí mismo como a sus posesiones", aseguraron esos especialistas. "Nadie puede poner en duda ni rebatir su contribución a la jihad en Afganistán. No obstante su destreza militar y el gran número de seguidores entrenados que tenía bajo su mando, durante la crisis del Golfo [Pérsico] se abstuvo de enfrentar al régimen [de Arabia Saudita] —e incluso al de Estados Unidos—, a causa de factores y condiciones imperantes en ese momento." La Casa de al-Saud se atrajo la cólera de los islamitas al optar por los estadounidenses sobre los islamitas sauditas. El bayan dejó abierta la posibilidad de arremeter contra Riad si los estadounidenses eran expulsados de Arabia.

Los analistas subrayaron que, dados los antecedentes e historial de servicio de bin Laden, su advertencia debía tomarse muy en serio. "El plan que el sheik Osama ha perseguido y al que debe su renombre, el cual no es otro que el mensaje del Islam y la bandera de la jihad, lo autoriza a creer que el Islam se halla en pie de guerra contra Estados Unidos... De un hombre como él —y frente a lo que ve suceder en el mundo, su propio país y su alma, con un largo historial en la jihad y de probado fervor y ascetismo pese a los abundantes bienes materiales que Dios le ha concedido— no puede esperarse una aceptación resignada de ese destino [la destrucción del Islam]. A quienes conocen su personalidad y condición les sorprendió en realidad que haya demorado tanto en adoptar esa actitud."

En referencia al bayan, esas mismas fuentes remarcaron que las fuerzas islamitas estaban prestas y en capacidad de ejecutar el llamado a las armas de bin Laden. Apuntaron que la "actividad militar guerrillera no demanda tantos efectivos como los que exigen los ejércitos y órganos de seguridad. Puede alcanzar su objetivo con un limitado número de

personas, particularmente contra un blanco como los estadounidenses... Todo indica que existen suficientes cuadros, formaciones y
preparativos logísticos para el cumplimiento, aun en grado mínimo,
de los objetivos definidos en la declaración en cuestión". Añadieron
que "todos los indicios a nuestra disposición señalan que el sheik Osama
y sus seguidores pasarán a los hechos". Así pues, aconsejaron a Estados
Unidos: "Si efectivamente los mujaidines proceden contra los estadounidenses, sería recomendable que éstos, si en verdad desean evitarse
una humillación, se retiraran antes de salir derrotados, como les ocurrió
en Somalia y Líbano. Cualquier acto en tal dirección no hará sino provocar nuevos incidentes y la militarización de la juventud para integrarla
a esa corriente, como sucedió luego de las explosiones en Riad y al-
Khobar. Hemos señalado esto en más de una ocasión".

El propio bin Laden aludió a la distinción entre la política saudita y
la occidental. "La política exterior del régimen saudita, en lo referente
a los asuntos islámicos, está atada a las de [Inglaterra y Estados Unidos]",
explicó. "Es bien sabido que la política de estos dos países ostenta la
mayor enemistad contra el mundo islámico." En consecuencia, los ataques de los mujaidines sauditas contra objetivos estadounidenses en
Arabia Saudita fueron una señal tanto para Riad como para Washington:
"Las dos explosiones en Riad tuvieron notorios efectos sobre asuntos
internos y externos. El más importante de ellos es la conciencia del
pueblo [de Arabia Saudita] sobre la significación de la ocupación estadounidense del país de las dos mezquitas sagradas y sobre el hecho de
que los decretos del régimen son reflejo de los deseos de los ocupantes
estadounidenses. El pueblo tomó conciencia de que la causa de sus principales problemas, religiosos o relacionados con otros aspectos de su
vida cotidiana, son los ocupantes estadounidenses y sus títeres en el
régimen saudita".

También se refirió al efecto de anteriores operaciones terroristas
en Riad y Washington, las cuales "pusieron en dificultades a ambas
partes y provocaron el intercambio de acusaciones mutuas... Hay que
considerar además el ofensivo y arrogante comportamiento de los estadounidenses con el ejército saudita y su conducta general con los ciudadanos, así como los privilegios que gozan sobre las fuerzas sauditas". El
impacto conjunto de esos golpes terroristas fue la intensificación de la
oposición popular contra la presencia de Estados Unidos. Pero sobre
todo, adujo bin Laden, esos atentados recordaron a la Casa de al-Saud
que es vulnerable e "hicieron surgir voces opositoras a la ocupación
estadounidense en la familia gobernante y las fuerzas armadas. Lo

mismo ocurrió en las demás naciones del Golfo [Pérsico]: voces opositoras a la ocupación se alzaron en las familias gobernantes y gobiernos del Consejo Cooperativo de los países del Golfo".

Bin Laden subrayó que la jihad que se libraba en Arabia Saudita era sólo un reducido elemento de la urgente jihad global para enfrentar la "campaña internacional contra el Islam" dirigida por Estados Unidos. Destacó la magnitud de la amenaza: "No cabe la menor duda de que, ante esta feroz campaña judeocristiana contra el mundo musulmán, al cual jamás se le ha mostrado simpatía, los musulmanes debemos prepararnos lo mejor posible para repeler al enemigo en las áreas militar, económica, misional y todas las demás. Debemos ser pacientes, cooperar recta y fervorosamente y cobrar conciencia de que nuestra principal prioridad, después de la fe, es arrojar al enemigo invasor, el cual corrompe la religión y el mundo, y de que, después de la fe, nada merece mayor prioridad que esta causa, como lo han declarado nuestros sabios. Así, es crucial que dejemos de lado nuestras diferencias y cerremos filas para repeler al gran *Kufr* [apóstata]".

El bayan de bin Laden se dio a conocer justo cuando el Hezbolá Internacional celebraba una cumbre en Mogadiscio. Temiendo represalias internacionales por el hecho de los golpes de 1996 a las torres de Khobar, el Cairo y el derribamiento del vuelo 800 de TWA que se habían decidido en las anteriores conferencias en Teherán, los iraníes insistieron en que la nueva conferencia se llevara a cabo en Mogadiscio, para poder negar toda vinculación con aquellos sucesos. Se ignora si bin Laden acudió a esta reunión o envió a un emisario de su confianza. En ella predominaron altos comandantes "afganos" de numerosos países árabes, principalmente de los estados del Golfo Pérsico, aunque también asistieron altos oficiales de las Fuerzas al-Quds —de los cuarteles generales tanto de Teherán como de Jartum, centros de mando desde los que se controlan operaciones terroristas y de inteligencia—; un alto representante de la inteligencia iraní en Jartum, a cargo de las operaciones iraníes en África; el alto oficial coordinador de la cooperación iraní con las diversas organizaciones terroristas y movimientos radicales islamitas, y un emisario de la dirigencia islamita en Londres.

En esta conferencia se examinaron las implicaciones de "la necesidad de intensificar a fondo la guerra contra la presencia de Estados Unidos en el Golfo [Pérsico] con operaciones similares a las realizadas en Riad y Khobar", para lo cual se estudiaron varios planes de contingencia específicos. Los dirigentes de las organizaciones "afganas" de los estados del Golfo urgieron el lanzamiento de una campaña terrorista a gran escala contra todas las facetas de la presencia estadounidense en la región. Estaban dispuestos a comprometer en esa campaña la totalidad de sus fuerzas, entre ellas sus brigadas de comandos con unidades especiales entrenadas en operaciones submarinas en campamentos en Irán, Sudán y Líbano. Más prudentes, los iraníes propusieron cautela, en vista de la alerta antiterrorista de la mayoría de los estados del Golfo. Sugirieron planear y preparar algunas operaciones antiestadounidenses espectaculares tanto en la Península Árabe como en escenarios distantes, menos atrincherados. Asimismo, se giraron instrucciones para el entrenamiento especializado de terroristas expertos en los campamentos de Afganistán.

A fines de 1996, el Talibán no sólo permitió a Osama bin Laden permanecer en sus campamentos de Jalalabad, sino que además extendió su protección a esos centros y al tránsito entre ellos y Paquistán. Bin Laden estrechó sus relaciones con la dirigencia Talibán en Jalalabad y Kabul. Los Talibán comunicaron a Islamabad su beneplácito por la presencia y operaciones de los más de 400 "afganos" árabes en el territorio afgano bajo su control, y solicitaron al ISI autorización para entrenar a fuerzas de élite en el campamento cercano a Khowst, al este de Afganistán. Pese a los reclamos de Arabia Saudita, aseguraron al ISI que la extradición de los árabes estaba descartada. A principios de octubre reclutaban árabes "afganos" en Afganistán y Paquistán para servir como expertos militares en sus fuerzas especiales.

El control del este de Afganistán por los Talibán permitió al ISI realizar un nuevo ajuste en el sistema de entrenamiento de terroristas. A mediados de noviembre de 1996, pidió a los Talibán cerrar los campos de entrenamiento dirigidos por Hizb-ul Mujaidín, grupo afiliado al Jamaat-i-Islami de Paquistán, en beneficio de la campaña de relaciones públicas de Islamabad en Occidente y de su pugna contra el creciente poder de los islamitas en Paquistán. La treta surtió efecto, porque el ISI ordenó después a los Talibán entregar esos campamentos a la Harakat ul-Ansar, para la supuesta contribución de ésta a la jihad de Cachemira. Así, a fines de noviembre, el ISI cedió la infraestructura del área de Khowst a la Harakat ul-Ansar, bajo su absoluto control y con un destacado historial de ejecución de operaciones terroristas patrocinadas por ella en Cachemira, Birmania, Tadjikistán, Bosnia, Chechenia, Estados Unidos y Canadá. El motivo de este cambio en el control inmediato de la infraestructura de entrenamiento de Khowst fue asegurar el predominio del ISI en el entrenamiento de terroristas. Un oficial paquistaní comentó que los mujaidines incorporados a la instrucción eran "fanáticos de la guerra, con experiencia militar en Afganistán, Cachemira, Tadjikistán y Chechenia". La mayoría de esos 300 mujaidines eran paquistaníes y cachemiros, aunque también había afganos y árabes "afganos", quienes estarían a cargo de un curso de entrenamiento básico de 40 días en armas ligeras y pesadas y tácticas guerrilleras básicas y un curso de entrenamiento avanzado, con una duración de entre varios meses y un par de años. En agosto de 1998, Estados Unidos lanzaría misiles de crucero contra estos campos de entrenamiento.

Las bases de entrenamiento del ISI al este de Afganistán y el desplazamiento a y desde bases de apoyo en Paquistán siguieron operando sin interrupción. Las actividades de Osama bin Laden en este periodo fueron de gran importancia para la consolidación de la infraestructura de apoyo de las siguientes rondas de actos terroristas. A principios de octubre de 1996, de regreso de la cumbre terrorista de Jartum, bin Laden hizo escala en Teherán para realizar consultas. Se reunió ahí con varios líderes terroristas, entre ellos Sabri al-Bana (Abu-Nidal), para discutir la intensificación de la ofensiva terrorista en Medio Oriente. Bin Laden y Abu-Nidal consideraron el uso de los resursos de éste en el Golfo Pérsico para efectuar golpes espectaculares, como asesinatos, sabotajes y estallidos de bombas. Discutieron asimismo el uso de varios frentes comerciales y financieros, originalmente establecidos en favor de Abu-Nidal en la década de los ochenta con ayuda del ISI y el Banco de Crédito y Comercio Internacional, en apoyo a la nueva oleada de terrorismo islamita. Pese a que Abu-Nidal ya contaba con el patrocinio y la protección de Teherán, solicitaría más recursos para contribuir a la jihad.

Bin Laden y su séquito también se ocuparon en Teherán de afianzar la unidad de las organizaciones terroristas egipcias. El ministro iraní de inteligencia, Ali Fallahian, presidió una reunión de alto nivel con representantes de los ministerios iraníes del Interior, Asuntos Islámicos y Asuntos Exteriores; de las dos principales organizaciones egipcias, y de bin Laden. Entre los egipcios "afganos" asistentes estuvieron Kamal Ujayzah, colaborador de Zawahiri en Teherán, y Mustafa Hamzah, llegado de Afganistán. Los iraníes expusieron planes operativos específicos de largo plazo y explicaron a los egipcios que Teherán sólo los apoyaría —con financiamiento y entrenamiento especializado, entre otras cosas— si se unían. Los egipcios "afganos" accedieron a crear un mando operativo unificado. Bin Laden supervisaría la ejecución de esas resoluciones.

La visita de bin Laden a Teherán fue significativa para la planeación de la nueva oleada del terrorismo islamita internacional apoyada por el ISI en su propio beneficio. Gracias a su elevada posición en la Hezbolá Internacional, controlada por Teherán, bin Laden aseguró la preservación del apoyo iraní a su infraestructura y fuerzas terroristas en Afganistán. Sin embargo, esto se convirtió en un asunto delicado, a causa de las crecientes desavenencias ente Teherán y Kabul.

No obstante, y en clara muestra de sus verdaderas prioridades, Teherán no instó a bin Laden a abandonar su refugio en Afganistán y confirmó en cambio su apoyo, aunque vía Paquistán.

Como resultado de ello, bin Laden se convirtió en una especie de intermediario entre Teherán e Islamabad en lo relativo a actividades regionales y el apoyo a la plétora de movimientos islamitas. Sus viajes a Teherán fueron cada vez más frecuentes. A fines de enero de 1997, participó ahí en una reunión con altos oficiales de la inteligencia iraní, la VEVAK, y una delegación afgana encabezada por lugartenientes de Ahmad Shah Massud. Fue una reunión enigmática, ya que bin Laden gozaba de la hospitalidad y protección de los Talibán, de los que Massud era y sigue siendo acérrimo enemigo; el dominio que ejerce sobre el accidentado noreste de Afganistán impide a los Talibán controlar la totalidad del país.

El principal objetivo de esa cumbre fue establecer tanto el mecanismo para la organización y preparación de una nueva generación de islamitas "puros", en particular árabes de los estados del Golfo, como un nuevo sistema de apoyo e inteligencia. En vista de la creciente atención de los servicios de inteligencia occidentales al sistema islamita de terrorismo internacional, el alto mando de la inteligencia iraní y Hezbolá Internacional habían decidido crear un nuevo sistema, con operativos y terroristas completamente desconocidos para Occidente y mayores probabilidades de operar e infiltrarse en estados enemigos.

La jefatura de esas actividades preparatorias recayó en bin Laden. El nuevo sistema consta de múltiples capas. Gran cantidad de terroristas reciben entrenamiento inicial y básico en los campamentos del este de Afganistán. Los mujaidines más prometedores son transferidos después a entrenamientos más avanzados en Irán, principalmente en Mashhad, centro que también supervisa nuevos campamentos para árabes "afganos" en el suroeste de Afganistán, cerca de la frontera con Irán. Tras la cumbre de Teherán, bin Laden estableció un nuevo cuartel general en Mashhad, al cual podría trasladarse si las condiciones en Afganistán se tornaran intolerables. También adquirió una casa en Qom, núcleo del islamismo iraní donde se erige una escuela sunnita de altos estudios y adoctrinamiento religiosos.

El nuevo sistema de entrenamiento ya estaba en operación a principios de febrero de 1997. Bin Laden y el Talibán dirigían los campamentos Badr I y Badr II en Khasteh, cerca de Khowst, en el este de Afganistán y en las proximidades de la frontera con Paquistán, lo que garantizaba la intervención del ISI en el programa de entrenamiento. Un nuevo camino, construido en 1996, une a Khasteh con Miranshahr en Paquistán. Los campamentos Badr I y II alojan a alrededor de 600 voluntarios extranjeros, muchos de ellos árabes y el resto principalmente de Paquistán, de la Cachemira india, Filipinas y, crecientemente, Asia central y el Cáucaso. En el suroeste de Afganistán, bin Laden y los Talibán supervisan tres conglomerados de campos de entrenamiento, en los distritos de Shindand, Wahran y Farah, los cuales albergan a aproximadamente mil árabes "afganos".

Un informe de principios de 1997 de la inteligencia egipcia sobre la creciente amenaza subversiva islamita, señalaba que "Osama bin Laden trabaja a puertas cerradas preparando a un nuevo grupo de árabes 'afganos' bajo la protección del movimiento Talibán afgano, con el propósito de crear organizaciones fundamentalistas en varios países árabes e islámicos". El informe hacía hincapié en el carácter internacional de esa tarea, entre cuyas metas estaba la subversión islamita de Egipto. "Esta notoria actividad [contra Egipto] corre a través de Afganistán, Irán y Sudán, aunque tiene su centro en la zona montañosa afgana de Khorassan, sede de campos de entrenamiento de la nueva oleada de árabes 'afganos'" y mujaidines procedentes de otros países musulmanes. El objetivo último de ese proyecto, advertía el Cairo, era "preparar una segunda generación de árabes 'afganos' encargada de instaurar regímenes fundamentalistas en diversos países árabes e islámicos".

Bin Laden mantenía en las montañas de Khorassan bases fortificadas y cuarteles generales, entre ellos uno oculto en profundas cavernas. De acuerdo con un reciente visitante árabe, Abdul-Bari Atwan, director de *al-Quds al-Arabi*, el "nido de águilas" o base de los árabes "afganos" se halla en cuevas ubicadas a 2 500 metros de altitud en montañas nevadas y cuenta con numerosos guardas armados. "Está excelentemente protegida", informó Atwan. "Dispone de armas antiaéreas y tanques; vehículos blindados controlan el camino, y hay puestos de inspección de mujaidines en todas partes. Cuenta también con lanzacohetes y, según se me dijo, misiles Stinger para hacer frente a cualquier ataque." Pese a su aislamiento, esta base de bin Laden disponía de moderno equipo de comunicación para su enlace con el resto del mundo. Atwan refirió que "está dotada de un pequeño generador, computadoras, equipo moderno de recepción de señales, una enorme base de datos computarizada e información adicional conservada al modo tradicional. Vi recortes de todos los diarios árabes y algunos extranjeros. El sheik [bin Laden] recibe todos los días reportes de prensa de Londres y el Golfo [Pérsico]".

A Atwan le impresionó en particular el alto nivel de los principales asistentes y comandantes de bin Laden. "Los mujaidines que lo rodean pertenecen a la mayoría de los estados árabes, y son de diferentes edades, aunque en su mayor parte jóvenes. Son médicos, ingenieros, maestros. Abandonaron familia y empleo para unirse a la jihad afgana. Un frente abierto siempre atrae a voluntarios al martirio. Respetan a su líder, el cual no hace ostentación de su categoría. Todos dijeron estar dispuestos a morir en su defensa y que tomarían venganza contra quienquiera que le hiciese daño", así como que "estaban prestos a enfrentar las balas en cualquier momento para protegerlo". Lo dijeron con tal convicción que Atwan no dudó de la veracidad de cada palabra.

A mediados de febrero de 1997, un confiado y decidido Osama bin Laden planteó la intensificación de la jihad, en particular contra la presencia de Estados Unidos en la Península Árabe y el Golfo Pérsico. "El profeta dijo que el pueblo de la península está obligado a expulsar a los infieles cuando el número y poder de sus hombres y armas exceden a los de la población", explicó. Estados Unidos debería saber que los golpes terroristas en Arabia Saudita habían sido sólo el inicio de una feroz jihad. Subrayó que "los estallidos de bombas en Riad y al-Khobar fueron una clara indicación para que las fuerzas de los cruzados enmienden su grave error y partan antes de que sea demasiado tarde, antes de que comience la batalla final. La gente tratará a los estadounidenses como éstos la trataron. No sólo atacará al ejército de Estados Unidos; también exigirá la expulsión de los civiles de ese país".

Para él, la jihad en la Península Árabe era sólo un componente de la lucha global entre Occidente, dirigido por Estados Unidos, y el mundo musulmán: "Insisto en que esta guerra no será sólo entre el pueblo de las dos mezquitas sagradas y los estadounidenses, sino entre el mundo islámico y los estadounidenses y sus aliados, porque esta guerra es una nueva cruzada encabezada por Estados Unidos contra las naciones islámicas". Aludió a la expulsión de las fuerzas estadounidenses y de las Naciones Unidas de Somalia como precedente de su destino último en Arabia Saudita. Sostuvo que sus fuerzas islamitas desempeñaron un importante papel en la lucha de Mogadiscio contra Estados Unidos y prometió repetir esa proeza en Arabia.

Emitió entonces un llamado a las armas: "Todos los jóvenes y el país entero deben dirigir sus esfuerzos contra los estadounidenses y los sionistas, punta de lanza contra el corazón de la nación. Cualquier esfuerzo de esta clase dará excelentes, directos y positivos resultados. Así, si alguien puede matar a un soldado estadounidense, hágalo; perdería inútilmente su energía en cualquier otra cosa".

Éste fue el primero de una serie de mensajes en los que se instó a la escalada de la jihad. Bin Laden multiplicó sus amenazas a principios de marzo de 1997. Anunció el ascenso de la lucha armada contra las fuerzas estadounidenses en el Golfo Pérsico y las fuerzas israelíes doquiera se encontrasen. Afirmó que la negativa de Estados Unidos a retirarse de Medio Oriente y la reafirmación de su apoyo a Israel mantenían viva la militancia islamita en su contra. "A causa de la obstinación de Estados Unidos, esperamos la intensificación de la resistencia contra la ocupación estadounidense de los lugares santos sauditas y la ocupación sionista del territorio de Palestina", afirmó en una declaración emitida en Londres.

Pese a las presiones de importantes países árabes, como Arabia Saudita y Egipto, en favor de su extradición, bin Laden siguió gozando de la protección de los Talibán y sus amos paquistaníes, como lo confirmó a principios de marzo el anuncio formal de Kabul en este sentido. Bin Laden "es mi huésped", dijo Amir Khan Muttaqi, ministro de Información Talibán, quien refirió asimismo que aquél se hallaba en las cercanías de Jalalabad, en la base militar Tora Boora de la provincia de Nangarhar, en compañía de cincuenta asistentes —40 de los cuales tenían consigo a sus familias— y numerosos guardaespaldas con su familia. La base de Tora Boora, alojada en un edificio de piedra, estaba protegida por puestos de centinelas, tanques y defensas terrestres y aéreas y servía como punto de enlace con las autoridades paquistaníes y con los visitantes árabes y musulmanes que iban y venían de Paquistán.

El establecimiento de bin Laden en Afganistán dio nuevos bríos a las fuerzas islamitas asentadas en el Golfo Pérsico y los Balcanes. En la cumbre terrorista de Konli, Paquistán, celebrada en julio de 1996, bin Laden y Zawahiri habían resuelto atacar a fuerzas estadounidenses en territorio musulmán. A principios de 1997, bin Laden concluyó la construcción de campos de entrenamiento y centros de apoyo en Albania, los cuales brindaron a los islamitas un refugio regional seguro para la conducción de operaciones sostenidas aun si las autoridades de Sarajevo les daban la espalda y sirvieron asimismo de apoyo para la prevista escalada del terrorismo y la subversión islamita en Kosovo. A esos campos fueron enviados, desde Paquistán y Sudán, más de un centenar de experimentados terroristas, principalmente árabes, y otros más procedentes de Bosnia-Herzegovina, donde operaban usando como pantalla a numerosas organizaciones humanitarias y religiosas islámicas, cuyas actividades en Bosnia central y Albania aumentaron considerablemente en ese periodo. Tan intensa actividad era una indicación de que el alto mando islamita consideraba seriamente la posibilidad de reanudar el terrorismo internacional.

El ascenso de bin laden no ocurrió en el vacío. Además, su expulsión de Sudán no significó que Jartum renunciara al liderazgo del Islam sunnita. El desplazamiento a Teherán de las consideraciones operativas inmediatas —establecimiento del Hezbolá Internacional y ejecución de la primera serie de operaciones— permitió a Hassan al-Turabi volver a su ocupación preferida: la contemplación de las grandes doctrinas del Islam. Turabi dedicó buena parte de fines de 1996 y principios de 1997 a formular la nueva fase de elevación y expansión de la tendencia islamita. Produjo así una magna y ambiciosa visión, en la cual se definían las nuevas modalidades de las relaciones del Islam con el resto del mundo, crecientemente occidentalizado, y la senda del Islam hacia su inevitable triunfo final. Comunicó esa visión en sus conversaciones con el autor francés Alain Chevalerias, recogidas en un libro apropiadamente titulado *El Islam: el futuro del mundo*.

Turabi explicó a Chevalerias su idea de la dirección del mundo musulmán moderno en la confusa modernidad posterior a la Guerra Fría. El principal desafío que enfrenta el mundo árabe, indicó, es la acelerada caída del panarabismo como doctrina política. La regresión del panarabismo politizado, perceptible en todas las áreas, es inevitable subproducto de la declinación del Estado árabe de la era musulmana. Muchos ardientes partidarios del panarabismo buscan lazos de otro tipo para unificar a los árabes y revitalizar su dignidad. Un creciente número de ellos ya entabla tratos con los partidos islamitas en busca de un lenguaje y objetivos comunes. En consecuencia, argumentó Turabi, se ha vuelto difícil saber si la posición de muchas entidades formalmente panárabes es panárabe o panislámica.

Esas entidades, ya sean panárabes o panislámicas, se oponen rotundamente, desde luego, a cualquier régimen extranjero, principio netamente islámico no obstante su retórica nacionalista y el cual rebasa por lo tanto los confines del mundo árabe para incluir al mundo musulmán entero.

Independientemente de su naturaleza árabe o no —término de connotación más vasta que la de la simple "identidad árabe"—, esos pueblos (árabes, turcos, iraníes, etc.) necesitan unirse. Ésta es una realidad ampliamente reconocida, pues el islamismo constituye la única ideología positiva de promisoria expansión. En este sentido, Turabi se refirió al creciente aumento de individuos pensantes —incluidos marxistas recalcitrantes e intelectuales absolutamente occidentalizados— que hoy descubren el islamismo, vuelven a él o lo adoptan, perspectiva desde la cual, en su opinión, debe examinarse y estudiarse la dinámica imperante en el mundo musulmán.

Tocó luego el tema de los derechos y obligaciones de los movimientos islamitas en su afán por establecer regímenes islamitas en los estados musulmanes. En esencia, explicó, no se justifica una rebelión violenta que cause daños a la población civil, incluso si el gobierno está lejos de ser islámico, e incluso legítimo. El cumplimiento de la Sharia no puede estar por encima de la protección de la integridad de personas inocentes. Así, los partidos islamitas deben luchar incansable y enérgicamente por establecer un régimen islámico por medios pacíficos, lo que no impide que busquen protegerse y garantizar la posibilidad de actuar libremente en la propagación de sus doctrinas y principios. Si, por ejemplo, el gobierno de un Estado musulmán los reprimiera, tendrían derecho a rebelarse, y aun a hacer uso de la fuerza, puesto que la supresión del Islam político y de la propagación del islamismo convertiría a ese gobierno en apóstata. Sin mencionar a ningún gobierno específico, Turabi dio a entender que los argumentos de los islamitas egipcios contra el gobierno de Mubarak son una opción teóricamente legítima.

Pero este principio, aclaró, no se aplica a estados musulmanes bajo ocupación extranjera, así se trate de una colonia o de un Estado multiétnico en el que el gobierno y el resto de la población priven a una minoría del derecho de alcanzar sus justas aspiraciones, como en Bosnia-Herzegovina e Israel. En estos casos, la población está obligada a librar una jihad armada hasta cumplir sus anhelos. Turabi respaldó incluso la campaña de Hamas a favor de la destrucción de Israel.

Según Turabi, finalmente, la categoría más importante en el estudio de las causas del levantamiento y la violencia islamitas estaba representada por los gobiernos musulmanes que, bajo la poderosa influencia de potencias extranjeras, habían perdido su carácter islámico y su legitimidad. Señaló, así, que Arabia Saudita había vendido su alma a los estadounidenses. Haciéndose eco del principal argumento de bin Laden contra ese país, criticó duramente la decisión de Riad de invitar a fuerzas extranjeras a su territorio y permitir su permanencia en él antes de haber agotado otras posibilidades de defensa, como las que le ofrecían otras fuerzas y estados musulmanes y medios propiamente islámicos. Insistió además en que, aunque era comprensible que el pánico en el apogeo de la crisis del Golfo hubiera instado a Riad a permitir el despliegue de fuerzas estadounidenses en su territorio, la permanencia de éstas en la tierra sagrada de las dos mezquitas santas no era excusable ni justificable.

Aunque se abstuvo de respaldar los golpes terroristas contra los estadounidenses en Arabia Saudita, Turabi afirmó que comprendía y simpatizaba con sus perpetradores, dada la excepcional importancia de Arabia Saudita para todos los musulmanes. Señaló, sin embargo, que conocía bien a los gobernantes sauditas y no dudaba en absoluto de la firmeza de su fe musulmana. Estaba convencido de que, dadas las condiciones correctas, pugnarían por aplicar el Islam. Algunos miembros de la Casa de al-Saud incluso podían convertirse en gobernantes musulmanes ejemplares y dignos guardianes de los lugares sagrados. De ahí que no hubiera razón para una revuelta violenta contra esa dinastía. El principal problema estribaba en la abrumadora presencia estadounidense en Arabia Saudita, la cual impedía a la Casa de al-Saud establecer el genuino régimen islámico al que verdaderamente aspiraba. Los estadounidenses harían lo que fuese para mantener su control sobre los tesoros petroleros de Arabia. Y dado el historial militar cuasi genocida de Estados Unidos —como se demostró en Vietnam y Somalia—, no era de sorprender que Riad dudara de impugnar su influencia.

Además, el problema de la expansión hegemónica estadounidense se agravaba por el deseo de Estados Unidos de vencer a Inglaterra y Francia, de cuyas tradicionales esferas de influencia pretendía apoderarse, como lo comprobaba el caso de Kenia, arrebatada a los ingleses. Éste era un acontecimiento sumamente preocupante.

Los islamitas podían desempeñar un papel importante en la expulsión de los estadounidenses de territorio musulmán, aunque Turabi se cuidó nuevamente de apoyar o alentar el terrorismo y la violencia, actos que, sin embargo, justificó al referirse a la campaña de Hamas de atentados dinamiteros contra civiles en Israel. A veces, lo más conveniente es "aterrorizar" a implacables enemigos, indicó. Turabi comprendía el uso de bombas contra civiles en esas circunstancias. Pero para que el terrorismo fuera aceptable desde el punto de vista islámico, los islamitas debían ofrecer simultáneamente a sus enemigos una opción positiva y viable para escapar a la violencia, así como Dios creó tanto el cielo como el infierno.

Turabi eludió en definitiva un llamado directo o una muestra de respaldo a una campaña terrorista islamita para expulsar a los estadounidenses de Arabia y dar oportunidad a la Casa de al-Saud de demostrar si era capaz de establecer un gobierno islámico. Sencillamente teorizó que ésa era la vía musulmana correcta para resolver el candente problema de la profanadora presencia de Estados Unidos en Arabia. Su formulación doctrinal, sin embargo, tiene implicaciones siniestras, ya que supone tender el teatro de operaciones contra Estados Unidos sobre todos los países en los que éste está presente, en especial sobre aquellos en los que persigue ejercer dosis adicionales de influencia, hegemonía y control en perjuicio de intereses musulmanes, como Bosnia-Herzegovina y Kenia. Turabi se mostró seguro de que esas campañas estaban destinadas a triunfar, porque, después de todo, el Islam es el futuro del mundo.

En esas discusiones, Turabi formuló teorías abstractas y dio respuesta a preguntas hipotéticas. O al menos así lo pretendió. Pero bastarían un par de meses para que emergiera la esencia de sus contemplaciones. En el verano de 1997, los islamitas constatarían que las medidas ideadas por Turabi les eran de suma utilidad para llevar a la práctica sus nobles ideas. Los principales estados patrocinadores del terrorismo —Irán, Sudán y Paquistán— ya habían iniciado para entonces amplios preparativos de la nueva oleada de terrorismo internacional, así como la formulación de su lógica y justificación doctrinales. En ese periodo, el papel de bin Laden se agudizaría hasta tal punto que, a principios de 1998, le fue posible emitir importantes edictos doctrinales y religiosos que definían la intensificación de la jihad islamita.

8
Nuevos aliados en la guerra

A fines de junio de 1997, el líder espiritual de Sudán, Hassan al-Turabi, convocó a una reunión secreta de líderes terroristas sunnitas en su residencia en al-Manshiyah, Jartum. Entre los participantes estuvieron los dirigentes de los aparatos de inteligencia y terrorismo de Sudán; Ayman al-Zawahiri, confidente de Osama bin Laden; dos altos comandantes de los "afganos" argelinos (uno de ellos procedente de Francia y otro de Bosnia/Italia) y comandantes de fuerzas de la jihad de varios países del Cuerno de África oriental.

Los asistentes a esa reunión resolvieron revertir el lamentable estado del movimiento islamita mediante el lanzamiento de un revigorizado asalto contra Occidente y sus regímenes aliados en el mundo musulmán. En su discurso inicial, Turabi advirtió que la notoria decadencia de la jihad islamita se debía a "la deplorable condición de los mujaidines a causa de su fragmentación, controversias e incapacidad para considerar sus riesgos". De no revertirse ese proceso, la corriente islamita sufriría reveses imposibles de resistir. Sin embargo, lo que realmente le preocupaba era la pérdida de liderazgo y predominio de Sudán en el terrorismo islámico sunnita, a manos de la cada vez más dinámica alianza de Irán con los "afganos" de bin Laden asentados en Afganistán. Consideraba que tal estado de cosas era perjudicial para la existencia misma del Sudán islamita.

Las resoluciones tomadas en esa reunión evidenciaron las inquietudes y prioridades de Turabi, aunque en el contexto de la gran estrategia islamita formulada en Teherán. Los participantes convinieron en revitalizar la Conferencia Popular Árabe e Islámica (CPAI) para librarla de su estado de "letargo". Decidieron concentrarse en cuestiones prácticas y operativas y convocar a una conferencia secreta cada tres meses, en la que participarían representantes de grupos plenamente comprometidos con la "exportación de la revolución islámica" y la jihad. En reconocimiento de la ascendente posición e influencia de bin Laden, resolvieron asimismo vigorizar las relaciones de Jartum con los árabes "afganos" e "intensificar el contacto con ellos, a fin de que se unan a sus hermanos en la jihad de Jartum, siempre y cuando el gobierno [sudanés] provea los documentos necesarios para que puedan salir de sus bases con completo sigilo". Todos los asistentes coincidieron con el análisis de Turabi acerca de la creciente amenaza que pesaba sobre el Sudán islamita y de la urgente necesidad de enfrentar el desafío a través de operaciones propias de la jihad, es decir, del terrorismo internacional.

La ejecución inicial de esas resoluciones comenzó casi de inmediato. Cuando, en agosto de 1997, Osama bin Laden arribó a Sudán para realizar un recorrido de inspección, en los campamentos islamitas de ese país ya era evidente el adelanto de los preparativos. Luego de revisar los planes operativos, bin Laden comprometió sus fuerzas y bienes, ubicados entonces en Afganistán y Paquistán, en favor de la próxima ofensiva terrorista. En una plantación de su propiedad, en al-Damazin, Sudán, se construiría un campamento especial para árabes "afganos" expertos en terrorismo. Abdul-Majid al-Zandani, a cargo de las operaciones de la Hijaz en el occidente de Arabia Saudita, se trasladó desde Yemen para encontrarse con bin Laden y Turabi. Los tres líderes resolvieron lanzar una "verdadera jihad" contra Israel, Egipto y Arabia Saudita, así como una guerra para proteger a Sudán de lo que consideraban conspiraciones y ataques inspirados por Estados Unidos y cuyo centro se hallaba entonces en África oriental. Para la mejor preparación de golpes terroristas conjuntos en el corazón de Occidente, varios agentes y terroristas árabes "bosnios" fueron desplazados a Jartum desde sus puestos en Europa occidental a fin de que sirvieran como asesores e instructores.

Sin embargo, los islamitas tenían otras prioridades más importantes que las de Turabi respecto de Sudán. En el verano de 1997, se habían comprometido a realizar operaciones espectaculares durante la celebración en Francia de la Copa Mundial de Futbol, en 1998. Con ese fin, a principios de septiembre, Zawahiri "desapareció" en Europa occidental durante casi un mes. En ese tiempo, recorrió dicho continente empleando al menos seis pasaportes. Su viaje reactivó las redes terroristas y estableció contactos entre las redes y células islamitas en España, Italia, Francia, Bélgica y con el centro de comando en Londres. En esta ciudad se reunió con al menos tres altos comandantes terroristas: Adil Abdul-Majid (también conocido como Abdul-Bari), Yassir Tawfiq al-Sari (Abu-Ammar) y Mustafa Kamil (Abu-Hamzah). En Italia trató con el jefe local de la inteligencia iraní, Mahmud Nurani, veterano del sistema terrorista iraní que había servido en Beirut a principios y mediados de la década de 1980, operando bajo las órdenes de Ali Akbar Mohtashemi, antes supervisor de Hezbolá, organización en cuyo establecimiento y conducción Nurani había participado directamente. En Italia, Nurani es el principal supervisor de las operaciones terroristas y de inteligencia que se llevan acabo tanto en ese país como en los Balcanes, primordialmente en Bosnia-Herzegovina y Albania-Kosovo.

A mediados de septiembre de 1997, las más altas esferas de la dirigencia iraní se congregaron para discutir el nuevo curso de la lucha antiestadounidense. Participaron en esa reunión lo mismo veteranos que nuevos representantes: el líder espiritual de Irán, el ayatola Ali Khamenei; el presidente recién electo, Mohammad Khatami, con fama de moderado en Occidente pese a sus vínculos con el patrocinio iraní del terrorismo y la adquisición de armas de destrucción masiva; el anterior presidente, Ali Akbar Hashemi-Rafsanjani, activamente implicado en asuntos terroristas; el nuevo ministro de inteligencia, el decidido y eficiente Qorban Ali Dari Najafabadi, presente por primera vez en una conferencia de ese tipo; el general Rahim Safavi, comandante en jefe del CGRI, el general Mohsen Rezai, antiguo comandante en jefe del CGRI y en ese momento responsable de la reorganización de los servicios de seguridad iraníes y sus redes; el ministro de Inteligencia en funciones, Qorban Ali Najaf-Abadi; el anterior ministro de Inteligencia, Ali Falahian (cuya presencia en esta reunión no pudo ser confirmada); el también antiguo ministro de Inteligencia Mohammad Mohammadi Rayshahri, quien actualmente es asesor especial de Khamenei en asuntos de inteligencia; Hossein Sheik-ol-Islam, anterior viceministro de Asuntos Exteriores y una vez más director de la Oficina de Movimientos de Liberación; Ali Akbar Mohtashemi; el general Diya Sayfi, comandante de las fuerzas del CGRI en Líbano; miembros del Consejo Supremo de Seguridad Nacional, y altos oficiales de inteligencia y del CGRI.

En esa reunión, los dirigentes iraníes determinaron que, para modificar el mapa estratégico de Medio Oriente, era necesario capitalizar la furia y desesperación del mundo árabe contra Israel y Estados Unidos. Así, decidieron emitir mensajes "bélicos y terroristas" que impactaran al mundo. Con ligeras modificaciones, aprobaron "un plan de confrontación preparado meses antes" y ordenaron al Consejo Supremo de Seguridad Nacional apresurar la ejecución de "planes de exportación por la fuerza de la revolución [islámica]", sirviéndose para ello de las fuerzas terroristas bajo control iraní, específicamente de las redes del Hezbolá y árabes "afganos" en Occidente.

Las pautas a seguir en la campaña terrorista fijadas en esa conferencia, no fueron producto de un celo arbitrario sino de la prudente conclusión de que el terrorismo era el medio más adecuado para promover los objetivos estratégicos de Irán. Una fuente iraní de alto nivel explicó que Teherán había resuelto "enviar a todos los interesados el mensaje de que Irán era capaz de imponer su revolución y propagar el terror en el territorio de cualquier país que pusiera en duda su categoría como importante líder regional". Dado el estado de postración de su economía y la agudización del descontento y problemas internos, Teherán reconoció que su "fuerza reside principalmente en su capacidad para acrecentar el terror y en la posesión de los medios necesarios para representar una amenaza para la estabilidad y seguridad del Golfo [Pérsico] y el mundo". En el marco de esta pragmática definición de los objetivos estratégicos nacionales de Irán, el asunto relativo al afianzamiento de su posición como "importante potencia regional" fue la causa de la inclusión de África oriental en la breve lista de objetivos terroristas. Teherán determinó que convenía a sus intereses ocuparse de las aspiraciones estratégicas de Sudán. La coincidencia de intereses de ambos países contribuiría directamente a las espectaculares operaciones terroristas de agosto de 1998: el estallido de bombas en las embajadas estadounidenses en Nairobi, Kenia, y Dar-es-Salaam, Tanzania.

Con el pretexto de conmemorar el aniversario del inicio de la guerra entre Irán e Irak, del 20 al 23 de septiembre de 1997, se celebró una gran cumbre de líderes terroristas del mundo entero, organizada por la inteligencia iraní. También en este caso la lista de participantes fue impresionante: Imad Mughaniyah y Abdul-Hadi Hammadi, líderes de Operaciones Especiales de la Hezbolá; Ayman al-Zawahiri y otro comandante egipcio "afgano" llegado de Londres; Ahmad Jibril, jefe de la Comandancia General del Frente Popular para la Liberación de Palestina (FPLP); Osama Abu-Hamdan e Imad al-Alami, de Hamas; Ramadan al-Shalah, jefe de la Jihad Islámica Palestina, y tres comandantes representantes de igual número de ramificaciones del Hezbolá en los estados del Golfo Pérsico.

Los participantes en esa cumbre terrorista examinaron la capacidad de los islamitas para intensificar visiblemente la lucha contra Occidente, capitaneado por Estados Unidos. Varios altos oficiales iraníes instaron a los líderes terroristas "a prepararse para lanzar una campaña terrorista internacional sin precedentes". Mohsen Rezai, por ejemplo, advirtió que la campaña estadounidense contra Irán "dejaría en la orfandad a los mujaidines y echaría por tierra sus sueños [de una nación islamita] a menos que declaremos una jihad universal". Según fuentes iraníes y árabes, la cumbre adoptó un plan de contingencia contra Estados Unidos, Israel y Turquía. Entre las principales tareas de los terroristas estaban "el lanzamiento de ataques contra misiones diplomáticas y legaciones comerciales, y el asesinato de representantes de esos tres países". (La incorporación de Turquía a ese grupo se debió, entre otras razones, al reciente derrocamiento militar del gobierno islamita democráticamente electo en aquel país.) Esta conferencia en Teherán, una de las cumbres terroristas más importantes de los últimos años, dirigió particularmente su atención a la "urgencia" de "emprender una campaña mundial de terror sin precedentes".

Para resolver las deficiencias operativas y organizativas identificadas por algunos de los comandantes terroristas asistentes, Teherán dispuso la impartición de cursos de entrenamiento avanzado en campamentos situados en Irán y Bekáa, y en particular de sesiones de entrenamiento especializado, bajo la coordinación de Ahmad Abrari (de la unidad central de entrenamiento del CGRI) a miembros de la Hezbolá y árabes "afganos-bosnios" procedentes de Occidente (principalmente de Europa) en el Seminario al-Imam al-Muntazar, también en Bekáa.

A fines de septiembre de 1997, la dirigencia iraní volvió a reunirse, esta vez para discutir el curso de la inminente ofensiva terrorista a la luz de las resoluciones y hallazgos de la recién concluida cumbre terrorista internacional. En esa reunión recibió asimismo un informe actualizado sobre la situación de las redes terroristas islamitas en Europa occidental y otras regiones.

A principios de octubre se iniciaron en Afganistán y Paquistán grandes preparativos para la intensificación del terrorismo islamita en el mundo. Ocurrieron entonces varios acontecimientos importantes.

En primer lugar, árabes "afganos" veteranos y altamente entrenados procedentes de Cachemira y otros frentes regionales fueron enviados a campos de entrenamiento en Paquistán (primordialmente en la zona de

Lahore, donde la inteligencia paquistaní, el ISI, prepara a individuos para la ejecución de operaciones en Occidente) y Afganistán (principalmente las zonas de Khowst y Qandahar) para recibir entrenamiento avanzado y disponerse a "activar sus operaciones contra blancos árabes e islámicos en Medio Oriente". Mientras tanto, nuevos cuadros —cachemiros (indios y paquistaníes), afganos, paquistaníes, indios musulmanes y árabes— fueron preparados para lanzar "una verdadera *inti fadah*" en la India. (La razón del cambio de estrategia de estados patrocinadores de los islamitas en la lucha armada en Cachemira y la India fue el temor de Islamabad de que su auspicio del terrorismo en Cachemira fuera cada vez más difícil de ocultar. Así, esa inti fadah se haría pasar por iniciativa popular autóctona.)

En segundo término, Osama bin Laden celebró en Qandahar un consejo de guerra con altos comandantes islamitas procedentes del mundo entero para discutir nuevas operaciones con las cuales socavar la presencia e influencia estadounidenses en Medio Oriente. Ayman al-Zawahiri participó en esa conferencia tras regresar clandestinamente de Europa occidental. Los asistentes a esa reunión decidieron concentrarse en la agresión a objetivos estadounidenses dondequiera que estuviesen. Concedieron especial importancia al ataque de objetivos cuya destrucción dañara severamente la capacidad de Estados Unidos para ejecutar sus políticas y estrategias. En reconocimiento del papel central de los egipcios "afganos", se encomendó a Zawahiri la coordinación de operaciones destinadas al derrocamiento del gobierno de Mubarak.

Por último, se asignó a Nurani la responsabilidad sobre un grupo procedente de Medio Oriente, que en el invierno de 1997-1998 arribaría clandestinamente a Italia vía el pequeño puerto albanés de Sendein, al norte de Durres, y/o Bosnia-Herzegovina, al que habría de conducir después a Europa occidental a través de las redes de argelinos "afganos" y tunecinos en Milán, Bolonia y otras ciudades italianas.

A fines de octubre de 1997, los dirigentes iraníes sostuvieron una última reunión para estudiar los preparativos de la intensificación de las actividades terroristas por medio del sistema terrorista internacional. Representantes de entre veinte y 30 organizaciones, frentes y entidades terroristas, predominantemente islamitas pero también no musulmanas, se congregaron en Teherán para participar en una conferencia secreta organizada por el ministerio de Inteligencia. Entre las organizaciones asistentes estuvieron Hamas, la Jihad Palestina, al-Jamaah al-Islamiyah y otras organizaciones egipcias, el Consejo Supremo de la revolución Islámica de Irak, el Partido de los Trabajadores de Kurdistán, el Grupo Armado Islámico Argelino e islamitas marroquíes, lo mismo que organizaciones extremistas no islámicas como el Ejército Secreto de Armenia, el Movimiento 17 de Noviembre de Grecia y varios representantes de América Latina.

Inmediatamente después de la conclusión de esa conferencia en Teherán, se celebró en Qum una reunión de selectos dirigentes islamitas. En ella, oficiales iraníes intentaron estimar en qué grado ciertas comunidades musulmanas podrían soportar las repercusiones de la prevista ola de terrorismo. En la cumbre de Teherán se había decidido asimismo hacer uso de órganos islamitas no iraníes como voceros de la nueva campaña, para dar a ésta un carácter panislámico.

También a fines de octubre de 1997, la Vanguardia de Conquista y el Grupo Jihad, ambos bajo el mando de Ayman al-Zawahiri, emitieron un importante comunicado en el que anunciaron el inicio de la inminente jihad terrorista. "La jihad islámica contra el dominio mundial de Estados Unidos, la influencia internacional de los judíos y la ocupación estadounidense de territorios musulmanes continuará", declararon en ese comunicado. "Estados Unidos sabe que su verdadero enemigo, como lo ha declarado muchas veces, es el extremismo islámico, como llama a la jihad islámica, la jihad de la nación musulmana entera contra su predominio en el mundo, la influencia internacional de los judíos y la ocupación estadounidense de territorios musulmanes. La jihad islámica es una guerra contra el robo de las riquezas de la nación musulmana, ultrajante hurto que nunca en la historia ha sido tolerado." Para impedir el estallido de la nueva ola de violencia contra Estados Unidos y sus aliados en Medio Oriente, este país tendría que abandonar la región y aceptar el establecimiento de gobiernos islámicos. De lo contrario, los islamitas se comprometían a lanzar una implacable campaña terrorista en su contra. El comunicado concluía con una enérgica reafirmación de la corriente islamita como el mayor enemigo de Estados Unidos. "Sí, el enemigo de Estados Unidos es el extremismo islámico, o sea la jihad islámica contra la preeminencia estadounidense... la jihad islámica que se opone a la expansión judía."

Tales amenazas no fueron vanas. El 17 de noviembre de 1997, las fuerzas de Zawahiri consumaron una masacre en Luxor, Egipto, que costó la vida a casi 70 turistas de Europa occidental y heridas a cientos más. El 6 de diciembre, una serie de bombazos y otros golpes terroristas tuvo lugar en diversos puntos de India, en supuesta conmemoración del aniversario de la destrucción de la mezquita Babri, en Ayodhya, por extremistas hindúes, ocurrida en diciembre de 1992. En Paquistán, dirigentes islamitas remarcaron que esos acontecimientos eran el inicio de una inti fadah.

Teherán prosiguió en su activa preparación de la nueva campaña de terrorismo espectacular. En la segunda quincena de noviembre de 1997, Khamenei convocó a una reunión con Safavi y Ahmad Vahidi, antiguo comandante de las Fuerzas al-Quds, las principales fuerzas terroristas de Irán, para discutir el establecimiento de una nueva fuerza terrorista de élite capaz de realizar espectaculares pero encubiertos atentados terroristas contra Estados Unidos y Occidente. Tal fuerza sería ubicada en el centro de entrenamiento especial de Mashhad. El primer equipo de combate de 60 terroristas se reclutaría entre musulmanes "puros" y "afganos" en Chechenia, Holanda, Bélgica, Alemania y Francia. Se les introduciría clandestinamente en Irán vía Paquistán y Afganistán, y para su entrenamiento se les dividiría en cinco equipos de doce terroristas cada uno. Teherán planeaba que las primeras misiones de esta fuerza de élite fueran realizadas en Argentina y Francia. El 2 de diciembre, Khamenei y la dirigencia iraní recibieron un informe actualizado sobre los preparativos de esas operaciones y aprobaron la puesta en práctica de ciertos planes operativos específicos, entre ellos las operaciones contra Argentina y Francia. La nueva fuerza terrorista fue formalmente llamada "Héroes de la jihad islámica". Teherán ordenó asimismo el lanzamiento de una campaña doctrinal para preparar y movilizar a la nación musulmana. La operación en Argentina fue abortada poco después, a causa de la impericia del equipo terrorista al que le había sido asignada. También la operación en Francia —diri-gida contra la Copa Mundial de Fútbol— fue abortada en 1998, cuando en Bélgica se descubrió el centro de operaciones de apoyo.

Dirigentes islamitas insistieron en que los sucesos del otoño de 1997 representaban apenas el inicio de un choque frontal con Occidente. A principios de diciembre, el Grupo Jihad de Zawahiri determinó que la fatídica confrontación entre Estados Unidos y el Islam militante, a la que ese grupo "ofrecería mártires", era inminente e inevitable. Esta organización indicó en un boletín: "El conflicto entre la nación musulmana y Estados Unidos es ineludible; de hecho, no tenemos otra opción que enfrentarnos al ateísmo y su caudillo, Estados Unidos, el cual nos agrede sin cesar. Gracias a la ayuda de Dios, conocemos muy bien a Estados Unidos, especialmente sus debilidades". En ese mismo boletín se subrayaba que "el punto más vulnerable de Estados Unidos e Israel son sus hijos, cuyos cadáveres les enviaremos". Así, "les lanzaremos a la cara la carne de sus hijos, descuartizados y calcinados.

Estados Unidos pagará un alto precio". El Grupo Jihad de Zawahiri no tenía duda acerca del objetivo último de la ya próxima confrontación: "Los propios estadounidenses admitieron la mitad de la verdad cuando dijeron que su principal enemigo es el extremismo islámico, pero ocultaron la otra mitad: que Estados Unidos será... destruido por los musulmanes".

Mientras que a fines de 1997 se emitían esas advertencias terroristas, a Zawahiri, bin Laden y los altos jerarcas de la dirigencia del terrorismo internacional islamita, les preocupaba uno de los más significativos pero menos comprendidos o conocidos dramas del terrorismo islamita: un aparente pacto secreto entre los terroristas islamitas y el gobierno de Clinton, el cual induciría a Egipto a cooperar *de facto* con los estados impulsores del terrorismo islamita contra Estados Unidos.

Este incidente determinó la posición de Egipto frente a las políticas estadounidenses en Medio Oriente, así como la reacción de grandes y pequeños países de la región al manejo estadounidense de la crisis iraquí de febrero de 1998, cuando el gobierno de Clinton intentó conseguir apoyo para emplear la fuerza contra Irak en respuesta a su negativa a cooperar con observadores de las Naciones Unidas. La dinámica regional condicionó en gran medida la actitud de cada uno de los actores ante la crisis en Irak, y ante el gobierno de Clinton en particular. El presidente de Egipto, Hosni Mubarak, impidió en efecto que los países árabes apoyaran el uso de la fuerza contra Irak.

La posición del Cairo a lo largo de la crisis de principios de1998, fue resultado de la reevaluación por Mubarak del papel y posición de Estados Unidos en la región, y del mundo musulmán en su conjunto, de manera que no fue sencillamente una reacción al desenvolvimiento de la crisis en Irak. Cambios aún en marcha en la correlación estratégica regional de fuerzas fueron producto directo de lo que se conoce como el "incidente de Abu-Umar al-Amriki", ocurrido a fines del otoño de 1997.

Si damos fe a muy altos dirigentes terroristas islamitas, el gobierno de Clinton estaba dispuesto a tolerar el derrocamiento del gobierno de Mubarak en Egipto, y el establecimiento en su lugar de un gobierno islamita como precio aceptable de la reducción de la amenaza terrorista a fuerzas estadounidenses en Bosnia-Herzegovina. Este intercambio fue obtenido en conversaciones entre el dirigente terrorista egipcio Ayman al-Zawahiri y un árabe-estadounidense identificado como emisario de la CIA y del gobierno de Estados Unidos. Convencido de la veracidad de la información que recibió sobre esa reunión, Mubarak dio importantes pasos para enfrentar el desafío.

En la primera quincena de noviembre de 1997, Ayman al-Zawahiri se reunió con un sujeto llamado Abu-Umar al-Amriki (*al-Amriki* significa "el americano"), en un campamento cercano a Peshawar, en la frontera entre Paquistán y Afganistán. Líderes islamitas de alto nivel insisten en que en esa reunión al-Amriki le hizo a Zawahiri el siguiente ofrecimiento: Estados Unidos no interferiría ni intervendría para impedir la toma del poder en Egipto por los islamitas si los mujaidines islamitas apostados en Bosnia-Herzegovina se abstenían de atacar a las fuerzas estadounidenses asentadas ahí. Ofreció además un donativo de 50 millones de dólares (procedentes de fuentes no identificadas) para obras humanitarias islamitas en Egipto y otros países.

Ésa no fue la primera reunión entre al-Amriki y Zawahiri. En la década de los ochenta, el primero había actuado abiertamente como emisario de la CIA frente a varios movimientos armados y terroristas islamitas árabes —incluidos los grupos afiliados a Azzam, bin Laden y Zawahiri—, los que entonces operaban al abrigo de la jihad afgana. En algunas de sus reuniones de mediados de los años ochenta, Zawahiri y al-Amriki discutieron el destino a largo plazo de Egipto y el papel de Zawahiri en un Egipto islamita. A fines de esa misma década, al-Amriki indicó a Zawahiri que necesitaría "50 millones de dólares para gobernar Egipto". Zawahiri interpretó tal comentario como un indicio de que Washington toleraría su ascenso al poder si era capaz de conseguir esa suma.

La mención por al-Amriki de la cifra mágica, 50 millones de dólares, en la reunión de noviembre de 1997, fue interpretada por Zawahiri y la dirigencia islamita, incluido Osama bin Laden, como una reafirmación de las conversaciones con la CIA de fines de la década de los ochenta sobre la disposición de Washington a tolerar un Egipto islamita. En octubre de 1997, el consejo de guerra presidido por bin Laden había encomendado a Zawahiri las operaciones destinadas a derribar al gobierno de Mubarak. En noviembre de 1997, los dirigentes islamitas estaban convencidos de que al-Amriki hablaba en nombre de la CIA, es decir, de las más altas esferas del gobierno de Clinton.

Observadores islamitas árabes aducen que el nefasto atentado terrorista del 17 de noviembre de 1997, en Luxor, fue en realidad una puesta a prueba de la credibilidad de al-Amriki. La injustificada matanza de turistas fue algo más que una afrenta a Mubarak. El ataque directo contra occidentales, quienes habrían podido ser turistas estadounidenses, fue diseñado para medir la reacción de Washington. El casi absoluto silencio del gobierno de Clinton confirmaría a Zawahiri y bin Laden que al-Amriki había actuado con el respaldo de aquél, de lo que se desprendería un revigorizado llamado a las armas. En vísperas del golpe en África oriental, la creencia de los islamitas en la validez de su "pacto" con Washington provocaría una profunda y prolongada crisis.

En el otoño de 1997, Estados Unidos tenía razones para preocuparse por los planes e intenciones de Zawahiri. Mientras que el gobierno de Clinton intentaba denodadamente convencer al Congreso y al pueblo de Estados Unidos de la necesidad de mantener fuerzas estadounidenses en Bosnia, después de la fecha límite de junio de 1998 —como lo había prometido explícitamente al Congreso—, el gobierno de Sarajevo, de filiación estadounidense, preparaba una confrontación militar con objeto de recuperar el control de la República de Srpska (la región de Bosnia controlada por Servia), usando armas y entrenamiento provistos por Estados Unidos en el marco del programa "Entrenamiento y equipo". Uno de los escenarios contemplados por Sarajevo en el otoño de 1997, era el empleo del terrorismo islamita contra los estadounidenses para inducir el retiro de sus fuerzas si el gobierno de Clinton se negaba a apoyar el levantamiento militar de los musulmanes bosnios. Los más eficaces y letales terroristas islamitas en Bosnia estaban bajo las órdenes de Zawahiri.

A mediados de diciembre de 1997, el Cairo ya estaba enterado del episodio de Abu-Umar al-Amriki. Funcionarios egipcios confirmaron que lo conocían como emisario de la CIA desde la década de los ochenta. Mubarak y sus asesores inmediatos consideraron que las evidencias en su poder los obligaban a movilizarse, de modo que el Cairo entró en acción. El gobierno de Egipto estaba al tanto de que los islamitas egipcios y sus principales patrocinadores, Irán y Sudán, sabían que el único obstáculo para el establecimiento de un Estado islamita en ese país era el decidido apoyo de Estados Unidos a Mubarak. Así, aun la mínima flaqueza en el apoyo estadounidense bastaría para intensificar la lucha armada de los islamitas egipcios y sus patrocinadores, con cuyas actividades terroristas y subversivas Mubarak ya tenía muchos problemas.

A principios de diciembre de 1997, días después de que comenzaron a circular informes sobre la reunión entre Zawahiri y al-Amriki, el diario propiedad del gobierno egipcio, *al-Jumhuriyah*, publicó una nota que comenzaba así: "Una fuente de seguridad reveló información sobre la explotación de elementos terroristas por entidades extranjeras. De acuerdo con esa información, la desestabilización de Egipto y el debilitamiento de su economía reportan mutuos beneficios a elementos terroristas dentro y fuera del país. La fuente aseguró que un funcionario de un órgano de seguridad occidental sostuvo recientemente una reunión con Ayman al-Zawahiri, líder de la Organización al-Jihad, en un campamento en Peshawar, en la frontera de Paquistán con Afganistán". A continuación se referían los encuentros en la década de los ochenta, durante la guerra en Afganistán, entre Zawahiri y al-Amriki, "intermediario de la CIA". En realidad esta nota fue una advertencia para los enterados de que el Cairo ya estaba informado del asunto, y en particular de los acontecimientos más recientes.

Los medios de comunicación egipcios emprendieron de inmediato una campaña con objeto de alertar a la población para un drástico cambio de política frente a Estados Unidos, Israel y Sudán, este último el principal patrocinador del terrorismo islamita contra Egipto y refugio desde el que los terroristas incursionaban en el país. El líder espiritual de Sudán, Hassan al-Turabi, era enemigo de Mubarak desde hacía mucho tiempo.

En enero de 1998, los medios egipcios informaron de estratagemas de la CIA contra Egipto. El diario opositor *al-Shab*, identificado con el sector nacionalista de la casta militar, publicó una extensa investigación acerca de una conspiración estadounidense-israelí dirigida por la CIA. En ella se observaba que el nuevo embajador estadounidense en Egipto, de origen judío, "ha venido al Cairo a ejecutar planes estadounidenses hostiles para Egipto. Mientras tanto, el gobierno del presidente Bill Clinton ya ha puesto en marcha un plan organizado para sitiar al país por todos los frentes, lo cual podría representar una amenaza para nuestra seguridad nacional". Se ofrecía después una larga lista de actividades políticas y militares antiegipcias, así como antisudanesas, atribuidas a una conspiración conjunta de la CIA y el Mossad (el órgano de inteligencia de Israel en el exterior) contra el Cairo. Uno de los factores enlistados era el papel central de la CIA en la conspiración para privar a Egipto de sus derechos sobre Umm-Rashrash, región al sur del desierto de Negev en Israel y Eilat, puerto en la costa del Mar Rojo. Desde agosto de 1997, Egipto ha esgrimido este factor entre las razones oficiales de una probable guerra futura contra Israel, pese al tratado de paz vigente entre ambas naciones.

En otro artículo, *al-Shab* explicaba la lógica del súbito mejoramiento de las relaciones entre Egipto y Sudán. Señalaba que información decisiva recientemente adquirida por la inteligencia egipcia, arrojaba nueva luz sobre las crisis que habían determinado las relaciones del Cairo con Jartum. Egipto sabía ahora de la "participación de la CIA y el Mossad en la planeación del intento de asesinato del presidente Mubarak en Addis-Abeba" en 1995, del que se pretendía además "acusar a Sudán para provocar una guerra inmediata entre los dos países". La inteligencia egipcia examinaba asimismo "el vínculo entre ese plan y la reciente masacre en Luxor", pues había descubierto que la CIA y el Mossad "han reclutado en forma indirecta a árabes 'afganos' y respaldaron financiera y militarmente el intento de asesinato de Mubarak y la masacre de Luxor". Ayman al-Zawahiri, protegido de Turabi, había dirigido las acciones del atentado de muerte contra Mubarak, en 1995, y de la matanza de Luxor en 1997, detalle que el Cairo no pasaba por alto. Mubarak sabía que Sudán, y en consecuencia Turabi, alentaba las aspiraciones de Zawahiri por derrocarlo. La clave para neutralizar al movimiento islamita armado en Egipto era que éste pactara con Sudán, con lo que Turabi dejaría de financiar a Zawahiri.

Al-Shab argumentó que, consideradas en conjunto, las evidencias de las conspiraciones en marcha de la CIA y el Mossad contra Egipto, y la pretensión de esas organizaciones de implicar a un país hermano como Sudán en el atentado contra Mubarak, justificaban una profunda revisión de las prioridades estratégicas egipcias. "Las pruebas en poder de los órganos [de inteligencia] egipcios han dado como resultado un cambio estratégico en la posición de Egipto frente a Sudán", informó *al-Shab*. La nueva política ya se había manifestado en el "reconocimiento por el presidente Mubarak de que Sudán no patrocina el terrorismo y en la declaración del doctor Hassan al-Turabi de que no tuvo nada que ver en el intento de asesinar a Mubarak", explicó *al-Shab*. "En ambos casos, la conspiración pretendía sembrar divisiones en las filas árabes e islámicas. Los contactos de alto nivel entre Egipto y Sudán, demuestran que los dos países actúan con seriedad al exponer el papel de la CIA y el Mossad en la conspiración en su contra y al contener las consecuencias provocadas hasta ahora por esa conspiración."

Esta drástica y veloz reorientación de la visión estratégica de una de las potencias más importantes de la región, pasó prácticamente inadvertida en Washington, preocupado como estaba por las huidizas armas iraquíes de destrucción masiva. A fines de enero de 1998, el episodio de Abu-Umar al-Amriki ya había ejercido enorme impacto en el Cairo, puesto que confirmó los temores de Mubarak de que Estados Unidos traicionaría a Egipto si obtenía lo que deseaba de los islamitas en los

Balcanes. Así pues, Mubarak resolvió reestablecer sus relaciones con Teherán, para lo cual le bastaba integrarse al proyecto de debilitamiento de la presencia e influencia estadounidenses en Medio Oriente, lo que implicaba detener el proceso de paz e iniciar preparativos para una posible confrontación militar con Israel.

Mubarak había resuelto, a principios de 1996, que Estados Unidos no podía determinar el perfil de Medio Oriente. A mediados de ese mismo año, las fuerzas armadas egipcias habían comenzado a prepararse seriamente para la posible guerra con Israel. En una reunión privada con su estado mayor, efectuada en la primavera de 1997, Mubarak había presentado el asunto de Umm-Rashrash como un *casus belli* para Egipto. En el verano, durante la breve y trascendente visita de Mubarak a Damasco, Egipto se había sumado a una alianza militar regional dirigida por Irán y que comprendía a Siria, Irak y la Organización para la Liberación de Palestina (OLP). Días después, el Cairo filtró el asunto de Umm-Rashrash, sirviéndose de un cauce saudita asociado con la facción de Sultan en Riad, es decir, con el más cercano aliado de Washington en la Casa de al-Saud. Esa filtración fue un mensaje claro para el gobierno de Clinton y la familia real saudita.

Los anteriores planes de Mubarak para alterar las alianzas estratégicas de Egipto, habían carecido de un motivo para que los islamitas cesaran en sus actividades terroristas y subversivas, fuente de intensa presión para él, así como de una excusa formal que permitiera al Cairo atenuar sus estrechas relaciones con Washington. El episodio de Abu-Umar al-Amriki, que Mubarak juzgaba verídico, había resuelto ambos problemas. El Cairo contaba ya con la "prueba" de la conspiración estadounidense contra Mubarak, excusa legítima para una crisis en las relaciones bilaterales, y para revisar las relaciones con Sudán a efecto de frustrar oportunamente cualquier posible designio de Turabi para fortalecer a su protegido Zawahiri en el Cairo. Este episodio reafirmó la creciente convicción de Mubarak de que el futuro de Egipto radicaba en su incorporación a la alianza estratégica, encabezada por Irán, y en su participación en cualquier conflicto subsecuente contra Israel. Esta decisión aseguraría no sólo el prominente papel de Egipto en el mundo árabe y musulmán, sino también la permanencia de Mubarak en el mando.

El espectro de una oleada de terrorismo islamita conducida por bin Laden, Zawahiri y sus partidarios contra Estados Unidos y sus aliados; el reordenamiento de fuerzas en Medio Oriente en detrimento de los intereses estratégicos estadounidenses, y la creciente probabilidad de profundas crisis y enfrentamientos en la región, fueron el precio que Washington tuvo que pagar por su empeño en impedir el violento derrumbe de los Acuerdos Dayton, en Bosnia-Herzegovina.

En el verano de 1998, líderes tan diversos como bin Laden, Mubarak, al-Baz, Turabi y Zawahiri seguían convencidos de que Abu-Umar al-Amriki había hablado a nombre de la CIA y el gobierno de Clinton. Todos ellos actuaron en consecuencia. En el clímax de la crisis del "incidente de Abu-Umar al-Amriki", Estados Unidos se vio obligado a intervenir en la crisis iraquí, y esperaba que el Cairo respondiera al desafío de Bagdad. Pero para ese momento, lo que realmente interesaba a Mubarak era pactar con Turabi y Zawahiri en el contexto de un desafío a sus propios intereses vitales, desafío que estaba seguro que Washington había instigado.

A principios de 1998, justo cuando la crisis en Irak iba en ascenso, el Cairo había renunciado a cooperar significativamente con Estados Unidos y estaba en contacto con los islamitas. Egipto emergió así como uno de los principales líderes militares del mundo árabe y actor dominante en la dinámica estratégica regional. Teherán había puesto particular esmero en atraer a Egipto hacia la emergente alianza militar regional. En un gesto inusitado, durante la cumbre de la Organización de Países Islámicos (OPI) celebrada en Teherán a fines de 1997, los anfitriones iraníes habían dado elocuentes muestras de amistad y respeto a la delegación egipcia. Teherán trató a Egipto como líder árabe, deponiendo así su anterior hostilidad a causa de las estrechas relaciones egipcias con Estados Unidos, la paz egipcia con Israel y el ofrecimiento de refugio del presidente Sadat al sha de Irán tras su derrocamiento por la revolución islámica. El "incidente de Abu-Umar al-Amriki" fue la última gota para Mubarak, quien procedió entonces a hacer las paces con Sudán y Turabi y, a través de este último, con Teherán, para quienes tales signos de mejoramiento de las relaciones entre Egipto y Sudán, habrían de ser un factor de gran importancia en la decisión de lanzar el ataque contra las embajadas estadounidenses en Kenia y Tanzania.

A partir de principios de 1998, otras grandes maniobras ocurrieron en el Medio Oriente islámico, destinadas todas ellas a fortalecer la coalición contra Israel y Estados Unidos. El punto de inflexión tuvo lugar a principios de febrero de 1998, con la formalización de la cooperación estratégica entre Irak, Irán, Siria y Egipto. Aunque entre estos países ya existían desde tiempo atrás medios de coordinación estratégica y cooperación *de facto*, la crisis iraquí de principios de 1998 ofreció una razón legítima para elevar el nivel de sus relaciones.

Antes, a mediados de enero, mientras la crisis con Irak iba en aumento, Teherán envió mensajes clandestinos a todos sus vecinos para urgir una estrecha cooperación y coordinación. Bagdad reaccionó rápidamente, y propuso la formación de un frente común contra la escalada estadounidense. Ofreció asimismo varias concesiones para atraer a Teherán, comprometiéndose a retirar su apoyo al grupo Mujaidín ul-Khalq, contrario a Irán con sede en Irak, y manifestando su disposición a revisar la demanda de Irán por 100 000 millones de dólares como compensación por la guerra que habían librado ambos países.

Luego de esos pasos iniciales, Muhammad Said al-Sahhaf, ministro de Asuntos Exteriores de Irak y emisario secreto de Saddam Hussein, visitó Teherán. Bagdad estaba dispuesto a comprometerse formalmente en la nueva relación con Teherán, de manera que Sahhaf y Kamal Kharrazi, el ministro iraní de Asuntos Exteriores, firmaron una carta de intención con ese propósito. Finalmente, Sahhaf convenció a los iraníes de que Bagdad actuaba con seriedad en torno a la nueva relación. Ambas naciones establecieron entonces los mecanismos necesarios para abrir un canal de comunicación directa entre los jefes de sus respectivos servicios de inteligencia. Los principales líderes de Irán, Khatami y Khamenei, aprobaron esas medidas.

Poco después, altos funcionarios de inteligencia y seguridad de Irak e Irán iniciaron reuniones secretas para discutir los aspectos prácticos de su nueva alianza contra la presencia militar estadounidense. A principios de febrero, Saddam Hussein envió a su hijo Qusay, a cargo del sistema de inteligencia iraquí, a una importante reunión clandestina con altos funcionarios iraníes. El 5 de febrero, Qusay Hussein y Rafia Daham al-Takriti, jefe de la inteligencia general iraquí, arribaron a al-Shalamja, en el lado iraquí de la frontera entre Irán e Irak. Ahí se reunieron con el ministro de Inteligencia iraní, Qorban Ali Dari Najafabadi, y otros altos funcionarios iraníes. Ambas delegaciones llegaron a un acuerdo sobre varios asuntos clave, entre ellos el patrocinio conjunto del terrorismo internacional en el mundo entero, en tanto que las delegaciones de inteligencia iraní e iraquí revisaron áreas en las que podían iniciar operaciones conjuntas de inmediato. A causa de su reciente cooperación exitosa en Sudán y Somalia, los dos servicios de inteligencia decidieron dar prioridad a operaciones relacionadas con Sudán en el futuro próximo. Ambos países convinieron, asimismo, a través de sus altos funcionarios de inteligencia, en que convertirían todo ataque estadounidense contra Irak en una guerra regional contra Israel, para impedir que cualquier país árabe o musulmán cooperara con Estados Unidos en contra de Irak. X

Egipto no podía escapar a la extendida oposición popular a las amenazas estadounidenses contra Irak. El Cairo se vio sacudido por manifestaciones de amplio apoyo popular a Irak, orquestadas por los islamitas. El 13 de febrero, por ejemplo, alrededor de 7 mil personas, no sólo estudiantes, se congregaron en la Universidad al-Azhar, bastión del islamismo militante, para demandar que los musulmanes declararan la jihad contra Estados Unidos a causa de sus amenazas a Irak. La protesta estalló luego de las oraciones vespertinas encabezadas por el gran imán de al-Azhar, el sheik Muhammad Sayid al-Tantawi, partidario de Mubarak y quien subrayó la necesidad del apoyo árabe unificado a Irak. "El mundo árabe debe unirse en respuesta a la agresión estadounidense contra el pueblo de Irak. El mundo islámico forma un solo cuerpo, y si una parte de ese cuerpo sufre, todo el cuerpo se ve afectado", dijo a la multitud, la cual gritó en respuesta: "¡No hay más Dios que Alá y Clinton es el enemigo de Alá!"

El 17 de febrero, Adil Hussein, activista del nacionalista Partido Laborista, cuyo apoyo había buscado Mubarak para restaurar sus lazos con Jartum y Turabi, pronunció un feroz discurso antiestadounidense frente a una inmensa multitud, a la que instó a corear "Dios es grande, oh Estados Unidos… ¡Dios es grande, oh enemigo de Dios!" En su alocución Hussein llamó "cobardes" a los estadounidenses por "atacar con misiles y aviones". Juró que la jihad vengadora alcanzaría a Estados Unidos. "Por alto que vuelen, los echaremos por tierra con la jihad. Les demostraremos que la nación árabe e islámica no habrá de someterse a su voluntad. ¿Acaso ignoramos que esos perros han impuesto el hambre a una nación? Matan a los niños, matan a los enfermos y no hay alimentos." La multitud estalló en invocaciones a la jihad y la venganza.

Los islamitas aprovecharon ese caldeado ambiente. El grupo Jihad Islámica del doctor Ayman al-Zawahiri emitió un boletín, "A Word of True" ("Palabras de verdad"), para las oraciones del viernes 20 de febrero. En ocasión de las recientes demostraciones antiestadounidenses realizadas en la mezquita de al-Azhar, la Jihad Islámica llamó elogiosamente a ésta "el bastión de la resistencia popular islámica en Egipto". En ese boletín instaba a los ulemas de al-Azhar a "enfrentar enérgicamente las humillaciones a las que son sometidos sus hombres y líderes en los medios de comunicación, los que suelen caricaturizarlos como bufones". Trascendiendo la crisis imperante, demandó asimismo a los ulemas insistir en "el retorno del Alto Consejo de los Ulemas, el respeto a las opiniones de al-Azhar sobre resoluciones judiciales, su derecho a prohibir publicaciones nocivas para el Islam, su independencia financiera y administrativa del gobierno y el levantamiento de la prohibición legal que impide a los imanes de las mezquitas criticar las leyes y decisiones del gobierno". El boletín de la Jihad Islámica buscaba capitalizar el activismo islamita exhibido en la mezquita de al-Azhar en favor del llamado a un gobierno islamita en Egipto.

El hecho de que dicho boletín haya sido emitido en la Universidad de al-Azhar poseía un profundo significado. Ubicada en el Cairo, esta universidad es considerada el más importante y prestigioso instituto de altos estudios del mundo musulmán. Aunque su profesorado se inclina en favor de las interpretaciones teológicas de la Hermandad Islamita y Musulmana, al-Azhar no se opone al gobierno del Cairo ni impugna las políticas de Egipto. Así, la adopción de una línea política antiestadounidense susceptible de ser apoyada por la Jihad Islámica, tal como efectivamente ocurrió, no habría sido posible sin la previa aprobación del gobierno de Mubarak. Aún dependiente de la generosa ayuda de Estados Unidos, el gobierno egipcio se sirve crecientemente de cauces autorizados, como la Universidad de al-Azhar, para la difusión de políticas que no puede permitirse expresar abiertamente.

Así, Bagdad obtuvo garantías de la oposición de los gobiernos y del pueblo árabe, para apoyar a Estados Unidos en la crisis ascendente. "Estados Unidos firmaría su sentencia de muerte si atacara a Irak en este momento", predijo el diario gubernamental egipcio *al-Jumhuriyah,* el 14 de febrero de 1998.

A principios de febrero, emergió un nuevo frente internacional islamita. En Europa occidental, en especial, las comunidades de emigrados árabes musulmanes reaccionaron a la creciente presión sobre Irak y a la propaganda según la cual la crisis era un ataque occidental conducido por Estados Unidos contra un Estado musulmán, que se atrevía a desafiar la presión occidental pasando de la protesta pasiva y legal al activismo radical. Varios líderes islamitas locales iniciaron preparativos de actividades subversivas en apoyo a Irak y a las combativas causas islamitas en general. La Fiscalía Federal de Alemania, por ejemplo, emprendió una investigación en torno a Metin Kaplan, jefe en

Colonia de la Asociación de Sociedades y Comunidades Islámicas (ASCI, o ICCB por sus siglas en inglés), por considerarlo sospechoso de "formar una agrupación terrorista".

Al intensificarse la radicalización e inquietud de las comunidades de emigrados, la dirigencia islamita internacional intentó legitimar el llamado a la jihad. De gran significación fue la formulación de la fatwa inicial en favor de la jihad, emitida a nombre de la al-Muhajiroun de Londres, una de las organizaciones partidarias de bin Laden y orquestada por el centro de operaciones islamitas en Gran Bretaña. Esa fatwa fue expedida a instancias de Jartum y Teherán. Su propósito fue probar la reacción de Occidente, así como suscitar apoyo general sin comprometer directamente a los estados patrocinadores, en caso de que fuerzas de seguridad europeas reaccionaran rápidamente contra las organizaciones implicadas. La selección de Londres no fue accidental. A mediados de la década de los noventa, bin Laden había intervenido en la organización de gran cantidad de instituciones islamitas en Londres, y Zawahiri coordinó actividades islamitas mientras estuvo en Inglaterra, en septiembre de 1997. Ahora esos planes estaban siendo ejecutados.

A principios de la segunda semana de febrero de 1998, al-Muhajiroun emitió una importante fatwa en la que declaraba la guerra a Estados Unidos y el Reino Unido. "La fatwa es la jihad contra los gobiernos, ejércitos, intereses, aeropuertos e instituciones de Estados Unidos e Inglaterra, y ha sido emitida por los más prominentes sabios del Islam en la actualidad, con motivo de la agresión estadounidense e inglesa contra musulmanes y contra la nación musulmana de Irak." Tras enumerar los agravios infligidos por Londres y Washington, los firmantes subrayaban que "la única fatwa islámica contra esta agresión explícita es la jihad. Por lo tanto, el mensaje para Estados Unidos e Inglaterra y cualquier otro país no musulmán, es que se mantengan lejos de Irak, Palestina, Paquistán, Arabia, etcétera, o enfrentar una jihad a gran escala, en la que los musulmanes del mundo entero están obligados a participar". Convocaban después a "los musulmanes de todo el mundo, incluidos los de Estados Unidos e Inglaterra, a responder por todos los medios, ya sea verbales, financieros, políticos o militares, a la agresión estadounidense e inglesa y cumplir su deber islámico de liberar al pueblo iraquí de las injustas sanciones que le han sido impuestas". Firmaban esta fatwa un gran número de líderes musulmanes —tanto expatriados como ingleses—, lo mismo que los líderes de organizaciones y grupos musulmanes ingleses.

El siguiente acontecimiento de importancia tuvo lugar pocos días después, con motivo del casual accidente aéreo que costó la vida al vicepresidente de Sudán, al-Zubayr Muhammad Salih, y a muchos otros altos funcionarios de ese país. Osama bin Laden se sirvió de la ocasión para enviar una carta a Turabi en la que lo instaba a autorizar el lanzamiento de una auténtica campaña terrorista según los principios establecidos por el propio Turabi, en su llamamiento del verano de 1997. "Esta tragedia ha ocurrido justo en el momento en que la cruzada cristiana internacional se ensaña contra Sudán y contra el corazón del mundo islámico", escribió bin Laden. Recalcó que las escuadras de la cruzada cristiana internacional "surcan ya los mares del Islam. Ignorando pactos y promesas, asedian y bloquean a los pueblos de la región, violan los sitios sagrados y saquean nuestras riquezas, mientras la mezquita de al-Aqsa sigue en poder de la alianza judeocristiana". (Bin Laden entiende por "judeocristiana" a Occidente, en todos sus aspectos políticos, religiosos, éticos y culturales.) Esta misiva sirvió como pantalla a las consultas iniciales a Turabi y Bashir sobre los pasos prácticos para revitalizar el terrorismo.

Como resultado de ello, la dirigencia terrorista islamita —específicamente Osama bin Laden y Ayman al-Zawahiri— recibió luz verde para proceder a la declaración de la jihad y desatar una ola de terrorismo en y contra Occidente. Era momento entonces de que Teherán interviniera.

Para comenzar, Teherán se planteó una importante consideración operativa: la persistente escisión entre los líderes teológicos de varios grupos islamitas egipcios, los cuales debían trabajar en común. Convocó así a los comandantes egipcios clave con los que mantenía contacto, en particular a Kamal Ujayzah, el asistente de Zawahiri ubicado en Teherán, y a un emisario especial de Rifai Ahmad Taha, jefe del Grupo Islámico. Los egipcios se reunieron con altos funcionarios de la inteligencia iraní, quienes les notificaron que les esperaba un muy atractivo y amplio paquete de apoyo si estrechaban su colaboración operativa. Los iraníes insistieron en que era contraproducente y peligroso no contar con un riguroso y fluido sistema terrorista en un escenario tan difícil como Egipto. Los representantes de las organizaciones egipcias coincidieron con ese análisis y se comprometieron a lograr la fusión gradual de sus fuerzas, aunque condicionaron los siguientes pasos a la autorización teológica de sus respectivos líderes espirituales. Los iraníes quedaron satisfechos con los acuerdos y entregaron fondos a los egipcios, a quienes también les asignaron lugares adicionales en importantes centros de entrenamiento de terroristas.

Para cerciorarse de la ejecución de los acuerdos, bin Laden sostuvo reuniones complementarias con Taha y Zawahiri, con el objeto de tratar lo relativo a la mayor cooperación entre sus organizaciones. Ambos líderes confirmaron el acuerdo obtenido en Teherán y coincidieron en la necesidad de superar sus diferencias. Bin Laden hizo hincapié en el imperativo de unir fuerzas para lanzar ataques espectaculares contra blancos estadounidenses e israelíes. Zawahiri y Taha accedieron a formar un grupo operativo común, aunque sus fuerzas conservarían su independencia político-teológica y formato organizativo. Inicialmente, realizarían acciones militares autónomas, aunque rigurosamente coordinadas por bin Laden y el alto mando de un frente supremo conjunto que estaba por organizarse, y del que Zawahiri y Taha formarían parte. Estos acuerdos específicos sólo se aplicarían a sus operaciones en Egipto. En cuanto a las operaciones internacionales, ambos se habían comprometido tiempo atrás a operar en el marco de las redes controladas por Teherán.

A principios de 1998, bin Laden y sus más cercanos colaboradores también celebraron varias reuniones con altos comandantes terroristas que operaban en el exterior. En una de ellas estuvo presente Ahmad Ibrahim al-Najjar, alto dirigente de la Jihad Islámica en Albania. (Poco después de su retorno a Albania desde Paquistán, Najjar fue capturado con ayuda de la CIA, y en la actualidad se halla encarcelado en Egipto.) Según Najjar, bin Laden propuso una "guerra de guerrillas contra intereses israelíes y estadounidenses no sólo en países árabes y musulmanes, sino en todo el mundo. Creía que la camarilla judía manejaba los hilos de la política en Estados Unidos y estaba detrás del debilitamiento del pueblo y gobierno musulmanes, hegemonía que debía ser destrozada". Así pues, argumentó bin Laden, la Jihad Islámica, al igual que todas las demás organizaciones terroristas islamitas, debía "dirigir sus armas" contra Israel y Estados Unidos, no contra Egipto, Arabia Saudita u otros países árabes. Sin la expulsión de Estados Unidos de Medio Oriente y la destrucción de Israel, sería prácticamente imposible para las fuerzas islamitas derrotar a los "regímenes títeres" alentados por Estados Unidos. Como prueba de ello, bin Laden se refirió al lamentable estado de la jihad en Medio Oriente, a pesar de los graves daños sufridos por los islamitas. Un frente islamita unificado, insistió repetidamente, sería capaz de imponerse eficazmente a Estados Unidos e Israel. Najjar y los demás comandantes apoyaron con entusiasmo ese plan.

El 15 de febrero de 1998, el general Safavi y una delegación de altos funcionarios iraníes se reunieron con bin Laden, Zawahiri y varios importantes dirigentes terroristas islamitas. Los iraníes presentaron sus proyectos de operaciones terroristas a largo plazo y describieron el papel de los terroristas islamitas en ese plan maestro. Para encubrir a Irán, en esa reunión se decidió crear una nueva organización general sunnita, que más tarde sería llamada el Frente Islámico Mundial por la Jihad contra Judíos y Cruzados. Asimismo, se establecieron las modalidades de entrenamiento y apoyo a las unidades terroristas a través del CGRI. Ambas delegaciones convinieron también en unir fuerzas para incrementar el apoyo a la rebelión armada en Kosovo y reforzar la base de avanzada islamita en Zenica, Bosnia-Herzegovina. Acordaron que las áreas habitadas por musulmanes en los Balcanes debían convertirse en la base principal para la difusión del terrorismo y la subversión islamitas en Europa. Esta reunión satisfizo enormemente a los dirigentes islamitas árabes asistentes, quienes quedaron plenamente convencidos de que Teherán reconocía su importancia como líderes teológicos y no sólo como jefes operativos. Bin Laden y Zawahiri confirmaron el gran respeto y la confianza de Teherán hacia ellos.

El 20 de febrero se inició un nuevo proceso teológico: la legitimación y autorización de una jihad de índole marcadamente terrorista contra Occidente, y no sólo como reacción a la crisis imperante en Irak. En Londres, la Organización Azzam, centro de los mujaidines "afganos" y "bosnios", así como de los terroristas islamitas de las comunidades de emigrados en Occidente, emitió el texto de una *dua* (prédica-oración para instruir a los fieles sobre cómo responder al llamado del Islam), para su lectura en todas las mezquitas del mundo durante las importantes plegarias del viernes. En esa dua se codificó el papel de la jihad antiestadounidense en Irak en el contexto de la ascendente jihad mundial. La Organización Azzam recordó que el Profeta Mahoma había decretado que "la dua es el arma del creyente".

La dua de Azzam destacó la gravedad de la situación prevaleciente. "En este momento, mientras sobre la *Ummah* [nación] Musulmana se cierne otra ola de opresión, muchos musulmanes claman, vociferan y emiten declaraciones vacías."

De acuerdo con la Sharia, los muslmanes podían hacer tres cosas: participar en la jihad, contribuir a la jihad o identificarse con y orar por el éxito de la jihad. Esos tres deberes eran esenciales, puesto que su cumplimiento uniría a la comunidad entera en torno a una causa sagrada. "Alá conoce mejor que nadie la categoría de la dua, pero ésta exige de cada musulmán algo que puede y debe hacer. En pocas palabras, llamamos a todos los musulmanes, dondequiera que se encuentren; a todos los mujaidines; a todos los sabios justos que han sido encarcelados; a todos los musulmanes oprimidos, y a todos los musulmanes débiles y pobres a sumarse a nosotros y cumplir la dua con Alá contra las fuerzas invasoras."

La primera parte de la dua de Azzam era una extensa y detallada lista de las calamidades que aquejan a las fuerzas aéreas dirigidas por Estados Unidos en el Golfo Pérsico, como bombardeos errados, fallas técnicas y el repentino temor que invadiría a las fuerzas especiales. Versados en alta tecnología y guerra moderna, los autores de la dua se aseguraron de que los creyentes repitieran una larga, precisa y detallada lista de las calamidades por infligir a las fuerzas occidentales desplegadas contra Irak.

Después aparecía una larga lista de misiones y tareas de los mujaidines en el contexto de la crisis imperante. Este notable edicto, relacionó todos los desafíos y escenarios de la jihad con una sola lucha global contra un enemigo común:

¡*Oh, Alá*! ¡Inspira a los musulmanes en importantes e influyentes posiciones estratégicas en el mundo entero para que usen sus habilidades, ya sean conocimientos de computación o aptitudes financieras, en *venganza* contra el enemigo en todo el mundo!

¡*Oh, Alá*! *Hay una nación apóstata*, así que aunque los *mujaidines* no puedan vengarse en Irak, ¡permite a tus combatientes *mujaidines* en las demás partes del mundo vengarse contra la *nación kafir*!

¡*Oh, Alá*! ¡Haz que esta venganza llegue como los ataques del Hamas en Israel!

¡*Oh, Alá*! ¡Haz que esta venganza sea como los ataques de Ibn-al-Khattab y los Mujaidines Extranjeros en *Chechenia* contra los rusos!

¡*Oh, Alá*! ¡Haz que esta venganza llegue como los ataques de Osama bin Laden y otros valientes guerreros del Golfo Pérsico contra las *fuerzas extranjeras* en los *países del Golfo*!

¡*Oh, Alá*! ¡Haz que esta venganza llegue como los ataques intensificados contra las fuerzas indias en *Cachemira*!

¡*Oh, Alá*! ¡Haz que esta venganza llegue como los intensos ataques contra *Israel* perpetrados por mujaidines en las fronteras de Jordania y Líbano!

¡*Oh Alá*! ¡Haz que los *justos sabios en el Golfo Pérsico* se rebelen contra la política exterior de sus gobiernos y hablen con la *verdad*!

¡*Oh, Alá*! ¡Haz que las autoridades de los países musulmanes *apoyen* los ataques vengativos de mujaidines contra fuerzas extranjeras en su territorio!

¡*Oh, Alá*! ¡*Causa tanto daño y destrucción y confusión a las fuerzas invasoras, que aprendan una lección histórica que les provoque pérdidas tales que hagan parecer nada a las pérdidas que causaron en la guerra del Golfo*!

Dado el control e influencia ejercidos por la Organización Azzam en el enorme número de mujaidines en Occidente, en particular "afganos" y "bosnios", su llamado a una jihad de grandes proporciones constituyó un acontecimiento de la mayor importancia.

Esa dua fue sucedida por toda una serie de fatwas, emitidas por los dirigentes de los grupos y organizaciones clave que en realidad ejecutarían el llamado a las armas y a la inexorable jihad. En ellas, se esbozaron los objetivos y análisis del islamismo militante, acordes con los centros de la dirigencia islamita en Jartum, Teherán, Islamabad y Londres. La fatwa más importante de este grupo, obra de Osama bin Laden, Ayman al-Zawahiri y Rifai Ahmad Taha (Abu-Yassir), representó un gran logro para la promoción de la unidad combativa islamita pese a las diferencias ideológicas y doctrinales entre Zawahiri y Taha. Este llamado a la violencia se desprendió de la declaración de la dua de que un único país *kufr* ("apóstata") amenazaba al mundo musulmán y al renacimiento islamita. Ahora viables, los objetivos legítimos de la jihad islamita podían hallarse en cualquier sitio de la Tierra.

La primera fatwa islamita de esta serie también fue emitida el 20 de febrero, y marcó la pauta y dirección del llamado a la jihad. El profesor Bernard Lewis, distinguido especialista en Islam, llamó a esa fatwa "una magnífica muestra de elocuente, y en ocasiones poética, prosa árabe". En esencia, en ella se anunció el establecimiento de un "frente mundial por la jihad contra judíos y cruzados" —ahora llamado Frente Islámico

Mundial— y se declaró el compromiso de "matar a civiles y soldados estadounidenses" en represalia por cualquier ataque de Estados Unidos a Irak o cualquier otra muestra de hostilidad en cualquier parte del mundo musulmán. Con el término *cruzados* se puso de manifiesto la continuidad de las amenazas de fuerzas extranjeras a Medio Oriente, tales como las fuerzas estadounidenses en Arabia Saudita, y se recordó la victoria definitiva de las fuerzas musulmanas sobre los cruzados originales. La fatwa establecía que la amenaza estadounidense era profunda e integral, ya que "la agresión de Estados Unidos afecta a civiles musulmanes, no sólo a los ejércitos". Los principales firmantes de este documento fueron el sheik Osama bin Muhammad bin Laden; Ayman al-Zawahiri; Rifai Ahmad Taha (Abu-Yassir); el sheik Mir Hamzah, secretario de la Jamiat-ul-Ulema-e-Paquistán; Fazlul Rahman Khalil, líder del Movimiento Ansar en Paquistán, y el sheik Abdul Salam Muhammad, emir del Movimiento Jihad en Bangladesh.

La creación del Frente Islámico Mundial fue una importante conquista para los grupos terroristas islamitas patrocinados por Irán, Sudán y Paquistán. El hecho de que aquellos líderes hayan firmado juntos la fatwa, destacaron fuentes islamitas de alto nivel, significa que "dejaron de lado sus diferencias y acordaron unificar el propósito de su lucha", así como que estaban "en proceso de establecer mecanismos para ejecutar lo expresado en esa declaración". La importancia concedida a líderes islamitas de Paquistán y Bangladesh perseguía "ampliar el área que contiene objetivos estadounidenses contra los cuales es posible efectuar operaciones, y distribuir las tareas de seguridad entre varios estados". Esta distinción tuvo por objeto reforzar la declaración de una jihad de alcance mundial vertida en la dua de la Organización Azzam.

De acuerdo con los autores de esta fatwa, la situación mundial, a principios de 1998, era excepcionalmente grave, porque exhibía una conspiración de tres elementos dirigida por Estados Unidos contra los musulmanes y el Islam. Los tres elementos eran: 1) la ocupación estadounidense de la Península Árabe, la explotación económica de los países de la región y su uso como trampolín para la agresión contra una nación hermana como Irak; 2) la sistemática matanza de musulmanes iraquíes por la "la alianza de cruzados-sionistas", y 3) la promoción de los intereses del "insignificante Estado judío" en la conspiración para "la destrucción de Irak, el Estado árabe vecino más poderoso, y la fragmentación de todos los estados de la región, como Irak, Arabia Saudita, Egipto y Sudán, para convertirlos en estados de papel y, por efecto de su desunión y debilidad, garantizar la sobrevivencia de Israel y la continuación de la brutal ocupación cruzada de la Península [Árabe]".

Los autores del documento expresaron: "Todos estos crímenes y pecados de los estadounidenses son una abierta declaración de guerra contra Alá, Su mensajero, y los musulmanes. A todo lo largo de la historia islámica, los ulemas han coincidido unánimemente en que la jihad es un deber individual si el enemigo destruye países musulmanes... Con base en ello, y en cumplimiento de la orden divina, emitimos la siguiente fatwa a todos los musulmanes:

"La resolución de matar a los estadounidenses y sus aliados —civiles y militares— es un deber individual para todos los musulmanes que puedan hacerlo en cualquier país, a fin de liberar la mezquita de al-Aqsa [en Jerusalén] y la Sagrada Mezquita [en La Meca] y lograr el retiro de los ejércitos invasores, derrotados e incapaces de amenazar a cualquier musulmán, de todos los territorios del Islam... Con la ayuda de Dios, convocamos a ello a todos los creyentes musulmanes que deseen ser recompensados por cumplir la orden divina de matar a los estadounidenses y saquear sus bienes en todo momento y lugar. Llamamos también a los ulemas, líderes, jóvenes y soldados musulmanes, a lanzar el ataque contra las tropas estadounidenses de Satán y los partidarios del demonio aliados a ellos, y a eliminar a quienes los apoyan para que aprendan una lección."

También relevante fue la fatwa conjunta emitida por los Guerreros de la Sharia, patrocinados por Teherán. Este documento aportó la justificación legal y teológica del apoyo islamita a Saddam Hussein, pese a no ser éste un líder islamita y haber combatido en el pasado a islamitas iraníes e iraquíes. Firmada por Abu-Hamzah al-Masri, aliado de Turabi y Zawahiri, en esta fatwa se hizo referencia a la perdurable hostilidad de los islamitas contra Saddam Hussein y se fijaron claras prioridades para la lucha islamita en las circunstancias prevalecientes. La intensificación de la jihad contra Estados Unidos era suficientemente importante para justificar la cooperación con Irak.

La declaración de los Guerreros de la Sharia no dejó duda sobre la hostilidad contra Saddam Hussein, a quien se describió como "apóstata de las leyes y reglas del Islam". En principio, señalaron los islamitas, los oficiales iraquíes en el poder eran "ateos y apóstatas que deben ser combatidos... por la policía y el ejército si defienden al régimen o se disponen a hacerlo; su riqueza se convertirá en botín y serán eliminados, y sus heridos liquidados". Declararon asimismo que los Guerreros de la Sharia mantenían su convicción original de que "defender a este pueblo [el iraquí] de Saddam y su gobierno, de judíos y cristianos y de todos aquellos que pretendan aprovecharse, ya sea de palabra o de obra, de la sangre, riqueza u honor de ese pueblo musulmán, es un deber que todos los musulmanes hemos de cumplir con nuestras espadas, recursos, palabras y corazón, cada cual según sus medios". Las circunstancias imperantes en Medio Oriente, sin embargo, hacían necesario que los islamitas concentraran la jihad contra el verdadero enemigo y amenaza predominante contra el Islam. Los Guerreros de la Sharia insistieron en que "judíos y cristianos no tienen nada que hacer aquí [en Irak y Arabia] y carecen para ello de un mandato legítimo reconocido. Su presencia representa una amenaza y su sangre podría ser derramada impunemente. En pocas palabras, los musulmanes debemos hacer todo lo posible por echarlos y cubrirlos de humillación". Debían proceder así incluso si eso significaba ayudar y confortar a Saddam Hussein.

El 23 de febrero, el Grupo Jihad de al-Zawahiri emitió el primero de varios comunicados aclaratorios diseñados para precisar la esencia de la jihad antiestadounidense recién declarada. La Jihad Islámica juraba "dar una lección a los estadounidenses", y culpaba al presidente Clinton de "la agresión contra la nación del Islam". El pueblo iraquí, "por el cual Clinton derrama lágrimas de cocodrilo, es el mismo pueblo, cientos de miles de personas, al que el presidente de Estados Unidos pretende arrasar para castigar a Saddam Hussein, como sostiene. Clinton ha advertido de la amenaza de armas químicas y biológicas en Irak mientras las apila en Israel para atentar contra los musulmanes, establecer el Gran Israel y destruir la Mezquita de al-Aqsa para erigir sobre sus ruinas el templo de Salomón. Oh, musulmanes Levántense contra Estados Unidos en el mundo entero y denle una lección dondequiera que se encuentren".

Dos días después, AbdAllah Mansur, secretario general del Grupo Jihad de Egipto-Vanguardias Armadas de Conquista, emitió una declaración titulada "Un paso adelante en la dirección correcta", en la que instó al recién establecido Frente Islámico Mundial por la Jihad contra Judíos y Cruzados a incorporar a sus filas a las demás corrientes islamitas activistas, y a formular nuevas estrategias acordes con las etapas venideras de la jihad global. "Ha llegado la hora de abandonar ideas apresuradas basadas en reacciones [emocionales] y la lucha contra quienes no son nuestros enemigos, en lo que agotaríamos la casi totalidad de nuestras energías, en favor de una mentalidad estratégica en la que se tomen en cuenta las reglas de defensa y la capacidad de adaptación y desarrollo, porque sin ello el resultado será la parálisis total", escribió Mansur. En esencia, éste urgió a la jihad egipcia a olvidar la confrontación con el gobierno de Mubarak y a atacar en cambio a Estados Unidos e Israel.

En su declaración, el Grupo Jihad de Egipto-Vanguardias Armadas de Conquista también subrayó que para poder consumar la jihad resultaba imperativo "formar un gran comité que represente a todas las tendencias del movimiento fundamentalista deseosas de aliarse con el mundo árabe e islámico, además de crear mecanismos para ejecutar y priorizar esos propósitos y trabajar esforzadamente por eliminar todas las barreras psicológicas entre las diversas fuerzas y tendencias de la jihad, a fin de cerrar filas contra la mentira y sus secuaces". Advirtió asimismo que, dada la magnitud de tales retos, "abordar problemas sin hallar soluciones adecuadas dará inevitablemente malos resultados".

En este contexto, el Grupo Jihad de Egipto-Vanguardias Armadas de Conquista elogió la creación del Frente Islámico Mundial por la Jihad contra Judíos y Cruzados como importante paso en la dirección correcta. Mansur respaldó con entusiasmo la estipulación de la fatwa de ese Frente en que "matar a los estadounidenses y sus aliados es deber individual de todos los musulmanes". Apoyó de igual modo la inclusión del Grupo Jihad y el Grupo Armado Islámico en el nuevo frente, pese a pasadas fricciones ideológicas y teológicas entre esos grupos respecto de la conducción de la jihad islamita en Egipto.

El 3 de marzo, la dirigencia en Egipto del Grupo Jihad, de Zawahiri, reiteró su compromiso con la jihad armada en el contexto de la nueva alianza internacional. El Grupo Jihad estaba convencido de "la inutilidad de soluciones parciales" a los desafíos del mundo musulmán, y de que la "jihad es la única vía" para alcanzar soluciones totales. La emisión de la declaración titulada "No hay más solución que la jihad", por la Oficina de Medios de Comunicación del Grupo Jihad, en Egipto, sirvió como recordatorio tácito al gobierno de Mubarak de que el extenuante y violento terrorismo islamita podría resurgir si Egipto se sumaba al bando de Estados Unidos. En los días siguientes, antes de las oraciones del viernes 6 de marzo, islamitas egipcios de alto nivel recibieron mensajes del círculo más cercano a Zawahiri, en el sentido de que el Grupo Jihad, en su calidad de distinguido integrante del Frente Islámico Mundial, "iniciará muy pronto actividades abiertas". En esos mensajes también se reafirmó la validez de la fatwa recién emitida, con particular acento en el requisito enunciado de que los miembros de los grupos islamitas debían "matar estadounidenses y saquear sus posesiones en cualquier parte".

Con esas aclaraciones de Zawahiri y sus lugartenientes, se cerró el círculo de la capitalización de la crisis iraquí en favor de la militancia y el radicalismo islamitas, aunque el propio Saddam Hussein no simpatizara ni confiara en los dirigentes islamitas. Éstos se sirvieron del creciente y traumático conflicto con Occidente para revitalizar el extendido temor popular por el grado de influencia occidental sobre el mundo musulmán, e inducir un levantamiento islamita. Los islamitas demostraron su eficacia al capitalizar la campaña occidental contra las faltas de Irak y sobre el destino que aguardaba a Saddam Hussein, interpretada en el mundo árabe, así como entre la comunidad y élite intelectual de emigrados musulmanes en Occidente, como una demostración de la hostilidad occidental contra el Islam. A principios de marzo de1998, Saddam Hussein y su ideología ya no tenían importancia para la mayoría de los musulmanes. Todo lo que importaba era la gigantesca fuerza militar de alta tecnología impulsada por Estados Unidos para bombardear y devastar a civiles musulmanes inocentes, ya agobiados por las sanciones impuestas por Estados Unidos. El inmenso y duradero impacto de la crisis en Irak sobre la restauración del terrorismo internacional en el corazón de Occidente, era irreversible.

Lo más revelador fue la reacción de las instituciones árabes a esos acontecimientos. Luego de la obtención de un acuerdo en Irak, amparado por las Naciones Unidas, incluso el Cairo suponía que Estados Unidos instigaría otra provocación para prender fuego a la región. El 1 de marzo, un editorial del diario oficial *al-Ahram* firmado por Abduh Mubashir y titulado "Irak y el cerco de fuego", elucidó la visión del gobierno de Mubarak. Mubashir refirió la larga historia de hostiles intervenciones de Estados Unidos en Medio Oriente, desde la década de los setenta, diseñadas para ahogar el despertar árabe y servir a los intereses de Occidente e Israel. La crisis imperante en Irak era sólo la más reciente, de ninguna manera la última etapa de ese proceso. Mubashir afirmó que, independientemente de que Saddam cumpliera o no los ordenamientos de las Naciones Unidas, sin duda en el futuro surgirían nuevas crisis con Irak, dada la obstinación estadounidense de agredir a Irak y a todos los árabes. "Este acoso, particularmente si se le ve como parte del cerco de fuego alrededor del mundo árabe, nos hace prever una actitud más inflexible de parte de Estados Unidos y las Naciones Unidas… Es probable que los estadounidenses empujen al presidente Saddam a provocar una crisis, ya sea a través de una acción de Hussein o en reacción a otro movimiento. Esto no les será difícil a quienes desde hace mucho tiempo son expertos en poner trampas a regímenes políticos. En previsión de la posibilidad de un ataque militar, altos funcionarios estadounidenses han anunciado que su fuerza militar permanecerá en la región."

Con Egipto, uno de los gobiernos más proestadounidenses y seculares de Medio Oriente, en abierta posición a favor de la posición islamita, según la cual Estados Unidos pretende castigar al mundo árabe por ser musulmán y es imposible un arreglo entre estadounidenses y musulmanes, el resurgimiento de la combatividad y el terrorismo islamitas se volvió incontenible. Dado el creciente apoyo popular a su favor, el Frente Islámico Mundial por la Jihad contra Judíos y Cruzados se vería obligado a actuar, así fuera sólo para preservar su legitimidad en el mundo musulmán.

En marzo de 1998, la principal pregunta era: "¿Dónde y cuándo atacarán los terroristas islamitas un objetivo estadounidense?" Evolucionaban entonces dos tendencias. Se consolidaba, en primer lugar, el desarrollo general de las capacidades terroristas islamitas globales. El Frente Islámico Mundial por la Jihad contra Judíos y Cruzados, proveía ya el marco teológico y de mando supremo sobre el cual organizar las nuevas redes operativas de terroristas expertos, en función de un ataque inminente. Este esfuerzo comenzaría en abril de 1998, y aún prosigue, para montar el escenario de una era de terrorismo internacional con letalidad sin precedentes. En segundo, comprometidos y determinados a atacar tan pronto como fuera prudente hacerlo, los islamitas aceleraron simultáneamente sus preparativos para una operación espectacular de bajo riesgo. África oriental emergió como el teatro de operaciones más conveniente. Los dos coches-bomba que sacudieron a Nairobi y Dar-es-Salaam confirmaron que el análisis de riesgo de los islamitas había sido correcto.

9
Los ataques a embajadas de Estados Unidos

El 7 de agosto de 1998, dos bombas explotaron simultáneamente frente a las embajadas de Estados Unidos en Nairobi, Kenia, y Dar-es-Salaam, Tanzania, a 700 kilómetros de distancia entre sí. En Nairobi se hicieron añicos las ventanas de todos los edificios ubicados en un radio de 400 metros; puertas y personas volaron en pedazos y un edificio vecino de siete pisos se derrumbó. En Dar-es-Salaam quedó destruido un costado de la embajada. Murieron en total más de 250 individuos y un número superior a 5 500 resultaron heridos, en su mayoría africanos.

Ambos estallidos fueron operaciones patrocinadas por estados musulmanes y dirigidas por el Hezbolá Internacional, organización recientemente renovada, controlada por Teherán y en la que también participan Sudán y Paquistán. La autoría material de los atentados recayó en las fuerzas de élite del Movimiento Islámico Armado, del que Osama bin Laden es líder político y Ayman al-Zawahiri comandante militar. Ambas operaciones son representativas del terrorismo islamita contemporáneo, el cual se caracteriza por una ejecución altamente profesional y una cadena de responsabilidad intencionalmente difusa, lo que complica a Occidente tomar represalias, en particular contra los estados patrocinadores.

En contraste con su trascendencia estratégica y política, tales estallidos fueron de bajo riesgo desde el punto de vista operativo, pues resultaron de un plan de contingencia basado en fuerzas desplegadas tiempo atrás; un compromiso político de alto nivel para la realización de un atentado espectacular contra Occidente, el ataque a la Copa

Mundial de Fútbol en Francia, el cual había sido considerado la operación principal, y la creciente insistencia de Turabi en operaciones contra Estados Unidos en África oriental para alentar la difusión del islamismo y dañar a países que apoyan a los rebeldes en el sur de Sudán.

Hassan al-Turabi, líder espiritual de Sudán y prominente guía del islamismo militante sunnita, se ha interesado siempre en la propagación del islamismo en el África subsahariana. Desde principios de la década de los noventa, Irán y Sudán han participado en una intensa campaña para consolidar su control sobre el Mar Rojo y el Cuerno de África. Los enfrentamientos con las fuerzas de las Naciones Unidas, asentadas en Somalia y encabezadas por Estados Unidos, y su definitiva expulsión en 1993, representaron el primer gran asalto en la lucha islamita por África oriental. Pese al drástico resultado de la jihad islamita en Somalia —la consumación del retiro de Estados Unidos—, Jartum y Teherán sabían que no habían obtenido beneficios tangibles. Después de todo, su triunfo no se tradujo en el establecimiento de un gobierno islamita en Mogadiscio, ni en el término de la lucha fratricida entre las diversas milicias y otros grupos armados locales, como no cesaba de recordarlo el recrudecimiento de la guerra civil en el sur de Sudán. Además, la asistencia extranjera a la población negra de esta región vía los estados del este africano, era un incentivo adicional para combatirla, tanto como a su protector estratégico, Estados Unidos. Jartum calculaba, no sin razón, que si —a través del terrorismo, la subversión y la desestabilización— se volvía prohibitivamente "costosa" para los estados vecinos la asistencia a los rebeldes del sur, aquéllos dejarían de permitir que su territorio fuera vía de acceso a esa región de Sudán. Pensaba también que, una vez que Estados Unidos comenzara a "sufrir" las consecuencias del terrorismo internacional como resultado de su apoyo a los rebeldes sudaneses, interrumpiría de inmediato su apoyo y cesaría de alentar el de los países vecinos.

El reforzamiento de las redes islamitas clandestinas en África oriental, comenzó tan pronto como las fuerzas estadounidenses iniciaron su retiro de Somalia. El objetivo primordial fue afianzar la presencia islamita a largo plazo, tarea que Ayman al-Zawahiri emprendió a principios de 1994. Entonces principal comandante en Somalia, Zawahiri se ocupó personalmente del importante apertrechamiento en Kenia, motivo por el cual realizó numerosas visitas clandestinas a Nairobi y Mombasa. El núcleo de la nueva fuerza islamita en Kenia se integró con jordanos "afganos" llegados de Paquistán y Medio Oriente. Su tarea esencial era establecerse en Kenia y preparar la incorporación de otros islamitas, probablemente procedentes de Paquistán, y proporcionarles apoyo operativo a través de África oriental.

Muhammad Sadiq Odeh, el sujeto que fue arrestado en Paquistán a principios de agosto de 1998, por su participación en los estallidos de bombas en las embajadas estadounidenses, fue uno de los jordanos desplegados por Zawahiri. Según el pasaporte jordano con que aquél entró a Kenia a mediados de 1994, en calidad de estudiante, se llamaba Mohammed Saddiq Howaida y había nacido en Arabia Saudita, aunque en realidad es jordano-palestino. Según las autoridades paquistaníes, dijo ser hijo de padres palestinos y haber nacido en Tabuk, Arabia Saudita. En Jordania, donde estudió, se integró a la OLP, la cual lo envió a Afganistán en 1990 para ser entrenado. Ahí recibió la influencia del islamismo militante, se entrenó en uno de los campamentos de árabes "afganos" de bin Laden y se sumó a los mujaidines contra el gobierno de Kabul. Habiendo demostrado su valor en combate, la "organización" Zawahiri-bin Laden lo reclutó y entrenó en operaciones terroristas. Como a los demás efectivos de Zawahiri, a su llegada a Kenia se le instruyó para hacerse una vida en el país. Así, en octubre de 1994 se casó con una musulmana local y se estableció.

La vital contribución de las redes de África oriental a las organizaciones terroristas islamitas mundiales, fue ratificada en 1994-95 con el nombramiento de Ali al-Rashidi, también llamado Abu-Ubaydah al-Banshiri o Abu-Ubaydah al-Banjashiri, como primer comandante regional con base en Kenia. Confidente egipcio de Zawahiri, al-Rashidi había dirigido una de las unidades de élite contra las fuerzas estadounidenses en Mogadiscio, en el otoño de 1993. Ahora, desde su base en Kenia, su misión era establecer en varios estados de África un complejo de redes clandestinas compuestas por islamitas egipcios, árabes y africanos.

Las redes islamitas de África oriental se ocuparon, desde principios de 1994, de las tareas logísticas relacionadas tanto con el embarque de drogas cultivadas y producidas en Afganistán y Paquistán, como con el lavado de dinero para el financiamiento de las rápidamente crecientes redes islamitas de Europa occidental y Estados Unidos. Los principales puertos de entrada eran, y siguen siendo, Zanzíbar (Tanzania) y Mombasa (Kenia), desde los cuales las drogas son embarcadas hacia el este y oeste de África y a Occidente. Varios expertos, enviados desde Sudán, se encargaron de consolidar las redes islamitas clandestinas de ambas ciudades portuarias para el mejor manejo de esos embarques. ✗

A causa de sus buenas relaciones con Occidente, Kenia también fue convertida en importante estación para el "lavado" de terroristas y agentes con destino a Estados Unidos y Europa occidental. Los agentes viajarían clandestinamente a Arabia Saudita (vía Yemen), Egipto (vía Sudán) o Kenia (vía Somalia), y después a Turquía e Italia, desde donde penetrarían a Occidente con un nuevo conjunto de documentos de identidad. Debido a la creciente persecución de islamitas en Egipto y Arabia Saudita, a mediados de la década de los noventa, Kenia se convirtió en el principal punto de inserción de terroristas enviados a Occidente, lo que supuso la adición de nuevos terroristas expertos a las redes de ese país en apoyo a las operaciones de infiltración.

La progresiva importancia de África oriental para el sistema mundial de apoyo terrorista, estimuló el incremento de la capacidad operativa del área para la ejecución de golpes espectaculares. La decisión de proceder en ese sentido, al tiempo que se mantenía en marcha el crucial sistema de apoyo de la región, revela la importancia de esta zona para la dirigencia terrorista. Por regla general, el personal de las redes de apoyo y de las redes operativas es muy distinto. Las primeras implican experiencia en apoyo logístico, lavado de dinero y contrabando, y las segundas en fabricación de bombas y homicidios. Por motivos de seguridad, ambos tipos de redes existen por separado —incluso geográficamente, de ser posible—, a fin de que la disolución de una de ellas no cause la destrucción de la otra.

El intento de asesinato del presidente egipcio, Hosni Mubarak, en Addis-Abeba en el verano de 1995, evidenció que era urgente disponer de redes capaces y sofisticadas en África oriental. Por ello, como parte de la reforma general de la capacidad operativa en la región, en la primavera de 1996 los islamitas emprendieron la reconstrucción de su base de avanzada en Somalia. Bin Laden, por ejemplo, estableció un sistema de casas de seguridad en el sur de Mogadiscio, área bajo control de Aidid. Para entonces, la infraestructura terrorista de Kenia ya estaba preparada para recibir a terroristas experimentados. A principios del verano de 1996, varios grupos de árabes "afganos" de bases de entrenamiento en Sudán fueron trasladados a la base aérea de Jartum, en el complejo de la comandancia general del ejército, desde donde se desplazaron a Nairobi en vuelos comerciales. Algunos de ellos permanecieron en Kenia, mientras que otros se internaron clandestinamente al sur de Mogadiscio.

Los preparativos islamitas sufrieron un grave revés a fines de mayo de 1996, en ocasión de la muerte de al-Rashidi en un accidente, quien se ocupaba entonces del establecimiento de nuevas redes regionales. A causa de su alta jerarquía en las fuerzas de la jihad, al-Rashidi era considerado el segundo hombre en importancia, después de Zawahiri. La organización tardaría mucho tiempo en recobrarse de su desaparición.

Jartum intentó en vano suplirlo con uno de dos destacados islamitas apostados en Nairobi desde 1994. El primero de ellos, Mustafa Mahmud Said Ahmad, egipcio "afgano" nacido en Zaire y graduado de la Universidad de al-Azhar, había desempeñado tareas de espionaje en Kuwait y Egipto, pero a mediados de los años noventa había dejado de ser un militante convencido. El otro, Wadih el Hage, árabe-estadounidense, secretario de bin Laden en Jartum desde mediados de los años ochenta, era un ardiente devoto de la causa, pero no resultó apto para el puesto porque atraía demasiada atención. Una fuerza de seguridad conjunta de Kenia y el FBI de Estados Unidos allanó su residencia en Kenia, en agosto de 1997 y lo "quemó" como agente. Ambos salieron de Nairobi en 1997 tras la incorporación de nuevos y más eficaces comandantes.

El cargo de nuevo comandante militar en África oriental le correspondió finalmente a Subhi Abdul Aziz Abu-Sittah, también conocido como Muhammad Atif Mustafa, cuyo nombre de batalla era Abu-Hafs al-Masri, egipcio y veterano árabe "afgano". Aunque islamita desde temprana edad, Abu-Hafs no participó en actividades subversivas mientras vivió en Egipto, aunque mantenía cierto contacto con una célula de la Jihad Islámica. Llegado a Paquistán a fines de la década de 1980, estableció amistad con Ali al-Rashidi, quien posteriormente lo presentó a bin Laden y Zawahiri, del que se convertiría en devoto lugarteniente. Colaboró con al-Rashidi en varias operaciones clandestinas, usualmente como responsable del área militar-terrorista, y organizó y entrenó a redes islamitas locales en Sudáfrica. Cuando al-Rashidi se trasladó a África, asumió algunas de sus funciones de supervisión en los campos de entrenamiento en Afganistán. En 1997, se convirtió en el candidato ideal para sustituir a su amigo. La comandancia militar de las operaciones en África oriental le exigió desplazarse frecuentemente entre Afganistán-Paquistán y África oriental. Durante el aumento de las operaciones islamitas en la región, se mantuvo en las sombras, evitando el contacto directo con terroristas y agentes locales.

Todas estas actividades se llevaron a cabo bajo el atento escrutinio de los estados patrocinadores, principalmente Irán. Desde la creación del Hezbolá International en el verano de 1996, Teherán ha preferido permanecer en segundo plano, permitiendo que prominentes pero leales dirigentes sunnitas, como bin Laden y Zawahiri, se encargaran directamente de las actividades. Teherán formula la estrategia terrorista, fija las prioridades generales y determina y/o aprueba los blancos específicos. A través del Comité Tripartita, que incluye a bin Laden, los comandantes islamitas disponen ahora de mayores márgenes de maniobra y autonomía en la ejecución de operaciones dentro de los marcos establecidos por Teherán. Pero a punto de culminar los preparativos de operaciones espectaculares en 1996, Teherán intervino para inspeccionar la situación de las redes terroristas islamitas. Irán efectuaba entonces una profunda evaluación estratégica de sus requerimientos y capacidades regionales, como resultado de la cual África del este adquiriría mayor significación en sus intereses estratégicos.

El más importante examen de la situación en África oriental se realizó en septiembre de 1996 con el pretexto de la visita del presidente iraní, Ali Akbar Hashemi-Rafsanjani, a seis países de la región: Sudáfrica, Zimbabwe, Tanzania, Sudán, Uganda y Kenia. Altos funcionarios de inteligencia investigaron personalmente el terreno. A mediados de octubre, Hashemi-Rafsanjani explicó que su visita "abrió una oportunidad histórica al Irán islámico para contribuir al desarrollo y reconstrucción del continente africano". Se refirió a "los vanos intentos de Estados Unidos por presionar a los estados africanos contra la ampliación de sus relaciones con Irán", y concluyó que "los estados y el pueblo africanos han evaluado los beneficios de los lazos comerciales y económicos con el Irán islámico y están dispuestos a liberarse de las interesadas políticas de Occidente". Para capitalizar el éxito de esa visita de inspección, Teherán formó cinco comités especializados para el estudio de las perspectivas de la contribución de Irán a África en cinco campos específicos: política, comercio, economía, cultura y servicios técnicos y médicos. Se dieron de inmediato varios pasos. El 17 de octubre, por ejemplo, la aereolínea Iran Air inició una nueva ruta aérea a Nairobi vía Dubai, la cual se proponía complementar posteriormente con servicios a otras capitales africanas.

A mediados de noviembre de 1996, Javid Ghorban Oghli, director general del departamento de África del Ministerio de Asuntos Exteriores de Irán, confirmó la importancia de África oriental para Teherán: "África es hoy un importante punto focal en el mundo. Aun los estadounidenses saben que las naciones africanas comprenden la revolución islámica y simpatizan con nuestro país y nuestra revolución. Esto ha conducido a la consolidación de nuestros lazos con los estados africanos. Esta realidad no concuerda, desde luego, con la política de Washington de aislar a Irán". No es gratuito que Oghli ocupara ese puesto: antes había sido embajador de Irán en Argelia, donde apoyó y organizó actividades terroristas y subversivas islamitas.

A causa del profundo impacto de la muerte de al-Rashidi, la consolidación de las redes islamitas no se reanudó sino hasta el otoño de 1996, sobre todo en Somalia, país relativamente seguro. Bin Laden viajó en varias ocasiones a esa nación para supervisar y acelerar los preparativos islamitas. Durante sus viajes se alojó al sur de Mogadiscio, área bajo control de Hussein Aidid, hijo del desaparecido jefe militar Muhammad Farah Aidid, quien creció en Estados Unidos. En el invierno de 1996-97, bin Laden permitió que árabes "afganos" colaboraran con el Partido de la Liberación Islámica en las guerras fratricidas somalíes, a cambio de la autorización para establecer campamentos y centros de entrenamiento en Somalia. Los respectivos acuerdos operativos fueron concluidos en Peshawar, Paquistán, en una reunión entre Ahmad Shawqi al-Islambuli, comandante islamita egipcio, y emisarios del Partido de la Liberación Islámica. Islambuli accedió a enviar destacamentos de miembros de al-Jamaah al-Islamiyah desde Afganistán para reforzar a ese partido en Somalia. Los líderes islamitas bin Laden, Zawahiri e Islambuli aceptaron los acuerdos por considerar que Somalia era un sitio ideal para la reorganización y unificación de grupos armados de árabes "afganos" de cara a los desafíos que les esperaban.

En el invierno de 1996-97, cambió profundamente el papel de África oriental para los grandes cálculos estratégicos de Irán, interesado entonces en el reforzamiento de su capacidad naval, de importancia estratégica global. La reciente adquisición de navíos y misiles antinavales chinos, y el arribo desde Rusia del tercer submarino KILO (uno de los submarinos no nucleares más modernos, silenciosos y letales del arsenal de ese país) incrementaron la capacidad iraní para efectuar operaciones de combate en una zona más extensa. La recepción de tales armas fue sólo la primera fase de un programa de expansión naval mucho más amplio, basado principalmente en la compra a China de numerosos buques de combate, cuya conclusión tardaría varios años y cuyo propósito es dotar a Irán de la marina de guerra más poderosa del Golfo Pérsico.

Lo más importante para Irán era la posibilidad de operar en alta mar, fuera de sus aguas territoriales. Su armada ya había dado muestras de aptitud para trabajar en grandes distancias. Sus operaciones durante los ejercicios navales conjuntos con la armada paquistaní en el Mar Arábigo fueron impresionantes, como también las visitas de sus buques de combate a Indonesia. La marina iraní operaba asimismo desde varias instalaciones portuarias en Somalia y Sudán, donde Irán mantenía lo que ha terminado por convertirse en varias bases militares y navales.

A principios de 1997, Irán consiguió acceso a instalaciones navales en Mozambique. A cambio de amplia ayuda militar, la marina iraní obtuvo autorización para usar instalaciones portuarias en Maputo y Nacala, donde soviéticos y cubanos habían construido instalaciones portuarias militares durante la Guerra Fría. Específicamente, el acuerdo entre Irán y Mozambique permitió a aquél el uso de instalaciones portuarias para sus submarinos, el estacionamiento de equipos de apoyo técnico y la disposición de instalaciones de reaprovisionamiento y apoyo a la tripulación.

El verdadero significado de todas estas actividades salta a la vista en el contexto de la agresiva doctrina militar de Teherán: anticipar, e incluso iniciar, ataques preventivos contra fuerzas estadounidenses en caso de una gran escalada bélica en el Golfo Pérsico. Sus planes de guerra en el Golfo dependen de la oportuna detección de una intervención militar estadounidense, de modo que a Teherán le es imperativo prevenir el arribo de fuerzas navales de Estados Unidos. Para cumplir esa misión, está resuelto a adquirir mayor capacidad militar. A causa de la disparidad de su armada con la de Estados Unidos, la única posibilidad de que dispone para afectar una intervención de ese país, es la detección y enfrentamiento con las fuerzas navales estadounidenses lejos del Golfo Pérsico.

La armada estadounidense podría localizar y hundir rápidamente tanto los submarinos como los buques de combate iraníes. La estrategia naval iraní está hecha a la medida de ese desequilibrio de fuerzas. Su objetivo último es ganar tiempo para sus actividades iniciales en la Península Árabe, desde la ayuda a un gobierno islamita amigo, hasta el lanzamiento de un ataque sorpresivo en el contexto de una guerra regional. Según sus cálculos, antes de intervenir en una emergencia en el Golfo Pérsico, la armada estadounidense tendría que vérselas con su marina de guerra. Pero incluso si ésta fuera derrotada en tal confrontación —lo cual es casi indudable—, la distracción de Estados Unidos proporcionaría a Teherán tiempo muy valioso para consolidar sus iniciales conquistas en la Península Árabe o el Golfo Pérsico.

Por lo demás, Irán no tendría que ocuparse de tan gigantescos objetivos como los portaviones de la armada estadounidense. Le bastaría con, por ejemplo, hundir las naves estacionadas en Diego García —isla bajo dominio británico en el Océano Índico, donde Estados Unidos y el Reino Unido poseen equipo militar crucial para reaccionar rápidamente a cualquier emergencia en el Golfo Pérsico— para obstaculizar significativamente una concentración militar estadounidense en Medio Oriente. Una probable amenaza a esos barcos de reabastecimiento forzaría a la armada de Estados Unidos a desviar fuerzas navales para escoltarlos y protegerlos.

La capacidad de Irán para mantener patrullas submarinas entre Mozambique y el Mar Arábigo, constituye efectivamente una amenaza, porque crea una barrera entre Diego García y el Golfo Pérsico. Sus bases e instalaciones en Sudán y Somalia representan ya un amago para las rutas de navegación del Mar Rojo. Irán considera que en caso de una guerra de grandes proporciones en el Golfo Pérsico, una operación naval de este tipo demoraría la intervención de Estados Unidos hasta que fuera demasiado tarde para salvar a los gobiernos árabes locales.

Teherán ha persistido en sus amenazas a Estados Unidos y los estados árabes del Golfo Pérsico, específicamente Arabia Saudita. Previniendo una nueva ronda de acoso y una posible erupción bélica en Medio Oriente, Teherán advirtió a esas naciones contra la autorización de operaciones estadounidenses antiiraníes. A principios de febrero de 1997, el ayatola Khamenei concretó esas amenazas en su prédica del día de al-Quds (festividad iraní del último viernes del Ramadán para refrendar el compromiso de los musulmanes de liberar los lugares santos ocupados por los infieles). "Si cualquier fuerza extranjera en el Golfo Pérsico comete un desliz que desemboque en la inestabilidad, el primer país afectado será el mismo que les sirve de anfitrión", declaró.

Tal como ha ocurrido en todos los casos de definición de principios teológicos islamitas tras la creación de Hezbolá Internacional, los islamitas hicieron eco de esas declaraciones iraníes con pronunciamientos aún más enérgicos. Esta vez, la revitalización de las fuerzas árabes "afganas" en Somalia reverberó en encendidas declaraciones doctrinales. La advertencia emitida en febrero de 1997 por al-Jamaah al-Islamiyah, de Islambuli, fue determinante en el desenvolvimiento de los hechos en África oriental. De acuerdo con el edicto respectivo, los intereses estadounidenses en el mundo entero se habían convertido en blancos legítimos para aquella organización. Así, instaba al pueblo islámico "a cercar las embajadas estadounidenses y exigir su clausura", lo que para los islamitas se traduce en aterrorizar a la población para conseguir el cierre oficial de embajadas y otras representaciones estadounidenses. En ese documento se subrayaba la inmutabilidad de "la política estadounidense de confrontación con el movimiento islámico... acorde con la represión y el terrorismo contra el Islam y su pueblo". La única manera de revertir esa tendencia era iniciar una resuelta batalla en el mundo entero.

Mientras tanto, Teherán había lanzado una amplia campaña, al mismo tiempo expresa y encubierta, para impulsar la presencia islamita en África, con particular acento en los seis estados visitados por Hashemi-Rafsanjani. Esa campaña estaba en su apogeo a principios de la primavera de 1997. Comprendía los cinco campos previstos en el otoño de 1996, más un nuevo e importante elemento añadido a principios de 1997: el apoyo al terrorismo y la subversión islamitas como componente integral de la política general africana. El irregular sistema de entrenamiento en Sudán y las bases de avanzada en Somalia serían modificados para enfrentar los nuevos desafíos.

El plan fue formulado por los funcionarios de inteligencia que estudiaron la visita de Hashemi-Rafsanjani. Los principios básicos se sometieron después a la consideración del ayatola Ali Khamenei, líder espiritual de Irán, quien exigió una iniciativa aún más enérgica y amplia. Así, el plan fue corregido por Ali Hijazi, alto funcionario de la oficina privada de Khamenei. A comienzos de 1997, después de un exhaustivo análisis y ligeras modificaciones por expertos en inteligencia, el plan se presentó finalmente ante el Consejo Supremo de Seguridad Nacional, presidido por Hashemi-Rafsanjani, para su aprobación.

El consejo lo aprobó de forma unanime y destinó un presupuesto de nueve millones de dólares para operaciones de inteligencia en África oriental. Fondos adicionales fueron asignados al Cuerpo de Guardias de la Revolución Islámica, para la preparación de unidades especiales de apoyo. De igual modo, se establecieron cuarteles generales para supervisar y coordinar esa iniciativa, usando como pantalla la Oficina de Cultura y Orientación Islámicas, en Teherán.

El objetivo último de esa iniciativa puede deducirse de la primera embestida propagandística lanzada sobre la población musulmana de África oriental. Actualmente, en la maquinaria de propaganda iraní se emplean citas del discurso pronunciado por Hashemi-Rafsanjani ante la comunidad chiíta de Tanzania, en septiembre de 1996.

El mensaje medular de ese discurso, argumentaba entonces Teherán, había sido la ratificación del compromiso de Irán de "ayudar a los musulmanes africanos oprimidos a liberarse del yugo de la explotación colonial". Los iraníes capitalizaron este mensaje para encubrir el establecimiento de una más amplia y profesional red de células terroristas en África oriental. Con la participación de árabes "afganos" y musulmanes locales, esta red fue organizada con la intención de activarla en el momento oportuno para lanzar espectaculares atentados terroristas, específicamente contra blancos occidentales.

En retrospectiva, las redes tendidas en Tanzania fueron especialmente valiosas. Expertos de contrainteligencia iraníes advirtieron que, a causa de su estrecha cooperación con Israel y el Reino Unido, los servicios de seguridad de Nairobi (Kenia) y Harare (Zimbabwe) complicarían la posibilidad de que Irán pusiera en marcha el tipo de operaciones clandestinas de inteligencia en las que se especializa. Aunque en Nairobi los iraníes podrían depender de las redes islamitas locales organizadas por bin Laden y Zawahiri, el reto de la contrainteligencia hostil seguía siendo grave. Las condiciones favorecían a las redes terroristas de Tanzania, cuyo gobierno estaba abrumado por problemas políticos y económicos. Además, la comunidad islamita de Zanzíbar había mantenido, desde tiempo atrás, cercanas relaciones con los servicios de inteligencia, tanto iraníes como paquistaníes. La inteligencia iraní inició el financiamiento encubierto de varios grupos de oposición tanzanos, desde islamitas radicales hasta independentistas de Zanzíbar, al tiempo que reclutaba a activistas para remitirlos a campamentos de Sudán e Irán, donde recibirían entrenamiento militar y terrorista. Uno de los principales aspectos de esta tarea fue identificar blancos occidentales fáciles en África oriental, y formar rápidamente redes terroristas capaces de efectuar operaciones estratégicas en las cercanías.

A principios de 1997, agentes veteranos de inteligencia fueron colocados en importantes puestos diplomáticos y cuasi diplomáticos, en legaciones iraníes en África oriental, decisión indicativa de las auténticas prioridades de Teherán.

El embajador iraní en Tanzania, Ali Saghaian, quien anteriormente había ocupado el mismo cargo en Argentina, donde en 1994 intervino en el estallido de bombas en el edificio de la AMIA —centro judío en Buenos Aires— que costó la vida a 104 personas e hirió a casi mil más. El agregado cultural Mohammad-Javad Taskhiri, veterano funcionario de inteligencia, fue expulsado de su puesto anterior en Jordania por apoyar a las redes islamitas locales. Su hermano, Mullah Muhammad Ali Taskhiri, encabeza la Organización de la Cultura y Comunicaciones

Islámicas. El representante de la Organización para la Construcción de la Jihad en Tanzania, Reza Muhammad-Pour, coronel del Cuerpo de Guardia de la revolución Islámica, formó parte de las Fuerzas al-Quds antes de convertirse en experto en ingeniería civil.

Lo mismo ocurre en la representación diplomática de Irán en Kenia. El embajador, Kazem Tabatabai, es un funcionario de inteligencia que se desempeñó en Bagdad; el agregado cultural, Ahmad Dargahi, fue director general del departamento Europa y América de la Dirección de Comunicaciones de la Organización de la Cultura y Comunicaciones Islámicas, uno de los principales órganos de Teherán para el apoyo a cuadros islamitas locales.

En la primavera de 1997, Teherán supo que se acercaba una crisis en África a causa de la prevista confrontación estratégica con Occidente. Así, fue imperativo reexaminar tanto la resistencia de las redes islamitas locales como la situación diplomática general. A fines de mayo y principios de junio, Hossein Sheik-ol-Islam, un supervisor terrorista veterano y entonces viceministro de asuntos exteriores de Irán, encabezó una delegación de altos funcionarios de inteligencia en el África subsahariana, la cual se reunió con líderes musulmanes locales e investigó las condiciones de las redes de apoyo de la región. Su otro objetivo fue obtener una impresión de primera mano de la disposición de los líderes africanos a apoyar a Estados Unidos, e interponerse en el camino de la tendencia estratégica iraní e islamita. Sheik-ol-Islam cumplió este último objetivo en Harare, mientras asistía como invitado a la trigésimo tercera Cumbre de la Organización de la Unidad Africana. Ahí se entrevistó con varios dirigentes africanos para abordar el tema de las relaciones afro-iraníes. Se reunió, entre otros, con los presidentes del Congo, Laurent Kabila; Sudáfrica, Nelson Mandela, y Zimbabwe, Robert Mugabe, todos ellos llegados al poder tras una prolongada y ardua lucha de liberación nacional caracterizada como antimperialista (esto es, de ideología antiestadounidense y antioccidental). Desde principios de la década de los ochenta, en tiempos de Jomeini, Irán había provisto amplia asistencia financiera, militar y humanitaria a esos movimientos. Los líderes y comandantes revolucionarios africanos establecieron entonces estrechas relaciones con Teherán, las cuales éste ahora capitalizaba. La cálida recepción brindada a Sheik-ol-Islam, el interés mostrado en el mejoramiento de las relaciones con Irán y la franca hostilidad contra Estados Unidos, convencieron a Teherán de que no sufriría un prolongado revés diplomático-económico en caso de una gran confrontación con Estados Unidos en África.

Pero no todo resultó como Teherán deseaba. Aunque estaba cumpliendo objetivos estratégicos, en el nivel operativo táctico ocurrieron inesperados contratiempos. En junio-julio de 1997, funcionarios de contrainteligencia iraníes y expertos de seguridad de bin Laden comenzaron a sospechar que Hussein Aidid se había convertido en "pilar de la inteligencia estadounidense en el Cuerno de África". En principio, bin Laden buscó nuevos aliados en Somalia. Renovó contactos con Othman Gatu, millonario somalí con el que su familia había sostenido tiempo atrás relaciones financieras en algunos estados del Golfo Pérsico, las cuales habían rendido a Gatu mucho dinero. Desafortunadamente para bin Laden, Gatu era ferviente partidario de Mahdi Muhammad —acérrimo enemigo de Aidid desde principios de la década de los noventa, cuando se disputaron el control de Mogadiscio—, para cuyas fuerzas se encargaba incluso de comerciar armas. Así, bin Laden ya no contaba con el refugio de la residencia de Gatu y, en vista del riesgo que le representaba permanecer en Mogadiscio, volvió a Sudán en el verano de 1997.

De acuerdo con fuentes árabes cercanas a bin Laden, éste aseguró entonces "poseer información de que Estados Unidos dependía del hijo de Aidid para cualquier futuro movimiento en el Cuerno de África" y que "órganos de inteligencia estadounidenses podían ayudar a Aidid a decidir la situación en Mogadiscio y Somalia". Pero en el verano de 1997, bin Laden creía que "aún no ha llegado el momento de decidir esos asuntos, porque de ser así sería preciso establecer un Estado que tendría responsabilidades, obligaciones y compromisos". En cambio, argumentó, "dejar las cosas como están creará un caos de seguridad, y por lo tanto contribuirá a la realización de ciertas operaciones y liquidaciones en el Cuerno de África a manos de los hijos de Aidid sin ninguna responsabilidad". Así, las fuerzas islamitas se deslindaron del área controlada por las fuerzas de Aidid para retornar a campamentos en países vecinos: Sudán, Kenia y Etiopía (en Ogadén).

A partir de la primavera de 1997, los estados patrocinadores del terrorismo y los líderes islamitas se embarcaron en un prolongado proceso de deliberada y prudente formulación de estrategias y planeación operativa, acompañado de formulaciones teológicas. Este proceso perseguía el desarrollo de una campaña mundial de terrorismo más allá de los bombazos de 1998 en África oriental.

Irán comenzó a interesarse seriamente en operaciones estratégicas en África en junio de 1997. El gran éxito del viaje de Sheik-ol-Islam al continente convenció a Teherán de la posibilidad de realizar a corto plazo operaciones espectaculares de bajo riesgo en África oriental. Informado de ello, Turabi convocó a la reunión secreta de dirigentes del terrorismo sunnita, en su residencia en al-Manshiyah, Jartum, en la que se resolvió revertir el lamentable estado del movimiento islamita y lanzar un revigorizado ataque contra Occidente y sus regímenes aliados en el mundo musulmán.

En esa reunión se evaluó cuán aconsejable era lanzar operaciones en África oriental, en el contexto de lo que Turabi interpretaba como el ascenso de una conspiración internacional contra Sudán, tema en el que se explayó. Señaló que la coalición emergente de enemigos del Islam —"los países de Occidente, los gobiernos seculares árabes y las naciones africanas colaboracionistas"— representaba una creciente amenaza para la corriente islamita. Las naciones africanas habían cobrado recientemente mayor importancia, dada la obstinación de Occidente de asegurar el colapso del Sudán islámico, experimento pionero de aplicación del Islam y fuente de inspiración para musulmanes en todo el mundo. Así, la intriga contra Sudán era en realidad una intriga contra la corriente islamita entera. Ello hacía necesario "unir los esfuerzos de los fieles islamitas en favor de la jihad y… de la defensa del Islam en Sudán", así como declarar una jihad formal contra quienes conspiraran directamente contra el Partido Islámico Sudanés, tanto las fuerzas de oposición sudanesas como los estados africanos que las apoyaban.

Así pues, en esa conferencia se decidió dar pasos concretos para acelerar el lanzamiento de tal campaña en favor de la jihad. La prioridad fue la expansión y revitalización de los campos de entrenamiento de árabes "afganos". La juventud musulmana de varios países sería enviada a esos campos para recibir la influencia del espíritu de compromiso de los "afganos". Bin Laden y Zawahiri accedieron a supervisar la administración y financiamiento de esos campos. La mayoría de los fondos correspondientes serían lavados en Europa. A confidentes de Turabi se les asignaron papeles clave en el nuevo proyecto. Ibrahim al-Sanusi se encargaría de supervisar los campos en representación de Turabi, mientras que Ghazi Salah-al-Din sería responsable de los fondos locales y otros servicios. De igual modo, se instruyó a Nafi Ali Nafi en el sentido elaborar un amplio plan operativo para la Jihad de Eritrea, destinado al derrocamiento del gobierno de Afwerki.

Sin embargo, el sistema terrorista islamita se vio sacudido por las repercusiones de un peligroso quebrantamiento de su seguridad. A mediados de mayo de 1997, autoridades de seguridad sauditas arrestaron a Sidi Tayyib, hombre de negocios casado con una pariente de bin Laden. Tayyib proporcionó a sus interrogadores sauditas información sobre cuentas bancarias y negocios de bin Laden en Paquistán y Afganistán, y sobre el contrabando de dinero de esos países a comunidades islamitas en Londres, Brooklyn, Nueva Jersey y Detroit. También reveló nombres de varios individuos implicados en el lavado y transferencia de dinero para bin Laden. Aunque imprecisa y de variable calidad, esta lista permitió al FBI y a la inteligencia inglesa realizar investigaciones en el exterior, particularmente en Nairobi, donde la información de Tayyib, confirmada con datos obtenidos de islamitas capturados en Egipto, ofreció valiosas pistas sobre las células terroristas operativas locales.

También a mediados de mayo, Abdallah Mohammad Fazil, importante miembro de la red que desempeñaría un papel central en el bombazo a embajada estadounidense en Nairobi, en agosto de 1998, dirigió un informe a bin Laden y a la dirigencia islamita. (En agosto de 1997, fuerzas de seguridad kenianas obtuvieron dicho reporte del disco duro de una computadora encontrada en casa de Wadih El Hage, y lo compartieron con el FBI). En él, Fazil se mostraba preocupado por la seguridad de la red, a causa de la intensificación de las operaciones de seguridad. Las redes islamitas de África oriental "deben saber que la inteligencia estadounidense, keniana y egipcia, en Nairobi, están en plena actividad para identificar los nombres y ubicación de los miembros asociados con el sheik [bin Laden], pues Estados Unidos ya sabe que los miembros de la célula del sheik en Somalia fueron los autores de asesinatos de estadounidenses en ese país". No era gratuito que las actividades de contrainteligencia se hubieran concentrado en Nairobi. "Suponen la existencia de un centro terrorista en Kenia, por haber sido esta nación la puerta de entrada de esos individuos", apuntó Fazil. "Corremos grave peligro."

Fazil insistió en que el objetivo de las operaciones de contrainteligencia era adquirir información de primera mano. Tras analizar las operaciones de seguridad en Nairobi, concluyó que era muy probable que "un sujeto importante con estrechos vínculos" con bin Laden hubiera "caído en manos del enemigo", pues información en poder de las fuerzas estadounidenses guiaba "operaciones de intercepción de todo aquel que pueda representar una amenaza a la seguridad nacional de Estados Unidos y a sus ciudadanos". Advirtió Fazil: "Los miembros de células de África oriental se hallan en grave peligro", el cual era de "cien por ciento" en el caso de la célula de Nairobi, la que no tenía "otra opción más que frustrar los planes del enemigo, intentando día y noche pensar y trabajar para atraparnos y reunir más información sobre cualquiera de nosotros". Finalizaba con una amonestación para toda la red islamita del África del este: "Mi recomendación para mis hermanos en África oriental es que no sean complacientes en materia de seguridad, ya que se han convertido en el principal blanco de Estados Unidos". Aun así, Fazil aseguraba a sus superiores que las redes africanas seguían comprometidas con la lucha islamita contra sus enemigos.

El alarmante informe de Fazil produjo un profundo impacto en la dirigencia islamita. En agosto de 1997, Turabi, bin Laden y Abdul-Majid al-Zandani, el líder islamita yemenita, conversaron en Jartum y resolvieron lanzar una "verdadera jihad" contra Israel, Egipto y Arabia Saudita, para, entre otras cosas, proteger a Sudán de las conspiraciones y asaltos inspirados por Estados Unidos. Según Turabi y la inteligencia sudanesa, esas conjuras procedían directamente de varios estados de África oriental, en particular Uganda, Kenia y Tanzania. Bin Laden, Zawahiri y Zandani opinaron que debía formularse una nueva estrategia para la jihad que revitalizara a la corriente islamita, para que "vuelva al ataque y una sus fuerzas luego de su reciente periodo de eclipse". Los participantes en esta conferencia identificaron sólo dos causas sagradas que podían reanimar a los islamitas: una jihad para la liberación de Palestina o una jihad para apoyar al Estado islamita sudanés y salvar al modelo islámico de la agresión estadounidense. Estaban convencidos de que Estados Unidos se había propuesto derrocar al gobierno de Turabi. La intensificación de las operaciones de seguridad y contrainteligencia en África oriental reportada por Fazil confirmaba esa sospecha.

Tras analizar la situación general de Medio Oriente, los participantes decidieron que la "jihad sudanesa" sería su grito de guerra. Esta resolución era sensata, dada la inmediata disponibilidad de la infraestructura islamita de Sudán. Turabi aseguró que Jartum estaba en posibilidad de proporcionar todo tipo de patrocinio y apoyo. Teherán respaldó la idea, y aseveró que cuadros adicionales del CGRI estarían preparados en los diversos campos de entrenamiento para el momento en que los refuerzos de los árabes "afganos" llegaran a Sudán. Otro grupo de expertos militares iraníes se trasladó también a Jartum para cooperar en la formulación de la nueva estrategia de la jihad. Asimismo, Teherán dispuso la oportuna entrega por mar y aire de cargamentos de armas iraníes y chinas en Puerto Sudán y Jartum.

Las nuevas medidas reflejaron el ánimo de Turabi. En el otoño de 1997, Turabi estaba convencido de que Sudán y los islamitas enfrentaban una gran conspiración. Una informada fuente árabe explicó que "ha quedado claro que, el plan estadounidense en África, persigue el establecimiento de una franja estadounidense que se imponga sobre la islámica... que al-Turabi prepara en cooperación con Irán. Esto implica la eliminación del actual régimen sudanés, además de propinar un gran golpe a Irán y sus planes de 'exportar la revolución' a África".

El reconocimiento inicial de posibles blancos y la planeación de atentados espectaculares comenzó casi de inmediato, bajo la coordinación general de Abu-Hafs. A fines de octubre de 1997, por ejemplo, Hosni Abu Nimreh, palestino originario del extremo oeste, y Mustafa Mahmud Said Ahmad inspeccionaron y tomaron fotografías de las embajadas estadounidense e israelí en Nairobi. Nimreh hizo incluso planes para destruir la embajada de Estados Unidos con potentes bombas en un ataque con tres vehículos. La embajada israelí sería destruida con una poderosa carga instalada en una habitación del cercano Fairview Hotel. Dudoso de su futuro como militante islamita, sin embargo, Said Ahmad ofreció a la embajada estadounidense información sobre los planes de Nimreh, pero fue rechazado e ignorado, tras de lo cual viajó a Zaire y Tanzania, donde fue arrestado luego de los bombazos de agosto. Todo indica que los islamitas no detectaron este quebrantamiento de su seguridad, lo que de cualquier modo no les afectó en absoluto.

En las complejas y cruciales conferencias terroristas organizadas por Irán en 1997, África oriental no fue considerada como blanco importante. La prioridad seguía recayendo en operaciones espectaculares en la Copa Mundial de Fútbol, a celebrarse en Francia en el verano de 1998. En sesiones dedicadas a la organización de fuerzas terroristas de élite se discutieron muchos posibles objetivos, desde Argentina hasta Filipinas, pero no África, pese a ser ésta una prioridad para Turabi y los islamitas sunnitas. Irán reconocía la importancia de África, pero no tenía urgencia en actuar allí. No obstante, el continente africano fue incorporado a la lista de blancos prioritarios como resultado de la crisis entre Estados Unidos e Irak. A principios de febrero de 1998, Irán e Irak llegaron a un acuerdo de cooperación en asuntos de inteligencia y terrorismo. Para acelerar la ejecución de esos acuerdos, resolvieron examinar operaciones en áreas en las que ya habían cooperado exitosamente. Tanto Irán como Irak mantienen grandes recursos de inteligencia y fuerzas especiales en Sudán, efectivos que ya han cooperado en combates en el sur de ese país y en Somalia, y que podían ser útiles en operaciones en África oriental.

En la primavera de 1998, el incidente de Abu-Umar al-Amriki y posteriores consultas con Zawahiri y bin Laden, hicieron pensar a Turabi que las "negociaciones" con Estados Unidos eran genuinas. La subsecuente iniciativa de conciliación del presidente Mubarak reforzó en él tal convicción. Mientras esta dinámica evolucionaba, Turabi intuyó que el momento era excepcionalmente oportuno para dar un golpe en África oriental, porque ya no existía la amenaza egipcia —ya se tratara de una intervención directa o de que Mubarak autorizara a Estados Unidos para usar bases egipcias contra Sudán.

Los principios generales de futuras operaciones espectaculares terroristas islamitas, habían sido definidos en la reunión del 15 de febrero de 1998, durante la creación, con objeto de encubrir a Irán, de la nueva organización general sunnita, el Frente Islámico Mundial para la Jihad contra judíos y cruzados. Los asistentes a esa reunión también habían decidido las modalidades de entrenamiento y apoyo de las unidades terroristas islamitas a través del CGRI. Antes, en 1992 y 1993, Safavi, comandante en jefe de esta última organización, y el delegado de Turabi, Ali Uthman Taha, habían estado directamente a cargo de las operaciones en Somalia y trabajaron muy de cerca con Zawahiri y bin Laden. En el verano de 1998, esas redes conducirían a los bombazos en África oriental.

La contemplación de operaciones en África, obligó a los islamitas a proceder rápidamente al desarrollo de capacidades complementarias. A principios de 1998, establecieron un nuevo cuartel de avanzada cerca de Sana, Yemen. El propio bin Laden fue visto en Sana en ese periodo. Las instalaciones islamitas de avanzada en Sana se hallaban bajo la protección de Abdul-Majid al-Zandani, líder espiritual de los islamitas en Yemen. Poco después, Odeh entró en acción. Él operaba entonces en Mombasa, a cargo de dos agentes en Nairobi, llamados Khalid Salim (de Yemen, cuyo verdadero nombre es Mohammad Rashid Daoud al-Owhali) y Abdallah Nacha, de Líbano. Como coartada, Odeh dijo ser un pescador radicado en Mombasa, y que Owhali y Nacha eran sus subcontratistas en Nairobi y vendían pescado en hoteles y restaurantes de la ciudad. Eso justificaba sus frecuentes viajes y recorridos en Nairobi. A principios de 1998, este equipo comenzó a estudiar seriamente posibles objetivos, entre ellos las embajadas estadounidense e israelí. Al mismo tiempo, el núcleo de la red islamita en Tanzania, entonces bajo el mando de Mustafa Muhammad Fadhil, egipcio con poco más de 20 años de edad, también fue activado.

Los primeros planes operativos estuvieron listos en marzo. Incluían una estimación general de la resistencia de los edificios y mapas de las áreas circundantes, con indicaciones de todas las calles del área que ofrecerían fácil acceso, puntos efectivos de detonación de bombas y vías de escape. La embajada de Estados Unidos encabezaba la lista de posibles blancos. También en marzo, un islamita egipcio procedente de Paquistán, donde se había encontrado con altos funcionarios del ISI, viajó (con pasaporte estadounidense) para reunirse con bin Laden. A este egipcio se le asignaron tareas específicas de administración y supervisión en relación con las próximas operaciones terroristas. La exitosa consumación de esos pasos iniciales indujo a Teherán a reexaminar los planes terroristas.

Owhali fue enviado a Paquistán y Afganistán para entrenamiento intensivo en vista de la posible operación en Nairobi. En Afganistán se le adiestró en manejo de explosivos, fabricación de bombas, atraco y secuestro. Identificado como posible recluta para operaciones de alto riesgo, se le preparó en consecuencia. Así, pese a su relativa novatez, lo cual lo hacía sacrificable, se le permitió asistir a conferencias y reuniones en las que bin Laden tomó la palabra. Estuvo presente, asimismo, en la conferencia de prensa ofrecida por bin Laden en Khowst, en mayo de 1998, momento para el cual Owhali ya conocía, naturalmente, las fatwas en las que bin Laden había convocado a una implacable jihad contra Estados Unidos, las que lo habían impresionado vivamente.

En abril de 1998, Khamenei ordenó al ministro de inteligencia de Irán, Qorban Ali Dari Najafabadi, y a Mushin Rafiq-Dust, antiguo comandante del CGRI, y entonces a cargo de la Fundación de los Oprimidos de Irán, disponer un amplio instrumento financiero para inteligencia y terrorismo, en beneficio del lanzamiento de la campaña terrorista internacional. Najafabadi convocó a una reunión clandestina en las oficinas de seguridad e inteligencia en Daraj, Irán, en la que instruyó a todos los órganos iraníes —centros islámicos, embajadas, centros de estudio e información, corporaciones comerciales y de turismo y centros de cultura a cargo de agregados culturales— a realizar estudios sobre las condiciones para la reanudación del terrorismo y prepararse para encubrir cualquier operación clandestina. Funcionarios especiales fueron destinados a varias partes del mundo, incluida África.

La red de Nairobi, en Kenia, y la de Dar-es-Salaam, en Tanzania, coordinaron sus actividades. Con ese fin, Fadhil viajó a Kenia en abril para reunirse con Odeh. Discutieron las implicaciones de las fatwas recientemente publicadas, así como asuntos operativos y organizativos específicos relacionados con las operaciones previstas. En mayo de 1998, las operaciones en África oriental fueron clasificadas como los principales planes de contingencia en relación con operaciones islamitas en Europa occidental y América Latina. Las operaciones de reserva suelen ponerse en marcha si la operación primaria debe ser abortada. La clasificación de una operación como plan de contingencia o de reserva, significa que fuerzas y efectivos implicados deben estar preparados para una rápida activación, de ser necesaria. En la primavera de 1998, los islamitas y sus estados patrocinadores contemplaban una "cadena de operaciones" que demostrarían, tanto el grado de su compromiso con la jihad, como la amplitud de su alcance mundial. Zawahiri asumió el mando directo de las actividades mundiales, indicación de la creciente importancia de éstas. Una versión preliminar de un amplio plan operativo elaborado por Abu-Hafs y su equipo, fue estudiada por varios dirigentes del Frente Islámico Mundial por la Jihad contra Judíos y Cruzados, en una serie de reuniones celebradas en el campamento de bin Laden en Afganistán. Además de bin Laden y Zawahiri, en esas reuniones también participaron el sheik Abdallah Abu-al-Faruq, Ibrahim Fahmi Taha, de la al-Jamaah al-Islamiyah egipcia; y altos comandantes de la al-Jihad egipcia, el Ejército Jordano de Mahoma, la Harakat ul-Ansar de Cachemira, al-Muhajiroun del Reino Unido y los Guerreros de la Sharia. En estas asambleas también se diseñó la política de adjudicarse —negando— todas las futuras operaciones. Las adjudicaciones, las cuales correrían a cargo de "nuevas" entidades, serían coordinadas por Yasir Sirri a través del Centro Islámico de Observación de Información, con sede en Londres. Hoy Sirri comanda formalmente las Vanguardias de Conquista, una de las "entidades" de Zawahiri para operaciones internacionales, como la de Somalia. Adicionales explicaciones y justificaciones de espectaculares operaciones terroristas, serían provistas por varios grupos y organizaciones islamitas en Europa que pudieran sostener legítimamente no tener ningún contacto con los perpetradores del terrorismo.

Una vez listos los planes operativos básicos, bin Laden y Zawahiri viajaron a Jartum para realizar intensas consultas con Turabi sobre la estrategia y modalidades de ejecución. A mediados de mayo, Turabi supervisó dos eventos simultáneos para acelerar los planes de atentados en África oriental.

En primer lugar, en su residencia en al-Manshiyah, Jartum, se efectuaron sesiones para la formulación de estrategias de alto nivel. Se llevaron a cabo en medio de un profundo sigilo, y a ellas sólo asistió el pequeño grupo del círculo íntimo de Turabi. En la primera noche, Turabi, bin Laden y Zawahiri discutieron las crecientes amenazas al Sudán islamita y coincidieron en la urgente necesidad de evitar la reacción estadounidense por medio de una ofensiva oportuna —en gran parte— la misma lógica empleada en Somalia en el otoño de 1993. A la mañana siguiente se les unió el sheik Qassim (emisario de Abdul-Majid al-Zandani) y Abu-Jafir (representante de Hezbolá en Jartum). Dos importantes asuntos destacaban en el orden del día: 1) las operaciones contra blancos estadounidenses en África oriental, y 2) la reactivación de operaciones en América Latina (las cuales habían sido canceladas en enero por Teherán, a causa de que los equipos no estaban aún preparados; pese a esto seguían siendo una alta prioridad para Irán). Tras dos días de consultas, Hezbolá prometió ofrecer apoyo e inteligencia en el lugar de los hechos. De ser necesario, también desplegaría efectivos palestinos de la Jihad Islámica y de Hamas, para dar a los atentados coloración antisraelí. Mientras tanto, en Yemen se establecería un cuartel de avanzada y trampolín logístico para las operaciones en África, dada la rapidez y facilidad que ese país ofrecía para el transporte de bienes y personas. En la última noche, Turabi, bin Laden y Zawahiri revisaron en su totalidad la estrategia de reanudación de la jihad en África oriental, incluidos sus beneficios y riesgos. De acuerdo con una informada fuente árabe, decidieron "ejecutar un plan elaborado con antelación para intensificar la acción contra objetivos estadounidenses en el mundo, especialmente en África". Otras fuentes coinciden en que, concluida esa reunión nocturna, había sido tomada la resolución de actuar.

En segundo lugar, a mediados de mayo, Turabi convocó en Jartum a una gran conferencia terrorista, la cual presidió. Bin Laden no asistió a las sesiones abiertas, por motivos de seguridad. Los participantes refrendaron la política de la jihad en favor de la defensa del Sudán islamita y del rechazo de toda amenaza extranjera. Asimismo, fueron informados de los avances obtenidos en la expansión de campos de entrenamiento y en la restauración de la Jihad Eritrea y de las organizaciones del Ejército de Dios en Uganda, con objeto de tomar el poder en ambos países. Para fortalecer al movimiento de los árabes "afganos", Turabi instruyó a su delegado, Ibrahim al-Sanusi, proporcionar pasaportes diplomáticos sudaneses a comandantes y otros expertos terroristas. La conferencia se ocupó después de una serie de planes de contingencia y listas de requerimientos operativos que incluía, como alta prioridad, "un coherente plan para dañar intereses estadounidenses en Medio Oriente y África". Otros planes —los cuales iban desde el asesinato de líderes de oposición sudaneses hasta el entrenamiento de un nuevo ejército islamita para combatir la rebelión en el norte de Sudán— también fueron discutidos. En sesiones más serenas, Zawahiri y Mustafa Hamza consiguieron el apoyo y compromiso general de diversos grupos de África.

Sin embargo, a fines de mayo de 1998, todos los planes de Teherán para una nueva ola de terrorismo espectacular en Occidente debieron ser congelados. Autoridades de seguridad de Europa occidental habían descubierto los ya casi concluidos preparativos para el atentado durante la Copa Mundial de Fútbol. Hassan Hattab, también conocido como Abu-Hamza, efectivo del Grupo Armado Islámico de Argelia, a cargo de una red de apoyo, fue arrestado en Bélgica. Días después, una red de apoyo que cubría a Europa occidental fue desmantelada, y arrestados la mayoría de sus miembros. Pese a que en estos drásticos operativos no fue arrestado ningún alto comandante ni terrorista experto, la totalidad de los preparativos del golpe europeo se vino abajo.

Esto obligó a reexaminar todos los demás planes de contingencia desde los puntos de vista de seguridad y viabilidad. Representantes de los estados patrocinadores y altos comandantes islamitas se reunieron a fines de mayo cerca de Peshawar, Paquistán. Indagaron el estado de los preparativos de numerosas operaciones y decidieron cuáles de ellas podían ser ejecutadas y cuándo. Asignaron a un grupo de altos comandantes islamitas, predominantemente egipcios "afganos", el análisis y depuración de los planes terroristas de contingencia por ejecutar. La aprobación definitiva sería dada por los estados patrocinadores en vísperas del lanzamiento previsto.

Mientras tanto, para justificar la presencia del numeroso grupo de líderes islamitas en Peshawar, bin Laden y Zawahiri convocaron a una conferencia de prensa para comentar sus declaraciones más recientes. En ella, Osama bin Laden ofreció un discurso inicial en el que subrayó la gravedad de la amenaza contra el Islam y la justificación de la jihad por él declarada:

"Hoy nos hallamos frente a un grave y desafortunado problema. Me refiero a la presencia de fuerzas cristianas en territorios árabes. Esas fuerzas no cesan en su intento por ejercer un absoluto control en la región. Por primera vez desde la proclamación del sagrado Profeta Mahoma, la paz esté con Él, nuestros lugares santos, entre ellos la Kaaba [en La Meca], la mezquita Nabavi [en Medina] y la mezquita Aqsa [en Jerusalén], se hallan bajo el abierto y encubierto control de no musulmanes. Esto ha forzado a musulmanes del mundo entero a iniciar una lucha para expulsar a los infieles de nuestros lugares santos. La Meca es el sitio donde Dios envió la revelación divina al Profeta Mahoma, la paz esté con Él. Nunca antes la Kaaba se había visto en trance tan difícil. Sus cuatro puntos están rodeados por fuerzas estadounidenses."

Anunció que un gran número de sabios musulmanes ya habían "emitido una fatwa para la jihad contra las fuerzas que se han atrevido a ocupar nuestros lugares santos. El sagrado Profeta, la paz esté con Él, aseguró que los infieles debían ser echados de territorios árabes... La presencia de cristianos y judíos en nuestros lugares sagrados es muy lamentable". Habló del arresto por Riad de los sabios sauditas firmantes de esa fatwa, y recalcó que la esencia de ésta era que "los musulmanes debemos sacrificar vida y recursos para expulsar a los infieles de La Meca. Rogamos a Dios nos conceda el valor necesario para la jihad. Estados Unidos colabora con los infieles, gracias a lo cual cristianos y judíos controlan la tercera parte de la nación musulmana, a lo que estamos decididos a poner fin". Se refirió al triunfo de los mujaidines en Afganistán como prueba de la capacidad del Islam para vencer a una superpotencia.

Bin Laden finalizó con una trascendente declaración para legitimar la ejecución de la jihad global, tanto por gobiernos como por movimientos islamitas. "Las fronteras geográficas no tienen importancia para nosotros. Somos musulmanes y anhelamos ser mártires. No discriminamos por causas de color o raza. Apoyamos a todos los musulmanes oprimidos y rogamos a Dios que nos ayude y nos permita ayudar a todos los musulmanes oprimidos", expresó. En una conversación posterior con los islamitas presentes, usó el mismo argumento para justificar el apoyo a la jihad en Cachemira contra India, la guerra disfrazada de Paquistán. Además de las penalidades que sufren los musulmanes de Cachemira, "la alianza entre India e Israel constituye una gran amenaza para el mundo musulmán". Así, todos los musulmanes de Paquistán y el mundo entero deben unirse y ayudar "al país islámico hermano de Paquistán a examinar la situación y dar enérgica respuesta a India, de una manera o de otra". Destacó el apoyo islamita a Paquistán como manifestación de su compromiso personal con la jihad mundial. "Brindaremos toda la ayuda posible a los mujaidines en Paquistán. No sólo en Paquistán, sino dondequiera que los mujaidines estén luchando contra los enemigos del Islam. Apoyaremos a Paquistán en su guerra contra India."

Al exponer la situación de la jihad islamita en Arabia Saudita, bin Laden aludió a la lógica de los inminentes atentados en África oriental. Explicó que "la jihad ya ha comenzado en la práctica. En Arabia Saudita se emplean modernas armas contra los estadounidenses. El primer incidente tuvo lugar en Riad y el segundo en al-Khobar. En esas detonaciones murieron diecinueve estadounidenses y más de un centenar resultaron heridos. La resistencia contra Estados Unidos aumenta día tras día, como también el reclutamiento de jóvenes para combatir a ese país. A esto se debe que Estados Unidos haya decidido reducir sus fuerzas en Arabia Saudita". Pese a esos primeros éxitos, los islamitas también habían sufrido reveses, en particular en La Meca. En marzo de 1998, "el gobierno saudita confiscó gran cantidad de armas a nuestros mujaidines, entre ellas siete cohetes y misiles Stinger. A los estadounidenses les impresionó el tipo y tamaño de esas armas. Se preguntaron qué habría sucedido si hubieran sido usadas en su contra. Los invadió tal temor que ahora los mujaidines los están derrotando en todas partes". Añadió que 820 islamitas habían sido arrestados en la cacería posterior a los sucesos en La Meca. Las armas confiscadas iban a ser utilizadas contra los aviones de combate estadounidenses que operan desde bases sauditas contra Irak. Bin Laden aseguró a los asistentes que los islamitas contaban con muchas otras armas en Arabia Saudita, de modo que ese percance no detendría el ascenso de la jihad en este país.✗

Sin embargo, concedió bin Laden, operaciones de seguridad como la cacería en Arabia Saudita exigían respuestas más vigorosas. "Estados Unidos esquilma nuestros recursos y se pasea por nuestros lugares sagrados. Pero nunca podrá hacernos daño, porque Dios está con nosotros", declaró. Esto no quería decir que los islamitas debieran correr el riesgo de atacar de frente a sus enemigos, pese a lo cual "en el futuro seguiremos infligiendo a Estados Unidos tantos daños como los que ya le hemos provocado en muchos lugares". Volvió así a su tema habitual de que la clave para liberar al islamismo es la derrota de Estados Unidos e Israel. "Hemos fijado nuestra atención en Israel y Estados Unidos. Luego de expulsarlos, estableceremos un Estado musulmán y castigaremos severamente a quienes ahora nos gobiernan con saña." Destacó la creación del Frente Islámico. "Por la gracia de Dios, hemos formado una organización, llamada 'Frente Islámico', con la ayuda y colaboración de numerosas organizaciones en favor de la jihad. El objetivo de ese frente es combatir a los estadounidenses y los israelíes. Uno de sus líderes más importantes es el doctor Ayman al-Zawahiri. Muchas organizaciones mujaidines nos han confirmado su apoyo. Todo está ocurriendo exactamente como lo esperábamos." Insistió repetidamente en que el resurgimiento y la organización islamitas perseguían resultados prácticos. Cuando un reportero le preguntó qué podía hacer el Frente para vencer a Estados Unidos, bin Laden alardeó de que ese país vería cumplirse "en pocas semanas" las más recientes amenazas en su contra.

Dados los considerables avances de las redes de África oriental, las operaciones previstas en la región se convirtieron en los principales planes de contingencia. En la primera quincena de junio, se convocó a una conferencia operativa para replantear aspectos específicos de los planes operativos y la capacidad real de las organizaciones locales. Esta conferencia, a la que acudieron bin Laden y otros importantes comandantes, tuvo lugar en la localidad de Abyan, Yemen. Además de estudiar exhaustivamente los planes operativos, los asistentes aprobaron la publicación de un documento de ocho páginas en el que se describían los objetivos del Frente Islámico Mundial; se explicaban una vez más los motivos de la creación de esa organización —entre los que sobresalía la necesidad de acciones urgentes— y se reiteraban las amenazas contra Estados Unidos e Israel. Más que por su contenido, una prolija repetición de fatwas y otras declaraciones anteriores, ese documento fue revelador por su existencia misma: la emisión de un texto de tal importancia teológica dio realce a la conferencia sin la menor necesidad de aludir a los cruciales planes operativos, el verdadero motivo de la reunión de Yemen.

Para comentar los más recientes progresos doctrinales y teológicos y emitir una declaración al respecto, bin Laden convocó a una conferencia internacional en Qandahar, Afganistán, el 24 de junio de 1998. En ella participaron unos cien islamitas, entre ellos representantes de la mayoría de los estados y organizaciones árabes, varios afganos y paquistaníes y emisarios de Chechenia, Bosnia, Somalia y Yemen, así como un distinguido miembro de al-Muhajiroun procedente de Londres. Bin Laden y Zawahiri presidieron la conferencia y pronunciaron los principales discursos. Las deliberaciones acerca de la futura jihad se prolongaron durante toda la noche. Al final de la conferencia y consultas privadas, bin Laden y Zawahiri dieron a conocer a sus colegas "un plan de acción para todos los miembros del Frente Islámico Mundial", el cual fue unánimemente aceptado.

Por su parte, Teherán se preparaba para las inminentes operaciones en África oriental. Durante la primera quincena de julio, los "diplomáticos" iraníes realizaron, por separado, una detallada evaluación de la situación en Kenia y Tanzania para cerciorarse de la capacidad de las redes locales para efectuar las operaciones previstas, y de que las comunidades respectivas pudiesen resistir las inevitables represalias contra los musulmanes. Una vez confirmada la probabilidad general de éxito, Teherán procedió a evacuar a sus principales "diplomáticos" relacionados con el terrorismo. El 15 de julio llamó a su embajador en Kenia, Kazem Tabatabai —quien se marchó de Nairobi el 18—, a consultas urgentes de dos meses. El 25 de julio, Ahmad Dargahi, "agregado cultural" en Nairobi, partió asimismo con destino a Teherán, en tanto que Mohammad-Javad Taskhiri, "agregado cultural" en Dar-es-Salaam, hizo lo propio por esas mismas fechas.

Los preparativos de las operaciones estaban totalmente listos a fines de julio. Los estados patrocinadores, y en particular los líderes terroristas, habían recibido para entonces, cual si hubiera sido necesario, una prueba adicional del disimulo y la proclividad antiislamita de Estados Unidos, hecho que justificaba sobradamente el dictado de la orden final.

Con la colaboración de las autoridades de seguridad de varios países balcánicos —entre ellos Albania, la antigua República Yugoslava de Macedonia y Bulgaria—, Estados Unidos lanzó a mediados de junio una gran operación contra redes islamitas egipcias de la región, encubiertas por organizaciones humanitarias. Los sospechosos fueron arrestados por la policía y seguridad locales y entregados a las autoridades estadounidenses, las que los entregarían a su vez a las egipcias para, muy probablemente, ser torturados, encarcelados y hasta liquidados. Los expeditos procedimientos legales con los que se consumaron algunas de esas "extradiciones" fueron por demás cuestionables.

La primera ronda de tal campaña resultó extremadamente ofensiva para Zawahiri y sus colegas. Isam Abdul-Tawwab Abdul-Alim, veterano terrorista egipcio, fue arrestado en Sofía, Bulgaria, por un equipo de agentes de seguridad búlgaros y estadounidenses. Vivía entonces legalmente en esa ciudad en compañía de su esposa e hijos, de nacionalidad albanesa, y estaba cargo de organizaciones humanitarias islamitas y de algunos centros del cuartel general de Zawahiri. Estar, instalaciones habían estado inactivas desde el "pacto" con Abu-Umar al-Amriki. Según fuentes islamitas, Abdul-Alim fue confinado y sometido "por la policía búlgara y elementos de inteligencia estadounidense a dos días de investigaciones", tras de lo cual se le "repatrió a Egipto a instancias de Estados Unidos", sin ningún procedimiento legal de por medio. Puesto que, por efecto del "pacto" acordado con el gobierno de Clinton a través de al-Amriki, los islamitas habían interrumpido desde principios de 1998 sus actividades terroristas en Bosnia, este caso de arresto y extradición los sorprendió y molestó enormemente.

A fines de junio, la Agencia Nacional de Inteligencia de Albania (ShIK), arrestó en Tirana a cuatro benefactores egipcios sospechosos de ser terroristas islamitas, quienes para entonces contaban ya con casi un año de estancia legal en esa ciudad promoviendo las actividades de la organización Renacimiento de la Tradición Islámica. Fuentes de seguridad albanesas admitieron rápidamente que tales arrestos habían sido resultado de "información proporcionada por fuentes de inteligencia estadounidenses". Dos de los egipcios fueron puestos en libertad inmediatamente en ausencia de toda causa legal para retenerlos. En relación con los otros dos, Magid Mustafa y Muhammad Houda, la policía alegó haber recuperado en su departamento rifles de asalto y municiones, motivo por el cual los puso bajo arresto domiciliario a la espera de los consecuentes procedimientos legales. Estos dos egipcios habían sido "aprehendidos [el jueves 2 de julio] al mediodía, en su departamento en el centro de la ciudad, por cuatro individuos enmascarados y armados, quienes los depositaron en un vehículo blindado", explicó escuetamente Artan Bizhga, vocero del Ministerio del Interior de Albania. Fuentes de la ShIK admitieron después que, tras entregarlos a las autoridades estadounidenses, éstas los remitieron a sus contrapartes egipcias.

Otro islamita egipcio, Muhammad Hassan Mahmoud, director de la Fundación para la Restauración Islámica, también fue arrestado en Tirana, el 16 de julio, y rápidamente remitido a Egipto. Albania justificó todos estos arrestos como muestra de su nueva relación de cooperación con el gobierno estadounidense, específicamente con la CIA y el FBI. Altos mandos de la ShIK insistieron en que "las operaciones de arresto de islamitas contaron en ambos casos con la asistencia del FBI, previa autorización del gobierno albanés". Denominándola "expulsión", Tirana se exculpó de la entrega de los egipcios con el pretexto de que había sido exigencia de Washington. "La operación en la que la ShIK arrestó y expulsó a tres egipcios sospechosos de ser terroristas, fue sencillamente un acto de cooperación con la CIA", explicó un alto oficial de la policía de Albania a mediados de agosto. Días después, un alto funcionario del Ministerio del Interior de ese país admitió no haber sido informado en absoluto de "la extradición de los tres egipcios", cuya detención había corrido exclusivamente a cargo de la CIA, previo acuerdo con la policía y la ShIK.

A principios de agosto, las insistentes críticas a las autoridades albanesas por haber omitido los procedimientos legales normales de extradición, obligaron a Tirana a dar nuevas explicaciones. "Esos terroristas islámicos realizaban en Albania actividades ilícitas lucrativas, desde tráfico de armas hasta lavado de dinero", declaró la policía. "Los terroristas islámicos han hallado aquí, incluso, la manera de enriquecerse aún más y, amparados por supuestas asociaciones religiosas o humanitarias, muchos de ellos siguen desempeñando actividades ilegales en nuestro país para obtener dinero con el cual financiar las operaciones de sus organizaciones en otros estados. Éste también ha sido el caso de otros terroristas islámicos arrestados en Albania por la CIA y el FBI y extraditados a Estados Unidos." Sin embargo, los tres egipcios recientemente detenidos no llegaron a Estados Unidos. Puesto que anteriormente habían operado en Egipto contra el gobierno de esa nación, era improcedente extraditarlos a Estados Unidos para ser procesados ahí, de manera que las autoridades estadounidenses se limitaron a entregarlos a las egipcias en un procedimiento de vaga e inexplicada legalidad.

Para Zawahiri y la dirigencia islamita, estos hechos representaron una flagrante violación al pacto que suponían haber formalizado con Washington a través de los buenos oficios de Abu-Umar al-Amriki. Los islamitas habían cumplido su parte al cancelar las operaciones en Bosnia, previstas para la primavera de 1998, lo que implicó suspender la gran ofensiva que los musulmanes bosnios habían planeado. El inicio de una gran conflagración en los Balcanes por las fuerzas favorecidas, apoyadas y equipadas por Estados Unidos, habría tenido perniciosos efectos para las políticas estadounidenses. Así pues, sólo restaba que este país cumpliera la parte del "pacto" que le correspondía.

De dar fe al reiterado principio de Washington de no negociar ni "pactar" con terroristas, el incidente de al-Amriki carece de fundamentos reales. Pero a fines de 1997, y de nueva cuenta a principios de 1998, el gobierno de Clinton tampoco desmintió rotundamente los persistentes rumores sobre el "pacto" de al-Amriki con los islamitas al ser instado por los gobiernos de Egipto y el Reino Unido, entre otros, a aclarar el asunto. Aun siendo ciertas las vagas pero obstinadas refutaciones del gobierno de Clinton respecto de tal "pacto", es probable que la Casa Blanca haya considerado útil dejar abierto el caso. Con la amenaza de una nueva guerra en Bosnia y del fracaso de la política estadounidense en la región, alguien en Washington pensó que no resultaba del todo inoportuno tolerar la impresión de que Estados Unidos había sellado un pacto para contener a los islamitas en beneficio de su política en los Balcanes.

Pero tanto para sus aliados como para sus enemigos, especialmente en el marco de la política de conspiración de Medio Oriente, la renuencia de Washington a emitir una negativa, y su disposición a capitalizar en cambio la inactividad de los islamitas, representaron una confirmación inequívoca de que el "pacto" había sido incumplido. Mubarak lo creyó así y, en consecuencia, se rehusó a apoyar la postura estadounidense contra Irak en febrero de 1998, momento a partir del cual hizo todo lo posible para frustrar las iniciativas diplomáticas de Estados Unidos en Medio Oriente. Mubarak, y con él la mayoría de los demás líderes conservadores árabes, había comprobado la determinación de ese país de "cambiarlo" por intereses inmediatos —como el "pacto" con Zawahiri— y no estaba dispuesto a seguir apoyando sus intereses. El sheik Turabi, Khamenei, bin Laden, Zawahiri y el resto de los miembros de la élite terrorista, estaban seguros de que al-Amriki había negociado a nombre de las más altas esferas de Washington. Para ellos, no hay mejor prueba de la efectividad del terrorismo espectacular en Washington, al grado de que Estados Unidos había negociado contra los intereses de su gran aliado Mubarak. Futuras operaciones, e incluso sólo amenazas, de terrorismo espectacular obligarían seguramente a Washington a hacer concesiones a los islamitas, cuya élite no habría podido tener mejor incentivo para intensificar su campaña de terrorismo.

Así pues, los golpes de Albania y Bulgaria enfurecieron a la dirigencia terrorista islamita, la que los consideró una desvergonzada infracción del "pacto" sellado con Washington. Identificada la campaña estadounidense de arresto y extradición a Egipto de terroristas islamitas egipcios, la dirigencia islamita emitió una advertencia formal. El 3 de agosto, el activista islamita egipcio Yasir Tawfiq Ali al-Sirri admitió el arresto en Albania de los tres egipcios —Magid Mustafa, Muhammad Huda y Muhammad Hassan Mahmoud—, e informó que para entonces éstos se hallaban "detenidos en una estación de policía en el área Lazughli del Cairo", donde se pretendía "forzarlos a confesar delitos que no cometieron". Aludió asimismo al arresto en Sofía, pues se refirió a cuatro "víctimas". Sirri declaró que "en el arresto de las cuatro participaron elementos de inteligencia estadounidenses, quienes las sometieron a interrogatorios para facilitar a las autoridades albanesas el proceso de extradición a Egipto". Los islamitas egipcios hacían responsable a Washington del bienestar de sus tres compatriotas mencionados, así como del cuarto, el alto comandante Ahmad Ibrahim al-Najjar.

Sirri recordó que los servicios de inteligencia de Estados Unidos ya habían realizado antes "acciones similares, pues hacía alrededor de dos años arrestaron en Croacia, de camino a Bosnia, al vocero del Grupo Islámico, el ingeniero Fuad Talat Qassim, refugiado en Dinamarca, y lo entregaron a Egipto". Amigo personal de Zawahiri, la extradición de Qassim en 1995 había causado una muy profunda herida.

Zawahiri se vio obligado a reaccionar a lo que consideró una violación unilateral al pacto con Washington. El 5 de agosto, el Grupo de la Jihad Islámica juró tomar venganza contra Estados Unidos por el arresto, tortura y posible ejecución en Egipto de sus colegas. En el respectivo comunicado, aseguró que las autoridades albanesas dijeron a los islamitas egipcios que se les acusaba de terrorismo, "de participar en un grupo que había declarado la jihad a Estados Unidos e Israel y cooperaba con los mujaidines en Kosovo". Aun si era cierta, esta acusación contradecía el previo argumento semioficial de intervención en "ilícitas actividades lucrativas, desde tráfico de armas hasta lavado de dinero". El comunicado dejaba ver claramente la furia de los islamitas: "Informamos a los estadounidenses que hemos recibido su mensaje y preparamos ya la respuesta, imposible de no entender porque... la escribiremos en un idioma que comprenden a la perfección".

Inmediatamente después de las explociones de bombas en Nairobi y Dar-es-Salaam, los Guerreros de la Sharia, organización islamita sunnita, vincularon esos hechos con la extradición de sus camaradas egipcios. No dejaron duda de que aprobaban los estallidos en África oriental. "Saludamos esa operación", se leía en su comunicado. "Expresamos francamente nuestro regocijo por la desgracia de los estadounidenses, enemigos de Dios." Añadían que el Cairo sufriría ataques similares si maltrataba a los islamitas. Los bombazos en África demostraban que Estados Unidos no podría ayudarlo. "Tras los ataques en Nairobi y Dar-es-Salaam, el régimen egipcio espera temeroso su fatal destino... Sabe que su atrasado sistema de seguridad no puede compararse con el estadounidense." Esta declaración fue firmada por Abu-Hamzah al-Masri (el egipcio), nombre clave de Mustafa Kamil, cercano colega de Zawahiri, Turabi y bin Laden.

Sin embargo, las operaciones del 7 de agosto en África oriental habían sido planeadas mucho antes de los primeros arrestos en Albania y Bulgaria. Así, pese a la retórica de Zawahiri y Hamzah, los ataques a las embajadas estadounidenses no ocurrieron en venganza por la supuesta traición de Washington. La ira de los islamitas por la expulsión de sus camaradas en los Balcanes probablemente se expresará algún día, en una ronda más de espectaculares operaciones terroristas.

El grado de profesionalismo y capacidad exhibido en los estallidos de bombas del 7 de agosto, puede deducirse no sólo de la habilidad de los terroristas para realizar operaciones simultáneas en dos países, sino también del uso de casi una tonelada de explosivos instantáneos, de tipo militar, en ambos operativos. Esta inmensa carga explosiva, procedente de Paquistán, fue recibida en Dar-es-Salaam y Mombasa, trasladada a casas de seguridad donde las bombas fueron fabricadas y, finalmente, desplazada al interior de las dos capitales. La operación también fue sumamente profesional desde el punto de vista de la seguridad. Todos los principales participantes usaron nombres en clave y de batalla. Odeh revelaría más tarde que, pese a haber fungido como agente de alto nivel en uno de los operativos, él mismo ignoró la intervención de ciertos individuos hasta encontrarse con ellos, después de los bombazos, en el vuelo de la Pakistan International Airline, de Nairobi a Karachi, Paquistán. En medio de tan estricto sigilo, no es de sorprender que en su momento nadie haya advertido la inminencia de tales acciones.

La planeación y preparativos finales de la operación comenzaron en julio. El principal responsable de la planeación de la operación de Kenia, y quizá también de la de Tanzania, fue identificado por Odeh como Ali Saleh, egipcio "afgano" veterano, miembro de la Jihad Islámica y socio cercano de bin Laden. Odeh se hallaba entonces en Paquistán-Afganistán y, dado su profundo conocimiento de Kenia y Nairobi, es muy probable que haya participado en la planeación operativa. Listos los planes a mediados de julio, un supervisor de alto rango, el islamita egipcio con pasaporte estadounidense que había visitado a bin Laden en marzo, los sometió a evaluación en el lugar de los hechos. Dos semanas antes de los bombazos, visitó Nairobi y Dar-es-Salaam. En ambas ciudades inspeccionó los posibles objetivos, entre ellos las embajadas de Estados Unidos, Israel y Egipto. Se reunió asimismo con comandantes locales para evaluar su capacidad y preparación. Evidentemente obtuvo resultados satisfactorios, porque los preparativos finales comenzaron poco después. Por ejemplo, Odeh arribó a fines de julio a Mombasa, desde donde se trasladó a Nairobi en autobús, mientras que Mohammad Rashid Daoud al-Owhali, uno de los mártires de Nairobi, llegó a esta ciudad el 31 de julio, procedente de Lahore, Paquistán. Los agentes destinados a Dar-es-Salaam arribaron a esta capital por esas mismas fechas.

En Londres tuvo lugar entonces otro acontecimiento significativo. A fines de julio, alrededor de una semana antes de los atentados, el sheik Rifai Ahmad Taha (Abu-Yassir), residente en esa ciudad, emitió un "importante anuncio" en el curso de una breve entrevista con el diario *al-Murabitoun*, órgano de al-Jamaah al-Islamiyah. En tres lacónicas sentencias, negó que él y el Grupo Islámico fueran miembros del Frente Islámico Mundial por la Jihad contra judíos y cruzados, organizado por bin Laden en febrero. Este mensaje fue destacado en la página Internet del *al-Murabitoun*. La razón de esa declaración no fue una súbita crisis o desacuerdo entre Taha y sus grandes amigos bin Laden y Zawahiri, sino la urgente necesidad de "limpiar" a Taha para que el *al-Murabitoun* pudiera actuar como "vocero" y "órgano" de las próximas operaciones, en Nairobi y Dar-es-Salaam, sin verse implicado en ellas.

La luz verde definitiva fue dada el 4 ó 5 de agosto. Odeh y Fadhil coordinaron entonces los últimos detalles operativos por teléfono, para cerciorarse de que sus respectivos coches-bomba detonarían en forma simultánea. A partir de ese momento, no hubo manera de dar marcha atrás.

La operación en Nairobi fue organizada y dirigida por dos redes diferentes, compuestas en total por una docena de terroristas. Una de ellas estaba integrada por expertos y supervisores, y la otra por los perpetradores materiales, incluidos los mártires. Para garantizar la seguridad, ninguna de estas redes mantenía contacto directo con la otra.

Odeh, Owhali y Nacha brindaron a la red de expertos el apoyo necesario. Odeh había establecido tiempo atrás buenas relaciones con Andreas Searty, alemán nacido en Bagdad y gerente general del Grand Regency Hotel en Nairobi, para el que Odeh era un importante proveedor de pescado. A principios de agosto, la oficina de Searty registró una reservación para alrededor de cinco individuos de Medio Oriente, quienes permanecerían en el hotel entre el 4 y el 6 de agosto y quienes, tras liquidar su cuenta en la mañana del 7 de agosto, "desaparecieron". Es improbable que Odeh se haya reunido con ellos.

La otra red se concentró en las habitaciones A107 y B102 del Hill Top Hotel, en la Accra Road de Nairobi, económico hotel frecuentado por jóvenes de Medio Oriente. Tres terroristas —un palestino, un egipcio y un saudita— ocuparon esas habitaciones entre el 3 y el 7 de agosto; Odeh se sumó a ellos el día 4. Ahí armaron partes de la bomba, muy probablemente el mecanismo de activación y las mechas, las cuales transportaron después es una camioneta *pick-up* cerrada al lugar donde la bomba fue concluida, con la instalación de los explosivos instantáneos. Los empleados que asearon esas habitaciones no recuerdan haber visto herramientas, cables, productos químicos ni recipientes inusuales en ellas, lo que confirma el profesionalismo de los terroristas, pues ocultaron todas las evidencias que pudieran incriminarlos. Un mozo, David Kioko, recordó haber cargado varias bolsas pesadas de los tres hombres cuando abandonaron el hotel el 6 de agosto.

"Eran como los demás huéspedes", dijo a la Associated Press. "Limpiamos sus habitaciones todos los días, y nunca intentaron impedirnos la entrada." Abdallah Mohammad Fazil, importante miembro de la red, realizó en esos días frecuentes visitas al Hill Top Hotel. Se ignora dónde permanecieron los dos mártires —Owhali y un individuo aún no identificado— durante ese periodo; quizá se hayan alojado con Fazil.

Aparentemente, Fazil fue el coordinador y contacto entre las dos redes. Hoy tiene alrededor de 25 años de edad y es originario de las islas Comores, a un costado de África oriental. Devoto niño prodigio, se le becó para realizar estudios islámicos avanzados en Sudán, donde los radicales islamitas se lo "ganaron" y lo integraron al "servicio militar", como él mismo diría, del Islam; después visitó también Yemen y Afganistán. Radicado en Nairobi, en 1996 consiguió una tarjeta de identidad keniana falsa con el apellido Haroon. En 1997, viajó repetidamente entre Jartum, Karachi y Nairobi, pagando siempre en efectivo, del que parecía disfrutar en abundancia y con el que pagaba los gastos, tanto médicos como de otro tipo, de sus parientes directos y políticos.

Una vez tomadas las decisiones de marzo, Fazil llegó a Kenia procedente de Comoros e inició los preparativos operativos. Uno de sus primeros pasos fue rentar una quinta cerca de Nairobi para el periodo mayo-agosto. Al menos otro terrorista, tal vez Owhali, se instaló con él en esa casona, donde también fueron almacenados los explosivos. Concluida la fabricación del mecanismo y mechas de la bomba, los terroristas del Hill Top Hotel los trasladaron a la quinta, donde la bomba fue terminada a la vista de los mártires.

En los días inmediatamente anteriores al atentado, todos los integrantes de la operación realizaron reconocimientos y observaciones de última hora de la embajada de Estados Unidos. Sólo uno de esos recorridos fue advertido por los guardias de la embajada. De acuerdo con el diario *The Nation* de Nairobi, "cuatro días antes de la explosión" uno de los vigilantes kenianos "vio a tres sujetos de apariencia árabe filmar la embajada durante alrededor de 20 minutos, de lo que alertó en vano a los otros guardias [de la armada estadounidense] de la embajada". Aquellos sujetos eran Odeh, Owhali y Nacha. Según el vigilante, uno de ellos "usó adicionalmente una microcámara de video de corto alcance". Fazil realizó sus propias observaciones en los días anteriores al ataque. El 4 de agosto se hizo acompañar de uno o dos colegas para inspeccionar el terreno y las rutas que seguirían el día del atentado. Terroristas expertos enviados por Zawahiri y controlados por Abu-Hafs también realizaron inspecciones para ofrecer a bin Laden y sus lugartenientes una evaluación complementaria de la situación en Nairobi y de la viabilidad del plan operativo.

En la mañana del 7 de agosto de 1998, a alrededor de las 10:30 (hora local), los terroristas se aproximaron a la embajada estadounidense en dos automóviles. Un vehículo de mando —un Pajero Mitsubishi blanco conducido por Fazil— era seguido por la camioneta —una *pick-up* amarilla Mazda o Mitsubishi Canter con matrícula de Dubai— que transportaba la bomba. Owhali ocupaba el asiento junto al conductor, en compañía de un tercer terrorista; después diría a sus interrogadores que se había preparado para morir en el atentado, "operación de martirio a la que no creía sobrevivir". Los terroristas intentaron inicialmente estacionar el coche-bomba frente a la embajada, con el pretexto de que llevaban sándwiches para la cafetería; sin embargo, los marines estadounidenses se los impidieron. Los terroristas retrocedieron y condujeron su auto rodeando el edificio. La puerta trasera de la embajada está rodeada en forma de U por los edificios del Cooperative Bank y Ufundi. Ahí, los terroristas intentaron introducirse en el estacionamiento subterráneo; el tercero de ellos descendió de la *pick-up* para explicarlo a los guardias, quienes también se mostraron renuentes. Como el tiempo se agotaba —la explosión estaba programada para ocurrir a la misma hora que la de Dar-es-Salaam—, se siguió un procedimiento táctico similar al aplicado en el ataque a la embajada de Egipto en Islamabad, a fines de 1996. Tras presentarse repentinamente, un par de terroristas saltaron del auto blanco, lanzaron al menos una granada y dispararon contra los desarmados guardias para distraerlos. Luego de permanecer tranquilamente sentado en su sitio alrededor de cinco minutos, contemplando la escena y orando, el conductor de la *pick-up* finalmente disparó un revólver al tiempo que Owhali lanzaba una granada de impacto con intención de abrir paso a la camioneta, aunque aparentemente el primero perdió el control del vehículo por una fracción de segundo.

No obstante, la bomba dentro de la *pick-up* explotó a la hora exacta. El par de terroristas que disparaban contra los guardias perdieron la vida. Puesto que Owhali, quien sobrevivió, no recuerda que él o el conductor hayan activado las mechas, es muy probable que Fazil las haya operado a control remoto desde el automóvil blanco.

La bomba, que destruyó por completo el edificio de Ufundi y dañó severamente el de la embajada estadounidense, constaba de casi 800 kilogramos de explosivos militares (muy probablemente dinamita, aunque en el lugar de los hechos también se hallaron rastros de Semtex-H). Fue fabricada por manos expertas, pues los explosivos fueron compuestos para favorecer el efecto del estallido. El capitán Rhyl Jones, ingeniero de la armada inglesa con amplia experiencia en bombas del Ejército Republicano Irlandés (ERI), y uno de los primeros expertos en presentarse en el sitio, destacó el profesionalismo de los fabricantes de la bomba e hizo notar que, aunque la explosión había seguido una trayectoria ascendente, la enorme muralla del edificio del Cooperative Bank, cuya estructura resistió la onda de choque, la proyectó hacia la embajada. "En ausencia del edificio del Cooperative Bank, la explosión habría dispuesto de más espacio para dispersarse", precisó. "Si los terroristas hubieran conseguido penetrar en el estacionamiento subterráneo, el estallido habría devastado el edificio de la embajada y causado la muerte a la mayoría de sus ocupantes." Eliud Mbuthia, ex director del escuadrón antibombas de la policía keniana, coincidió en que seguramente la bomba contenía explosivos moldeables como Semtex-H y explicó que la carga fue elaborada para crear una onda de choque de alta velocidad y alta temperatura, con el objeto de "provocar un desastre mayúsculo por efecto de llamas gigantescas". Atribuyó la mayor parte de las muertes, heridas y daños a los efectos secundarios de la explosión. "El efecto directo", expuso, "consiste en el vacío resultante de la enorme fuerza con que la explosión despide todo a su paso. Pero al imponerse el efecto de succión, el aire vuelve a su sitio, empujando todo de nuevo y causando grandes daños." La estructura de la bomba y la dinámica del estallido son peculiares de los terroristas y fabricantes de bombas patrocinados por los iraníes.

Fazil y otros expertos permanecieron en Nairobi para ordenar las cosas después de la operación. Eliminaron todos los indicios que pudieran identificar a los perpetradores y a los estados patrocinadores. Hicieron un buen trabajo, salvo por el hecho de que no se percataron de que Owhali sobrevivió al estallido y fue detenido por agentes de seguridad kenianos en un hospital. Continuaron en Nairobi durante alrededor de una semana antes de marcharse sin ningún problema. Fazil arribó el 14 de agosto a Moroni, Comoros, en un vuelo de Air Madagascar. Antes había obtenido un boleto para viajar de Dubai a Karachi, el cual no usó. Permaneció con su familia hasta el 22 de agosto. Ésta lo acompañó entonces al aeropuerto, a diferencia de viajes anteriores, donde Fazil abordó un vuelo a Dubai y desapareció. Ahora se sabe que empleó numerosos pasaportes y documentos de identificación aparte de la tarjeta de identidad keniana y un pasaporte paquistaní que la policía halló en su casa en Comoros.

En contraste con las redes que se desempeñaron en Nairobi, la red de terroristas de Dar-es-Salaam operó en forma tan hermética que sus actividades aún no han sido cabalmente dilucidadas. La inversión de largo plazo de Irán en la gran cantidad de movimientos de oposición locales —de separatistas a islamitas— parece haber rendido fruto. Los terroristas pudieron recurrir incluso a efectivos locales para acciones tan poco disimulables como la de transformar un camión frigorífico en bomba. El hecho de que los dos sospechosos más importantes aún se hallen en poder de las autoridades de Tanzania, dificulta aún más la reconstrucción de la operación. El principal de ellos —Mustafa Mahmoud Said Ahmad, egipcio con pasaportes de Yemen, Congo e Irak, arrestado en Arusha, cerca de la frontera con Kenia— advirtió a Estados Unidos acerca de un complot explosivo contra su embajada en Kenia, acto desusado en un terrorista. "Mustafa Ahmad fue o bien el coordinador del atentado [en Tanzania] o bien destacado integrante de la conspiración", afirmó Ali Ameir Mohamed, ministro de Asuntos Internos del país. El otro sospechoso es Rashid Saleh Hemed, tanzano de Zanzíbar que fue visto en varios sitios en las inmediaciones de la embajada. También se le conoce como Said Ahmed y Saleh Aben Alahales. La policía encontró en su casa y en su automóvil rastros de productos químicos que quizá fueron utilizados para fabricar la bomba. Los fondos para la operación fueron transferidos desde Medio Oriente a una cuenta a nombre de Saleh en el Greenland Bank de Tanzania, financiado por los sauditas.

La principal red operativa, sin embargo, estuvo compuesta por alrededor de seis terroristas, todos ellos muertos o desaparecidos. El comandante fue Mustafa Mohammad Fadhil, entonces prácticamente desconocido por las fuerzas de seguridad tanto occidentales como locales. Los principales miembros fueron Ahmad Khalfan Ghailani, tanzano de origen omaní de Zanzíbar; Khalfan Khamis Mohammad, tanzano de origen árabe de Zanzíbar; Fahad Mohammad Ali Msalan, keniano de origen árabe de Mombasa; el sheik Ahmad Salim Sewedan, keniano de origen yemenita de Mombasa, también conocido como Fahad, y un tal "Ahmad el alemán", egipcio que sería el conductor suicida del coche-bomba. La estructura operativa de esta célula fue activada a principios de junio. Poco después Fadhil instruyó a Khamis Mohammad que rentara una casa en Ilala, extenso vecindario de bajos ingresos en Dar-es-Salaam, a unos seis kilómetros al suroeste de la embajada en la ruta al aeropuerto. La bomba se fabricaría en dicha casa.

El plan operativo era audaz: instalar una enorme bomba en el interior de un camión frigorífico que penetraría en el complejo de la embajada justo detrás del camión distribuidor de agua que abastece a ésta, con lo que se lograría que la explosión causara mayor destrucción. La bomba fue instalada en un frigorífico especialmente adaptado sobre una camioneta Atlas de Nissan de dos toneladas. Por razones de seguridad, ésta fue adquirida en Jaba Tanzania Ltd., compañía local especializada en vehículos de segunda mano.

Las evidencias indican que la camioneta fue acondicionada en la planta de Tommy Spades Manufacturing Co., cerca de Dar-es-Salaam. Esta planta es un taller de reparación de camiones-cisterna, además de fabricar grandes tanques de metal para agua, gasolina y otros líquidos. El taller cuenta con modernas herramientas mecánicas importadas de Alemania e Italia y equipo de soldadura, los cuales fueron más que suficientes para adaptar la camioneta. El camión-cisterna que abastece de agua a la embajada también estuvo en ese taller poco antes de la explosión, de modo que los conspiradores tuvieron la oportunidad de coordinar sus actividades con la tripulación de ese camión. Se sospecha que Sewedan y Ghailani visitaron la Tommy Spades Manufacturing para inspeccionar el avance en la fabricación de un cilindro de gas que formaría parte de la bomba. En la fábrica de Tommy Spades, los peritos encontraron tanques de gas acetilénico y otros productos químicos idénticos a los recuperados en el gran cráter producido por la bomba. Pero incluso si efectivamente la bomba fue fabricada en esta planta, ninguna evidencia concluyente apunta al origen de los explosivos instantáneos utilizados.

La bomba fue terminada en la casa de Ilala, rentada por Khamis Mohammad, a quien más tarde se le unió Msalan. Según testigos oculares, desde fines de julio cuatro "individuos de apariencia árabe" la visitaron regularmente. Llegaban de noche, a bordo de un Samurai, de

Suzuki, blanco, el cual fue utilizado en el ataque. Concluida la bomba, Ghailani trasladó, a la casa de un pariente en el vecindario de Ubungo de Dar-es-Salaam, la mezcladora de manufactura china con la que fueron combinados los productos químicos de los explosivos.

El 7 de agosto, el camión-cisterna que llevaba agua se ubicó frente a la puerta de la embajada a alrededor de las 10:35 de la mañana. Justo cuando detuvo la marcha, la camioneta frigorífica Atlas de Nissan, de cabina blanca o beige y rejilla de carga plateada sobre el techo, se estacionó a su lado; hizo explosión cuatro o cinco minutos después. "Ahmad el alemán", conductor de la Atlas, murió en la cabina. El estallido quitó la vida a once personas, todas ellas africanas, e hirió a 72 más. Todavía persiste la duda de porqué la bomba explotó antes de que el camión cisterna se aproximara aún más al edificio de la embajada, al punto usual de descarga de agua. Dado que todos los presentes, salvo uno, supuestamente murieron, se ignora qué ocurrió en esos últimos minutos. De acuerdo con testigos, uno o más guardias se acercaron al camión cisterna para la revisión habitual de seguridad. Beno Msimde, de la Ultimate Security Company, organización que suministra guardias a la embajada, refirió que uno de ellos, equipado con un detector de bombas, registró la existencia de "material peligroso" bajo la cubierta del motor del camión cisterna y se dispuso a abrirla. "La bomba explotó en ese momento", explicó Msimde, "quitando la vida al guardia y al conductor." La mitad superior del cuerpo de éste se estampó en el edificio de la embajada, aún con el volante en las manos. El rastro de explosivos en el camión-cisterna fue tal vez una treta para distraer a los guardias. El conductor de este camión, sin embargo, llamado Ndange, había sido empleado de la embajada durante mucho tiempo, y ha sido descartado como sospechoso de ser terrorista-mártir. Otra posibilidad es que los terroristas, a quienes se les agotaba el tiempo pero determinados a hacer estallar la bomba puntualmente, decidieron no esperar a que el camión se introdujera en la embajada y sencillamente activaron la bomba.

Todas estas teorías indican que un vehículo de mando, desde el cual fue activada la bomba, debe haberse hallado en la escena. Según testigos, un vehículo utilitario modelo Samurai de Suzuki, de color blanco, se aproximó a la embajada a alta velocidad y se colocó junto al camión de agua con el frente hacia la avenida. Khamis Mohammad saltó del vehículo y tomó fotografías del desastre tras la explosión. El vehículo desapareció después.✗

Entre los restos hallados en el lugar no se encontró ninguna pieza del vehículo utilitario, de modo que es probable que éste haya escapado de inmediato. Asimismo, informes de testigos oculares indican que cuatro árabes a bordo de un automóvil fueron vistos alejándose del área de la embajada justo antes de la explosión. Se les vio cambiar de vehículo y abandonar el Samurai con el que arribaron a la embajada. Quizá estos árabes formaban la célula de mando que activó la bomba. El misterioso Samurai, hallado más tarde por la policía, podría ofrecer una pista sobre el paradero del conductor asistente, encargado de abrir y cerrar el grifo de la cisterna. Éste debió hallarse en el camión cuando la bomba explotó, pero no se encontraron sus restos, y su familia se ha negado sistemáticamente a colaborar en la investigación proporcionando muestras de ADN o haciendo un reconocimiento de las ropas y zapatos recuperados en el sitio. Así, es probable que este individuo, tras haber colocado el rastro de explosivos en el camión-cisterna como distracción, haya escapado en el último minuto en el misterioso Samurai.

La bomba contenía varios cientos de kilogramos de explosivos instantáneos de tipo militar, como dinamita, reforzados con tanques de gas acetilénico y oxígeno. Estos últimos provocaron la onda de choque secundaria que causó la mayor parte de los daños al edificio. Como en el caso de Nairobi, la estructura de la bomba de Dar-es-Salaam y la dinámica de la explosión son similares a las de otros estallidos efectuados por terroristas patrocinados por Irán.

Los demás participantes en ambas operaciones —dirigidas por Odeh y Fadhil— se retiraron de sus respectivas escenas en la víspera de los bombazos. En el aeropuerto de Nairobi, Fadhil, Odeh y otros agentes tomaron el vuelo 746 de la Pakistan International Airline a Karachi. (Odeh diría más tarde que se marchó rápidamente al aeropuerto poco después de la explosión, mientras el caos aún imperaba en Nairobi.) Odeh recordaría que en el aeropuerto le sorprendió descubrir que en la operación habían participado más agentes de los que supuso. Todos ellos disponían de pasaportes y documentos de identidad falsos para abordar el avión en Nairobi. Ninguno esperaba problemas con las autoridades del aeropuerto en Paquistán, controlado por el ISI. Pero a su llegada a Karachi, Odeh, quien viajaba bajo el alias de Muhammad Sadiq Howaida, fue detenido por las autoridades. Los otros seis terroristas, todos ellos con pasaportes de la misma especie, recibieron autorización para entrar al país sin ningún incidente. Exasperado, Odeh confesó a los oficiales que era un terrorista de vuelta a Afganistán para ocultarse ahí, e intentó sobornarlos. Era, sin embargo, un hombre marcado: había sido identificado por la CIA, la cual solicitó expresamente al ISI capturarlo. Islamabad no tenía otra opción. Negarse a satisfacer esa solicitud habría sido prueba legal de patrocinio del terrorismo, con lo que Paquistán habría sido incluido en la lista de países terroristas del Departamento de Estado y merecido severas sanciones.

De acuerdo con oficiales paquistaníes, durante los tres días siguientes Odeh "fue entrevistado por un experimentado equipo de especialistas en asuntos afganos y árabes del ISI, con amplia experiencia en el trato con mujaidines afganos y árabes". La formulación de esta frase es importante: fue "entrevistado", no "interrogado". El anuncio oficial de Islamabad fue que Odeh "sostuvo serena y orgullosamente que había provisto apoyo técnico, de ingeniería y logístico, a la operación explosiva del 7 de agosto en Nairobi". No hay evidencias de que Odeh haya dicho nada a los paquistaníes. Las "confesiones" más tarde provistas por las autoridades de seguridad de Paquistán a Estados Unidos y filtradas a los medios informativos estadounidenses, son los informes del ISI sobre lo que Odeh declaró. En este material se combinan verdades y desinformación en beneficio propio, como la de culpar a bin Laden del asesinato de su mentor Azzam en 1989.

Luego de su extradición a Nairobi, Odeh se rehusó a corroborar el material paquistaní y no admitió su participación en el bombazo ante sus interrogadores estadounidenses. Hasta la fecha, los oficiales estadounidenses no han podido confirmar los detalles atribuidos a Odeh en el informe paquistaní del interrogatorio. En Nueva York, éste dijo a su primer abogado que los paquistaníes lo habían forzado a declarar tras privarlo de alimento, agua y sueño durante tres días. Esto quizá sea una excusa, aunque las técnicas de interrogatorio del ISI son famosas por su "eficiencia". No obstante, parece haber un grano de verdad en la afirmación de Odeh de que uno de sus interrogadores tuvo "piedad de él", como explicó su abogado. "El sujeto le dijo: 'Vamos a usar [estas confesiones] para ayudarnos con los estadounidenses en las sanciones nucleares'". Cuando Odeh, repentina víctima de las tortuosas políticas de Islamabad, abandonó Paquistán con destino a Nairobi, supo que no volvería jamás.

Al igual que como ocurrió en el bombazo de 1996 en Arabia Saudita, la primera adjudicación de responsabilidad provino de una "organización" local para asegurar las redes y partidarios locales. Esta vez se hicieron casi simultáneamente en Londres dos reclamos semejantes. Primero, un reclamo del Frente Revolucionario Africano, llegó por fax a las oficinas, en Londres, del diario *al-Quds al-Arabi*. Escrito en pésimo inglés, en él se explicaba que los dos ataques habían tenido por objeto "cobrar venganza contra Estados Unidos, responsable de matar de hambre a los pueblos africanos por varios medios y que también interfiere en asuntos africanos internos". En él se advertía asimismo que a menos de que Estados Unidos dejara de inmiscuirse en los asuntos africanos, el Frente "destruiría intereses estadounidenses en África". Una declaración casi idéntica, firmada por la Liga Revolucionaria Africana, llegó por fax a las oficinas de Londres de *al-Sharq al-Awsat*, diario de propiedad saudita afiliado a la facción de Salman-Nayif.

Los islamitas dejaron pasar un día antes de iniciar la emisión de sus propias adjudicaciones. Primero, un individuo que hablaba una lengua árabe no egipcia llamó a las oficinas en el Cairo de *al-Hayah*, muy probablemente desde un Estado del Golfo Pérsico. Aseguró que los bombazos habían sido realizados en nombre del Ejército de Liberación de los Santuarios Islámicos. Aludió a la posibilidad de que esta organización fuera "una especie de ala militar" del Frente Internacional de bin Laden y Zawahiri, y explicó que estaba compuesta por "guerreros santos [mujaidines] islamitas de todos los países del mundo pertenecientes al pueblo musulmán". La decisión de la operación había sido inspirada por pronunciamientos de varios sabios y ulemas islamitas de Egipto y Arabia Saudita, entre ellos "las declaraciones del sheik y mujaidín Osama bin Laden". El sujeto en el teléfono criticó duramente a regímenes árabes no especificados por "obstruir la aplicación de las leyes de la Sharia", e imponer en cambio "leyes blasfemas" bajo la protección de Estados Unidos. El Ejército de Liberación exigía el "retiro de las fuerzas estadounidenses y occidentales de los territorios musulmanes en general, y de la Península Árabe en particular". El mensaje finalizó con un llamado a Washington a cesar todo apoyo a Israel y detener "el robo de las riquezas musulmanas, especialmente el petróleo".

La siguiente declaración, más elaborada, fue enviada a una estación de televisión en Dubai, en nombre del Ejército Islámico para la Liberación de los Lugares Santos. El comunicado incluía tres declaraciones en las que se exponían detalles de los dos operativos explosivos y una lista de demandas. "El Ejército Islámico para la Liberación de los Lugares Santos declara ser responsable del atentado explosivo en Nairobi, el cual forma parte de la operación Kaaba Sagrada", se leía en el documento. El bombazo de Nairobi había sido llevado a cabo por "dos sujetos procedentes de La Meca". El ataque en Dar-es-Salaam llevaba por nombre "Operación Mezquita de al-Aqsa", y fue ejecutado por "un sujeto procedente de Egipto perteneciente al batallón Abdallah Azzam", así llamado en honor al héroe de los "árabes afganos".

Las demandas emitidas por el Ejército Islámico para la Liberación de los Lugares Santos, y su justificación de las operaciones ameritan atención. Esta organización amenazaba con intensificar su campaña terrorista antiestadounidense de no cumplirse las siguientes exigencias: "1) El retiro de las fuerzas estadounidenses y occidentales, civiles incluidos, de los países musulmanes en general y de la Península Árabe en particular... 2) el levantamiento del bloqueo naval impuesto en torno a la Península Árabe y el retiro de barcos de guerra de aguas islámicas... 3) la liberación de los ulemas y jóvenes musulmanes detenidos en Estados Unidos, Israel y Arabia Saudita, y sobre todo, del sheik Omar Abdul Rahman y el sheik Salman al-Udah... 4) un alto a la expropiación de las riquezas musulmanas, en particular la riqueza petrolera de la Península Árabe y los países musulmanes... 5) el fin de todo tipo de apoyo de Estados Unidos a Israel... 6) el fin de la guerra de erradicación librada por Estados Unidos, con la ayuda de gobiernos incondicionales, contra jóvenes musulmanes con el pretexto de combatir el terrorismo... y 7) el fin de las campañas de exterminio dirigidas por Estados Unidos contra ciertas naciones musulmanas bajo el disfraz de sanciones económicas."

Adicionalmente, para justificar los estallidos de bombas como parte de su jihad, el Ejército Islámico para la Liberación de los Lugares Santos insistió en el carácter netamente islámico de su lucha. Una jihad total contra Estados Unidos estaba plenamente justificada, a causa de la refrendada y consumada "ocupación de los lugares santos de la Península Árabe, la cual pone al alcance de las fuerzas estadounidenses la mezquita al-Aqasa [en Jerusalén]". El Ejército Islámico subrayaba que la inspiración había derivado de "fatwas de teólogos musulmanes contemporáneos, entre ellos el sheik Omar Abdul Rahman... y declaraciones del sheik Osama bin Laden". La declaración concluía con el juramento de proseguir e intensificar la jihad. "El Ejército Islámico para la Liberación de los Lugares Santos anuncia su absoluta determinación de dar caza a las fuerzas estadounidenses, y manifiesta su resolución de atacar intereses de Estados Unidos en cualquier sitio hasta que estos objetivos se cumplan."

Bin Laden, Zawahiri y la dirigencia islamita habían decidido antes de las operaciones en África oriental, que el análisis y la explicación de todo ataque terrorista futuro serían realizados por entidades autónomas pero "discernibles" localizadas en Occidente. Para tal propósito destacan los diversos mini institutos de investigación ubicados en Londres, un complejo conjunto de entidades creadas por bin Laden entre 1994 y 1996. El 12 de agosto, Rifai Ahmad Taha aclaró tanto el contexto general de las operaciones como la posición del Grupo Islámico, con sede en Londres. Fuentes islamitas egipcias de alto nivel, cercanas a Taha, explicaron que "el Grupo apoyará las dos operaciones, lanzará un ataque contra [esto es, criticará vehementemente a] Estados Unidos y explicará las razones de la hostilidad islamita en su contra, pero no mencionará nada que indique que está vinculado con los dos bombazos". Esta posición marcó el tono del análisis y explicaciones de los demás líderes islamitas en Occidente.

La primera declaración importante fue emitida por Adil Abdul-Majid, quien dirige la Oficina Internacional para la Defensa del Pueblo Egipcio, en Londres, y de quien se sabe que es cercano colega de Zawahiri. Tras negar todo conocimiento de primera mano de los bombazos, Abdul-Majid se refirió sin embargo a la conferencia de prensa que bin Laden había ofrecido en mayo, en Afganistán, en la que había predicho que "la jihad contra Estados Unidos ya ha comenzado y bombazos contra intereses estadounidenses serán efectuados en las próximas semanas". Añadió que era posible suponer que las operaciones en Nairobi y Dar-es-Salaam habían sido ejecutadas por "fuerzas, que actúan en varios países, que las respaldan y que había habido un alto grado de consultas antes de que se implementaran".

En un artículo titulado "American Harvest of Blood" ("La cosecha estadounidense de la sangre"), Abdul-Bari Atwan, editor de al-Quds al-Arabi y a quien se vincula con bin Laden, analizó por su parte las repercusiones de los bombazos en África oriental. "Los ataques suicidas lanzados contra las embajadas estadounidenses en Nairobi y Dar-es-Salaam el viernes anterior, fueron resultado lógico de las injustas y deshonrosas políticas aplicadas por Estados Unidos en la región árabe y el mundo islámico. Esas políticas no hacen sino alentar el extremismo, promover actos de violencia y terrorismo y convertir a las embajadas e intereses estadounidenses en blancos eternos. Las acciones perpetradas por enemigos de Estados Unidos, tan numerosos en la patria árabe, se desprenden del presente estado de frustración ante las políticas de doble cara de Estados Unidos en la región, y del objetivo conjunto estadounidense-israelí de infligir el mayor grado posible de daño y humillación a los árabes y musulmanes de todas las demás naciones del mundo."

Seguía una letanía de los agravios cometidos contra los árabes desde la Segunda Guerra Mundial, aunque, en opinión de Atwan, lo más
criticable era la "política de Estados Unidos de [haber impulsado a]
regímenes absolutamente dictatoriales, alentado a la corrupción y a
los corruptos, impidiendo que la marea democrática se extendiera a la
región y dedicando a sus cuerpos de inteligencia a salvaguardar las
pésimas condiciones prevalecientes en el mundo árabe; mientras que
en otros países ha acelerado el derrumbe de dictaduras, expuesto a
regímenes corruptos y corruptores, apoyado a fuerzas reformistas e
impulsado el proceso de cambio democrático". La insistencia estadounidense en imponer a sus títeres en el mundo musulmán para apresurar la explotación del petróleo y otras riquezas —y las relaciones
entre Estados Unidos e Israel—, estaba en el núcleo de la erupción
islamita, remarcó Atwan. Esos profundos problemas no desaparece-
rían pronto, de manera que más valía a Estados Unidos prepararse
para nuevas rondas de terrorismo:
"Las explosiones en Nairobi y Dar-es-Salaam son mensajes al gobierno estadounidense y a todos los regímenes que gozan de su protección
y ejecutan sus designios. Son un mensaje claro, escrito con letra clara,
y que contiene elementos claros, entre ellos numerosas advertencias
de que, de no alterarse las injustas y deshonrosas políticas contra los
árabes, habrá más explosiones. Los emisores de este mensaje conocen
a Washington y sus aparatos de seguridad mejor que nadie, puesto que
lucharon contra ellos en Afganistán y aprendieron sus experiencias y
métodos; ahora les hacen beber del mismo cáliz...
"En conclusión, los enemigos de Estados Unidos, la mayoría de ellos
árabes y musulmanes, operan hoy con un profundo sentido de oportunidad, ya que el gobierno estadounidense se encuentra paralizado y es
incapaz de emprender acción alguna a causa de los escándalos sexuales que lo asedian por todas partes. Así, es muy probable que las dos
explosiones recientes sean apenas el anuncio de nuevas, similares o
diferentes explosiones en otras partes del planeta, lo cual es cierta-
mente lamentable, pues hará retroceder al mundo a los días de la ley
de la selva y augura la muerte de más víctimas inocentes."
De diferente clase, aunque no de menor importancia, fueron los mensajes emitidos por el Movimiento al-Muhajiroun, con sede en Londres,
dirigido por el sheik Omar Bakri. Estos comunicados son importantes a
causa de su atractivo populista y amplia difusión. Este movimiento fue
el primero en vincular directamente las dos operaciones explosivas con el
Frente Islámico de bin Laden. En una declaración posterior, el movi-

miento expresó: "El mensaje enviado confirma que los intereses de Estados Unidos no están a salvo en ninguna parte del mundo, y que los estadounidenses serán sepultados por escombros como en Nairobi y Dar-es-Salaam. El ejército de Estados Unidos debe saber que no puede seguir asesinando impunemente a mujeres y niños".

El 7 de agosto, inmediatamente después del primer anuncio, el movimiento emitió un mensaje con el título "El Frente Islámico Internacional jura seguir combatiendo al enemigo del Islam". Este comunicado no deja duda acerca de su posición: "Nosotros, al-Muhajiroun, pese a que lamentamos las muertes de civiles inocentes que no tenían nada que ver en el asunto, declaramos que respaldamos y aplaudimos el estallido de bombas del día de hoy en las embajadas de Estados Unidos, en Dar-es-Salaam, Tanzania, y Nairobi, Kenia. Esto se debe a que son embajadas del enemigo del Islam y de los musulmanes, el cual ocupa el territorio musulmán, Arabia Saudita, por ejemplo". El comunicado apoyaba después el mensaje de que los dos bombazos eran sólo el comienzo de una nueva oleada de terrorismo islamita. "Al-Muhajiroun saluda el mensaje enviado: los intereses estadounidenses no están a salvo en ningún lugar del mundo. Los mujaidines los perseguirán y los reducirán a cenizas como sucedió hoy. Sepan los cobardes del ejército de Estados Unidos que no siempre saldrán impunes de la matanza de mujeres y niños. Se acerca el día en que las víctimas no serán los civiles atrapados en los juegos de poder de los infieles estadounidenses."

La persistente presencia estadounidense en el mundo árabe era la mayor aflicción: "Como ya hemos dicho anteriormente, la presencia de bases y efectivos militares estadounidenses en países musulmanes provocará numerosos percances y causará inestabilidad en toda la región, puesto que es contraria al derecho islámico, y su remedio es un deber de los musulmanes doquiera que se encuentren". Sin embargo, al-Muhajiroun subrayó que el asunto no se reducía a retirar las fuerzas estadounidenses, pues también implicaba revertir la influencia occidental en el mundo musulmán, tendencia tan sofocante y amenazadora para éste como la presencia de fuerzas occidentales: "La Ummah musulmana se halla en permanente estado de jihad física, financiera y verbal contra los estados terroristas de Estados Unidos, Israel, Servia, etcétera. Prevemos que éste es el inicio de más muertes y un mayor derramamiento de sangre si Estados Unidos sigue ocupando el territorio musulmán y oprimiendo a los musulmanes en el Golfo y muchas otras partes más. Los musulmanes no descansaremos hasta que nuestro territorio sea liberado de sus ocupantes y la autoridad de gobernar arrancada a tiránicos y autoimpuestos líderes títeres como Mubarak en Egipto, Fahd en Arabia, Zirwal en Argelia, Kadafi en Libia, etcétera. La lucha contra esos regímenes seguirá hasta que el *al-Khilafah* [el Estado islámico] sea reestablecido y la ley de Dios domine el mundo".

En las postrimerías de los bombazos en Nairobi y Dar-es-Salaam, fuentes islamitas también remarcaron la importancia central de la base de Afganistán para la jihad antiestadounidense, al tiempo que negaron toda participación o responsabilidad directa en aquellos atentados. Tales fuentes reiteraron la relevancia del Frente Islámico Mundial por la Jihad contra Judíos y Cruzados, y de las fatwas emitidas en febrero de 1998 con las firmas de Osama bin Laden y Ayman al-Zawahiri. Sin embargo, señalaron, que pese al explícito llamado a la jihad, los recientes bombazos habían sido reclamados por el hasta entonces desconocido Ejército Islámico para la Liberación de los Lugares Santos, en una declaración en la que se repetían los preceptos de las fatwas. Una fuente islamita dijo a *al-Hayah* que ese reclamo había sido emitido para librar de "molestias" a bin Laden, Zawahiri y sus anfitriones afganos. Dado el empeñó del Talibán por establecer buenas relaciones con Estados Unidos, los dirigentes islamitas estaban determinados a "impedir que Washington presentara una solicitud oficial al movimiento [Talibán] para la extradición de bin Laden, al-Zawahiri o ambos, si se atribuían abiertamente la responsabilidad de las dos operaciones".

En forma similar, Adil Abdul-Majid, islamita egipcio residente en Londres y allegado a Zawahiri, explicó a *al-Hayah* el contexto general de esas reclamaciones. Era probable que la organización que se había atribuido la responsabilidad de los bombazos en Nairobi y Dar-es-Salaam fuera "producto de fatwas, declaraciones y afirmaciones recientemente emitidas por dirigentes islámicos, entre ellos Osama bin Laden y el líder del Grupo Jihad, el doctor Ayman al-Zawahiri, asentados ambos en Afganistán". Explicó que la presencia de bin Laden en el Afganistán de los Talibán "no le permite anunciar ninguna acción por él dirigida desde ahí". Operaciones como los bombazos de las embajadas tenían que ser adjudicadas por entidades como el Ejército Islámico para la Liberación de los Lugares Santos. La declaración confirmaba "la aparición de nuevos factores, que deben ser cuidadosamente interpretados" para deducir la identidad del responsable de la operación. Por ejemplo, señaló Abdul-Majid, el nombre del Ejército Islámico "indica la operación de numerosas nacionalidades en este marco, y demuestra que el círculo de enemistad contra los estadounidenses se ha ampliado y que la reciente unión de movimientos islámicos en el Frente Islámico Mundial por la Jihad contra judíos y cruzados, permite a cualquier parte saber de antemano de cualquier acción futura, incluso si no habrá de participar en ella". Añadió que "aunque se esperaba que el Grupo Jihad o bin Laden se atribuyeran la responsabilidad de las dos operaciones, la adjudicación del Ejército Islámico para la Liberación de los Lugares Santos confirma que ha aparecido una nueva entidad capaz de ejecutar operaciones en lugares distantes y de respaldar sin participar en su ejecución".

Mientras que estos comunicados desviaban la atención de los estados patrocinadores, Hassan al-Turabi procedió rápidamente a explotar el impacto inicial a fin de consolidar la posición islamita en África oriental. En una serie de comunicaciones con aliados cercanos, como los dirigentes del Frente de Liberación de Oromo, en Etiopía, y del Ejército de Dios, en Uganda, argumentó que a causa de la directa intervención de Estados Unidos en la investigación de las explosiones, era improbable realizar una política activista en la región. Así, el momento era ideal para la consolidación de una alianza islamita regional y para tomar la iniciativa en la determinación del carácter de la zona. En consecuencia, emprendió negociaciones, aún en marcha, entre trece organizaciones islamitas de los países del este y del Cuerno de África para la formación de un consejo consultivo, bajo patrocinio del Frente Islámico Nacional de Sudán.

Específicos y ambiciosos programas ya han sido puestos en marcha después de los bombazos de África oriental. Tras capitalizar contactos y relaciones establecidos por bin Laden a principios de la década de los noventas, y fijar operaciones en las "granjas" que éste estableció en Ogadén, la dirigencia del Frente de Liberación de Oromo formalizó una alianza con las ramas etiope y somalí de la Unión Islámica, así como con el combativo movimiento Dergue (comunista), de núcleo duro y bajo el liderazgo de Kasa Kid, hermano ilegítimo del antiguo dictador etiope Mengistu Haile Mariam. Esta alianza se hizo cargo de las bases militares de la Unión Islámica en el suroeste de Somalia y estableció siete bases militares más en el área de Budhabu, en el triángulo fronterizo entre Somalia, Etiopía y Kenia. Estas bases fueron organizadas y abastecidas con recursos de las "compañías" y otras instituciones financieras fundadas por Osama bin Laden. Turabi advierte que esas instalaciones servirán de trampolín a un levantamiento armado islamita que desmembraría a Etiopía y establecería pequeños estados islamitas independientes.

A instancias de Jartum, los islamitas de Uganda realizaron una serie de intentos explosivos contra la embajada de Estados Unidos y otras instituciones en Kampala. Al principio sólo emplearon efectivos sacrificables de baja calidad, los islamitas que es posible perder a manos de las autoridades de seguridad. Pero los expertos terroristas que operan en las filas del Ejército de Dios finalmente se comprometerían con las operaciones. Aunque hasta el otoño de 1998 todos esos intentos terroristas habían fracasado, el gobierno de Uganda consideraba la posibilidad de reducir el apoyo a los rebeldes del sur de Sudán como medio para atenuar la militancia islamita. Eso es exactamente lo que Turabi deseaba.

En Afganistán, el Talibán correspondió al encubrimiento provisto por bin Laden y sus fuerzas defendiéndolo y reiterando la determinación de no extraditarlo, como tampoco a ningún otro mujaidín islamita. La enjundiosa defensa de Osama bin Laden por los Talibán, aun después de haber sido acusado de intervenir en las detonaciones ocurridas en las dos embajadas estadounidenses en África oriental, es indicativa de la orientación doctrinal de su movimiento. El alto dirigente del Talibán Abdul-Hai Mutmaen, subrayó que bin Laden es "huésped" de su organización, término de profundas connotaciones en el Islam. "Bin Laden no posee capacidad ni autorización para realizar tales actos", dijo Mutmaen. "Cualquier sugerencia en sentido contrario es propaganda falsa de los enemigos de Osama y del emirato islámico de Afganistán." Según Mutmaen, el caso bin Laden está cerrado. "Osama es huésped del emirato islámico. No podemos extraditarlo a ninguna parte", insistió. Pero pese a estas vigorosas negativas, es un hecho que Afganistán sirve como eje y refugio de terroristas islamitas.

A mediados de agosto, el avance tanto de la campaña de justificación de los golpes terroristas como del frente de encubrimiento del Afganistán del Talibán, y los demás estados patrocinadores, se vio alterado por el lanzamiento de misiles crucero estadounidenses contra una fábrica en Jartum y varios campos de entrenamiento al este de Afganistán. Ese ataque directo indujo a los islamitas a asumir una posición aún más extremista e inflexible hacia Estados Unidos. En esencia, los ataques estadounidenses impulsaron a la dirigencia islamita internacional a adoptar posiciones ultrarradicales en el desarrollo y formulación de políticas que ya estaban listas desde la primavera. Tales doctrinas son aún más peligrosas para Occidente, pues toman en consideración los intereses de varios estados árabes, y por lo tanto inmiscuyen a éstos como, al menos, partidarios tácitos del terrorismo islamita antiestadounidense.

10
Humillando al enemigo

Para el movimiento islamita internacional, y en particular para sus líderes más destacados, el año de 1998 fue un parteaguas. A pesar de estar rodeados por la creciente presencia de Occidente, de que la televisión vía satélite e Internet hacían posible una occidentalización cada vez mayor, los islamitas llevaron a cabo muchos golpes espectaculares y planearon otros. Durante la primavera y el verano de 1998, los islamitas se prepararon para realizar varias operaciones que tendrían lugar en África oriental, así como durante la celebración de la Copa Mundial de Futbol mientras los paquistaníes intensificaron su apoyo a la guerrilla de Cachemira. Por otra parte, los islamitas comenzaron a considerar nuevas formas de enfrentar a los regímenes conservadores de la Península Árabe. La intensidad de estas actividades quedó de manifiesto con la plétora de declaraciones teológicas e ideológicas que fueron emitidas durante ese año. Los documentos de carácter doctrinal nos permiten ubicar esas diversas actividades en el contexto de la tendencia dominante en el mundo musulmán.

Hacia mediados de marzo de 1998, la crisis de Irak había concluido y la atención de los islamitas se había enfocado nuevamente en los temas doctrinales y los objetivos de largo plazo. Planeaban y preparaban una serie de operaciones espectaculares que abarcarían no sólo al África oriental, sino a todo el mundo. En esos días, bin Laden y sus colegas enviaron una carta que contenía amenazas a la embajada de Estados Unidos en Islamabad. Aunque el documento no tenía gran importancia desde el punto de vista teológico, sirvió para señalar el final de la crisis iraquí de febrero y el regreso de los islamitas a la confrontación

con Estados Unidos y Occidente, en términos de la "contención" de la
presencia occidental en el mundo musulmán.

Teherán también tomó nota de la nueva situación en Medio Oriente
y el mundo islámico en su conjunto. En abril de 1998, el ayatola
Khamenei ordenó al ministro de Inteligencia, Najafabadi, y a Muhsin
Rafiq-Dust, director de la Fundación de los Oprimidos —principal
instrumento de Irán para el financiamiento clandestino—, que se
prepararan para lanzar una campaña de terrorismo internacional,
dirigida contra Estados Unidos e Israel, y no contra los otros regímenes
árabes-musulmanes, de acuerdo con las nuevas prioridades del
"renacimiento" islamita. Con ese fin, Najafabadi convocó a una reunión
secreta que se celebró en Daraj. Entre los funcionarios que participaron
en dicha reunión se encontraban muchos de los principales oficiales
de inteligencia iraníes. Los asistentes discutieron los retos del futuro y
los métodos para consolidar una infraestructura nueva y mucho más
grande, dedicada al terrorismo y a las tareas de inteligencia. Para estar
en condiciones de estudiar el tema, Najafabadi ordenó que todas las
instituciones iraníes —los centros islámicos, las embajadas de Irán en
el extranjero, los centros de estudio e información, las corporaciones
comerciales y de turismo, así como las oficinas de los agregados
culturales iraníes— llevaran a cabo un estudio para determinar las
condiciones apropiadas para el resurgimiento del terrorismo, y se
prepararan para el caso de que fuera necesario utilizarlas como
"cubierta" de cualquier operación clandestina. Algunos funcionarios
fueron comisionados a diversas partes del mundo para analizar los
resultados de esas investigaciones y emitir sus recomendaciones.

La carta de bin Laden y la reunión de los servicios de inteligencia
iraníes coincidieron con un importante cambio en el equilibrio de
fuerzas de Medio Oriente: el acercamiento entre Arabia Saudita e Irán.
Riad finalmente comenzó a hacer frente a la realidad. La dinámica de
los acontecimientos en la región —particularmente el creciente poderío
militar de Irán, la difusión del movimiento islamita radical y militante
a lo largo de los estados árabes del Golfo Pérsico, la cada vez mayor
amenaza del terrorismo local, y la política seguida por la administración
del presidente Clinton hacia Irán y los islamitas militantes—
convencieron a la Casa de al-Saud de que debía revisar su propia
posición regional. Tomando en cuenta que la cumbre de la Organización
de Países Islámicos (OPI, u OIC por sus siglas en inglés) se celebraría en
diciembre de ese año en Teherán, Riad tuvo que analizar sus opciones
políticas. Después del otoño de 1997, Riad no podía permanecer

indiferente a lo que ocurría en los círculos islamitas, y ante la agudización de la crisis por la sucesión, la Casa de al-Saud decidió disminuir la amenaza al concertar un acuerdo con el verdadero líder de los terroristas: Teherán.

El momento más importante de este proceso tuvo lugar en marzo de 1998, cuando el ex presidente iraní, ayatola Ali Akbar Hashemi-Rafsanjani, quien ahora es director del Consejo de Estado de Irán, realizó una visita de diez días a Riad. El objetivo manifiesto de esa visita era formalizar una nueva era en las relaciones entre Irán y Arabia Saudita, y hacer énfasis en los puntos de acuerdo sobre políticas regionales y económicas (como por ejemplo los precios del petróleo). Por parte de los sauditas, el príncipe heredero Abdallah bin Abdul-Aziz intentó conciliar, por una parte, la necesidad de Riad de contar con la protección de Estados Unidos ante las aspiraciones estratégicas de Irán e Irak, y en segundo término la necesidad de defenderse ante la amenaza de la oposición islamita local, que crecía rápidamente y cuya fortaleza y apoyo popular eran el resultado de un sentimiento generalizado de repudio a la presencia estadounidense. Para resolver esa contradicción, Riad debía reducir la necesidad de contar con la presencia de tropas de Estados Unidos, con base en el expediente de mejorar sus relaciones con Teherán, lo cual redundaría en una mayor estabilidad interna.

El príncipe heredero Abdallah impulsó el esfuerzo saudita de acercamiento con Irán cuando asistió a la Octava Cumbre de la OPI en Teherán, en diciembre de 1997. Abdallah salió de sus reuniones con los líderes iraníes convencido de la sinceridad de sus anfitriones. La visita del príncipe heredero condujo a la celebración de una serie de acuerdos bilaterales, como la reanudación de vuelos directos regulares entre ambos países, la firma de un tratado de cooperación industrial por quince millones de dólares, y la integración de un comité económico conjunto para formular estrategias que permitieran elevar el precio del petróleo. En marzo de 1998, la nueva relación quedó formalizada durante la breve visita que hizo el ministro del Exterior de Irán, Kamal Kharazi, a Arabia Saudita. Kharazi fue recibido en audiencia por el rey Fahd bin Abdul-Aziz —honor que Riad sólo concedía a sus aliados y a las superpotencias—, quien por su parte extendió una invitación formal al presidente Muhammad Khatami.

El verdadero parteaguas fue la visita de diez días a Arabia Saudita que realizó Hashemi-Rafsanjani. En lo que hace al aspecto público de su visita, Rafsanjani realizó la *Hajj* (peregrinación a La Meca) y visitó otros lugares santos del Islam, incluyendo la mezquita principal de Medina; en ese lugar, el imán local sometió a la consideración de Hashemi-Rafsanjani un ataque contra los chiítas, que Rafsanjani desestimó para no insultar a sus anfitriones sauditas. Las autoridades de Arabia Saudita despidieron al imán poco después.

De particular importancia fueron las reuniones de Hashemi-Rafsanjani con el rey Fahd, el príncipe heredero Abdallah, el ministro de Defensa —príncipe Sultan—, el ministro del Interior —príncipe Nayif— y con el jefe de la inteligencia saudita —príncipe Turki—, éste último responsable de las tareas de seguridad y antiterrorismo. En dichas reuniones, Hashemi-Rafsanjani sostuvo conversaciones muy amplias con los sauditas, que cubrían todos los aspectos clave de las relaciones bilaterales entre Arabia Saudita e Irán, la cooperación "práctica" para detener la continua caída de los precios del petróleo y otros temas regionales y globales.

Hashemi-Rafsanjani sorprendió a sus anfitriones cuando formuló una extraordinaria oferta, en nombre de las más altas autoridades de Teherán: la República Islámica de Irán prometió formalmente detener todas las actividades subversivas y terroristas en contra de los países árabes —en particular contra Arabia Saudita, los estados del Golfo Pérsico, Egipto y Jordania— a cambio de que Riad se uniera a la campaña panislámica encaminada a definir un futuro islámico para la región. Prometió que Teherán dejaría de apoyar a las organizaciones terroristas islamitas una vez que dichos gobiernos adoptaran políticas islámicas "apropiadas".

Hashemi-Rafsanjani hizo énfasis en que, en principio, Teherán no se oponía a la Casa de al-Saud ni a los otros gobiernos que se encontraban bajo el ataque de la subversión islamita patrocinada por Irán, salvo por su omisión en cumplir con el sagrado deber de la jihad. Una vez que dichos gobiernos volvieran a cumplir con la obligación islámica de contribuir a la liberación de al-Quds (Jerusalén) —lo que significaba la destrucción de Israel—, Irán no tendría razón alguna para alentar a la subversión y el terrorismo islamita contra dichos gobiernos. De manera significativa, el mismo mensaje fue formulado por el líder de Hamas, el sheik Yassin, y su séquito, durante el recorrido triunfal que realizó por el mundo árabe. El sheik Yassin respaldó a gobiernos que aún oprimían a sus "Hermandades Musulmanas" y a otros órganos islamitas, como el caso del régimen de Assad en Siria, por el simple hecho de que contribuían activamente a la lucha armada contra Israel.

Para lograr su objetivo, Hashemi-Rafsanjani no sólo dio a los sauditas "garantías formales" sobre la "determinación y compromiso" de Irán de no patrocinar más al terrorismo en su contra, sino que además entregó una carta del presidente Khatami en que afirmaba que Teherán había decidido "dejar de exportar la revolución, apoyar el terrorismo, socavar a Medio Oriente, o desestabilizar a los países vecinos" bajo las circunstancias correctas. Las únicas excepciones eran las organizaciones que combatían a Israel —como Hamas, la Jihad Islámica y Hezbolá—, todas ellas financiadas, equipadas y respaldadas por Irán. Los sauditas, que proporcionaban ayuda financiera y organizacional a Hamas y otras organizaciones terroristas islamitas de Palestina, no tenían problema alguno con esas excepciones.

Las conversaciones de Hashemi-Rafsanjani con los líderes de Arabia Saudita también abordaron el tema del atentado de Khobar. Sin reconocer explícitamente la responsabilidad o participación de Teherán, Hashemi-Rafsanjani les dijo, tanto al príncipe Nayif como al príncipe Turki, que la motivación de los terroristas había sido su desesperación ante el hecho de que Arabia Saudita cooperaba con Estados Unidos y se mantenía en paz con Israel, pero que no desafiaban el derecho de la Casa de al-Saud para mantenerse en el poder. Propuso que Riad y Teherán analizaran la evidencia disponible para asegurarse de que no fuera malinterpretada, de manera que sólo agravara una situación que ya era delicada en sí misma. Para garantizar que dicha evidencia no fuera malinterpretada, y como prueba de su "buena voluntad", Riad proporcionó a los iraníes una copia de las pesquisas sauditas sobre el atentado de las Torres Khobar. (Arabia Saudita se había negado terminantemente a compartir esa información con Estados Unidos, a pesar de la insistencia con que la solicitaron algunos importantes funcionarios estadounidenses al visitar Riad.)

La "aclaración" del tema Khobar condujo a una mejoría inmediata en la cooperación sobre seguridad e inteligencia entre Arabia Saudita e Irán. Para ensanchar dicha cooperación, el ministro del Interior iraní, Abdollah Nuri, visitó Arabia Saudita a principios de abril, invitado por el príncipe Nayif. Con el tema Khobar "resuelto", Nuri declaró en Riad que ambos gobiernos "creen que de ocurrir un mayor acercamiento entre los dos países más importantes de la región, podremos lograr un mayor nivel de seguridad y paz mental para nuestros pueblos". Destacó que daba inicio a una nueva era de cooperación entre Riad y Teherán, en que "los dos ministerios del Interior pueden discutir la manera de combatir el narcotráfico y el terrorismo, la cooperación en materia de seguridad, el tránsito de ciudadanos de ambos países y el intercambio de información que nos permita aclarar nuestras posiciones".

El nuevo acercamiento fue avalado por los más altos niveles del poder en Teherán. Incluso el ayatola Khamenei expresó su "satisfacción" por el estado de las relaciones entre Irán y Arabia Saudita, en un discurso público a mediados de abril. En esa ocasión pidió "una mayor promoción y desarrollo" de la cooperación entre las dos potencias regionales. Para Teherán, el objetivo común más importante de Irán y Arabia Saudita era reducir aún más la tensión y lograr una mejor cooperación en la inminente campaña para expulsar al "Gran Satán" [Estados Unidos] de la región y destruir su "retoño ilegítimo" [Israel] como condiciones indispensables para la liberación musulmana de al-Quds.

Riad actuó en reciprocidad el 24 de mayo de 1998. Arabia Saudita anunció los resultados de su investigación sobre el atentado de Khobar, en junio de 1996, en el que murieron diecinueve militares estadounidenses. El ministro del Interior de Arabia Saudita, príncipe Nayif, declaró al periódico *al-Rai al-Amm,* de Kuwait, que la investigación saudita había llegado a la conclusión de que el atentado de Khobar "fue ejecutado por sauditas... ningún extranjero desempeñó papel alguno en él". El príncipe Nayif agregó que Riad rechazaba la idea de que Irán o Siria hubieran estado involucrados en dicho atentado. La entrevista concedida por el príncipe Nayif dejó muchas dudas en el aire, incluyendo algunas tan elementales como si Riad conocía la identidad de los autores del atentado; ya no digamos si dichas personas habían sido arrestadas, sometidas a juicio y, de acuerdo con las penas impuestas por la justicia saudita, decapitadas.

La revelación del resultado de las investigaciones por el príncipe Nayif tuvo una importancia especial, pero no porque aclarara las cosas; existen pruebas incontrovertibles de que Irán y Siria planearon y patrocinaron ese golpe terrorista. Las declaraciones del príncipe Nayif, en el sentido de que ninguna potencia extranjera había estado involucrada en el atentado de Khobar, absolvió formalmente a Irán de cualquier participación en las actividades terroristas contra Arabia Saudita, lo que constituye un acontecimiento de importancia en la consolidación de un frente panislámico encabezado por Teherán. Las declaraciones del príncipe Nayif fueron el último de una larga serie de acontecimientos importantes que se desarrollaron en el curso de seis meses.

Algunos funcionarios, en diversas partes de la región, explicaron este acercamiento entre los estados árabe y musulmán en función de acontecimientos futuros. De especial importancia era la frecuente invocación, por parte de los líderes árabes, de la derrota de los cruzados a manos de los musulmanes, como una metáfora que describía los retos que enfrentaban los árabes de la actualidad en su confrontación con Israel. Por ejemplo, Yasser Arafat comparó su lucha contra Israel con la de los conquistadores islámicos que derrotaron tanto a los judíos de Arabia, como a los cruzados. "Respetamos los acuerdos de la misma forma en que el Profeta Mahoma y Salah al-Din [Saladino] respetaron los acuerdos que firmaron", explicó Arafat. Los acuerdos de tregua a que se refería fueron firmados en tiempos de debilidad y violados unilateralmente por ambos líderes cuando las circunstancias eran propicias para derrotar a sus enemigos. Arafat utilizó esos ejemplos para justificar una posible violación unilateral de sus acuerdos con Israel, con el fin de revitalizar la guerra contra el Estado judío cuando los árabes estuvieran listos para hacerlo.

Los líderes islamitas se manifestaron de manera aún más explicita, al comparar las circunstancias actuales en Medio Oriente con las del tiempo de los cruzados, cuando todo el mundo musulmán se unió tras un líder (no-árabe), Saladino, para derrotar y expulsar a los cruzados y liberar al-Quds. En Jordania, el Frente de Acción Islámica (FAI, o IAF por sus siglas en inglés) emitió una declaración a mediados de mayo que hacía hincapié en ese punto: "Los socios de la conspiración son los sionistas y los cruzados, que se aprovechan de que los árabes se encuentran divididos y dominados por los poderes colonialistas". El FAI hizo énfasis en el carácter panislámico de ambas luchas históricas y de la que se avecinaba: "Las causas de Jerusalén y el pueblo palestino nunca fueron de la exclusiva competencia de los palestinos; son un asunto de toda la Nación [musulmana]. Ni Omar bin-al-Khattab ni Salah al-Din al-Ayyubi o Qutuz provenían de Palestina. Todos ellos eran musulmanes cuya fe islámica y responsabilidad hacia Dios los impulsó a superar todos los obstáculos que encontraron en su camino, cuando intentaron liberar a Palestina". El FAI declaró que el mundo musulmán debía asumir el mismo compromiso.

Simultáneamente, el líder de Hamas, el sheik Yassin, recalcó la importancia de contar con un frente unificado que abarcara a todos los musulmanes, encaminado a destruir a Israel, y comparó nuevamente el objetivo de dicha alianza con el triunfo musulmán contra los cruzados en tiempos de Saladino. En el intento por liberar a Palestina de la ocupación israelí, explicó el sheik Yassin a mediados de mayo, "la nación [musulmana] puede desempeñar un papel efectivo. No he perdido confianza en la nación. ¿Quién liberó a Palestina de los cruzados? La nación árabe, desde luego, específicamente Egipto y Siria, cuando se unieron y formaron una poderosa fuerza que Saladino utilizó en su batalla contra los cruzados. La nación árabe e islámica puede desempeñar ese mismo papel hoy en día. Sin embargo, es necesario cerrar filas y lograr una mayor libertad y justicia para el pueblo, de manera que la victoria provenga de Dios Todopoderoso". La nueva propuesta iraní de suprimir el terrorismo y la subversión en el mundo árabe estaba encaminada a facilitar exactamente esta clase de acercamiento entre todos los árabes, y posiblemente su unidad.

No pasó mucho tiempo antes de que el Frente Islámico Mundial para la Jihad contra los Judíos y los Cruzados emitiera una declaración en la que hizo énfasis en la creciente importancia del tema de Israel, y aún más importante, la unidad de los mensajes emitidos por todos los movimientos islamitas. El 17 de mayo de 1998, este grupo emitió una declaración en que pedía que todos los musulmanes libraran "la jihad contra los estadounidenses y los israelíes, dondequiera que se encuentren". La declaración identificaba el papel del Frente en el mundo musulmán como "una de las trincheras en que se concentran las energías de la nación [musulmana] para llevar a cabo el deber impuesto por Dios, es decir, la jihad contra los ateos, contra los cristianos de Estados Unidos y los judíos de Israel". En el segmento intitulado "Las heridas de la mezquita de al-Aqsa", se hizo especial énfasis en el apoyo a la lucha islamita contra Israel. El Frente pedía un mayor apoyo para "los hijos de la Palestina musulmana y su bendita *inti fadah*, por la que han renovado su rechazo hacia aquellas soluciones que implican su capitulación". El Frente estaba convencido de que "a pesar de las dimensiones de la catástrofe, la trémula luz de la esperanza se ha convertido en una realidad, y la esperanza se mantiene viva gracias a la sangre de los mártires, el dolor de los que sufren, y las balas de quienes combaten en nombre de la causa de Dios". Esta declaración presentó la lucha contra Israel en función de un contexto más amplio: la jihad contra Estados Unidos. "Los judíos y cristianos de Estados Unidos están utilizando a Israel para poner de rodillas a los musulmanes... La alianza entre judíos y cruzados, encabezada por Estados Unidos e Israel, opera ahora descaradamente... Estados Unidos, su gobierno y su parlamento, han trabajado siempre para consentir a Israel e impulsar su poderío económico y militar."

Indiferente a la realidad de Medio Oriente, pero siguiendo el "consejo" saudita, y de acuerdo con la postura proárabe de su política exterior, la administración del presidente Clinton reconoció la "moderación" del régimen de Khatami en Teherán e intentó realizar un acercamiento con Irán. Como resultado de lo anterior, Estados Unidos no sólo retiró la amenaza de aplicar sanciones a las compañías europeas que realizaran negocios con Irán, sino que además permitió que compañías estadounidenses utilizaran "cubiertas" europeas con ese mismo propósito. No es de extrañar que aun los líderes árabes más conservadores, dejaran de temer la ira de Washington cuando celebraron acuerdos con Teherán para reducir la amenaza islamita, y unirse a la búsqueda panárabe y panislámica para derrotar a los cruzados contemporáneos y liberar al-Quds.

Considerados en su conjunto, estos acontecimientos aparentemente desvinculados entre sí constituyen la manifestación externa de un profundo cambio que operó al interior del movimiento terrorista islamita, tanto entre los estados que lo patrocinaban como entre sus más importantes protagonistas. Las derivaciones de estos cambios en la política de Teherán hacia bin Laden y la élite terrorista islamita, tenían un alcance ideológico, pero no práctico: Estados Unidos, y no los gobernantes locales, fueron considerados nuevamente como el enemigo a vencer y, por lo tanto, el blanco del terrorismo. Los gobernantes árabes y musulmanes, incluyendo a la Casa de al-Saud, fueron entonces definidos como "víctimas", de una forma o de otra, de la opresión y presencia estadounidense. Desde la perspectiva islamita, una vez que Estados Unidos y Occidente fueran expulsados del Eje del Islam, incluso esos gobiernos adoptarían las costumbres musulmanas y volverían a unirse a la nación musulmana. Esta idea constituía un ligero cambio respecto a la manera de percibir la amenaza. En Riad, la distinción no llegó a oídos sordos, y el príncipe Turki fue enviado nuevamente a celebrar "acuerdos" que fortalecieran la estabilidad y viabilidad de la Casa de al-Saud.

Arabia Saudita sólo fue superada por Paquistán en lo que hace a su apoyo al Talibán. El apoyo económico saudita fue particularmente importante para el ascenso del Talibán al poder. Dicho apoyo fue resultado de la decisión de Riad de encontrar un desahogo —tan lejano de Arabia Saudita como fuera posible— para la efervescencia de sus jóvenes más radicales. Por otra parte, ese apoyo a la propagación del islamismo aquietaba la conciencia colectiva de la Casa de al-Saud, cuyos miembros eran guardianes declarados de la esencia del islamismo conservador, por cualquier violación al estricto código de conducta islámico que hubieran llevado a cabo en Arabia Saudita para garantizar su permanencia en el poder. El tamiz de la revolución islámica del Talibán, con su fuerte connotación conservadora islamita y su deseo de incrementar su elemento árabe, resultaba perfecto para Riad. La afinidad del Talibán con Arabia Saudita también es poderosa debido a que el núcleo del Talibán está constituido por refugiados afganos que estudiaron en escuelas islamitas de Paquistán, cuyos maestros y clérigos recibieron su educación formal y sus grados académicos en instituciones islamitas de Arabia Saudita. Estos maestros llevaron consigo, y difundieron entre sus estudiantes afganos y paquistaníes, una versión estricta y conservadora de la teología y jurisprudencia islámicas. Por otra parte, el apoyo saudita también es de carácter formal. "De acuerdo con un funcionario de alto nivel del Ministerio de Justicia [saudita], el sheik Mohammad bin Jubier [actualmente director del Consejo Consultivo Saudita], a quien se le ha llamado el 'exportador' del credo *Wahhabi* [islamismo conservador] en el mundo musulmán, era un apasionado defensor de la ayuda al Talibán", ha dicho el académico saudita de oposición Nawaf Obaid. X

La afinidad del Talibán por el islamismo saudita también se ha manifestado en su apoyo declarado a las demandas básicas de la oposición islamita de Arabia Saudita. Por ejemplo, uno de los comandantes supremos del Talibán exigió "la remoción de todas las tropas estadounidenses de Arabia Saudita". Por inquietante que resulte, señaló Obaid, "es la misma demanda que hacían los fundamentalistas wahhabi en el reino, antes de los atentados de Riad y Dhahran. Y si bin Laden es realmente quien se encontraba detrás de esos ataques, hay una razón adicional para temer al terrorismo impulsado por el Talibán". Para Riad, ese compromiso ideológico del Talibán, al igual que los generosos subsidios, garantizaban que ni el Talibán ni sus huéspedes árabes actuarían contra el reino.

A principios del verano de 1998, Riad realizó consultas con Islamabad sobre la manera de contener el sentimiento revolucionario antisaudita en Afganistán. El pragmático gobierno de Paquistán comprendió la inquietud de Riad sobre la posibilidad de una revuelta islamita en Arabia Saudita, tras el ascenso al poder del Talibán. Riad realizó el primer movimiento de importancia a principios de junio. El príncipe Turki y Mahmud Safar, ministro saudita de la Hajj y *Awqaf* (propiedades religiosas), viajaron a Qandahar al frente de una delegación de funcionarios religiosos y de los servicios de inteligencia.

Los sauditas mencionaron varias maneras de mejorar las relaciones, incluyendo la posibilidad de que el Talibán extraditara a bin Laden y al grupo de sauditas "afganos", a cambio de un generoso apoyo saudita y del reconocimiento oficial de Estados Unidos; también se abordó el tema de la contención conjunta de los islamitas sauditas en Afganistán. El Talibán no aceptó extraditar a nadie, pero ambas delegaciones decidieron trabajar de manera conjunta para asegurarse de que los árabes "afganos" no constituyeran una amenaza contra Arabia Saudita y los demás estados del Golfo Pérsico. Por su parte, dos representantes de algunas familias sauditas importantes visitaron el complejo de bin Laden poco después, portando una gran suma de dinero como "donación", en el "entendido" de que no conduciría operaciones en Arabia Saudita. Ambos emisarios le dijeron que las "donaciones" que llevaban incluían también el respaldo de los miembros de la Casa de al-Saud.

La crisis estalló apenas un mes después cuando Salman al-Umari, encargado de negocios saudita para Kabul, con base en Paquistán, acudió a Qandahar para sostener una reunión especial con un importante funcionario del Talibán. En un principio, al-Umari se quejó de que fuerzas del Talibán habían disparado contra su comitiva cerca de Jalalabad. El funcionario afgano respondió que, de haber sido fuerzas del Talibán, al-Umari estaría muerto. El representante saudita exigió que el Talibán extraditara a bin Laden a Estados Unidos, señalando que Arabia Saudita no tenía interés en bin Laden. Cuando el funcionario del Talibán protestó de que un emisario musulmán pudiera sugerir que otro musulmán fuera extraditado a un Estado no-musulmán, se inició una acalorada disputa. "¿Es usted el embajador de Arabia Saudita o de Estados Unidos?", preguntó el funcionario del Talibán, y agregó: "Si es usted el embajador de Estados Unidos, tendré el honor de ser el embajador de bin Laden".

El Talibán notificó inmediatamente a Islamabad del drástico cambio en la política de Riad. Alarmado, el gobierno saudita confirmó a Paquistán que no había tenido lugar ningún cambio en la política saudita, y ofreció respaldar al Talibán. En la segunda mitad de julio de 1998, Islamabad sirvió de mediador en una reunión celebrada en Qandahar que condujo a un acuerdo de amplio alcance entre Arabia Saudita y el Talibán. Los principales asistentes fueron el príncipe Turki —jefe de los servicios de inteligencia sauditas— y los líderes del Talibán, así como altos funcionarios del ISI y representantes de Osama bin Laden. El acuerdo estipuló que bin Laden y sus seguidores no utilizarían la infraestructura de Afganistán para subvertir el reino saudita; por su parte, los sauditas se asegurarían de que ninguna solicitud de extradición —incluyendo la estadounidense— de individuos y/o clausura de instalaciones y campos (terroristas) fuera cumplida. El príncipe Turki también prometió proporcionar petróleo y un generoso paquete de asistencia financiera, tanto para Afganistán como para Paquistán. Para Islamabad, las negociaciones de alto nivel con Riad y esas promesas de largo plazo significaban el reconocimiento saudita al régimen del Talibán.

Fuentes de información rusas revelaron que poco después de alcanzar este acuerdo, grandes sumas de dinero fueron transferidas de Arabia Saudita y de los Emiratos Árabes Unidos a Ucrania, como pago por la compra y pronta entrega de armas tanto a Paquistán como al Talibán. Dichas armas tuvieron un papel crucial en la ofensiva emprendida por el Talibán, a principios de agosto de 1998, ya que consolidaron su control sobre todo el territorio afgano.

El 7 de agosto, dos coches-bomba demolieron las embajadas estadounidenses en Nairobi y Dar-es-Salaam. En lo que hacía a los paquistaníes y al Talibán, bin Laden no debería ser culpado por esos atentados. Fuentes islamitas señalaron el papel central de Afganistán como base de la jihad antiestadounidense, pero negaron cualquier participación o responsabilidad en los atentados en África oriental. Dichas fuentes señalaron que aunque el Frente Islámico Mundial para la Jihad contra los Judíos y los Cruzados, y las fatwas emitidas en febrero de 1998 con las firmas de bin Laden y Zawahiri eran muy importantes, y a pesar de que contenían una convocatoria explícita a la jihad, una nueva organización previamente desconocida, el Ejército Islámico para la Liberación de los Lugares Sagrados, se había adjudicado la responsabilidad de los atentados en África oriental. Los líderes islamitas estaban decididos a "evitar que Washington formulara una solicitud oficial al movimiento [del Talibán] para lograr la extradición de bin Ladin, de Zawahiri, o de ambos, si éstos se adjudicaban abiertamente la responsabilidad de ambas operaciones". Por su parte, Islamabad no tenía intenciones, en forma alguna, de ayudar a Washington.

El 20 de agosto, la marina estadounidense lanzó entre 75 y 80 misiles crucero contra los complejos de campos de entrenamiento en el área de Khowst, en Afganistán. De acuerdo con la investigación realizada en el sitio por los afganos, paquistaníes y británicos, trece de los misiles estallaron en el área llamada Markaz Khalid bin Waheed; diez misiles cayeron en el área denominada Markaz Amir Muavia, y cinco en una base perteneciente a Jalaludin Hakkani. Los otros misiles cayeron en aldeas cercanas. De acuerdo con reportes de testigos, "una gran cantidad de aldeanos" resultaron muertos no sólo por la metralla, sino por el desplome de sus viviendas y las heridas provocadas por los vidrios de las ventanas. Cerca de 1 200 miembros de la organización Harakat ul-Ansar, controlada por el ISI —todos ellos paquistaníes, indios de Cachemira y afganos— se encontraban en esos campos, junto con 200 mujaidínes afganos de Hakkani y "cierto número" de árabes. Entre todos ellos resultaron 26 muertos y 35 heridos. Catorce afganos, ocho paquistaníes, tres egipcios y un saudita murieron. (De acuerdo con bin Laden, hubo 28 bajas: quince afganos, siete paquistaníes, dos egipcios, tres yemenitas y un saudita.)

No es de extrañar que el mullah Jalaludin Hakkani, comandante original del área de Khowst, ridiculizara la declaración de Estados Unidos de que el ataque con misiles había infligido graves daños. "Los campos de Zhavara sobrevivieron a dos ofensivas aéreas y terrestres del Ejército Rojo, y no pudieron ser tomados ni destruidos a pesar de frecuentes bombardeos. ¿Qué pueden hacer 60 ó 70 misiles estadounidenses de largo alcance, generalmente imprecisos, a una fortaleza construida en las montañas?", preguntó. De acuerdo con Hakkani, el campo de Salman Farsi "quedó casi intacto"; los campos de al-Badr, también conocidos como los campos de Abu Jindal, o los campos árabes, "sufrieron daños mínimos"; y los campos de Khalid bin Waleed y Amir Muawiyya "sufrieron algunos daños". Los arsenales de municiones, ocultos en cuevas muy profundas cerca de dichos campos, "estaban casi todos intactos".

Hakkani señaló que cinco mezquitas habían sido construidas en el área de los campos, y ofrecían servicios religiosos, no sólo a los mujaidines de los mismos, sino también a los aldeanos que vivían en las cercanías. Cuatro mezquitas en los campos y las aldeas próximas habían sido destruidas y, en palabras de otro observador que se encontraba en el sitio, "las páginas quemadas de 200 ejemplares del Corán" estaban esparcidas por toda el área. Los islamitas militantes, especialmente los afiliados a organizaciones patrocinadas por el ISI, distribuyeron en Paquistán fotografías de dos edificios dañados, que fácilmente podían ser identificados como las mezquitas locales cuando se les comparaba con viejas fotos de los campos. Los islamitas también tenían fotografías que mostraban fragmentos de los ejemplares del Corán esparcidos por el área. "Estados Unidos ha profanado nuestras mezquitas y nuestros libros sagrados", dijo un miembro de Harakat ul-Ansar. "El presidente Bill Clinton será colgado por esto." Esos sentimientos eran compartidos por otras personas. "Estados Unidos ha invitado a la muerte al atacar nuestras mezquitas", dijo Ahmad Sarwar, sobreviviente del campo de Harakat ul-Ansar. "Han destruido nuestros objetos sagrados y convertido nuestras escuelas religiosas en montones de escombros. Los estadounidenses han encendido la hoguera y ellos mismos perecerán en el fuego." En el curso de un par de días, la propaganda islamita en el mundo musulmán comparaba los daños provocados por los ataques, especialmente a las mezquitas locales, con los reportes de los medios de comunicación estadounidenses que se ufanaban de la precisión de los proyectiles guiados durante la Guerra del Golfo, lo que implicaba inevitablemente que la destrucción de las mezquitas y los ejemplares del Corán por los estadounidenses había sido intencional.

Inmediatamente después del ataque, funcionarios del Talibán y del gobierno de Paquistán expresaron su desacuerdo con los reportes estadounidenses sobre la población de los campos. De acuerdo con un funcionario de Harakat ul-Ansar, los campos bombardeados estaban ocupados "por miembros del ISI, que auxiliaban en el entrenamiento de militantes de Harakat ul-Ansar para la guerra contra la ocupación India de Cachemira". "Los árabes no estaban allí", dijo otro militante de Harakat. "Esa es la razón por la que casi ninguno de ellos murió, y por la que muchos de los mártires eran paquistaníes y afganos locales. Esta operación ha provocado más vergüenza en el gobierno de Paquistán, que daño a bin Laden." El líder del Talibán, el mullah Omar, declaró que había ordenado la remoción de los árabes "afganos" —sauditas, egipcios, sudaneses y yemenitas— a un sitio más seguro ubicado al sur de Kabul dos meses antes del bombardeo. No es de sorprender que los islamitas locales juraran vengarse. "Los estadounidenses han invitado a la muerte a descender sobre ellos mismos", declaró Maulvi Fazl-ur-Rehman Khalil, líder de Harakat ul-Ansar. "Si no obtenemos justicia de la corte mundial, sabemos cómo hacernos justicia por propia mano."

En el extremo opuesto del mundo, en un esfuerzo por justificar el ataque con misiles crucero de Estados Unidos contra las instalaciones de entrenamiento de terroristas del área de Khowst, en Afganistán, el presidente Clinton y muchos funcionarios de su gobierno señalaron que la decisión de cuándo lanzar el ataque se tomó con base en información de inteligencia. Las agencias de inteligencia estadounidenses se enteraron de que una importante reunión de terroristas tendría lugar en dicha área, y programaron el ataque para el momento en que dicha reunión tuviera lugar con el fin de matar a los asistentes, incluyendo a Osama bin Laden y sus lugartenientes. Todos sobrevivieron; simplemente ni ellos ni muchos otros terroristas que estaban entrenándose en esas instalaciones estaban allí cuando cayeron los misiles crucero. Existen buenas razones para suponer que funcionarios de alto nivel de Paquistán alertaron a la élite terrorista sobre el inminente ataque estadounidense.

De acuerdo con la cronología publicada por el *New York Times*, sobre las actividades de la Casa Blanca poco antes del ataque del 20 de agosto, el presidente fue notificado el 12 de agosto de que había evidencias que relacionaban a Osama bin Laden con los atentados contra las embajadas estadounidenses en Kenia y Tanzania, y se le informó de los aspectos más importantes del plan de ataque con misiles. La inteligencia estadounidense había propuesto la fecha del 20 de agosto para llevar a cabo el ataque, con base en la información de que una reunión de terroristas de alto nivel tendría lugar ese día. El asesor de seguridad nacional, Sandy Berger, compareció ante la cadena de televisión PBS el 21 de agosto, y señaló que muchos de los datos que desencadenaron el ataque estadounidense habían sido obtenidos al intervenir conversaciones telefónicas de bin Laden y otros terroristas.

El 12 de agosto, fecha en que el plan de ataque fue presentado al presidente, tanto los servicios de inteligencia estadounidenses como los oficiales encargados de tomar las decisiones debieron haber cuestionado la validez de la información. Desde el 8 de agosto, las agencias estadounidenses detectaron movimientos inusuales en las bases y campos terroristas distribuidas a lo largo del territorio afgano. Tenía lugar "una [dispersión] de la gente desde las bases de operación de bin Laden en Afganistán, tras las explosiones", dijo un funcionario estadounidense a la cadena CNN el 13 de agosto. Esa información reforzó la convicción de Washington de que bin Laden era el responsable de los atentados en África oriental. Fuentes de los servicios de seguridad de Paquistán declararon a *al-Hayah* que "se han detectado algunos movimientos de los árabes de bin Laden, entre sus cuarteles en Qandahar y Jalalabad y sus reductos en la provincia montañosa de Paktia". En los días previos al ataque estadounidense, algunas fuentes normalmente confiables de la inteligencia saudita en Medio Oriente y Europa occidental, discutieron abiertamente los recientes movimientos de la gente de bin Laden, y declararon que Riad había tenido conocimiento de los mismos por medio del ISI. Incluso *al-Hayah* publicó que "fuentes [de Paquistán] no han descartado que se realicen preparativos para una gran reunión de militantes a la que asistiría el mismo bin Laden", y sugirió que los estadounidenses "deberían estar al tanto de esa reunión".

Surgió a la luz evidencia de que el Talibán había trasladado a bin Laden a un lugar alejado de cualquier posible daño. El 13 de agosto, Abdol Rahman, un ciudadano afgano interrogado por la inteligencia iraní en Tashkent, Uzbekistán, declaró que Osama bin Laden visitó Mazar-e Sharif, en el norte de Afganistán, durante una hora, la tarde del miércoles [12 de agosto]". Abdol Rahman declaró que había visto a bin Laden "llegar al barrio de Shadian, en Mazar-e Sharif, en una camioneta *pick-up* Datsun, escoltado por un gran número de milicianos del Talibán". Después del ataque estadounidense, el doctor Saad al-Faqih, líder del Movimiento Islámico para el Cambio —el ala de Jihad en la Península Árabe con base en Londres, confirmó que "un funcionario del Talibán dijo que bin Laden estaba a 500 kilómetros del lugar donde se realizó el ataque".

Tanto esos movimientos, como los rumores de que Estados Unidos sabía de la celebración de una reunión terrorista, debieron despertar sospechas sobre la confiabilidad de la información relacionada con la "cumbre" terrorista anunciada. No tenía sentido que comandantes de alto nivel acudieran a campos previamente evacuados por miedo a un ataque estadounidense, o que dicha "cumbre" tuviera lugar cuando el líder —bin Laden— se encontraba lejos, al norte de Afganistán. Tampoco tenía sentido que los terroristas más buscados del mundo asistieran a una "reunión secreta" luego de que en *al-Hayah* —periódico cuyo dueño era el hijo del ministro de Defensa saudita y hermano del embajador de Arabia Saudita en Washington— se había escrito sobre ella con el comentario de que Estados Unidos estaba al tanto de su celebración. Estados Unidos debió sospechar que había un propósito oculto detrás de la publicidad que bin Laden recibía repentinamente por parte de los sauditas y los paquistaníes.

Lo anterior no parece haber tenido repercusión en los preparativos que hacía Estados Unidos. De hecho, Washington comenzó a realizar negociaciones delicadas con Islamabad —particularmente con la oficina del primer ministro, Nawaz Sharif, y con el ISI— sobre el arresto de Muhammad Sadiq Odeh y el material que pudo haber divulgado sobre los atentados contra las embajadas. El tema era muy delicado, debido a que Paquistán había patrocinado y estaba directamente involucrado en el terrorismo islamita, en primer término contra India, pero también a lo largo de Asia y los Balcanes. Adicionalmente, Paquistán entrenaba y dirigía fuerzas terroristas en los mismos campos que los estadounidenses planeaban atacar. ✗

En un principio, surgieron reportes contradictorios sobre hasta qué punto Islamabad conoció con anticipación del ataque estadounidense. Inicialmente, la noche del 20 de agosto, funcionarios del gobierno de Paquistán declararon que Islamabad estaba impactado y sorprendido por la noticia del ataque. El ministro del Exterior, Sartaj Aziz, declaró que Paquistán no había sido alertado por Estados Unidos sobre la inminencia de los ataques. "No estábamos al tanto de nada, y no aportamos ninguna clase de apoyo", dijo.

No pasó mucho tiempo antes de que una realidad más compleja saliera a la luz. Funcionarios de Paquistán advirtieron que en la víspera del ataque habían tenido lugar contactos directos muy intensos entre Washington e Islamabad: 1) el presidente Clinton y el primer ministro Nawaz Sharif hablaron por teléfono; 2) la secretaria de Estado Madeleine Albright se comunció con Nawaz Sharif en la víspera del ataque; y 3) El ministro para el Punjab, Shahbaz Sharif, hermano y confidente de Nawaz Sharif, sostuvo conversaciones en Washington con funcionarios estadounidenses en la Casa Blanca, el Departamento de Estado y otras instancias del gobierno.

Una fuente militar confiable confirmó que en Islamabad "funcionarios del Departamento de Estado informaron con muchos días de anticipación a sus contrapartes paquistaníes, de sus planes de llevar a cabo un ataque militar". Diversas fuentes militares y de los servicios de inteligencia de Paquistán confirmaron que el presidente Clinton informó al primer ministro Nawaz Sharif sobre los planes estadounidenses el 14 de agosto. Todas las fuentes consultadas creen que esa fue la fecha en que comenzó "la cuenta regresiva" para el ataque. Señalan que Estados Unidos decidió lanzar el ataque contra Afganistán el 18 de agosto, tras realizar consultas con Islamabad. El ataque estadounidense, informan dichas fuentes, fue llevado a cabo "con pleno conocimiento de Paquistán". La cronología de actividades de Washington, publicada por el *New York Times,* identifica el 14 de agosto como la fecha en que "Clinton [se reunió] con sus asesores de política exterior para comenzar a planear la acción militar". El 18 de agosto, de acuerdo con dicha cronología, "Clinton llamó a Berger para confirmar que las acciones militares [iban] a realizarse".

Fuentes diplomáticas occidentales en Islamabad también confirmaron que Shahbaz Sharif "realizó una visita no programada a Washington la semana previa para sostener conversaciones con funcionarios del gobierno de Estados Unidos". Estas fuentes le dan gran importancia a esa visita debido a la estrecha relación entre los hermanos Sharif. No tienen duda de que Washington había notificado a Islamabad, a través de éste y/u otros canales. "Debido a sus estrechas relaciones con Washington, Paquistán estaba al tanto de los planes estadounidenses", declaró un diplomático occidental de alto nivel.

Fazal-ur-Rehman Khalil, líder de la organización Harkat-ul-Mujaidín, patrocinada por el ISI, dijo el 22 de agosto que creía que Paquistán supo con anticipación del ataque estadounidense. Otras fuentes localizadas en el interior de los movimientos terroristas con base en Afganistán están de acuerdo, y señalan que los funcionarios más importantes del ISI y los instructores evacuaron los campos ubicados al este de Afganistán durante la semana que precedió a los ataques.

Islamabad no sólo tuvo conocimiento de los inminentes ataques en forma anticipada, sino que por lo menos alertó a los líderes del Talibán —que fue creado y financiado por Islamabad— para que se aseguraran de que bin Laden, Zawahiri y sus lugartenientes escaparan al ataque. De acuerdo con fuentes árabes, el ISI envió incluso a un importante funcionario a Afganistán para alertar personalmente a bin Laden sobre la inminencia del ataque estadounidense. Después de que éste se llevó a cabo, no se realizó esfuerzo alguno para ocultar el hecho de que Paquistán había alertado a bin Laden, y no solamente al Talibán. "Fuentes informadas en Islamabad y Afganistán" declararon al periódico *al-Sharq al-Awsat*, publicado en Londres y afiliado a la fracción de Salman-Nayif en Riad, que "bin Laden abandonó la región de Khowst, que fue atacada por los misiles estadounidenses, dos o tres días antes de que el ataque tuviera lugar, tras recibir 'señales' de las fuentes paquistaníes, en el sentido de que Estados Unidos [podía] disparar misiles hacia los sitios que él frecuentaba". Las fuentes agregaron que Islamabad le comunicó a bin Laden que no habría un ataque de comandos o fuerzas terrestres en su contra porque "Estados Unidos no está dispuesto a arriesgar a sus comandos en la región, y porque Paquistán no permitiría que los estadounidenses utilizaran su territorio como trampolín".

La campaña de filtración de información, realizada por funcionarios sauditas y paquistaníes así como fuentes secretas, en el sentido de que una reunión clandestina sería encabezada por bin Laden y Zawahiri, genera dudas sobre si dicha reunión fue realmente planeada; ningún terrorista hubiera siquiera considerado seriamente la idea de asistir a un evento tan publicitado. La "cumbre de los terroristas" no se realizó en el momento en que Estados Unidos lanzó su ataque; ningún comandante resultó herido o muerto y ningún equipo de importancia fue dañado.

Más significativa es la conducta tanto de bin Laden como de Zawahiri en las horas que precedieron al ataque de Estados Unidos, así como las inmediatamente posteriores. El 20 de agosto a las 9:00 p.m., hora local, aproximadamente una hora antes de que comenzara el ataque de los misiles crucero, Zawahiri utilizó el teléfono satelital de bin Laden para llamar a Rahimullah Yusufzai, un periodista paquistaní favorable a su causa, que se encontraba en Peshawar. En inglés, Zawahiri habló en nombre de bin Laden, que sólo habla árabe. Al principio Zawahiri leyó una breve declaración: "Osama bin Laden convoca a los ummah a continuar la jihad contra los judíos y los estadounidenses para liberar sus lugares sagrados. Entretanto, bin Laden rechaza haber estado involucrado en los atentados de Nairobi y Dar-es-Salaam". Una vez leído el comunicado, Zawahiri se mantuvo en la línea y sostuvo una conversación jovial, que duró aproximadamente un cuarto de hora. Reconoció que llamaba desde Afganistán y que bin Laden "estaba en algún lugar cercano". Yusufzai tiene la impresión de que "bin Laden estaba sentado al lado de al-Zawahiri" durante la conferencia telefónica. A pesar de la posibilidad de que conversaciones como la referida fueran monitoreadas y espiadas, bin Laden y Zawahiri no parecían preocupados por las amenazas estadounidenses.

Apenas 45 minutos después de que concluyó esa conversación con Yusufzai, a las 10:00 p.m. del 20 de agosto, hora local, los misiles crucero comenzaron a caer sobre los campos terroristas en el área de Khowst. Bin Laden, Zawahiri y la élite terrorista no estaban allí. Teherán fue la primera que proporcionó una pista sobre su seguridad. El 21 de agosto el mullah Muhammad Omar, líder del Talibán, explicó por qué bin Laden no resultó herido o muerto. "Osama bin Laden [se] trasladó a un lugar seguro antes de que Estados Unidos atacara sus bases", declaró a la agencia oficial de noticias iraní IRNA. Al día siguiente, el 22 de agosto, el Talibán emitió una reacción formal ante el ataque estadounidense, y lo consideró la prueba de "la enemistad de Estados Unidos contra el Islam y el mundo musulmán". Tras reiterar que nunca abandonaría a bin Laden, el Talibán declaró que éste se encontraba a salvo. "Antes del ataque, Osama [fue] trasladado a un lugar seguro, y ningún poder puede obligar a Afganistán a *entre*garlo al gobierno estadounidense", anunció el Talibán. "Osama es un huésped del pueblo afgano, y nos ha asegurado que no actuará desde el territorio de Afganistán en contra de ningún país".

El 21 de agosto, alrededor de las 11:00 p.m., hora local, Zawahiri volvió a comunicarse con Rahimullah Yusufzai, por medio del mismo teléfono satelital. Zawahiri confirmó que se encontraba con bin Laden "en alguna parte de Afganistán", donde estaban "a salvo y bien". El propósito de la llamada era entregar una advertencia de bin Laden, en inglés: "La guerra ha comenzado. Los estadounidenses deben esperar nuestra respuesta... diga a los estadounidenses que no tenemos miedo de sus bombardeos, amenazas y actos de agresión. Sufrimos y sobrevivimos los bombardeos soviéticos durante diez años en Afganistán, y estamos preparados para realizar más sacrificios", declaró Zawahiri. Además reiteró el llamado de bin Laden a todos los musulmanes para continuar la jihad contra los judíos y estadounidenses, así como para liberar los lugares sagrados del Islam. "Todos los ummah deben cambiar su actitud y combatir los retos impuestos por Estados Unidos y sus agentes. Debemos fortalecer los brazos de bin Laden en esta lucha", señaló Zawahiri. Como en la ocasión anterior, Zawahiri habló en forma relajada y no mostró preocupación por la posible intercepción y espionaje de su llamada.

Ese mismo día, el 21 de agosto, bin Laden aclaró el tema de la "conferencia terrorista" que Estados Unidos había tratado de atacar. Dicha aclaración fue realizada mediante una conversación telefónica sostenida entre un confidente de bin Laden, conocido sólo como "Abu-Haq" o "doctor Haq", y Abdul-Bari Atwan, editor del periódico londinense *al-Quds al-Arabi*, quien también es cercano a bin Laden. En efecto, se había planeado realizar una reunión para el viernes 21 de agosto, reconoció Abu-Haq. (Todos los eventos de importancia de los islamitas comienzan con las plegarias y la prédica del mediodía del viernes y luego abordan la discusión de los temas correspondientes. No existe antecedente de un evento que comience en jueves.) Bin Laden, Zawahiri y un gran número de comandantes de alto nivel iban a participar en ella. Mientras una reunión tendría lugar en el campo de entrenamiento de Zhawar Kili al-Badr, la conferencia más importante sería celebrada en un sitio fuera del complejo de campos. (Por razones de seguridad, muchas de las reuniones de terroristas islamitas en Afganistán y Paquistán eran celebradas en tiendas de campaña aisladas o edificios remotos, para asegurarse de que los reclutas y otros visitantes ocasionales no pudieran ver a los participantes.)

De cualquier manera, ya sea que la "cumbre" terrorista fuera o no planeada, bin Laden supo explotar el hecho de que Estados Unidos la utilizó como excusa para llevar a cabo el ataque, de manera que se ridiculizara y retara a Washington. Abdul-Bari Atwan citó la declaración de Abu-Haq, en el sentido de que "el presidente Clinton estaba en lo cierto. Iba a celebrarse una reunión en Khowst el viernes pasado, pero fue cancelada porque bin Laden se enteró de que los estadounidenses planeaban un ataque. Bin Laden canceló la reunión". Abu-Haq le pidió a Atwan que comunicara el desafío y la decisión de bin Laden. "Responderemos a Bill Clinton con hechos, no con palabras. La batalla no ha comenzado aún", dijo Atwan, citando el mensaje de bin Laden. "Osama bin Laden está a salvo, y el ataque estadounidense falló en su objetivo de eliminarlo", le dijo Abu-Haq a Atwan.

No es difícil concluir que bin Laden, Zawahiri y la élite terrorista islamita estaban a salvo porque ellos y el Talibán habían sido advertidos con anticipación por Islamabad. La razón por la que Paquistán traicionó la confianza de los estadounidenses va más allá del patrocinio paquistaní al terrorismo islamita. En cualquier caso, no debe minimizarse la participación directa de Paquistán en el terrorismo islamita. Cerca de la cuarta parte de las bajas resultantes del ataque eran reclutas paquistaníes, entrenados por el ISI para su guerra de baja intensidad contra India en Cachemira. Sin embargo, la seguridad de esos terroristas no fue la razón por la que Paquistán traicionó a Estados Unidos delatando sus planes al Talibán; después de todo, muchos de ellos fueron dejados en los campos del área de Khowst y sufrieron el ataque.✗

De hecho, cuando Islamabad recibió la comunicación oficial de Washington, por conducto del general Joseph Ralston, de que Estados Unidos iba a lanzar un ataque contra bin Laden y los campos terroristas en Afganistán, el gobierno de Paquistán ya se había comprometido en proteger a los terroristas. En lo que respecta a Islamabad y Riad, bin Laden y Zawahiri no habían violado el acuerdo recientemente concertado con el príncipe Turki. Dado que el apoyo saudita era crucial para consolidar el control de Paquistán sobre Afganistán, Islamabad no podía darse el lujo de permitir que la administración del presidente Clinton arruinara su acuerdo de julio con el príncipe Turki, quien por su parte había declarado que negociaba con conocimiento de Washington. Tanto Islamabad como Riad no albergaban dudas de que, de haber sido herido o muerto bin Laden, o Zawahiri o alguno de los líderes carismáticos del movimiento islamita que iban a reunirse en el área de Khowst, una *inti fadah* islamita, una insurrección, hubiera estallado en la Península Árabe y en gran parte del mundo árabe. Los sauditas querían prevenir ese acontecimiento a toda costa, especialmente debido a la tensión e incertidumbre que reinaban en Riad, donde el estado de salud del rey Fahd había empeorado súbitamente. Islamabad no tenía otra alternativa que alertar y proporcionar ayuda a bin Laden, Zawahiri y sus lugartenientes. Este hecho define la naturaleza del apoyo paquistaní a la guerra de Estados Unidos contra el terrorismo.

En última instancia, el ataque con misiles crucero de Estados Unidos contra los campos de entrenamiento de Afganistán —especialmente a la luz de la insistencia de los medios de comunicación estadounidenses de que la administración del presidente Clinton había intentado matar a bin Laden y a sus lugartenientes durante ese ataque— tuvo una repercusión estratégica más profunda, de largo plazo. Independientemente de la posibilidad de que en julio el príncipe Turki hubiera exagerado sobre la capacidad del príncipe Bandar de "entregar" a la administración del presidente Clinton a los paquistaníes, a bin Laden y al Talibán, el hecho es que para el mundo islámico el príncipe Turki había dado su palabra de musulmán, y que dicha palabra no podía ser puesta en duda. De manera que debía ser Estados Unidos quien había roto su promesa. El ataque fue una nueva prueba de la ambigüedad del gobierno de Clinton, y tenía el mismo carácter que la violación unilateral del "acuerdo" celebrado con Abu-Umar al-Amriki. Esa afrenta estadounidense hacia todos los musulmanes involucrados —los sauditas, los paquistaníes, bin Laden, Zawahiri y el Talibán— debía ser vengada.

La formulación de la doctrina y legitimación de la venganza de los islamitas había comenzado aun antes de que los primeros misiles crucero cayeran sobre el área de Khowst. Fuentes paquistaníes se han referido al periodo entre el 14 y el 18 de agosto como el momento en que el presidente Clinton realizó consultas con el primer ministro Nawaz Sharif sobre la inminente ofensiva estadounidense. En esos mismos días, bin Laden, Zawahiri y sus aliados formularon el primer comunicado en que abordaron la siguiente fase de la jihad antiestadounidense.

El 17 de agosto, en su primer anuncio de importancia desde los atentados de Nairobi y Dar-es-Salaam, el Frente Islámico Mundial para la Jihad contra los Judíos y los Cruzados señaló que dichos atentados eran sólo el comienzo de una larga campaña. Las "operaciones de Jihad" antiestadounidense, como las llevadas a cabo en esas embajadas, continuarían "hasta que las tropas de Estados Unidos se retiren de la tierra de los musulmanes". La declaración respaldaba las operaciones del Ejército Islámico para la Liberación de los Lugares Sagrados, como la clase de jihad a la que se refería el Frente, sin admitir vinculación alguna con quienes las llevaron a cabo. "Cuando se anunció la formación del [Ejército Islámico para la Liberación de los Lugares Sagrados] por medio de estas operaciones de suma importancia, se hizo claro para todos, incluidos los estadounidenses, que no habíamos mentido cuando se lo advertimos", decía el comunicado. El Frente consideraba a todo el pueblo estadounidense como responsable de las acciones llevadas a cabo por su gobierno, por lo que todos los estadounidenses eran un blanco legítimo del terrorismo. La declaración añadía que "cuando el pueblo estadounidense creyó a sus líderes deshonestos y desgraciados, quienes los condujeron a la destrucción y a la ruina, ese pueblo encaró una sucesión de fracasos. El pueblo estadounidense ha sido engañado por la palabrería judía sobre sus intereses y designios, que lo condujo al infierno de la guerra santa entre el Islam militante y Estados Unidos, el usurpador".

En su declaración, el Frente Islámico Mundial para la Jihad contra los Judíos y los Cruzados, también intentó señalar la continuidad que existía entre las operaciones islamitas anteriores y los atentados en África oriental. "Esas dos embajadas que fueron atacadas por el [Ejército Islámico para la Liberación de los Lugares Sagrados] supervisaron la matanza de por lo menos 13 000 civiles somalíes durante la agresión traicionera que llevó a cabo Estados Unidos contra ese país musulmán", explicó el comunicado. Las operaciones de agosto de 1998 no fueron realizadas por venganza, sino que eran el justo castigo por "la injusticia del gobierno de Estados Unidos contra el pueblo del Islam". La declaración añadía una advertencia y una amenaza de futuros actos de violencia: "En los siguientes días, si Dios quiere, Estados Unidos encarará un destino similar al que recayó sobre la Unión Soviética. Enfrentará una serie de fracasos en todas partes, y los grupos islámicos surgirán y seguirán a otros grupos, y todos combatirán los intereses de Estados Unidos que aún se fundamentan en el robo y el pillaje. Los ejércitos islámicos lucharán contra las fuerzas criminales de Estados Unidos y el mañana llegará pronto".

Esta declaración emitida por el Ejército Islámico para la Liberación de los Lugares Sagrados se titulaba "Carta abierta al pueblo de Kenia", y tenía como propósito disculparse por las pérdidas sufridas por los civiles de Kenia durante las operaciones de "la Compañía del Mártir

Khalid al-Said" en Nairobi, e hizo énfasis en que "la operación sólo se dirigía contra la presencia estadounidense... el objetivo del ejército islámico no es atacar a los ciudadanos kenianos. Todas nuestras fuerzas se enfocaron en matar y humillar a los tiranos y pillos estadounidenses". La declaración señalaba que la responsabilidad por la muerte de esos civiles "recaía sobre Estados Unidos", y que los estadounidenses "debían compensar al pueblo de Kenia por llevar a su país las consecuencias de la guerra". El Ejército Islámico para la Liberación de los Lugares Sagrados agregó que el pueblo de Kenia debía culpar a su propio gobierno de las bajas sufridas durante la explosión. "Es su gobierno el que ha invocado a la muerte y arruinado al país, cuando permitió que los estadounidenses utilizaran su territorio para matar a los pueblos islámicos vecinos y sitiar su economía... El papel de Israel en los trágicos acontecimientos que han azotado a los musulmanes y que se originaron en Kenia, Tanzania y otros estados del norte de África [*sic*] no es un secreto para nadie. La cooperación con los israelíes cuando éstos ocuparon la mezquita de al-Aqsa, se suma a la declaración de guerra contra todos los musulmanes del mundo." El comunicado agregaba que las dos embajadas estadounidenses fueron seleccionadas como blancos porque "Kenia y Tanzania se han convertido en las bases más importantes de Estados Unidos contra los musulmanes".

En otro comunicado, el Ejército Islámico para la Liberación de los Lugares Sagrados, declaró que su batalla contra los cruzados estadounidenses y los judíos era "una lucha a muerte". Prometieron llevar a cabo más operaciones letales y espectaculares. "Nuestro método hasta ahora ha consistido en apilar cadáveres estadounidenses hasta que el gobierno de Estados Unidos abandone su actitud arrogante, se olvide de su orgullo, y entierre su dignidad en el fango de la derrota". El Ejército Islámico para la Liberación de los Lugares Sagrados pedía a todos los musulmanes "no acercarse a nada que sea estadounidense, para evitar que se repita lo ocurrido en Nairobi, y para no ser alcanzados involuntariamente por las llamas del Ejército de Dios".

Inmediatamente después del ataque de Estados Unidos, bin Laden reiteró la importancia de la declaración del Frente en un mensaje personal entregado a Abdul-Bari Atwan, del periódico *al-Quds al-Arabi*. En su mensaje, bin Laden amenazó al presidente Clinton con realizar más ataques contra blancos estadounidenses, en represalia por el ataque en Afganistán. Bin Laden advirtió al presidente que "la batalla aún no ha comenzado, y la respuesta estará en lo que usted vea, no en lo que usted oiga". La declaración de bin Laden ridiculizaba el efecto del ataque estadounidense y las bajas que ocasionó porque "las pérdidas humanas en las filas de los árabes 'afganos'es una cosa natural, a la que se han acostumbrado. Todos ellos buscan el martirio y desean encontrarse con Dios lo más pronto posible". Bin Laden también utilizó su teléfono satelital para realizar llamadas desde Afganistán, y ratificar a Atwan y sus otros amigos que él, bin Laden, y su gente habían sobrevivido al ataque. Atwan tenía la impresión de que "bin Laden ha ganado popularidad y se ha convertido en el 'símbolo islámico', que encara la arrogancia estadounidense tras el último ataque".

Los líderes islamitas en Londres opinaban que "los ataques estadounidenses fortalecerán la determinación de los fundamentalistas de atacar los intereses de Estados Unidos en todo el mundo". Omar Bakri, líder de al-Muhajiroun, dijo: "Los ataques de Estados Unidos en sitios localizados en Sudán y Afganistán [son] un ataque contra los árabes y musulmanes de todas partes". Mustafa Kamil, también conocido como Abu-Hamzah, de los Defensores de la Sharia, hizo hincapié en el efecto movilizador del ataque estadounidense: "Si antes existían diferencias entre los fundamentalistas en Afganistán y los fundamentalistas en Europa sobre la manera de tratar con los países y regímenes musulmanes, la agresión de Estados Unidos contra Sudán y Afganistán ha tenido el efecto de unificar todas las tendencias fundamentalistas". Yassir al-Sirri, también conocido como Abu-Ammar, de la organización al-Jamaah al-Islamiyah de Egipto, previó el incremento de las operaciones del terrorismo internacional: "La cooperación de los gobiernos que han ofrecido apoyo logístico a la agresión estadounidense no quedará impune". Los islamitas en Afganistán "estarán más alerta ante los ataques que sean lanzados en su contra; y en lo que hace a los países que ofrecieron su apoyo, no estarán a salvo de las represalias". Simultáneamente, el Frente Islámico Internacional emitió una declaración demandando la clausura de todas las embajadas de Estados Unidos en el mundo musulmán, la expulsión de todos sus empleados de tierras musulmanas, y la imposición de un boicot económico contra Estados Unidos. La declaración finalizaba sentenciando que "este acto salvaje no debe quedar impune".

El 23 de agosto, un amigo, cercano de Zawahiri llamó a *al-Hayah* en nombre tanto del mismo Zawahiri como de bin Laden. Declaró que "a pesar de que Osama bin Laden continúa convocando a la jihad contra los cruzados y los judíos, no estuvo involucrado en las operaciones de Nairobi y Dar-es-Salaam". También destacó que "ninguno de los islamitas egipcios y árabes [seguidores de bin Laden y Zawahiri] en

Afganistán, ha resultado herido o muerto por la metralla estadounidense". El confidente de Zawahiri también ratificó la garantía de
protección que los líderes del Talibán habían extendido a bin Laden y
su gente. El amigo de Zawahiri esperaba que los ataques de Estados
Unidos "provoquen una nueva escalada de los islamitas contra blancos
estadounidenses". Sirviendo como portavoz de bin Laden y Zawahiri,
opinó que la administración del presidente Clinton "estaba loca al
embarcarse en una acción que sólo habría de incrementar la furia
islamita contra los estadounidenses. Lo anterior sugiere que en el futuro, los enfrentamientos entre ambas partes tendrán un sesgo peligroso".

La noche del 26 de agosto, con el fin de asegurarse de que la gravedad y seriedad del mensaje de advertencia había sido comprendida en
Occidente, Ayman al-Zawahiri llamó nuevamente a Rahimullah Yusufzai, desde Afganistán. "*Assalam-o-Alaikum*, hermano. Estoy bien. El
hermano Osama bin Laden te envía sus saludos y tiene un mensaje
para ti", dijo Zawahiri. "Osama bin Laden convoca a la Ummah [na-
ción] musulmana para que continúe la jihad contra los judíos y estadounidenses, con el fin de liberar sus *Muqamat-i-Muqadassa* [lugares
sagrados]. Entre tanto, niega cualquier participación en los atentados
de Nairobi y Dar-es-Salaam."

Muchos movimientos islamitas aportaron sus análisis sobre las
consecuencias del ataque estadounidense. El boletín del 24 de agosto
del MIC en Arabia, es notable porque refleja los sentimientos de la
oposición islamita saudita. El grupo consideró que los ataques de
Estados Unidos constituían el inicio de una mayor confrontación con
ese país. El MIC en Arabia destacó que el ataque caía como anillo al
dedo a los islamitas. "Parece como si Estados Unidos hubiera decidido
hacer realidad, de manera involuntaria, algunas partes del programa
de los grupos de la jihad. Quizá una de las cosas predestinadas por
Dios era que los escándalos de Clinton se incrementaran en ese periodo
e influyeran en la programación del ataque estadounidense. Por esa
razón el ataque se ha convertido en otro factor que incrementa la
hostilidad y la molestia contra Estados Unidos en el mundo islámico,
y eso es precisamente lo que querían los grupos de la jihad." ✗

Por otra parte, el contexto político resultaba extremadamente favorable para bin Laden, debido a la atención que recibió por parte de los
medios de comunicación de Occidente. "Este hecho dará un poderoso
impulso a aquellos que pertenecen al movimiento de la jihad, especialmente a los seguidores de bin Laden; elevará su moral y su convicción de que constituyen una importante potencia que se enfrenta a

Estados Unidos. Para ellos, el ataque, precipitado y equívoco, será considerado como la prueba de que los estadounidenses han perdido la razón y no saben en dónde golpear. La situación no es muy diferente en lo que respecta a la opinión pública árabe e islámica, dado que la gente experimenta una crisis de heroísmo y una crisis en lo que se refiere a su disposición a hacer sacrificios. Están esperando que alguien satisfaga sus sentimientos de revancha contra Estados Unidos y [desean] someter y aterrorizar a ese país, de la misma forma en que ha aterrorizado y oprimido a los musulmanes en Palestina, Irak, la Península [Árabe], Turquía y otros países. Por lo tanto, la escena de un grupo de oficiales estadounidenses admitiendo su confusión y su temor de bin Laden durante esos ataques, fue suficiente para satisfacer esos sentimientos e incrementar la popularidad de bin Laden."

La misma dinámica de acontecimientos tenía lugar en Paquistán. Rahimullah Yusufzai destacó que el ataque contra bin Laden lo convirtió en un "héroe de culto" en todo Paquistán, y creó una amplia base de respaldo para la jihad que proponía: "En un mundo islámico desesperadamente escaso de héroes auténticos, Osama bin Laden se ha convertido en una nueva figura de culto". Bin Laden simbolizaba el desafío y la hostilidad hacia Estados Unidos a que aspira el mundo musulmán. Dado que "Osama" significa "león" en árabe, muchos oradores en mítines masivos declararon que "Osama el león ha salido de su jaula para devorar a los enemigos del Islam". Este apoyo y adulación popular creó la expectativa entre los islamitas de que debían vivir de acuerdo con los sentimientos populares: "Por último, el ataque de Estados Unidos ha provocado que bin Laden y el Frente Mundial Islámico para la Jihad contra los Judíos y los Cruzados se encuentren desesperados por contraatacar". Y no debía caber duda de que los islamitas pronto habrían de satisfacer a sus seguidores.

El 25 de agosto, el grupo al-Murabitun, con sede en Londres, seguidor de la organización egipcia al-Jamaah al-Islamiyah, emitió un importante comunicado sobre lo ocurrido después del bombardeo. "El presidente de Estados Unidos cometió un grave error cuando pensó que podía desviar la atención sobre su escándalo sexual y ético por medio de un ataque bárbaro e injustificado contra Sudán y Afganistán." El comunicado ridiculizaba la declaración de Washington de que el ataque era una represalia por la participación de bin Laden en los atentados de África oriental y otras operaciones terroristas anteriores: "¡Sólo faltaba que Washington acusara a bin Laden del asesinato de John Kennedy!" El comunicado criticaba el apoyo de Estados Unidos a la represión de los islamitas en Egipto y la coerción que ejercía sobre Riad para mantener a las tropas estadounidenses en su territorio, a pesar del creciente descontento popular. Ese estado de cosas hacía que los gobiernos de Arabia Saudita y Egipto fueran títeres de Washington: "Los estadounidenses han logrado su objetivo largamente anhelado, y utilizan a esos gobiernos para combatir al Islam y a los musulmanes con el pretexto de ayudarlos". El desarrollo de los acontecimientos había desembocado en una situación peligrosa: "La política que Estados Unidos conduce constituye la única causa de esa atmósfera de hostilidad que se ha hecho evidente en su contra. Y Estados Unidos es quien debe reconsiderar su perspectiva racista y arrogante hacia todo lo islámico". La única manera de remediar la crisis del momento era mediante la retirada de Estados Unidos de todo el mundo musulmán, concluía el comunicado de al-Murabitun. Con dicho comunicado al-Murabitun se unía a las organizaciones islamitas que exigían el fin de la presencia estadounidense en el mundo musulmán, en vez del derrocamiento de los gobiernos árabes que eran hostiles a su causa.

La intensidad de la furia enraizada contra Estados Unidos generó la demanda de una guía religiosa sobre qué hacer a continuación. Es convicción generalizada, en todo el mundo musulmán, que los ataques estadounidenses contra Afganistán y Sudán deben ser respondidos con un contrataque, de manera que incluso una superpotencia como Estados Unidos pudiera notarlo. Los islamitas sacaron provecho de esa necesidad de guía y de la intensidad de las emociones, distribuyendo fatwas y otros textos que incitaban a la violencia. Una de dichas fatwas fue escrita por el sheik Omar Abdul Rahman y extraída clandestinamente desde la cárcel en que se encontraba: "Rompan todo vínculo con su país [Estados Unidos]. Destrúyanlos y bórrenlos de la faz de la Tierra. Arruinen sus economías, prendan fuego a sus compañías, conviertan sus conspiraciones en polvo y tierra. Hundan sus barcos, derriben sus aviones. Mátenlos en el aire, la tierra, el agua. Y (por órdenes de Alá) mátenlos donde quiera que se encuentren. Atrápenlos y métanlos a la cárcel. Aguárdenlos en silencio y maten a esos infieles. Ellos deben ser oprimidos por ustedes. Dios les proveerá de los medios para desencadenar una terrible venganza que los degrade. Él los apoyará en la lucha. Él aliviará a los corazones afligidos de los fieles y los despojará del odio".

Era posible obtener copias de esta y otras fatwas similares en todas las escuelas religiosas de Paquistán, donde había gran demanda de ellas.

En consecuencia, aquellos que no habían escuchado hablar de Abdul Rahman ahora podían leer sus obras y admirar su valor. Por su parte, bin Laden y el movimiento de la jihad les ofrecía un camino para encauzar su odio. Hoy en día las escuelas de terroristas están llenas de voluntarios.

El 29 de agosto, al-Jamaah al-Islamiyah emitió su propia advertencia a Estados Unidos, en respuesta al ataque estadounidense y a la continuación de la "conspiración judeo-estadounidense contra el Islam y los lugares sagrados". Dado que los ataques habían tenido el propósito de encubrir "los escándalos de la Casa Blanca", eran "un crimen que no debía quedar impune". Jamaah pedía a las masas árabes "manifestar su furia y apoyar a nuestro pueblo en Sudán y Afganistán, al sitiar las embajadas estadounidenses en los países islámicos y obligar a sus gobernantes a clausurarlas y expulsar a los espías que se encuentran en su interior". Además, Jamaah señalaba: "los movimientos islamitas, y todos aquellos que se unen individualmente a la jihad, cumplirán con sus obligaciones, harán frente a la arrogancia estadounidense, y se dirigirán a Estados Unidos en un lenguaje que ese país comprenda". El poder del Islam es incontenible, porque "mil millones de musulmanes son capaces de convertir sus cuerpos en bombas con el mismo poder que todas las armas de exterminio y destrucción masiva que poseen los estadounidenses". El mensaje de al-Jamaah al-Islamiyah no dejó lugar a dudas sobre el compromiso islamita de llevar a cabo una larga y letal campaña terrorista.

A principios de septiembre, un envalentonado Hassan al-Turabi resumió las consecuencias de la crisis reciente. "El presidente [de Estados Unidos] quería un blanco, y Sudán estaba en su lista", dijo al *Christian Science Monitor.* "Terminó su batalla contra Irán [en referencia al acercamiento con Khatami] y ahora es nuestro turno. Éste es un acto terrorista contra Sudán, un acto terrorista." Sin embargo, con la revitalización del islamismo militante en el mundo musulmán, Turabi no estaba preocupado por la supervivencia del Sudán islamita. "El Islam se encuentra atrincherado, y nadie podrá sacarlo por la fuerza nunca más", dijo. "Si ustedes utilizan la fuerza, podemos defendernos. Si vienen en son de paz, les daremos la bienvenida; si vienen a combatirnos, los combatiremos. Somos poderosos." Turabi atribuyó esa positiva situación al crecimiento de la imagen de bin Laden, particularmente como resultado del ataque estadounidense. Bin Laden "vive en un lugar muy remoto, pero ahora —¡ja, ja!— ustedes [los estadounidenses] lo han convertido en un héroe, el símbolo de todas las fuerzas antioccidentales del mundo", destacó Turabi. "Todos los jóvenes árabes y musulmanes, créanme, lo miran como un ejemplo." El odio generalizado contra Estados Unidos "creará 10 000 bin Ladens", predijo Turabi.

A principios de septiembre de 1998, la lucha islamita en Kosovo comenzó a intensificarse nuevamente. El Ejército de Liberación de Kosovo (ELK, o UCK por sus siglas en albanés) creció gracias a la incorporación de cientos de combatientes iraníes que llegaron desde Albania. Los principales oficiales de adiestramiento y combatientes de unidades de élite del ELK incluían a muchos "afganos" y "bosnios" veteranos: iraníes, afganos, argelinos, sauditas, egipcios e incluso chechenos que habían combatido en Afganistán y/o Bosnia. Estas fuerzas constan actualmente de cerca de 7 000 mujaidines. La mayor parte de ellos son leales a bin Laden y Zawahiri, y el sistema financiero y logístico que los mantiene en Albania y en Kosovo es dirigido por bin Laden. El Centro de Observación Islámico (COI, o IOC por sus siglas en inglés), con sede en Londres, advirtió que "una importante campaña está siendo librada bajo la supervisión de los servicios de inteligencia estadounidenses contra los activistas islamitas de diversas nacionalidades en Macedonia, la provincia de Kosovo y en Albania". Bajo la dirección de oficiales estadounidenses, las fuerzas policiales locales continúan atacando instituciones islamitas, así como "los departamentos y hogares de los islamitas que estuvieron activos en Bosnia durante algún tiempo y que se marcharon tras la firma de los acuerdos Dayton", y continuaban arrestando a muchos islamitas. Algunos de esos islamitas eran "extraditados" sumariamente a Egipto y Arabia Saudita. El COI también acusó a Estados Unidos de "establecer un centro de inteligencia en la capital albanesa para coordinar posiciones con las autoridades en los Balcanes con el objetivo de cazar y aprehender a los islamitas". El COI repitió advertencias previas en el sentido de que la supresión de los islamitas en los Balcanes "no producirá ningún resultado positivo, y en vez de ello exacerbará los sentimientos de los musulmanes contra todo lo estadounidense". Con los islamitas pidiendo una excusa para atacar, el bombardeo ordenado por la administración del presidente Clinton no pudo ser más oportuno.

A finales de 1998, a pesar de la creciente presión de los servicios de inteligencia estadounidenses y sus aliados locales, las redes terroristas islamitas que operaban en y desde Albania seguían expandiéndose.

Desde finales de noviembre, una nueva red de seguidores de bin Laden se estableció en Albania bajo la cubierta de diversas organizaciones caritativas musulmanas. Según Fatos Klosi, jefe del servicio de inteligencia de Albania (ShIK), esa red utilizaba a Albania como "un trampolín para sus operaciones en Europa". Klosi declaró que la red estaba constituida por "egipcios, sauditas, argelinos, tunecinos, sudaneses y kuwaitíes" que operaban de manera encubierta como miembros de muchas y muy diversas organizaciones humanitarias. Klosi explicó que los "terroristas se han infiltrado ya a otras partes de Europa desde sus bases en Albania, por medio del tráfico de inmigrantes ilegales, que han transportado mediante lanchas rápidas en el Mediterráneo, y desembarcado en grandes números en Italia".

El principal director de estas actividades es el ingeniero Muhammad al-Zawahiri, hermano de Ayman al-Zawahiri. El hecho de que un pariente de Ayman al-Zawahiri dirija estas actividades en los Balcanes constituye una prueba de la creciente importancia que tienen tanto bin Laden como Zawahiri en el seno del liderazgo islamita. Muhammad al-Zawahiri es un egresado del adiestramiento terrorista avanzado, tanto en Paquistán como en Afganistán, donde, de acuerdo con funcionarios de seguridad de Egipto, fue "entrenado en el uso de armas, el diseño de planos para cometer el asesinato de funcionarios y empleados de las fuerzas de seguridad, y en llevar a cabo ataques contra establecimientos públicos". Recientemente se mudó a Albania, con el pretexto de trabajar para una agencia humanitaria en Tirana. En realidad estableció una organización similar a la que bin Laden creó en Paquistán a principios de los años ochenta, recibiendo a los islamitas que llegaban a los Balcanes y proporcionándoles alojamiento hasta que fueran desplegados en células o unidades operativas. Muhammad al-Zawahiri también viaja constantemente entre Afganistán, Paquistán, Yemen y Sudán, encontrándose con asistentes de Ayman al-Zawahiri y supervisando los preparativos locales para sus actividades en los Balcanes.

Los árabes "afganos" de bin Laden también han asumido un papel preponderante en el entrenamiento del ELK. A finales de noviembre, unas cuantas docenas de mujaidines árabes se unieron a las fuerzas del ELK en el corazón de la provincia, como parte de los preparativos para desatar una ofensiva en la primavera siguiente. Muchos de los mujaidines viajaron desde Bosnia y son veteranos endurecidos por el combate. "Entrevisté a un hombre de Arabia Saudita, quien me dijo que estaba en su octava jihad", dijo un periodista holandés. A mediados de diciembre, esos mujaidines impartían adiestramiento y asistencia logística a las fuerzas del ELK, estimadas en alrededor de mil soldados entrenados (la mayor parte de ellos veteranos de la guerra en Bosnia) y algunos miles de seguidores armados. Estos mujaidines supervisan el creciente flujo de armas, —cohetes antitanque, cañones antiaéreos, misiles antiaéreos portátiles Stinger y rifles de francotirador de cañón largo—, todas ellas contrabandeadas desde Albania. Como consecuencia de lo anterior, las fuerzas del ELK están mejor armadas, equipadas y organizadas de lo que estuvieron durante los siete meses de combates librados en la primavera y el verano de 1998. Sin embargo, el objetivo final de estos mujaidines árabes es mucho más siniestro que sólo ayudar a sus hermanos musulmanes kosovares en su lucha contra los servios. De acuerdo con un alto funcionario de seguridad de Croacia, "existen 'indicios' de que planean realizar operaciones contra objetivos estadounidenses en los Balcanes, especialmente porque muchos de los árabes 'afganos' recién llegados son seguidores de Osama bin Laden".

La oportunidad con que se ha programado la anticipada agudización del terrorismo islamita tiene especial importancia a la luz del deterioro en la salud del rey Fahd. Los problemas que surgieron, a principios de agosto, han complicado la crisis de sucesión y las actividades de bin Laden sirven a los propósitos de los islamitas y antiestadounidenses. Los sauditas buscan establecer acuerdos como los negociados por el príncipe Turki, que les permitan reducir los desafíos al poder detentado por la Casa de al-Saud.

Los islamitas están conscientes de esas circunstancias. El boletín del 24 de agosto del Movimiento Islámico para el Cambio en Arabia, se refirió al contexto saudita: "El reino [de Arabia Saudita] tiene un monarca que agoniza, y la disputa [por la sucesión] es el punto de ruptura de la familia. Los precios del petróleo se han desplomado, la situación es delicada, y Estados Unidos no puede manejar todos esos peligros. Si la presente administración estadounidense estuviera consciente de esos peligros, habría evitado realizar ese ataque precipitado y se habría abocado a resolverlos durante un tiempo. Sin embargo, decimos nuevamente que Dios había predestinado que los escándalos presidenciales [en Estados Unidos] deberían ocurrir en ese momento, de manera que las cartas quedaron mezcladas y la administración confundida, o por lo menos de tal forma que su arrogancia le llevó a desestimar el estudio, la planificación y la largueza de miras".

En el núcleo de la actual crisis en Riad, hay un realineamiento de las fuerzas más importantes que respaldan el poder de la facción de Abdallah, y que apoyan sus políticas islamitas y antiestadounidenses. El proceso comenzó a principios del verano, aún antes del más reciente agravamiento de la salud del rey Fahd. El ascenso del príncipe Abdallah bin Abdul-Aziz, el más joven y más querido de los hijos del rey Fahd, al rango de ministro, fue interpretado en los corredores del poder como un indicio de que "el rey Fahd ha decidido abdicar antes de que termine el año".

El príncipe Abdallah comenzó a buscar la manera de incrementar su base de poder y, especialmente, de hacerse de aliados que pudieran servirle como un "colchón" contra los estadounidenses. Ha encontrado un aliado clave en el príncipe Khalid al-Faisal, hijo de la primera esposa del rey Faisal bin Abdul-Aziz, y actualmente gobernador de Asir, cerca de la frontera con Yemen. El príncipe Khalid se ha convertido en vocero del príncipe Abdallah. Para demostrar su influencia en materia de defensa, que es una prerrogativa de la facción Sultan, el príncipe Khalid instigó enfrentamientos fronterizos con Yemen a finales de julio. El hermano del príncipe Khalid —el príncipe Saud al-Faisan— es el ministro del Exterior y es considerado como el miembro más prominente del clan Faisal. Una de las historias que se cuentan en Riad es que, en 1996, cuando Estados Unidos se dio cuenta de que el poder del príncipe Sultan se eclipsaba rápidamente, trató de impulsar el nombramiento del príncipe Saud como el siguiente en línea al trono, sólo después del futuro rey Abdallah (el actual príncipe heredero). El acercamiento de los dos prominentes hermanos al-Faisal hacia la facción Abdallah representa un realineamiento de importancia.

A principios de agosto, el rey Fahd tuvo una recaída mientras se encontraba en Jeddah. La situación era tan grave que fue trasladado por vía aérea a Riad, acompañado de dos de sus hijos y sus hermanos, el ministro de Defensa, príncipe Sultan, y el príncipe Salman. El príncipe Abdallah también se trasladó de urgencia a Riad. Oficialmente, el rey recibió un tratamiento menor. El 12 de agosto un equipo médico especial, encabezado por un cirujano estadounidense (lo cual es siempre indicio de la gravedad en el estado de salud del rey) extirparon la vesícula biliar del rey. Fue dado de alta del hospital el 17 de agosto, pero el día 24 de ese mismo mes, antes del amanecer, ingresó nuevamente al sanatorio. Entretanto, sin mediar un anuncio especial, el príncipe heredero Abdallah asumió formalmente el control de los asuntos cotidianos del reino. Si algún miembro de la Casa de al-Saud necesitaba un recordatorio de la inestabilidad de Riad, el deterioro en la salud del rey se lo habrá proporcionado.

Se reavivaron los rumores de que el rey pretendía abdicar al trono. Con el sentimiento antiestadounidense muy difundido en el país, y una vez en marcha el proceso de acercamiento con Irán, la posición de la facción Sultan comenzó a declinar. El príncipe Saud al-Faisal realizó entonces una jugada maestra. Su hermana Hayfa está casada con el príncipe Bandar bin Sultan. En un contexto en que el príncipe Bandar perdía su influencia en la corte debido a la enfermedad del rey Fahd, el príncipe Saud le ofreció un acuerdo a Bandar por conducto de su hermana. A pesar de que el príncipe Saud continuaría como ministro del Exterior, el príncipe Bandar asumiría un papel activo en las relaciones exteriores del reino. A cambio, dejaría el camino libre para los hermanos Faisal. Dada la situación en Riad, Bandar tuvo que aceptar la propuesta. Como consecuencia de lo anterior, señaló un miembro de la corte en Riad, "la familia al-Faisal parece haberse reforzado, mientras que su cuñado, el embajador [Bandar], ha comenzado a quedar al margen".

Con la creciente popularidad de bin Laden y de la corriente islamita, y las promesas de Teherán e Islamabad de no desafiar el control del poder de la Casa de al-Saud mientras ésta siguiera una política antiestadounidense encaminada a la expulsión de las fuerzas estadounidenses, las facciones Abdallah-Faisal y Salman-Nayif tenían los incentivos que necesitaban para adoptar dicha política. Los islamitas, prudentes y pragmáticos, desde los funcionarios en Teherán hasta bin Laden, sabían que sería impráctico esperar una repentina retirada estadounidense. Se contentaban con una serie de garantías discretas de Riad, acompañadas de algunos movimientos iniciales visibles. Entretanto, los niveles jerárquicos más elevados de la Casa de al-Saud continuarían aplacando a los islamitas por medio de acciones indirectas, como financiar al Talibán y otras jihad islamitas opuestas a Washington. A mediados de septiembre de 1998, Riad formulaba una nueva estrategia antiestadounidense que le permitiría satisfacer a los islamitas sin despertar la ira de Washington. Sin embargo, en la Casa de al-Saud no se hacían ilusiones de que, ante la alternativa de tener que aplacar a bin Laden o a la administración del presidente Clinton, Arabia Saudita preferiría aplacar a bin Laden.

La política saudita fue puesta a prueba hacia finales de septiembre, cuando el príncipe heredero Abdallah realizó una visita oficial a Washington, como parte de un viaje alrededor del mundo destinado a presentarlo y dar a conocer sus políticas, en previsión de la muerte del rey Fahd. De acuerdo con funcionarios sauditas de alto nivel, en la víspera de la visita la Casa Blanca ratificó al príncipe Abdallah que la administración del presidente Clinton consideraría favorablemente la posición de Abdallah en una serie de temas clave, como el conflicto árabe-israelí, la repentina mejoría en las relaciones entre Arabia Saudita e Irán, e incluso la oposición de Abdallah a la presencia de las fuerzas estadounidenses en el Golfo Pérsico, si Arabia Saudita "entregaba" a Osama bin Laden. Ansiosos por lograr un resultado positivo de la visita, los funcionarios sauditas aseguraron a sus contrapartes estadounidenses que el príncipe Abdallah había obtenido la promesa del líder del Talibán, mullah Omar, de que bin Laden sería extraditado a Arabia Saudita por su responsabilidad en el atentado a las Torres Khobar, en Riad. Dado que las víctimas habían sido estadounidenses, agregaron los funcionarios sauditas, Riad extraditaría a bin Laden a Estados Unidos. La visita del príncipe Abdallah fue exitosa, como lo demostraron los cambios en la política de Estados Unidos hacia Medio Oriente — especialmente su posición más favorable a los palestinos en las negociaciones propuestas con Israel, y la visita presidencial a la franja de Gaza.

El problema de Riad, desde luego, es que nunca celebró un acuerdo de esa naturaleza con el Talibán. Por su parte, al tanto de esas maniobras, Islamabad temía ser acusado por Washington, debido al antecedente de su patrocinio del Talibán, de haber obstaculizado el cumplimiento de un acuerdo que no existía. El legado del reciente ataque con misiles crucero de Estados Unidos sobre los campos de adiestramiento del ISI, en Khowst, tampoco constituía un incentivo para que Paquistán ayudara a Estados Unidos. Riad se encontraba preocupada por la situación, y una delegación de alto nivel encabezada por el príncipe Turki y Mahmud Safar fue enviada inmediatamente a Paquistán y Afganistán. En principio, los sauditas ofrecieron un "paquete de incentivos". Si el Talibán extraditaba a bin Laden a Estados Unidos, su gobierno sería reconocido por los estadounidenses y muchos otros estados, se les otorgaría generosa ayuda del exterior, y podrían ocupar el escaño de Afganistán en la ONU y en la Organización de Países Islámicos. Riad también ofreció interceder por el Talibán e Islamabad, en su creciente disputa con Teherán. En esa época, fuerzas conjuntas de Paquistán y del Talibán avanzaban en el norte de Afganistán, cometiendo atrocidades contra la población local chiíta, protegida por Irán. Teherán reaccionó mediante la movilización y el despliegue de una gran cantidad de fuerzas en su frontera con Afganistán. En el otoño de 1998, existía una situación tensa, cercana al estallido de la guerra.

La respuesta del Talibán fue alarmante. El líder de la delegación del Talibán cuestionó las credenciales islámicas de Riad, por la sugerencia saudita de extraditar a un musulmán a Estados Unidos. Propuso a cambio que tres delegaciones de académicos en jurisprudencia islámica —de Afganistán, Paquistán y Arabia Saudita— se reunieran para estudiar, tanto la posible culpabilidad de bin Laden y sus seguidores, como la validez del argumento de que la presencia de las fuerzas estadounidenses en Arabia Saudita era antislámica. La posición del Talibán equivalía a apoyar tácitamente la interpretación que bin Laden hacía de la situación en Arabia Saudita, lo cual resultaba peligroso para Riad a la luz del gran número de terroristas árabes en Afganistán, y del patrocinio del Talibán al terrorismo islamita. Un exasperado príncipe Turki le dijo al Talibán que estaban desperdiciando su tiempo. En ese punto intervino en la conversación Salman al-Umari; acusó al Talibán de comportarse con ingratitud en vista de la asistencia saudita que habían recibido, y los amenazó de que enfrentarían las consecuencias si no extraditaban a bin Laden a Estados Unidos. Los afganos exigieron que al-Umari abandonara el país inmediatamente en el avión de Turki. Por cuestión de honor, dieron marcha atrás y autorizaron que al-Umari abandonara el país unos días después.

Dos días más tarde, el gobierno saudita anunció el retiro de al-Umari de Kabul por razones de seguridad, y la consecuente expulsión del encargado de asuntos afganos en Riad. Al mismo tiempo, los sauditas intentaron controlar los daños de lo ocurrido. La razón por la que estalló la crisis con el Talibán, dijeron funcionarios sauditas, fue "atribuible a diversos factores, especialmente a la incapacidad del Talibán de aceptar los incansables esfuerzos de la diplomacia saudita para mediar en la crisis entre Irán y Afganistán". La crisis no tenía que ver con bin Laden, ya no digamos con su extradición. Incluso al-Umari fue obligado a tomar parte en la farsa. Al encontrarse con periodistas sauditas en Paquistán, en su trayecto de regreso a Arabia Saudita, insistió en que "el deterioro de la situación en Kabul" era la causa por la que abandonaba Afganistán. Declaró que la extradición de bin Laden no fue un tema de discusión entre Arabia Saudita y el Talibán. "Osama bin Laden es yemenita", explicó, y no está sujeto a la jurisdicción saudita.

A finales de septiembre de 1998, el mullah Muhammad Omar, el líder del Talibán, tomó la iniciativa y realizó un movimiento encaminado a resolver el tema bin Laden. Convocó a una reunión del consejo de ulemas de Afganistán, en Kabul, para decidir sobre bin Laden. El consejo resolvió que, dado que bin Laden había adoptado la ciudadanía afgana y poseía un pasaporte afgano, sólo una corte afgana podía determinar su culpabilidad o inocencia. El Talibán declaró que la única acusación que pesaba sobre bin Laden era la de Estados Unidos, que lo consideraba responsable de los atentados en África oriental. En lo que hace a su participación en el terrorismo en y contra Arabia Saudita, el Talibán ofreció enviar una delegación de sus ulemas para estudiar la evidencia disponible con sus contrapartes saudíes. Ésta sería una forma de interacción entre las autoridades religiosas de ambos países, y por lo tanto constituiría un desaire para el gobierno de Riad. Arabia Saudita comenzó a apartarse del tema bin Laden. El príncipe Nayif, ministro del Interior, se rehusó a abordarlo, declarando que "Bin Laden no es un saudita, y yo sólo hablo sobre sauditas". De cualquier forma, el Talibán incrementó la presión sobre Riad. A principios de octubre, Kabul envió una solicitud formal para que se celebrara una reunión entre los ulemas afganos y los familiares de las víctimas saudíes del atentado de Khobar, de manera que éstos pudieran solicitar un juicio por venganza de sangre, procedimiento que el Talibán mantenía en Afganistán. Riad declinó también dicha propuesta.

El príncipe Abdallah viajó a Islamabad a finales de octubre para sostener conversaciones con Nawaz Sharif sobre gran diversidad de temas, desde el programa nuclear de Paquistán hasta la resolución del conflicto con Irán. Los sauditas acordaron con los paquistaníes que el tema de la extradición de bin Laden debía llegar a una conclusión rápida y definitiva. Islamabad prometió hacer que el Talibán resolviera la cuestión una vez que Riad se desentendiera de ella. Tuvo lugar una gran cantidad de filtraciones de información acerca del interés que tenía el gobierno saudita en resolver los atentados de Khobar y Riad. Entonces el mullah Mohammad Hassan, ministro del Exterior del Talibán, declaró que Riad no había solicitado al Talibán la extradición de bin Laden. Los funcionarios del gobierno saudita no negaron tal aseveración. La posición del Talibán quedó aclarada a principios de noviembre, por medio de un confidente cachemiro del mullah Omar. El Talibán, explicó, no podía extraditar a bin Laden ni solicitarle que abandonara Afganistán "mientras el mullah Muhammad Omar esté vivo y permanezca en su puesto, porque él es la única persona que ha permitido que Osama bin Laden y otros grupos de árabes permanezcan en Afganistán". El cachemiro también señaló que los demás líderes del Talibán estaban unidos y rechazaban entregarlo a cualquier país extranjero.

El 28 de octubre, el Talibán anunció la convocatoria a una corte especial musulmana bajo la dirección del juez de la Corte Superior Mowlawi Nur Mohammad Thaquib, la mayor autoridad judicial islámica en Afganistán, para estudiar si existían bases para las acusaciones que pesaban contra bin Laden. En esencia, la función de esta corte era el equivalente islámico de un "Gran Jurado" estadounidense, que examina la evidencia disponible y, si el caso lo amerita, formula la acusación. En una decisión extraña, Mowlawi Thaquib se dirigió a los países no musulmanes, y desde luego a Estados Unidos, para que aportaran a la corte afgana toda la evidencia que estuviera en sus manos sobre bin Laden.

El 5 de noviembre, Arabia Saudita se desentendió formalmente del asunto de bin Laden. El ministro del Interior, el príncipe Nayif bin Abdul-Aziz, exoneró a bin Laden de toda participación en los atentados de Khobar y Riad. "Se ha dicho que las dos explosiones, en Riad y Khobar, fueron planeadas por Osama bin Laden. Eso no es cierto. Sin embargo, hay gente que ha adoptado sus ideas. Eso es posible", dijo el príncipe Nayif, acudiendo a la "lógica" islámica utilizada tras los atentados de África Oriental. El príncipe Nayif declaró que Arabia Saudita le había retirado la ciudadanía a bin Laden y no tenía más interés en él. "No es ya un ciudadano saudita. Vive en el exterior, y no estamos preocupados por él", dijo Naif. "No constituye un problema de seguridad para nosotros, y no realiza actividades en el reino. En lo que respecta a sus actividades en el exterior, no tenemos interés en conocerlas porque no es un ciudadano saudita y no constituye un riesgo para la seguridad del reino".

Con ello, las únicas acusaciones que pesaban contra bin Laden eran las formuladas por los estadounidenses, en relación con los atentados de Nairobi y Dar-es-Salaam. Los islamitas hicieron entonces recaer la carga de la prueba en Estados Unidos, dado que Kabul decidió permitir la participación directa de los estadounidenses en la investigación sobre bin Laden. Por medio de intermediarios sauditas, Mowlawi Thaquib envió un mensaje directo al gobierno de Estados Unidos.

Thaquib aseguró a los funcionarios estadounidenses que se les permitiría participar en las audiencias como un integrante de la parte acusadora, siempre y cuando sometieran a la corte sus acusaciones detalladas y apoyadas en evidencias. También señaló que cualquier juicio sobre bin Laden, si es que fuera necesario más de uno, sería público y abierto a la presencia de los medios de comunicación internacionales y cualquier funcionario extranjero que tuviera interés en ello.

Es en este punto en que las peculiaridades del sistema legal de Estados Unidos, aunadas a la falta de sensibilidad oficial de Washington respecto a temas islámicos, operaron en beneficio de los islamitas. El 5 de noviembre, Osama bin Laden y su comandante militar Abu-Hafs fueron acusados formalmente en Nueva York, y las autoridades estadounidenses presentaron un documento de 238 páginas para iniciar el procedimiento. El Talibán solicitó inmediatamente esos documentos. Temiendo que la defensa de bin Laden tuviera conocimiento de su contenido, para el caso de que alguna vez fuera llevado ante la justicia en Estados Unidos, Washington se negó a entregarlos. Sin embargo, en vez de explicar las consideraciones legales del caso, Washington decidió ignorar al Talibán mientras los funcionarios estadounidenses filtraron comentarios denigrantes sobre la corte islámica en Kabul. El 19 de noviembre, un día antes de que venciera el plazo señalado por la corte de la Sharia en Kabul, los funcionarios del Talibán nuevamente solicitaron a Estados Unidos que entregaran "los documentos que demuestran la participación de bin Laden en dos ataques realizados contra las embajadas estadounidenses en Nairobi y Dar-es-Salaam", que Washington decía tener en su poder.

Al día siguiente, como se esperaba, Mowlawi Thaquib declaró que ante la falta de evidencias en su contra, bin Laden no podía ser enjuiciado por la corte, y por lo tanto, quedaba en libertad de trasladarse a cualquier parte que deseara en las áreas controladas por el Talibán. Éste último aprovechó inmediatamente la decisión de la corte para sus objetivos políticos. El mullah Amir Khan Mottaqi, ministro de Cultura e Información, señaló cual era la posición de Kabul:

"Como se le requirió, el Emirato Islámico [de Afganistán] ha cumplido con sus responsabilidades en relación con Osama bin Laden. En primer término, el Emirato Islámico anunció que Osama bin Laden no utilizaría el territorio de Afganistán en contra de otros países, y Osama bin Laden lo aceptó. En segundo lugar, la dependencia del Emirato Islámico encargada de manejar el caso de Osama bin Laden lo remitió a la autoridad judicial más alta para que investigara el tema y reuniera los documentos. Más de un mes ha transcurrido; ningún documento fue presentado a la Corte Suprema, y nadie ha ejercitado acción alguna en su contra. El Emirato Islámico ha cumplido con su responsabilidad principal. Por otra parte, antes de la victoria del Talibán, Osama vivía en Afganistán; y cuando combatió contra Rusia, los estadounidenses estaban complacidos con él. Sin embargo, ahora el tema de Osama bin Laden les ha servido para crear un problema con los afganos... Por otro lado, si alguien intenta dañar las buenas relaciones con el Emirato Islámico de Afganistán e invoca el tema de Osama nuevamente, significa que actúan en contra del Emirato Islámico de Afganistán con el pretexto de Osama bin Laden, y esa no constituye una acción razonable."

El resultado del ejercicio legal del Talibán es de gran importancia en lo que respecta al futuro del terrorismo islamita. La exoneración de bin Laden era inevitable, porque favorecía los intereses tanto de Paquistán como de Arabia Saudita. Al ignorar la solicitud de la corte de que se le proporcionara evidencia, la administración del presidente Clinton complicó el problema, porque alejó la atención del público respecto del contenido de las acusaciones estadounidenses, que se basaban en hechos y en pruebas, y la condujo a considerar que Estados Unidos nunca tuvo evidencia alguna contra bin Laden, y que la campaña que emprendieron, incluyendo el bombardeo de Jartum y Khowst, sólo fue impulsada por su odio al Islam. El grupo de oposición saudita, el Movimiento para el Cambio Islámico en Arabia, analizó el tema: "El Talibán ha anunciado que el día 20 de noviembre vence el plazo para aceptar evidencia sobre la participación de bin Laden en cualquier actividad terrorista. Por lo tanto, ha pedido a los estadounidenses y a otros países que proporcionen evidencias para que sean presentadas en una corte islámica, que sesionaría públicamente... siguiendo esa lógica, el Talibán ganó la discusión y los estadounidenses fueron humillados, dado que dependen sólo de su fuerza, hegemonía y amenazas para privar al Talibán del reconocimiento e incitar a otras fuerzas en su contra". En el ámbito legal, se abrió el camino para que los acusados se vengaran de Estados Unidos, venganza que sería llevada a cabo mediante espectaculares actos terroristas.

En todo el mundo islámico, desde Filipinas hasta Marruecos y en numerosas comunidades de emigrantes musulmanes en Europa occidental y Estados Unidos, las células terroristas y subversivas se preparan para atacar. En 1998, mientras se agudiza el enfrentamiento entre Estados Unidos y el sistema terrorista islamita internacional, representado en la persona de Osama bin Laden, los terroristas están provistos de redes de apoyo, armas de destrucción masiva y bombas poderosas, y están listos para enfrentar el martirio; todo por lo que ellos perciben como una noble causa: hundir a Estados Unidos en el sufrimiento y el dolor.

11
Fortaleciendo el arsenal

A finales de 1998, Osama bin Laden se encontraba totalmente atrincherado en Afganistán. Su protección se encuentra garantizada por la "Pushtunwali" —código de conducta predominante entre las tribus pushtunes de Paquistán y Afganistán— y no sólo por la conveniencia política o financiera de Afganistán y Paquistán. Recientemente, bin Laden concedió la mano de su hija mayor al mullah Muhammad Omar, el líder del Talibán. Además tomó como su cuarta esposa a una joven pushtún. La identidad de esa cónyuge no ha sido revelada, pero sin lugar a dudas es miembro de una familia importante y tiene parentesco con los líderes del área, ya sea con importantes funcionarios paquistaníes o la élite del Talibán. De acuerdo con los rumores que circulan en Peshawar y Qandahar, puede tratarse de la hija del mullah Omar o la sobrina del gobernador de la provincia de la frontera del noroeste de Paquistán, quien se sabe que es amigo y protector de bin Laden. Debido a que ahora tiene lazos de sangre con la élite pushtún, es inconcebible que sea entregado a un país extranjero, especialmente a los no musulmanes. Los feroces pushtunes lo defenderán y pelearán por él, debido a que eso estipula el código pushtunwali. La necesidad de contar con el reconocimiento o la ayuda estadounidense es irrelevante en el contexto de la pushtunwali. Bajo esa protección, bin Laden y su equipo se preparan para intensificar la jihad.

En septiembre de 1998, los líderes islamitas, tanto en Europa occidental como en el Eje del Islam, preparaban una nueva escalada terrorista en su confrontación con Occidente, y especialmente con Estados Unidos. "Los atentados contra las dos embajadas estadounidenses en

Nairobi y Dar-es-Salaam, el 7 de agosto, son sólo el principio y el presagio de un plan a gran escala que se convertirá en hechos bajo el eslogan de 'Jihad contra Estados Unidos'", señaló un connotado observador árabe en Europa, a principios de ese mes. Otras fuentes árabes, confiables y bien informadas, estaban convencidas de que "Estados Unidos, por sus acciones en Afganistán y Sudán, prácticamente agitó el avispero". Los acontecimientos que tienen lugar en los campos de adiestramiento y escondites parecen reforzar la validez de esas observaciones.

La percepción de que tenían lugar preparativos febriles para realizar una pronunciada agudización de las actividades terroristas islamitas, no pasó inadvertida para los líderes del Talibán. A mediados de septiembre tomaron algunas medidas simbólicas para contener la abierta beligerancia de bin Laden y reducir la hostilidad mundial, especialmente en vista de la agudización de la crisis con Irán, en que las fuerzas del Talibán y de Paquistán cometían atrocidades contra los chiítas en el norte de Afganistán. Corrieron rumores de que bin Laden había sido llevado a una casa de arresto en la base de Qandahar. Sin embargo, Wakil Ahmed Mutawakil, un importante funcionario del Talibán, negó que se hubiera impuesto restricción alguna a los movimientos de bin Laden dentro de Afganistán, y que el Talibán le proporcionaba seguridad contra ataques sorpresa, intentos de asesinato o de secuestro. El Talibán prohibió sus contactos con los medios de comunicación internacionales para evitar enfrentamientos aún mayores con Estados Unidos. "Creo que el movimiento del Talibán estaba muy molesto por sus contactos con los periódicos", dijo Abdul-Bari Atwan, editor de *al-Quds al-Arabi*. "Por esa razón lo llevaron a una casa de arresto, y también para protegerlo de un eventual ataque estadounidense, o de un intento de secuestro." Lo anterior no impidió que bin Laden renovara sus amenazas contra Estados Unidos y el presidente Clinton. "Nos dijo que estaba a salvo y bien, y también que respondería al señor Clinton con acciones y hechos. Bin Laden ha sido atacado por los estadounidenses y normalmente cumple lo que promete. Debemos tomar sus amenazas tan seriamente como sea posible."

Ni el Talibán ni el ISI interfirieron en la consolidación y expansión de la infraestructura terrorista en Afganistán y otros sitios. Se cree que Osama bin Laden y sus seguidores más cercanos se encuentran en un cuartel subterráneo ubicado en una cueva, en las montañas cercanas a Jalalabad, al este de Afganistán. La cueva consta de tres habitaciones horadadas en la roca. La más importante de ellas contiene el centro de control y comunicaciones de bin Laden, que incluye muchas computadoras (por lo menos dos computadoras portátiles y una de escritorio), máquinas de fax, y un sistema de telefonía satelital. El cuartel recibe constantemente información de todo el mundo, desde informes hasta recortes de periódico. Desde su cuartel, bin Laden utiliza ese sistema de comunicación de alta tecnología, adquirido en el Occidente que tanto odia, para comunicarse con las redes islamitas en Medio Oriente, Asia, África, Europa occidental y Estados Unidos. Gran parte de la comunicación se realiza por medio de correo electrónico. La segunda habitación contiene un pequeño arsenal para la defensa de la cueva, que incluye rifles de asalto, ametralladoras y morteros. El complejo se encuentra bien protegido. La tercera habitación es la vivienda privada de bin Laden, y contiene una gran biblioteca de escritos clásicos islámicos y tres camas incómodas, con cobertores de lana y colchonetas. Durante el día, las camas son colocadas contra las paredes.

Existen unos cuantos refugios en las cuevas de las montañas cercanas que son utilizados por los miembros de su equipo más cercano. Los sauditas y egipcios "afganos" más importantes, y los líderes terroristas —Ayman al-Zawahiri, Taseer Abdallah, Mustafá Hamzah y Ahmad al-Islambuli— viven en el mismo campo que bin Laden y colaboran estrechamente con él. En los últimos años, sus relaciones han evolucionado hasta convertirse en vínculos personales muy cercanos que hacen que el equipo trabaje muy eficientemente. Una fuente que mantiene relación con los grupos jihadistas, señaló recientemente que "los dos hombres, bin Laden y Zawahiri, no tenían sino admiración mutua, aún antes de que se conocieran personalmente". Explicó que Zawahiri hizo que bin Laden cambiara su pensamiento teológico y se transformara en un islamita radical. Como resultado, bin Laden ha adoptado los principios de los movimientos jihadistas egipcios que ubican a la jihad armada o terrorista por encima de la propaganda y la difusión de la causa. Recientemente, bin Laden apoyó a Zawahiri en su demanda por asumir el liderazgo de la jihad egipcia, al mismo tiempo que hacían a un lado tanto al sheik Omar Abdul Rahman (que se encuentra en una prisión estadounidense) y a Abbud al-Zumur (en una cárcel egipcia). Aunque ambos continúan teniendo el carácter de autoridades ideológicas supremas, Zawahiri y las células de mando que rodean a bin Laden se han atrincherado como los comandantes operativos indiscutibles. La crisis actual les ofrece una oportunidad única para demostrar su valía al desarrollar espectaculares operaciones terroristas.

Plenamente consciente del interés estadounidense por atraparlo, bin Laden trabaja para asegurarse de que la jihad que emprendió le sobreviva. Con ese fin se dedica a preparar a su confidente y amigo cercano, el sheik Taseer Abdallah, también un islamita saudita, como líder político-teológico. El proceso dio inicio en la conferencia de prensa del 26 de mayo, organizada por bin Laden en el campo de al-Badr, en Khowst, Afganistán. Rahimullah Yusufzai, un periodista paquistaní que participó en dicha conferencia de prensa, advirtió que "el doctor al-Zawahiri se sentó a la derecha de bin Laden, mientras que a la izquierda se sentó el sheik Taseer Abdallah, quien fue presentado al grupo de 14 periodistas paquistaníes como la mano derecha de bin Laden". Desde entonces, Taseer Abdallah ha participado más activamente en tareas de liderazgo. Su relación con Zawahiri, el indiscutible comandante militar de la jihad de bin Laden, es muy buena, de manera que en ese sentido también habrá continuidad.

Sin embargo, bin Laden también está pensando en su legado. Aunque ha establecido una estructura de mando que puede funcionar aun cuando resulte muerto, Osama bin Laden desearía ver que el nombre bin Laden se mantenga entre los líderes de la jihad islamita. Está preparando a su primogénito, Muhammad, de catorce años de edad, como asistente especial y, en última instancia, como su sucesor. Desde agosto, Muhammad rara vez ha abandonado a su padre, y viaja con él por Afganistán y Paquistán durante las visitas a los escondites e instalaciones de adiestramiento. Muhammad bin Laden recibe entrenamiento militar y terrorista exhaustivo, y lleva consigo su propio rifle de asalto Kalashnikov. También desempeña tareas de gran responsabilidad personal en nombre de su padre. Por ejemplo, durante su reciente visita a campos de adiestramiento en Afganistán, Muhammad se mantuvo en guardia y en vigilia mientras su padre dormía en una casa de seguridad. Se negó a descansar o a ser reemplazado, a pesar de que su padre le había asegurado que estaban "entre amigos", en quienes podía confiar plenamente. Si Osama bin Laden muere en un futuro inmediato, Taseer Abdallah y Zawahiri asumirían el liderazgo, pero el joven Muhammad bin Laden se mantendría en el equipo, y quizá algún día se convertiría en el líder de la jihad islamita.

Recientemente, Osama bin Laden comenzó a trabajar en el proyecto más ambicioso que ha desarrollado en Afganistán hasta la fecha, la reconstrucción y renovación de Qandahar, que fue destruida por los incesantes combates entre mediados de los años setenta y el ascenso del Talibán, a mediados de los noventa. Qandahar es la sede original del Talibán como centro de poder, y por esa razón la restauración que hace bin Laden tiene una enorme importancia política. La reconstrucción de Qandahar, el único proyecto de esa naturaleza en una ciudad afgana de importancia desde mediados de los setenta, es un enorme proyecto que incluye la construcción de infraestructura militar tanto para el Talibán como para cumplir con las necesidades estratégicas del propio bin Laden, así como la reconstrucción y renovación de la ciudad. Aunque el proyecto de Qandahar comenzó entre mediados de 1997 y principios de 1998, la construcción de algunas instalaciones militares se amplió y aceleró tras el ataque estadounidense. Cuando quede concluido el proyecto, Qandahar servirá como bastión para el poder del Talibán, tanto contra sus enemigos locales como los del extranjero. La tarea de construcción se desarrolla bajo la supervisión de equipos árabes, algunos de ellos fáciles de distinguir por su *kaffiyah* (la tela con que se cubren la cabeza) de beduinos. A principios de 1998, bin Laden trasladó desde Sudán a algunos de los más importantes árabes "afganos", que habían manejado proyectos de construcción en aquel país, y que ahora administran la reconstrucción de Qandahar.

Los proyectos militares más importantes consisten en una serie de campos alrededor de Qandahar, destinados a la defensa de la ciudad y a su infraestructura vital: el aeropuerto. Una de las guarniciones, un oneroso complejo construido con muros de adobe y torres fortificadas, ha sido concluido ya en las afueras de Qandahar. El bastión sirve de base para 3 000 árabes "afganos" y para una poderosa unidad de fuerzas del Talibán. La segunda guarnición está casi terminada. En el otoño de 1998, se registró movimiento de convoyes que transportaban a tropas árabes y afganas a esas posiciones fortificadas durante la noche. Los equipos de supervisores paquistaníes y árabes, éstos últimos fáciles de distinguir por sus kaffiyah ajedrezados, trabajan ya en la construcción de otros bastiones alrededor de Qandahar. El equipo pesado de excavación ha comenzado a laborar en uno de esos sitios. Otros equipos de topógrafos buscan sitios propicios para la construcción de las nuevas bases, que una vez concluidas formarán el anillo exterior de fortificaciones que se extenderá hasta Waziristán, en Paquistán.

La clave para mantener el control del Talibán sobre Qandahar es un gran complejo construido en el interior del aeropuerto principal, ubicado aproximadamente a 30 kilómetros de la ciudad, que está siendo ampliado. La zona fortificada que rodea al aeropuerto ya formaba un perímetro defensivo de importancia, construido por los soviéticos durante los ochenta, cuando resistió los ataques de los mujaidines, incluyendo los que fueron "seguidos" por unidades paquistaníes que pelearon en las filas de los mujaidines cuando éstos fracasaron en su intento de asalto. El proyecto de expansión y remozamiento emprendido por bin Laden es impresionante. Las pistas han sido repavimentadas, reforzadas y ampliadas, de manera que puedan servir para el aterrizaje de los aviones de carga más grandes, de modelo reciente. Los principales complejos fortificados han sido reparados. Un complejo de cerca de 300 casas, escondidas detrás de muros y árboles, quedó concluido en el otoño de 1998. El complejo se encuentra ya habitado y protegido por un gran número de guardias armados, que impiden la entrada de personas no autorizadas aun a sus alrededores.

Bin Laden está construyendo bases estratégicas clandestinas para su propio uso, refugios excepcionalmente bien fortificados en las barrancas y las montañas ubicadas al este de Qandahar. Durante la guerra, la resistencia tenía muchas instalaciones clandestinas de importancia en ese sitio. Las ubicadas en las alturas de Toba, desde donde existe un pase montañoso que conduce a Quetta, Paquistán, resistieron exitosamente innumerables bombardeos y ataques de comando de las fuerzas soviéticas y de la República Democrática de Afganistán. En los años setenta, los soviéticos planearon la construcción de instalaciones subterráneas similares entre Qandahar y Chaman (Paquistán) para los rebeldes baluches, que también resistieron gran cantidad de ataques de las fuerzas armadas de Paquistán. Ese gran número de instalaciones subterráneas, que incluyen antiguos sitios remozados y otros recién construidos, constituyen uno de los núcleos de mayor importancia del imperio terrorista de bin Laden: su propio refugio para casos de emergencia, y un sitio clave para ocultar sus armas de destrucción masiva. Bin Laden utiliza actualmente algunas de esas instalaciones secretas. Su convoy, de veinte o más vehículos negros todo-terreno, con vidrios polarizados, suele surgir de algún oscuro paso montañoso en la noche y dirigirse a su complejo en la ciudad y/o al bien fortificado bastión localizado cerca del aeropuerto.

La reconstrucción de Qandahar, realizada bajo la supervisión de bin Laden, constituye el único proyecto de su tipo en el país, tras más de dos décadas de sufrir una guerra fraticida y extremadamente cruel. Los funcionarios paquistaníes reconocen que bin Laden tomó la iniciativa de remozar Qandahar, lo que demuestra que entiende la importancia de ganarse los "corazones y voluntades" de la población civil.

En el Afganistán gobernado por el Talibán se trata de una empresa increíblemente difícil, debido a las estrictas reglas islamitas, como la prohibición de la música y otras formas de entretenimiento impuesta por el Talibán a una población urbana tradicionalmente libre.

Bajo la supervisión de capataces árabes y paquistaníes, un laberinto de andamios ha surgido en todo Qandahar desde mediados de 1997. Los proyectos de construcción se han convertido en la principal fuente de empleos en el área de Qandahar y han mejorado el nivel de vida promedio de la ciudad. Los sistemas de agua potable y drenaje fueron reparados en 1997 y, por primera vez en una década, la población pudo disfrutar de agua potable. Hacia el otoño de 1998, el suministro de energía eléctrica había sido restaurado en la mayor parte de la ciudad.

Bin Laden prevé la construcción de un nuevo centro comercial en Qandahar, que consiste de un complejo de mercados, de proporciones monumentales, según estándares europeos y de Medio Oriente, aledaño al área del bazar principal de la ciudad, además de una enorme mezquita y edificios religiosos construidos en el lugar donde se encontraba el viejo cine de la ciudad (destruido y prohibido por el Talibán). Bin Laden también está reconstruyendo un barrio de Qandahar que servirá como zona residencial para la élite del Talibán. El primer edificio localizado en esa área era su propia casa, un gran edificio de piedra dotado de una torre de vigilancia y rodeado por un muro muy alto, ubicado al lado del edificio del Ministerio del Exterior. Además está cercana la conclusión de las obras de un complejo residencial construido de acuerdo con el estilo de los sauditas de clase alta. Ese complejo incluye muchas casas escondidas detrás de muros y rematadas con almenas en color rosa y verde. Sobre la puerta se encuentra una inscripción árabe con el verso del Corán: "Recuerda a Alá en todo momento". Bin Laden le ofreció ese complejo al mullah Omar como regalo de bodas, pero sólo viven allí las dos esposas de Omar y sus hijos. Para reforzar su carácter mítico-religioso, el mullah Omar vive en un palacio decimonónico anexo a la mezquita más importante de Qandahar, donde se conserva una reliquia del manto del Profeta Mahoma. Bin Laden también se encargó de remozar la mezquita y el palacio.

Tras el ataque de los misiles crucero de Estados Unidos, bin Laden ha comenzado a construir un nuevo centro de mando y control para las operaciones del terrorismo internacional, lejos de la frontera con Paquistán. El nuevo cuartel está siendo construido en un sistema de cuevas naturales en las montañas Pamir, en la provincia de Kunduz, cerca de la frontera con Tadjikistán. Se presta especial atención a la protección del nuevo centro contra espionaje y bombardeos. Los expertos paquistaníes lo consideran "inexpugnable" a todas las formas conocidas de espionaje y ataque. Bin Laden escogió ese sitio porque: 1) se encuentra cerca de la frontera con Tadjikistán, sitio en que se encuentran destacadas las fuerzas rusas, que Estados Unidos no se atreverían a atacar por miedo a una respuesta de Rusia; y 2) el lugar le proporciona más seguridad en tiempos de emergencia debido a la presencia de los servicios de inteligencia iraníes en Tadjikistán, factor que constituye un sistema de apoyo que le permitiría abandonar Afganistán si fuera necesario. De acuerdo con el ritmo actual de construcción, y si no se presenta un accidente de importancia, los nuevos cuarteles entrarán en operación durante la primera mitad del año 2000.

Desde su cueva, bin Laden supervisa una intrincada red de entidades financieras, tanto las que le pertenecen como las que aportan recursos al movimiento islamita. También administra los recursos que el movimiento Talibán posee en el exterior. No hay una diferencia clara entre "Osama bin Laden y Cía." y "Zawahiri y Cía."; en vez de ello, bin Laden mantiene una compleja red de "compañías", sociedades y otras entidades que interactúan entre sí y que pertenecen a otro nivel de entidades financieras internacionales aún más grandes, de manera que la participación de bin Laden en dichas inversiones no pueda ser descubierta. El sistema financiero de bin Laden, tanto el suyo como el del movimiento islamita, comprende muchos núcleos interrelacionados.

El primero de ellos es el Triángulo Amsterdam-Anvir-Luxemburgo (Anvir se encuentra en Bélgica). Las contribuciones y otras transacciones de los estados del Golfo Pérsico son lavadas en ese grupo. Las contribuciones de individuos y "otras entidades" de la Península Árabe son recabadas por dos redes financieras independientes, una controlada por hombres de negocios de Kuwait y la otra por empresarios de Qatar. Estas redes envían el dinero a través de los bancos a cuentas en Londres. Desde ese sitio, los recursos son transferidos a un grupo de cuentas en el Triángulo y distribuidos por medio de una red de compañías con sede en Luxemburgo (sociedades anónimas), que utilizan el dinero. La pieza fundamental del Triángulo es una empresa controladora, o *holding,* con sede en Luxemburgo y registrada bajo el nombre de algunos hombres de negocios y abogados de los estados árabes del Golfo Pérsico. La empresa controladora tiene participación en una multitud de compañías, administra inversiones, bienes raíces, transportes marítimos, compañías comerciales y empresas agrícolas. A su vez, dichas compañías operan en Asia, África y América Latina. En ciertos casos, algunos hombres de negocios europeos administran, quizá sin saberlo, las operaciones de esas compañías de Luxemburgo que aparecen como propiedad de bufetes de abogados locales. Las diversas actividades de dichas compañías incluyen inversiones en bienes raíces, transportes marítimos, renta de aeroplanos, importaciones, exportaciones, y obras públicas. Amsterdam es otro de los principales centros financieros, donde el dinero queda invertido en compañías locales que operan astilleros y transportes marítimos.

Otro núcleo está localizado en el Lejano Oriente, con sus centros principales en Indonesia y Malasia. El dinero es transferido desde el Golfo Pérsico al Lejano Oriente, nuevamente mediante las redes en Qatar y Kuwait, así como las existentes en Hadhramaut (Yemen) e Italia. En un principio, las actividades de bin Laden, realizadas por medio de compañías islamitas en toda la región, crecieron rápidamente. Sin embargo, aun bin Laden no pudo evitar las repercusiones de la crisis económica que azotó al Lejano Oriente, de manera que comenzó a reducir sus operaciones en el área y a trasladar sus recursos y activos a Luxemburgo, vía Italia.

Otra área de destino de los fondos islamitas es una combinación de las repúblicas ex soviéticas de Asia central, Alemania y algunos países de Europa oriental. El acceso a este grupo de estados, al parecer sin relación unos con otros, fue posible por las relaciones que bin Laden estableció con la mafia rusa, especialmente con las ramas que operan en Qatar y, en menor medida, en Chipre. Lo que comenzó como una serie de tratos sencillos a mediados de los noventa —compra de explosivos y armas para bin Laden en Ucrania, y su introducción ilegal en Qatar y otros sitios— ha derivado en una relación más compleja. La participación de la mafia en la prostitución y la distribución de drogas y alcohol en Qatar y los Emiratos Árabes Unidos, no parecen molestar a los islamitas con quienes hacen negocios. La mafia rusa transfiere los fondos de bin Laden a las áreas en que realiza sus operaciones en Asia central y Europa oriental, donde quedan invertidos en la economía informal. Esa conexión es de especial importancia, debido a la expansión del tráfico de drogas procedentes de Afganistán.

Adicionalmente, bin Laden mantiene intereses en negocios lícitos, lo que contribuye a conservar en funcionamiento las economías de Sudán, Yemen y Afganistán. Para lograr lo anterior, bin Laden realiza depósitos de importancia en los bancos locales, e invierte grandes sumas por medio de empresas "fantasma", sociedades, etcétera, en una amplia variedad de compañías y negocios locales. Gran parte del dinero utilizado para estas actividades proviene en realidad del movimiento islamita. Entre esos recursos, destacan los 500 millones de dólares depositados en el Banco Central de Sudán, que mantienen a la libra sudanesa y garantizan las importaciones del país, así como los 200 millones de dólares depositados en el Banco Central de Yemen, así como otros depósitos realizados a nombre del sheik Zanadani, líder de los islamitas de Yemen. El hijo de Turabi, Issam, maneja los activos financieros de bin Laden en Sudán.

Recientemente, con los avances en el acceso electrónico a los servicios bancarios y las transacciones internacionales, y con la atención mundial cada vez más enfocada en él, bin Laden ordenó la creación de otra red de entidades financieras y comerciales para reducir el riesgo de que descubran y confisquen su dinero. Con base en el sistema bancario europeo, la nueva red "mueve" los recursos por África y América Latina. El dinero de bin Laden está "oculto" en un gran número de instituciones "fantasma", muchas de las cuales son compañías controladoras con importantes participaciones en otras instituciones financieras, comerciales y de bienes raíces en todo el mundo. El nuevo sistema ha sido descrito como "la red global": una red muy compleja, enmarañada, distribuida en muchos niveles, que se extiende por todo el mundo, y en la que el nombre de bin Laden no aparece por ninguna parte. La clase de compañías en que el dinero es invertido finalmente es idéntica a las que conforman el Triángulo original.

Dado que las sumas de dinero procedentes del tráfico de drogas han crecido, bin Laden y la mafia rusa ha creado otra compleja operación de lavado de dinero descrita por alguien que la conoce como "un enorme pulpo que utiliza a algunos políticos de Asia y África, a quienes pagan a cambio una comisión". Esos fondos son utilizados para financiar al movimiento del Talibán y a una serie de operaciones terroristas islamitas. Bin Laden recibe una comisión por dichas transacciones, que son lavadas por la mafia rusa en países distintos a Rusia y Afganistán.

Nadie conoce con certeza la cantidad de dinero que constituye el importe de dichas transacciones. Las estimaciones disponibles y la evidencia fragmentaria son pasmosas. Al intentar hacer un cálculo sobre el valor de esas redes, es prácticamente imposible distinguir entre los fondos islamitas y la fortuna personal de bin Laden. Dado que él ha dedicado su vida y todas sus posesiones a la causa de la jihad islamita, es posible que la distinción no sea necesaria. Los únicos fondos personales que sabemos posee Osama bin Laden son los destinados a sus hijos. Dichos recursos son calculados entre 50 y 100 millones de dólares, y se encuentran en una gran cantidad de cuentas bancarias privadas en Londres, Mónaco y diversas islas del Caribe, todas bajo nombres no árabes. A principios de los años noventa, tan sólo el valor total de los recursos que la red islamita tenía en Occidente eran calculados en 600 millones de dólares. A dicha cantidad habría que sumar una gran cantidad de depósitos e inversiones en Sudán, Yemen, Somalia, Afganistán y Paquistán, que podría sobrepasar los mil millones de dólares. A partir de entonces, las donaciones de los núcleos islamitas de Kuwait se calculan en 200 millones de dólares anuales, y las procedentes de otros países del Golfo Pérsico, Arabia Saudita, Emiratos Árabes Unidos, Qatar, Bahrein y Omán, en otros 400 millones de dólares anuales. Los ingresos del Talibán, procedentes del tráfico de drogas, rondan los ocho mil millones de dólares al año. Bin Laden administra dichos fondos, lava el dinero por medio de la mafia rusa y recibe una comisión de entre 10 y 15 por ciento, lo que significa que percibe un ingreso anual de alrededor de mil millones de dólares. Bin Laden también realiza operaciones de lavado de dinero por medio de la asistencia semi oficial que el Talibán recibe de Paquistán, Arabia Saudita y otros estados del Golfo Pérsico.

Gran parte del dinero es distribuido en la creciente red de organizaciones caritativas y de servicios sociales de los islamitas, incluyendo la recientemente vituperada al-Qaeda. Esa organización fue la primera caridad establecida por bin Laden, y nunca fue más que una especie de "paraguas" que apoyaba a individuos con propósitos similares y sus causas. Tras los atentados de Nairobi y Dar-es-Salaam, al-Qaeda fue presentada en Occidente como una organización terrorista, pero no lo es. Las organizaciones caritativas y de servicios sociales han sacado provecho de la pobreza y desesperación que prevalece en todo el mundo subdesarrollado para constituir sólidas bases de apoyo para las causas islamitas. Dichas entidades conducen a la gente hacia el Islam radical y militante, al proporcionarles comida y servicios médicos y educativos, además de trabajo, vivienda y servicios religiosos. Esa red de organizaciones aparentemente legítimas, también es utilizada para proteger a terroristas islamitas y lavar dinero. Por razones prácticas, como la de evitar problemas con los gobiernos locales, dichas organizaciones permanecen "limpias" desde el punto de vista legal. Entre tanto, la creciente dependencia de amplios sectores de la población respecto de esas organizaciones islamitas, especialmente cuando los gobiernos locales son incapaces de proporcionar dichos servicios, ha enraizado el apoyo hacia los islamitas, que muchos gobiernos no se atreven a desafiar para apoyar la lucha estadounidense contra el terrorismo.

Sin problemas económicos a la vista, desde principios de 1998, bin Laden pudo dedicarse a transformar el Frente Mundial Islámico para la Jihad contra los Judíos y los Cruzados en una poderosa organización terrorista y militar. En primer término, Bin Laden y Zawahiri tuvieron que superar muchos problemas personales y de "ego" entre los diversos partidos agrupados en el Frente. En la primavera, el alto mando del Frente Islámico comenzó a abordar asuntos de mayor importancia, como la estructura de las fuerzas más importantes y el mecanismo de coordinación entre sus miembros, así como con Teherán y el Hezbolá Internacional. Los problemas pendientes fueron resueltos al comenzar el verano de 1998. Bin Laden y Zawahiri revisaron personalmente todos los detalles. Durante ese proceso, Zawahiri se convirtió en el líder que impulsaba la idea de hacer del Frente una entidad operativa. Su reputación entre los líderes y comandantes terroristas islamitas le facilitó los contactos para lograr el éxito en esa tarea. Bin Laden y Zawahiri fueron capaces de reorganizar las relaciones entre las organizaciones miembros del Frente, y de establecer medios de cooperación mutua y coordinación en los ámbitos logístico, organizacional y cada vez más en lo operativo.

Una vez que se obtuvo un sólido apoyo a la idea del Frente Islámico en todo el mundo musulmán, muchas organizaciones clandestinas se unieron a él, sin agregar su nombre a la fatwa original de febrero de 1998. Las organizaciones que anunciaron su incorporación al Frente Islámico fueron la Jihad Islámica Egipcia, el Grupo Armado Egipcio, la Sociedad de Estudiosos de Paquistán, el Movimiento Partisano de Cachemira, el Movimiento Jihad en Bangladesh, y el ala militar afgana de la comisión "Consejo y Reforma", encabezada por bin Laden.

El acontecimiento más importante fue la creación de un mecanismo que permitiría formular estrategias de largo plazo y coordinar operaciones a escala mundial para todas esas organizaciones y entidades. El Frente Islámico estableció un consejo *shura* (consultivo) compuesto por los líderes más importantes de las entidades que integraban el Frente. El shura es dirigido por bin Laden, con Zawahiri como supremo comandante militar. El surgimiento de un centro de mando unificado incrementó la efectividad de las fuerzas de que disponía el Frente Islámico. La armonía teológico-ideológica, que había sido lograda hacía mucho tiempo entre esas organizaciones, se había convertido en un mecanismo de cooperación militar. La colaboración de los estados que patrocinaban al Frente —Irán, Paquistán y Sudán— se ha hecho patente en la creciente "profesionalización" de dichas entidades, particularmente en el ámbito financiero y organizacional, y en la adopción de mejores prácticas clandestinas y de comunicación.

Se gastó mucho dinero para realizar dichos cambios. Bin Laden supervisó el lavado y distribución de los fondos y su carácter de autoridad religiosa también resultó de importancia para el logro de esos objetivos. Sin embargo, fue Zawahiri quien formuló e instrumentó la configuración organizativa en el aspecto militar y terrorista. A principios del verano de 1998, desaparecieron las diferencias existentes sobre la transformación del Frente Islámico en una entidad operativa. Toda la evidencia disponible nos hace pensar que se ha dado cumplimiento voluntario, por parte de las organizaciones involucradas, a las decisiones tomadas en Afganistán. La estructura de mando y las responsabilidades de los comandantes más importantes han sido definidas y reconocidas por todos. El nuevo sistema logístico y financiero ha sido reorganizado y opera normalmente. El Frente Islámico ha pasado de su fase constitutiva y de organización a una etapa plenamente operativa. Los viajes constantes de individuos y emisarios por Europa y entre Europa y Medio Oriente, sugieren que se están creando las condiciones para la coordinación de operaciones en el futuro. Dichos preparativos han sido realizados de acuerdo con el decreto de bin Laden que establece que "los estadounidenses, militares o civiles, se convertirán en el blanco de ataques armados". Bin Laden y Zawahiri han pedido a sus comandantes que elaboren tácticas "para seguir a los estadounidenses y atacar sus intereses" en sus propias áreas de operación.

En el otoño de 1998, las fuerzas del Frente Islámico fueron organizadas en tres niveles. En el centro estaban bin Laden, Zawahiri y un núcleo de seguidores leales, tanto comandantes como pequeños grupos de mujaidines. Estos mujaidines fueron desplegados como guardias personales de bin Laden, Zawahiri y Taseer Abdallah; también constituyen células independientes en todo el mundo. El segundo nivel está compuesto las diversas organizaciones que constituyen el Frente Islámico. En ese nivel, los cuadros operativos y administrativos responden a su propia estructura de mando, que a su vez ha sido integrada a un sistema global. El hecho de que bin Laden no se adjudique la responsabilidad de las operaciones, sino que alienta a que lo hagan entidades locales que se identifican con nombres falsos — como el Ejército Islámico para la Liberación de los Lugares Sagrados, utilizado en África oriental— le ha permitido granjearse la simpatía de los comandantes locales, que no consideran a bin Laden o a Zawahiri como un peligro para su posición personal. El tercer nivel está compuesto de muchos árabes y otros "afganos" que militan en las filas de otros grupos pero que mantienen contacto estrecho con sus antiguos camaradas. Estos "afganos" y la generación más reciente de seguidores locales han demostrado su compromiso ideológico y su voluntad de unirse a las causas islamitas, sin importar su afiliación. Las redes de seguidores de bin Laden, organizadas y directamente controladas, son muy fuertes en Afganistán, Paquistán, Sudán, Yemen, Somalia, Bosnia-Herzegovina, Tadjikistán, Chechenia, Albania y muchos estados del Golfo Pérsico. Existen células poderosas y pequeñas redes terroristas en casi todo Medio Oriente, Europa occidental y Estados Unidos. En total, unos cuantos miles de terroristas, seguidores y voluntarios, se encuentran bajo el mando de bin Laden y Zawahiri en cualquier momento.

De acuerdo con fuentes árabes, los servicios de inteligencia de Estados Unidos han informado a los gobiernos conservadores árabes que la organización de bin Laden, el Frente Islámico, "es una coalición informal de ex mujaidines afganos de diversas nacionalidades, incluyendo egipcios, jordanos, palestinos, libaneses, gente procedente del Golfo Pérsico, argelinos, paquistaníes y afganos, así como musulmanes de otros lugares, incluyendo Estados Unidos". Los informantes estadounidenses han destacado que la mayor parte de las fuerzas de bin Laden "tienen su base permanente en Sudán, Yemen, Etiopía y Somalia, así como en Paquistán y Afganistán". Una nueva generación de mujaidines se prepara en muchos campos de entrenamiento, especialmente al este de Afganistán y Paquistán. Un árabe que visitó recientemente Afganistán pudo ver, en un grupo de campos, cerca de 5 000 reclutas de entre 16 y 25 años de edad, que vienen de prácticamente todos los rincones del mundo. Los más dotados son asignados a los Batallones de Martirio (suicidio) de la Internacional Islámica (Armada). Se llaman a sí mismos "bombas humanas", y han sido adiestrados para llevar a cabo operaciones espectaculares en todo el mundo, en nombre de las causas islámicas. "Están allí para librar una guerra de jihad global, y están dispuestos a combatir en cualquier frente, cuando sea necesario", señaló el observador. La próxima vez que estos mártires ataquen, es posible que lleven consigo armas de destrucción masiva.

Toda la fuerza de mujaidines bajo las órdenes de Osama bin Laden incluye más de 10 000 combatientes entrenados. En el otoño de 1998, el estatus de esa fuerza quedó fortalecido con la adición de la élite del Talibán. Bin Laden y el Talibán unieron sus fuerzas luego de que ambos grupos defendieron exitosamente la ciudad de Kabul ante un enemigo que los superaba en número, y derrotaron a las fuerzas de Ahmad Shah Massud en Bamyan, donde los árabes "afganos" fueron la punta de lanza para la toma de la "Ciudad Ho Chi Minh", el centro fortificado de Massud en las montañas Hindu Kush, cerca de Bamyan, un centro que había retenido contra los repetidos ataques del ejército de la República Democrática de Afganistán a finales de los ochenta. El núcleo de las fuerzas de bin Laden está constituido por 3 000 árabes "afganos". A principios de noviembre, los servicios de inteligencia egipcios estimaron que el número de árabes "afganos" era de 2 830: 594 egipcios, 410 jordanos, 291 yemenitas, 255 iraquíes, 177 argelinos, 162 sirios, 111 sudaneses, 63 tunecinos, 53 marroquíes y 32 palestinos, además de los procedentes de otros estados del Golfo. El resto de los combatientes provienen de Paquistán, Bangladesh, Tadjikistán, Uzbekistán, Chechenia y otros países. Todos ellos son leales a bin Laden, así como a sus causas panislámicas y a sus propias causas nacionales. Un creciente número de mujaidines ha aparecido en frentes de la jihad en todo el mundo, especialmente en Kosovo y Cachemira.

La creciente notoriedad del Frente Islámico de bin Laden y la creciente solidaridad con él y su mensaje tras el ataque de los misiles crucero estadounidenses contra Sudán y Afganistán, no caen en oídos sordos en los estados que lo patrocinan, como Paquistán. Los recientes acontecimientos sólo han servido para reforzar las relaciones que existen con bin Laden. Por ejemplo, Osama bin Laden tiene un acuerdo con el ISI, establecido en la primavera de 1988, por el que su gente se compromete a llevar ataques terroristas espectaculares en el corazón de India bajo la bandera de "campañas" y "organizaciones" antisraelíes y antiestadounidenses, a cambio del apoyo, la protección y el patrocinio de Paquistán. Este acuerdo permite que el ISI ataque a India y pueda negar cualquier participación.

El ISI ayuda activamente a bin Laden en la expansión de la infraestructura islamita en India. Las cintas con propaganda que se distribuyen entre la población musulmana de India son muy efectivas. En dichas cintas, bin Laden y otras autoridades islamitas señalan que India, junto con Estados Unidos e Israel, son los principales enemigos del Islam. Los principales canales de distribución de la propaganda islamita son las instituciones manejadas por la caridad religiosa Ahl-i-Hadith, que está asociada con la organización islamita Lashkar-i-Tuiba, de Cachemira. Bajo el mando de Abdul Karim Tunda, la Lashkar-i-Tuiba ha sido responsabilizada de numerosos atentados en Nueva Delhi. Por otra parte, bin Laden tiene células de importancia en las ciudades del sur, en Bangalore y Hyderabad, que apoyan la causa de Cachemira, principalmente la Harakat ul-Ansar, organización islamita financiada por Paquistán que participa activamente en la jihad en Cachemira y adiestra mujaidines para la jihad en frentes de todo el mundo. La propaganda distribuida por estas células también destaca la importancia de las otras jihad islamitas en diversas partes del mundo. Estas actividades son financiadas por medio de algunas de las organizaciones "humanitarias" de bin Laden.

El ataque estadounidense contra los campos del ISI en el área de Khowst, sólo sirvió para darle una excusa y motivación a la escalada terrorista. Por ejemplo, el emir Bakht Zamin, supremo comandante de al-Badr Mujaidín, un grupo cachemiro financiado por el ISI con sede en Muzaffarabad, Paquistán, destaca el carácter islámico de su organización. "En cualquier parte del mundo donde los musulmanes sean reprimidos, desde Argelia hasta Kosovo y desde Palestina hasta Egipto o Cachemira, libramos la batalla por la justicia y la igualdad", explicó recientemente. Al-Badr Mujaidín, y por lo tanto el ISI, apoya al Grupo Armado Islámico Argelino y la al-Jamaah al-Islamiyah de Egipto, y sus campos de adiestramiento en Paquistán albergan "una brigada musulmana internacional" que incluye voluntarios árabes. Zamin respalda y apoya la jihad declarada por bin Laden. Hace hincapié en que el reciente ataque estadounidense, que también tuvo como blanco el sitio de adiestramiento de al-Badr en Afganistán, sólo ha servido para reforzar su convicción sobre la importancia de la jihad contra Estados Unidos. "Bin Laden está en lo correcto al pelear por la retirada de las tropas estadounidenses de los lugares sagrados en Arabia Saudita. Clinton está involucrado en un escándalo sexual", declaró Zamin, "y por eso bombardeó Afganistán y Sudán, con la esperanza de conservar su trabajo. Es Estados Unidos quien nos obliga a hacer la guerra."

Islamabad no tiene razón alguna para evitar sacar provecho de esos sentimientos y para intensificar la guerra de baja intensidad contra India, detrás de la cubierta que le proporcionan bin Laden y su jihad islamita. En el otoño de 1998, la combinación de la creciente notoriedad de bin Laden y de los ataques estadounidenses contra las bases del

ISI en Khowst, hicieron que resultara lógico que el ISI apoyara a bin Laden para vengar a las víctimas de Khowst. La intensificación de la lucha islamita por Cachemira también resulta atractiva para el Talibán. Rashid Karimov, jefe del Departamento Asia-Pacífico del Instituto de Estudios Estratégicos de Moscú, señaló que "los líderes del Talibán, envalentonados por sus recientes éxitos militares en Afganistán, muy probablemente consideran la posibilidad de expandir sus horizontes más allá de sus propias fronteras". Recientemente, los líderes del Talibán han pedido que se inicie "una guerra santa por la victoria del Islam en India y Asia central". Bin Laden es un aliado natural en esa jihad regional. Por otra parte, su notoriedad casi mítica ha creado expectativas entre los islamitas de Cachemira. "Bin Laden vendrá y expulsará al ejército indio de Cachemira", es una opinión generalizada entre los islamitas de Cachemira.

Desde septiembre de 1998, la prevista agudización del terrorismo islamita patrocinado por Paquistán en Cachemira, ha sido asociada con bin Laden. Por ejemplo, Ghulam, comandante de Harakat al-Ansar (ahora llamado Harkat-ul-Mujaidín) en Srinagar, Cachemira, que fue entrenado en el campo de Badr, en Khowst, ha declarado su lealtad hacia bin Laden. "Nuestro 'padre' bin Laden ha enviado hermanos desde Afganistán para librar la jihad", explicó. Recientemente, el ISI ha adaptado sus esquemas organizativos para reforzar el "nuevo carácter" de la guerra en Cachemira. De particular importancia es el surgimiento de la organización Taliban-i-Kashmir, que evidentemente es una organización terrorista islamita cachemira con base en Afganistán, cuya existencia garantiza que un creciente número de terroristas afganos, paquistaníes y árabes "afganos" se unirán a las filas de las fuerzas de liberación nacional de Cachemira. Estos extranjeros son principalmente islamitas que pelean por una causa sagrada, no mercenarios reclutados por el ISI a mediados de los noventa. Existe evidencia de que bin Laden cuenta con apoyo popular entre las filas de los terroristas islamitas que pelean en Cachemira. Por ejemplo, el primero de noviembre, las autoridades de seguridad de India se enfrentaron a un destacamento bien equipado de Harkat-ul-Mujaidín que intentaba cruzar la frontera desde Paquistán, en el área de Poonch. En los bolsillos de cuatro de los terroristas que resultaron muertos, los indias encontraron por primera vez las fotografías de bin Laden, junto con los tradicionales ediciones de bolsillo del Corán y un libro sobre guerra de guerrillas.

La participación abierta en la guerra islamita contra India de un "architerrorista", imagen popular que se tiene de bin Laden, permite que el ISI pueda negar su participación, que supera por mucho el simple fomento de la guerra en Cachemira. Para Paquistán, dar refugio y financiamiento a los ataques islamitas contra blancos estadounidenses e israelíes no es un precio demasiado alto, a cambio de explotar el compromiso de los islamitas por alcanzar los objetivos estratégicos de Paquistán. Los acuerdos entre Osama bin Laden y el ISI, en que el Frente Islámico Mundial llevaría a cabo ataques terroristas espectaculares en India, principalmente contra objetivos judío/israelíes y estadounidenses, en nombre del ISI, a cambio de su apoyo, resultan particularmente atractivos para Islamabad. Este tipo de relación no tiene un carácter único, pero presagia la manera en que se desarrollarán los acontecimientos conforme se incrementa la confrontación entre el Occidente liderado por Estados Unidos y el Eje del Islam. El terrorismo internacional se convertirá en el arma estratégica favorita para más y más estados que se encuentren sitiados por la occidentalización y entrampados por el choque con su cultura.

Simultáneamente, ha tenido lugar una diversificación e intensificación de las actividades islamitas en el corazón del Occidente —Europa occidental, Estados Unidos y Canadá— no sólo en lo que hace al apoyo a los atentados terroristas, sino también con el fin de acelerar la "erosión" de los valores occidentales. Los arrestos de supuestos afiliados a Osama bin Laden en Estados Unidos y Europa occidental, tras los atentados en África oriental, pusieron en evidencia la magnitud y diversidad de sus redes. En Estados Unidos, por ejemplo, un ex secretario personal de bin Laden, el libanés Wadih El Hage, fue descubierto en Arlington, Texas, administrando una tienda de neumáticos, mientras otros operarios —el egipcio Ali Mohamed— prestaban sus servicios en el cuerpo de élite del ejército de Estados Unidos: los Boinas Verdes. Mamduh Mahmud Salim, un asistente sudanés de bin Laden, fue arrestado cuando visitaba a un amigo en Munich, Alemania, y extraditado a Estados Unidos a mediados de diciembre. Muchos de los activos que fueron embargados por las fuerzas de seguridad en todo el mundo, se relacionaban con las redes de apoyo, como al-Qaeda y al-Kifah, ésta última con base en Estados Unidos, que fueron creadas durante los años ochenta con el fin de apoyar la jihad afgana. A pesar de que el arresto de muchos supuestos lugartenientes de bin Laden y la persecución de otros, sin lugar a dudas, provoca una disrupción en las actividades terroristas, una nueva generación de redes se encuentra ya en operación en todo Occidente, en áreas que normalmente no son asociadas con el terrorismo islamita.

Los niveles de apoyo y administración de las nuevas redes islamitas trabajan en conjunto con el crimen organizado. Lo que comenzó como una participación activa en el narcotráfico, alentada por los servicios de inteligencia de Irán como un instrumento efectivo para obtener recursos y pasar inadvertidos ante Occidente, se ha convertido en una larga lista de actividades criminales, que incluye la prostitución, algo increíble si tomamos en cuenta la obsesión del Islam sobre la conducta de las mujeres y su prohibición de tener relaciones sexuales fuera del matrimonio. Las nuevas redes islamitas obtienen fondos para su operación en los lugares en que se encuentran mediante la venta de drogas, el lavado de dinero y la diseminación de billetes de cien dólares hábilmente falsificados, impresos en Irán, y proporcionan servicios de apoyo e inteligencia a los equipos operativos terroristas cuando se despliegan en sus localidades. Las redes de prostitución, que utilizan principalmente a mujeres bosnias y norafricanas, permiten que los islamitas penetren en los segmentos de la alta sociedad de Occidente, que se encuentran más allá del alcance de los islamitas o incluso de los musulmanes ordinarios. No es una coincidencia que uno de los principales centros de control de esas redes se encuentre en Anvers, Bélgica, que también es el centro del imperio financiero clandestino de bin Laden.

Las operaciones de estas redes tienen lugar de manera encubierta en el seno de la intrincada red del crimen organizado, un ambiente que de por sí procura ocultarse de las autoridades persecutoras de delitos. Este sistema de múltiples niveles de seguridad incrementa las posibilidades de que los islamitas logren una mayor sorpresa cuando lanzan una operación espectacular de importancia en Occidente. La participación en actividades criminales y promiscuas parece debilitar el compromiso islamita de los participantes. Un grupo de fatwas especiales emitidas por las luminarias islamitas autorizan esas actividades altamente irregulares y aparentemente antislámicas, porque también contribuyen a la destrucción de la civilización y sociedad occidentales. Las fatwas islamitas sunnitas se basan en y se derivan de previas sentencias emitidas por las cortes chiítas, en conexión con las operaciones de Hezbolá y la inteligencia iraní. La lógica que existe detrás de esas actividades fue desarrollada a mediados de los años ochenta, en la fatwa original del Hezbolá sobre la distribución de drogas. "Hacemos estas drogas para Satán (Estados Unidos y los judíos). Si no podemos matarlos con nuestras armas entonces los mataremos con nuestras drogas." Estas actividades islamitas sunnitas y fatwas constituyen otra prueba de la creciente influencia de Teherán en el movimiento terrorista islamita sunnita. Pero justo cuando las autoridades legales de Occidente han comenzado a desmantelar uno de los componentes de la infraestructura clandestina islamita en Occidente, otra red más compleja, más siniestra y subrepticia entra en acción.

Osama bin Laden ha terminado de elaborar los planes de respaldo para el caso de que el Talibán dé marcha atrás a su hospitalidad. El principal problema de bin Laden en Afganistán no estriba en la amenaza de ser extraditado por el Talibán a Estados Unidos, ni de entrar en conflicto con los líderes del movimiento. Bin Laden mantiene relaciones muy estrechas con los líderes iraníes y, como miembro del Comité Tripartita desde su unción en el verano de 1996, responde al jefe de la inteligencia iraní. A principios de septiembre de 1998, la crisis entre Irán y el Talibán sobre la matanza de nueve diplomáticos iraníes y 4 000 afganos chiítas, efectuada en agosto, durante los combates en el norte de Afganistán, estuvo muy cerca de desembocar en una guerra entre Irán y el Talibán. A pesar de que bin Laden trató de mediar entre Kabul y Teherán, la crisis resultante ha debilitado su capacidad de operar justo en el momento en que una mayor escalada terrorista está a punto de ser desatada.

El 31 de agosto de 1998, antes de que la crisis alcanzara su punto más candente, Hassan al-Turabi abordó al vicepresidente de Irak, Taha Yassin Ramadan, que se encontraba de visita en Jartum, y le preguntó si bin Laden podía mudar su cuartel general y sus operaciones a Irak. Ramadan respondió inmediatamente con un inequívoco "sí", y bin Laden fue notificado unas horas después. Bin Laden tiene relación con la inteligencia iraní desde 1993, cuando desempeñó un papel de importancia en los preparativos y dirección de las operaciones islamitas en Somalia, en que fuerzas especiales de iraquíes y árabes "afganos", entrenados por la inteligencia iraquí, también tomaron parte. En junio de 1994, bin Laden se entrevistó en Jartum con Faruq al-Hijazi, que entonces era director del Departamento de Inteligencia Iraquí, y que actualmente dirige todo el aparato de inteligencia de Irak. Turabi sirvió como mediador en esa reunión, con la esperanza de que pudieran formular una estrategia conjunta contra los regímenes prooccidentales de Arabia. Sin embargo, los iraquíes estaban preocupados por el compromiso islamita y los contactos estrechos de bin Laden con Teherán, y la reunión no derivó en un esquema de cooperación práctica.

Recientemente, la actitud general de Bagdad hacia el islamismo militante ha cambiado. Conforme se agudizó la crisis de Irak, Bagdad ha acogido a los islamitas —una combinación de árabes "afganos" y exmiembros de la Hermandad Musulmana— debido a una serie de consideraciones prácticas. Saddam Hussein requiere de su compromiso antichiíta para equilibrar el renacimiento chiíta en el sur. Su ideología islamita también sirve para contener el nacionalismo kurdo. En las zonas árabes sunnitas de Irak, los islamitas han desarrollado programas de servicio social para aliviar el sufrimiento del pueblo de Irak, resultado de las sanciones de las Naciones Unidas, distribuyendo comida, medicina, ropa y dinero al creciente número de iraquíes que asisten a sus lecciones de religión en las mezquitas. Estas actividades son financiadas por las organizaciones humanitarias de Osama bin Laden. Los islamitas —barbados y vistiendo sus trajes especiales, que son una combinación de las tradicionales vestimentas árabes y de uniformes camuflados parecidos a los utilizados por los militares— comenzaron a mediados de los años noventa con unas cuantas mezquitas en al-Fallujah, cerca de 90 kilómetros al oeste de Bagdad, y en Mosul, Kurdistán; hoy en día pueden ser vistos en casi todo Irak, especialmente en Bagdad, pero también en lugares como al-Azamiyah, en el asentamiento al-Rasafah, al-Fallujah, Mosul; al-Nasiriyah y al-Ramadi. Debido a su cercanía con Arabia Saudita, algunos de estos árabes "afganos" consideran que su presencia en Irak es más importante que en Afganistán.

El desarrollo del acercamiento iraní-saudita, en la primavera de 1998, ocasionó que Turabi reavivara sus esfuerzos por mediar entre Saddam Hussein y bin Laden. Bagdad quedó impresionado por el compromiso antiestadounidense que mostraron los islamitas durante la crisis entre Estados Unidos e Irak. Turabi estaba preocupado por la promesa que Teherán hizo a Riad de detener el terrorismo y la subversión contra los regímenes árabes y comenzó a buscar un sistema de apoyo alternativo en el caso de que tuviera que enfrentarse a la Casa de al-Saud. Como consecuencia de lo anterior, dos de los más importantes comandantes militares de bin Laden, Muhammad Abu-Islam y Abdallah Qassim, visitaron Bagdad entre el 25 de abril y el primero de mayo para sostener encuentros con la inteligencia iraquí. La importancia que Bagdad atribuía a esos contactos quedó de manifiesto al concertar un encuentro con Qusay Hussein, el hijo de Saddam, que es ahora responsable en materia de inteligencia y estuvo involucrado personalmente tanto en la aportación iraquí a la operación en Somalia como en la cooperación en materia de inteligencia con Irán. Ambas partes quedaron muy satisfechas por los resultados de las negociaciones. ⅄

Uno de los primeros resultados concretos de dichos encuentros, fue que Bagdad aceptó adiestrar a una nueva red de terroristas y operarios de la inteligencia islamita, de entre los seguidores de bin Laden que aún se encontraban en Arabia Saudita. Esos nuevos reclutas recibieron pases fronterizos especiales, emitidos por la inteligencia iraquí, que les permitían viajar a Irak sin pasaporte o cualquier otro documento. El primer grupo de islamitas sauditas cruzó la frontera a mediados de junio para asistir a un curso de cuatro semanas en el campo de adiestramiento de al-Nasiriyah. Muchos de ellos recibieron capacitación en tareas de inteligencia: cómo reunir información sobre los blancos estadounidenses y planear los ataques. Los demás sauditas fueron organizados para crear una red de contrabando de armas y explosivos de Irak a Arabia Saudita. Este grupo regresó a Arabia Saudita y se encuentra operando, toda vez que ha logrado pasar los primeros cargamentos de armas y explosivos. Poco después, en el verano, un segundo grupo de once sauditas recibió entrenamiento durante un mes en las técnicas de guerrilla más sofisticadas. Para entonces la inteligencia iraquí previó una pronunciada expansión en el entrenamiento de islamitas sauditas, toda vez que asumió el control de dos campos de adiestramiento que habían sido utilizados anteriormente para capacitar a los iraníes de la Mujaidín-ul-Khalq.

Bin Laden trató de consolidar rápidamente la cooperación con Saddam Hussein. A mediados de mayo, Ayman al-Zawahiri viajó clandestinamente a Irak. Se entrevistó con importantes funcionarios iraquíes, incluyendo a Taha Yassin Ramadan, para discutir los aspectos prácticos de la creación de la base de bin Laden en Irak, la expansión del entrenamiento de sus mujaidines, y una estrategia conjunta para la jihad antiestadounidense en el mundo árabe y el norte de África. Bagdad se mostró particularmente dispuesta a ayudar, condicionando su apoyo a la promesa de bin Laden de no incitar a la Hermandad Musulmana Iraquí a establecer un estado islamita en Irak; en otras palabras, a no conspirar contra el régimen de Saddam Hussein. Durante su estancia en Irak, Zawahiri también fue llevado a visitar un sitio que podía albergar el cuartel general de bin Laden, cerca de al-Fallujah, y los campos de adiestramiento de terroristas administrados por la inteligencia iraquí. En al-Nasiriyah presenció el entrenamiento que se proporcionaba a los islamitas sauditas. En nombre de Osama bin Laden, Zawahiri asumió la responsabilidad de manejar un campo de adiestramiento en el desierto de al-Nasiriyah, creado por los servicios de inteligencia de Irak, alrededor de 1997, para terroristas de Arabia Saudita y los estados del Golfo. Este acontecimiento de carácter simbólico señala el reconocimiento de Bagdad a bin Laden como la "autoridad local" en su lucha contra la presencia e influencia estadounidense en la Península Árabe.

La importancia estratégica de las relaciones entre bin Laden y Bagdad, independientemente de que decida trasladarse a Irak o no, reside en el odio de Saddam Hussein por la Casa de al-Saud. Si bin Laden decide atacar a la Casa de al-Saud en vez de los blancos estadounidenses en Arabia Saudita, a pesar de la posición adoptada por Teherán e Islamabad, Bagdad le proporcionaría todo el apoyo que le fuera posible. Hasta el momento, bin Laden no ha mostrado ningún interés en violar la estrategia formulada en Teherán. De cualquier manera, la sola existencia de una opción "iraquí" alarma a Riad. Entretanto, Bagdad sólo se contentará con ayudar a bin Laden a atacar cualquier objetivo estadounidense en cualquier parte del mundo, incluso con armas de destrucción masiva.

Los terroristas islamitas no llegaron fácilmente a la idea de utilizar armas de destrucción masiva. El terrorismo internacional busca un medio para realizar un golpe terrorista súper espectacular. Existe la urgencia, entre los estados que patrocinan el terrorismo, de atacar el corazón de Occidente —especialmente a Estados Unidos— con el fin de aterrorizar a los estadounidenses y a sus aliados. El caso del vuelo 800 de TWA sirvió como parteaguas por la determinación de Washington, y en gran medida por su capacidad de eliminar las explicaciones sobre "terroristas" y hacer surgir teorías de "fallas mecánicas". Con el fin de evitar esa opción, los estados que apoyan las actividades terroristas deben planear golpes tan importantes que Occidente no pueda simplemente ignorarlos. Aumenta la tentación de utilizar armas de destrucción masiva —químicas, biológicas y radioactivas— para asegurarse de que han llamado la atención. Los precedentes recientes en Tokio (uso de armas químicas) y Moscú (los chechenos utilizaron material radioactivo) significan que los límites de contención han sido cruzados impunemente, lo que aumenta la confianza de los terroristas.

El mismo bin Laden se refirió a la necesidad de incrementar el nivel de los ataques contra Estados Unidos, incluyendo la utilización de armas terribles, muy probablemente armas de destrucción masiva.

"Creíamos que los atentados de Riad y al-Khobar constituían una señal suficiente para la gente inteligente que toma las decisiones en Estados Unidos, en el sentido de que deben evitar una verdadera batalla entre la nación del Islam y las fuerzas estadounidenses, pero parece que no entendieron esa señal", declaró bin Laden a Abdul-Bari Atwan, el editor del periódico *al-Quds al-Arabi*. "Los militares saben que los preparativos para las operaciones de importancia toman tiempo, a diferencia de las operaciones menores. Si queremos realizar acciones menores, podemos hacerlo sin dificultad. Pero la naturaleza de la batalla demanda operaciones de un tipo específico que puede causar un impacto en el enemigo, y esto, desde luego, demanda una preparación excelente." La única conclusión que puede derivarse de esta declaración es que el siguiente atentado será tan terrible que Washington no tendrá otra opción que comprender el mensaje.

No son balandronadas. En los últimos meses, el Movimiento Islámico Armado se ha venido preparando para lanzar golpes terroristas espectaculares utilizando armas de destrucción masiva. Bin Laden ha financiado un programa especial en Sudán, desde el otoño de 1997, que alistará terroristas islamitas para operaciones altamente especializadas. Las instalaciones se encuentran alrededor del Centro Islámico en Soba, una de las granjas de bin Laden al suroeste de Jartum. El objetivo principal de ese centro de adiestramiento es preparar a los veteranos árabes "afganos" para servir como comandantes en redes y operaciones especialmente importantes. El programa especial de entrenamiento se ha organizado en función de ese objetivo. Las instalaciones en Soba incluyen áreas para estudiar sofisticadas técnicas de ataques con bombas, codificación de mensajes, técnicas clandestinas, falsificación de documentos, administración de las redes, etcétera. Muchos oficiales de los servicios de inteligencia iraníes se encuentran entre los instructores. El Centro proporciona consuelo religioso para los mártires potenciales, con el fin de reforzar sus convicciones religiosas. Un centro especial para el desarrollo de armas químicas, a ser utilizadas por los terroristas islamitas, también fue construido en ese complejo.

Desde principios del verano de 1998, los terroristas islamitas — tanto afganos como árabes "afganos" — bajo el mando de Osama bin Laden y financiados por el ISI, se han estado preparando para realizar golpes terroristas espectaculares utilizando armas químicas, bacteriológicas y quizás radioactivas en un complejo fortificado y bien equipado, ubicado cerca de Qandahar. Estos terroristas son adiestrados y las armas son preparadas en laboratorios especializados en la producción de agentes químicos y biológicos, adquiridos en la ex Yugoslavia, a principios de mayo de 1998, y enviados vía Paquistán. La primera fábrica de armas se encuentra ya en operación. Las muestras de agentes y toxinas han sido obtenidas de muchas partes del mundo. En Rusia adquirieron virus que causan enfermedades mortales, como el del ébola y la salmonela. En la República Checa compraron muestras de biotoxinas de botulismo, junto con equipos para su producción en masa. Otras muestras del mortal ántrax —agente para la elaboración de armas biológicas en todo el mundo— fueron obtenidas de Corea del Norte a cambio de cantidades de dinero en efectivo relativamente pequeñas. Los materiales radioactivos y pesticidas adquiridos en Ucrania se encuentran ya en Afganistán. Dichos materiales radioactivos están destinados a contaminar los componentes de armas radioactivas. Según una fuente bien informada, las principales armas que se han preparado son "toxinas para contaminar las fuentes de agua, gases letales que pueden ser utilizados contra seres humanos, y hongos para la destrucción de las cosechas".

Estas armas fueron desarrolladas y producidas bajo la supervisión de un grupo de expertos ucranianos (químicos y biólogos). También han entrenado a expertos islamitas que estarán a cargo de preparar las operaciones y entrenar a los terroristas. A principios de julio de 1998, este grupo incluía a siete sauditas y un egipcio, los cuales habían estudiado medicina, microbiología y farmacéutica en Hungría y Rumania. Estos terroristas fueron reclutados por árabes "afganos" cuando aún vivían en Europa oriental, de manera que estuvieran totalmente "limpios" desde el punto de vista de los servicios de inteligencia.

El primer grupo de operarios terroristas que fue entrenado en Qandahar incluye islamitas de Egipto, Paquistán, Bangladesh y varios estados del Golfo Pérsico. Su adiestramiento incluyó la preparación de aparatos explosivos altamente sofisticados y "equipos" con toxinas y agentes químicos. El gas sarín fue mencionado específicamente por una fuente que tiene conocimiento de primera mano de dichos preparativos. Por otra parte, algunos de los terroristas han sido entrenados en "cultivos biológicos letales" para convertirlos en armas mediante el uso de sustancias disponibles en el mercado o en los laboratorios de las universidades. Un ejemplo de una operación estudiada en Qandahar consiste en la contaminación del agua de una ciudad europea de importancia con equipos que podrían ser transportados en una sola maleta.

La segunda base desde la cual pueden lanzarse operaciones que incluyen armas de destrucción masiva, fue creada en Zenica, Bosnia-Herzegovina. Los islamitas transformaron una granja aislada en un "centro de investigación" para armas avanzadas. Egipcios "afganos", leales a Zawahiri, incluyendo "bombas humanas", fueron enviados recientemente a Zenica para prepararse con miras a una operación espectacular. Una de las características únicas de la base de Zenica es su fuerza de terroristas expertos integrada por musulmanes europeos, tanto europeos que se han convertido al Islam como descendientes en segunda generación de emigrantes procedentes del mundo musulmán. Estos terroristas han sido reclutados por los seguidores de bin Laden mediante un programa administrado por el sheik Omar Bakri, líder de al-Muhajiroun y vocero del Frente Islámico Internacional en Europa. El programa tiene centros en Gran Bretaña, Francia, Bélgica e Italia. Los reclutas son enviados a Afganistán para recibir adiestramiento. Más tarde, señaló Bakri, son alentados a pelear en Bosnia, Albania, Kosovo o Cachemira "contra ejércitos extranjeros que ocupan tierras musulmanas. Ésta es la jihad, y no tiene nada que ver con el terrorismo". Fuentes islamitas declararon a *al-Quds al-Arabi* que las bajas causadas por los bombardeos estadounidenses en Afganistán incluyeron musulmanes británicos, alemanes, franceses, canadienses, estadounidenses y árabes, así como procedentes de Paquistán y Bangladesh. Aunque esta aseveración no ha sido confirmada de manera independiente, es importante porque les proporciona a los islamitas europeos una razón legítima para realizar ataques terroristas: vengar a sus camaradas muertos.

Bin Laden y sus seguidores consideran seriamente el uso de armas químicas y biológicas en futuros ataques terroristas. En el verano de 1998, los comandantes de campo más importantes del Frente Islámico estaban conscientes de la disponibilidad de armas químicas y planes de contingencia específicos para su uso. Esto fue confirmado por Ahmad Salamah Mabruk, un prominente comandante de la Jihad Islámica de Zawahiri, que fue capturado en Azerbaiján y extraditado a Egipto en septiembre de 1998. Mabruk confesó a sus interrogadores que el Frente Islámico Mundial para la Jihad contra los Judíos y los Cruzados, de bin Laden, una organización de la que la Jihad Islámica es miembro, "posee armas biológicas y químicas que pretende utilizar en sus operaciones contra objetivos estadounidenses e israelíes". En abril de 1999, la información de Mabruk fue confirmada de manera independiente por otro comandante islamita radicado Europa occidental. Según éste último, "esas armas [de destrucción masiva] han sido adquiridas en Europa oriental y en la ex Unión Soviética" desde 1996. El comandante señaló que las armas ya se encontraban listas para ser utilizadas, y que "los planes han sido elaborados y algunas cantidades de esas armas han sido distribuidas entre elementos que pertenecen al Frente [Islámico] en diversos países, con el fin de utilizarlas cuando sea necesario contra objetivos de Israel y Estados Unidos, para el caso de que fracasen las operaciones dirigidas contra esos objetivos con explosivos y armas convencionales".

Se dice que Bin Laden ha gastado cerca de tres millones de dólares desde 1996 en la adquisición de una bomba nuclear portátil fabricada en la ex Unión Soviética. Gran parte de las gestiones tendientes a ese fin tuvieron lugar en Kazajstán, de acuerdo con los servicios de inteligencia de Occidente. Los compradores árabes de bin Laden recibieron ofertas, e incluso adquirieron, basura radioactiva y otras cosas inútiles. Pero pueden existir otras fuentes que le permitan obtener esas bombas. Por ejemplo, en 1994 un islamita palestino radicado en Moscú declaró que había comprado dos bombas portátiles con ayuda de la mafia chechena. En esa época, los chechenos afirmaron haber adquirido unas cuantas de esas armas nucleares. Bin Laden tiene relaciones estrechas con los chechenos desde que envió fuerzas "afganas" y recursos financieros para apoyarlos en su guerra contra Rusia. Bin Laden aún mantiene fuerzas terroristas allí, que se encargan de operar algunos de los tratos de narcotráfico del Talibán con la mafia de Chechenia. Los líderes en Grozny, la capital de Chechenia, están plenamente conscientes de la importancia que tuvo la asistencia recibida desde Afganistán durante su guerra contra los rusos. A finales de noviembre de 1998, el presidente de Chechenia, Aslan Maskhadov, anunció que Grozny reconocería oficialmente al régimen del Talibán en Kabul, que únicamente había sido reconocido por Paquistán, Arabia Saudita y Emiratos Árabes Unidos.

Una vez que el tema del reconocimiento diplomático mutuo quedó arreglado, Qandahar y Grozny iniciaron conversaciones sobre cooperación y otros temas. Uno de ellos era la expansión en la colaboración relacionada con el tráfico de drogas, armas y materiales estratégicos. Los chechenos expresaron su deseo de enviar a Afganistán a algunos de los mujaidines árabes más importantes radicados en Chechenia, en particular al comandante Khattab y sus hombres, quienes participaron en el secuestro de occidentales. Qandahar manejó la idea de que bin Laden recibiera asilo temporal en Chechenia si la presión internacional para extraditarlo de Afganistán se hacía intolerable.

A principios de diciembre, Abdul-Wahid Ibrahim, jefe de la Oficina para Afganistán y Asia central del Ministerio del Exterior de Chechenia, visitó Qandahar durante unos días para sostener negociaciones con los líderes del Talibán que condujeran a nuevos acuerdos de cooperación. "Los chechenos estamos en deuda con los mujaidines de bin Laden y otros árabes 'afganos' que pelearon [con nosotros] contra los rusos", reconoció Ibrahim en Qandahar. Sin embargo, dado que Grozny requería del apoyo de Occidente, no podía identificarse con bin Laden. Ibrahim sugirió que, en caso de ser necesario, bin Laden recibiría asilo como "huésped" del militante radical Salman Raduyev, cuyo ejército privado controla áreas a las que las fuerzas del gobierno de Chechenia no puede ingresar. Las áreas de Raduyev ya proporcionan refugio a muchos árabes "afganos", incluyendo a los hombres de bin Laden. Unos días después, el viceprimer ministro Yusup Soslambekov declaró que Chechenia "rehúsa convertirse en un nido de terroristas" y negó que se le hubiera ofrecido asilo a bin Laden. Soslambekov confirmó parte del acuerdo con Afganistán, en el sentido de que Khattab podría mudarse allí en caso de que tuviera que abandonar Chechenia.

Con los ilimitados recursos financieros de bin Laden y la crisis económica en la ex Unión Soviética casi fuera de control, la venta de bombas nucleares portátiles pudo ser concretada por la mafia chechena. Después de todo, el general Aleksandr Ivanovich Lebed, ex zar de la seguridad rusa, reconoció en 1997 que muchas de esas bombas nucleares portátiles habían desaparecido del arsenal ruso.

Un importante funcionario de la inteligencia árabe declaró a principios de octubre de 1998, que "Osama bin Laden ha adquirido armas nucleares tácticas de las repúblicas islámicas de Asia central, establecidas tras el colapso de la Unión Soviética". Esta aseveración es compartida por los servicios de inteligencia rusos y numerosos servicios de inteligencia árabes, con base en las pruebas de que bin Laden trataba de adquirir armas nucleares. Aunque existe un debate sobre la cantidad precisa de armas adquiridas, no existen dudas de que bin Laden ha tenido éxito en su objetivo de conseguir armas nucleares portátiles. Los emisarios de bin Laden pagaron 30 millones de dólares en efectivo a los chechenos, además de darles dos toneladas de heroína, con valor de 70 millones de dólares en Afganistán, y por lo menos diez veces más en las calles de Europa occidental y Estados Unidos.

Las estimaciones sobre el número de armas nucleares adquiridas por los chechenos para bin Laden varían entre "unas pocas" (según la inteligencia rusa) y "más de veinte" (según los servicios de inteligencia árabes). Muchas de esas armas fueron compradas en cuatro ex repúblicas soviéticas: Ucrania, Kazajstán, Turkmenistán y Rusia. Las armas incluyen una mezcla de bombas portátiles y cabezas nucleares de tipo táctico. Un científico nuclear árabe, educado en Occidente, que trabajó en el programa nuclear de Saddam Hussein antes de convertirse en islamita, supervisó el proceso de adquisición para bin Laden y ahora dirige el programa. Es auxiliado por cinco expertos nucleares de Turkmenistán y un equipo de ingenieros y técnicos, todos ellos musulmanes de Asia central, que llevaron consigo. Por razones de seguridad, han acondicionado esas armas en dos grupos de instalaciones, uno en los túneles profundos del área de Khowst, y otro en las cuevas del área de Qandahar.

Los preparativos para el posible uso de esas armas han sido realizados por separado y con gran discreción. Cuando se les compara con el material conocido, comienzan a tener sentido algunos detalles de los esfuerzos de bin Laden. Se sabe que los líderes de la mafia chechena se acercaron a los mercenarios ucranianos y bálticos en Shali, Chechenia, en nombre de bin Laden, y preguntaron por los veteranos de las SPETSNAZ soviéticas (fuerzas especiales) entrenadas en el uso de dichas bombas portátiles. En 1995, los chechenos establecieron un destacamento especial, compuesto por cerca de cien chechenos, mujaidines árabes y mercenarios, principalmente ucranianos y de los países bálticos, que fueron miembros de las SPETSNAZ y las OMON (también fuerzas especiales) y unidades similares para cuidar el embarque de un cargamento muy importante (que pudo ser material nuclear) y pasajeros (como líderes islamitas) entre Afganistán, Paquistán y Europa, vía Shali. Los mujaidines árabes de esa fuerza eran veteranos árabes "afganos", leales a bin Laden. Éste ha utilizado Shali para contrabandear personas, bienes y dinero, de manera que resulta lógico que tratara de reclutar veteranos de las SPETSNAZ en ese lugar.

Si bin Laden tiene éxito en localizar a algún ex miembro calificado de las SPETSNAZ , habrá superado el más grande obstáculo para llevar a cabo un ataque terrorista en Occidente, específicamente en Estados Unidos. De acuerdo con el coronel Stanislav Lunev, ex miembro del GRU (servicio de inteligencia militar soviético) que desertó a Estados Unidos en marzo de 1992, los equipos del GRU y las SPETSNAZ habían seleccionado, durante la Guerra Fría, los sitios en que podían utilizarse dichas bombas portátiles en las cercanías de las principales ciudades de Estados Unidos; lugares y modos de operación que ahora podrían ser enseñados a los terroristas de bin Laden por el personal que perteneció a las SPETSNAZ y que ha reclutado. El coronel Boris Alekseyev, jefe del Centro Ecológico del Ministerio de Defensa de Rusia, destacó que una vez autorizado desde Moscú por una clave transmitida por radio, un solo miembro de las SPETSNAZ podía preparar la bomba portátil para que hiciera explosión en media hora. No resulta inconcebible que los expertos nucleares de bin Laden sean capaces de programar una de esas bombas portátiles, de manera que la transmisión de la clave no fuera ya necesaria para detonarla. En esas condiciones, un sólo "mártir" podría activarla.

A finales de agosto de 1998, si existían dudas sobre las intenciones y planes de bin Laden y sus seguidores, éstas fueron disipadas por Omar Bakri, líder de al-Muhajiroun, una de las organizaciones islamitas londinenses que se consideran a sí mismas como "la lengua, ojos y oídos de Osama bin Laden". De acuerdo con Bakri, el Frente Islámico Mundial para la Jihad contra los Judíos y los Cruzados renovó su promesa de llevar a cabo ataques terroristas "violentos e inmisericordes" contra objetivos de Israel y Estados Unidos. Se enviaron faxes desde Afganistán instruyendo a todos los musulmanes para que "dieran todos los pasos necesarios" para librar la jihad. Según Bakri, bin Laden declaró en uno de esos faxes que "la guerra ha comenzado". Advirtió que bin Laden giró instrucciones sobre cuatro objetivos específicos: "Derribar aviones comerciales, impedir la navegación segura de los barcos, ocupar las embajadas y obligar a la clausura de las compañías y los bancos". A continuación, Bakri reiteró que los aviones israelíes y estadounidenses eran "objetivos legítimos" en la jihad islamita contra Occidente. "Los pasajeros israelíes y estadounidenses son objetivos legítimos, pero no creo que haya planes de realizar secuestros. Es una cuestión teórica."

Con el paso del tiempo, la reacción islamita tanto a los atentados de África oriental y a las represalias estadounidenses, se ha hecho más sofisticada. Los islamitas aseguran que la razón por la que tuvieron lugar ambos acontecimientos es la creciente actitud de confrontación de Estados Unidos contra el Islam. El análisis del 28 de agosto de Hizb-ut-Tahr, el Partido de la Liberación, otra organización islamita asentada en el Reino Unido, aborda el tema.

Hizb-ut-Tahrir señala que no tiene sentido tratar de solucionar el problema con Estados Unidos. "Los estadounidenses consideran las tierras del Islam como si fueran su granja. Tratan a los gobernantes de los musulmanes como si fueran sus sirvientes o sus esclavos. Tratan a los pueblos islámicos como herramientas y los explotan para su beneficio." La conexión entre los sauditas y los estadounidenses ejemplifica esa relación. En cualquier caso, Estados Unidos mantiene esa relación no por su codicia, sino por su profunda hostilidad al Islam y a los musulmanes. "Estados Unidos es el verdadero enemigo de la ummah islámica. Sus aliados, que comparten su agresión contra la ummah islámica, o quienes apoyan dicha agresión, como los ingleses, los franceses y otros, son verdaderos enemigos de la ummah islámica." Hizb-ut-Tahrir señaló que Estados Unidos y sus aliados encuadran en la definición coránica de *demonio*.

El análisis destaca que Hizb-ut-Tahrir no respalda el terrorismo, sino las represalias contra los crímenes cometidos contra el Islam. "No queremos decir que al considerar a Estados Unidos como el enemigo, bombardeamos sus embajadas o atacamos a su pueblo. El Islam nos ordena que cumplamos el pacto de protección con quienes lo hemos celebrado. Sin embargo, Estados Unidos nos ataca en nuestra propia tierra, destruye nuestras fábricas y hogares y nos mata, sin respetar los lazos ni pactos, como si fuéramos insectos sin dignidad ni santidad, sin ninguna justificación. ¿Qué puede esperar el mundo de los musulmanes?" El detalle a destacar en ese análisis es que, dado que los atentados de África oriental fueron sólo una fase en la confrontación que se desarrolla entre Estados Unidos y el mundo musulmán, no pueden ser definidos, en opinión de Hizb-ut-Tahrir, como actos de terrorismo.

En última instancia, Hizb-ut-Tahrir es optimista sobre el estado actual del mundo musulmán. La confrontación actual, dice, ha revitalizado a los musulmanes, al mostrarles la dimensión de la hostilidad estadounidense. Como resultado, el mundo musulmán se prepara para luchar por la implantación de una forma de vida islámica. Hizb-ut-Tahrir está convencido de que "un nuevo amanecer tiene lugar en la ummah islámica. Hemos comenzado el trayecto de retorno al Islam como forma de vida, para recobrar nuestro antiguo poder y gloria. Los hijos de la ummah han comenzado a trabajar para establecer el Califato [un estado panislámico global], y restaurar al Islam como forma de vida, Estado y sociedad. Muchos de sus hijos no están enajenados por la *dunya* [el resplandor de Occidente], ni odian la muerte, ni la temen, sino que buscan el *Shahada* [martirio]". La lucha que se avecina será larga y difícil. El mundo musulmán deberá adquirir armas de destrucción masiva y enfrentarse a Estados Unidos en un nivel estratégico. Sin embargo, la victoria es segura, según afirma Hizb-ut-Tahrir a los creyentes: "El mundo no los reconocerá hasta que se conviertan en un poder temido por los otros. Y ustedes no se convertirán en ese poder a menos que se unan. Y no se unirán a menos que se plieguen a Alá [el Islam], establezcan el Califato y practiquen el Islam".

La unión de las armas de destrucción masiva y el terrorismo internacional crea una nueva realidad estratégica en el Eje del Islam. Éste se encuentra en un periodo de transición de importancia histórica. Por una parte, el mundo musulmán se encuentra a la defensiva contra la penetración de los valores y la cultura occidentales, particularmente eficaz ahora por los medios electrónicos. Por la otra, el mundo musulmán ha emprendido un ascenso estratégico, que ha sido posible por la adquisición de armas nucleares, misiles balísticos y otros factores estratégicos. El impacto de esas megatendencias se amplifica por la inestabilidad inherente a muchas de las partes afectadas en el seno del Eje del Islam. Paquistán e Irán están plagados de agudos, y al parecer insolubles, problemas socioeconómicos. Al mismo tiempo, debido a su desarrollo estratégico —la adquisición de armas nucleares y misiles balísticos—, Paquistán e Irán son tomados como los líderes en ese ascenso de carácter estratégico. Su enfrentamiento respecto a Afganistán sólo complica las cosas y aumenta la inestabilidad. Los gobiernos árabes de corte conservador están afectados por las crisis de legitimidad, que se agravan por la crisis sucesoria en Arabia Saudita, la belicosidad y los problemas económicos de Irak, y la ambigüedad de Egipto. Como consecuencia, el centro estratégico en el Eje del Islam se ha trasladado hacia el este, hacia países no árabes, como Irán y Paquistán. Sin embargo, debido al carácter predominantemente árabe del Islam, ambos países requieren de logros importantes para demostrar al mundo árabe su derecho al poder y al liderazgo. Sudán, que históricamente se ha encontrado en los márgenes del mundo árabe, intenta, bajo el mando de Turabi, convertirse en el líder árabe y el guía ideológico-teológico. Rechazado por los regímenes árabes conservadores, Sudán ha sido empujado a una alianza estratégica con las fuerzas emergentes no árabes.

La búsqueda de la hegemonía en el Eje del Islam es de vital interés para Irán, Paquistán y Sudán. Las tres capitales —Teherán, Islamabad y Jartum— saben que una condición para lograr sus aspiraciones consiste en expulsar a Estados Unidos del mundo musulmán, y en particular de la Península Árabe. Esos sentimientos son compartidos por círculos cada vez más amplios, tanto de ciudadanos como de gobiernos, en todo el Eje del Islam. Para los islamitas radicales, se trata de un requisito esencial. Están decididos a utilizar todas las formas de terrorismo, desde el chantaje nuclear hasta los ataques espectaculares en el corazón de Occidente para lograr su propósito. Entretanto, el avance de la occidentalización a través de los medios electrónicos y la creciente dependencia de bienes importados, ha provocado el atraso en las calles musulmanas, que los islamitas tratan de manipular para enraizar la hostilidad hacia Estados Unidos. Todo el Eje del Islam es tierra fértil para el terrorismo antioccidental, con el fin de incitar a la gente y obligar a los gobiernos a actuar.

La transformación en el Eje del Islam fue recientemente explicada por el teniente general retirado Asad Durrani, de Paquistán. La opinión de Durrani es importante porque mientras tuvo una posición de importancia en el ISI, durante los años ochenta, cooperó estrechamente con la CIA y fue considerado como un amigo cercano de Estados Unidos. El análisis de Durrani sobre los acontecimientos recientes nos muestra claramente la transformación. "Los atentados contra las embajadas estadounidenses en Kenia y Tanzania alegraron a muchos. Desde luego, esa felicidad estaba matizada por el horror: murieron muchos africanos y muy pocos estadounidenses. La respuesta de Estados Unidos fue, de cualquier manera, poco tranquilizadora. No me refiero a que el complejo químico en Jartum haya estado 'limpio' (hubiera sido peor si no lo hubiera estado, habríamos perdido una instalación útil), o porque muchos de los que murieron en los campos afganos eran inocentes (gracias a Dios, Osama sobrevivió), sino por el 'alcance' que el bando opuesto ha demostrado tener con estos ataques." La opinión de Durrani es representativa de la vasta mayoría de sus colegas y compatriotas en todo el Eje del Islam.

Durrani declaró que la tendencia islamita ha crecido y continuará expandiéndose porque tiene raíces genuinas y es atractiva para el pueblo. De acuerdo con Durrani, los gobiernos la consideran una forma sencilla de encarar los problemas que afectan a sus países. Debido a la relativa debilidad de los gobiernos y movimientos en diversos estados musulmanes y a la forma similar en que los movimientos islamitas encaran los retos del futuro, éstos poseen una fuerte tendencia a crear redes para la cooperación transnacional, la coordinación y los lazos estrechos. Después de todo, ésa es la esencia de la nación musulmana, la forma de identidad sociopolítica más genuina del Islam. Por lo tanto, la reacción adversa de Occidente hacia esas tendencias es percibida, con justicia, como si reflejara sentimientos antislámicos. "Estados Unidos marca el camino por su alcance e intereses globales, y por esa razón se ha convertido, a los ojos de los islamitas, en el símbolo del mal. Esa percepción sobre Estados Unidos y, en general, de todo Occidente, no es privativa de un pequeño número de activistas", señala Durrani.

La relación que Estados Unidos mantiene con diversos gobiernos en todo el mundo musulmán debe ser analizada en ese contexto, explica Durrani. Los gobiernos se encuentran atrapados entre la difusión del islamismo y la creciente dependencia respecto al Occidente antimusulmán. "En ese conflicto, el dilema más agudo es el que encaran los gobiernos 'moderados' que son impopulares, carecen de legitimidad, y se encuentran en el 'bando equivocado'. Su necesidad para encontrar apoyo externo con el fin de mantener sus regímenes, y la creciente antipatía en el ámbito doméstico hacia esas fuentes de apoyo, pone en aprietos a los encargados de diseñar sus políticas." La sola existencia de vías de desahogo que pueden ser negadas, como el patrocinio del terrorismo islamita de los así llamados "individuos", se convierte en un instrumento tentador para reconciliar las contradicciones inherentes que los gobiernos del área encaran.

Esta dinámica, dice Durrani, ha creado la base de apoyo popular a gobiernos que de otra manera serían inestables e ilegítimos, y que no se atreven a enfrentar a Occidente directamente. "Las masas musulmanas... no tienen otra opción que admirar, aplaudir y elogiar al único grupo que puede actuar en forma efectiva, herir al 'enemigo'. Por su parte, el enemigo no parece ser capaz de hacer otra cosa que emprender acciones punitivas y golpear cuando le es posible. Hacer llegar el mensaje, se cree, era más importante que alcanzar al 'culpable'". Por esa razón, decididos a aplacar a sus propios ciudadanos, y sometidos a una mayor presión de Occidente, más y más regímenes en el Eje del Islam prefieren patrocinar secretamente al terrorismo islamita internacional.

Durrani cree que debido a que "el término *fundamentalismo* [islámico] es intercambiable con *radicalismo* y *extremismo*" en la cultura política de Occidente, no es probable la reconciliación y el entendimiento entre el Occidente, encabezado por Estados Unidos, y el Eje del Islam en el futuro próximo. Por el contrario, la única política viable en el Eje del Islam "hará más profunda la división, más inamovibles las posiciones y más amplia la base de este conflicto". Durrani sugiere que, en caso de estallar una guerra importante entre el

Eje del Islam y Occidente, no habrá forma de escapar a una persistente y cada vez más violenta confrontación con el terrorismo internacional, porque no hay otra alternativa para atacar y castigar a Occidente. Durrani llega a la conclusión de que "si el pasado es nuestra guía, la corrección en el curso de los acontecimientos sólo tendrá lugar si uno u otro lado deja de estar dispuesto a asumir el costo. Ese escenario parece todavía lejano, y sólo puede llegar si ocurren nuevos 'fuegos artificiales'. Esperemos entonces por la siguiente acción".

Este sentimiento también es compartido por los islamitas en Europa occidental. Las dimensiones de la hostilidad hacia Occidente y el apoyo a Osama bin Laden como símbolo del resurgimiento islámico, quedó patente en la conferencia "El reto de Occidente y la respuesta del Islam", organizada por Omar Bakri, en Londres, a mediados de noviembre de 1998. Representantes de más de quince organizaciones islamitas, incluyendo terroristas, asistieron a dicho evento. Bakri dijo que la conferencia abordó el tema de "las acciones llevadas a cabo por el Frente Islámico Mundial para la Jihad contra los Judíos y los Cruzados, con el fin de determinar si se apegan a la ley islámica y si debemos apoyarlas, o recomendar al Frente que se abstenga de realizar actos que puedan conducir a la muerte de civiles inocentes". En lo que hace a los atentados en Arabia Saudita, Kenia y Tanzania, "ésos son considerados aún actos legítimos", insistió Bakri, de manera que todas las acusaciones contra bin Laden deben ser desechadas. Lo que legitimiza esos actos de terrorismo islamita es que fueron realizados en el contexto de los crímenes estadounidenses contra el Islam, dijo Bakri. "Las tropas estadounidenses en la región del Golfo están allí para combatir contra el Islam y los musulmanes. Su presencia no es legítima, y combatirlas es la obligación de todo musulmán. El bombardeo norteamericano en Sudán y Afganistán, la guerra contra Irak y el apoyo ciego al enemigo israelí, son actos de guerra contra Dios y su Profeta."

Los nueve puntos de la Declaración de la Conferencia sobre Movimientos Islámicos, adoptada el 20 de noviembre, son aún más beligerantes pero no alcanzaron a respaldar la lucha armada y el terrorismo. "Los movimientos islámicos coinciden en que el gobierno de Estados Unidos y su alianza constituyen el más grande enemigo del Islam y los musulmanes hoy en día. Nos obligan a unir todos nuestros recursos para contrarrestar la agresión, ya sea mediante la cooperación militar, política o económica." Los movimientos del renacer islámico consideran que bin Laden es el modelo de esa lucha islamita, y apoyan su jihad. "Los movimientos islámicos respaldan la lucha del sheik Osama bin Laden contra Estados Unidos, su alianza y todas las fuerzas no musulmanas en países musulmanes", se lee en la declaración. Concluye con un el compromiso de continuar la lucha hasta que el movimiento islamita consiga sus objetivos más importantes. "Los movimientos islámicos continuarán luchando contra la corrupción de la ley creada por el hombre [es decir, la democracia occidental] y la distorsión del Islam por los medios de comunicación. Nos comprometemos a continuar... trabajando por el dominio del mundo bajo el Islam, y la supremacía de los mandamientos de Alá en la Tierra, que es inevitable", finaliza la declaración.

Conforme la inestabilidad y otras tensiones se incrementan en el Eje del Islam, los regímenes encaran problemas internos que son casi imposibles de resolver, y aumenta la tensión entre Estados Unidos y el mundo musulmán; el terrorismo islamita internacional sólo continuará creciendo. En nuestros días, los actos terroristas espectaculares, altamente letales, son el único "medio de comunicación" entre el Eje del Islam y Estados Unidos que puede llamar la atención de Washington. Con protagonistas como Osama bin Laden y Ayman al-Zawahiri suministrando el recurso de la negación a los estados que los apoyan, principalmente porque la administración del presidente Clinton utilizó ese entorno para su propio beneficio, los estados que patrocinan el terrorismo no encuentran una razón para abstenerse unilateralmente de utilizar tan efectivo instrumento político. La reticencia de la administración del presidente Clinton a enfrentar el terrorismo internacional y el radicalismo militante islámico, de manera seria y decisiva —es decir, atacando a los estados que lo patrocinan—, sólo envalentona a los terroristas. Éstos tienen ahora un nuevo arsenal de armas de destrucción masiva a la mano; han descubierto que el terrorismo es un instrumento político muy efectivo, y están listos para llevar la lucha al siguiente nivel.

12
Los planes de bin Laden

A finales de la primavera de 1999, los servicios de seguridad de Estados Unidos, del Reino Unido y de otros estados de Europa occidental, al igual que de Israel e India, trabajaban ferozmente para prevenir que los terroristas islamitas de Osama bin Laden consumaran los ataques horrendos y espectaculares que estaban preparando. Lo que hace única esta lucha es la diversidad y el alcance de las operaciones planeadas y de las cuales están enterados los servicios de seguridad occidentales —y no se tiene noticias de todas ellas—, porque si cualquiera de esas operaciones se lleva a cabo, la magnitud de las muertes y de la carnicería resultante no tendrían precedentes. Los servicios de inteligencia de Occidente tienen la certeza de que los principales estados que apoyan al terrorismo, y los terroristas mismos, están preparados para resistir cualquier represalia, por fulminante que ésta sea.

La crisis actual es principalmente el resultado de dos factores: 1) la marcada intensificación de la "talibanización" de Paquistán, que alcanzó una crisis y un momento crucial a principios del mes de diciembre de 1998; y 2) el impacto que tuvo el bombardeo que Estados Unidos realizó en contra de Irak a mediados del mes. Mientras que la "talibanización" de Paquistán —el incremento de la influencia islamita radical en la política de la nación— ha creado un clima general que conduce a la escalada o intensificación del terrorismo espectacular, el bombardeo que Estados Unidos perpetró en contra de Irak, tal y como fue interpretado en el mundo musulmán, introdujo sentimientos tanto de furia como de urgencia. Osama bin Laden ha surgido como un líder clave, no tan sólo como el instrumento que permite que los estados que patrocinan el terrorismo nieguen su participación y como el perpetrador voluntario de los golpes más ultrajantes, sino como un héroe popular cuyo solo involucramiento, genera un profundo apoyo popular para los golpes que se asestan y una voluntad de resistir a la venganza. Como resultado, bin Laden ha llegado a simbolizar el surgimiento de una oleada en contra del mundo occidental y la confrontación con ese mismo mundo. Esta postura, independientemente del resultado que tenga para bin Laden o para cualquiera de sus comandantes principales, es el cumplimiento de sus aspiraciones y de su destino manifiesto: él no puede ni desea evitar una confrontación.

La "talibanizacion" de Paquistán —la transformación del Estado y de la sociedad en una especie de rígido régimen ultraconservador, dirigido por el Talibán en Afganistán— ha estado funcionando desde finales del verano de 1998. Confrontado con las insolubles crisis sociales, políticas y económicas que amenazaron la existencia misma de Paquistán, el primer ministro Nawaz Sharif buscó compensar la situación al adoptar una versión estricta de la Sharia como el sistema legal que debiera regir el país. A finales de agosto, juró reemplazar el sistema legal vigente, considerablemente influido por las leyes británicas, por un sistema legal "enteramente de leyes islámicas", basado en el Corán y en el *Sunnah* (que es el libro que contiene las tradiciones que se atribuyen al Profeta Mahoma y en el que el Islam sunnita encuentra su fundamento). "Crear unos cuantos cambios sencillos en las leyes no es suficiente", dijo Sharif al parlamento. "Yo deseo instaurar leyes íntegramente islámicas, donde la importancia del Corán y del Sunnah sea suprema."

A mediados de septiembre, Islamabad afirmaba que la islamización ofrecía la única oportunidad de mantener unido a Paquistán, a medida que se deslizaba hacia el colapso político y social, en medio de la bancarrota técnica y de la creciente agresividad política de los partidos islamitas locales. Dependiendo de sus poderosos ejércitos y aliados de las organizaciones terroristas de Cachemira, los partidos islamitas ejercieron una fuerza política que Nawaz Sharif ya no fue capaz de confrontar. A finales del mes, el gobierno paquistaní pendía de un hilo, y la crisis se vio exacerbada por el desastre económico y por un orden social que se colapsaba y que, de hecho, condujo al país al borde de la guerra civil. Los miembros islamitas del ejército y del alto mando del ISI, advirtieron a Nawaz Sharif que la única alternativa ante el caos era implantar la "talibanización"— la transformación de Paquistán de una pseudo democracia formalmente secular a una teocracia islámica declaradamente extremista. Poco después, la Asamblea Nacional, con una votación de 151 a 16, aprobó la enmienda constitucional que formalizaba la talibanización de Paquistán. En unos cuantos días, Sharif orquestó una purga a fondo de todo el ejército y del alto mando del ISI, echando fuera a la élite occidentalizada y sustituyéndola con islamitas que son ardientes partidarios de orientar su belicosidad contra la India, de ofrecer ayuda activa para la guerra por el poder en Cachemira, y de prestar ayuda al Talibán en Afganistán y otras jihad islamitas. Para mediados de octubre, Paquistán se convirtió formalmente en una teocracia islamita, comprometida en diseminar y difundir el Islam militante.

Esta transformación se llevó a cabo en medio de un profundo levantamiento social que ha tenido un impacto directo en la estrategia principal de Paquistán. A mediados de 1998, la existencia de los Talibán, estudiantes de pequeñas escuelas religiosas, en su mayoría privadas, alcanzó un volumen que el país ya no podía tolerar. De acuerdo con las autoridades paquistaníes, las casi 4 000 escuelas religiosas registradas cuentan con más de 540 000 estudiantes Talibán. Existen muchas más "escuelas" Talibán no oficiales, con un cuerpo estudiantil de alrededor de dos millones de estudiantes. La mayor parte de estas escuelas, tanto las registradas como las que no han sido registradas oficialmente, son dirigidas por los ulemas militantes, que adoctrinan a sus Talibán en la obligación de luchar por el Islam y las causas islamitas. Para cuando estos Talibán egresan de las escuelas, no cuentan con las capacidades necesarias para obtener un empleo que no sea manual. Muchos quedan en el desempleo. Y por lo tanto forman una fuente ideal para el reclutamiento de terroristas para las jihad locales, así como para las extranjeras. El ex ministro del Interior, Nasirullah Babar, él mismo un partidario del Talibán afgano, lo mismo que patrocinador paquistaní de las causas de la jihad y del Islam, considera que algunas de estas escuelas son "semilleros de terrorismo" que ponen en peligro a Paquistán. "El hecho es que afectan a toda la sociedad... Se puede ver el resultado de ello en las luchas sectarias que se llevan a cabo", dijo Babar. "No tan sólo hay Talibán en Afganistán, sino que también lo hay en Paquistán... En el Islam no existen fronteras", señaló Qari Shabir Ahmed, jefe de los profesores en Markaz-Uloom-i-Islamia, una de las principales escuelas islamitas de Paquistán. "Insistimos en mantener la paz, pero si existe un obstáculo para el Islam, entonces es su obligación [de los estudiantes] luchar por el Islam." Los Talibán paquistaníes no tienen dudas respecto al camino que su país debe tomar. "Estamos luchando por el Islam, tanto en Paquistán como en Afganistán", explicó uno de ellos. "Es nuestro deber hacer cumplir, hacer respetar o imponer el Islam por cualquier medio posible."

El poderío político del resurgimiento de la militancia islamita fue demostrado claramente a finales de octubre, cuando cerca de medio millón de partidarios de Jamaat-i-Islami se reunieron en Islamabad en una asamblea de tres días de duración, y que tenía por objetivo imponer "un verdadero orden islámico" en Paquistán. Los organizadores anunciaron que el Jamaat-i-Islami de Paquistán había invitado formalmente al "héroe del mundo musulmán, Osama bin Laden", para que asistiera a la conferencia, y que también había tomado "grandes medidas de seguridad en caso de que Osama bin Laden visitara Paquistán y, para ello había formado, asimismo, escuadrones especiales de mujaidines". Bin Laden no asistió al encuentro, sino que envió un encendido, fogoso y enardecido mensaje de apoyo. Otros conferencistas se mostraron igualmente militantes. "Necesitamos una revolución islámica en Paquistán", dijo uno de los participantes. El primer paso a dar en la islamización integral de Paquistán sería combatir la influencia de la cultura occidental en Paquistán, incluyendo un boicot a las llamadas "comidas rápidas" al estilo occidental y a los refrescos embotellados. "¿Acaso no podemos vivir sin la Pepsi-Cola, la Coca-Cola y la Fanta?", preguntó Qazi Hussein Ahmad, jefe del movimiento Jamaat-i-Islami. "De aquí en adelante, quedan prohibidos", decretó. Con un aire de presagio, Qazi Hussein Ahmad instó a un levantamiento popular en contra del gobierno si la islamización no llegaba a completarse. También instó al alto mando del ejército a unirse a la revuelta, ya que el gobierno estaba "intentando negociar" el programa de armas nucleares de Paquistán "en sus tratos con Estados Unidos".

Otro grupo islamita, Lashkar-i-Tuiba, logró reunir a 500 000 partidarios en la ciudad de Lahore. El Lashkar cuenta con un ejército bien armado y con una fuerza militar extensa, patrocinada por el ISI que lucha activamente en la Cachemira india, y su participación en la presión islamita sobre el gobierno de Sharif evidenció el apoyo y la aprobación del ISI. Otro grupo islamita paquistaní implicado en los actos de terrorismo, tanto en Cachemira como en otras partes, el Markaz-al-Daawa wal-Irshad, sostuvo un encuentro masivo en Muridke, en el cual se abogó por la violencia y el terrorismo. El profesor Hafiz Mohammad Saeed, el líder del movimiento Markaz, insistió en que "la jihad no es una forma de terrorismo; más bien es la garantía de paz en el mundo. Los judíos y los cristianos están infligiendo las peores brutalidades a los musulmanes. La jihad es la única solución a todos los problemas que enfrentan los musulmanes". Examinando a los enemigos del Islam, Seed enfatizó que "la Casa Blanca es la fuente de todos los males en el mundo", y anticipó que "llegará el día en que los mujaidines la harán explotar por medio de su jihad". Los representantes de otras organizaciones terroristas islamitas, tales como el Hamas palestino, el Hezbolá, la Jihad Islámica Egipcia, el Frente Islámico de Jordania, y el movimiento al-Dawa de Irak, participaron en dichas reuniones y encuentros expresando su solidaridad y su apoyo para la jihad islamita en el sur de Asia. Ibrahim Ghawusha, un prominente líder del movimiento Hamas en Jordania, condujo a la delegación a Paquistán. "Lo que nosotros hacemos en la Palestina ocupada también está siendo realizado por los cachemiros en la Cachemira ocupada por la India", dijo. También hizo notar que "existe un entendimiento islámico entre ambos bandos", aún cuando en ese momento no existía ninguna coordinación operativa. La visita de la delegación del Hamas cambiaría esta situación, afirmaron ambos líderes islamitas, tanto el palestino como el paquistaní.

A finales del otoño de 1998, Paquistán se vio envuelto en un círculo vicioso que ocasionó que el gobierno de Islamabad comenzara a depender cada vez más del apoyo y de la legitimización por parte de la base de poder islamita radical. Los islamitas, sin embargo, constituyen un segmento inexperto de la sociedad, privado de sus derechos civiles y sin entrenamiento para un trabajo que no sea manual y sin la posibilidad de mejorar su vida en un Paquistán ya de por sí empobrecido. El gobierno de Islamabad debe proporcionar una salida a su frustración y justificar el apoyo que recibe de parte de la jihad extranjera —el terrorismo internacional—, en la cual estos Talibán paquistaníes puedan participar. Los Talibán que participan en luchas remotas no están en Paquistán, donde amenazarían o pondrían en riesgo la estabilidad del régimen, pues estarían a la mano para participar en una revolución islamita en contra del gobierno de Islamabad. La sola existencia de líderes terroristas que son ostensiblemente independientes, como es el caso de bin Laden, simplifica en gran medida los apuros del gobierno de Islamabad, ya que bin Laden, provee medios de salida del patrocinio paquistaní y la colocación del talibán local.

Bajo estas circunstancias, el primer ministro Sharif visitó Estados Unidos a principios de diciembre. A lo largo de Paquistán corrían los rumores respecto a que quizás llegaría a un acuerdo con el gobierno de Washington para lograr la ayuda paquistaní, con el fin de capturar

y/o matar a bin Laden, a cambio del reconocimiento estadounidense
de Paquistán como una potencia nuclear; el retiro de las sanciones estadounidenses impuestas a Paquistán a causa de su participación en el
tráfico de drogas, en su desarrollo militar y nuclear y por patrocinar al
terrorismo; y la masiva ayuda económica que Paquistán requiere para
sobrevivir. Para los islamitas, el acuerdo relacionado con los fondos
para los aviones F-16 —un tema espinoso entre los gobiernos de Washington e Islamabad durante casi una década— sólo sirvió como una
confirmación de que se estaba realizando un trato entre los dos países.
En realidad, la administración Clinton realmente hizo una oferta de
naturaleza semejante respecto a bin Laden, y presionó fuertemente a
Sharif para que la aceptara. Él no dió su brazo a torcer, y fue cuando la
Casa Blanca propuso el trato de los F-16 para evitar un total rompimiento de relaciones.

Teniendo a Sharif como huésped, la administración Clinton debió
saber que no era aconsejable mantener falsas expectativas. El gobierno
de Washington no puede ofrecerle al gobierno de Islamabad nada que
implique provocar una confrontación mayúscula con los islamitas
paquistaníes. Aún cuando Sharif ordenara aprehender a bin Laden, su
orden no sería cumplida por los servicios de seguridad paquistaníes,
pues estos servicios de seguridad están saturados de —e incluso
controlados por— militantes islamitas. Para ellos, bin Laden es un
héroe y no un villano. Estos islamitas son también el nuevo ejército y
la élite del ISI a la que Sharif acaba de conceder gran poder. Los
dirigentes de la seguridad paquistaní saben bien que, de haber cualquier
acto de cooperación con el gobierno de Washington, esto mismo los
colocaría en un "estado de guerra" con las milicias islamitas locales,
los árabes "afganos", y las organizaciones terroristas de Cachemira, a
quienes patrocinan. Siendo que el Talibán afgano proporciona un
refugio seguro a estos grupos, ellos pueden desestabilizar a Paquistán
y hundir al país en una guerra civil fratricida que, seguramente, sería
ganada por los islamitas.

Para ejercer presión sobre el gobierno de Sharif, de manera que se
mantenga a favor de los islamitas, éstos últimos dispersan rumores —algunos de ellos basados en hechos vagos, y otros en la pura imaginación—
acerca de una cantidad enorme de conspiraciones que se ciernen sobre bin
Laden, y en los que la seguridad paquistaní y los servicios secretos tuvieron
un rol activo. Estos rumores incluyeron atentados clandestinos perpetrados por mercenarios árabes y afganos para asesinar a bin Laden, la
afirmación de que varios de los atacantes fueron atrapados y ejecutados

sumariamente por el Talibán; el rumor de que europeos occidentales fueron capturados por los guardaespaldas árabes de bin Laden por realizar actos de espionaje en favor de la CIA; rumores sobre varias redadas policiacas realizadas en Paquistán, principalmente en Lahore e Islamabad, en un intento por capturar a bin Laden, que visitaba el país; e incluso se ha hablado de despliegues de fuerzas especiales de la CIA y del FBI en Paquistán y Tadjikistán, que se preparaban para entrar furtivamente a Afganistán. Estos rumores se difundieron a medida que las actividades de inteligencia de los servicios estadounidenses, de los países de Europa occidental y de naciones árabes conservadoras se intensificaban, pues servían para confirmar rumores aún más excesivos y absurdos. Las incursiones periódicas realizadas por los servicios de seguridad paquistaníes en contra de las organizaciones islamitas subversivas, que conspiraban en contra del gobierno de Islamabad, son presentadas habitualmente como partes de una campaña en contra del "heroico mujaidín Osama bin Laden", por parte de la odiada CIA. Dada la dependencia de Sharif en los islamitas, el resultado inmediato de estas campañas de rumores ha sido reducir las acciones antislamitas que el ISI pudiera haber estado contemplando.

La relación entre Islamabad y los islamitas comenzó a hacerse evidente poco después que Sharif retornara de Washington, cuando los líderes islamitas condicionaron su apoyo al gobierno de Islamabad a cambio del apoyo que el gobierno de Paquistán ofreciera a la jihad islamita. Un editorial escrito a principios de diciembre, en el muy respetado periódico islamita *al-Akhbar*, elucidaba acerca de la propuesta de los islamitas al gobierno paquistaní. "La enemistad de Estados Unidos hacia Paquistán ha sido desenmascarada" durante la visita que Sharif realizó a Washington, declaraba el editorial. El periódico examinó los principios de la política hostil de Estados Unidos, principalmente en relación con las armas nucleares de Paquistán y la lucha islámica por Cachemira, y concluyó que "bajo la influencia de los grupos de presión judíos, Estados Unidos está apoyando a India debido a la alianza que existe entre judíos e indios, y está demostrando su enemistad hacia los musulmanes". Los islamitas no sólo creían que "Estados Unidos ha adoptado una actitud opositora a Paquistán", sino que también "ha intentado, a propósito, iniciar un nuevo conflicto en el ámbito de la política interna de Paquistán", con el fin de eliminar la influencia que puedan ejercer los islamitas. El editorial del periódico *al-Akhbar* considera que el principal indicador de esta política estadounidense es "la insistencia que ha mostrado Estados Unidos, a lo largo de las pláticas, de que Paquistán debe presionar al Talibán y hacer los arreglos pertinentes para que Osama bin Laden sea extraditado a Estados Unidos".

El editorial del periódico *al-Akhbar* concluye con una oferta de cooperación con Sharif, siempre y cuando él adopte la política por la que abogan los islamitas. "Esta actitud insultante de parte de Estados Unidos debería incitar un momento de reflexión para aquellos que reclaman el liderazgo de la nación. Ha llegado el momento de que anunciemos una guerra en contra de la política hipócrita de Estados Unidos. Este trato hacia Paquistán, en ocasión de la visita de Sharif a Estados Unidos, requiere que los líderes y gobernantes que apoyan a Estados Unidos se olviden de que este país algún día hará algo en favor de Paquistán. De aquí en adelante, haremos todo por nuestra propia cuenta. Pero con este fin tendremos que unir todas nuestras fuerzas y tendremos que promover una ideología nacional. Y después de unificarnos como nación, tendremos que anunciar la guerra en contra de los imperialistas estadounidenses y dar por perdido el sueño de una amistad con Estados Unidos." La dependencia que Sharif tiene respecto del apoyo de los islamitas hacia su política de islamización, lo obliga a aceptar su consejo.

A pesar de que se diseminaron rumores acerca de la existencia de ciertos planes para capturarlo, bin Laden continuó visitando Paquistán. Desde inicios del invierno, el cambio principal en la postura de bin Laden ha sido su surgimiento como una figura política de gran importancia en el sureste de Asia. Debido a su destacado prestigio entre todos los islamitas, y a las relaciones diversas e íntimas que sostiene con todos los poderes de la región, bin Laden ha surgido como un mediador en disputas sumamente importantes. Actualmente, está involucrado como mediador en la confrontación entre Irán y el Talibán de Paquistán acerca de Afganistán. Logró convencer a los gobiernos, tanto de Teherán como de Islamabad, de la enorme importancia de construir un bloque estratégico en contra de Estados Unidos, empleando para ello sus respectivos arsenales nucleares y de misiles balísticos, e insistió en que cualquier desacuerdo que tuvieran en torno a Afganistán sólo serviría a los intereses de Estados Unidos. En consecuencia, la cooperación estratégica entre Paquistán e Irán se ha reiniciado. Bin Laden también está negociando con varias organizaciones mujaidines islamitas afganas, que se oponen al Talibán, con la esperanza de establecer un amplio frente solidario con la causa islamita. Todas estas maniobras no sólo fortalecen a sus patrocinadores, sino que también solidifican su posición como líder. A mediados de enero, bin Laden, Zawahiri y el movimiento terrorista islamita, habiendo consolidado un apoyo activo por parte de Paquistán, comenzaron a prepararse para una escalada en grande: iniciarían una serie de operaciones espectaculares.

El bombardeo en contra de Irak por parte de Estados Unidos, y la furia que engendró en el mundo musulmán, no fueron una sorpresa para los efectivos de bin Laden. En el preludio de la relación que se estableció entre bin Laden y Saddam Hussein, bin Laden y Zawahiri, con sus lugartenientes, y también Turabi con su círculo íntimo, comenzaron a prestar mayor atención a lo que acontecía en Bagdad, en particular respecto a la confrontación entre Saddam, Estados Unidos y las Naciones Unidas. En algún momento del otoño de 1998, Turabi concluyó que la dinámica internacional en y en torno a Irak no podría continuar por mucho tiempo. Suponiendo correctamente que Estados Unidos no permitirían que Saddam "quedara libre", vio en la inevitable confrontación una catálisis oportuna para la intensificación de la jihad islamita, la cual ya contaba con un gran apoyo popular. El hecho de que el mundo musulmán se uniera bajo la figura de Irak y de los islamitas en los meses de febrero y marzo de 1998, había servido como un precedente para la dinámica popular que él podría esperar. Turabi estaba decidido a prepararse —y capitalizar—, adecuadamente lo que, él sabía bien, sería la inevitable e inminente erupción de una crisis.

Los preparativos operacionales para la nueva oleada de terrorismo islamita espectacular, que sería lanzada en conjunción con una crisis entre Estados Unidos e Irak, se iniciaron a principios de octubre. Al centro de la ofensiva planeada por los terroristas están los "planes bin Laden": una serie de planes de contingencia, perfectamente delineados y validados, para ser ejecutados por redes construidas en torno a comandantes clave. En la primera mitad del mes de octubre, con el fin de prepararse para la activación de estos planes, alrededor de quince de los más cercanos colaboradores operativos de bin Laden llegaron a la ciudad de Jartum desde varios lugares, incluyendo Yemen, Qatar, Dubai, Jordania y Chipre. Viajaron clandestinamente, empleando documentos de viaje sudaneses y albanos que obtuvieron en varias legaciones diplomáticas libanesas. La mayor parte de estos comandantes terroristas, recibieron instrucciones e indicaciones especiales en Jartum acerca de las operaciones venideras, y luego regresaron a sus países antes de que el mes concluyera.

Estados Unidos tenía ya alguna idea sobre éstas y otras actividades similares, que tenían que ver con la Península Árabe, porque el 7 de octubre, todas las misiones diplomáticas de Estados Unidos en Arabia Saudita se cerraron para realizar una revisión exhaustiva de los procedimientos de seguridad. Este procedimiento inusual fue instado por informes que indicaban que la embajada estadounidense en Riad se encontraba bajo amenaza de un inminente ataque terrorista. La advertencia especificaba que un ataque de dicha naturaleza sería llevado a cabo como venganza por el ataque de misiles crucero que Estados Unidos había perpetrado en contra de Sudán y de Afganistán, durante el mes de agosto; ésta sería, seguramente, una operación comandada por bin Laden. El 14 de octubre, la procuradora general de Estados Unidos, Janet Reno, organizó un ejercicio de crisis directiva en los cuarteles generales del FBI, con el fin de poder hacer planes en caso de un posible ataque terrorista perpetrado por bin Laden en contra de blancos en Washington y Nueva York. Las cuatro situaciones posibles, examinadas por 200 participantes, fueron: 1) un intento de asesinato en contra de un secretario de Estado; 2) la explosión de un coche-bomba; 3) un golpe con armas químicas durante un juego de fútbol americano del equipo Washington Redskins; y 4) la explosión de un "artefacto" en un edificio federal. Pero tal y como reportó la revista estadounidense *Time*: "el juego bélico —que tenía la intención de ayudar a las agencias federales a poner en práctica la labor conjunta— rápidamente se convirtió en una serie de pleitos y acusaciones mutuas entre las diversas agencias de gobierno". Resultaba claro para todos que Estados Unidos distaba de estar preparado para lidiar con un ataque terrorista espectacular, incluso en un momento en que los informes de inteligencia indicaban que bin Laden estaba planeando asestar golpes en Washinton y/o Nueva York.

Durante la segunda mitad del mes de octubre, Turabi mandó emisarios —pequeñas delegaciones de comandantes terroristas y oficiales de alto rango de Sudán— a debatir con Saddam Hussein y con bin Laden, portando cartas manuscritas que contenían, tanto un análisis escrito por Turabi acerca de la situación político-estratégica en Oriente Medio, como sugerencias acerca de cómo iniciar la campaña terrorista. Turabi insistía en que Estados Unidos era extremadamente vulnerable a una confrontación decidida por parte del Islam militante. La preocupación del gobierno de Washington respecto a las crisis domésticas ocasionaría un estado de confusión y, por tanto, sería el momento perfecto para iniciar una serie de ataques terroristas sorpresivos, alegaba Turabi. Al crear un ambiente de gran presión sobre el gobierno de Washington desde varios frentes, se lograría que Estados

Unidos perdiera la orientación. Mientras más confusos y enojados estuvieran en Estados Unidos, Washington cometería más errores diplomáticos graves, logrando así dos metas: exacerbar la hostilidad y la militancia a lo largo del mundo musulmán, e importunar a los gobiernos locales. Turabi calculó que se podría ejercer presión en contra de Estados Unidos inmediatamente, de manera que a fines de diciembre —la época del Ramadán (que se inicia el 19 de diciembre) y de la Navidad— el sistema terrorista islamita estaría listo para las primeras operaciones de esta oleada de ataques. Luego, de acuerdo con los planes de Turabi, los terroristas bajo el mando de bin Laden capitalizarían la primera crisis que se diera entre Estados Unidos e Irak, para así iniciar su campaña en contra de Estados Unidos y los estadounidenses.

Hacia fines de octubre, Qusay Hussein, hijo de Saddam Hussein, envió a un confidente, junto con el emisario de Turabi, a Peshawar, en donde se reunieron con un oficial del ISI, y juntos viajaron hacia Kabul. Allí se reunieron con bin Laden en una casa de seguridad que fue proporcionada por el mullah Omar y discutieron la ejecución de sus planes conjuntos, de acuerdo con el análisis hecho por Turabi y con un sentido de urgencia. Según una fuente fidedigna, "la reunión fue extremadamente seria". Bin Laden y sus huéspedes "establecieron los detalles del más grande acto de cooperación y de coordinación entre las organizaciones extremistas islámicas y el gobierno de Bagdad para enfrentar a Estados Unidos, su enemigo común". Fue discutido explícitamente el uso de armas químicas y biológicas en los ataques terroristas anticipados. Bin Laden prometió activar en su totalidad al movimiento islamita —tanto en Oriente Medio como en África, el este de Asia, Europa y Estados Unidos— como parte de una campaña conjunta. Además, bin Laden buscó la ayuda de Irak para acelerar la construcción de bombas especiales que contendrían agentes químicos y biológicos. Le fue prometido todo cuanto Bagdad pudiera darle. Con el fin de comprender mejor las necesidades de bin Laden, el grupo viajó a la zona de Khowst y visitó algunos de los escondites de la localidad, los almacenes de armas y los laboratorios. Después de esto, el gobierno de Bagdad prometió proveer a bin Laden de armas que combinarían explosiones de gran magnitud con calamidades químicas. Éstas no eran promesas vacuas. Entre finales de noviembre e inicios de diciembre, con el fin de realizar los preparativos de las operaciones anticipadas, llegaron a Afganistán un total de doce iraquíes expertos en armas químicas y comenzaron a trabajar con los expertos de bin Laden.

A principios de noviembre, tuvo lugar el siguiente incidente en la confrontación entre Irak y los inspectores de armas enviados por las Naciones Unidas. Entonces, el manejo de la crisis y la intransigencia del gobierno de Bagdad estaban siendo medidos, en términos de tiempo, de acuerdo con los requerimientos operacionales necesarios para iniciar otra oleada de ataques terroristas sobre blancos estadounidenses, y posiblemente actividades terroristas subversivas en el Medio Oriente, tales como los intentos de asesinato de ciertos líderes y operaciones de sabotaje de gran trascendencia. Como parte de estos preparativos, los servicios de inteligencia iraquíes enviaron una delegación a Paquistán y a Afganistán con el fin de seguir coordinando las operaciones con bin Laden. El equipo iraquí era dirigido por un alto oficial de los servicios de inteligencia de Irak, conocido por su nombre de batalla, Abu-Walid, e incluía a un operador nacido en Irán; quien era un destacado miembro del grupo de oposición mujaidín ul-Khalqd, con sede en Irak, que había sido enviado a Afganistán en repetidas ocasiones desde el mes de agosto de 1998, prestando sus servicios al Talibán en los interrogatorios de oficiales y diplomáticos iraníes que habían sido capturados al transmitir propaganda en contra de Irán por la radio de Kabul. En Paquistán, la delegación creció con la llegada de un importante oficial retirado de Paquistán, cercano al ex director del ISI, Hamid Gul, quien mantiene los contacros entre el ISI y los líderes del Talibán. En Qandahar, Abu-Walid y el escolta paquistaní sostuvieron un encuentro franco y extendido con el mullah Omar, bin Laden y Zawahiri, en el que los iraquíes buscaban determinar el grado de compromiso de los islamitas y, así, decidirse a prestar ayuda al gobierno de Bagdad en su confrontación venidera con Estados Unidos. En unos cuantos días, el oficial Talibán que visitaba los emiratos del Golfo tuvo un encuentro con un enviado iraquí de alto rango que llegó clandestinamente. Llegaron a un acuerdo en torno a una cooperación cercana "en las esferas de la seguridad, lo militar y los servicios de inteligencia". Los servicios de inteligencia locales se enteraron de este encuentro.

Durante la primera mitad de noviembre, el gobierno de Estados Unidos fue advertido, por más de un gobierno aliado, sobre los planes de Turabi y sobre los pasos que ya se habían dado para llevarlos a cabo. También existían amplios indicios de un aumento y movilización de bienes terroristas a largo y ancho de los emiratos árabes del Golfo Pérsico. Las embajadas estadounidenses en Riad y en varios emiratos del Golfo, emitieron advertencias el 13 de noviembre acerca de las "continuas amenazas de ataques que serían perpetrados por el líder disidente saudita

Osama bin Laden, en contra de los estadounidenses en Arabia Saudita". No es de sorprender que los líderes árabes mostraran poco interés por apoyar los golpes militares propuestos y dirigidos por Estados Unidos en contra de Irak. La insistencia de la administración Clinton por contar con el apoyo internacional en el uso de fuerza, no tenía ningún interés o relevancia para estos líderes. Sin embargo, la administración Clinton continuó ejerciendo presión sobre la ONU para que rechazara cualquier acuerdo con el gobierno de Bagdad. La confrontación con Irak alcanzó tal punto que la Casa Blanca autorizó un golpe el 14 de noviembre, y lo canceló sólo cuando algunos de los bombarderos ya se encontraban en pleno vuelo. Para entonces, la ONU había logrado alcanzar un acuerdo con Irak sobre una nueva inspección de su arsenal.

En retrospectiva, la crisis de mediados de noviembre entre Irak y Estados Unidos, fue el punto crucial que fortaleció la decisión de Bagdad de regresar el golpe y patrocinar una campaña terrorista sin precedentes. Una fuente árabe bien relacionada declaró que: "Saddam Hussein se convenció, por primera vez, de que Washington estaba buscando seriamente la manera de derrocarlo y de que había decidido acabar con él como fuera posible. Él decidió confrontar también a Estados Unidos con toda clase de artimañas, particularmente por medio del extremismo y del terrorismo, ya que no tenía nada que perder". Convencido de que debía actuar con urgencia, Hussein sostuvo largas discusiones con dos personas en las que confía plenamente —sus hijos, Qusay y Uday— acerca de la manera en que debía enfrentar a Estados Unidos y echar a perder los planes que tenían para arruinar a su familia. Qusay arguyó, y Saddam finalmente aceptó, que no era posible que la hambrienta Irak pudiera repeler un decidido ataque estadounidense para asesinarlos y, así, derrocar al régimen. La clave para su sobrevivencia estaba en impedir, en primer lugar, una campaña de esa naturaleza, a través de una serie de devastadores ataques terroristas en contra de los estadounidenses, los cuales persuadirían a Estados Unidos acerca de la futilidad de retar al régimen de Hussein. La opción de dirigir tal campaña terrorista bajo la bandera de bin Laden era irresistible.

Unos cuantos días después de esta conversación, Qusay envió a dos de sus más leales agentes de inteligencia —al-Jubburi y al-Shihabi— a Afganistán. Sostuvieron una serie de largos encuentros con bin Laden, Zawahiri, Abu-Hafs y otros altos comandantes terroristas islamitas, en un edificio aislado, cercano a Kabul. Al-Jubburi y al-Shihabi trajeron consigo listas detalladas de las contribuciones de

Irak al esfuerzo conjunto, incluyendo el arribo anticipado de los expertos en armas químicas. Entonces se dedicaron a elaborar un detallado plan coordinado para llevar a cabo una guerra en contra de Estados Unidos. Decidieron que debían llevarse a cabo operaciones espectaculares en el mundo entero, realizadas por mártires de la causa. Además, bin Laden aceptó que los equipos islamitas de ataque deberían capturar a los líderes de la oposición iraquí que cooperaban con Estados Unidos y con Occidente en contra del régimen de Hussein. Bin Laden aseguró a los iraquíes que los islamitas podrían ahora llegar a ciertas zonas a las que los agentes de la inteligencia iraquí no tenían acceso. Las reuniones concluyeron con el acuerdo de estudiar cuidadosamente y detallar las operaciones específicas, para luego reunirse nuevamente y decidir acerca de la primera serie de ataques.

Al mismo tiempo, el sistema terrorista islamita asociado con bin Laden y Zawahiri, estaba acelerando los preparativos para una nueva oleada de golpes terroristas espectaculares que se llevarían a cabo virtualmente en todo el mundo. En Afganistán, la red de centros de reclutamiento, las sedes de templanza teológica, los campos de entrenamiento militar y los almacenes de armas se habían extendido notablemente. "El entrenamiento de miembros islamitas radicales se ha reactivado plenamente dentro de Afganistán", reconoció un oficial del servicio de inteligencia paquistaní a mediados de diciembre. Dos nuevos campamentos importantes fueron inaugurados en el otoño de 1998. El primero era la base Tora Boora —originalmente un campamento de mujaidines manejado por el ISI y financiado por la CIA, cerca de Jalalabad— que había sido reconstruido para servir como una instalación dedicada a manejar el flujo de terroristas que viajaban clandestinamente de y hacia Afganistán, vía Paquistán. El segundo campamento era una instalación nueva, completamente aislada, que se encuentra en la zona de Galrez, a unos 45 kilómetros al oeste de Kabul. Allí, un pequeño número de terroristas selectos reciben un entrenamiento especial para poder realizar luego las operaciones más delicadas, bajo el velo del secreto.

Mientras tanto, las redes terroristas en Europa y Medio Oriente han activado un sistema extenso y diverso para que los terroristas puedan viajar clandestinamente. Durante el otoño de 1998, este sistema embarcó a cientos de nuevos reclutas y docenas de terroristas expertos desde el norte de África, Medio Oriente, los Balcanes y Europa occidental, de y hacia Paquistán, Afganistán y, en menor grado, Yemen. Este sistema adquirió numerosos pasaportes genuinos y otros documentos de viaje en ciudades de Europa occidental, y los introdujo clandestinamente a Paquistán y Afganistán para ser usados por los terroristas que desplegarían sus operaciones en el mundo entero. Además, los islamitas reclutaron a cientos de talibanes paquistaníes para una "nueva jihad" que sería lanzada "en breve". Miles de voluntarios se unieron a sus filas y recibieron un entrenamiento básico en los campamentos del este de Afganistán. Algunos terroristas expertos también fueron reclutados en los campamentos de avanzada de las organizaciones terroristas de Cachemira, en la zona de Muzaffarabad. El flujo de reclutas y de terroristas veteranos que viajaban vía Paquistán alcanzó tal nivel que, en el otoño de 1998, Zainul Abideen —un palestino de 38 años, conocido como "el maestro"— estableció instalaciones especiales en la zona de Peshawar para modernizar y aliviar el flujo seguro, tanto de personas como de fondos y provisiones, para los campamentos que bin Laden mantenía en Afganistán. El ISI comenzó a crear un escudo de protección en torno a estos preparativos a principios de noviembre. En una serie de redadas de seguridad, se arrestó a varios sospechosos provenientes de Irak, Arabia Saudita y Bosnia, quienes portaban documentos de viaje falsos o robados y que se quedaron vagando por las instalaciones de Abideen sin explicación alguna.

A medida que los preparativos se aceleraban, Osama bin Laden no guardó silencio respecto de sus objetivos finales. A mediados de noviembre, fue invitado a asistir a una conferencia islamita en Paquistán, pero decidió no asistir cuando el gobierno de Islamabad sugirió que tal afrenta afectaría negativamente la próxima visita que el primer ministro Sharif realizaría a Estados Unidos. En lugar de ello, mandó una nota breve a los organizadores, en la cual elucidaba una vez más sus objetivos y sus metas. Bin Laden enunció los distintos conflictos que encaraba el Islam e insistió en la importancia fundamental de la jihad, y en el hecho de que era importante llegar incluso al sacrificio con tal de solucionarlos: "Damos gracias a Dios, quien nos bendijo con la riqueza de la fe y del Islam. Estamos contentos de expresar nuestra gratitud hacia Él y a la nación mujaidín paquistaní. Le damos gracias por los esfuerzos que ha realizado al apoyar la lucha de los mujaidines por expulsar a las fuerzas de Estados Unidos de la Tierra Sagrada [de Arabia Saudita]. No necesito decirle que esta Lucha Sagrada debe continuar hasta que Bait-ul-Muqaddas [el Templo del Monte en Jerusalén] y otros sitios sagrados de los musulmanes, sean liberados de la ocupación de quienes no son musulmanes (los infieles), y hasta que la Sharia islámica se imponga y se haga cumplir en la tierra de Dios. Obviamente, para que se haga respetar la Sharia, es esencial que todos los musulmanes establezcan un sistema islámico con base en las enseñanzas del Profeta Mahoma. En este momento, Israel y Estados Unidos están dominando a la tierra de Palestina y otros lugares santos, de tal manera que los mujaidines están siendo asesinados y sitiados, y los musulmanes han sido arruinados económicamente. Por lo tanto, es obligatorio que todos los musulmanes continúen la jihad, sacrificando su riqueza y sus vidas hasta que todos los lugares santos sean liberados del yugo de los judíos y de los cristianos. Esta libertad no será posible hasta que sacrifiquemos toda nuestra riqueza y todas nuestras vidas. Ya que es una obligación religiosa para todo musulmán apoyar a los mujaidines que luchan por liberar los sitios sagrados, de igual manera están obligados por su religión a apoyar al gobierno Talibán en Afganistán, porque al imponer y hacer cumplir la Sharia en Afganistán, los Talibán han establecido el sistema de Dios en la tierra de Dios. Aquellos que colaboran en la jihad están ocupados en librar a los musulmanes de Afganistán de la tiranía de los infieles. En conclusión, ruego por que Dios nos ilumine con la luz de la fe y perdone nuestros pecados y que nos brinde su ayuda y apoyo en todo momento".

Por su parte, el Talibán hizo recíproco el apoyo que le brindó bin Laden y declaró, en una fatwa importante, que apoyaba a su jihad. En Qandahar, a finales de noviembre, el Talibán convocó a los principales ulemas del país, quienes operan con el nombre de Ittehad Ulema-i-Afganistán, bajo el liderazgo de Maulana Abdullah Zakiri, uno de los estudiosos de religión más distinguidos y respetados de Afganistán. El primero de diciembre, el Ittehad Ulema-i-Afganistan emitió una fatwa que decretaba que "una jihad armada en contra de Estados Unidos por parte del mundo islámico" era "obligatoria", y que "se les ordena a todo los musulmanes levantarse en contra de Estados Unidos y matar a los estadounidenses". La fatwa también hacía obligatorio "que no se escatimara ningún esfuerzo para llevar a cabo la total aniquilación, por la fuerza, de Estados Unidos" —abriendo así la posibilidad de usar armas de destrucción masiva en contra de Estados Unidos y/o de los estadounidenses, en cualquier parte del mundo donde se encontrasen. Con el fin de asegurarse de que no se malentendiera el mensaje, la fatwa fue reforzada por un edicto redactado por los ulemas y los estudiosos más destacados del país, en la que expresaban que Estados Unidos es "un enemigo del mundo islámico y debe ser eliminado". Los líderes del Talibán coincidieron con esta fatwa, y la Suprema Corte de Afganistán declaró que acataba "los principios de la Sharia" y que, por lo tanto "su posición legal" debería ser aceptada por Afganistán. La Corte emitió un fallo legal aclarando que la fatwa también "hacía un llamado a todos los estados musulmanes para que se preparen para una jihad en contra de Estados Unidos y las fuerzas infieles en todos los rincones de la Tierra", y ordenó a todos los gobiernos islámicos "exigir que Estados Unidos... retire sus fuerzas inmediatamente, tanto del Golfo [Pérsico] como de Arabia Saudita, y que deje de intervenir en los asuntos de los países islámicos". Tanto la fatwa como el dictamen legal de la Corte fueron publicados en árabe y, desde aquel entonces, han sido distribuidos ampliamente en los círculos islamitas a través del Eje del Islam, así como entre las comunidades de emigrados musulmanes que viven en Europa.

Para inicios de diciembre, Osama bin Laden ya había reconocido públicamente estar preparado para la intensificación de su jihad. Las fatwas del Talibán claramente demostraban que él contaba con una base sólida y un refugio seguro desde el cual lanzar sus operaciones. No les tomó mucho tiempo a bin Laden y a Zawahiri para demostrar la confianza que tenían en sí mismos y en su agresividad. En esta misma época, un oficial de los servicios de inteligencia iraquíes sostuvo una serie de encuentros en la embajada iraquí, en Islamabad, con los líderes de varios movimientos islamitas militantes de Paquistán y con representantes del Talibán. Estos encuentros se realizaron con pleno conocimiento y apoyo del ISI.

Durante la primera mitad del mes de diciembre, bin Laden y Zawahiri llegaron a Peshawar, Paquistán, para encabezar un encuentro periódico de los líderes árabes "afganos" que residían en Afganistán. Participaron alrededor de una docena de personas, incluyendo a Asadallah Abdul Rahman, el hijo del sheik Omar Abdul Rahman, famoso por su participación en el primer atentado al World Trade Center, de Nueva York, quien se sentó junto a Zawahiri, simbolizando así la importancia imperecedera del sheik Omar. La visita de bin Laden no constituyó una incursión clandestina a Paquistán. Él era huésped de los altos oficiales de la Provincia Fronteriza Noroeste (PFN), incluyendo algunos parientes de su cuarta esposa y, al igual que antes, durante sus frecuentes visitas, las autoridades de la seguridad de Paquistán le proporcionaron una escolta especial. Las demás visitas recientes de bin Laden al país se habían mantenido en secreto, pero los islamitas paquistaníes dieron a conocer la visita que realizó a principios de diciembre como una prueba de la cooperación que existe con el gobierno de Sharif en Islamabad. En cuanto a los círculos oficiales del gobierno de Islamabad, las autoridades de la PFN "parecían ignorar todo lo concerniente a la supuesta presencia en Paquistán del disidente saudita, Osama bin Laden, buscado por Estados Unidos", cuando fueron contactados por un corresponsal del periódico paquistaní *Dawn*.✗

Los participantes en el encuentro discutieron la intensificación anticipada de las maniobras de la jihad que se desarrollaba en contra de Estados Unidos, incluyendo operaciones específicas que se encontraban en distintas etapas de preparación. Tomaron la resolución de desplegar más de 50 mujaidines árabes del área de Peshawar en los campos de entrenamiento dentro de Afganistán, de manera que pudieran ser empleados en dichas operaciones. Esta no fue una reunión ociosa. El 11 de diciembre, los islamitas hicieron público un comunicado en el nombre del grupo islámico de Zawahiri, jurando luchar en contra de los estadounidenses "ferozmente, en una batalla larga y sostenida". El comunicado define a Estados Unidos como "el más grande enemigo que busca destruir las raíces del Islam". De manera alarmante, el comunicado aludía al uso de armas de destrucción masiva en la confrontación con Estados Unidos. "Debemos demostrar la fuerza de la nación musulmana al rechazar a todos aquellos que cometen agresiones en contra de ella, y nos referimos principalmente a Estados Unidos y a Israel. Nuestra nación musulmana posee numerosas armas para luchar en contra de Estados Unidos, Israel y sus agentes." El grupo islámico enfatizó que el papel que jugaba el terrorismo de escala espectacular aún era importante. Hicieron recordar a todos los musulmanes la importancia del "entrenamiento en el uso de las armas" y que "la puerta al entrenamiento está abierta". El comunicado también realizaba un llamado a incrementar los sistemas de inteligencia y de apoyo de los terroristas, incitando a todos, a "cada musulmán, a considerarse a sí mismo una vanguardia para los mujaidines en cualquier parte, al detectar los movimientos de los estadounidenses, de los judíos y sus agentes, y luego informando a los mujaidines sobre dichos movimientos".

El comunicado del grupo islámico enfatizaba la creciente vulnerabilidad de Estados Unidos ante el terrorismo islamita: "Nuestra nación musulmana debería saber que Estados Unidos —aún si pretende que no ha aprendido una lección a partir de los golpes que le han asestado los mujaidines, tal y como han atestiguado los estadounidenses mismos— están sumamente asustados y son incapaces de detener los ataques de los mujaidines. Los estadounidenses están convencidos de que los hombres jóvenes del Islam están compitiendo entre sí por morir en nombre de Dios, buscando alcanzar el martirio en la jihad que se libra en contra de los estadounidenses, los judíos y sus agentes". Existen buenas razones para sentir este miedo ante la furia de los islamitas, concluyó el grupo islámico: "Dejad que los estadounidenses se enteren de que estamos decididos a luchar ferozmente en contra de ellos, en una batalla larga y sostenida en la que las generaciones se pasarán la batuta unas a otras... así que si los restos mortales de los estadounidenses quedan regados, y si los aviones les llevan ataúdes que contengan un amasijo de los miembros quemados de sus criminales, no deberían culpar a nadie más que a sí mismos". El comunicado concluyó con una reiterada advertencia a los estadounidenses, quienes debían "prepararse para una guerra feroz y prolongada".

Por si existiera alguna duda de que bin Laden y la élite de los terroristas islamitas eran quienes se encontraban tras esta advertencia, publicada ostensiblemente por el grupo islamita de Egipto, las fuentes islamitas en Londres se apresuraron a insertar el comunicado en el contexto apropiado. Hicieron notar la decisión tomada por Zawahiri de romper su silencio "después de las medidas tomadas por Estados Unidos, inmediatamente después de los bombardeos de sus embajadas en Nairobi y en Dar-es-Salaam en el mes de agosto". Denotaba una mayor autoridad el análisis realizado por Adil Abdul-Majid, amigo y confidente de Zawahiri. Declaró que las políticas estadounidenses recientes "instaron a que los movimientos islámicos reaccionaran violentamente". Explicó que "los movimientos islámicos tienen principios fundamentales que chocan con las posiciones de Estados Unidos. La injusticia; la ausencia de justicia en la forma en que la administración estadounidense ha manejado el problema palestino; el hecho de que Estados Unidos clame que apoya las libertades en el mundo mientras continúa haciendo caso omiso de lo que les sucede a los islamitas en sus propios países; y la participación de los servicios de inteligencia de Estados Unidos en perseguir a los islamitas, acorralándolos, arrestándolos y entregándolos a sus propios estados... todo esto aumenta la hostilidad que los movimientos islámicos sienten hacia Estados Unidos".

Abdul-Majid también insinuó que bin Laden era responsable del comunicado, diciendo que las limitaciones impuestas a bin Laden por el Talibán no aplicaban a la organización egipcia de Zawahiri. "Como se sabe, el Grupo Jihad es egipcio, y su principal entidad y el grueso de sus adeptos no están en Afganistán. La presencia de Zawahiri allí no niega el hecho de que el grupo cuenta con elementos en otros países, y que el caso de al-Zawahiri difiere del de bin Laden."

Los preparativos de los islamitas súbitamente se volvieron urgentes a mediados de diciembre cuando, bajo las órdenes del presidente Clinton, Estados Unidos y el Reino Unido iniciaron una campaña de bombardeos en contra de Irak, alegando un inaceptable boicot del régimen de inspección de armas que las Naciones Unidas deseaba realizar en dicho país. No pasó inadvertido el hecho de que los bombardeos se iniciaron el 16 de diciembre, precisamente el día en que el Congreso de Estados Unidos debatía y estaba a punto de votar si el presidente Clinton debía o no ser enjuiciado. En Washington, varios funcionarios del gobierno, activos y en retiro, atacaron abiertamente a la Casa Blanca de Clinton por orquestar los sucesos de manera que Saddam Hussein fuera incitado a desafiar a los inspectores de armamento de las Naciones Unidas y, así, el presidente Clinton pudiera justificar los ataques aéreos, distrayendo de esta manera la atención del público estadounidense respecto a su predicamento en el Congreso. "Lo que Richard Butler [el jefe de las Naciones Unidas encargado de inspeccionar armamento] hizo la semana pasada con las inspecciones fue un plan amañado", declaró el anterior inspector de armamento de las Naciones Unidas, Scott Ritter, al periódico *New York Post*. "No tienes otra opción más que interpretar esto como que 'Irak estaba obligado a obedecer.' No hay otra opción."

Los islamitas nunca tuvieron duda alguna de que los bombardeos de Estados Unidos no eran una reacción a la última confrontación de Saddam Hussein con las Naciones Unidas, sino un escenario más en la incesante confrontación que Estados Unidos sostiene con el Islam. Una de las primeras personas en oponer este argumento fue Abdul-Bari Atwan, el editor de *al-Quds al-Arabi*. "Una vez más, el presidente estadounidense Bill Clinton está usando al pueblo iraquí como chivo expiatorio con el fin de sustraerse a sus propias crisis domésticas y evitar, o posponer, la decisión que debe tomar el Congreso respecto a su enjuiciamiento", escribió Atwan. "El que Clinton sobreviva en la Casa Blanca dos años más, es más importante que las vidas de cientos de miles de iraquíes y sus hijos, que serán asesinados por los misiles crucero y por bombas que soltarán los aviones estadounidenses en todas las direcciones." A pesar de que fue propiciada por las crisis momentáneas del presidente, la campaña de bombardeo debe ser considerada como un componente de la política general de Estados Unidos.

"Esta campaña representa la arrogancia de Estados Unidos en su forma más atroz. Está dirigida en contra de los árabes, y de nadie más, con la intención de humillarlos y debilitarlos, como un preparativo para saquear sus riquezas e imponer el mandato israelí sobre ellos. Cuando los expertos del Pentágono hablan de matar a lo máximo 10 000 iraquíes en los primeros días del ataque, hablan como si estos mártires no fuesen seres humanos, sino más bien insectos." Atwan se preguntaba qué habían hecho los iraquíes para merecer tal desdén y hostilidad por parte de Washington y concluyó que su único pecado era el ser árabes orgullosos que intentaban enfrentarse a Estados Unidos. Por lo tanto, todo el mundo árabe debería considerar que los bombardeos de Estados Unidos están dirigidos en contra de ellos: "Es un ataque sangriento dirigido en contra de la nación árabe en su totalidad, representada por el pueblo iraquí, y la responsabilidad de confrontarlo por todos los medios legítimos recae en los hombros de cada árabe, sea o no un funcionario del gobierno".

Atwan enfatizó que este aspecto íntegramente árabe era la razón por la que el desarrollo de la crisis iraquí no estaría bajo el control de Washington. "Definitivamente, será una guerra larga que no se verá limitada a unos cuantos misiles, tal y como ha sucedido en el pasado." El reto principal que enfrentaba Estados Unidos no era el resultado directo del bombardeo real de Irak. "Estados Unidos posiblemente solucione un problema al bombardear a Irak, pero definitivamente creará otros problemas que afectarán negativamente sus intereses, y también los del mundo occidental, sin mencionar siquiera los de los estados de la región y su correspondiente geopolítica." Atwan identificó un brote de violencia y terrorismo islamita como el resultado más significativo y duradero del ataque estadounidense en contra de Irak, y culpó a Washington por instigar este embrollo de grandes alcances. "Es el terrorismo de Estados Unidos el que minará la estabilidad de una región que contiene el 65 por ciento de las reservas de petróleo del mundo entero. Es terrorismo porque no goza de ninguna autorización internacional o ninguna justificación legal o moral. Seguramente conducirá a que el fuego del extremismo se encienda en una región cargada de frustración, de desilusión y de grupos que están listos para traducir dicha frustración en acciones violentas y en actos terroristas en contra de Estados Unidos, y de todos los estados occidentales." Atwan concluyó preguntando: "¿Acaso la sobrevivencia de Clinton y su permanencia en el poder autorizan o justifican todos estos resultados catastróficos y destructivos?"

En todo Paquistán, la reacción de los islamitas se basaba en temas prexistentes. La mayor parte de las prédicas del viernes que fueron realizadas el día 19 de diciembre, enfatizaron que la campaña de bombardeo perpetrada por Estados Unidos en contra de Irak volvía a confirmar la hostilidad estadounidense en contra del mundo musulmán en su totalidad. Este tema dominó las distintas asambleas que se llevaron a cabo esa misma tarde. En todo Paquistán, los manifestantes gritaban "muerte a Estados Unidos", y estaban de acuerdo con los llamados para iniciar la jihad vengativa en contra de ese país. "Consideramos el ataque perpetrado por los estadounidenses contra Irak como un ataque en contra de todo el mundo islámico", dijo Qazi Hussein Ahmad a una asamblea Jamaat-i-Islami, en la ciudad paquistaní de Lahore. Él habló bajo un cartel que decía: "Los musulmanes están sangrando en Kosovo, en Bosnia, en Cachemira, en Palestina y en Irak. Estados Unidos: allí vamos. Rusia ha perdido la guerra y ahora le toca su turno a Estados Unidos". En Peshawar, los conferencistas en una asamblea organizada conjuntamente por Jamaat-i-Islami y por Jamiat-i-Ulema-Islam, declaraban anticipadamente la venganza islamita. Ya que nadie había "introducido el miedo en el corazón de Estados Unidos" tal y como había logrado hacerlo Osama bin Laden, debería ser él quien dirigiera la campaña de venganza, haciendo que Washington se sintiera "aterrorizado por la reacción que sus ataques en Irak han provocado en los estados islámicos militantes". La venganza se limitará a la persona de bin Laden. "Osama es un solo mujaidín y Estados Unidos tiene miedo de él", hizo notar uno de los conferencistas. "Estados Unidos también tiene miedo de Irak."

La ríspida reacción del mundo musulmán ante el bombardeo realizado por Estados Unidos, no estaba limitada a los círculos islamitas. Algunas personalidades religiosas expresaron la exasperación y la hostilidad de los islamitas heterodoxos, al fortalecer las filas de los militantes islamitas que estaban ansiosos por traducir su furia en actos de violencia y terrorismo. Uno de los primeros líderes religiosos en "denunciar públicamente la agresión en contra del pueblo iraquí", fue el sheik Muhammad Sayyid Tantawi, gran imán de la Universidad al-Azhar en el Cairo. Declaró que "la Universidad al-Azhar y el presidente egipcio, el gobierno, el pueblo, los hombres y mujeres, se solidarizan con el pueblo iraquí para defenderlo con todos los medios que tengan a su alcance, agregando que nunca podremos abandonarlos, bajo ninguna circunstancia". El gobierno egipcio no negó ni puso en entredicho la declaración de Tantawi. Dando un gran paso hacia la legitimación de la venganza contra Estados Unidos, por parte de los islamitas heterodoxos, Tantawi decretó que "cualquier iraquí que sea asesinado se convertirá en mártir, porque aquel que defiende su patria, su honor y su propiedad es un mártir". Y el Islam estipula que la sangre de los mártires debe ser vengada en la persona de aquellos que la derramaron; en este caso, Estados Unidos. El hecho de que los bombardeos continuaran, a pesar de que se iniciaba el mes sagrado del Ramadán, sirvió para exacerbar aún más la situación. "A los estadounidenses y a los británicos, por supuesto, no les importa el Ramadán ni los sentimientos de mil millones de musulmanes", opinó el teólogo islámico de origen egipcio, el sheik Abdel Sabur Shahin. "En efecto, los estadounidenses sí desean asestar un golpe durante el Ramadán. Les provoca placer humillar a los árabes", agregó el sheik Abdel Adhim Dib, otro profesor egipcio de teología.

El Cairo declaró públicamente su parecer el viernes anterior al Ramadán. Durante su prédica en la mezquita al-Azhar, el sheik Tantawi hizo un llamado abierto a la movilización del mundo musulmán en apoyo de Irak y en contra de Estados Unidos. "El deber de los musulmanes es ayudar, por todos los medios, a que el pueblo iraquí pueda enfrentar la agresión injusta y la humillación de la que es objeto", decretó. Rogó a Alá "asegurar la victoria del pueblo iraquí en contra de los injustos". El sheik Tantawi pidió entonces a los 5 000 fieles presentes, una oración especial para todos los mártires iraquíes que habían muerto durante los ataques aéreos. La oración, que estaba muy cargada, de emotividad, detonó una respuesta apasionada que en poco tiempo se convirtió en llamamientos a una jihad. "*Allah-hu-Akbar*. Abre las puertas a la jihad", cantaban los fervorosos asistentes. "Jihad, jihad en contra del usurpador", agregaron. "Con nuestra sangre y con nuestras almas te redimiremos, oh Islam", y "¡Muerte a los enemigos de Alá!" Los cantos continuaron mientras los fieles salían de la mezquita. Ya para entonces, alguien había comenzado a distribuir incendiarios panfletos y pancartas que rezaban: "¿Debe el pueblo iraquí morir por Mónica [Lewinski]?" La policía egipcia y las fuerzas de seguridad no intervinieron en la reunión espontánea. El gobierno del Cairo de alguna manera señaló su apoyo a la posición islamita a través de los medios de comunicación, controlados por el gobierno. Por ejemplo, un editorial en el periódico al-*Gumhuriya*, advertía que la campaña de bombardeos de Estados Unidos detonaría "una nueva oleada de terrorismo en contra de Washington". La culpa de una carnicería tan extendida sería de Estados Unidos —"la madre del terrorismo"— y su "títere" británico, concluía el editorial.

Existía una furia extendida a través de todo el mundo árabe. En Damasco, las fuerzas de seguridad, fuertemente armadas, se mantuvieron a la expectativa mientras una multitud de jóvenes entró por la fuerza a la embajada de Estados Unidos y quemó la bandera estadounidense. Guardias de los marines tuvieron que rescatar a la esposa del embajador del populacho que corría por el área de la residencia oficial, destrozando todo a su paso. En Gaza, gritando "¡muerte a Clinton!", el populacho bajó a tirones y quemó las banderas estadounidenses que habían estado colgadas allí desde la visita, sin precedentes, de Clinton, tan sólo unos cuantos días antes. La policía Palestina participó en los disturbios. Muestras similares de furia popular y de violencia fueron reportadas en virtualmente cada Estado musulmán. Los medios de comunicación, controlados por el gobierno y/o propiedad del gobierno, atacaban a Estados Unidos por haber bombardeado a Irak y exigían venganza. Un tema recurrente en los medios de comunicación era la aseveración de que, ya que los gobiernos árabes habían sido intimidados para mantenerse pasivos y protestar débilmente a causa del despliegue del poder bélico masivo de los estadounidenses, y debido a la resolución de bombardear a los árabes a voluntad, se requeriría de fuerzas islamitas no estatales para vengar los crímenes estadounidenses y para restaurar el honor árabe-musulmán. Los vendedores callejeros y los predicadores, desde Marruecos hasta Filipinas, exigían y esperaban que Osama bin Laden rescatara el honor musulmán al realizar ataques en contra de Estados Unidos y sus aliados.

En algunas de las asambleas hubo llamados explícitos a cobrar venganza y en contra del terrorismo estadounidense. Fueron muy importantes los llamados al terrorismo entre los partidarios islamitas de bin Laden. Durante las prédicas de los viernes que se pronunciaron en las mezquitas y las asambleas Jamaat-i-Islami, los oradores advirtieron que, de continuar los bombardeos en contra de Irak, esto llevaría a los islamitas a realizar ataques en contra de sus embajadas en los países musulmanes. El discurso de Naib Amir Liaqat Baloch, de la organización Jamaat-i-Islami, incitando a una demostración de protesta en Masjid-i-Shuhada, en Lahore, es indicativo. "Los movimientos islámicos a lo largo de todo el mundo tendrán como objetivo las embajadas de Estados Unidos, y harán que la vida de los estadounidenses sea un infierno si Clinton no detiene los ataques inmediatamente", declaró Baloch. La enemistad entre los musulmanes y Estados Unidos ya era irreconciliable debido al carácter inherente del bombardeo que Estados Unidos realizó en contra de Irak. Baloch arguyó que: "Estados Unidos actuaba... como si tan sólo la sangre de los ciudadanos estadounidenses fuese preciosa, mientras que la de los musulmanes no valía nada". En realidad, "Clinton estaba derramando la sangre de miles de musulmanes en Irak, musulmanes que, de por sí, ya eran las víctimas de las sanciones que durante ocho años había impuesto Estados Unidos en contra de Irak, en materia de medicina y alimentos internacionales. El bombardeo estadounidense era en realidad "un ataque sobre la totalidad del mundo musulmán". Baloch insistió en que "Clinton optó por matar a miles de iraquíes inocentes sólo para evitar ser enjuiciado". Y Baloch tenía "un mensaje para los ciudadanos de Estados Unidos", que no era sino una advertencia de que "su gobierno estaba promoviendo el odio entre ellos y el mundo musulmán, bajo una conspiración que ellos debían desbaratar con el fin de mantener relaciones pacíficas con el mundo musulmán".

En Londres, un baluarte de los partidarios islamitas de bin Laden, la reacción a los bombardeos que realizaron Estados Unidos y Gran Bretaña fue más que verbal. El Consejo Musulmán de Gran Bretaña acusó al presidente Clinton de haber "puesto cínicamente en peligro vidas inocentes para distraer la atención de sus dificultades internas", y criticó al gobierno británico por su apoyo, poco juicioso, a Estados Unidos. La declaración del Consejo enfatizó los aspectos totalmente islámicos de las quejas en contra de Estados Unidos y del Reino Unido: "La intensidad y la rapidez de la acción están en contraste directo con otras violaciones serias de legalidad internacional en, por ejemplo, Kosovo, Cachemira y Palestina. Desgraciadamente, esta política de doble cara no brinda buenas perspectivas para el futuro del orden internacional". Los temas de las prédicas de los viernes en las mezquitas londinenses, eran tan virulentos como los que se pronunciaban en todas las mezquitas de Medio Oriente. En Londres, las asambleas que se realizaban después de los rezos del viernes también conducían a la violencia de las multitudes. Una manifestación organizada por al-Muhajiroun frente al número 10 de Downing, residencia del primer ministro, se convirtió en una escaramuza con la policía, y Scotland Yard arrestó a seis miembros de al-Muhajiroun, acusándolos de poner en peligro la seguridad pública. Amir Mirza, un miembro de al-Muhajiroun, de diecinueve años, fue arrestado por la Scotland Yard después de que lanzó, al amanecer, una bomba incendiaria contra un cuartel militar en el lado oeste de Londres. Para el fin de semana, las organizaciones islamitas reportaban medidas represivas por parte de Scotland Yard.

El 21 de diciembre, el grupo Hizb-ut-Tahrir, con sede en Londres, emitió un comunicado porque: "Estados Unidos, cabeza de la kufr [apostasía], y su perro poodle británico, iniciaron ataques súbitos en contra de los musulmanes en Irak, sin siquiera pronunciar una advertencia". El comunicado declaraba que existía una sincronía entre el bombardeo en contra de Irak y los problemas internos del presidente Clinton: "En cuanto a la posición doméstica de Clinton, se sabía que habría una votación en el Congreso estadounidense para enjuiciarlo el mismo día en que realizó el ataque. Así que tomó su decisión sumaria de atacar con el fin de influenciar el resultado de la votación, bajo el pretexto de que no es permitido debilitar al presidente en un momento en que las fuerzas militares se encuentran en guerra".

Finalmente, subrayó Hizb-ut-Tahrir, los bombardeos en contra de Irak fueron llevados a cabo, en gran medida, con el fin de lograr las metas estadounidenses y británicas de dominar el Golfo Pérsico, y en este contexto Estados Unidos demostró su intensa hostilidad hacia el mundo árabe. En la consecución de sus intereses estratégicos, Estados Unidos "convirtió a Saddam en un paria para el Golfo. Estados Unidos utilizó la imposición de sanciones y los términos de los inspectores como una continua fuente de crisis, para desplegar el terror, la ansiedad, la perturbación y el desorden entre los pueblos de los estados del Golfo [Pérsico]. Luego, Estados Unidos comenzó a robar los recursos de los estados del Golfo a través de contratos de venta de armamento que valían miles de millones de dólares, lo cual excede en mucho las posibilidades económicas de sus ejércitos. También impuso pactos de seguridad opresivos sobre estos pueblos, pactos que fueron firmados secretamente por sus gobernantes. Convirtió a los gobernantes en símbolos que no tienen derecho a opinar, sino sólo a firmar con base en la legalidad de la intervención estadounidense y pagar el costo de su intervención. También estableció bases militares con el propósito de entrenar y acumular armamento, manteniendo la hegemonía estadounidense y su continua presencia bajo sus y condiciones". Esta lista de transgresiones estadounidenses en contra de los pueblos de la Península Árabe no es distinta de la lista de bin Laden.

El comunicado de Hizb-ut-Tahrir declara que, excepto por la fecha del inicio de los ataques aéreos, la campaña que Estados Unidos libró contra Irak fue optimizada para ayudar a Washington a alcanzar sus objetivos estratégicos, que van en detrimento del mundo árabe. "El ataque militar que Clinton ordenó en contra de los musulmanes que habitan Irak, no se debe a la disputa contraída con el equipo de inspección de la ONU respecto al descubrimiento o exposición de algunas locaciones. Tampoco es para proteger a los vecinos de Irak de las amenazas de Saddam. Tampoco tiene que ver con el temor de que existan armas químicas y biológicas, como se ha querido hacer creer. Más bien, se debe al objetivo primordial de los estadounidenses, que es el fortalecimiento de la presencia estadounidense en el Golfo y estrechar el control que ejerce sobre él y el intento de ejercer su hegemonía en esta región del mundo."

Y dado que es comprensible que Estados Unidos no va a detenerse ante nada con tal de promover y fomentar sus propios intereses y lograr sus propios objetivos, Hizb-ut-Tahrir apunta un dedo acusador en contra de los líderes árabes conservadores de la región, cuyas alianzas con Estados Unidos facilitan la presencia estadounidense en Arabia. "Esto es una pequeña muestra de la conspiración de los traidores y agentes que gobiernan a los musulmanes. ¿No es éste, acaso, el momento para que el pueblo sincero de los hijos de la Ummah y los líderes venguen tanto su honor como su dignidad, arrastrando al enemigo sobre el polvo? ¿Acaso no es éste el momento para que los pueblos islámicos se enteren de que sus gobernantes son agentes que encuentran placer en la humillación, y que ya es el momento de que los pueblos los derroquen y se entreguen, finalmente, a la tarea de limpiar al país de su desgracia y su traición? ¿No es acaso éste el momento para que los ejércitos que se encuentran destacados en los campamentos destruyan las sedes de la opresión y de la transgresión, y de dedicarse a proteger el poder del Islam y de los musulmanes de la tiranía de gobernantes traicioneros y de la suciedad de los criminales kuffar [apóstatas]?" Las palabras de Hizb-ut-Tahrir hacen eco del llamado original que bin Laden hizo para que se tomaran acciones en contra de los líderes árabes que colaboran con Estados Unidos.

Los lideres terroristas estaban preparando el terreno para la aplicación de los "planes bin Laden", cuando ocurrió la crisis decembrina entre Estados Unidos e Irak. En el recuento del "acuerdo" al que se llegó a mediados de noviembre, en relación con el reinicio de las inspecciones por parte de la ONU, y con una creciente presión al interior de dicho organismo para que se levantaran las sanciones —presión impuesta por Francia, China y Rusia, apoyada por la mayor parte de los estados árabes— se convenció al gobierno de Bagdad de que tendría unos cuantos meses de actividad rutinaria de baja intensidad por parte de las Naciones

Unidas antes de que Washington instigara otra crisis. La decisión de la Casa Blanca de usar ostensiblemente a Irak como un instrumento para distraer la atención puesta en los problemas internos del presidente Clinton, tomó a Bagdad por sorpresa y, dada la coordinación estrecha entre Bagdad, Jartum y Qandahar, el ataque debe haber sorprendido también a los líderes islamitas. Como resultado, a medida que las bombas y los misiles crucero encontraban sus blancos a través de todo Irak, los islamitas buscaban acelerar sus preparativos operacionales. Unas cuantas horas después del inicio del bombardeo, bin Laden y Zawahiri realizaron una junta urgente en Qandahar con varios comandantes terroristas clave, y con comandantes árabes "afganos", tales como Abu-Said al-Masri, de Egipto, para activar sus planes de reacción. Todos firmaron un mensaje para "las masas musulmanas a través del mundo entero" en el que exhortaban a sus seguidores "a atacar los intereses de Estados Unidos y de Gran Bretaña y a organizar manifestaciones en protesta por el ataque estadounidense-británico en contra de Irak". Este mensaje fue enviado clandestinamente a los líderes y comandantes islamitas de todo el mundo.

La administración Clinton parecía haber instigado la crisis de mediados de diciembre, a sabiendas de que el bombardeo contra Irak iniciaría una campaña terrorista. La Casa Blanca se enteró a tiempo de los acuerdos entre Turabi, bin Laden, y Hussein, concertados anteriormente, en el otoño, para utilizar la primera crisis referente a un golpe militar estadounidense real como luz verde para iniciar una campaña terrorista. A pesar de que los ejercicios de mediados de octubre demostraron que Estados Unidos no estaba preparado para soportar un golpe terrorista espectacular en su propio territorio, la Casa Blanca siguió adelante con sus provocaciones en contra de Irak y con la subsecuente campaña de bombardeo.

El 13 de diciembre, las embajadas estadounidenses en la región emitieron advertencias acerca de una posible amenaza terrorista. "La embajada cuenta con información que nos indica una alta posibilidad de que ciertos elementos terroristas estén planeando un ataque en contra de blancos estadounidenses en el Golfo [Pérsico], posiblemente en los próximos 30 días", decía el mensaje emitido en Riad a los estadounidenses. Oficiales estadounidenses identificaron a bin Laden como sospechoso de ser el perpetrador de un ataque de esa naturaleza. Estas advertencias demostraron que la administración Clinton anticipó la posible retribución por la crisis con Irak, la cual comenzaba a intensificarse. Después de todo, no había ninguna actividad fuera de lo normal en la región en ese momento. Es más, dichas advertencias fueron emitidas casi al mismo tiempo en que el Pentágono recibió órdenes de parte del presidente Clinton de adelantar sus planes de ataque y apresurar los preparativos para las operaciones en contra de Irak.

Los líderes islamitas deliberaron durante unos cuantos días sobre cuál debía ser la reacción apropiada a los bombardeos, y tomaron la resolución de que la única respuesta posible al nuevo reto que imponían los estadounidenses, sería iniciar una confrontación en la que ellos se apoderarían de la iniciativa estratégica por medio de una serie de operativos espectaculares. Ellos esperaban que la guerra de terrorismo fuera prolongada. Usando las organizaciones egipcias de Zawahiri como sus principales centros de acción, bin Laden y sus lugartenientes comenzaron a emitir comunicados que delineaban la doctrina de confrontación de los islamitas.

El primer comunicado fue emitido por el Movimiento Jihad de Zawahiri: las Vanguardias de la Conquista, el 18 de diciembre. El comunicado, firmado por Abdallah al-Mansur, secretario general de la organización, enfatizaba la urgencia de tomar acción debido a que la nación árabe "no se sentiría complacida con las palabras vacuas de denuncia y condena que estamos acostumbrados a escuchar por parte de los regímenes [árabes]". El mensaje principal era corto y claro: "En nombre de todos los hijos del movimiento islamita en Egipto, y con la participación de nuestros hermanos a lo largo y ancho del mundo islámico, nosotros declaramos abierta y sonoramente que tomaremos represalias por lo que está sucediendo a los hijos de nuestras naciones en Irak, ya que los crímenes cometidos por Estados Unidos en contra de nuestra nación islámica no quedarán sin castigo".

A bin Laden, Zawahiri y sus lugartenientes les tomó dos días más formular una respuesta global a la crisis que se desarrollaba. La respuesta fue al estilo bin Laden: enfatizando una acción panislámica, sin relegar el papel y la responsabilidad de la élite terrorista. Esa estrategia fue dada a conocer en un comunicado del grupo islámico de Zawahiri, emitido el 20 de diciembre. El comunicado definía la lucha contra Estados Unidos como un "decreto y un camino divinos", y así no había más alternativa que librar la jihad en contra de Estados Unidos como un deber sagrado para todos los musulmanes. El grupo islámico no preveía el fin de la confrontación con Washington porque, como lo demostraban los sucesos recientes en Irak, "siempre que los gobernantes de la Casa Blanca desean ocultar sus escándalos a su propio pueblo, lanzan un ataque en contra de los pueblos islámicos." El comunicado declaraba que el mundo musulmán "no alcanzará la gloria o detendrá la arrogancia de Estados Unidos excepto por mediación del sendero divino". El comunicado declaraba que el bombardeo de Irak debería ser examinado dentro del contexto de una lucha más importante, la que se libra entre el Islamismo y el mundo occidental: "Lo que está sucediendo en Irak es un asunto vergonzoso para la nación islámica, porque Dios, el Todopoderoso, le asignó la tarea de promover la virtud y de repudiar las acciones abominables y, ¿acaso existe una acción más abominable que aniquilar completamente a un pueblo musulmán? ¿Existe acaso una acción más abominable que la incursión de los ateos en nuestras fábricas, destruyéndolas, matando a nuestras mujeres y a nuestros hijos, y saqueando nuestras riquezas?"

El comunicado alegaba que se requería de una respuesta por parte de todos los creyentes musulmanes. "Los movimientos islámicos deberán interpretar su papel de apoyo a nuestro pueblo musulmán en Irak, y deberan unirse para resistir la arrogancia de Estados Unidos." Debido a la gravedad de la crisis, se requería de una guía teológica, "y los ulemas de la nación islámica están siendo incitados a interpretar su papel a la luz de este ataque violento… ya que los ulemas de la nación son sus guardianes y, por tanto, tienen esa responsabilidad". El comunicado terminaba por enfatizar la importancia de la crisis y las expectativas islamitas del mundo musulmán. El grupo islámico aseveraba que "lo que está sucediendo hoy en Irak debería alertar a la nación [islámica] para estar a la altura de la situación; también debería impulsarlo a infligir contra Estados Unidos y contra sus partidarios el castigo obligatorio y luego trabajar para enjuiciar a los huespédes de la Casa Blanca como criminales de guerra".

A lo largo y ancho del mundo musulmán, resonaron los ecos de conformidad y concordancia respecto a la adopción de los temas de bin Laden, especialmente durante las prédicas del viernes 25 de diciembre. Por ejemplo, el sheik Akramah Sabri, el imán de la mezquita al-Aqsa, en Jerusalén, aprobado por Arafat, prestó mayor atención a la crisis en Irak que al problema palestino. El sheik Sabri opinó que las circunstancias del momento hacen posible la destrucción de Israel. "Recemos por el día en que Jerusalén y toda la tierra santa de Palestina sean liberadas de la ocupación israelí", declaró ante una congregación de más de 200 000 fieles. Estas circunstancias eran el resultado de la reacción panmusulmana a los bombardeos de Irak. "La agresión en contra de Irak fue diseñada para distraer la atención de las cosas vergonzosas que suceden en Estados Unidos, donde el presidente se ha visto involucrado en actividades nauseabundas", explicó el sheik Sabri. La decisión de bombardear a Irak refleja con gran precisión el odio inherente del mundo occidental, "digno de los cruzados", hacia el Islam y los musulmanes. El sheik Sabri explicó que, a menos que los líderes árabes dirigieran la próxima confrontación contra Estados Unidos, Gran Bretaña e Israel, las masas enfurecidas los derrocarían de la misma manera en que las masas se levantaron para cumplir el sagrado reto de la jihad. "Algunos líderes árabes se han puesto de rodillas ante Estados Unidos y Gran Bretaña, pero sus pueblos jamás lo harán", advirtió. "Se alzarán en contra de ellos, y los echarán, para librar al mundo árabe musulmán de la influencia estadounidense y británica." La lucha que aún quedaba por librarse, concluyó el sheik Sabri, estaría relacionada con la sobrevivencia del Islam ante el ataque violento del mundo occidental. Un resultado victorioso de dicha confrontación sería el asegurarse de que Palestina quedara en manos musulmanas; dicho con otras palabras, la destrucción de Israel.

El inicio del terrorismo islamita en contra de los estadounidenses, como represalia por la campaña de bombardeo que éstos realizaron contra Irak, ya no constituía una mera contemplación teórica. Altos oficiales iraquíes aceptaron esta amenaza como algo casi posible, mientras aún negaban tener cualquier vínculo con los terroristas. El ministro de comercio iraquí, Muhammad Mahdi Salah, esperaba que las "actividades terroristas" en contra de Estados Unidos se intensificaran, como resultado del bombardeo estadounidense en contra de Irak. "Cuando Estados Unidos presta ayuda a las actividades terroristas en contra de Irak", dijo, "no es una amenaza; es la consecuencia lógica de su política". Salah subrayó el hecho de que Irak condenaba y no practicaba "el terrorismo". Sin embargo, "al adoptar una política agresiva en contra de Irak, en contra del pueblo árabe y, asimismo, en contra de los musulmanes en general, y al usar las sanciones como un medio para destruir esta sociedad y al emplear la agresión militar", Washington estaba creando el ambiente que incitó los ataques terroristas en cuestión.

Al-Quds al-Arabi primero propuso, principalmente con base en los reportes ofrecidos por los medios de comunicación del mundo occidental, la posibilidad de que se gestara una cooperación entre Saddam Hussein y bin Laden. Un editorial decembrino predijo que "el presidente Saddam Hussein, cuyo país había sido expuesto a un ataque aéreo de cuatro días de duración, buscará apoyo para vengarse de Estados Unidos y la Gran Bretaña al cooperar con el opositor saudita

Osama bin Laden, a quien Estados Unidos considera como el terrorista más buscado del mundo". El editorial hacía notar que este tipo de cooperación era muy posible, tomando en cuenta que "bin Laden había estado planeando trasladarse a Irak antes de iniciarse el ataque reciente". *Al-Quds al-Arabi* prosiguió citando a oficiales occidentales cuyo nombre se reservaba, haciendo notar que mientras Saddam Hussein carecía de la capacidad de regresar el golpe a Occidente, los islamitas sí contaban con dicha capacidad y que, además, estaban ansiosos por atacar. La cooperación entre Saddam Hussein y bin Laden sería la mejor respuesta para ambos.

En el momento en que la campaña de bombardeo llegó a su fin, Saddam Hussein envió a Faruq al-Hijazi a Qandahar. Hijazi, el embajador de Irak en Turquía, y anteriormente delegado en jefe de los servicios de inteligencia iraquíes, ha mantenido tratos con bin Laden desde 1994. También es jefe de los servicios de inteligencia iraquí en Turquía, a cargo de adquirir tecnologías estratégicas y armamento en Europa y llevarlas de contrabando a Irak, así como de contrabandear bienes (personas, dinero, petróleo) a Europa. En Qandahar, Hijazi tuvo un encuentro con bin Laden para discutir los futuros ataques terroristas en contra de Estados Unidos y Gran Bretaña. Recomendó una cooperación más eficiente con Bagdad respecto a las operaciones, y ofreció a bin Laden toda la ayuda posible que el servicio de inteligencia iraquí pudiera ofrecerle. Hijazi le ofreció a bin Laden ejemplos concretos del apoyo que los servicios de inteligencia iraquí podrían ofrecerle al encubrir cualquier asunto que estuviera bajo su responsabilidad. Además, Hijazi repitió la oferta que hacía Saddam Hussein de brindarle refugio y hospitalidad, tanto a bin Laden como a su gente. Bin Laden aceptó dirigir, en principio, la campaña de venganza en contra de Occidente, de acuerdo con los planes operativos a los que recientemente había accedido, pero sugirió que se realizaran más estudios y que existiera una coordinación de los planes de contingencia específicos y, asimismo, propuso varias operaciones. Ambas partes estuvieron de acuerdo en que era urgente e imperativo acelerar y desatar la guerra terrorista en contra de los estadounidenses.

Con el fin de demostrar el compromiso del gobierno de Bagdad de cooperar con bin Laden, Hijazi trajo consigo y entregó a bin Laden un paquete de pasaportes diplomáticos yemenitas, auténticos y en blanco, que le habían sido provistos al servicio de inteligencia iraquí por sus contrapartes en Yemen. Este tipo de pasaportes resultan invaluables para que los líderes terroristas más importantes puedan viajar internacionalmente, con garantía de seguridad. Hijazi también prometió acelerar un apoyo adicional iraquí. Poco después, varios oficiales iraquíes, pertenecientes a los servicios de inteligencia del ejército, llegaron a Afganistán vía Paquistán, para prestar su ayuda en el entrenamiento avanzado y en la preparación de terroristas islamitas. Los más importantes entre ellos eran los expertos pertenecientes a la Unidad 999, de los servicios de inteligencia iraquí. Seleccionaron cuatro equipos, y cada uno de ellos se componía de doce terroristas veteranos, quienes recibirían un entrenamiento avanzado e intenso en sabotaje y técnicas de infiltración y que sería de gran utilidad para los operativos que debían realizarse en Occidente, en cooperación con los servicios de inteligencia iraquí. A principios de enero de 1999, los equipos ya estaban siendo entrenados en unos cuarteles que se encontraban en las afueras de Bagdad.

A finales de diciembre, Saddam Hussein y su círculo de allegados concluyeron que debían acelerar la confrontación con Estados Unidos, pues, de no ser así, los países árabes comenzarían gradualmente a aceptar el dominio del gobierno de Washington. Los numerosos intentos que realizaron la defensa antiaérea y la fuerza aérea iraquíes por defender las zonas de vuelo prohibidas, no lograron derribar ni un sólo avión; por lo tanto, el terrorismo islamita parecía ser la única vía para llevar a cabo la confrontación. Sin embargo, el prudente Hussein determinó poner a prueba el compromiso de los islamitas, antes de enfrentarse a los regímenes de Estados Unidos y de Gran Bretaña. El primer día del año, Qusay Hussein envió a sus confidentes, al-Jubburi y al-Shihabi, de vuelta a Afganistán para reunirse con bin Laden, Zawahiri y la élite de terroristas islamitas. El gobierno de Bagdad ofreció una jihad conjunta, vigorosa y abierta en contra de los estadounidenses de todo el mundo y en contra de los regímenes árabes que se hubieran aliado a Estados Unidos. A cambio, Irak pidió una garantía inquebrantable de cooperación y apoyo por parte de los islamitas, es decir, que ninguna revolución islamita se llevaría a cabo en Irak durante esta jihad. Bin Laden y Zawahiri aseguraron a los emisarios iraquíes que el régimen de Saddam estaría a salvo durante el tiempo que Irak participara activamente en su jihad. La confianza de los iraquíes en los islamitas se vio reflejada en las acciones agresivas y desafiantes que Saddam llevó a cabo.

A finales de diciembre, algunos altos oficiales gubernamentales y de los servicios de seguridad de varios emiratos del Golfo, citaron información confidencial que confirmaba que Saddam Hussein haría "un contrato con los grupos terroristas islámicos", especialmente con los de bin Laden, "para exigir la venganza" en contra de Estados Unidos, Gran Bretaña y sus aliados en la región. Los oficiales de los servicios de seguridad británicos coincidieron en señalar los preparativos de algo espectacular con lo que los líderes islamitas pudieran "estar de acuerdo"; Saddam Hussein estaría en capacidad de "comprender", y todos negarían su responsabilidad en los hechos y así se reduciría la posibilidad de una represalia masiva en contra de Irak. A principios de enero de 1999, los servicios de inteligencia de Kuwait confirmaron que había "cientos de árabes 'afganos' que recibían un entrenamiento militar avanzado" en los campamentos que se encontraban cerca de al-Nasiriyah, al sur de Irak, "como preparación para interpretar un papel crucial en la confrontación militar que se espera comenzará muy pronto". Estos árabes "afganos" están siendo entrenados por los servicios de inteligencia iraquíes, dentro del contexto de una alianza que Bagdad trabó con lo que el servicio de inteligencia de Kuwait describió como "un frente que incluye seis organizaciones militantes, entre cuyas filas se encuentran antiguos combatientes del esfuerzo bélico afgano", lo cual es un eufemismo para el Frente Islámico Mundial de bin Laden, cuya tarea es librar una jihad en contra de los judíos y de los cruzados. Los kuwaitíes se enteraron de que este acuerdo requería "trasladar a cientos de miembros desde ese frente al territorio iraquí" para que recibieran un entrenamiento avanzado, preparándolos para su participación inminente en "la batalla contra Estados Unidos y sus aliados".

También a finales de diciembre, los medios de comunicación oficiales del gobierno iraquí aludieron a la propensión de Bagdad para ser blanco de venganzas terroristas. El día 24 de diciembre, *al-Tawrah*, el órgano oficial de Baath, el partido gobernante en Irak, publicó un artículo escrito por Basil Hassun al-Sadi, en el que alababa al terrorismo internacional como la reacción lógica y justa al bombardeo que Estados Unidos perpetró arteramente contra Irak. "Tan pronto como las fuerzas del mal dispararon su último misil sobre Irak, durante la noche del 19 de diciembre de 1998, los gobernantes de Estados Unidos y de Gran Bretaña comenzaron a expresar su desilusión, su frustración y su miedo a las represalias lógicas", comenzó diciendo Sadi. El artículo entonces se dedicó a examinar los pronunciamientos realizados por los líderes estadounidenses y británicos acerca de la amenaza del terrorismo y las precauciones especiales de seguridad que se habían tomado. El artículo enfatizaba que la verdadera razón de esa búsqueda mundial de venganza en contra de Estados Unidos, era la furia popular hacia las políticas estadounidenses en el mundo, una tendencia que culminó con el bombardeo a Irak. "El motivo para cualquier ataque vindicativo en contra de los intereses de Estados Unidos en el mundo, será la injusticia que la evasiva administración estadounidense está poniendo en práctica en contra de todas las voces que claman justicia, lo mismo que las voces que rechazan la tiranía, el dominio del mundo por un sólo Estado, la confiscación de las libertades de los pueblos y la legitimidad de la ONU. Por lo tanto, mientras Estados Unidos continúe insistiendo en ejercer la tiranía, continuará viviendo en el miedo, abandonará sus embajadas o las rodeará con cordones de seguridad, evacuará a sus ciudadanos que viven en otros países e intensificará medidas de seguridad en torno a sus aviones, sus barcos y sus bases militares. Así, cada estadounidense y cada partidario de la agresión de Estados Unidos siempre vivirá en el terror de ser objeto de un ataque." Sadi examinó luego las medidas precautorias que había tomado Estados Unidos, desde el cierre de embajadas hasta la evacuación de sus ciudadanos en distintos puntos del mundo, y con su aprobación citó al secretario de Defensa William Cohen, "admitiendo que todas estas medidas son inútiles contra cualquier represalia". Sadi estaba de acuerdo, y enfatizó que las acciones recientes de Estados Unidos le habían ganado ya la ira de muchos pueblos en el mundo, provocando, en esencia, una campaña terrorista de larga duración en contra de Estados Unidos. "Por medio de su salvaje agresión, los dirigentes de Washington violaron todas las leyes internacionales y también todos los pactos, así como los derechos humanos. Esta violación merece un castigo. Pero ellos aún no saben de dónde provendrá dicho castigo. Por lo mismo, ellos están poseídos, cada instante del día, por el miedo de recibir el castigo que merecen", concluyó Sadi.

Varias organizaciones terroristas islamitas apoyaron el concepto de venganza delineado por el gobierno de Bagdad. Por ejemplo, al día siguiente, el 25 de diciembre, la Jihad Islámica Palestina publicó su análisis de la esencia y de las ramificaciones del bombardeo que Estados Unidos perpetró en contra de Irak, en una editorial en el periódico *al-Istiqlal* de Gaza. "Esta nueva crisis ya no es una diferencia personal entre el líder iraquí y los líderes y jefes de Occidente", decretó la jihad islámica. La crisis de ese momento era otra fase más en la confrontación histórica entre Occidente y el Islam. "El recuerdo de las guerras de los cruzados aún no ha abandonado las mentes de los políticos y de los soldados de Occidente; esa es la razón por la que hoy en día están intentando buscar represalias por aquello que sucedió hace siglos, beneficiándose de este pequeño desequilibrio de poder, que fue principal y básicamente creado por Occidente. Era tan sólo natural que el espíritu de violencia y de control, así como el deseo de imponer su propia hegemonía, que ha caracterizado a la civilización occidental y su revolución industrial, tomara el control de los asuntos de esta región y recrudeciera el desequilibrio de poder, con el fin de preparar el control hegemónico de Occidente respecto a nuestros recursos y los recursos de otras naciones oprimidas."

En contraste, de acuerdo con el periódico *al-Istiqlal*, los gobiernos árabes guardaron silencio y permanecieron inactivos durante la crisis, ya que los líderes árabes estaban demasiado temerosos de la reacción de Estados Unidos como para hacer algo al respecto. Y esa fue, para todo el mundo musulmán, la quintaesencia de las ramificaciones del ataque en contra de Irak. "Lo que ha sucedido durante los últimos días en Irak, revela de manera muy clara y flagrante la profundidad de la crisis que atraviesan los regímenes que gobiernan a los países árabes. Estos regímenes se alejan cada vez más del pueblo y de los intereses de las masas, que emergieron de una manera natural e impulsiva para maldecir a Estados Unidos y declarar su solidaridad total con el pueblo iraquí. Esta crisis se agudizará cada vez más mientras estos regímenes continúen ejerciendo las mismas políticas, y mientras el estado de ineficacia y de falta de respeto continúe poniendo grilletes a las posturas de los regímenes y gobiernen los procesos de toma de decisiones." El brote de furia popular contra Occidente y de los regímenes árabes plegados a los intereses occidentales, resultaba crucial para comprender la respuesta venidera del mundo musulmán. "Es una crisis asfixiante, y los misiles de Estados Unidos no sólo atacaron a Irak, sino que fueron dirigidos contra todos y cada uno de los árabes, musulmanes y cualquier otra persona que se niegue a someterse a las condiciones de una civilización entregada a la bestialidad y a su política de americanizar al mundo. La prolongada batalla realmente requiere de un espíritu de paciencia, de fe y de tolerancia." Exacerbados por el reciente bombardeo de Irak, la verdadera batalla del Islam en contra de la reencarnación del ataque violento de los cruzados apenas había comenzado, concluyó la Jihad Islámica.

A fin de cuentas, la clave para llevar a cabo un terrorismo efectivo, dentro y fuera del mundo árabe, se encuentra firmemente presa en las manos de dos principales estados patrocinadores: Irán y Siria. El análisis de los gobiernos de Teherán y de Damasco sobre las ramificaciones del bombardeo estadounidense en contra de Irak, determinará la intensidad de la reacción. El principal resultado estratégico de la campaña de bombardeo ha sido la consolidación del eje tripartito, que reúne a Irak, Siria e Irán bajo una sola consigna. Dada la afirmación de la administración Clinton en el sentido de que estos bombardeos contribuyeron el surgimiento de un nuevo Medio Oriente, en pro de Estados Unidos, según hizo notar un analista árabe de corte conservador, "sería muy natural y lógico que los iraquíes, los sirios y los iraníes reaccionaran con fuerza y que se movieran de manera que se creara un contrapeso a la nueva realidad. Su reacción habría sido provocada por consideraciones estratégicas, relacionadas con la seguridad de la región de Medio Oriente". Ni Siria ni Irán desean ver a Irak desmembrado o gobernado por un régimen favorable a Occidente, todo lo cual quebrantaría la conexión que existe entre ellos. También tienen miedo de que la "Ley de Liberación de Irak", promulgada por el Congreso de Estados Unidos —que difícilmente causaría el derrocamiento del régimen de Hussein, pero que, con toda seguridad, ocasionaría fuertes dolores de cabeza al gobierno de Bagdad— sea seguida por una "Ley de Liberación de Irán" y una "Ley de Liberación de Siria". Por lo tanto, es imperativo, tanto para los gobiernos de Teherán como de Damasco, impedir que Occidente, liderado por Washington, continúe atacando violentamente a Irak", explicó el analista árabe.

Comprometer los bienes terroristas a la campaña de venganza contra Estados Unidos, tan popular entre los nativos de la región, es una medida estratégica apresurada para los dos estados patrocinadores. No les tomó mucho tiempo a los gobiernos, tanto de Teherán como de Damasco, desviar bienes y recursos reservados para una intensificación en la lucha contra Israel y en la campaña que se elaboraba contra Estados Unidos. Ya para el mes de noviembre de 1998, los líderes más destacados del gobierno iraní, incluyendo a Khamenei, sostuvieron una reunión cumbre secreta con los líderes de Hamas, para definir los marcos en los que podrían colaborar juntos, estrechamente, con el movimiento Hezbolá, en contra de Israel, así como para determinar los nuevos niveles de entrenamiento terrorista avanzado que los terroristas del movimiento Hamas estarían recibiendo ahora en Irán, con la finalidad de prepararlos para las misiones requeridas. En otra reunión, el gobierno de Teherán le informó al sheik Hassan Nasrallah, secretario general del movimiento Hezbolá, sobre las modalidades de la cooperación propuesta. Luego, a fines de diciembre, capitalizando la fuerte reacción popular al bombardeo en contra de Irak y a las últimas fatwas de bin Laden, el gobierno de Teherán trasladó sus principales bienes económicos. Con la ayuda de los servicios de inteligencia sirios, el Comando de Operativos Especiales del grupo Hezbolá comenzó a activar, a lo largo del mundo entero, ciertas células que permanecían inactivas, principalmente en Europa occidental y en América Latina. Los sirios mandaron llamar a "viejos amigos", para que se unieran al servicio activo, como es el caso del Ejército Secreto Armenio para la Liberación de Armenia (ESALA), incluyendo a su líder, Simon Sakarian, y a radicales de Europa occidental. Sakarian, también conocido por su nombre de guerra, Abu-Mesto, se encuentra exiliado en Argentina y dirige una red criminal y terrorista en toda Latinoamérica y dentro de Estados Unidos. Reportes de inteligencia coincidentes indicaron que Imad Mughaniyah, la contraparte de bin Laden en el Comité Tripartita, había llegado a Líbano para coordinar desde allí los espectaculares operativos terroristas.

El enorme alcance internacional del movimiento Hamas fue demostrado por medio de la activación de sus recursos de apoyo en Líbano y Paquistán. Esta infraestructura fue organizada en unos cuantos meses con el apoyo profesional y financiero de Mohammad Reza Bahonar, el oficial de servicios de inteligencia iraníes, quien fue el responsable de patrocinar movimientos de liberación islámicos. Para el gobierno de Teherán, la infraestructura del grupo Hamas en Paquistán, estrechamente vinculado con los recursos de organizaciones tales como el movimiento Jamaat-i-Islami y el movimiento Hizb-ul-Mujaidín, sirve como un trampolín sin igual hacia Paquistán y Asia central. La presencia del grupo Hamas en Paquistán tiene ramificaciones operativas. Ya en noviembre, un destacamento especial del grupo Héroes de la Jihad Islámica, que incluía a ocho miembros del movimiento Hamas y cinco seguidores paquistaníes de bin Laden, regresaron a Paquistán después de haber recibido un entrenamiento intensivo en Irán. Los Héroes de la Jihad Islámica se establecieron en Teherán, con la ayuda de bin Laden, en el invierno de 1997-98, para conducir operativos espectaculares en otros países, incluyendo Argentina y Francia, que fueron abortados posteriormente. Ahora, el destacamento palestino-paquistaní fue enviado a un campamento del grupo Hizb-ul-Mujaidín patrocinado por el ISI y que se encontraba en la zona de Muzaffarabad, donde recibirían, a lo largo de un mes, un entrenamiento final, quedando pendiente su participación en algún operativo espectacular específico. Algunos destacamentos adicionales de "Héroes" ya habían llegado a Paquistán. Al mismo tiempo, numerosos Talibán del Lejano y Medio Oriente, que entonces estudiaban en Paquistán, fueron reclutados por el grupo Hamas y por el movimiento Hizb-ul-Mujaidín, y fueron luego enviados a Afganistán para recibir un entrenamiento acelerado en los campamentos dirigidos por el ISI. Técnica y operativamente, estas fuerzas se encuentran en las últimas etapas de preparación para realizar operaciones terroristas.

Se ha reportado que existen preparativos conjuntos para importantes operativos terroristas, patrocinados por el Estado. Los servicios de inteligencia de Estados Unidos ya habían monitoreado una conversación telefónica, vía satélite, entre Osama bin Laden, en Afganistán, y un comandante en otro país, en la cual discutían un inminente ataque con bombas en contra de un blanco de Occidente. Inmediatamente después del fin del ataque aéreo perpetrado por Estados Unidos en contra de Irak, los representantes de bin Laden llegaron a Bekáa, Líbano, para sostener una reunión con los altos mandos del grupo Hamas y las organizaciones terroristas palestinas, patrocinadas desde hace mucho tiempo por Irak, tales como el Consejo Revolucionario Fatah, de Abu-Nidal y el Grupo 15 de Mayo, de Abu-Ibrahim, un pequeño grupo de expertos en bombardería. Discutieron la implementación de operativos terroristas espectaculares en los emiratos del Golfo Pérsico, en Europa occidental y el Lejano Oriente, como una venganza por el bombardeo que realizaron Estados Unidos y Gran Bretaña en contra de Irak.

Al mismo tiempo, se estaba planeando una importante reunión cumbre, que se realizaría en Qandahar durante la última semana de 1998. Se esperaba que Hassan al-Turabi se encontrara entre los asistentes, junto con los líderes del Talibán, bin Laden, Zawahiri, altos oficiales del ISI y los comandantes terroristas más importantes. Turabi llegaría a bordo de un avión especial, proveniente de Jartum. De acuerdo con una fuente islámica importante, Turabi, "durante las conversaciones que sostendría con bin Laden y los líderes del Talibán, centraría su atención en coordinar maneras de confrontar al gobierno de Washington, 'nuestro enemigo común'". La expectativa de que Turabi asistiría al encuentro en Qandahar, sugiere que decisiones monumentales habían sido puestas en la mesa de discusión, presuntamente autorizando el uso de armas de destrucción masiva y/o asestando un golpe directo a Estados Unidos. Fuentes islamitas también esperaban que Turabi invitara a bin Laden a regresar con él a Sudán. Pero la revelación temprana de los planes de Turabi lo obligaban a posponer su propio viaje y enviar confidentes importantes para que fueran ellos quienes asistieran a la reunión cumbre en Qandahar en representación suya.

El gobierno de Islamabad le dio un sentido de urgencia al proceso. El ISI dejó saber al periódico islamita *Ausaf* que a mediados de diciembre ciertos diplomáticos estadounidenses, dirigidos por el subsecretario de Estado, Karl Inderfurth, amenazaron a Afganistán con una campaña de bombardeos, semejante a la perpetrada en contra de Irak, a menos que esa nación extraditara a bin Laden y a sus lugartenientes. "Estados Unidos ha marcado como fecha límite el 15 de enero de 1999 para deportar a dieciocho líderes mujaidines, incluyendo a Osama bin Laden, de Afganistán, y ha amenazado con tomar acciones si esa nación les ofrece asilo y hospitalidad después de dicha fecha", se afirmó en el periódico. Durante estas discusiones, diplomáticos de Estados Unidos exigieron que el Talibán también incorporara otros partidos a su gobierno y que establecería una fórmula islamita liberal. Habiendo fallado en sojuzgar a Irak, y con una crisis en casa, el periódico *Ausaf* escribió: "Estados Unidos está planeando atacar a Afganistán con el pretexto de extraditar a bin Laden y otros líderes mujaidines". El editorial alegaba que la fijación que Estados Unidos tenía con bin Laden era una clara manifestación de su odio generalizado hacia el islamismo. "Osama bin Laden se ha convertido en un gran reto para Estados Unidos y sus aliados árabes, y está tratando, a cualquier costo, de deshacerse de esta amenaza perpetua." Pero el reto de Estados Unidos era mucho mayor porque "siempre que en el mundo se establezca un sistema islámico, ese país declara que ello constituye una violación de los derechos humanos. Esto sólo significa una cosa: que sea cual fuere el sitio en el que viven creyentes musulmanes, ellos deben seguir un código de vida basado en un liberalismo que cuente con el consentimiento de Estados Unidos. Esto significa que si los musulmanes de cualquier lugar del mundo adoptan el estilo de vida cristiano, serán aceptados; de otra forma, serán considerados como terroristas y asesinos de los derechos humanos". Bajo estas circunstancias, los musulmanes deben marcar el límite —en Afganistán— y junto con sus aliados mujaidines árabes, bloquear la invasión de Estados Unidos al mundo musulmán.

En respuesta a esta situación, Osama bin Laden y Ayman al-Zawahiri dieron una serie de entrevistas a los periódicos árabes y paquistaníes y a los medios de comunicación electrónicos del mundo occidental, sirviéndose para ello de corresponsales paquistaníes y árabes en los que confiaban. Todas estas entrevistas cubrían los mismos temas y parecen haber sido concedidas en una sola sesión, dentro de una tienda en el valle de Helmand, que es el corazón de la región en que se cultiva la amapola en la zona suroeste de Afganistán. Fueron tres los temas dominantes: 1) bin Laden no es el responsable del bombardeo realizado en África oriental, a pesar de que sí apoya dicha acción; 2) las armas de destrucción masiva son admisibles en la lucha contra Occidente, a pesar de que, nuevamente, bin Laden no tenga nada que ver con ellas; y 3) como consecuencia de los ataques en contra de Irak, la jihad contra Occidente es una obligación urgente. Una revisión detallada del texto árabe de las respuestas de bin Laden muestra un pensamiento profundo y refinado, con una expresión precisa, dirigida a ejercer una influencia sobre su público musulmán. A pesar de que bin Laden también estaba ansioso por enviar su mensaje a Occidente, el objetivo era enviar una amenaza velada, no convencer.

Bin Laden definió su propio rol dentro del movimiento islamita en la entrevista que Rahimullah Yusufzai, un amistoso periodista paquistaní, radicado en Peshawar, condujo para ABC News. Bin Laden expuso en dicha entrevista que su mayor contribución a la jihad mundial era guiar e instigar a las masas hacia la acción directa, y que no estaba al mando de operativos específicos. Explicó que "nosotros, los que conformamos el Frente Islámico Mundial para la Jihad en contra de los Judíos y los Cruzados, hemos... emitido una fatwa sumamente clara, haciendo un llamado a nuestra Nación para que lleve a cabo una jihad, dirigida a liberar los sitios sagrados del Islam... y todas las tierras islámicas". Estaba satisfecho de que la nación musulmana "ha respondido a este llamado y a esta instigación". Bin Laden juró "continuar por este camino porque es una parte de nuestra religión", particularmente porque Dios "nos ha ordenado llevar a cabo la jihad de manera que la palabra de Dios pueda permanecer exaltada en las alturas. Si el llamado a realizar la jihad en contra de los judíos y de los estadounidenses, con el fin de liberar la mezquita al-Aqsa en Jerusalén y la Kaaba Sagrada es considerada como un crimen, que la historia se convierta en un testigo de que soy un criminal". Su posible complicidad con cualquier operativo terrorista debía ser juzgada de la misma manera.

En cuanto al bombardeo perpetrado en África oriental, bin Laden se deslindó del golpe terrorista a pesar de su aprobación. "No tuve nada que ver en los bombardeos realizados en Kenia y Tanzania", le dijo a un corresponsal afgano. "Pero las explosiones no me provocan tristeza alguna." No descartó que los bombardeos pudiesen haber sido provocados por militantes musulmanes. Ante el corresponsal árabe del periódico *al-Sharq al-Awsat*, bin Laden reiteró que no estaba involucrado con los bombazos, pero expresó su apoyo para aquellos que habían perpetrado esos ataques, "y a cualquiera que lleve a cabo acciones militares en contra de las fuerzas estadounidenses", tales como la explosión de bombas en las embajadas estadounidenses en África oriental.

En su entrevista con Yusufzai, bin Laden fue más allá al racionalizar y justificar los ataques terroristas espectaculares en los que un gran número de personas inocentes, incluyendo musulmanes, podrían ser heridos. Dijo que estos espectadores involuntarios deberían ser considerados como escudos humanos, mantenidos como rehenes por los estadounidenses, para facilitar el saqueo de las tierras musulmanas por Estados Unidos. "De acuerdo con la jurisprudencia islámica, si nos abstenemos de dispararles a los estadounidenses por no matar a estos musulmanes (usados por ellos como escudo humano), el daño que podría recaer en todos los musulmanes en general, que están siendo atacados, tiene mucho mayor peso que salvar la vida de esos musulmanes que ellos emplean como escudos humanos. Esto significa que, en un caso como éste, cuando parece imposible repeler a estos estadounidenses sin asaltarlos, aún si esto significara la matanza de musulmanes, esto es permisible bajo la ley islámica." Bin Laden subrayó que él hubiera hecho esto incluso en el caso de que sus propios hijos fueran utilizados como escudos humanos. Empleó este razonamiento para reiterar su entendimiento de "los motivos de aquellos que llevaron a cabo estos actos [la explosión de bombas en las embajadas de Estados Unidos en África oriental]".

Bin Laden evadió las preguntas que el entrevistador del periódico *al-Sharq al-Awsat* formuló respecto a si él estaba haciendo lo posible por adquirir armas de destrucción masiva. Le dijo al corresponsal paquistaní que el obtener armas químicas y nucleares "es un deber religioso. Depende de nosotros el uso que les demos". Subrayó la importancia y la urgencia de adquirir armas de destrucción masiva para todo el mundo musulmán. "Nuestra nación musulmana está enfrentando agresiones y tiene derecho de poseer lo que sea necesario para defenderse." La adquisición de armas de destrucción masiva, que bin Laden negó, "no es una carga; más bien, significa prepararse para el cumplimiento de un deber".

La discusión de bin Laden acerca de la jihad como un imperativo urgente para el mundo musulmán, no deja dudas respecto a sus intenciones y al papel que desempeña. Bin Laden explicó, para el entrevistador del diario *al-Sharq al-Awsat*, la importancia que tiene el reciente bombardeo británico y estadounidense contra Irak como catalizador para el rejuvenecimiento de una jihad armada. "Los pueblos estadounidense y británico declararon ampliamente que apoyan a sus líderes en la decisión de atacar a Irak. Esto significa que todos los individuos de estas dos naciones, lo mismo que los judíos que viven en la Palestina ocupada, son personas beligerantes, y todo musulmán debe levantarse en armas en contra de ellos y debe luchar y matarlos. Cualquier cosa que les pueda ser arrebatada por la fuerza es considerada como un botín para los musulmanes." En una entrevista posterior con la televisión al-Jazirah, en Qatar, instó a todos los musulmanes a matar a los estadounidenses, incluyendo a los no combatientes. "Si Dios Todopoderoso así lo hace posible para los musulmanes, cada estadounidense es un blanco. Son nuestros enemigos, ya sea que estén involucrados en combate directo contra nosotros o que paguen impuestos. Quizás ustedes han escuchado en estos últimos días que el número de estadounidenses que apoya a Clinton en el ataque a Irak es de alrededor de tres cuartas partes de la población estadounidense." Esta definición y justificación de blancos legítimos es el equivalente a sancionar el terrorismo indiscriminado en Estados Unidos.

Bin Laden definió su postura sobre el reciente bombardeo de Irak en el contexto de las prioridades de la jihad. No debiera haber confusión alguna acerca del fin último de la jihad, le dijo bin Laden a Yusufzai: "Nuestro trabajo tiene como blanco, en primer lugar, a los infieles del mundo. Nuestra enemiga es la alianza de cruzados dirigida por Estados Unidos, Gran Bretaña e Israel. Es una alianza entre cruzados y judíos. Sin embargo, algunos regímenes dentro del mundo árabe y musulmán se han unido a esa alianza, evitando que nosotros, los musulmanes, defendamos la Kaaba Sagrada. Nuestra hostilidad está dirigida, en primer lugar y en mayor medida, en contra de esos infieles mundiales y, por necesidad, en contra de los regímenes que se han convertido en instrumentos para esta ocupación de las tierras islámicas". El bombardeo contra Irak y la reacción islamita apropiada, deben ser entendidas dentro de este contexto. Bin Laden explicó que "el ataque artero perpetrado hace apenas unos días en contra del pueblo musulmán de Irak por Estados Unidos y Gran Bretaña, ha confirmado varias cosas; la más importante es que Gran Bretaña y Estados Unidos actúan en favor de Israel y de los judíos al atacar cualquier poder en el mundo islámico, para allanar el camino para que los judíos dividan el mundo musulmán, una vez más, y lo esclavicen y se roben el resto de su riqueza. Como bien se sabe, una gran parte de la fuerza que llevó a cabo el ataque provino de ciertos países del Golfo, lo cual subraya el hecho de que estos países han perdido su soberanía". Bin Laden no tenía duda alguna de que los pueblos se levantarían para defender al Islam. "Muchos de estos gobernantes podrían enfrentar la suerte del sha de Irán", anticipó. "Bajo estas circunstancias, los musulmanes deberán cumplir sus obligaciones [de librar la jihad], ya que los gobernantes de la región han aceptado la invasión de nuestros países. Pero estos países le pertenecen al Islam y no a esos gobernantes. Que Dios exija su venganza en contra de todos ellos." En cuanto a bin Laden y el Frente Islámico Mundial, se concentrarían en una confrontación directa contra Estados Unidos e Israel. "El enfoque principal del Frente, como su nombre lo indica, son los judíos y los cruzados, porque ellos son el enemigo más grande. Nuestro principal esfuerzo, en esta fase, es dirigir nuestros ataques en contra de los judíos y de los cruzados."

Tras reiterar que él sólo obedecía las órdenes del mullah Omar, de no involucrarse directamente en ningún acto de violencia mientras permaneciera en Afganistán, bin Laden se mostró pesaroso ante el entrevistador del periódico *al-Sarq al-Aswat,* porque no tendría una participación directa en esta jihad santa en contra de los estadounidenses. Reconoció tener influencia en la organización de la jihad. Bin Laden dijo que continuaba "guiando a los musulmanes hacia la guerra santa en contra de judíos y cristianos", lo cual es un deber desde el punto de vista legal de los musulmanes. Agregó que los perpetradores de los bombazos en África oriental y de otros operativos terroristas, quizá fueron influenciados por sus escritos y por su liderazgo, pero eso no significaba que él era el responsable de dichas acciones, a pesar de que se sentía orgulloso de la confianza que habían depositado en él.

Los líderes islamitas de Paquistán anunciaron estar listos para distribuir, a lo largo y ancho del mundo musulmán, un mensaje especial que Osama bin Laden había grabado en un video. "Este mensaje desenmascararía las conspiraciones de Estados Unidos en contra del Talibán, y enfatizaría la necesidad de evacuar a las fuerzas militares de Estados Unidos destacadas en Arabia Saudita", declararon los islamitas paquistaníes. Bin Laden esperaba que este mensaje exacerbara aún más la campaña islamita en contra de los estadounidenses.

El 5 de enero de 1999, Saddam Hussein, claramente envalentonado por el apoyo que le brindaba bin Laden, pronunció un discurso desafiante al conmemorar la fundación del ejército iraquí. Este discurso, que fue publicado por todo el Eje del Islam, aseguraba a los islamitas que Hussein había resuelto librar la jihad por la que ellos abogaban. Hussein enfatizó muchos temas islamitas. Por ejemplo, instó a los árabes a derrocar a los gobiernos aliados de Estados Unidos, en particular los que permiten que permanezcan fuerzas armadas extranjeras en su territorio. "Rebélense contra los poderes extranjeros, en contra de sus agresiones y de sus ejércitos, y persíganlos. Echen a patadas a la injusticia y a sus perpetradores", instó Hussein. "Rebélense en contra de quienes presumen ser amigos de Estados Unidos. Los enanos sobre sus tronos se verán forzados a escucharlos a ustedes, o si no, se verán obligados a ceder el poder y permitir que el pueblo dé su propia opinión y actúe conforme a ella." Hussein también llamó la atención de sus escuchas hacia el deplorable estado en que se encontraban los lugares sagrados del Islam. La ciudad de Jerusalén se había convertido en una "rehén humillada" por la ocupación judía, mientras que las mezquitas sagradas de Arabia Saudita estaban "heridas por la presencia de soldados extranjeros y sus lanzas. Observen a su alrededor para ver a las personas malvadas que han profanado sus lugares sagrados, que ahora se encuentran pisoteados por los poderes extranjeros, después de haber conspirado con ellos para atacar a la gran Irak".

El viernes 8 de enero, *Ausaf* tenía un mensaje que había sido entregado recientemente por el "mujaidín árabe, Osama bin Laden", en el que instaba a todos los musulmanes del mundo a "continuar su jihad contra la opresión de Estados Unidos, Gran Bretaña y el sionismo internacional". Bin Laden también aclaró cuál era su papel en la jihad, dentro del contexto del acuerdo contraído con el mullah Omar. Explicó que, debido a este acuerdo con el Talibán, él "no se involucraría en ningún tipo de actividad aquí [en Afganistán], pero sí continuaría su lucha en otras partes del mundo para alcanzar sus metas". Bin Laden enfatizó que "en mi lucha contra de las actividades opresivas de Estados Unidos, Gran Bretaña y el sionismo internacional, el mullah Omar me apoya plenamente". Esto se debe a que "es Estados Unidos quien ha iniciado la guerra en contra de los musulmanes. Estamos esforzándonos por darle sólo la respuesta que merece". A pesar de que bin Laden había dicho que él no tenía nada que ver con los bombazos que durante el mes de agosto habían destrozado las embajadas estadounidenses en Nairobi y Dar-es-Salaam, bin Laden podía certificar que "las personas involucradas en estas explosiones habían dado a Estados Unidos apenas una ligera advertencia. Una respuesta que todavía está por darse". En ese contexto, *Ausaf* comentó que él "no consideró imposible que se realizaran ataques directos en contra de los estadounidenses en el Golfo Pérsico". Osama bin Laden concluyó: "Sería mejor que Estados Unidos renunciara a sus actividades en contra de los musulmanes, que le pida disculpas a Irak, a Afganistán, a Libia y a Sudán por sus ataques y que retire sus tropas del Golfo".

Estos temas fueron repetidos y aprobados simultáneamente por los islamitas en todo el mundo, durante las prédicas de los viernes. Por ejemplo, el predicador en la mezquita al-Aqsa se refirió a la situación que se vivía en Irak, claramente identificado como víctima de Estados Unidos y, en particular, al discurso pronunciado por Saddam Hussein. "Hace dos días, Saddam había lanzado un llamado a la generación joven de las familias reinantes, para que derrocaran a sus gobernantes porque eran ellos quienes habían conspirado con Occidente en contra de sus propios hermanos y hermanas", dijo el predicador. Pero esto no sucedería, porque todo el aparato oficial árabe tenía tanto miedo de Estados Unidos, que no se atrevería a retar el control que tenía de sus países. La única salvación posible para Irak, y para el mundo árabe en su totalidad, era unirse a la militancia islámica. "Oh, Saddam: ahora quieren tu cabeza; los estadounidenses y los británicos quieren reemplazarte con un nuevo agente que trabaje para ellos. Debes defenderte con el fin de sobrevivir. Y la manera de sobrevivir no es por medio del nacionalismo, o del baathismo... La única manera posible de sobrevivir es tratar directamente con Dios, regresar a la senda de Dios. Puedes declarar el reinado del Islam o hacerte a un lado e invitar a los fieles de Dios para que sean ellos quienes tomen las riendas. No cuentas con demasiado tiempo." La única salvación posible para el Irak de Saddam Hussein provendría de "Dios y de los soldados de Dios. Oh, musulmanes, Dios nos ha ordenado trabajar. Sabemos que la gran batalla está por iniciarse. Irak podría o no ser la chispa, pero, algún día, los musulmanes sinceros reinarán en Bagdad, Damasco, Amán, el Cairo, Estambul y Paquistán. Algún día, el Islam gobernará sobre el mundo, en contra de la voluntad de los infieles y de los hipócritas. Estamos intentando evitar el derramamiento de sangre, pero estos lobos sienten un gran apetito por la sangre de los musulmanes". El orador de la mezquita al-Aqsa reafirmó que la batalla por Irak era el catalizador necesario para la erupción de una confrontación islamita con el mundo occidental, guiado por Estados Unidos, respecto al futuro del Islam. "Se librarán muchas batallas contra los infieles, pero saldremos victoriosos por la voluntad de Dios." Para el orador de la mezquita al-Aqsa, la creciente tensión dentro del mundo árabe "es un signo de que la venganza de Dios se aproxima; que la victoria de Dios está por cumplirse".

Al poco tiempo, sucedieron en todo el mundo una serie de ataques terroristas y también se advirtió de otros más. El común denominador que caracterizó a los numerosos perpetradores era su compromiso con Osama bin Laden y la fe en sus enseñanzas. Las actividades terroristas del Islam durante los primeros meses de 1999, son precursoras de una nueva era de furia y venganza islamitas.

13
¿Qué sigue?

El 28 de diciembre de 1998, un grupo yemenita poco conocido, que se hacía llamar La Insignia de la Jihad Islámica, secuestró a dieciséis turistas occidentales —doce británicos, dos estadounidenses y dos australianos— en el remoto distrito de Abyan, en Yemen. La mayoría de los miembros de la Jihad Islámica fueron entrenados en Afganistán, pero eran demasiado jóvenes como para haber participado en la guerra contra los soviéticos. Cuentan con campos de entrenamiento en las montañas de Abyan, alrededor de 400 kilómetros al sur de Sana, la capital de Yemen. Los turistas fueron secuestrados por cerca de veinte mujaidines fuertemente armados que atacaron su convoy, de cinco vehículos aproximadamente, que se encontraba a 96 kilómetros al noreste de Aden, capital de Yemen del Sur. Los rehenes fueron usados como escudos humanos, fueron forzados a permanecer en pie, con las manos en alto y en terreno abierto, justo en el camino por el que atacaría el ejército. Tres británicos y un australiano murieron, y un británico, un estadounidense y un australiano fueron heridos, principalmente a causa del fuego del ejército. Por lo menos tres de los secuestradores murieron, incluyendo un egipcio 'afgano' conocido como Osama al-Masri. Otros tres, incluyendo a Zain al-Abdin Abu Bakar al-Mihdar, el líder de la Jihad Islámica, conocido por su nombre de guerra, Abu-al-Hassan, fueron capturados. Esa noche, el 29 de diciembre, el Ejército Islámico de Aden-Abyan, un desconocido grupo islamita, emitió un comunicado en Dubai, criticando tanto el ataque de las fuerzas de seguridad yemenitas como, también, las razones del gobierno de Sana al ordenar dicho ataque. "El gobierno de Yemen no podía tolerar que un grupo de yemenitas jóvenes exigieran que cesara la agresión contra Irak, y que las fuerzas militares británicas y estadounidenses fueran echadas a patadas de la Península Árabe", declaraba el comunicado.

El operativo de secuestro tenía sus verdaderas raíces en la breve historia del Ejército Islámico de Aden-Abyan, una rama de la Jihad Islámica en Yemen. La Jihad Islámica es una de cinco organizaciones islamitas que se formaron con el propósito político de la obtención del poder interno, alrededor de 1993, con el respaldo del gobierno de Sana. Cada uno de estos "ejércitos" incluían una mezcla de "afganos" veteranos —predominantemente yemenitas, pero también egipcios, argelinos y otros árabes— y yemenitas jóvenes. A mediados de 1998, el gobierno de Sana buscó integrar las fuerzas islamitas dentro de las fuerzas armadas. El Ejército Islámico de Aden-Abyan anunció su existencia como una entidad independiente y declaró que se daría a conocer públicamente "ondeando la bandera de la jihad en nombre de Dios, para establecer el reinado de Dios en la tierra de la Fe y de la Sabiduría, las cuales fueron corrompidas por la pandilla reinante, injusta y renegada (el gobierno yemenita), y para purgar a Yemen de la corrupción y abusos de dicha pandilla". Hizo un llamado a todos los yemenitas para que se unieran a la lucha, que tenía como fin derrocar "al gobierno seglar y renegado".

A finales de agosto, como consecuencia del ataque de misiles crucero en contra de Sudán y Afganistán, el Ejército Islámico de Aden-Abyan declaró su apoyo a bin Laden y a la causa de la jihad que él enarbolaba. Abu-al-Hassan anunció en un comunicado que el Ejército Islámico "declara su apoyo y su respaldo al sheik Osama bin Laden y a los hermanos de Sudán... y hace un llamado a todos los sectores del pueblo yemenita, descendientes de conquistadores mujaidines, para matar a los estadounidenses y adueñarse de sus posesiones, pues su sangre es proscrita y sus posesiones son botín de los musulmanes. El Ejército Islámico de Aden jura destruir las posesiones de Estados Unidos y sus bases militares, que están siendo equipadas en Socotra, al-Hudaydah y Aden". Pero no hubo comunicado alguno entre Abu-al-Hassan y los líderes islamitas en Afganistán.

El 11 de octubre, el Ejército Islámico de Aden-Abyan emitió otro comunicado, advirtiendo a los turistas y visitantes extranjeros sobre los serios peligros de visitar o permanecer en Yemen. Siendo una "tierra islámica", los extranjeros en Yemen son considerados "infieles" y propagadores de ideas ateas, corruptas y viciosas. El gobierno de Sana, que no había podido comprender la furia de los islamitas, reaccionó con ofrecimientos de mejorar las condiciones de su integración en las fuerzas armadas. El Ejército Islámico de Aden-Abyan mantuvo su posición, y las fuerzas de seguridad yemenitas comenzaron a tomar medidas represivas en contra de los islamitas. En un choque violento, el 18 de diciembre, las fuerzas de seguridad arrestaron al líder supremo del Ejército Islámico, Saleh Haydara Atawi. Los islamitas no tenían ninguna opción, sino intensificar la confrontación.

Para diciembre, el Ejército Islámico de Aden-Abyan se encontraba atrapado en el terrorismo internacional, lo cual estaba totalmente fuera de sus capacidades reales. En noviembre, Abu-Hamzah al-Masri, un lugarteniente de bin Laden, radicado en Londres, se acercó a Abu-al-Hassan y le pidió que brindara su apoyo a un destacamento terrorista formado por islamitas, radicado en el Reino Unido, que estaba preparando un ataque en contra de blancos británicos y estadounidenses en Aden. Muchos miembros de los equipos ya habían llegado a Yemen, disfrazados de estudiantes y con documentos británicos auténticos. Abu-al-Hassan le prometió a Abu-Hamzah que protegería a los terroristas, como si fuesen sus "huéspedes". La red que funcionaba en el Reino Unido fue activada el 19 de diciembre, como parte de la primera ronda de venganzas islamitas en contra de Estados Unidos y Gran Bretaña. El 23 de diciembre, tres terroristas en Aden fueron arrestados después de haber sido detenidos por una violación al reglamento de tránsito automovilístico. El carro iba lleno de explosivos, y los terroristas se dirigían en esos momentos a poner una bomba en el consulado británico, en el puerto de Aden. Abu-al-Hassan se sintió obligado a hacer todo cuanto estuviera en su poder para salvar a sus "huéspedes" de las manos del gobierno.

Abu-al-Hassan decidió secuestrar rehenes estadounidenses u occidentales con el fin de intercambiarlos, tanto por los tres terroristas como por otros líderes de la Jihad Islámica, como es el caso de Atawi. "La acción", de acuerdo con la declaración hecha por el Ejército Islámico, "se realizó para vengar las injusticias y la arrogancia con la que los musulmanes de Irak y de Palestina, así como de otros países, estaban siendo objeto por los infieles." En Londres, fuentes islamitas reportaron que el secuestro fue realizado "en respuesta a una fatwa emitida por Osama bin Laden, que daba su aprobación para la matanza de los occidentales". Esta declaración fue confirmada luego por el mismo Abu-al-Hassan. Después de su captura, admitió ante sus interrogadores que él había ordenado, como una acción de la jihad, tanto el secuestro como el asesinato de los rehenes occidentales. "Consideramos que lo que hemos hecho, y que disparar en contra de cristianos es una forma de jihad, en nombre de Dios." A pesar de que no tenía contacto directo con bin Laden, Abu-al-Hassan enfatizó que sus acciones estaban "basadas en una fatwa emitida por Osama bin Laden, el cual aprobaba la matanza de los británicos, así como de los estadounidenses, sin importar que éstos fueran civiles o militares". Ésta era exactamente el tipo de dinámica que bin Laden esperaba que su fatwa produjera.

Además de inspirar el secuestro y la matanza de los rehenes, la posición de bin Laden también influenció fuertemente las exigencias emitidas por el Ejército Islámico de Aden-Abyan. Dicho ejército exigió la liberación tanto de los prisioneros antiguos como de los nuevos, y también hizo ciertas demandas políticas. Una de las primeras exigencias provino del Centro de Observación Islámico, en Londres, afiliado a bin Laden. El centro había sido informado por "la persona a cargo de la Oficina Política y de Información del Ejército Islámico de Aden-Abyan", de que el Ejército Islámico deseaba "resolver el asunto de manera pacífica y también exigir que los rehenes fueran intercambiados por los nueve árabes detenidos". El Ejército Islámico subrayó que "el operativo también estaba diseñado para exigir que el bloqueo impuesto al pueblo iraquí fuese levantado y que fueran abolidos los privilegios, fueros y facilidades que se les habían concedido a las fuerzas estadounidenses en territorio yemenita". En otro comunicado con un líder islamita, radicado en Londres, el Ejército Islámico agregó que había exigido "el levantamiento de los bloqueos impuestos por Estados Unidos a Irak, Libia y Sudán".

El gobierno de Sana reportó que los oficiales yemenitas habían recibido dos exigencias no relacionadas con la liberación de los prisioneros. La primera exigencia era el retiro de las sanciones en contra del pueblo musulmán de Irak. El Ejército Islámico hizo notar que "las naciones a las que pertenecen los rehenes estaban involucradas en un esfuerzo por matar de hambre y dañar severamente al pueblo musulmán de Irak". La segunda exigencia era liberar "la presión que el gobierno estaba aplicando en contra de algunos mujaidines fugitivos, quienes eran perseguidos por las agencias de seguridad". La segunda exigencia no se encuentra en los demás comunicados y puede haber sido agregada por los terroristas en plena acción, pero fuera de eso, la lógica y el lenguaje utilizado por el Ejército Islámico son idénticos a los que emplean bin Laden y sus seguidores.

El interrogatorio al que fueron sometidos los tres terroristas capturados el 23 de diciembre, condujo a las autoridades de seguridad yemenitas hacia tres terroristas más, quienes estaban planeando colocar más bombas en blancos occidentales del área de Aden. El interrogatorio hecho a estos seis islamitas, aclaró la compleja relación que existe entre los islamitas de Yemen y los que viven en Inglaterra. De los seis, uno tenía un pasaporte francés válido y los otros cinco tenían pasaportes ingleses igualmente válidos. Confesaron ser miembros de los Defensores de la Sharia de Abu-Hamzah, y que la organización los había apoyado en su viaje hacia Yemen.

En Londres, Abu-Hamzah salió a la defensa, tanto de los islamitas que habían sido encarcelados como del Ejército Islámico de Aden-Abyan, al tiempo que insistió en no haber quebrantado nunca las leyes británicas. En esencia, negó haber mandado al grupo a Yemen, pero justificó el hecho de que hayan recurrido al terrorismo. También confirmó que "había sido contactado" por Abu-al-Hassan en un par de ocasiones, incluyendo una vez "antes del tiroteo". Abu-Hamzah negó cualquier vínculo entre su organización, los Defensores de la Sharia, y los islamitas que fueron arrestados en Yemen, pero con gusto reconoció que "le agradaría" que el régimen yemenita fuera derrocado y reemplazado por un régimen islámico. Aunque negaba haber tenido algo que ver con los planes terroristas en Aden, Abu-Hamzah declaró que no tenía objeción alguna respecto a los planes que tenían los terroristas de hacer explotar las instituciones británicas "si creen en ello y si saben que lo hacen en nombre de Dios, y si saben que eso detendrá el terrorismo de Estado de parte de Estados Unidos y de la Gran Bretaña". Después de los tradicionales rezos del viernes, el 15 de enero, Abu-Hamzah intensificó sus amenazas. Advirtió que "si Abu-al-Hassan recibe algún daño, sus seguidores en el Ejército Islámico de Aden, en el mundo entero, lo vengarán". También reiteró su apoyo a los actos de venganza terrorista perpetrados por islamitas a causa de los ataques en contra de Irak, enviando una amenaza velada a los emiratos del Golfo, los cuales permitieron que los aviones británicos y estadounidenses operaran desde sus bases. Abu-Hamzah insistió en que "no es permisible, ni por religión ni por tradición, dar licencia para que los aviones de los británicos y de los estadounidenses bombardearan a los musulmanes en Irak, o permitirles recorrer nuestros países y territorios musulmanes, libremente y en paz".

El sheik Omar Bakri, líder de la organización al-Muhajiroun, con sede en el Reino Unido, y autodeclarado seguidor de Osama bin Laden, intentó darle un giro a las declaraciones de Abu-Hamzah. Reconoció que los islamitas estaban reclutando a seguidores jóvenes en Londres y en Europa occidental, enviándolos a campamentos de entrenamiento militar, en lugares tales como Afganistán y Yemen. "Aprenden a disparar, a nadar, a montar a caballo", dijo. "Leyeron en el Corán acerca de la obligación islámica de entrenarse militarmente cuando un hombre cumple los quince años. Algunos de ellos pueden ser reclutados por los mujaidines." Reconoció que el adiestramiento que proporcionan algunas organizaciones es considerado terrorismo en el mundo occidental. El sheik Bakri confirmó que él había enviado musulmanes británicos a Afganistán y Paquistán para ser adiestrados, pero insistió en que no había nada ilegal en tal entrenamiento. En cuanto a los islamitas británicos que fueron capturados en Yemen, Bakri declaró que habían ido allí "con la ayuda de Abu-Hamzah". También confirmó que los secuestradores de los rehenes "habían tenido contactos" con líderes islamitas en Londres, con el fin de "garantizar la seguridad de los rehenes británicos".

La farsa en cuanto a la distancia y la carencia de vínculos con el terrorismo, sostenida por los líderes islamitas con sede en Londres, se desvaneció a principios de enero de 1999, en el momento en que las autoridades de seguridad británicas comenzaron a examinar de cerca las actividades de los líderes islamitas radicados en el Reino Unido, en relación con sucesos recientes en Yemen, Afganistán y Paquistán. Abu-Hamzah ha amenazado con llevar a cabo una venganza en contra de los británicos si interfieren con los esfuerzos de los islamitas por atacar a los "opresores" en otros países. Declaró que, por el momento, su propio grupo, los Defensores de la Sharia "no tenían intenciones directas de atacar blancos en Gran Bretaña". Advirtió, sin embargo, que si las autoridades británicas "se metían en su camino" respecto a los atentados de los Defensores, o de otras organizaciones islamitas para derrocar los regímenes no islámicos en el mundo árabe y reemplazarlos por regímenes islámicos, los británicos podrían esperar ser atacados.

En conjunto, los acontecimientos en Yemen y Gran Bretaña claramente demostraban la amplia aceptación de los principios de la jihad, tal y como fue proclamada por bin Laden, y el deseo de los islamitas de depender de dichos preceptos como una autorización religiosa para sus actos de terrorismo. La existencia de una capaz y sólida infraestructura terrorista islamita en el mundo occidental, capaz de operar tanto en casa como en otros países, fue confirmada. Estos grupos terroristas son controlados por los fieles seguidores de bin Laden. Todas las actividades tuvieron lugar en Yemen y en Gran

Bretaña, sin instrucciones precisas de parte de Osama bin Laden, quien sólo sirvió como guía.

A mediados de enero de 1999, se les recordó una vez más a Estados Unidos y a sus aliados la magnitud de la amenaza terrorista islamita, cuando las autoridades de seguridad de India frustraron un complejo plan para hacer estallar, simultáneamente, la embajada de Estados Unidos en Nueva Delhi y los consulados estadounidenses en Chennai y Calcuta. Las explosiones perpetradas con automóviles, planeadas por un destacamento multinacional de, aproximadamente, una docena de terroristas, quienes dependían de una red de apoyo mayor, estaban programadas para realizarse el 26 de enero, fecha en que India celebra su fiesta nacional. El operativo fue organizado de acuerdo con el trato pactado entre bin Laden y el ISI, en la primavera de 1998, según con el cual los islamitas llevarían a cabo golpes terroristas espectaculares en el corazón de India a cambio del apoyo del ISI, amén de su protección y patrocinio.

El plan terrorista se vino abajo después del arresto, en Nueva Delhi, de uno de los efectivos principales, Syed Abu Nasir, un ciudadano de Bangladesh, de 27 años. Este personaje fue arrestado mientras cargaba más de dos kilogramos de explosivos RDX de alto poder y cinco detonadores, los cuales había recibido de un agente del ISI, quien ya se encontraba en India. Abu Nasir es un terrorista con experiencia y un agente de los servicios de inteligencia, cuya carrera ejemplifica la evolución del terrorismo islamita. Se convirtió en activista islamita alrededor de 1990. Su entusiasmo, reconocido por los reclutadores, le consiguió un empleo en la Organización Mundial de Ayuda Islámica (OMAI, IIRO por sus siglas en inglés), una de las instituciones islamitas de "beneficencia", organizadas por bin Laden. Entre 1992 y 1994, trabajó para la OMAI en Dhaka y viajó a Tailandia para llevar al cabo algunos "operativos" de parte de la OMAI. Durante todo este tiempo fue vigilado por los buscadores de talento del ISI. A principios de 1994, fue transferido a la sucursal que la OMAI tenía en Lahore, en donde era el responsable de brindar ayuda económica a más de 40 campos de entrenamiento para los mujaidines islamitas de todas partes del mundo en Paquistán y Afganistán. Durante estas visitas, se le acercó un oficial del ISI y le ofreció cursar un adiestramiento terrorista-militar en Afganistán. Abu Nasir aceptó y fue enviado inmediatamente a un campo de entrenamiento, especializado en armas, en Kunar, Afganistán.

Mientras permaneció en el campamento, Abu Nasir, al igual que muchos otros extranjeros que eran adiestrados, fue identificado como miembro de Lashakar-e-Tuiba, un movimiento islamita militante de Paquistán, involucrado en acciones subversivas y terroristas, patrocinadas por el ISI, en Cachemira. Los altos comandantes del movimiento Lashakar-e-Tuiba, en particular los encargados de los operativos en India, visitaban el campamento frecuentemente y seguían muy de cerca el progreso de cada uno de los adiestrados. También eran vigilados de cerca por efectivos del ISI, en todo el proceso de entrenamiento. Unos cuantos elementos prometedores, incluyendo a Abu Nasir, fueron reclutados formalmente por el brigadier Malik como efectivos del ISI. Abu Nasir fue enviado entonces a recibir un entrenamiento adicional, que involucraba la recopilación de información. Regresó a Bangladesh con la tarea de reunir información acerca del despliegue del ejército de India y de sus arsenales en el sector oriental, el área que rodea a Bangladesh. Gradualmente, sus tareas comenzaron a incluir operativos en el cruce de fronteras hacia India. Durante todo este tiempo, mantuvo su filiación con la OMAI. Ya para entonces, tanto el ISI como los líderes islamitas confiaban plenamente en él.

Desde mediados de la década de los noventa, el ISI ha ido expandiendo el uso de rutas de infiltración bidireccional entre Bangladesh e India oriental, y ha incrementado su apoyo a organizaciones terroristas regionales, tales como el Frente Unido de Liberación de Assam (FULA), las alas Khaplang e Isaac Swu-T Muivah, del Consejo Nacional Socialista de Nagalandia (CNSN) y los insurgentes Tripura, todos ellos con sede en la región noreste de India. Para la supervisión y conducción de estos operativos, el ISI mantenía una "oficina de avanzada-y-de-tránsito" en una zona elegante de Dhaka. El centro fue encubierto por la oficina de la Jamiat-e Tulba, también con sede en Dakha. La oficina de Dhaka coordinaba las operaciones de media docena de otros centros de tránsito, proporcionando un refugio seguro y apoyo a los terroristas provenientes de varias partes del noreste de India. A finales de la década de los noventa, las actividades del ISI se expandieron para incluir la salida clandestina de efectivos islamitas clave que venían de lugares tan lejanos como Cachemira, para ser entrenados luego en Paquistán, y la infiltración de personas y equipo que debían entrar a India. Estos delicados operativos de las redes cachemiras, y de otras que se encontraban profundamente arraigadas en India, eran manejadas independientemente por el sheik Eklakh Ahmed, un paquistaní-cachemiro quien solía entrar y salir de India continuamente. En poco tiempo, Abu Nasir comenzó a participar en estos operativos.

Abu Nasir se unió a la élite terrorista a mediados de septiembre de 1998. El 17 y 18 de septiembre, él y unos cuantos efectivos, compañeros suyos, incluyendo a los árabes "afganos", asistieron a una reunión de planeación de alto nivel, en Dhaka, en la oficina de la Fundación Islámica Al-Haramanian, una fundación de beneficencia islamita saudita, afiliada a la red de fundaciones de caridad manejadas por bin Laden. Los participantes más importantes fueron el sheik Ahmed Al-Gamdi, presidente de la OMAI; el profesor Hafiz Muhammad Sayeed, dirigente de Lashkar-e-Tuiba; el sheik Ahmed Heddeshi, presidente de la Fundación Islámica Al-Haramanian; el doctor Saleh Saud Al-Ansari y Mohammad Tahir, ambos de la Federación Islámica Internacional de Estudiantes; y Azam Chima, uno de los legendarios "comandos de lanzamiento" de Lashkar-e-Tuiba, quien se encarga de los operativos en toda India. Abu Nasir había conocido a algunos de los comandantes de Lashkar en Kunnad. A Abu Nasir y a los otros les fue dicho que habían sido seleccionados para hacer explotar bombas en las misiones diplomáticas de Estados Unidos en Bangladesh y en India en un futuro cercano.

La misión de Abu Nasir y unos cuantos asociados egipcios y sudaneses era instalar bombas en el consulado estadounidense, en Chennai, India. En Dhaka les fue proporcionado un mapa con el trazado y la distribución del consulado y una lista de los oficiales estadounidenses que trabajaban allí. El 2 de octubre, el grupo de Abu Nasir entró a India desde Bangladesh y, desde allí, siguió su camino hacia Chennai. Allí realizaron una vigilancia detallada y tomaron fotos fijas y videos del consulado. Su plan preliminar era centrar su atención en las oficinas del Bank of America, que se encontraba en los predios del consulado. El plan requería cargar explosivos en el *jeep* Tata Safari que, según lo que habían observado, visitaba el banco todos los días. La lógica y la estructura general del operativo que se habían propuesto eran muy similares a las de los ataques que se realizaron en Nairobi y en Dar-es-Salaam en el mes de agosto.

El plan operativo requería que Abu Nasir condujera al equipo de expertos en terrorismo hacia la ciudad india de Calcuta. Su equipo constaba de tres terroristas indios (Mohammad Gulab, Mohammad Nawab, y Aga Khan) y seis "afganos", cuatro de los cuales eran egipcios (Mustafa, Ibrahim al Hazaraa, e Ismail y Zainul Abedeen), un sudanés (conocido sólo como Lui), y un islamita birmano de Arakan (Hafeez Mohammad Saleh). Los tres indios fueron identificados como miembros del movimiento Lashkar-e-Tuiba, patrocinado por el ISI. Los árabes "afganos" habían sido reclutados de las fuerzas terroristas islamitas de Afganistán, comúnmente identificadas con bin Laden.

En diciembre, Abu Nasir condujo a todo el equipo a Calcuta. Desde allí, envió a los tres terroristas indios al pueblo vacacional de Siliguri, al este de Calcuta, para establecer una base de apoyo, donde hicieron contacto con una red de apoyo local, de más de una docena de efectivos afiliados, en cierta medida, con la OMAI y otras fundaciones "caritativas" islamitas. Las autoridades de los servicios de seguridad de India luego los describieron como "una red de agentes bien atrincherada que, al igual que Abu Nasir, deben fidelidad al ISI paquistaní, lo mismo que a la Organización Mundial de Ayuda Islámica". Abu Nasir llevó al resto de su equipo a Chennai, donde seis expertos terroristas podrían ser ocultados en habitaciones seguras hasta el momento del golpe. A principios de enero, Abu Nasir siguió su propio camino hasta Nueva Delhi, donde recibió los explosivos RDX y los detonadores de parte de un contacto del ISI y donde fue arrestado al poco tiempo.

Basándose en material obtenido de los largos interrogatorios que se le practicaron a Abu Nasir, la policía pudo arrestar tanto a los tres efectivos indios como a su red inmediata de apoyo en Siliguri. Otro efectivo de apoyo, Sher Khan, fue arrestado en Bangladesh y luego extraditado a India. Para entonces, los seis "afganos" habían desaparecido de Chennai, y todos estaban prófugos. Abu Nasir también les habló a sus interrogadores acerca de los planes instalar bombas en la embajada estadounidense en Nueva Delhi y en el consulado estadounidense en el puerto indio de Madrás. Un aumento en las medidas de seguridad tuvo como resultado que los terroristas islamitas abandonaran también estos operativos.

A pesar de que las autoridades de los servicios de seguridad de India pudieron prevenir estos bombazos, el operativo amerita que prestemos mayor atención. Habiendo sido desenmascarada la estructura de la red de Abu Nasir, este hecho nos viene a confirmar la relación y cooperación estrechas que existen entre los servicios de inteligencia de los estados patrocinadores, el ISI paquistaní en este caso, y los terroristas ostensiblemente "independientes", como es el caso de Osama bin Laden. Los operativos planeados también nos confirman hasta qué grado los estados que patrocinan el terrorismo están dispuestos a esforzarse para atacar a Estados Unidos y echarlo de sus territorios. A pesar de que los operativos espectaculares en India pudieron ser prevenidos, la siguiente ronda de operativos espectaculares quizás no pueda ser evitada.

Algunos de los siguientes operativos terroristas espectaculares pudieran ser el resultado del esfuerzo conjunto entre bin Laden y los servicios de inteligencia iraquíes. A mediados de enero de 1999, su plan conjunto para tales operativos se encontraba ya en un estado avanzado de preparación, como nos ha sido demostrado por la intensidad de los operativos realizados por la Unidad 999 de los servicios de inteligencia iraquíes. La unidad reorganizó sus "oficinas", que encubrían sus verdaderas actividades y pusieron en marcha viejas compañías que se dedicaban a la importación y exportación de mercancía en toda Europa, con el fin de encubrir el traslado de fondos monetarios y de personas. Algunos ciudadanos iraquíes, todos ellos residentes de ciudades europeas desde hace mucho tiempo, quienes habían sentido simpatía por Irak en la década de los ochenta, fueron activados y conducidos a ese país para ser adoctrinados y ser objeto de una presión psicológica intensa. Luego fueron enviados de vuelta a Europa para esperar futuras órdenes. Los servicios de inteligencia iraquíes también revivieron contactos con numerosos terroristas y mercenarios de Europa occidental, incluyendo a algunos que habían trabajado para Irak en el pasado, y comenzaron a servirse de ellos para facilitar los viajes clandestinos a Occidente, de manera que no se vieran involucrados los efectivos de los servicios de inteligencia árabes. Junto con algunos oficiales de los servicios de inteligencia iraquí, acreditados a las misiones diplomáticas de Irak en las capitales de Europa occidental, comenzaron a buscar casas de seguridad, vehículos y otros sistemas de apoyo, y a resolver cualquier problema logístico.

Los preparativos se aceleraron a finales de enero, cuando bin Laden envió a Abu-Ayub al-Masri, uno de sus comandantes clave, para asistir a una serie de reuniones en Dubai y Turquía. Para su viaje, le fue dado uno de los pasaportes yemenitas que fueron proporcionados por Hijazi. Abu-Ayub al-Masri estuvo en Ankara del 25 al 27 de enero y luego siguió su camino hasta Estambul. En Ankara sostuvo conversaciones con Hijazi y los miembros locales de la Unidad 999. Juntos revisaron el progreso de los esfuerzos iraquíes por encontrar casas de seguridad, rutas de comunicación y escondites para las armas. El gobierno de Bagdad recomendó que el territorio turco fuera usado como puesto de avanzada para los operativos que se realizarían en Europa. Satisfecho con las inspecciones que hizo de los lugares mismos, Abu-Ayub al-Masri le recomendó a bin Laden que el primero de los cuatro equipos islamitas que estaban siendo entrenados en Bagdad, se desplazara hacia su destino en los países occidentales vía Estambul. Se espera que estos efectivos clave, que llegan desde Medio Oriente, activen a los numerosos veteranos de las jihad en Afganistán y Bosnia-Herzegovina que actualmente se encuentran dispersos por las comunidades de emigrados musulmanes en Europa. Abu-Ayub al-Masri aseguró a los iraquíes que estos "afganos" y "bosnios" llegarían a conformar el "ejército secreto" de bin Laden, el cual se encargaría de realizar ataques en contra de enemigos comunes de bin Laden y Saddam Hussein.

La viabilidad y la magnitud de las redes armadas por bin Laden fue demostrada en poco tiempo por medio de una nueva oleada de amenazas, atribuidas al anteriormente desconocido Frente Islámico Armado, y que se originaron en muchas capitales de Europa occidental. A principios de febrero, el Frente Islámico Armado emitió una amenaza en Londres de hacer explotar bombas en las embajadas de países occidentales y árabes "en todas las capitales europeas". Un comunicado emitido en Roma, subrayaba que el objetivo del frente era confrontar esos gobiernos, que eran "los pilares del ateísmo, de la hipocresía, de la malicia y del engaño, lo mismo que tiranos del mundo". Haciendo eco de los mismos argumentos de bin Laden, la declaración prestaba atención especial a los regímenes de los países musulmanes que cooperaban con Estados Unidos y los países occidentales. El mensaje destacaba a Arabia Saudita, Kuwait, Argelia, Albania, Egipto y Turquía como "títeres, seres serviles y 'hamanat' [este término del Corán describe a los tiranos que traicionan a sus pueblos] del mundo, además de charlatanes".

Esta declaración subrayó que el Frente, que reunía a islamitas residentes en Europa y que habían estado trabajando secretamente durante los últimos cinco años en "un adiestramiento tanto espiritual, moral como material [militar]", y monitoreando "los movimientos e idas y venidas de los enemigos de Dios" (recolectando información), estaba ya listo para emprender la acción. Las redes del Frente "existen y están atrincheradas en todas partes del mundo". El Frente también había completado sus preparativos teológicos. "Hemos hecho nuevos arreglos de comunicación, y tenemos un consejo *shura* que no toma decisión alguna sin primero consultar a los confiables ulemas de todos los países", explicaba la declaración. Debido a estos preparativos, las amenazas actuales deben ser tomadas seriamente, advertía la declaración: "El tiempo lo dirá, ya que la situación no producirá sino algo nuevo".

Dos temas ideológicos a los que hizo referencia la declaración del Frente hacen eco de algunos preceptos teológicos por los que aboga bin Laden. Él y otros líderes islamitas siempre están dispuestos a aceptar el arrepentimiento de líderes musulmanes que actualmente sirven a los intereses de Occidente. La declaración del Frente incluía una advertencia similar a los líderes de los estados musulmanes: "Aplicad la ley de Dios de manera que las metralletas y explosivos permanezcan en silencio y para que espadas y cuchillos vuelvan a sus fundas". En contraste, los islamitas que viven en Europa son incapaces de encontrar ninguna cualidad que redima a los países occidentales contra los cuales luchan y, de acuerdo con la declaración del Frente, sus ataques serán la justa venganza por haber presionado a los países musulmanes a adoptar costumbres occidentales, y por las sanciones impuestas por estos gobiernos a sus enemigos islamitas en el Eje del Islam. La declaración del Frente Islámico Armado concluía con el juramento de "cobrar venganza en contra de cada tirano testarudo, en nombre de cada mujaidín que debe esconderse en las montañas, en las junglas y en los valles, y también en nombre de todos los que han sufrido asedios, de los prisioneros, de los que se han quedado sin hogar, de los exiliados y de cada mujer libre cuyo honor ellos querían que ella vendiese". Ésta es una referencia velada al asedio que Occidente ha desatado en contra de bin Laden, sus seguidores y estados patrocinadores, como Afganistán e Irak.

Otro teatro de común interés para bin Laden y el gobierno de Bagdad es Kuwait. Y es que Kuwait no es tan sólo la némesis de Saddam Hussein, sino que se ha convertido en una prioridad cada vez más importante para bin Laden, debido a la purga constante que ese país realiza con los islamitas egipcios. La mayor parte de estos islamitas son personas inocentes que trabajan por sueldos de miseria, a pesar de que unos cuantos se manifiestan activamente en contra de la presencia de Estados Unidos en ese país. A principios de febrero, el Grupo Jihad de Zawahiri advirtió a Kuwait que debía expandir "el camino de la jihad en contra de Estados Unidos e Israel", de manera que también incluyera a "sus lacayos". Kuwait fue destacado entre los demás países porque no es más que "un tubo de petróleo usufructuado por Estados Unidos". El mensaje de Zawahiri concluía con la siguiente advertencia: "Reiteramos aquí que Estados Unidos debe pagar el precio de todo esto: sangre por sangre y destrucción por destrucción. Estados Unidos y sus agentes están más que enterados de la existencia del Grupo Jihad, el cual jamás desistirá de la venganza, aún cuando pase mucho tiempo... El Grupo Jihad está consciente de la magnitud de la cobardía de Estados Unidos y también del hecho de que este llamado superpoder es tan sólo un mito. El porvenir está lleno de sorpresas". Las autoridades de los servicios de seguridad de Kuwait tomaron estas amenazas muy en serio, iniciando inmediatamente un nuevo ciclo de represión en contra de islamitas egipcios, paquistaníes y árabes de otros países, lo cual condujo a que fueran expulsados del país muchos trabajadores huéspedes y unos cuantos predicadores religiosos importantes. Varios egipcios sospechosos fueron entregados al gobierno egipcio. Impávidos, los islamitas egipcios en Kuwait continuaron diseminando panfletos encendidos que incitaban "a la venganza contra Estados Unidos y sus agentes en la región y a condenar los ataques perpetrados en contra de Irak".

El creciente ímpetu en favor de un ataque en grande colocó a los patrocinadores afganos y paquistaníes de bin Laden en un brete. Estos preparativos se llevaban a cabo al tiempo que el Talibán les prometía a emisarios de otros países que se encargarían de frenar a bin Laden. La desaparición de bin Laden, anunciada por el Talibán el 13 de febrero, un día después de que el Frente Islámico armado lanzara su primera advertencia, constituyó un dramático escape de este dilema. Bin Laden, de hecho, ya había iniciado sus desapariciones súbitas a principios de febrero con el fin de no ocasionar vergüenzas ni dificultades para los líderes del Talibán, ahora que estaban negociando la reinstauración de la ayuda internacional y la construcción de la línea petrolera que conectaría a Asia central con Paquistán. Durante los primeros días de febrero, varios convoyes de veinte o 25 *land cruisers* (cruceros de tierra) y otros vehículos pesados pasaron a través de Kharkiz y otros pueblos en las montañas Sheik Hazrat, a unos 80 kilómetros al norte de Qandahar. Estos convoyes viajaban de noche, cargando pasajeros árabes, materiales de construcción, cajas llenas de armas, municiones, y otras provisiones. Estaban preparando la nueva base de bin Laden. El 10 de febrero, bin Laden "desapareció" de Qandahar junto con Zawahiri, unos veinticinco guardias y ayudantes árabes de confianza, y diez oficiales Talibán de los ministerios del Interior, de Relaciones Exteriores y de Servicios de Inteligencia, asignados por el mullah Omar para "guiar y proteger a bin Laden". Las esposas e hijos de bin Laden, al igual que las familias de algunos de los árabes que lo acompañaban, se retiraron a un conjunto habitacional protegido que queda cerca del aeropuerto de Qandahar.

El 13 de febrero, el Talibán insistió que bin Laden se encontraba en Qandahar. Al principio, bin Laden y su comitiva fueron a una base de avanzada en las montañas que dominan el valle Helmand, el centro de producción de drogas en Afganistán. Allí, el grupo recibió amplia protección militar del Talibán, quienes explicaron que los refuerzos militares habían sido enviados a la zona como operativos antidrogas. Desde el valle de Helmand, bin Laden revisó prudentemente dos vías de escape, en caso de que se presentara una emergencia. A lo largo de los días siguientes, dos convoyes fueron enviados para probar las carreteras; primero hacia el oeste, hacia la zona de Herat, cerca de la frontera con Irán, y luego a la región noreste de Afganistán, donde bin Laden puede asegurar los refugios en las áreas tadjicas, no controladas por el Talibán. El grupo de bin Laden regresó luego a la base principal en Tora Boora, donde permaneció durante unos cuantos días con el fin de recoger sus computadoras y otros equipos clave y completar los traslados de sus redes de comunicación a un nuevo escondite. De allí, el convoy de bin Laden viajó a Islam Dara, una base subterránea abandonada, que fue construida en una serie de cavernas fortificadas en lo profundo de las montañas Sheik Hazrat, rodeada de campos saturados de minas y otros tipos de trampas, a unos 80 kilómetros al norte de Qandahar. El gobernador del área, en el poblado cercano de Khariz, es el mullah Ghulam Dastagir, un amigo de tiempos de guerra de bin Laden y uno de los comandantes del movimiento Hizb-i Islami. De manera legítima, los Talibán pueden decir que bin Laden ya no se encuentra en sus dominios.

Mientras que fuentes del gobierno paquistaní comenzaron a diseminar rumores acerca de una crisis entre los líderes del Talibán y bin Laden, con el fin de acelerar los convenios económicos entre el Talibán y Occidente. Estas fuentes declararon que el Talibán había confiscado el teléfono, satelital de bin Laden. Simplemente, bin Laden lo había apagado por temor de que sus llamadas fueran interceptadas y localizadas por Estados Unidos después de que altos oficiales estadounidenses hicieron público su éxito en prevenir golpes terroristas gracias a sus técnicas de "intervención telefónica". "Los satélites espía que los estadounidenses han empleado para intervenir las llamadas telefónicas que realiza bin Laden desde su escondite en Afganistán, fueron capaces de recoger detalles de sus planes de ataque, muy a tiempo para poder prevenirlos", declaró William Brodie, del periódico estadounidense *Daily Telegraph*. Otros rumores declaraban que bin Laden estaba siendo objeto del desprecio del mullah Omar y que éste lo había alejado de sí; que sólo la intervención de la hija de bin Laden, esposa del mullah Omar, y de su madre, evitaron que bin Laden fuera extraditado por los Talibán; y también que los guardias de bin Laden y tropas de los Talibán habían intercambiado disparos. Todos estos rumores, algunos de los cuales fueron repetidos en los más importantes periódicos de Estados Unidos y en revistas árabes, fueron plantados a propósito para crear la impresión de que existe una brecha entre la élite Talibán y bin Laden, de manera que Afganistán no fuera objeto de una venganza masiva por parte de Occidente cada vez que bin Laden reapareciera y cada vez que los terroristas islamitas asestaran un nuevo golpe.

Al inicio de marzo, incluso los líderes del Talibán dejaron de negar que bin Laden se encontraba dentro de territorio afgano y reconocieron que preferían no conocer su paradero exacto. El mullah Mohammad Tayyib, miembro del grupo líder del Talibán, admitió: "Parece ser que bin Laden aún se encuentra en territorio afgano". Dijo que los líderes del Talibán no conocían el sitio exacto en que se encontraba, porque los oficiales Talibán y los guardias que lo acompañaban "habían recibido órdenes de no decir a sus comandantes cuál era su paradero. Y no han regresado a nosotros, lo cual indica que aún se encuentra en Afganistán". Al mismo tiempo, los líderes islamitas en Afganistán y Paquistán juraron proteger a bin Laden de ser capturado por los estadounidenses o de los atentados para asesinarlo. "Los mujaidines sacrificarían sus vidas por defender al héroe del Islam. El Talibán jamás entregaría a Osama bin Laden a los enemigos del Islam. Está en buenas manos. Y si Estados Unidos intenta llevarlo a su tierra, tendrían que pasar por encima de los cuerpos de los mujaidines", advirtió Omar Faruk, el líder del movimiento Lashkar-e-Tuiba.

El ímpetu para entrar en acción había aumentado en el Eje del Islam. A principios de febrero, bin Laden envió un emisario a Paquistán, para mantener pláticas con varios líderes islámicos. Uno de estos líderes relató después que el objetivo de dichas discusiones era "coordinar las posiciones de ellos en relación con la hegemonía que Estados Unidos deseaban establecer en el mundo islámico". Un líder del movimiento Harakat ul-Ansar, de Karachi, dijo que las advertencias subsecuentes realizadas por los líderes islamitas de Paquistán, incluyendo los llamados a tomar venganza por el bombardeo que Estados Unidos realizó contra los campamentos en Afganistán, aclaraban los temas discutidos con el enviado de bin Laden. "Los veteranos de los bombardeos contra Khost forman el núcleo de un grupo de miembros leales a bin Laden, cuya sola misión en la vida es arreglar cuentas con Estados Unidos", declaró. "Por cada uno de nuestros miembros asesinados o heridos durante el cobarde ataque de Estados Unidos, por lo menos cien estadounidenses serán asesinados. Quizás yo no estaré vivo, pero ustedes recordarán mis palabras." Los oficiales de los servicios de seguridad de Paquistán instaron a Occidente a prestar verdadera atención a dichas amenazas. "Ya sean paquistaníes o árabes que viven en Afganistán, se consideran a sí mismos como hermanos en la jihad, cuya principal meta ahora es vengarse de los estadounidenses", explicó un alto oficial del ISI, ya retirado.

La modificación que los islamitas hicieron de sus prioridades, colocando la lucha contra la presencia estadounidense en el Eje del Islam por encima de causas locales —tales como la liberación de Cachemira, Palestina o Arabia— ya se ha vuelto aparente en las renovadas actividades islamitas que se libran en Chechenia, y en el surgimiento de la presencia islamita en Asia central y en la región del Cáucaso. El objetivo principal, fomentado por Paquistán y por Irán, y apoyado activamente por el Talibán, es el de sacar a Estados Unidos de esta región estratégica e impedir que esa nación occidental obtenga el usufructo de los recursos energéticos aún no explotados, que son considerados un sustituto de los recursos energéticos del Golfo Pérsico. Los gobiernos de Teherán e Islamabad están convencidos de que, al presionar a los gobiernos locales por medio de la insurrección islamita y el terrorismo, lograrán convencerlos de que establezcan tratos lucrativos para el desarrollo de la industria petrolera con compañías de Europa occidental y de Asia oriental, ocasionando así un detrimento de los intereses estratégicos de Estados Unidos. Afganistán y Chechenia son los trampolines para esta audaz maniobra.

A mediados de febrero, el presidente de Chechenia, Aslan Maskhadov, le aseguró al sheik Muhammad Hisham Qabbani, presidente del Consejo Islámico Supremo en Estados Unidos, que "Chechenia no ofrecerá ninguna forma de refugio o de asilo a Osama bin Laden, sin importar el costo que esta decisión implique para el gobierno checheno, incluso si esto significara entrar en guerra". Pero el crecimiento de las fuerzas terroristas islamitas en Chechenia, incluyendo mujaidines árabes, afganos y paquistaníes, apoyados por bin Laden, no ha sido frenado. Los mujaidines de bin Laden activan las unidades islamitas que constituían las fuerzas de choque elitistas de los más importantes comandantes durante la guerra en contra de Rusia, y que son ahora los líderes en Chechenia. Tales fuerzas incluyen a los Soldados de los Califas Ortodoxos, que sirvieron bajo las órdenes del actual presidente, Maskhadov; las Fuerzas Abd-al-Qadir, que lucharon bajo las órdenes del actual vicepresidente, Shamil Basaev; y las fuerzas del Partido de Liberación Islámico, que están bajo las órdenes de Salman Raduyev, el terrorista extremista de Chechenia en cuyo territorio se le ofreció refugio a bin Laden. Dada la gratitud que Chechenia le debe a estas fuerzas dominadas por "afganos", por su contribución en la guerra contra Rusia, ningún gobierno en Grozny, la capital de Chechenia, se atrevería a desafiarlos.

Estas redes, con sede en Chechenia, ya han comenzado a operar a la región. Estratégicamente, fue muy significativo el esfuerzo para asesinar al presidente Islam Karimov, considerado como una figura clave de la lucha de los radicales islamitas y de la militancia islamita en Asia central y en el Afganistán de los Talibán. El intento de asesinato fue realizado con una serie de cuatro coches-bomba, que explotaron en Tashkent el 16 de febrero. Los expertos terroristas de la red que llevó a cabo este sofisticado operativo eran uzbecos islamitas, entrenados en Chechenia. Otro operativo audaz dirigido a incrementar la tensión en el Cáucaso, fue el secuestro, el 6 de marzo, del general mayor Gennady Shpigun, enviado principal del Ministerio del Interior de Rusia a Grozny. Shpigun fue atrapado por encapuchados que subieron a su avión cuando éste estaba a punto de despegar del aeropuerto de Grozny. El secuestro fue llevado a cabo con la participación de miembros de los servicios secretos chechenos. Ostensiblemente, en respuesta a las amenazas hechas por Moscú a Chechenia en torno al destino de Shpigun, las fuerzas militantes islamitas, de la región del Cáucaso, se reunieron para apoyar al gobierno de Grozny, y prometieron iniciar una jihad en contra de la presencia de cualquier país occidental en el área, y no sólo en contra de Rusia.

A pesar de los crecientes esfuerzos de Estados Unidos y de sus aliados por contener los efectos de las redes terroristas islamitas de bin Laden, los islamitas continúan abriendo nuevos frentes de guerra e iniciando nuevas campañas combativas. Los numerosos reveses que sufrieron a medida que sus redes eran descubiertas y que sus operativos eran prevenidos, y la presión internacional que se ha ejercido en contra de bin Laden, de Zawahiri, de sus comandantes y sus guardias Talibán en Afganistán, no han impedido que los islamitas continúen levantándose en armas en todas partes del mundo.

A principios de diciembre, mientras bin Laden definía sus estrategias durante su encuentro con los medios masivos de información del mundo occidental, los observadores conectados a Internet sonaron la alarma.

De acuerdo con varios oficiales de los servicios de seguridad y de inteligencia paquistaníes y occidentales, bin Laden ya había enviado a varios grupos terroristas en misiones que tenían la consigna de bombardear blancos estadounidenses en el Medio Oriente, en Europa occidental y, quizás, en Estados Unidos. "Creemos que bin Laden quizás se sirva del mes del Ramadán... como el momento inicial de nuevos operativos", dijo un alto oficial del ISI. Bin Laden ya le había informado a un destacado miembro del Talibán que sus fuerzas se estaban "preparando para entrar en acción" y que Afganistán no se vería involucrado en dichas acciones. "La región nunca ha vivido tanta inestabilidad", dijo el oficial del ISI. "Bin Laden nunca antes había constituido un peligro tan grande."

El gobierno de Estados Unidos y fuerzas de seguridad amistosas frustraron numerosos ataques con bombas en instalaciones estadounidenses en el extranjero, incluyendo las embajadas en Tirana, Albania; Baku; Azerbaiyán; Abidján, Costa de Marfil; Dushanbé; Tadjikistán; Kampala, Uganda; y Montevideo, Uruguay, al igual que en la embajada y dos consulados en India. Se previno un ataque en la Base Aérea Príncipe Sultan en Arabia Saudita, desde donde los aviones estadounidenses operan contra Irak. Los líderes islamitas atribuyen estos éxitos occidentales a los errores islamitas producto de su impericia, a la premura, y al entusiasmo de las redes locales, lo cual es una observación bastante acertada. Los islamitas advierten que el suyo es un compromiso de larga duración de atacar a Estados Unidos con mejor preparación, una vez que llegue el momento adecuado. Ahmad Ibrahim al-Najjar, el comandante terrorista islamita que fue capturado, enfatizó este punto ante quienes lo interrogaban. "Los dos ataques en contra de Estados Unidos, realizados en Kenia y Tanzania, no fueron sólo anuncios publicitarios", dijo. "La Jihad continuará porque la lucha contra Estados Unidos y contra los judíos no cesará jamás." Cuando le preguntaron acerca de los últimos reveses sufridos, Najjar previno a los egipcios que no debían dudar del éxito de los espectaculares operativos terroristas que los islamitas librarían dentro y en contra de Estados Unidos. "No se preocupen, sucederán cuando haya llegado el momento justo", sentenció.

Las fuerzas islamitas de bin Laden continúan consolidando pacientemente sus capacidades y fomentan sus preparativos para los golpes espectaculares que piensan dar próximamente. Bin Laden ya ha extendido la red de organizaciones y grupos que siguen, tanto sus propias enseñanzas teológicas como los planes militares terroristas creados por Zawahiri. El general Hamid Gul, ex jefe del ISI, ha dicho que bin Laden ya ha establecido una "alianza con 30 distintas organizaciones", con el fin de "vengarse en contra de los intereses estadounidenses en todo el mundo". De acuerdo con los terroristas islamitas de Asia Central y de la región del Cáucaso, quienes fueron interrogados recientemente por los servicios de inteligencia de Rusia, bin Laden está ocupado en establecer, en su Imarat en Afganistán, una nueva fuerza de élite que él llama La Orden de Portadores de la Espada Islámica, bajo el mando directo de Ayman al-Zawahiri. El principal objetivo de este grupo es servir como "una fuerza islámica de respuesta inmediata", preparado en cualquier momento para llevar a cabo un ataque terrorista espectacular o para salvar a algún grupo subversivo que se encuentre en problemas.

Osama bin Laden continúa edificando fundamentos teológicos sólidos para intensificar la jihad. En repetidas ocasiones, ha resumido sus creencias en una declaración que generalmente hace mientras ondea su propio ejemplar lujoso del Corán: "No se puede vencer a los herejes tan sólo con este libro, ¡es necesario mostrarles el puño!" También elucidó la visión que tiene de la incesante, inevitable y global jihad en contra de Estados Unidos, en un libro titulado "Estados Unidos y la Tercera Guerra Mundial". El manuscrito ya circula entre los principales líderes y comandantes islamitas en árabe original y en la traducción que se hizo del texto a varios idiomas del sur de Asia. En este libro, bin Laden propone una nueva visión, subrayando que es imperativo que se inicie un levantamiento global. En esencia, bin Laden hace un llamado a todo el mundo árabe para que se levanten en armas en contra del orden que prevalece actualmente en el mundo y por su derecho de vivir como musulmanes; derechos que, según dice, están siendo pisoteados por Occidente al expandir la occidentalización del mundo. Para los islamitas no puede haber un acuerdo o una coexistencia pacífica con la civilización occidental.

A principios de enero de 1999, estudiosos islamistas de Jordania publicaron un estudio acerca de la importancia de la jihad en el Islam. El estudio decretaba que "el Mensajero de Alá [el Profeta Mahoma] dijo: 'La jihad es el pilar del Islam y su parte más importante, primordial'". El estudio entonces estableció la lógica religiosa y la justificación para emplear el terrorismo internacional como una forma de jihad obligatoria para todos los musulmanes. Basándose en precedentes coránicos, el estudio determinó que incluso en el caso de que los musulmanes sufrieran una escasez de combatientes y de armas, la victoria seguramente sería suya si seguían las enseñanzas del Corán al "infundir el temor a Dios" y al "mostrar fortaleza" en el momento de confrontar a los infieles. El terrorismo es un instrumento clave para infundir temor. El estudio insiste en que todos los logros pasados del Islam fueron alcanzados "a través de la jihad que Alá ha hecho obligatoria" para todos los creyentes. Bajo las condiciones de nuestros tiempos, existen numerosas maneras de tomar parte en una jihad. "Desde el punto de vista de la Sharia, la jihad exige que brindemos nuestro mayor esfuerzo cuando luchamos siguiendo el sendero de Alá, ya sea directamente o apoyando a la jihad al contribuir a ella con la riqueza propia, ofreciendo nuestra opinión o aumentando sus huestes (que participan en la jihad), etc... Alá la ha hecho obligatoria con el fin de llevar el Islam al resto de la humanidad y para la protección del Estado del Califato y de los musulmanes."

El estudio entonces se concentra en las condiciones específicas para la jihad en el Eje del Islam de nuestros tiempos. "La jihad comprende la guerra ofensiva, defensiva o preventiva, siempre y cuando esta guerra se libre en nombre de Alá", explican sus autores. Esta diversidad de formas de la jihad es necesaria para poder enfrentar la miríada de amenazas que sufre el Islam. La principal amenaza es la diseminación de la cultura occidental, porque es el instrumento por medio del cual Occidente justifica su impulso de destruir y controlar el mundo musulmán. "Así que luchar para proteger intereses y un punto de vista respecto a la vida, se vio confinado a los principales estados no-creyentes, como es el caso de Estados Unidos y otros países, quienes desarrollan su armamento y fortalecen sus ejércitos con el fin de asestar golpes a quien sea y en el momento en que lo desean. En cuanto al resto, y en especial los musulmanes, les queda estrictamente prohibido desarrollar armamento sofisticado y se les prohíbe también emplear la fuerza para defenderse. Se ven constreñidos a contentarse con protestas, miseria y tristeza cuando son atacados, como sucedió recientemente en Irak."

Siendo que Occidente, encabezado por Estados Unidos, recurre cada vez más al uso de la fuerza para imponer su voluntad sobre los musulmanes, es imperativo que los musulmanes empleen la fuerza —es decir, que libren la jihad— para revertir esta peligrosa tendencia. "En verdad, la jihad es el pilar del *deen* [la ley islámica] y su parte primordial. Los musulmanes no pueden tener una buena reputación internacional sin ella, ya que es el método que Alá ha impuesto para la propagación del Islam, con el fin de preservar el Estado islámico y proteger a sus ciudadanos." El estudio advierte que la situación que se vive a lo largo y ancho del mundo musulmán ha llegado a un punto crítico y enfatiza la urgencia de revertir esta tendencia al librar una jihad. Los estudiosos jordanos hacen un llamado a la acción contra los líderes musulmanes locales y sus patrocinadores en Occidente; el Eje del Islam debe escoger entre sucumbir a Occidente o luchar por el Islam. "¡Oh, Musulmanes! Hoy día os encontráis entre dos alternativas: ya sea que os mantengáis callados, sumisos y complacientes de lo que los gobernantes títeres os están haciendo, y sea lo que sea que resulte del dominio de los kuffar (los infieles) sobre vuestros países y vuestros recursos, y de vuestra caída y completa ruina en esta vida, así como en el Akhira (el más allá). O ya sea que os mováis efectivamente para incautar el poder de aquellos gobernantes y colaborar sinceramente con los honestos musulmanes que trabajan para reestablecer el Estado del Califato y lo que venga después, al regresar a nuestra gloria pasada como el más grande ummah y el Estado más poderoso que luchará por el sendero de Alá, de manera que la verdad prevalezca y que toda falsedad perezca." Este estudio circuló ampliamente a través de las comunidades musulmanas en Europa occidental y en Estados Unidos.✗

Para mediados de febrero de 1999, la advertencia que hizo bin Laden respecto a lo que la amenaza todo Occidente significaba para el Islam, fue repetida por una amplia variedad de intelectuales musulmanes, de personas que desde hace tiempo apoyan a bin Laden e incluso pensadores conservadores que están a favor de Arabia Saudita. Escribiendo en el periódico prosaudita *al-Hayah*, uno de los diarios árabes más prestigiosos, Yussuf Samahah subrayó que la visión de bin Laden es la ola del futuro —la verdadera fusión de megatendencias internacionales e Islamismo. El futuro del mundo es la globalización, alegaba Samahah. "El sentido general de la palabra globalización significa, entre otras cosas, el flujo libre de fondos monetarios, la revolución de las comunicaciones y las 'redes multinacionales' que comienzan a reemplazar a los marcos y relaciones nacionales." Actualmente, esta tendencia es dominada generalmente por Occidente, con Estados Unidos a la cabeza, siendo bin Laden la única excepción, con su filosofía de un resurgimiento enteramente musulmán. "Se puede decir que la organización de bin Laden representa una mejoría respecto a organizaciones similares y una que se ha beneficiado más de las 'oportunidades' proporcionadas por los elementos globalizadores", explicó Samahah. "Y cualquiera que crea que existe una contradicción entre las 'ideas' de bin Laden y el nuevo fenómeno, estaría equivocado, pues mientras que la globalización está uniendo gradualmente al planeta, está provocando muchas reacciones revivalistas que emplean las herramientas que la globalización proporciona, para dar la impresión de que no sólo están luchando contra ella, sino que, al final de cuentas, lograrán vencerla."

Escribiendo en el periódico islamita *al-Quds al-Arabi*, Abdul-Bari Atwan, amigo y confidente de bin Laden, desarrolla el tema de la "globalización" en el contexto de la situación difícil que vive el Eje del Islam. La amenaza más seria contra el Islam es la política estadounidense de la "globalización", que implica mejorar las condiciones de seguridad de Estados Unidos, así como sus intereses económicos a través de una combinación de fuerza bruta —como la que ha utilizado contra Irak— y la subversión, principalmente la modernización. "Resulta triste decir que los árabes en particular, y los musulmanes en general, son las mayores víctimas de la globalización en todas sus formas: económicas, culturales y de seguridad", dijo Atwan. La tendencia global de la economía no tan sólo ha dañado al mundo árabe, sino "culturalmente, la CNN e Internet han comenzado a reinar sobre el mundo. El suceso estadounidense y sus instrumentos han cambiado completamente la vida cultural árabe". Atwan culpa a la generación joven de oficiales e intelectuales árabes, entrenados y adoctrinados por los europeos y los estadounidenses, quienes están "ansiosos por unirse a la globalización moderna una vez que tomen el poder y sucedan a sus padres. La más prominente de sus características 'realistas' es su habilidad en el manejo de las computadoras, su fe en las políticas de economía de mercado, su firmeza de decisión permanente y la continuidad del Estado hebreo".

El terrorismo islamista promulgado por bin Laden ofrece la única esperanza contra este futuro sombrío, subraya Atwan. Y es ésta la esencia de la lucha incesante que Estados Unidos libra contra los islamitas. "Debido a que el terrorismo es el único elemento efectivo que amenaza a esta nueva estructura monopólica, se están haciendo esfuerzos por eliminar a sus líderes más prominentes, ponerlos como ejemplo, y hasta donde es posible, humillar y aplicar medidas de abuso extremo contra aquellos países que los protegen, para que aquellas naciones recuperen el 'buen sentido' y entren, así, al nuevo orden de cosas." Para Atwan, la resolución inconmovible que bin Laden ha tomado de enfrentarse a Occidente y de castigar a Estados Unidos, aunque sea simbólicamente, es una fuente de esperanza de que la expansión de la globalización y de la occidentalización no sean irreversibles. "Para nosotros, por lo menos, la visión del futuro es sombría. Nuestra única esperanza es que quizás sea tan sólo un error no intencionado, que quizás todo esto conduzca a un colapso y un cambio en las reglas del juego. A lo mejor nos dirigimos hacia algo que está lo más alejado posible de eso mismo, y nos referimos a una poderosa inamovilidad, a una poderosa lealtad en nuestras creencias. Quizás haga explotar los fundamentos de esta globalización, por lo menos en la región árabe", concluye Atwan de manera circunspecta y críptica, muy al estilo árabe.

Éstas no eran observaciones abstractas, pues a principios de 1999, bin Laden y sus fuerzas se comprometieron a aumentar los bienes de la élite terrorista en Occidente. Esto ocurrió después de ver los resultados de los reveses sufridos durante el verano de 1998, cuando numerosos terroristas egipcios fueron aprehendidos en todas partes del mundo y luego extraditados a Egipto. Estos arrestos no sólo privaron a los islamitas de algunos cuantos comandantes excelentes, sino que los obligaron a reexaminar sus servicios de seguridad interna y su situación, en lo referente al contraespionaje. Durante los meses de febrero y marzo de 1999, se completó este proceso, y los islamitas estaban listos para desplegar una nueva ronda de comandantes y expertos en terrorismo para realizar operativos espectaculares en países de Occidente. Ya para finales de marzo, la primera ronda de estos despliegues se completó con el envío hacia Occidente, de catorce comandantes de alto nivel, todos ellos camaradas de lucha de bin Laden desde hace muchos años. Poco después, dos equipos de comandantes arribaron a Estados Unidos y al Reino Unido, y se activaron células de comando de alto nivel en Bangladesh, Francia y Rusia. Otros 83 mujaidines, provenientes de varios países musulmanes, fueron aleccionados y adiestrados para participar en estas misiones, que ahora se encontraban listas para realizar un despliegue rápido en el momento mismo en que los comandantes *in situ* los mandaran llamar. En Paquistán, los líderes islamitas notaron que las crecientes crisis en Irak y en Kosovo introducían un elemento de urgencia agregada a la campaña islamita contra Estados Unidos y Gran Bretaña. Un oficial paquistaní explicó que "los gobiernos estadounidense y británico actualmente están involucrados en asestar ataques punitivos contra el pueblo iraquí, tanto militares como civiles, mientras dan la espalda a la masacre de musulmanes en Kosovo desde hace muchos meses", y por lo tanto "estos países se convertirían en un blanco de ataque por parte de bin Laden, sus aliados y [otros] islamitas".

Estos preparativos fueron dados a conocer en un comunicado emitido el 30 de marzo, por medio del cual la Jihad Islámica Egipcia juraba continuar sus campañas contra el gobierno egipcio y contra los intereses estadounidenses y judíos a través del mundo entero. El comunicado declaraba que "el ummah debe permanecer unido contra Estados Unidos, Israel y sus lacayos"; es decir, los regímenes árabes prooccidentales. "Nuestra lucha es esencialmente contra Estados Unidos e Israel", declaró la Jihad, y la actual confrontación con el Cairo no alteraría esta prioridad. Unos cuantos días después, los líderes islamitas que se encontraban en Londres instaban a que se tomara en serio el comunicado emitido por la Jihad, y advertían que eran inminentes los ataques terroristas contra intereses estadounidenses y de países del Golfo Pérsico. Una fuente islamita en Londres aludía al carácter de los próximos ataques, diciendo que el movimiento "al-Jamaah [al-Islamiyah] es conocido por no intervenir en operaciones frecuentes, sino que prefiere participar en operaciones de mayor envergadura, aún cuando su número sea menor". Hizo notar que los estados desde los cuales fueron extraditados los terroristas egipcios durante el verano de 1998, "asumirán la mayor parte de la responsabilidad por su ejecución". Otro líder islamita reveló que Osama bin Laden había tomado la resolución de llevar a cabo "un ataque contra los intereses estadounidenses" y que Ayman al-Zawahiri ya había "asumido la responsabilidad de preparar dichos ataques armados".

A principios de abril de 1999, los islamitas activaron y comenzaron a desplegar otro sistema terrorista, que constaba únicamente de elementos provenientes de Cachemira, Paquistán y Afganistán, afiliados al movimiento Harakat ul-Ansar. El ISI ayuda a organizar estas nuevas fuerzas para que sean inmunes a la penetración que sufrieron las redes predominantemente egipcias durante el verano de 1998. En el centro de este grupo se encuentran "afganos"veteranos, quienes están comprometidos en vengar a las víctimas de los ataques que Estados Unidos perpetró con misiles crucero contra los campamentos en Afganistán. Uno de sus altos comandantes declaró que "la sangre de quienes nos han apoyado no fue derramada en vano y vengaremos a cada uno de nuestros mártires, matando a cien estadounidenses". Los "afganos", declaró, "formaban células suicidas afiliadas con bin Laden, cuya única misión en la vida es vengarse de Estados Unidos".

Con el fin de escudar el patrocinio y apoyo paquistaní, las nuevas fuerzas terroristas fueron separadas formalmente del movimiento Harakat ul-Ansar y fueron identificadas como un nuevo movimiento: el Harakat Jihad Islami. A principios de abril, el movimiento Harakat Jihad Islami ya contaba con cuarteles de avanzada activos en Burma, Bangladesh, Palestina, Afganistán, Tadjikistán, Eritrea, Chechenia y

Bosnia, y también responsable de Albania y Kosovo. En una reunión con cuadros-terroristas-que-pronto-serían-desplegados, los líderes del movimiento Harakat juraron que su "Jihad continuaría hasta el día del Juicio Final y que los efectos de la jihad afgana se han esparcido por todo el mundo". Dijeron que al haber asumido un papel importante en la jihad de Cachemira, el movimiento Harakat Jihad Islami había decidido extender sus operaciones hasta los demás frentes de la jihad, "y ahora, los mujaidines de todas partes del mundo se unen a nuestro grupo". A pesar de que los líderes del movimiento Harakat insistían en que ellos pertenecían a una organización distinta, declararon que "Osama bin Laden es el héroe del Islam". Agregaron que el movimiento Harakat Jihad Islami apoyaba la exigencia formulada por bin Laden respecto un retiro de las fuerzas armadas de Estados Unidos en el Golfo Pérsico.

Los islamitas se embarcaron en una empresa clave a principios de 1999: la resurrección de las operaciones en el oriente de África, que habían permanecido en estado letárgico desde los bombazos en las embajadas estadounidenses. Una base de avanzada había sido organizada en la región Gedo del sur de Somalia, no lejos de la frontera con Kenia. El centro de las actividades islámicas se encuentra en el pueblo costero de Ras Kamboni, donde un sistema de comunicaciones seguro está siendo instalado por varios expertos árabes. Toda la región de Gedo es controlada por el movimiento al-Ittihad, una rama del Partido de Unión Islámica de Somalia (PUIS, SIUP por sus siglas en inglés), que ha sido vinculada con bin Laden desde 1993. El alcance de las actividades islamitas en Ras Kamboni y sus alrededores, fue descubierto después del tiroteo fatal, que sucedió en un pequeño salón de té local, contra un empleado de los servicios de ayuda humanitaria de Estados Unidos. Según se dice, el estadounidense encontró fortuitamente a unos islamitas árabes y fue eliminado rápidamente por los pistoleros del movimiento al-Ittihad que los custodiaban. Para principios de abril, la distinguible presencia de terroristas árabes, quienes se identificaban abiertamente con los preceptos de bin Laden, era notoria en la zona de Gedo. Somalia está llena de rumores respecto a una supuesta visita que bin Laden realizó para ver a sus hombres en el sur de ese país, aunque no existe ninguna prueba de ello.

A mediados de abril, los líderes islamitas estudiaron exhaustivamente el progreso del despliegue de avanzada de los terroristas, así como los preparativos y la recuperación de las redes egipcias ante el impacto sufrido por los arrestos y extradiciones que se realizaron en el verano de 1998. Ayman al-Zawahiri reunió a sus asistentes y a sus comandantes principales en una magna sesión que se realizó en las cavernas de Tora Boora, cerca de Jalalabad. Los participantes en la reunión tomaron la resolución de mejorar notablemente las medidas de seguridad y de contraespionaje de las redes clandestinas. Los comandantes que arribaron desde varios países recibieron la orden de cambiar sus métodos de viaje, de comunicación, y de prestar mayor atención a la situación interna y a las autoridades de servicios de seguridad en sus países de residencia. Zawahiri también introdujo un nuevo sistema de nombres en clave y de canales de comunicación que fueron desarrollados después del arresto y los interrogatorios que los egipcios aplicaron a los terroristas aprehendidos. Los comandantes entonces recorrieron una y otra vez toda la cadena de comando y las áreas de responsabilidad, con el fin de asegurarse de que el nuevo *modus operandi*, redundante y flexible, pudiera resistir los ataques violentos que en el futuro pudieran realizar los servicios de inteligencia de fuerzas hostiles, incluyendo el arresto de líderes de alto nivel y los subsecuentes interrogatorios a los que estarían expuestos. Al final de la reunión, Zawahiri se sintió satisfecho con el estado en que se encontraban sus redes y aprobó la activación de varios planes operativos.

Esta confianza renovada se expresó en una declaración que fue emitida a finales de abril por el grupo Jihad Islámica de Zawahiri, como reacción a una sentencia muy severa que les fue impuesta a muchos de los terroristas egipcios, incluyendo a Zawahiri mismo y otros líderes importantes, quienes —estos últimos— fueron juzgados *in absentia*. Esta declaración subrayaba que la jihad "es mucho más grande y profunda" que los sucesos del momento y que no se veía afectada por los juicios realizados en el Cairo. La Jihad Islámica estaba decidida a no perder el rumbo, y así "la intensificación de la resistencia islámica contra la campaña de los cruzados que buscan atacar a la nación musulmana no cesará nunca". Por el contrario, alegaba el escrito, las recientes acciones y políticas de Estados Unidos hicieron que la situación general fuera más conducente para los islamitas. "El mundo musulmán en general, y en particular la región árabe, está siendo recorrida por una oleada de rechazo por parte de la jihad islámica; la nación musulmana rechaza vigorosamente la política de humillación y de opresión que se está ejerciendo contra quienes trabajan para restaurar la soberanía del Islam sobre sus propios territorios y está, al mismo tiempo, decidida a encaminar sus esfuerzos, firmemente y con resolución de acero, hacia el logro de sus metas, las de establecer un Estado islámico por medio de exhortos y pronunciamientos, por medio de la jihad y denunciando cualquier acto sospechoso."

Estos sentimientos fueron repetidos en una declaración realizada por Qari Saifullah Akhtar, el emir central del movimiento Harakat Jihad Islami, quien es la persona responsable de las operaciones internacionales de la organización. Él declaró que el Harakat Jihad Islami "no le permitiría a nadie comprometer la sangre de los musulmanes que está siendo derramada en Cachemira y Afganistán". El grupo Harakat Jihad Islami también anticipó una notable intensificación y expansión de las jihad islamitas en todo el mundo, porque "las atrocidades que se están cometiendo contra los musulmanes en Afganistán, Cachemira, Irak, Bosnia, Kosovo y Chechenia han despertado a los musulmanes, y ahora los musulmanes lucharán contra India, Estados Unidos, Rusia y Gran Bretaña". Guiado por las fuerzas de la jihad, el mundo musulmán está decidido a vengarse de sus enemigos, encabezados por Estados Unidos, y "el ojo que mira desde lo alto a los musulmanes como una minoría, o que sueña con reducirlos a una minoría, deberá ser extirpado", declaró Qari Saifullah Akhtar.

A finales de marzo, la atención del mundo musulmán, al igual que la del resto del mundo, quedó fija en la campaña de bombardeos que la OTAN realizaba contra Yugoslvia y el subsecuente éxodo masivo de los refugiados albaneses de Kosovo. Los musulmanes miraron los horrores que sus hermanos albaneses debían soportar mientras eran forzados a salir de Kosovo por las fuerzas paramilitares servias, los destacamentos del Ejército de Liberación de Kosovo (ELK) que merodeaban en esos sitios y el amplio bombardeo de la OTAN contra blancos civiles. Los islamitas reaccionaron a la tragedia de Kosovo sólo después de deliberar y de hacer la distinción entre las penurias sufridas por sus hermanos albaneses de Kosovo y la campaña de bombardeo perpetrada por la OTAN. La Jihad Islámica Palestina fue uno de los primeros órganos islamitas en asumir una posición de autoridad al respecto. "Los bombardeos de la OTAN quizás continúen. Pero queda claro que la meta no es servir a los intereses musulmanes en Kosovo o derrotar la violencia servia que se hizo cada vez más poderosa con el apoyo de la civilización occidental, sino la hostilidad al Islam y la prisa por sitiarlo. La violencia servia encontró que Occidente le animaba, a veces de maneras ocultas y a veces de una forma explícita", declaró un editorial en el órgano de la Jihad, el periódico *al-Istiqlal*.

Los intelectuales en Jordania subrayaron la diferencia que existía entre los objetivos de la OTAN y los intereses de los albaneses de Kosovo, en cuyo nombre se había llevado a cabo, de manera ostensible, la campaña de bombardeo. "Estados Unidos ha decidido librar una guerra contra Milosevic" porque él no deseaba rendirse ante el "nuevo orden" impuesto por Estados Unidos y, al hacerlo, Estados Unidos, de manera intencional, abandonó a los musulmanes de Kosovo a la furia de los servios. "Es posible que la región de Kosovo quedara libre de sus habitantes albaneses, cuya autonomía vino a defender la máquina de guerra de la OTAN. En otras palabras, los albaneses son hasta ahora las únicas víctimas de la guerra, la cual supuestamente debía defender los derechos humanos y étnicos según quienes la iniciaron." Por lo tanto, a Estados Unidos no se le debería permitir ganar la guerra en Kosovo. "El fenómeno de Slobodan Milosevic es contradictorio", explicaron los islamitas jordanos. "Lo que él representa en la región de Kosovo merece ser despreciado y castigado porque, en Kosovo, Milosevic representa el reino de los muertos por encima de los vivos, un sistema que creíamos ya había muerto. Sin embargo, lo que él representa en términos de resistencia a la barbarie de Estados Unidos en los últimos días del siglo XX debería ser apoyado. Milosevic ha sido muy malo en Kosovo y muy bueno en resistir los embates de Estados Unidos y su creciente presión política y militar." A final de cuentas, al tomar partido en este conflicto, el interés a largo plazo de los musulmanes debería determinar la posición del mundo islámico, y es claro que el interés es bloquear a Estados Unidos y a la OTAN. Si a Estados Unidos se le permite continuar la guerra en sus propios términos, "los albaneses de Kosovo podrían ser eliminados de la geografía y de la historia antes de que la guerra termine", concluyeron los islamitas jordanos.

Este punto fue desarrollado aún más por los antiguos oficiales paquistaníes de tendencia islamita, quienes representan las opiniones más destacadas en Islamabad. "En Kosovo continúan las agresiones. El problema atañe no sólo a Bosnia y a Kosovo, sino también a 25 millones de musulmanes que viven en los Balcanes." Todo el mundo musulmán está siendo testigo no sólo de las penalidades sin precedente que sufren los albaneses de Kosovo, sino de la incapacidad y la falta de voluntad de la OTAN de ir en su ayuda. Por lo tanto, insistieron los oficiales paquistaníes, es fundamental que el mundo musulmán salve a sus hermanos. "El asunto de Kosovo y de los Balcanes sólo puede ser resuelto por medio de la Jihad." Estos oficiales vieron en esta situación un papel especial para el gobierno de Islamabad, ya que "siendo el único poder nuclear en el mundo islámico, es la responsabilidad de Paquistán proporcionar a los musulmanes de Kosovo todo el apoyo posible, sin que nos importe si esto le gusta o no a Estados Unidos".

El movimiento Hezbolá manifestó sentimientos semejantes desde Líbano. "Los musulmanes de Kosovo son el blanco de un genocidio real, que está siendo ejecutado por el régimen yugoslavo en un intento por sacarlos de esas tierras, de borrar su identidad y erradicar su historia empleando para ello medidas brutales, incluyendo masacres, éxodos, expulsiones, la quema de las ciudades y la confiscación de los documentos de identidad de la población... Este genocidio demuestra la barbarie de los crímenes cometidos contra los musulmanes, quienes necesitan ahora ser acogidos por sus hermanos musulmanes en todas partes del mundo y que requieren asistencia de parte de la comunidad mundial." A pesar de que los servios son los verdaderos perpetradores de los crímenes cometidos contra los musulmanes albaneses de Kosovo, esta tragedia es el resultado directo de la política de Estados Unidos. "Mientras que condenamos las masacres cometidas por los servios y la expulsión en masa de los musulmanes de Albania, reiteramos ante los musulmanes y los pueblos libres de todo el mundo que la guerra iniciada por Estados Unidos en los Balcanes no tiene como meta proteger a los musulmanes albaneses de Kosovo, o concederles sus derechos, sino más bien es una guerra que busca servir a los intereses de Estados Unidos y consolidar su orden unipolar. El permitir que los servios llevaran a cabo su genocidio en contra de los albaneses de Kosovo, es sólo una de las muchas evidencias que demuestran que la administración de Estados Unidos está arreglando sus cuentas con el régimen yugoslavo para servir sus propios intereses políticos en los Balcanes."

A principios de abril, los oficiales paquistaníes habían elucidado un análisis coherente de la posición de Estados Unidos y de sus intereses estratégicos para continuar la guerra. Insistieron en la importancia que tienen los Balcanes para los intereses económicos y estratégicos de Occidente: "Los Balcanes son la única ruta por tierra para llegar a Medio Oriente, así como la puerta de entrada a la región del Cáucaso, rica en minerales y petróleo". Occidente, encabezado por Estados Unidos, está decidido a controlar dichas regiones, lo cual requiere que se suprima al despertar islámico, y por ello Estados Unidos primero se lanzó a suprimir la Yugoslavia de Milosevic, porque el gobierno de Belgrado se negó a aceptar la hegemonía de Estados Unidos. Pero el mundo musulmán no debe olvidar que el bombardeo realizado por la OTAN es sólo el primer paso de la campaña que Estados Unidos ha instrumentado para suprimir y esclavizar al islamismo, que está viviendo un proceso de resurgimiento.

Los islamitas árabes estaban acusando directamente a la OTAN, encabezada por Estados Unidos, de ser la responsable de los sufrimientos de los albaneses de Kosovo, tal y como nos lo demuestra un editorial escrito por Fakhri Qawar en el periódico jordano *Shihan*: "Son las fuerzas de la OTAN quienes están bombardeando la región de Kosovo con los instrumentos de destrucción más terribles, más violentos y más sofisticados, asesinando a los musulmanes y forzándolos a evacuar su propia región. La evidencia de esto es que sólo hemos visto hordas de inmigrantes indigentes, famélicos y sedientos, que han aparecido en las pantallas de televisión desde que se inició el bombardeo perpetrado por la OTAN". Por lo tanto, concierne a los islamitas mismos salvar a sus hermanos de Kosovo en una jihad contra la OTAN y los servios.

En Londres, las organizaciones islamitas públicas afiliadas a bin Laden, sacaban conclusiones obvias de los crecientes sentimientos de ira a lo largo del mundo musulmán. En una declaración especial, al-Muhajiroun incitaba a una jihad en Kosovo e "hizo un llamado a todos los musulmanes para que apoyen a la jihad, con el fin de liberar a la ciudad de Kosovo tanto en términos físicos como financieros y verbales". Al-Muhajiroun usó Kosovo como un llamado para reunir a los musulmanes en una unidad islamita contra sus enemigos y contra el orden mundial actual, impuesto por Occidente. "Los movimientos islámicos a través del mundo entero condenan las atrocidades que están cometiendo los servios en Kosovo y el intento de la OTAN de echar un velo encima del asunto de Kosovo. Juramos que no descansaremos hasta que Kosovo sea liberada y que todos los musulmanes regresen a sus tierras. La jihad continuará hasta que la vida de los musulmanes, su honor y sus riquezas sean protegidos y la ley de Alá se establezca. Durante esta crisis y esta masacre en los Balcanes, debemos permanecer unidos como una comunidad musulmana que tiene una política y una agenda únicas. Dejemos de lado nuestros partidismos, sectarismos, nacionalismos y tribalismos y salvémonos de la ira de Alá al cumplir cabalmente con nuestras obligaciones hacia los musulmanes de Kosovo, de quienes somos sus vecinos más cercanos y que, por lo tanto, tenemos por eso mismo una mayor responsabilidad de prestarles ayuda. Declaramos que no detendremos la jihad que se libra contra los ocupantes servios e israelíes, sin importar lo que la ONU diga o haga. Seguramente el feo rostro del odio hacia el Islam, por medio del incesante e indiscriminado bombardeo contra musulmanes inocentes en Irak y los que fueron perpetrados apenas el año pasado en Sudán y en Afganistán, son la evidencia, en caso de que se necesitara, de la verdadera posición y la mentalidad de cruzados de los regímenes occidentales."

A medida que continuó la campaña de bombardeos por la OTAN, sin ningún cambio aparente en el sufrimiento de los albaneses de Kosovo, la hostilidad de los islamitas y su desafío aumentaron. La prédica del 23 de abril en la mezquita al-Aqsa de Jerusalén, a un mes de haberse iniciado los bombardeos por la OTAN, puso en claro la frustración y la ira de los islamitas. "Los Balcanes serán parte del Estado Islámico venidero en contra de la voluntad de los servios, contra los deseos de los europeos y contra los deseos de Estados Unidos. Los estadounidenses ahora están trabajando empeñosamente para evacuar los Balcanes de sus habitantes musulmanes, de manera que puedan prevenir el establecimiento de un Estado islámico en el corazón de Europa." Para el predicador islamita, la incapacidad del mundo musulmán de prevenir la tragedia de los albaneses de Kosovo era indicativa de la situación difícil por la que estaba atravesando el mundo musulmán y una reafirmación de que era inevitable que se confrontara con los regímenes que defienden los intereses de Occidente. "Los musulmanes de Kosovo no sólo necesitan cobertores, comida y medicamentos. Necesitan a sus hermanos para que los ayuden contra la agresión servia, necesitan que sus hermanos musulmanes les presten ayuda con tanques, misiles y aviones; necesitan un ejército islámico. Pero, ¿cómo podría suceder todo esto con los corruptos gobernantes 'títeres' que rigen nuestro mundo musulmán? Es por eso que se necesita el Califato." En una prédica pronunciada en Gaza, el doctor Mahmud al-Zahhar, un líder del movimiento Hamas, acusó a Estados Unidos de colaborar con los servios para vaciar a Kosovo de su población musulmana original. Denunció el silencio de los gobiernos árabes y musulmanes respecto a la tragedia de Kosovo, llamando a estos regímenes cómplices de Estados Unidos y de los servios.

La intensificación de las luchas en Kosovo y en sus alrededores, en particular el espectro de la intervención por tierra de la OTAN, ha tenido un profundo impacto en el Ejército de Liberación de Kosovo (ELK) y los elementos musulmanes que conforman su núcleo. Los islamitas se vieron confrontados con el dilema de cómo reaccionar al masivo apoyo, incluyendo armas, provenientes a raudales de varios servicios de inteligencia occidentales que insistían en expulsar a los islamitas del ELK como una precondición para prestar ayuda. Decididos a no privar a sus hermanos albaneses de Kosovo de esta ayuda de parte de Occidente, los líderes islamitas decidieron adoptar medidas temporales de cooperación con la OTAN, encabezada por Estados Unidos, por lo menos tolerando la presencia de la OTAN en los Balcanes y su cooperación con los albaneses. Al mismo tiempo, los islamitas no perdieron o cedieron sus propias capacidades militares, sino que simplemente soterraban su presencia siempre que fuese necesario.

Ya para mediados de 1999, cuando ya parecían inevitables las crisis y la guerra de la OTAN, el ELK abrió sus filas para incluir muchos elementos controlados y/o patrocinados por los servicios de inteligencia de Estados Unidos, Gran Bretaña y Croacia. El ELK es en esencia una mezcolanza de grupos armados marcadamente distintos, que han sido reunidos por dos denominadores comunes: 1) el compromiso con Albania la Grande, que incluía a Albania, Kosovo y una gran parte de Macedonia; y 2) el odio contra los servios. Estos grupos no tienen otra cosa en común, ya que son muy distintos en términos ideológicos, pues entre ellos existen los hoxhaítas, seguidores de las enseñanzas de ex líder albanés, de corte estalinista-maoísta, de nombre Enver Hoxha, hasta elementos que provienen del ámbito del crimen organizado y militantes islamitas. El ELK, patrocinado por la OTAN, ni siquiera cuenta con una estructura de mando autóctona, formada por personas de la región. A finales de abril, este ejército fue puesto bajo el mando de Agim Ceku, un general brigadier croata, de descendencia albanesa, quien trajo consigo a un equipo de colaboradores compuesto principalmente de veteranos de las fuerzas armadas croatas. Los líderes autóctonos del ELK, aclamando desde el centro de Kosovo y compuesto por veteranos de las fuerzas mujaidines "bosnias" y de las fuerzas musulmanas de Bosnia, fueron hechos a un lado y marginados. A principios de abril, el ELK comenzó a colaborar con el bombardeo de la OTAN seleccionando y designando blancos para los aviones de la fuerza aérea de la OTAN y escoltando a los destacamentos de fuerzas aliadas estadounidenses y británicas en su entrada a Yugoslavia.

Al mismo tiempo, los elementos islamitas en Albania y Macedonia se volvieron clandestinos. Sus principales unidades albanesas, que comprendían veteranos básicamente albaneses de la División Bosnia Handzar, fueron desplegadas a las zonas de Albania donde el clan del ex presidente Sali Berisha tiene mucha influencia. Los segmentos del

ELK patrocinados por la OTAN, que hacían un total de entre 25 000 y 30 000 combatientes, están saturados de células islamitas clandestinas, compuestas de voluntarios albaneses, turcos y norafricanos de Europa occidental. Estos voluntarios fueron organizados por los líderes islamitas con sede en Europa occidental, quienes eran aliados de bin Laden y de Zawahiri.

Los líderes islamitas decidieron no retar el liderazgo del ELK, con sede en Albania, y evitar tener unidades puramente conformadas por mujaidines, con el fin de no afectar la asistencia que el ELK recibe de parte de Estados Unidos. Poco después del comienzo del bombardeo perpetrado por la OTAN, un alto comandante islamita radicado en Europa, explicó dicha decisión: "La actual guerra en los Balcanes es una guerra puramente de inteligencia informativa, asociada con la presencia de los servicios de seguridad de Estados Unidos en esa región." Los islamitas, sin embargo, consideran que la guerra en Kosovo es "un componente de la guerra general que se libra en los Balcanes; una guerra religiosa que tiene como blanco una minoría musulmana situada en un mar de cristianos ortodoxos". A mediados de abril, un alto comandante de bin Laden, radicado en Paquistán, proporcionó una explicación aún más pragmática acerca de la tolerancia que los islamitas mostraban al ELK, patrocinado por la OTAN. En Yugoslavia, dijo, las metas de bin Laden y de Estados Unidos "coinciden temporalmente." Ambos están interesados en "la protección de nuestros hermanos musulmanes" contra los "opresores servios". Los islamitas no interferirían con la persecución de este objetivo. Pero en el momento en que Kosovo logre su independencia y/o realice una fusión con una Albania más grande, los mujaidines de bin Laden "van a vérselas en serio con Estados Unidos."

Los mujaidines islamitas continúan luchando dentro de Kosovo bajo la bandera del Ejército Islámico de Liberación, el cual también combatió en Bosnia a principios de la década de los noventa. Llevando a cabo la combinación probada de bin Laden de luchar ferozmente contra las fuerzas de seguridad enemigas, al tiempo que proporcionan servicios sociales y humanitarios a los civiles postrados, los islamitas interactúan con la población indigente albanesa de Kosovo, que se encuentra en el corazón de esa zona, una región en la que nadie más se atreve a realizar operaciones de ningún tipo. Las fuerzas islamitas se concentran en tratar con las fuerzas autóctonas del lugar; tanto la población civil y los elementos del ELK, derrotados en gran medida, que han surgido de entre la población rural de la región central de Kosovo. Los mujaidines establecieron relaciones estrechas con los principales clanes del área de Drenica, en la región central de Kosovo, el sitio donde nació el ELK, incluyendo a Suleyman Selimi, "el Sultán", quien proviene de esta zona y es comandante en jefe de las fuerzas del ELK dentro de Kosovo. En estas operaciones, los mujaidines ya han demostrado su temeridad y su compromiso total con la población musulmana. Un ejemplo de esto fue la última lucha de un batallón de mujaidines compuesto por unos cincuenta combatientes bajo el mando del sheik Muhammad al-Adalbi (también conocido como Abu-al-Abbas) al norte del pueblo de Meja. El batallón "fue completamente martirizado después de una feroz batalla con las fuerzas servias, en una región profunda de Kosovo", en la cual los mujaidines sauditas y egipcios mantuvieron su posición, permitiendo, así, que el ELK pudiera evacuar a los civiles albaneses, destruir los pueblos locales en un retiro ordenado y quemar la tierra, para luego llegar a la seguridad de los refugios albaneses. El ELK destruyó los pueblos con el fin de alienar y radicalizar a la población para que se decidieran a luchar contra los servios y para obligar a los civiles a escapar al exilio, de manera que no se pudiera normalizar la situación y para que no hubiera ninguna población albanesa de Kosovo bajo el control de los servios. Esta es una estrategia "revolucionaria" clásica, que ha sido aplicada en varias luchas de liberación islámica previas, tales como las de Afganistán, Filipinas y Bosnia. Un vocero de la OTAN atribuyó la destrucción y el hecho de haber vaciado a Meja y a los pueblos circundantes a una "limpieza étnica por parte de los servios".

Siendo que las fuerzas servias y los bombardeos de la OTAN aniquilaron la capacidad del ELK para operar dentro de Kosovo, los islamitas también se están preparando para lo que ellos ven como una fase inevitable de la lucha: intentar arrebatar Kosovo de manos hostiles no musulmanas, ya sea de los servios o de la OTAN. La importancia de dichos preparativos se refleja en los elementos inmediatos de apoyo y de supervisión de las fuerzas islamitas en Albania y Kosovo. Recientemente, los altos mandos islamitas, responsables de todos los acercamientos a las zonas del sureste de Europa —un área que va desde Italia a las montañas del Cáucaso— recibieron órdenes de concentrar sus esfuerzos y brindar su apoyo directo a las fuerzas de Ayman al-Zawahiri. Los comandantes son Abu-Muhammad Hulyani, encargado de las operaciones militares, Aqil bin Abdul-Aziz al-Aqil, y el shiek Muhammad abu-Fakhdah al-Tuwayjar, encargado de apoyo logístico. Todos son veteranos de importantes jihads, incluyendo la librada en

Chechenia. Con el fin de proporcionar un apoyo total a las operaciones de combate anticipadas por las fuerzas islamitas, particularmente una fuerza de élite compuesta por más de 500 mujaidines árabes, los islamitas dirigen más de quince organizaciones humanitarias y de beneficencia musulmanas tan sólo en Albania y en Kosovo. Estas organizaciones también financian el adiestramiento, las armas, y la provisión de unidades selectas del ELK. Organizaciones "privadas" de los estados del Golfo Pérsico desarrollan rutas para el despliegue clandestino de voluntarios árabes, desde Albania hacia Yugoslavia, así como la organización de un flujo constante de provisión de armas y otros equipos para las fuerzas del ELK que operan en lo profundo de la región interna de Kosovo. Estos elementos islamitas de apoyo también supervisan el flujo de refuerzos islamitas hacia los Balcanes. El primer grupo de alrededor de 175 mujaidines yemenitas llegó a Albania a principios de mayo, y un segundo grupo de alrededor de 200 yemenitas, incluyendo "afganos" empedernidos y terroristas, que fueron liberados de la cárcel por el gobierno, se alistaba para viajar. Unidades comparables aún quedan por ser asignadas a las unidades operacionales.

A principios de abril, Muhammad al-Zawahiri estableció en Albania un "comité de acción militar" islamita para coordinar los preparativos de los elementos capaces de realizar audaces misiones militares y terroristas en lo profundo del territorio enemigo. Estos elementos incluyen células islamitas clandestinas de las filas del ELK y redes clandestinas a través de toda la región de los Balcanes. En el corazón de las fuerzas de Zawahiri se encuentra un grupo de más de 500 mujaidines árabes, todos ellos fieramente leales a bin Laden, que ha sido desplegado cerca de Korce y Podgrado, en la región sureste de Albania. Una base de avanzada de los terroristas islamitas, un pequeño número de sauditas y egipcios que están bajo las órdenes directas de bin Laden y de Zawahiri, se encuentra en Tropje, en la región norte de Albania. Tropje es el pueblo en el que nació Berisha, y el ELK mantiene allí una base para transportar armas y lanzar, desde allí, operaciones al interior de Kosovo. Esta fuerza islamita está lista para intervenir en la guerra contra las fuerzas yugoslavas y las de la OTAN si se da el caso que traicionen la "causa" de los albaneses de Kosovo, tal y como lo conciben bin Laden y sus lugartenientes.

El uso de estas fuerzas islamitas quizás sea inminente. A principios de mayo, mientras el ELK se colapsaba dentro de Kosovo y la OTAN seguía mostrándose renuente a comprometer a sus fuerzas de tierra para ocupar dicha provincia, la tendencia islamita dentro de las filas del ELK se había vuelto más pronunciada. Los altos comandantes del ELK están renovando el tema de la "solidaridad islámica", incluso ahora que la OTAN supuestamente debe estar fortaleciendo y armando a un ELK progresivo y secular. Gani Sylaj, un alto comandante del ELK en la región norte de Albania, hizo un llamado "a nuestros hermanos árabes y musulmanes, para que nos presten ayuda en lo militar y en lo político, pues encaramos una situación difícil. Los árabes conocen bien el significado de una ocupación forzada, de la injusticia y de la expulsión de los pueblos de sus propias tierras". Estos comandantes ahora sugieren que los líderes del ELK ya no confían en que la OTAN, encabezada por Estados Unidos, cumpla sus promesas. Estos líderes están convencidos que la OTAN abandonará a su suerte tanto al ELK como a los refugiados albaneses de Kosovo una vez que se logre alguna solución política con el gobierno de Belgrado. Sólo los islamitas permanecerán con ellos, para continuar la jihad por una Albania grande contra los servios, los macedonios y los países de Occidente.

El verdadero peligro para los islamitas de involucrarse en Kosovo es el legado de la guerra. Después de que se llegue a un acuerdo negociado, en el momento en que cese la llegada de ayuda humanitaria y llegue al poder un liderazgo genuino y políticamente moderado en Kosovo, los elementos del ELK patrocinados por los servicios de inteligencia de los países occidentales se colapsarán. Sólo los mujaidines islamitas, y quienes los apoyan entre las unidades populares locales del ELK, permanecerán activos. Continuarán teniendo una constante provisión de dinero y de armas a partir del tráfico de drogas y un constante flujo de combatientes expertos y voluntarios provenientes del mundo musulmán. Ya que la Albania grande, a la cual aspiraban todas las facciones del ELK, no llegará a materializarse, los elementos de otras ramas del ELK se unirán a los islamitas para continuar la jihad contra ambos: los servios que destruyeron a Kosovo y Occidente, encabezado por Estados Unidos, el cual eventualmente abandonará a los albaneses a su suerte. Habiendo atestiguado la generosa ayuda aportada por los mujaidines árabes en su momento más difícil en el corazón de Kosovo, la población albanesa de Kosovo seguramente apoyará su jihad, de todo corazón.

Bagdad no se ha perdido de la confusión que causó la crisis de Kosovo en el mundo musulmán. Saddam Hussein decidió capitalizar la creciente hostilidad hacia Estados Unidos. Los islamitas estaban cumpliendo la promesa ofrecida por bin Laden de crear un apoyo popular para Irak dentro del mundo árabe; a principios de abril, fuentes árabes confirmaron la existencia de "movimientos populares en un buen número de países árabes, que están organizando manifestaciones masivas y marchas para exigir el rompimiento del bloqueo a Irak". Estas fuentes también informaron de la organización reciente de un sistema de apoyo islamita clandestino, compuesto de "células secretas en la mayor parte de los países árabes, las cuales están esperando la señal acordada para atacar los intereses estadounidenses y británicos y armar demostraciones masivas en Londres y Washington en caso de que los estadounidenses y los británicos reinicien sus agresiones bárbaras contra Irak". Para Bagdad, la mera existencia de tal infraestructura era una reafirmación de la viabilidad del trato convenido con bin Laden.

Envalentonado, Saddam Hussein ordenó a su hijo Qusay, comandante de las Fuerzas Especiales de Seguridad, formar una nueva fuerza terrorista para operaciones conjuntas con los islamitas. Llamada la Fuerza al-Nida (el Llamado), que constaría de miles de combatientes especialmente entrenados en tácticas guerrilleras y de operaciones especiales. Se espera que a los escuadrones al-Nida pronto se les asigne un cierto número de "misiones secretas" a través del mundo entero. Una de las primeras medidas emprendidas por Qusay respecto al establecimiento de la Fuerza al-Nida fue la activación de una red de servicios de inteligencia iraquíes, que había permanecido en el olvido largo tiempo, y que había sido plantada en países de Occidente al inicio de la Guerra del Golfo, y que ahora era reactivada con el fin de apoyar operaciones conjuntas con los terroristas islamitas bajo las órdenes de bin Laden.

La amenaza que emerge de la cooperación entre Saddam Hussein y bin Laden fue demostrada por el descubrimiento de una operación terrorista conjunta en Australia, que estaba siendo preparada para ser ejecutada durante los Juegos Olímpicos que se llevarían a cabo en la ciudad de Sidney, en el año 2000. A mediados de marzo, Hamoud Abaid al-Anezi, un alto comandante a las órdenes de bin Laden, llegó a Melbourne, Australia, con un pasaporte válido de Arabia Saudita. Allí hizo contacto con una red recién activada, conformada por cuatro ciudadanos iraquíes, los cuales, como supuestos desertores del ejército iraquí, habían recibido asilo político en Australia en 1991. Juntos, comenzaron a peinar la comunidad musulmana de Australia en busca de jóvenes militantes, claramente para que se unieran a una jihad en Kosovo y Chechenia. La red fue descubierta a finales de abril, después de que al-Anezi y los iraquíes entraron por la fuerza a una casa y golpearon a un musulmán que se había negado a unirse a la jihad y que había amenazado con informar a las autoridades. Cuando fue arrestado, al-Anezi llevaba un pasaporte yemenita con otro nombre. Uno de los iraquíes dijo a los investigadores que "al-Anezi había viajado a Australia con el propósito de reclutar a otros musulmanes, para que se unieran a la causa de bin Laden en una jihad que se libraría en Kosovo y Chechenia". Durante este tiempo, la policía de las Islas Fidji inició la búsqueda exhaustiva de tres musulmanes locales, cuyos nombres fueron proporcionados por uno de los terroristas islamitas capturados en Albania durante el verano de 1998. Uno de los sospechosos es un residente permanente de Australia. La búsqueda de estos terroristas fue instada por la llegada, a mediados de abril, de un importante efectivo, saudita o yemenita, del grupo de bin Laden, con el fin de contactar y usar esta red como preparativo de operaciones futuras, probablemente en conexión con los Juegos Olímpicos de Sidney. Poco después se diseminaron rumores a través de toda la comunidad islamita de las islas Fidji acerca de que este comandante no era otro sino bin Laden mismo. A principios de mayo, los servicios de inteligencia de las Islas Fidji hicieron público un dibujo del rostro del comandante saudita que ahora piensan se esconde en las Islas sureñas de Fidji. El dibujo guarda gran parecido con el rostro de Osama bin Laden.

Los líderes y comandantes islamitas insisten en que estas operaciones, sin importar cuál sea su resultado, son apenas los pasos iniciales de lo que, subrayan, será una larga y amarga confrontación con Occidente a través del mundo entero. A principios de mayo, los líderes islamitas anticipaban una intensificación de su campaña terrorista. En Islamabad, un alto comandante terrorista, conocido como Sher ("león" en urdú) advirtió acerca del largo alcance de los islamitas en esta campaña. Sher es un miembro veterano del séquito de bin Laden, ha realizado operaciones con bin Laden en Arabia Saudita, Yemen y Afganistán. Discutiendo los objetivos de su jihad, Sher explicó que, al establecer un refugio seguro para los islamitas en el sur de Asia, "nosotros, los islamitas tenemos ahora que eliminar a los *Nasara* (cristianos). Y sobre todo y, antes que a nadie a los estadounidenses. Ellos se consideran como los patrones del mundo. Pero en Servia, nuestras metas coinciden con las de ellos. Ellos están protegiendo a los musulmanes, al igual que nosotros". Ésta es la razón por la cual los mujaidines islamitas en los Balcanes no desafiarán a Estados Unidos mientras los estadounidenses continúen brindando ayuda a los albaneses musulmanes. Sher reconoció que existe un incremento en el número de fuerzas terroristas islamitas en Albania y Kosovo. Por ejemplo, 50 de los "pistoleros de Osama bin Laden", quienes habían "desaparecido" recientemente de la base de mujaidines en Afganistán, "aparecieron" en Kosovo". La coexistencia entre los islamitas y los estadounidenses en los Balcanes, sin embargo, no aplica al resto del mundo. Sher explicó que "somos muchos y estamos en todas partes. Incluso en Estados Unidos. Ellos (los estadounidenses) sabrán nuevamente de nuestra existencia, en breve. Después de Servia, Dios mediante, nosotros también nos enfrentaremos con los *Yahud* (los judíos)".

Osama bin Laden es el comandante indiscutible de esta oleada. Sher enfatiza que bin Laden "está vivo y se encuentra en buenas condiciones. Los estadounidenses no lo encontrarán jamás". Este estado de cosas no cambiará, incluso después de que la jihad islamita comience en serio. "Permítame recordarles que nuestra gente está en todas partes", concluyó Sher. "Realmente tenemos un alcance muy largo. Desde hace mucho, nuestras manos han estado manchadas de sangre, y nosotros desconocemos el significado de la palabra 'misericordia'". (Unos cuantos días después, el 11 de mayo de 1999, Eduard Babazade, el periodista ruso que realizó esta entrevista, murió súbita y misteriosamente en Islamabad.)

Los líderes islamitas en Occidente también se están preparando para el resurgimiento del terrorismo. La importancia del terrorismo y la urgencia de desatar una campaña terrorista fue enfatizada en la "Conferencia de los 'Terceros Fundamentalistas'", organizada por el grupo al-Mujahiroun del sheik Omar Bakri y realizada en Londres, el 21 de mayo. La declaración previa del grupo al-Mujahiroun acerca de la conferencia explicaba que "centrará su atención en las razones que causan la violencia y la falta de progreso de los regímenes islámicos, la tragedia de Kosovo y su impacto en los musulmanes de Occidente, el papel de los musulmanes asiáticos en reinstaurar el Califato y el fenómeno de la islamofobia, es decir el miedo que se padece en Occidente respecto a los musulmanes y que es un fenómeno que media entre la verdad y la ficción". La declaración concluyente de la conferencia advertía al mundo musulmán de no dejarse "engañar por organizaciones internacionales, tales como la OTAN y la ONU, porque tienen sentimientos hostiles hacia los musulmanes y son los responsables de todas las masacres que se han perpetrado contra los musulmanes en Afganistán, Líbano, Palestina, Albania y Kosovo."

Uno de los oradores clave de la conferencia fue Mustafa Kamil, también conocido como Abu Hamzah al-Masri, quien apoya con entusiasmo a bin Laden y es el dirigente de la Organización Partidarios de la Sharia. El discurso de Kamil fue esencialmente un resumen de su reciente libro *El terrorismo es la solución*. Explicó que terrorismo es "un término de la Sharia con el cual los musulmanes deben permanecer comprometidos. Esto significa que el terrorismo es un medio para hacer un llamado entre los oprimidos, para que aterroricen a los tiranos". Kamil insistió en que los islamitas deben recurrir al terrorismo como la única vía posible y efectiva de enfrentar retos, como "la esclavización de la humanidad, la injusta matanza de los oprimidos del mundo, la corrupción de los hombres y de la tierra, y la proliferación de armas destructivas que son empleadas sólo por los tiranos". Copias de este discurso circulan libremente a lo largo y ancho de las comunidades islamitas de Medio Oriente y el sur de Asia, donde el libro de Kamil es considerado como una justificación teórica-legal de la conducta del terrorismo espectacular contra los enemigos del Islam.

En el momento de escribir este libro, durante la primavera de 1999, el sistema terrorista islamita, comúnmente identificado como perteneciente a bin Laden, sigue funcionando con notable eficiencia.

Bin Laden se siente lo suficientemente seguro como para salir de su escondite en Islam Dara y visitar las cuevas de Tora Boora, donde es más sencillo comunicarse con quienes lo apoyan a través de todo el mundo. Los islamitas llevaron a cabo varios ataques espectaculares y soportaron el consecuente rastreo por parte de los servicios de inteligencia de todo el mundo. Solamente aguantar tales condiciones adversas ya sería, de por sí, un logro, pero bajo el liderazgo de bin Laden, Zawahiri y sus colegas, el sistema terrorista islamita continúa expandiéndose.

El papel único y destacado, y el impacto a largo plazo del liderazgo de bin Laden fueron enfatizados en el material proveniente de los interrogatorios realizados a los terroristas islamitas en Egipto. Osama bin Laden es el único líder que ha fomentado la unidad de propósitos y una cooperación genuina entre las varias organizaciones terroristas islamitas en todo el mundo. Shawqi Salamah, uno de los terroristas egipcios, contrastó los logros de bin Laden con los fracasos de algunos líderes islamitas anteriores. De acuerdo con Salamah, Zawahiri se quejó repetidamente de que, a pesar "de que se realizaron esfuerzos serios y arduos por parte de varios líderes políticos de Sudán y, en particular, de Hasan al-Turabi", por lograr la unidad entre las distintas organizaciones terroristas islamitas, estos esfuerzos "fallaron", a tal grado que fueron abandonados irremediablemente. "Por lo tanto, ya no existía siquiera la posibilidad de que los grupos se fusionaran, hasta que Osama bin Laden" instó a los distintos líderes a "meditar y discutir la fusión de los grupos en uno solo, lo cual le parecía posible", explicó Salamah.

Otro comandante terrorista, Sharif Hazza, dijo a sus interrogadores que "después de que bin Laden se estableció en Afganistán y levantó campamentos que incluían elementos de todas las tendencias e inclinaciones, era lógico que bin Laden impondría a estos recién llegados las reglas y condiciones en las que había convenido con el movimiento Talibán afgano y que estipulaba que él sería el responsable de todos los árabes, y que no deberían existir conflictos o desacuerdos entre ellos, lo cual podría minar su seguridad, porque, de otra manera, ellos (el Talibán) se verían obligados a expulsarlos a todos". La unidad que se logró era enteramente genuina, pues las distintas organizaciones islamitas comenzaron a cooperar estrechamente en asuntos operativos y "fueron capaces de beneficiarse mutuamente de la pericia y de las capacidades de los distintos cuadros". Esta unidad no estaba limitada a los terroristas islamitas que operaban dentro de Afganistán, hizo notar Hazza, sino que incluían "grupos que se encontraban en las zonas de combate afganas, yemenitas, sudanesas o incluso albanesas. También había grupos provenientes de Filipinas, Bangladesh, Cachemira e incluso China".

Todos estos grupos se unieron gracias a su compromiso de librar una jihad permanente contra Estados Unidos, dijo Ahmad al-Najjar a sus interrogadores egipcios. "Yo mismo escuché a bin Laden decir que nuestro principal objetivo está actualmente limitado a un sólo Estado, Estados Unidos, y esto significa librar una guerra de guerrillas contra todos los intereses estadounidenses, no sólo en la región árabe sino a través del mundo entero, y que esta operación, como un todo, finalmente forzará a Estados Unidos y aquellos países que gravitan dentro de su esfera de influencia a revisar sus políticas hacia los grupos islámicos. También, como un primer paso, el Frente Islámico adoptó a Afganistán como su punto de lanzamiento, y enlistó la ayuda de cuadros de varias tendencias para que llevaran a cabo sus instrucciones." Najjar subrayó la importancia central de bin Laden como el líder clave y la fuente de inspiración de todo el esfuerzo islamita, conducido bajo la protección del Frente Islámico Mundial para la Jihad contra los Judíos y los Cruzados. "Osama bin Laden mantuvo el liderazgo general, mientras unos 20 individuos, los más importantes entre ellos, Ayman al-Zawahiri y Ahmad Shawqi al-Islambuli, recibieron la tarea de prestarle su ayuda", declaró Najjar. Respecto al tema de su propio arresto y el de numerosos comandantes egipcios, insistió que, una vez unidas todas las distintas organizaciones islamitas e integradas en el Frente Islámico, bin Laden y Zawahiri establecieron una estructura de mando de muchos niveles, redundante y flexible, con numerosos comandantes, incluyendo a bin Laden y Zawahiri, y capaz incluso de continuar expandiendo e intensificando su jihad contra Estados Unidos y Occidente hasta alcanzar el triunfo inevitable.

Quizás el legado más importante y duradero de bin Laden sea el impacto que ha creado entre la juventud musulmana de todas partes del mundo, para la cual él es una fuente de inspiración. "Cuando Estados Unidos expresa su odio por Osama, los sentimientos de amor por él se intensifican en el mundo musulmán. Una gran mayoría de jóvenes musulmanes considera a bin Laden como su héroe. Escriben lemas en apoyo suyo y cantan canciones alabándolo", observó un editorial en el periódico *Pakistan* justo después de la desaparición de bin Laden. "Sin importar dónde se encuentre, y sea cual fuere el sitio que escoja para vivir, el número de personas que lo aman no disminuirá jamás."

La adoración de que es objeto Osama bin Laden ya ha tenido terribles consecuencias para la seguridad de Estados Unidos y sus aliados, principalmente la radicalización y motivación de la juventud musulmana durante generaciones de jihad. Un alto oficial del ISI hizo notar que, desde los ataques con misiles crucero de Estados Unidos contra Khost, Osama bin Laden ha estadp "adquiriendo la imagen de una figura de culto". Lo veneran incluso quienes fueron heridos durante el ataque estadounidense. "Por supuesto, lo conocemos como el más grande héroe musulmán de nuestros tiempos", dijo un joven paquistaní, quien quedó inválido después del bombardeo. Estos sentimientos prevalecen entre la juventud islamita. El dirigente de las academias religiosas de Paquistán aclaró que "Osama bin Laden es el héroe más grande que pueda haber", para "cada uno de los miles de combatientes Talibán paquistaníes y afganos" que estudian en sus escuelas de alto nivel. Estos estudiantes están deseosos de unirse a la jihad antiestadounidense de bin Laden, en venganza por los ataques estadounidenses contra las tierras musulmanas. "Puedo notar que nuestra juventud está desesperada por retribuir a los estadounidenses con la misma moneda", explicó el director de escuelas. Se ha incrementado notablemente la tendencia de dar el nombre "Osama" a muchos bebés a través del mundo musulmán. En eso reside [406] la epítome del encanto popular y del impacto a largo plazo que bin Laden ejerce sobre la población musulmana: el sentido de continuidad histórica de la jihad islamita. "Si no logramos vengarnos de los estadounidenses durante nuestra vida, nuestros futuros Osamas se encargarán de darles una lección", explicó un *talib* (estudiante religioso) paquistaní, cuyo hijo, Osama, tiene seis meses de vida.

A fin de cuentas, la quintaesencia de la amenaza de bin Laden es que es un engranaje muy importante dentro de un sistema amplio que trascenderá su propia muerte, es decir, dentro del terrorismo internacional patrocinado por los estados. No decimos esto para disminuir la importancia que tienen bin Laden, Zawahiri y sus camaradas de guerra. El terrorismo islamita internacional, perpetrado por frentes panislámicos que pueden negar su participación en actos terroristas, tales como los de bin Laden, conformados por individuos genuinamente convencidos de la justicia de su causa y de los métodos que emplean, les permite a los estados patrocinadores intensificar su lucha contra Occidente con un nivel de riesgo relativamente bajo. La fortuita venganza de Estados Unidos contra Sudán y Afganistán tras las consecuencias de los bombazos en Nairobi y Dar-es-Salam claramente demostraba este bajo riesgo. El terrorismo tanto regional como internacional puede ser usado por un gobierno inescrupuloso e implacable para realizar sus objetivos estratégicos, tal y como lo ha probado Paquistán con su guerra contra India, que se libra en Cachemira; e Irán, con su campaña de presión y coerción contra los estados del Golfo Pérsico. La disponibilidad de armas de destrucción masiva y la audacia de llegar hasta el corazón de Estados Unidos hacen de esta tendencia algo verdaderamente aterrador.

Glosario

MIA: Movimiento Islámico Armado (AIM, por sus siglas en inglés). Centro general de operaciones con sede en Jartum, que cobija organizaciones terroristas islamitas comprometidas tanto con causas locales (el derrocamiento de regímenes en sus propios países) como con causas panislámicas globales.

Alá: *Dios* en árabe y en todos los demás idiomas hablados por musulmanes.

Bayan: manifiesto doctrinal o declaración política.

Dua: prédica y/o plegaria para ser leída en las mezquitas con objeto de instruir a los fieles sobre cómo responder al llamado del Islam (*dawah*). Una *dua* islamita se refiere habitualmente a asuntos contemporáneos de orden político, no sólo a cuestiones religiosas.

Emir: líder religioso-militar que deriva su poder y legitimidad de su éxito en el campo de batalla, no de su jerarquía religiosa formal.

Fatwa: decreto emitido por un líder y/o experto religioso o grupo de líderes religiosos (ya sea en calidad individual o de tribunal islámico).

Usualmente ofrece orientación a los fieles sobre el enfrentamiento y resolución de desafíos. Su cumplimiento por los fieles es obligatorio.

Hajj: peregrinación a los santuarios sagrados del Islam, ubicados en La Meca y Medina, Arabia Saudita. Todos los musulmanes deben realizarla al menos una vez en la vida.

HAMAS: siglas en árabe del Islamic Resistance Movement (Movimiento de Resistencia Islámica), el movimiento terrorista islamita sunnita que opera en Israel, los territorios ocupados por este país y las áreas controladas por la Autoridad Palestina de Yasser Arafat.

Hezbolá (Hizb Allah): nombre original de la organización terrorista chiíta con sede en Líbano y de patrocinio iraní; significa "partido de Alá". Este nombre se usa hoy para señalar el patrocinio y control directos de Irán respecto de cualquier organización terrorista, ya sea local —como el Hezbolá del Golfo (Pérsico) y el Hezbolá Palestino— o internacional, como el Hezbolá Internacional.

Hizb-i Islami: nombre original de la organización islamita afgana conducida por Gulbaddin Hekmatiyar y patrocinada por el ISI; significa "partido del Islam". Posteriormente ha sido usado también por otros movimientos afganos e islamitas "afganos".

Emiratos (*imarah, imarat*; singular y plural, respectivamente): término árabe para designar un área —país, región o distrito— regida por un emir.

Inti fadah: término cuyo significado literal es "sacudida" (de una enfermedad, insectos, etc.). A fines de la década de los ochenta, se integró al vocabulario islamita, y más tarde también al musulmán, con la acepción de "levantamiento popular", como el ocurrido entonces en los territorios ocupados por Israel.

ISI: Interservico de Inteligencia, el poderoso servicio de inteligencia de Paquistán, considerado un "Estado dentro del Estado".

Jihad Islámica (Islamic Jihad): nombre genérico para las fuerzas de élite de varias organizaciones terroristas islamitas, tanto sunnitas como chiítas, usadas para transmitir mensajes y atribuciones de responsabilidad de operaciones terroristas sin implicar a las organizaciones y estados patrocinadores realmente responsables.

Jihad: término cuyo significado literal es "esfuerzo". Los musulmanes lo emplean en referencia a la "guerra santa" y actividades complementarias (financiamiento, adquisición de armas, etcétera). Aunque entre los árabes y persas moderados modernos define grandes proyectos (la "jihad de la reconstrucción" para la recuperación de Irán tras la devastación de la guerra, por ejemplo), los islamitas militantes siguen apegados a la estrecha definición original: "guerra santa contra los enemigos del Islam", como significado único de esta palabra.

Kaffir (plural: *Kufr*): término que significa "antiislámico" o "apóstata".

Khilafah: estado unificado totalmente islámico, objetivo último de los islamitas; su denominación castellana común es *Califato*.

Mahdi: término que designa al líder religioso de un levantamiento/ revuelta islámica violenta para instaurar un gobierno islámico; su significado literal es "guía".

Mawlavis: líderes y guías religiosos que también pueden ejercer poder e incluso gobernar. Término específicamente usado para describir a los líderes islámicos del sur de Asia, cuya interpretación y aplicación de las leyes y principios del Islam están fuertemente influidas por peculiaridades regionales.

Mujaidín (plural: mujaidines): aquél que libra la *jihad*; guerrero santo del Islam.

Mullahs: líderes y guías religiosos que también pueden ejercer poder e incluso gobernar. Término usado para referirse a los líderes conservadores y radicales que siguen los preceptos genéricos islámicos (por ejemplo, la dirigencia religiosa de la República Islámica de Irán).

Hermandad Musulmana (Muslim Brotherhood): organización islamita mundial de carácter conservador, dedicada a la propagación de la "verdadera" doctrina "fundamental" del Islam en los campos religioso, social (prestación de servicios sociales, educación, etcétera) y político (establecimiento de regímenes islámicos). Originalmente establecida en Egipto en 1928, se ha convertido en la organización central del islamismo sunnita del mundo entero.

No islámico: actividades, creencias y opiniones de no musulmanas ("infieles"), en desacuerdo con la doctrina del Islam pero ejecutadas o emitidas en beneficio propio. Por ejemplo, la realización de una plegaria cristiana en una iglesia es un acto no islámico.

OPI: Organización Popular Internacional (Popular International Organization, PIO), primera organización islamita internacional de Turabi (véase el capítulo 2).

Pushtunwali: el código de conducta tribal tradicional de las tribus pushtún de Paquistán y Afganistán. Estos patrones de conducta han ejercido aún mayor impacto en la sociedad que la ley musulmana tradicional o las leyes de los estados de Paquistán y Afganistán.

Sharia: ley tradicional del Islam basada en las enseñanzas del Corán y textos sagrados afines. Es inmutable y sólo puede ser reinterpretada para enfrentar desafíos contemporáneos.

Sheik (Jeque): Originalmente, término árabe para designar al líder de un grupo subnacional unido por lazos de sangre, es decir, de una familia extensa, clan o tribu. Título hereditario, aunque la sucesión no es automática de padre a hijo. Usualmente, tras la muerte del *sheik* un consejo de ancianos transfiere el título al miembro de su familia inmediata que más lo merezca, el cual puede ser un hermano, sobrino u otro pariente. En la actualidad, es también título honorario concedido a individuos instruidos cuyos conocimientos, guía y liderazgo son altamente respetados por sus seguidores y por la gente común. Las circunstancias precisas en las cuales un individuo es reconocido como *sheik* varían según la comunidad y país de que se trate. Entre los islamitas modernos, este título suele concederse a líderes reconocidos por su fervor, conocimiento y autoridad.

Islam chiíta: por su tamaño, segunda rama del Islam, así llamada en referencia a los seguidores o partidarios del imán Ali (*chiíta* significa precisamente "partidario" o "seguidor"). Los chiítas consideran al iluminado imán Ali y sus descendientes como únicos sucesores legítimos de Mahoma, el Profeta. Formaron una comunidad religiosa-política en la segunda mitad del siglo VII, en las postrimerías de la violenta lucha por el poder en el mundo islámico. En consecuencia, juzgan la práctica de la *jihad* y la santificación del martirio como pilares de la fe, además de los cinco comúnmente aceptados. Aunque el poder político recae en los descendientes de Ali, la autoridad suprema está en manos de los *ulemas*, de modo que el líder espiritual es la máxima autoridad tanto del Estado como de la comunidad. Irán es en la actualidad el único Estado propiamente chiíta. Importantes comunidades chiítas de carácter específicamente sociopolítico existen asimismo en Líbano, Irak, Afganistán, Paquistán e India.

Islam sunnita: rama del Islam que comprende a la mayoría de los musulmanes. En la definición de su carácter, el Islam sunnita destaca en particular el apego al Corán, el libro sagrado del Islam, y a la *sunnah* —"mensaje", "legado", "estilo" o "ejemplo"— del Profeta Mahoma, así como la adhesión a la tradición. Los sunnitas obedecen la *Sharia*, el código jurídico que regula el comportamiento diario, las relaciones sociales y los asuntos referidos a la propiedad y el comercio. Aceptan los Cinco Pilares de la Fe como los principios de su culto. Creen que, tras la muerte de Mahoma, no ha habido ningún otro intermediario entre Alá y la humanidad (y por lo tanto rechazan la glorificación del imán Ali, propia de la fe chiíta). Creen asimismo en la participación de la comunidad musulmana en la elección de sus líderes, comenzando por la elección popular de Abu Bakr como sucesor del Profeta. En la actualidad, las principales diferencias entre el Islam sunnita y el chiíta estriban en los principios de la decisión judicial y la jurisprudencia (incluida la ley civil), el carácter de las festividades religiosas, la esencia de su relación con los infieles y detalles de la práctica de la oración y otros aspectos rituales.

Talibán: término cuyo significado literal es "pupilos" o "estudiantes", en referencia a los estudiantes de escuelas religiosas con actividad política y militar en organizaciones militantes islamitas. También el nombre común de la actual dirigencia de Afganistán, a causa de que la mayoría de sus líderes y el núcleo de las fuerzas armadas fueron estudiantes y maestros de esas escuelas religiosas.

Ulema (plural ulemas): altas autoridades religiosas de una comunidad (Estado), quienes constituyen en común la autoridad suprema lo que se refiere a guía, jurisprudencia y legislación. En países con gobiernos islámicos (Arabia Saudita, Irán), representan la máxima autoridad, donde el gobierno busca su aprobación para importantes decisiones políticas y a la cual raramente se opone.

Antislámico: originalmente, actividades, creencias y opiniones de los no musulmanes ("infieles") en desacuerdo con la doctrina del Islam y perpetradas o emitidas para dañar a los musulmanes. Por ejemplo, una oración cristiana en una mezquita o intentar convertir a musulmanes al cristianismo serían actos antiislámicos. Sin embargo, los islamitas también emplean este término para describir actividades de líderes musulmanes seculares ("apóstatas") consideradas antislámicas y perjudiciales para las causas islamitas. Para los islamitas militantes, los actos antislámicos son pecados que merecen la pena de muerte (el asesinato del presidente egipcio Anwar Sadat se atribuyó a sus actividades antislámicas).

Agradecimientos

Este libro no habría podido escribirse sin la ayuda de numerosas personas a lo largo de muchos años. Debo mencionar, en primer término, a los individuos anónimos que contribuyeron con sus conocimientos y proporcionaron la excepcional fuente de información en la que se basa este libro. La naturaleza y grado de sus aportaciones se detallan en la "Nota sobre las fuentes y métodos". Baste decir que, sin ellos, este libro no existiría.

Entre quienes pueden ser reconocidos con su nombre, Vaughn S. Forrest ocupa el primer lugar. Alma gemela y amigo íntimo durante casi dos décadas, me motivó a —mejor aún: me rogó— escribir este libro, en cuya investigación y captura me prestó enorme apoyo.

Agradezco en especial a los miembros de la Task Force on Terrorism and Unconventional Warfare (Fuerza de Tarea sobre Terrorismo y Guerra No Convencional) de la Cámara de Representantes de Estados Unidos —el honorable Jim Saxton, presidente; el honorable Bill McCollum; el honorable Duncan Hunter; el honorable Tom DeLay, y el honorable Bob Ehrlich— la infalible ayuda, apoyo y amistad que me brindaron.

Al iniciar este proyecto, descubrí que contaba con excelentes amigos cuyo auxilio hizo posible este libro.

Gregory R. Copley, presidente de la International Strategic Studies Association, director de *Defense & Foreign Affairs: Strategic Policy* (*D&FA: SP*) y principalmente amigo durante más de quince años, compartió conmigo sus vastos conocimientos. Siempre dispuesto a prestar oído a mis dudas, su preclaro juicio sobre asuntos estratégicos me fue de suma utilidad. Me permitió asimismo emplear materiales que preparé originalmente para su publicación en *D&FA: SP*. Mi especial gratitud a Pamela von Gruber. El profesor Murray Kahl me acompañó a todo lo largo de la caótica fase de redacción. Leyó y comentó las primeras versiones y obtuvo asimismo datos en Internet; me "sostuvo la mano" cuando mis computadoras se colapsaban y me proporcionó inquebrantable su amistad.

También otros queridos amigos contribuyeron a mi labor. El infatigable "Jacques" hizo lo que sólo él puede hacer. Guido Olimpio me proporcionó materiales de sus extraordinarias fuentes. El doctor Assad Homayoun compartió conmigo sus excepcionales ideas y conocimientos acerca de Irán. Rosanne Klass no me permitió olvidar a Afganistán y mantuvo mis archivos repletos de recortes.

Gracias a la doctora Rachel Ehrenfeld por el "*Shidukh*". Daniel Bial, mi agente, se encargó de las cuestiones administrativas mientras yo escribía. Steven Martin, de Forum/Prima, emprendió un "programa editorial de choque", el cual dirigió hasta su exitosa culminación. El equipo de Prima a cargo de este proyecto —integrado por Jennifer Fox, Joan Pendelton, Karen Bentley y David Richardson— realizó una extraordinaria labor en condiciones adversas con material "extraño", presiones de tiempo y mi mera existencia como autor.

Y final, pero no desconsideradamente, gracias a mi madre, Siona, por haberme ayudado con las fuentes en francés y abastecido mis archivos con recortes referentes a Israel, así como a mi esposa, Lena, por haber traducido las fuentes en ruso y haberme ayudado a comprenderlas. Asimismo, besos y abrazos a Lena y Masha por haber soportado mis frenéticos tecleos, y por haber puesto jazz a todo volumen en las escasas horas de ocio y por su amor.

Fuentes

Agencias informativas

AFP (Francia)

AIM (Servicio de oposición independiente en la nueva Yugoslavia)

ANATOLIA (Turquía)

ANSA (Italia)

AP (Estados Unidos)

ATA (Albania)

BETA (Yugoslavia)

BH PRESS (Gobierno bosnio)

EFE (España)

FNS (Rusia)

HINA (Croacia)

INA (Irak)

INTERFAX (Rusia)

IPS (Oposición iraní, con sede en Francia)

IRNA (Irán)

ITAR-TASS (Rusia)

KYODO (Japón)

Líbano News Wire (Líbano)

MAKPRES (Antigua república yugoslava de Macedonia)

MENA (Egipto)

ONASA (Servicio islamita asociado con el gobierno bosnio)

PANA (Panafricana)

Petra (Jordania)

REUTERS (Estados Unidos/Gran Bretaña)

RIA-Novosti (Rusia)

SANA (Siria)

SDA (Suiza)

SPA (Arabia Saudita)

SRNA (Servia-Bosnia, órgano de la República Servia)

SUNA (Sudán)

TANJUG (Yugoslavia)

TASS (URSS)

XINHUA (China)

Principales diarios y periódicos

(Ediciones impresas y electrónicas)

Abd-Rabouh (Jordania)

Addis Tribune (Etiopía)

Akhbar (Paquistán)

Al-Ahd (Líbano)

Al-Ahram (Egipto)

Al-Ahram al-Masai (Egipto)

Al-Akhbar (Egipto)

Al-Alam (Árabe, con sede en Gran Bretaña)

Al-Anwar (Líbano)

Al-Ayam (Bahrein)

Al-Ayyam (Autoridad palestina)

Al-Ayyam (Yemen)

Al-Baath (Siria)

Al-Bayan (Emiratos Árabes Unidos)

Al-Dustour (Jordania)

Al-Gumhuria (Egipto)

Al-Hadath (Jordania)

Al-Hayah (Árabe, con sede en Gran Bretaña)

Al-Hayah al-Jadidah (Autoridad palestina)

Al-Islah (Árabe, con sede en Gran Bretaña)

Al-Istiqlal (Autoridad palestina)

Al-Itidal (Arabia Saudita)

Al-Ittihad (Emiratos Árabes Unidos)

Al-Jazirah (Arabia Saudita)

Al-Khaleej (Emiratos Árabes Unidos)

Al-Madinah (Arabia Saudita)

Al-Majalla (Árabe, con sede en Gran Bretaña)

Al-Massaiah (Arabia Saudita)

Al-Messa (Egipto)

Al-Mizan (Árabe, con sede en Gran Bretaña)

Al-Mussawar (Egipto)

Al-Nahar (Líbano)

Al-Qabas (Kuwait)

Al-Quds (Autoridad palestina)

Al-Quds al-Arabi (Árabe, con sede en Gran Bretaña)

Al-Rai (Jordania)

Al-Raya (Qatar)

Al-Sabeel (Jordania)

Al-Safir (Líbano)

Al-Shaab (Egipto)

Al-Sharq al-Awsat (Árabe, con sede en Gran Bretaña)

Al-Shira (Líbano)

Al-Thawarah (Siria)

Al-Vefagh (Irán)

Al-Wafd (Egipto)

Al-Watan (Kuwait)

Al-Watan (Omán)

Al-Watan (Qatar)

Al-Watan al-Arabi (Árabe, con sede en Europa)

Al-Wasat (Árabe, con sede en Gran Bretaña)

Arab News (Arabia Saudita)

Asian Age (India/Gran Bretaña)

Ausaf (Paquistán)

Avazov Focus (Sarajevo)

Bahrain Tribune (Bahrein)

BiH Eksklusiv (Croacia, Bosnio-Croata)

Bild (Alemania)

Borba (Yugoslavia)

Bota Sot (Oposición nacionalista kosovo-albanesa, con sede en Suiza)

Bulvar (Turquía)

Corriere Della Sera (Italia)

The Crescent International (Gran Bretaña/Canadá)

Daily Excelsior (India)

Daily Hot News (Paquistán)

Daily Jang (Paquistán)

Daily Jasarat (Paquistán)

Daily News (Paquistán)

Daily News (Tanzania)

The Daily Star (Líbano)

Daily Telegraph (Gran Bretaña)

Danas (Croacia)

Dawn (Paquistán)

Deccan Herald (India)

Defense & Foreign Affairs: Strategic Policy (Gran Bretaña/Estados Unidos)

Defence Journal (Paquistán)

Delo (Eslovenia)

Der Spiegel (Alemania)

Die Welt (Alemania)

Dnevni Avaz (Sarajevo)

Dnevnik (Eslovenia)

Dnevni Telegraf (Yugoslavia)

Duga (Yugoslavia)

The East-African (Kenia)

Economist (Gran Bretaña)

Egyptian Gazette (Egipto)

Ekonomska Politika (Yugoslavia)

Ettela'at (Irán)

European (Gran Bretaña)

L´Evénement du Jeudi (Francia)

L´Express (Francia)

Express (Tanzania)

Far Eastern Economic Review (Hong Kong)

Le Figaro (Francia)

Financial Times (Gran Bretaña)

Flaka e Vellazarimit (Macedonia)

Focus (Alemania)

Focus (Sarajevo)

Foreign Affairs (Estados Unidos)

Foreign Policy (Estados Unidos)

Foreign Report (Gran Bretaña)

Frankfurter Allgemeine Zeitung (Alemania)

Friday Times (Paquistán)

The Frontier Post (Paquistán)

Glasnik (Croacia)

Glas Slavonije (Croacia, Eslovenia)

Glas Srpski (República Servia— en Bosnia-Herzegovina)

Globe and Mail (Canadá)

Globus (Croacia)

Guardian (Gran Bretaña)

Gulf Daily News (Bahrein)

Gulf News (Emiratos Árabes Unidos)

Gulf Times (Qatar)

Ha'Aretz (Israel)

Ham-Shahri (Irán)

The Hindu (India)

Hindustan Times (India)

Home News (Sudán)

Hong Kong Standard (Hong Kong)

Hrvatska Rijec (Sarajevo)

Hrvatski Obzor (Croacia)

Hrvatski Vojnik (Croacia)

Hurmat (Paquistán)

Hurriyet (Turquía)

Independent (Gran Bretaña)

India Defence Review (India)

The Indian Express (India)

India Today (India)

Indus News (Paquistán)

Intelligence Newsletter (Francia)

Intervju (Yugoslavia)

Iran Daily (Irán)

Iran News (Irán)

Iran Shahr (Irán)

Israeli & Global News (Estados Unidos)

Izvestiya (Rusia)

JANE´s *Defence Weekly* (Gran Bretaña)

JANE´s *Intelligence Review* (Anteriormente la revista JANE de la inteligencia soviética) (Gran Bretaña)

Jang (Paquistán)

Jasarat (Paquistán)

Javnost (República Servia —en Bosnia-Herzegovina)

Jerusalem Post (Israel)

Jerusalem Times (Autoridad palestina)

Jeune Afrique (Francia)

Jomhuri-ye Islami (Irán)

Jordan Times (Jordania)

The Kashmir Times (India)

The Kashmir Monitor (India)

Keyhan (Irán)

Keyhan (Oposición iraní, con sede en Gran Bretaña)

Khabrain (Paquistán)

Khaleej Times (Emiratos Árabes Unidos)

Kosova Daily Report (Pristina)

Krasnaya Zvezda (Rusia)

Kuwait Times (Kuwait)

Ljiljan (Sarajevo)

Los Angeles Times (Estados Unidos)

Ma'ariv (Israel)

Magyar Szo (Yugoslavia, Vojvodina)

Mashriq (Paquistán)

Middle East Times (Egipto)

Milliyet (Turquía)

Mirror (Gran Bretaña)

Mladina (Eslovenia)

Le Monde (Francia)

The Monitor (Uganda)

Monitor (Yugoslavia, Montenegro)

The Muslim (Paquistán)

Muslim News (Gran Bretaña)

Nasa Borba (Yugoslavia)

The Nation (Kenia)

The Nation (Paquistán)

Nawa-i-Waqt (Paquistán)

Nedeljni Telegraf (Yugoslavia)

Nedjeljna Dalmacija (Croacia, Dalmacia)

The News (Paquistán)

The News International (Paquistán)

News India-Times (India)

Newsweek (Estados Unidos)

New Vision (Uganda)

New York Times (Estados Unidos)

Nezavisimaya Gazeta (Rusia)

Nida-e-Khilfat (Paquistán)

Nida-ul-Islam (Australia)

Nimrooz (Oposición iraní, con sede en Gran Bretaña)

Nin (Yugoslavia)

Le Nouvel Observateur (Francia)

Nova Bosna (Hanau)

Nova Makedonija (Macedonia)

Novi List (Croacia)

Observer (Gran Bretaña)

October (Egipto)

Odbrana (Macedonia)

Oman Daily (Oman)

Oman Daily Observer (Oman)

L´Orient-Le Jour (Líbano)

Oslobodjenje (Edición internacional y para Sarajevo en Eslovenia)

Oslobodjenje (República Servia —en Bosnia-Herzegovina)

Pakistan (Paquistán)

The Pakistan Observer (Paquistán)

The Pakistan Times (Paquistán)

Pobjeda (Yugoslavia, Montenegro)

Le Point (Francia)

Politika (Yugoslavia)

Politika Ekspress (Yugoslavia)

Puls (Macedonia)

La Revue du Liban (Líbano)

Rose al-Youssuf (Egipto)

sapra *Review* (India)

Segodnya (Rusia)

Shihan (Jordania)

Slobodna Bosna (Sarajevo)

Slobodna Dalmacija (Croacia, Dalmacia)

Slovenec (Eslovenia)

South China Morning Post (Hong Kong)

Srpska Rec (Yugoslavia)

The Star (Jordania)

The Statesman (India)

The Straits Times (Singapur)

The Sunday Telegraph (Gran Bretaña)

The Sunday Times (Gran Bretaña)

Svijet (Yugoslavia)

Siria Daily (Siria)

Takbeer (Paquistán)

Tehran Times (Irán)

Telegraf (Yugoslavia)

The Telegraph (India)

The Telegraph (Gran Bretaña)

The Times (Gran Bretaña)

The Times of India (India)

Time (Estados Unidos y ediciones europeas)

Tishrin (Siria)

Turkish Daily News (Turquía)

26 September (Yemen)

Syria Times (Siria)

Ukaz (Arabia Saudita)

U.S. News & World Report (Estados Unidos)

Vecer (Macedonia)

Vecernje Novine (Sarajevo)

Vecernje Novosti (Yugoslavia)

Vecernji List (Croacia)

Vesti (Bad Vilbel)

Vjestnik (Croacia)

Vojska (Yugoslavia)

Voyenno Istoricheskiy Zhurnal (Rusia)

Vreme (Yugoslavia)

WarReport (Gran Bretaña)

Washington Post (Estados Unidos)

Washington Times (Estados Unidos)

Weekly Review (Kenia)

Yediot Aharonot (Israel)

Yemen Times (Yemen)

Zarubezhnoye Voyennye Obozreniye (Rusia)

Zindagi (Paquistán)

Postfacio

Yossef Bodansky, director de la Fuerza de Tarea para el Combate al Terrorismo y otras Estrategias Bélicas No Convencionales, lo ha logrado nuevamente. Ha demostrado que no sólo es un gran escritor, sino además un investigador meticuloso y un magnífico analista político. Con base en esas cualidades personales, Bodansky ha reunido información pertinente, nunca antes publicada, que explica los acontecimientos recientes, como los atentados en Kenia y Tanzania, así como la bien documentada secuencia de eventos que condujeron a los mismos. Los resultados de su investigación son esclarecedores; Bodansky expone la gran conspiración global que utiliza al terrorismo como arma estratégica, que ha dejado como secuela muchos ciudadanos estadounidenses muertos y muchos inocentes heridos.

El terrorismo de nuestros días se ha convertido en una amenaza directa contra todos los estadounidenses y proyecta su sombra ominosa alrededor del mundo. Bodansky demuestra que "fortaleza norteamericana" es un concepto relegado a los libros de historia, toda vez que el terrorismo islámico ha penetrado el "escudo" que representa el aislamiento geográfico de Estados Unidos, y nos ha convertido en un blanco al alcance de las actividades terroristas. A partir de esa premisa, Bodansky revela que es una falacia suponer que Estados Unidos es inmune a los atentados terroristas.

Es responsabilidad de todos los estadounidenses comprender y reaccionar a la información contenida en estas páginas, porque la indiferencia no constituye una opción aceptable ni es la herencia que desearíamos dejar a las futuras generaciones. Este libro debe servir de estímulo para que los estadounidenses se unan a sus representantes electos y se preparen para enfrentar las amenazas planteadas contra Estados Unidos y sus aliados. No hay mejor arma que el conocimiento preciso, la información basada en los hechos, y la sensibilidad y responsabilidad de dichos representantes ante las necesidades de sus electores y de los norteamericanos en general. Si este libro contiene un mensaje importante, es que la campaña emprendida por los musulmanes radicales y militantes amenaza nuestra forma de vida.

Bodansky explica las sutiles relaciones que existen entre los elementos extremistas del mundo islámico, sus líderes y personajes más visibles, como Osama bin Laden. Nos permite saber que bin Laden no sólo es responsable de cierto número de atentados, sino que además forma parte de una dinámica conspiración política que involucra a jefes de Estado de muchos países. Nos presenta la historia de bin Laden, así como la evolución de su odio contra los judíos y los "cruzados", a quienes considera responsables de la decadencia de Arabia Saudita, ocasionada por la "influencia corruptora de Occidente".

En estas páginas emprendemos un viaje por aquellos países involucrados en el terrorismo internacional; Bodansky hace las veces de guía cuando nos dice: "Vengan conmigo y aprenderemos juntos." Al entender la perspectiva de los islamitas sobre Occidente, conocemos las razones psicológicas y religiosas de que se valen los fanáticos para justificar la muerte de civiles inocentes.

Nuestro viaje comienza con un repaso de la juventud de bin Laden y su desarrollo hasta convertirse en un ideólogo adinerado, cuyo único propósito es aportar gloria al Islam mediante la destrucción de aquellos a quienes percibe como sus enemigos. Bodansky explica detalladamente las razones por las que la familia real de Arabia Saudita apoyó inicialmente los esfuerzos de bin Laden por liberar al Islam de las influencias corruptoras en lugares tan remotos como Afganistán. La división entre los gobernantes sauditas y bin Laden tuvo lugar cuando los primeros permitieron que las tropas estadounidenses permanecieran en su país después de concluida la Guerra del Golfo Pérsico. Este hecho fue el catalizador en la constante confrontación entre bin Laden y la casa de al-Saud. Bodansky nos revela que la intervención de los países que patrocinan al terrorismo fue el ingrediente necesario para elevar a bin Laden al sitial de líder espiritual y moral de sus fuerzas terroristas.

Bodansky destaca la manera en que el fundamentalismo islámico —que se manifestó durante la revolución iraní— llevó a bin Laden a convertirse en el ideólogo supremo, cuya militancia se forjó durante la guerra en Afganistán. Más adelante conocemos del ascenso al poder de Hassan al-Turabi, líder espiritual de Sudán y patrocinador de bin Laden. Durante ese periodo, la combinación de la militancia sunnita y las técnicas terroristas iraníes permitieron llevar el radicalismo islámico y las redes terroristas a África.

Algunos detalles adicionales sobre las redes islamitas en el cuerno de África y en África oriental revelan la manera en que los países patrocinadores del terrorismo hicieron inevitable el enfrentamiento armado con las fuerzas estadounidenses en Somalia. Cuando bin Laden y otros destacados terroristas, como Ayman al-Zawahiri, accedieron al poder, los más importantes estados que patrocinan el terrorismo —Irán, Sudán y Paquistán— colaboraron para crear redes de terroristas en una escala mundial. Esta peligrosa colaboración entre terroristas sunnitas y chiítas entraña un peligro para el mundo entero. Bodansky nos proporciona un detallado análisis del atentado contra Hosni Mubarak, presidente de Egipto, así como detalles nunca antes divulgados sobre los responsables de los atentados contra las guarniciones norteamericanas, conocidas como las Torres Khobar, y el derribamiento del vuelo 800 de TWA.

Tras haber obtenido esos éxitos, los grupos terroristas continuaron desarrollando sus actividades y ampliaron su área de operación desde los Balcanes hasta Filipinas, con el apoyo constante de Teherán, Jartum e Islamabad. De manera paralela a su crecimiento, tales grupos comenzaron a plantear una *jihad* —guerra santa— de proporciones mundiales, sustentada en decretos religiosos denominados *fatwas*, emitidos por bin Laden. Bodansky nos explica por qué los terroristas consideran que fueron traicionados por Estados Unidos, sentimiento que se manifiesta en su deseo de venganza. Al ubicar estos detalles en un análisis coherente e inteligible, Bodansky nos permite comprender muchos de los acontecimientos que precedieron a los atentados contra las embajadas estadounidenses en Kenia y Tanzania.

La narración sobre la vida de bin Laden es fácil de seguir desde el punto de vista geográfico, e incluye los últimos acontecimientos de la saga de este personaje y el ascenso del terrorismo islamita, desde la ad-quisición de armas de destrucción masiva hasta su creciente interés en las "zonas calientes" del mundo de nuestros días, principalmente Albania, Kosovo y Cachemira. Bodansky también se refiere a los hechos más recientes en el ámbito del terrorismo internacional, como la relación entre bin Laden y Saddam Hussein.

La claridad con que se presentan los hechos, permite que el lector siga los pasos de Bodansky en su análisis y predicción de lo que le espera a Occidente en el futuro. La información se encuentra al alcance de la mano y nos permite comprender las doctrinas islamitas y prepararnos para el caso de un posible conflicto de proporciones globales.

No conozco a otro experto mejor que Bodansky, capaz de desenmarañar y explicar las maniobras clandestinas del terrorismo internacional. Durante casi diez años, Bodansky ha sido el director de la Fuerza de Tarea para el Combate al Terrorismo y otras Estrategias Bélicas No Convencionales, de la que formé parte en mi época de congresista. Sus informes se anticiparon oportunamente a las actividades terroristas y a las amenazas contra Estados Unidos y sus aliados. La Fuerza de Tarea ha sido una voz independiente que ha alertado al gobierno estadounidense sobre dichas amenazas. Durante ese periodo, ha dado a conocer numerosas operaciones terroristas patrocinadas por gobiernos extranjeros, incluyendo la falsificación de billetes de cien dólares que realizaron Irán y Siria. La Fuerza de Tarea fue la primera en advertir sobre el crecimiento del islamismo militante y la presencia de terroristas árabes en los Balcanes, primero en Bosnia, y actualmente en Albania y Kosovo. De la misma forma, en febrero de 1999, la Fuerza de Tarea emitió un informe en que detalló la colaboración entre Irak, Sudán y Libia en la producción de armas de destrucción masiva. Seis meses después de haber desestimado ese informe, la administración del presidente Clinton señaló que esa misma cooperación entre Irak y Sudán justificaba el ataque con misiles crucero contra Jartum.

En este libro, Bodansky se adentra en terrenos inexplorados en el ámbito del estudio del terrorismo internacional. Por esa razón es vital que todos los estadounidenses lean *Bin Laden: el hombre que declaró la guerra a Estados Unidos*. Sólo mediante el conocimiento de nuestros adversarios y la educación de nuestros ciudadanos podemos mantenernos seguros y proteger nuestras libertades.

Congresista (retirada) Helen Delich Bentley
Cámara de Representantes del Congreso de Estados Unidos, 1985-1995

Comentarios
sobre la obra

En 1988, poco tiempo después de los ataques terroristas a las Embajadas de Estados Unidos en Kenia y Tanzania, el presidente Clinton ordenó ataques con misiles a blancos específicos en Afganistán y Sudán. Se trató de la primera vez que Estados Unidos respondía con semejante fuerza al ataque de un terrorista. Por supuesto, Osama bin Laden no es cualquier terrorista; en palabras de Clinton, "quiza el lider organizador y financiero más importante en todo el mundo en la actualidad". Es una etiqueta importante para alguien que, como lo describe el autor, Yossef Bodansky, es uno de los principales lideres de la compleja y siniestra red auspiciada por estados, cuerpos de inteligencia y terroristas expertos.

Sorprendentemente, sabemos poco sobre este pesonaje; incluso su fecha de nacimiento es incierta. Este libro, más que una biografía, es una descripción de un movimiento de jihad —guerra santa— en contra de Estados Unidos, por la creencia de que la influencia norteamericana contradice los objetivos fundamentalistas de los pueblos árabes. Bin Laden es un hombre enterado y bien informado. El lector que se interese en conocer a detalle los violentos hechos del submundo medio-oriental, encontrará en estas páginas un recuento fascinante y estremecedor.

Amazon.com

Este fascinante relato de la guerra de Osama bin Laden contra Estados Unidos, ilusta el turbio mundo del extremismo islamita y el terrorismo con patrocinio estatal. Lo recomiendo ampliamente.

Jeane J. Kirkpatrick

Todos necesitamos saber sobre Osama bin Laden; la mejor manera de estar enterado es el profundo estudio realizado por Yossef Bodansky. El libro no sólo explica el privilegiado pasado de bin Laden, sino que, además, aborda con sumo detalle la forma en que se convirtió en uno de los más hábiles enemigos de Estados Unidos. Un trabajo brillante.

Fred Barnes

Un recuento apasionante y profundo de un hombre y un movimiento, hostiles tanto para la forma de vida de Occidente, como para su influencia en el mundo. Un estudio de primera categoría.

Helle Bering-Jensen

El libro más importante que he visto en años. La narrativa brillante y detallada se combina con un estudio profundo que hace de este libro lectura obligatoria. Un libro puntual y relevante para cualquiera que se preocupe por la creciente amenaza del terrorismo internacional, y el peligro que significa para la libertad y la paz que muchos de nosotros da por hecho.

Baronesa Caroline Cox, Casa de los Lores, Reino Unido

Bin Laden: El hombre que declaró la guerra a Estados Unidos terminó de imprimirse en noviembre de 2001, en Litográfica Ingramex, S.A. de C.V. Centeno 162, Col. Granjas Esmeralda, C.P. 09810, México, D.F.